抗日战争时期中国人口伤亡和财产损失调研丛书

主　编　李忠杰

副主编　李　蓉　姚金果
　　　　霍海丹　蒋建农

湖南省抗日战争时期人口伤亡和财产损失

湖南省委党史研究室　编

中共党史出版社

图书在版编目(CIP)数据

湖南省抗日战争时期人口伤亡和财产损失/湖南省委党史研究室编．
—北京：中共党史出版社，2015.8
(抗日战争时期中国人口伤亡和财产损失调研丛书/李忠杰主编)
ISBN 978-7-5098-3122-9

Ⅰ.①湖… Ⅱ.①湖… Ⅲ.①抗日战争－损失－史料－湖南省
Ⅳ.①K265.06

中国版本图书馆 CIP 数据核字(2015)第 121253 号

出版发行：**中共党史出版社**
责任编辑：王鸽子
复　　审：姚建萍
终　　审：汪晓军
责任校对：龚秀华
责任印制：谷智宇
责任监制：贺冬英
社　　址：北京市海淀区芙蓉里南街6号院1号楼
邮　　编：100080
网　　址：www.dscbs.com
经　　销：新华书店
印　　刷：北京君升印刷有限公司
开　　本：170mm×240mm　1/16
字　　数：537 千字
印　　张：28.75　　10 面前插
印　　数：1－3000 册
版　　次：2015 年 8 月第 1 版
印　　次：2015 年 8 月第 1 次印刷
　　ISBN　978-7-5098-3122-9
定　　价：62.00 元

此书如有印制质量问题,请与中共党史出版社出版业务部联系
电话：010－82517197

《抗日战争时期中国人口伤亡和财产损失调研丛书》

本课题在中共中央党史研究室室委会领导下进行。先后三位时任主任孙英、李景田、欧阳淞对本课题给予了重要指导。

主　编　李忠杰

副主编　李　蓉　姚金果　霍海丹　蒋建农

参加审稿的领导和专家：

一、中共中央党史研究室领导和专家

曲青山　孙　英　龙新民　陈　威　石仲泉

谷安林　张树军　黄小同　黄如军　李向前

陈　夕　任贵祥　郑　谦　王　淇　黄修荣

刘益涛　韩泰华

二、有关部门和单位的专家

李景田（第十二届全国人大常委、民族委员会主任委员；中共中央党史研究室原主任；中共中央党校原常务副校长）

何　理（中国人民解放军国防大学少将、教授、中国抗日战争史学会会长）

支绍曾（中国人民解放军军事科学院少将、原军事历史研究部副部长、研究员）

罗焕章 （中国人民解放军军事科学院研究员）

刘庭华 （中国人民解放军军事科学院原军事历史研究部研究室主任、研究员、博士生导师、首席军史专家）

阮家新 （中国人民革命军事博物馆原副馆长、研究员）

步　平 （中国社会科学院近代史研究所原所长、研究员）

汤重南 （中国社会科学院世界历史研究所研究员、中国日本史学会名誉会长）

姜　涛 （中国社会科学院近代史研究所研究员）

荣维木 （《抗日战争研究》原主编）

郭德宏 （中共中央党校党史教研部原主任、教授、博士生导师）

肖一平 （中共中央党校党史教研部教授）

杨圣清 （中共中央党校党史教研部教授）

李东朗 （中共中央党校党史教研部教授、博士生导师）

徐　勇 （北京大学历史系教授、博士生导师）

李良志 （中国人民大学中共党史系教授）

王桧林 （北京师范大学教授、博士生导师）

谢忠厚 （河北省社会科学院原现代史研究所所长、历史研究所顾问、研究员）

中共中央党史研究室课题组成员

李忠杰　霍海丹　李　蓉　姚金果　李　颖
王志刚　王树林　杨　凯

《抗日战争时期中国人口伤亡和财产损失调研丛书》

总　序

中共中央党史研究室副主任　李忠杰

发生在 20 世纪三四十年代的中国人民抗日战争，是中华民族抵抗日本帝国主义侵略的一场规模巨大的战争，是世界反法西斯战争的重要组成部分和东方主战场，是近代以来中国反对外敌入侵第一次取得完全胜利的民族解放战争。中国人民抗日战争的胜利，成为中华民族由衰败走向振兴的重大转折点，也对世界各国人民取得反法西斯战争的胜利、争取世界和平的伟大事业产生了巨大影响。

这场战争，作为世界反法西斯战争的一部分，从根本上来说，是反法西斯正义力量与法西斯侵略势力之间的一场大决战，是文明与野蛮的一场大搏斗。日本侵略者，站在法西斯阵营一边，不仅与中国人民为敌，而且与世界人民为敌，肆意践踏人类的公理和正义，企图以残暴杀戮的手段，将中华民族置于自己的铁蹄之下。日本侵略者先后占领了中国、东南亚、南亚、大洋洲许多国家的领土，杀害居民，掠夺物资，强征劳工，施放毒气，蹂躏妇女和儿童，毁坏和窃取文物，造成了大量人员和财产的损失，给中国人民和亚洲其他许多国家人民留下了巨大的创伤，给世界文明造成了空前的破坏。

中国是受战争摧残最为严重的国家。从 1931 年到 1945 年的 14 年间，日本侵略者先后占领了东北、华北、华中、华南等大片中国最重要的经济政治文化战略地区。在整个战争进程中，日军到处屠杀、焚烧、抢掠、奸淫，使中国人民的生命财产惨遭蹂躏；大量使用生化武器，进行残酷的细菌战和化学战；把大批中国平民和俘虏当作细菌和毒气的试验品；对无辜的中国平民施放毒气，或在河流、湖泊、水井中投毒；掠走大批中国劳工，强迫他们筑路、开矿、拓荒，从事大型军事工程，使其大批冻、饿、病、累而死；强征中国妇女作为"慰安妇"，严重残害妇女的身心健康；对抗日根据地实行"烧光、杀光、抢光"政策，企图摧毁抗战军民起码的生存条件；在许多地方还制造了一系列触目惊心的大惨案。直至今天，日本侵略所造成的后果还难以完全消除，日军遗留的毒气弹还不时地威胁着中国人民的生命安全。

日本侵略者的罪行，违背了起码的人类良知和国际公法，不仅是对人权和人道主义的践踏，而且是对人类文明的挑战。它决不是如某些日本右翼分子所说是解放亚洲和太平洋地区人民的行动，而是亚洲和太平洋地区历史上最黑暗的一幕，是人类文明史上的一场浩劫。第二次世界大战结束后，根据《波茨坦公告》的规定，远东国际军事法庭在东京对日本首要战犯进行了国际审判，确认侵略战争为国际法上的犯罪，策划、准备、发动或进行侵略战争者为甲级战犯。此外，盟军还在马尼拉、新加坡、仰光、西贡、伯力等地，对日本的乙、丙级战犯进行了审判。中国也先后对日本的有关战犯进行了审判。这些审判，与欧洲的纽伦堡审判一起，使发动侵略战争的罪犯受到了应有的惩处，代表了全世界一切爱好和平人民的共同愿望。这是正义的审判，历史的审判！这一审判的结果是不容挑战的！

策划和制造当年这场战争的，是一小撮日本军国主义和法西斯分子。而日本人民，从根本上来说，也是受害者。所以，日本人民也用不同方式对这场战争进行了抵制和反抗。不少参加侵华战争的士兵认识到战争的性质，幡然悔悟，积极参加了国际和日本国内的反战活动。战后，很多人勇敢面对历史事实，以见证人的身份揭露了日本军国主义的罪行。还有很多当年的士兵，真诚忏悔战争的罪行，以实际行动推动世界和平和中日友好，做了很多有益的工作。他们的良知和勇气，应该得到充分的肯定和赞赏。

相反，日本国内一些右翼势力，直到今天仍然否认侵略战争的性质和罪行，竭力推卸侵略战争的责任。对早已由当年远东国际军事法庭作出严正判决的南京大屠杀一案，始终企图翻案。历史不容改变，事实岂能抹杀！企图歪曲历史，掩盖罪行，这是中国人民绝对不能同意的！

中国人民在当年那场战争中的胜利，是正义战胜邪恶、光明战胜黑暗、进步战胜反动的伟大胜利！是正义的胜利、人民的胜利、和平的胜利！既是中华民族永远值得纪念的胜利，也是世界人民永远值得纪念的胜利！但是，在纪念胜利的同时，我们不要忘记，这一胜利是用极为惨重的代价换来的。在这一伟大胜利的背后，是中华民族遭受的巨大人员伤亡和财产损失！中华民族，既为这场战争的胜利作出了巨大的贡献，也在这场战争中付出了巨大的民族牺牲。

1995 年，江泽民同志在首都各界纪念抗日战争暨世界反法西斯战争胜利 50 周年大会上，对当年日本侵略中国造成巨大人口伤亡和财产损失的基本数据作出了重要表述。2005 年，胡锦涛同志在纪念中国人民抗日战争暨世界反法西斯战争胜利 60 周年大会的讲话中，再次郑重宣布，据不完全统计，在抗日战争期间，中国军民死伤 3500 多万人；按 1937 年的比值折算，中国直接经济损失 1000 多亿美元，间接经济损失 5000 多亿美元。中国领导人公开宣布的基本数据，从整体上揭示了中国人口伤亡和财产损失的规模，有力地揭露了日本军国主义侵略的罪行。

数据，是历史的抽象。数据的背后，是大量的事实、确凿的证据，是无数人们的惨痛记忆和血泪控诉。为了更直接、更具体、更全面、更系统、更立体地还原当年的历史，展示中国人民遭受的灾难和损失，揭露日本军国主义的罪行，驳斥日本右翼势力否认侵略罪行的种种言论，我们必须通过更多档案资料的展示、历史文书的挖掘、具体事实的考查、当事人的证词证言、各种各样的物证书证，等等，将侵略者的罪行昭告天下。因此，作为炎黄子孙，作为郑重的历史工作者，有必要、有责任、有义务、也有权利对战争期间中国的人口伤亡和财产损失进行更加系统、详尽、具体的调查研究，将当年中国人民的巨大牺牲和惨重损失永远地记载下来。

这项调查研究工作，本来在抗日战争结束之后，或者在新中国成立时，就应该进行。但由于种种历史原因，未能系统、全面地进行。由于年代久远，资料散失，在世的证人越来越少，现在进行这方面的调查和研究已经有很大困难。但是，无论早晚，这项工作总得有人来做。现在才做，已经晚了几十年。但如果现在再不做，将来就更晚，也更困难了。所以，无论再困难，做，都是必要的。做好这项调研，是对历史负责、对人民负责、对当年的牺牲殉难者负责、对我们的子孙后代负责。根本上，是对整个中华民族负责，也是对国际社会和人类文明负责。

因此，2004年，中央党史研究室决定开展《抗日战争时期中国人口伤亡和财产损失》的课题调研。从2005年开始，组织全国党史部门围绕这一重大课题，开展了系统深入的调研工作。其基本任务，是按照实事求是的原则，调查更加详实、有力、具体、准确的档案、材料、事实，更加清楚准确地掌握日本军国主义的侵略罪行，更加清楚准确地掌握日本侵略在各个不同领域、地区和方面对中国造成的破坏和损失。其中包括：各个省、自治区、直辖市在抗战中的人口伤亡和财产损失情况；历次重大战役战斗中中国军队伤亡的情况；日本从中国掠走各种资源的情况；日本从中国掠走和破坏文物的情况；日军在中国制造的一系列重大惨案；中国劳工的损失情况；中国妇女遭受日军性侵犯的情况，包括"慰安妇"的情况；日军在中国使用细菌武器、化学武器及其造成伤害的情况；日本侵略在其他方面给中国造成破坏的情况；等等。

课题调研的整体布局，实行块块和条条的结合。每个省、自治区、直辖市党史研究室，主要负责把本区域内的情况调查清楚。也可根据实际情况，选择一些重点，进行专题性的调研，形成专题性的研究成果。一些重要专题，单靠某个省（自治区、直辖市）做不了，就采取条条的办法，组织专题性的调研。还有一些，则是条条与块块相结合。如毒气，日军在不同区域使用过，有关的省（自治区、直辖市）都调查。但作为一个专题，由相关的区域进行协调，配合开展调研工作，并形成专项的调研成果。如劳工、性侵犯等，就大致属于这种类型。

课题调研的方式方法，主要是查阅和搜集档案文献资料，包括不同历史时期的统计报表。同时查阅当时有关的报刊资料，查阅多年来涉及有关地方、有关课题的研究成果。对一些特殊的重大事件，特别是重大惨案等，也同时进行社会调查，对当事人、知情人、有关研究人员等进行走访，记录证词证言。对于特别重要的事件，有条件的，还进行必要的司法公证，如南京大屠杀、潘家峪惨案等，使这些调查都成为在法律上可以采信的证据。根据需要与可能，也到国外境外包括台湾地区查阅搜集档案资料。

中央党史研究室进行了大量组织和指导工作。在课题确定前，首先进行了必要的论证，得到了许多专家的支持。随后，制定了详细的工作方案，向各省、自治区、直辖市党史研究室发出正式通知和实施意见，明确了工作的指导思想、组织领导、调研项目、工作步骤、基本要求、注意事项等等。为了提高认识，振奋精神，交流经验，落实措施，专门召开了工作培训会议，就课题的总体规划、调研方法、需要把握的问题等，作了全面部署，特别是提出了把调研工作做成"基础工程、精品工程、警世工程、传世工程"的要求。多年来，一直分阶段、有步骤地把这项课题调研推向前进。有关领导和专家分别到各地参加会议，指导培训，提出要求，统一规格，解答疑难问题。在调研过程中，随时就有关问题进行具体指导。工作班子及时编发简报和简讯，交流情况和经验。

各级党委和政府高度重视。多数地方成立了由党史研究室领导负责的课题组。各地先后召开工作会议、电话会议等，培训人员，落实任务。许多地方形成了由党史研究室牵头，档案、民政、财政、司法、地方志、社科院以及高校等部门单位联合攻关的局面，保证了调研工作扎扎实实、有计划有步骤地向前推进。

《抗日战争时期中国人口伤亡和财产损失》课题调研先后经历了六个阶段。第一，酝酿启动。第二，全面调研。这是最重要的阶段。各地组织专门人员，查询档案，实地走访，搜集了大量资料。第三，起草报告。凡参加调研的县以上单位，都要在搜集整理、考证研究档案文献资料和进行实地调查的基础上，写出调研报告，全面、准确地反映调研成果。同时，将调研中搜集的档案文献资料进行分类整理，制作统计表、大事记和人员伤亡名录等。第四，分级验收。为保证调研成果的科学性、准确性、严肃性，各省、自治区、直辖市调研报告都要经过四级验收。首先由课题领导小组审查通过，然后聘请所在省份资深专家审读验收，合格后报送中央党史研究室课题组。中央党史研究室课题组审读各省、自治区、直辖市的调研报告及相关调研成果，认为合格后，再聘请有全国影响的专家审读，写出书面意见并亲笔署名。根据审读意见，各地都要反复认真进行修改，只有达到规定要求才能通过验收。第五，上报成果。完成调研工作的省、自治区、直辖市，都按统一要求，将调研中收集的档案文献资料等所有文件，精心整理，分类成册，向中央党史研究室提交调研成果。各市县也要逐级向省级报送。第六，反复审核。中央党史研究室召开审稿会，组织各省、自治区、直辖市按照标准自审，相互间互审，将各种材料进行比对，将有关数据核实，解决带有共性的问题，进一步统一标准、统一规范、统一格式。

这项课题调研，作为一项浩大的工程，到目前为止，进行了将近10年之久。前后共有60多万党史工作者、史学工作者和其他各类有关人员参加。将近10年来，各个地方都周密组织，采取有力措施推动工作开展，保证调研质量。如山东省，先在30个县（市、区）进行试点，然后在全省普遍推开，形成了纵向省市县乡村五级联动、步调一致，横向十几个部门优势互补、携手攻关的工作格局。课题调研期间，山东省参加工作的同志共查阅档案238742卷，复印档案资料406912页，查阅抗战期间及战后出版的书刊61301册（期），复制文献资料220177页。走访调查8万余个行政村、609万名70岁以上（即1937年全国性抗战爆发以前出生）老人中的507万余人，收集证言证词79万余份。拍摄照片资料7376幅、录像资料49678分钟，制作光盘2037张。全省1931个乡镇，每个乡镇都建立了包括证人证言证词、伤亡人员名录、财产损失清单、人员伤亡和财产损失数字统计、人员伤亡和财产损失大事记、重大惨案证据材料以及证人和知情人口述录音、录像、照片等内容的抗战时期人口伤亡和财产损失材料卷宗，共12892个。

这项课题调研，也得到了社会各界特别是档案图书部门、专家学者的普遍支持。许多档案馆、图书馆为这次调研提供各种方便。不少专家学者在教学科研任务繁重、经费困难的情况下，承担专题研究任务。有的外请专家利用学校假期全力以赴做课题，缺少交通工具，就以自行车代步或徒步，到档案馆和图书馆查阅文献资料。

为了扩大搜寻面，中央党史研究室还组织查档小组，分赴美国、俄罗斯、日本，搜集了许多抗战史料。很多地方的课题组都到台湾查档。在台北"国史馆"、中国国民党党史馆、"中央研究院"近代史研究所档案馆等，找到了数量巨大、整理比较细致的抗战档案。台北"国史馆"馆藏的国民党在大陆统治时期行政院赔偿委员会档案，涉及抗战时期中国人口伤亡和财产损失的有8924卷，内容十分翔实具体。既有中央机关、军队系统人口伤亡和财产损失情况，也有地方省、市，县、区和个人填报的资料，包括台湾地区和华侨的档案资料。新疆防空委员会也报送有财产损失材料，如修筑防空工事、疏散费等财产损失。重庆市报送有日机空袭慰恤重伤难胞姓名卡，上面有卡号、伤员姓名、性别、年龄、籍贯、受伤时间、受伤地点、犒金额、发犒金时期、所住医院名称、医院地址、入院时间等，受伤部位还配有图片加以说明。所有这些，为查明当时各方面的人口伤亡和财产损失，提供了重要证据。

这项重大课题调研的成果，均编成《抗日战争时期中国人口伤亡和财产损失调研丛书》公开出版，为国内外学者提供并为子孙后代留下一份关于抗战时期中国人口伤亡和财产损失的系统资料。经过验收、审核合格的调研报告和主要档案文献资料，都按统一体例，编辑成为丛书的 A、B 两个系列。A 系列为各省、自治区、直辖市各一本调研成果，以及若干重要专题的调研成果，由中央党史研究室负责审核。B 系列为各省、自治区、直辖市的其他大量调研成果，由各省、自治区、直辖市党史研究室负责审核。全部成果统一设计、统一规格、统一版式、统一编号，由中共党史出版社统一出版。全部出齐之后，将有300本左右。

为了集中反映日本侵略者在中国制造的各种重大惨案，我们专门编纂了一套《抗日战争时期全国重大惨案》，收录抗战时期死伤平民（或以平民为主）800人以上的重大惨案100多个，配以档案、文献、口述及照片等作为历史证据。日本一些右翼分子，常常攻击中国为什么不拿出伤亡人员名单。我们专门安排了一个省，即山东省，公布该省具体的伤亡人员名录（第一批先公布该省 100 个县＜市、区＞的死难人员名录），包括姓名、籍贯、年龄、性别、伤亡时间等多项要素。以此说明，中国的伤亡人员都是有根有据、铁证如山的。

历史的生命在于真实、客观、准确。《抗日战争时期中国人口伤亡和财产损失》这一课题调研的生命也在于真实、客观、准确。所以，在开展这一课题调研的过程中，我们始终把保证调研质量，保证所有材料、事实、成果的真实性、客观性和准确性放在第一位，并在五个重要环节上严格要求、严格把关。第一，严格要求。一开始就明确规定，课题调研工作坚持实事求是的原则和科学严谨的态度。整个调研工作必须尊重历史事实。档案怎么记录的，就怎么记载，不能随意改变。当事人、知情人怎么说的，就怎么记录，不能随意加工。所有的材料、事实都要经得起法律上和学术上的质证。在需要与可能的情况下，对当事人、知情人的证词证言要进行司法公证。各种数据，都要确有根据，不能随便编排、采信。不许追求任何高数字、高指标。第二，统一规范。对课题调研的项目、内容，都做了认真细致的研究，提出了统一要求和严格规范。对全部调研项目设计了统一的表格，对调研报告的内容和格式做了统一规定。每个数字的内涵外延，包括如何计算、如何换算等等，都有明确的规定。事前对调研人员进行了培训。调研过程中，对没有理解的问题、疑难的问题等，都由专家给予统一的解释、说明。第三，责任到人。对所有参与课题调研的人员，都实行责任制。查档的、笔录的、整理的、起草调研报告的、审读的……，每个环节的人员都要签名，以对这一环节自己的工作负责，对子孙后代负责。明确规定，今后凡遇到质疑，有关环节的调研人员都要能够站出来进行证明、解释和辩论。第四，客观撰写。在汇总情况、起草调研报告阶段，要求所有的数据统计都必须客观、真实、准确。一律用事实说话，材料要具体、实在。不允许像写文艺作品那样来写调研报告；不允许作任何想象、编造和煽情性的描写；不允许刻意追求语言的生动华美；不允许使用任何带有夸张性、主观推断性的文字；不允许用"不计其数"、"无恶不作"这类抽象的形容词来概括相关内容；经过调研，凡是能够说清的事实、数字都予采用，但仍然说不清的情况、数据，就客观地说明未查核清楚，在汇总和整理数据时充分考虑这些因素，绝对不得编造数字。第五，逐级验收。除了在调研过程中由特聘的专家随时给予指导外，对各地提交的调研报告和相关材料，都实行逐级验收制度。其中，对省级调研成果实行由地方到中央的四级验收，其他调研成果由有关省、自治区、直辖市党史研究室组织验收。每一验收环节都要有专家审读、签字。凡存在问题和不符合要求之处，都要退回重新核查和修改。

经过艰苦努力，到 2010 年底，我们在深入调研的基础上，初步编出了几十本成果，先行印制了少量样本作为内部工作用书，组织力量作进一步的研究、审读、复查、校核。从 2014 年初开始，我们又组织展开了新一轮较大规模的审核工作。第一，召开有关省、自治区、直辖市党史部门参加的审稿会，进一步提高认识，明确规范，听取相互评审以及从社会各方面听到的意见，对审核工作提出要求，进行部署。第二，开展自审、复核、修改，确保准确无误。同时在各省、自治区、直辖市党史部门之间交叉审读，相互间进行比较、核对、衔接。自审互审完成后，都要确认是否具备正式出版的质量水准，签署是否同意交付出版的意见。第三，由中央党史研究室组织专家，对所有拟第一批出版的成果（书稿）进行六个环节的审读、检查、修改、校对，不仅检查是否还有表述不够准确或不够清楚的地方，而且对各本书稿之间、每本书稿各个部分之间的内容、叙述、时间、数字等进行统筹检查，排除表述不一致的内容。第四，如实客观地说明我们工作尽最大努力后达到的程度。始终强调，凡是已经清楚的，就清楚表述。还没有搞清楚的，就如实说明还没有搞清楚。某些数据、结论与其他书籍资料不完全一致的，则说明我们是依据什么材料、从什么角度得出和叙述的，不强求一致。第五，组织各地党史部门继续参与审核。凡有疑问的，都与有关地方党史部门联系、查核。多数省、自治区、直辖市都派专人来京参与审核、修改、校对。审核完毕后，又组织各地党史部门对自己书稿的清样再次进行审核。然后再按出版流程交付印制。今年以来对这些成果再次进行如此繁密、细致的复核工作，都是为了进一步保证成果的质量，保证历史事实的真实性和准确性。

特别需要强调的是，开展这项调研，不是为了简单汇总、计算这样那样的数据，而是为了寻找、展示更多的档案、更多的材料、更多的人证物证、更多的历史事实，用具体的事实来反映当年中华民族遭受的巨大灾难，揭露日本侵略者反人类的罪行。时隔几十年，很多数据难以查清，很多数据可能不很吻合，而且数据的分类、统计、核算都极为复杂，远远不是简单做一做加法就能算出来的。所以，我们在数据上采取了十分谨慎的态度。能统计出来的就统计出来，难以统计的也不强求。统计的口径、结果相互有差别的，也注意说明。今后，我们将会对数据问题作进一步研究。因此，目前的研究还只是阶段性的，不能说已经包罗万象，更不是最终的结论。总体上，还是在为今后更加综合性的研究提供一个详尽、扎实的基础。

由于自始至终都高度重视和强调调研的质量，所以，对于这一项目的真实性、客观性、准确性，我们有充分的信心。当然，无论如何，历史已经过去了六七十年，很多当事人已经去世，很多档案资料已经散失。现在再对发生在六七十年前的灾难进行大规模的调查，其困难是可想而知的。所以，即使做了最大的努力，我们仍然充分预计在调研成果及有关材料中，还是会有不足和差错之处，出版之后，肯定会有不同意见。所以，我们真诚地欢迎所有看到这些调研成果的人们，对其中的内容、材料、数据等进行审查、讨论。如此，必将有更多的人们关心和参与对当年那场灾难的调查，必将会提供和发现更多的档案、更多的资料、更多的见证，必将对我们调研成果中的很多内容进行不断的推敲琢磨，从而使我们能够更加准确、系统地展示当年中国的人口伤亡和财产损失，使我们为子孙后代留下的资料更为完整、更为丰富。我们也欢迎日本和其他国家的人们对这些调研成果进行阅读、审查、讨论、质疑。如此，将会有更多的国家和人们关注中国当年所遭受的灾难，也将会有更多的存留于国外境外的档案资料出现在公众面前，也将会使对当年这段历史和灾难的记录、研究更加准确和科学。

《抗日战争时期中国人口伤亡和财产损失》课题调研，是一项学术性的工作。开展这项课题调研，是为了更加准确和详尽地记录这场战争和灾难的历史，更加充分和有力地揭露日本军国主义的侵略罪行、反击日本右翼势力否认侵略战争的言行，更加充分和有效地进行爱国主义教育、毋忘国耻、振兴中华，更加积极地促进两岸交流、推进祖国和平统一进程，同时，也是为了给全世界所有关注当年这场战争和灾难的国家、政府和人们一个更加负责任的交代，为子孙后代继续研究当年中国人民抗日战争和日本军国主义的侵略罪行留下一笔丰富翔实的历史遗产。因此，虽然是学术性调研，但具有重大的历史意义、现实意义、国际意义、政治意义。作为历史工作者，我们有责任、有义务，实事求是地把中华民族在那场战争中蒙受的巨大灾难和损失尽可能完整地记载下来。推动和开展这项课题调研，是良心所在，是责任所在！每每读到那些令人震颤的历史事实，每每想到那数千万死难者的冤魂亡灵，每每掂量我们今人特别是历史工作者的责任，我们都禁不住潸然泪下。将近10年来，所有调研人员本着对历史和民族负责的精神，殚精竭虑，无私奉献，千方百计寻找各种线索，逐字逐页翻阅档案资料。为了做好对当事人、知情人的调查取证工作，顶酷暑，冒严寒，深入村镇，一家一户进行走访。也许，随着时间的流逝，这样的调研工作，以后再也不可能如此全面深入大规模地进行了。所以，对于能够基本完成这一课题的调研，我们极为欣慰，对能够取得今天这样的成果，我们极为珍惜。将近10年来，调研工作遇到过重重困难，调研人员付出了巨大心血，但只要能够对国家、对民族、对人民有一个负责任的交代，我们所有的努力、辛劳甚至痛苦都是值得的！

现在，《抗日战争时期中国人口伤亡和财产损失调研丛书》A系列第一批成果就要正式出版了，随后我们还将根据工作进程陆续出版第二批、第三批……B系列丛书的编纂和出版工作也将同时推进。而且，这项课题调研工作远没有结束。截至目前课题调研取得的成果，都还是阶段性的、部分的、不完全的成果。很多专题性调研还要继续进行，对大量档案资料还要进行分析研究。所有这些，都还需要我们继续不懈地努力。我们将以对历史负责的精神，一如既往地将这项课题调研工作做好。

历史，是现实的基础，更是未来的起点。打开尘封的记忆，重温昔日的往事，我们可以得到很多的启示和教诲，增长很多的聪明和智慧。所以，研究历史，形式上是向后看，但根本目的是向前看。作为一种科学的研究，我们调查历史的真相，记录历史的灾难，不是为了延续旧时的仇恨，不是为了扩大中日之间的裂痕，不是为了煽动狭隘民族主义的情绪，而是为了以史为鉴，不让历史的悲剧重演；面向未来，书写更加友好合作的美好篇章。经历了太多的苦难和挫折之后，我们更加坚定地热爱和平，更加执着地追求正义，更加珍惜国家的主权与独立，也更加关注世界的文明发展和进步。我们真诚地希望，世界各国能够携手努力，平等协商，求同存异，友好相处，共同推进世界的发展，共享人类文明的成果；我们真诚地希望，中日两国人民能够更多地加强交流、理解和合作，共同开辟中日关系的新局面，使中日关系更加健康稳定地向前发展，使中日两国人民真正世世代代地友好下去；我们真诚地希望，中华民族能够始终以坚韧不拔的努力，坚定不移地走和平发展之路，在中国特色社会主义旗帜下全面建设小康社会，努力实现社会主义现代化，为推动建设一个和平发展、文明进步的世界作出自己的贡献！

2014 年 4 月 30 日

《抗日战争时期中国人口伤亡和财产损失》课题①调研工作规范和要求

2004 年，中共中央党史研究室决定开展《抗日战争时期中国人口伤亡和财产损失》课题调研。2005 年向全国各省、自治区、直辖市党史研究室发出开展此项工作的正式通知，进行相应部署，着重说明工作的指导思想、调查项目、实施步骤及规范和要求。以后又随着课题调研的深入开展，对规范和要求进行了补充和完善。

一、课题调研的基本任务

抗战损失课题调研的目的和任务是深化对抗日战争时期中国人口伤亡和财产损失的研究。1995 年，在首都各界纪念抗日战争暨世界反法西斯战争胜利 50 周年之际，江泽民同志曾经对 20 世纪三四十年代日本侵略中国造成巨大人口伤亡和财产损失的基本数据做出了重要表述。2005 年，在纪念中国人民抗日战争暨世界反法西斯战争胜利 60 周年大会的讲话中，胡锦涛同志再次郑重宣布，据不完全统计，在抗日战争期间，中国军民伤亡 3500 多万人；按 1937 年的比值折算，中国直接经济损失 1000 多亿美元、间接经济损失 5000 多亿美元。中共中央党史研究室组织开展的课题调研，旨在全面详尽调查有关抗日战争时期中国人口伤亡和财产损失的具体事实，为这组基本数据提供强有力的史实支撑，并不是简单地做数据统计。

---

① 本课题亦简称为抗战损失课题或抗损课题。因为抗日战争时期及抗战胜利后国民政府统计人口伤亡和财产损失多采用"抗战损失"等概括性提法，其中将人口伤亡也称作抗战损失之一种，与财产损失并提，故沿用这一表述。

课题调研的基本任务是：按照实事求是的原则，经过广泛、全面、深入细致的调查研究，包括查阅搜集档案资料、对统计数据进行分析等，获得更多的证据，以更加全面和准确地揭露日本帝国主义侵略中国的罪行及其对中国人民造成的伤害。

课题调研的主要内容包括：（1）各个省、自治区、直辖市在抗战中的人口伤亡和财产损失情况；（2）历次重大战役战斗中中国军队伤亡的情况；（3）日本从中国掠走各种资源的情况；（4）日本从中国掠走和破坏文物的情况；（5）日军在中国制造的一系列重大惨案；（6）中国劳工的损失情况；（7）中国妇女遭受日军性侵犯的情况，包括"慰安妇"的情况；（8）日军在中国使用细菌武器、化学武器及其造成伤害的情况；（9）日本侵略在其他方面给中国造成破坏的情况；等等。

二、课题调研的方式和方法

主要是组织有关人员查阅和搜集档案馆、图书馆和其他文博单位以及民间保存的有关中国抗战人口伤亡和财产损失的档案资料、报刊杂志、历年出版的专题资料集和发表的研究成果。对一些特殊、重大的事件如重大惨案，则走访当事人、知情人和有关研究人员，进行录音录像，整理和保存证人证言，有条件的还进行司法公证，努力使这些调查材料成为在法律上可以采信的证据。有些省份的课题组还到境外的有关机构查阅相关档案资料，作为对大陆保存的档案资料的丰富和补充。这次课题调研的整体布局，实行块块和条条相结合。每个省、自治区、直辖市党史研究室在负责开展地区性的广泛调研的同时，也从实际出发开展一些专题性调研。一些重要的、涉及多个地方的带有全局性的专题，则另组织专家进行调研。

三、对搜集档案资料的要求

1. 明确搜集档案资料的范围。搜集档案资料是本课题调研工作的基础，调研成果的质量也主要决定于档案资料是否翔实，是否尽可能完整和全面。所以，凡相关内容的档案资料，不论是直接反映人口伤亡和财产损失的，还是间接反映的（如关于人口状况、财产状况、生产能力、各类资源情况等资料），都尽量搜集，作为撰写调研报告的客观的历史依据。搜集的要件有：档案、报刊、史志、时人日记、专著专论、实地调查报告、图片、影像资料以及出版、发表的研究成果等。

2. 认真整理原始档案和资料。对于搜集到的档案资料，不论是来自原始的档案，还是来自报刊、史志、日记、图书、专题论文等，都认真整理，每份每件都注明保存的地点、单位，文件卷号、出版或发表处等，然后分类汇总，妥善保存。档案资料使用时一律保持原貌，必要时作注释说明，不允许对原件内容增改、涂抹。对搜集到的档案资料要在分门别类整理的基础上进行必要的考证、鉴别和研究。整理后的档案资料，不仅是有关课题承担者撰写课题调研报告的重要依据，其主要内容也作为附件收入有关的调研成果之中。

四、有关数据统计中的几个问题

1. 根据搜集、掌握资料的情况，抗日战争时期中国的人口伤亡分为直接伤亡和间接伤亡两大类。直接伤亡，一般是指日本侵略中国的战争直接导致的中国方面人员的死、伤、失踪等；间接伤亡，一般是指在日本侵略中国的战争包括特定战争环境中造成的中国方面被俘捕人员、灾民、难民、劳工等的伤亡。抗战期间，被俘捕人员、灾民、难民、劳工等伤亡很大，但由于其流动性大等复杂原因，很难形成具体数据资料，统计起来十分困难。因此，本课题调研中，将已确定属于死、伤或失踪的被俘捕人员、灾民、难民、劳工的数据归入有关地方间接伤亡统计数据；无法确定是否伤亡失踪的，可视情况单列相关数据并加以说明。需要补充说明的是，在战争中失踪者，按通常惯例归为死亡。

2. 抗日战争时期中国的财产损失分为直接损失和间接损失两大类。直接损失，一般是指在日军攻击、轰炸或掠夺中直接造成的社会财产损失。居民财产损失列为直接损失。间接损失，一般包括：(1)政府机关等因抗战需要而增加的费用，如迁移费、防空设备费、疏散费、救济费、抚恤费等；(2)各种营业活动可获利润额的减少及由于成本上升等增加的费用；(3)有关伤亡人员的医药、埋葬等费用；(4)为抗战捐献的物资和钱财；(5)有关人力资源的损失。总之，一切因战争造成的间接财产损失均包括在内。

3. 在财产损失中所列的人力资源类损失，包括了被俘捕人员、劳工等在财产方面的损失。中国各级政府所组织的劳役，例如为战争修筑公路、机场、军事工事等抽调民工，都算作人力资源损失。但中国方面征用民工和日本侵略军强征劳工有所区别。日军强征劳工的伤亡率很高，和中国方面征用民工民夫的情况区别很大，因此要分别统计和说明，不能混淆。

4. 中国军队在重大战役战斗中的人员伤亡，分别情况加以统计处理。此次课题调研以统计平民伤亡为主。有关省（自治区、直辖市）如发现有本地发生过军队人员伤亡的重要资料，可以搜集整理并在调研报告中说明，但不计入本地人口伤亡总数。若是本地籍军人的伤亡，则计入本地人口伤亡总数。

5. 海外华侨拥有中国国籍，因此在计算抗日战争时期中国人口伤亡和财产损失时，华侨人口伤亡和财产损失均计算在内。各有关地方在计算本地人口伤亡和财产损失时，视情况可以将本地籍华侨的伤亡、损失计入统计数据总数，亦可单列数据并加以说明。

6. 工厂、学校、机关团体等由于战争原因搬迁造成的损失，算作间接损失，原则上由工厂、学校、机关团体等原所在地方统计。如果原所在地方缺少相关资料，新迁移处具备资料条件，也可由后者统计。为避免交叉和重复，遇到这类情况须特别加以说明。

7. 政党、政府机构的财产损失，归入公用事业的社会团体类财产损失一并计算。

8. 被日军、日本占领当局无偿征用、占用的中国耕地，按农作物的产量及其价值计算财产损失。

9. 伪军、伪政府的人员伤亡和财产损失，一般计入中国人口伤亡和财产损失。

10. 由战争原因导致的如黄河花园口决堤一类重大事件所造成的人口伤亡和财产损失，计算在间接人口伤亡和财产损失中。

11. 重大的财产损失，均以相应数额的货币反映价值。反映财产损失的货币一般要注明币种。

12. 通常用于抗日战争时期财产损失统计的货币（主要是法币），币值问题非常复杂。本课题调研中，涉及财产损失统计的货币数据，有条件进行折算的，一般按1937年即全国抗战爆发当年通用货币法币的币值进行折算，并说明折算的方式方法。因条件不具备，保留原始数据未作折算的，则注明有关数据中用以反映财产损失的货币系何种货币、何年币值。

五、关于撰写课题调研报告的要求

本次课题调研，有关课题组和承担专门课题的专家均按要求撰写出调研报告。

1. 各省、自治区、直辖市课题组撰写调研报告，内容大致分为概述、主体、结论三部分。

概述部分主要包括：介绍课题调研工作的基本情况，如：投入多少力量，到过什么地方查阅搜集档案资料，搜集了多少档案资料等。反映本地的自然地理概况，抗战爆发前的经济社会发展和人口状况，以及在抗战时期是重灾区还是大后方，是沦陷区还是根据地等。叙述日本侵略者在本地的主要罪行。还可简略回顾以往相关课题的资料和研究情况。

主体部分主要包括：分析说明本地人口伤亡和财产损失情

况。根据现掌握资料，将本地抗战时期人口伤亡分为直接伤亡和间接伤亡，将本地财产损失分为直接损失和间接损失，并分别说明主要的史料依据和分析结果。

结论部分，汇总本地人口伤亡数据、财产损失数据。据实说明迄今所掌握资料的局限性、本地遭受人口伤亡和财产损失的特点、影响等。

撰写调研报告依据的主要资料以及调研中同步完成的专题研究报告等，作为调研报告的附件，纳入课题调研成果中。

2. 由一批专家承担的全局性专门课题，如抗日战争时期重大惨案、劳工问题、"慰安妇"问题、细菌战、化学战、文化损失、海外华侨人口伤亡和财产损失、中国军队伤亡、重要战役战斗伤亡等，其调研报告的撰写和附件的收录，参照以上要求进行。

六、对调研成果的验收

在各省、自治区、直辖市课题调研工作结束后，完成的包括课题调研报告在内的省级调研成果和市、县等调研成果，要装订成册，通过审阅和验收，逐级上报，送交各省、自治区、直辖市党史研究室和中共中央党史研究室分别保存。

为确保质量，在调研过程中形成的各省、自治区、直辖市A、B两个系列书稿（省级调研成果为A系列书稿，市、县等调研成果为B系列书稿），要分别通过验收。其中，省级调研成果要通过由地方到中央的四级验收，市、县等调研成果则在有关省、自治区、直辖市内验收。

省级调研成果上报验收前，课题组先认真进行自审，以保证内容的完整准确，特别是调研报告和有关专题研究报告、资料、大事记的内容和数据要互相补充、印证，不能互相矛盾。课题组完成自审后，省级调研成果首先报送省级抗战损失课题领导小组验收。省级课题领导小组审查通过后，送省级专家验收组验收。省级专家验收组参加验收的专家一般为3—5人，人选来自党史系统、社会科学院和社科联系统、档案史志部门、高等院校等方面，为较有影响力、权威性的专家。省级专家验收组在本省（自治区、直辖市）课题领导小组的指导下，按照学术规范的严格要求和有关规定审读、验收本省（自治区、直辖市）拟提交中共中央党史研究室的省级调研成果。验收的主要标准和目的是确保调研成果的准确性、可靠性。对于验收中指出的问题、提出的意见和建议，各省（自治区、直辖市）课题组须采取有效措施解决和落实。对一次验收不合格的，修改、完善之后进行第二次以至多次验收，直到合格为止。省级专家验收组验收合格后，填写《A系列书稿验收报告表》。填写的报告表和书稿同时报送中共中央党史研究室课题组。

中共中央党史研究室课题组收到经省级专家验收组验收合格的省级调研成果后，先进行验收。认为合格后，再聘请国内知名专家进行验收，并填写《A系列书稿验收报告表》。验收中所提修改意见，由有关省、自治区、直辖市课题组予以逐条落实，对调研成果做出相应修改或者说明相关情况。

由一批专家承担的全局性专题研究成果，最后形成的书稿也纳入A系列，其验收也参照上述程序和要求，由中共中央党史研究室课题组组织有关专家进行。对于验收中提出的意见，承担课题的专家要逐条落实，对调研成果进行修改完善直至合格为止。

最后，中共中央党史研究室课题组对经过反复修改形成的省级调研成果和全局性专门课题调研成果进行复核。完成各项程序并符合要求的调研成果，包括通过四级验收的A系列书稿和由有关省、自治区、直辖市党史研究室组织验收并合格的B系列书稿，分批次送交中共党史出版社付印出版。

中共中央党史研究室课题组

《湖南省抗日战争时期人口伤亡和财产损失》编委会

湖南省抗日战争时期人口伤亡和财产损失
课题调研组

参与课题单位　中共湖南省委党史研究室　　湖南省财政厅
　　　　　　　湖南省军区政治部　　　　　湖南省政协文史委员会
　　　　　　　湖南省统计局　　　　　　　湖南省档案局
　　　　　　　湖南省档案馆　　　　　　　湖南省社会科学院
　　　　　　　湖南文理学院　　　　　　　湖南省图书馆
　　　　　　　中共长沙市委党史研究室　　中共衡阳市委党史研究室
　　　　　　　中共株洲市委党史办　　　　湘潭市史志办
　　　　　　　中共邵阳市委党史研究室　　岳阳市史志办
　　　　　　　常德市史志办　　　　　　　张家界市史志办
　　　　　　　中共益阳市委党史研究室　　中共郴州市委党史办
　　　　　　　永州市史志办　　　　　　　中共怀化市委党史研究室
　　　　　　　中共娄底市委党史办
　　　　　　　中共湘西自治州委党史研究室

组　　　　长　张志初　陈克鑫
副　组　长　陈清林　夏远生
具体负责人　王文珍　刘歌宁　桂新秋　禹丁华　肖绮晖
课题组成员　陈克鑫　陈清林　谭克汉　王文珍　刘歌宁
　　　　　　李中标　黎雁南　刘文杰　桂新秋　禹丁华
　　　　　　肖绮晖　徐贻军　王长斌　朱柏林　刘　瑛
　　　　　　罗付金　黄家来　张　敏　张叔馥　周仁秀
　　　　　　宋俊湘　高明达　冯白光　肖庚生　王祖元
　　　　　　吴志平　唐立娟　胡亿群　邓建国　陈秧林
　　　　　　吴清平　邓烈生　周华辉　李　莉　罗德林
　　　　　　刘建新　王　科　孙宗芝　周　容　张国权

侵华日军向湖南进攻

当年中国报纸关于鄂西
会战期间日军在湘北战场施
放毒气、残酷施暴的报道

日军第101师团的
毒气部队

日军大桥部队向岳阳进攻

日军在岳阳抓捕的中国军人

日军洗劫后的湘阴营田

日军洗劫后的汨罗

日军洗劫后的湘阴黄谷

日军洗劫后的湘阴县城

日军炮击湖南城市

被日军捣毁的平江县立中学教室残影

湖南大学图书馆遭到日军飞机轰炸

"文夕大火"中被焚毁的长沙明德中学图书馆

抗战中遭破坏的湖南省立第一师范学校。校舍全毁，仅存颓垣。

战火中被毁的湖南省立第一职校工厂残影

战火中被毁的湖南省立长沙女中校舍

株洲田心机车车辆厂遭
到日军严重破坏

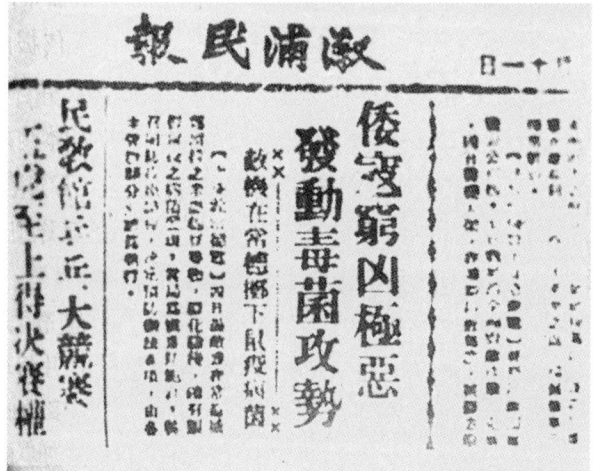

当年《溆浦民报》
关于日军在常德发动细
菌战的报道

在俄罗斯国家档案馆保存
的标有"常德"字样的日军细
菌战地图

当年报纸关于日军在常德施暴的报道（长沙《大公报》1943年12月24日）

常德市中心区房屋被日军轰炸后的颓垣

常德北门城内省属第四中学校舍被日军轰炸后的残破状况

常德大西门外鼎新电厂被日军破坏后的惨状

1943年常德大会
战前常德市民扶老携
幼争渡逃难之惨状

惨遭日军破坏的
临澧县城东兴街居民
家园

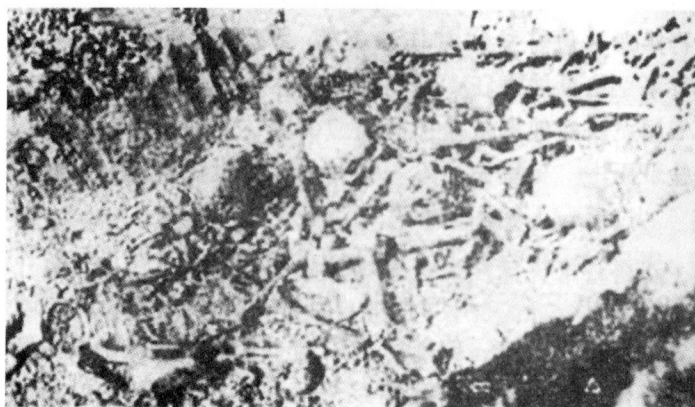

厂窖永固垸"千
人坑"中发掘的受害
者遗骨

昔日繁华的衡阳市中山路被日军飞机 衡阳保卫战中死难的中国军民的遗骨
炸得面目全非

惨遭日军凌辱的衡阳妇女

衡阳失陷后平民流离失所之惨状

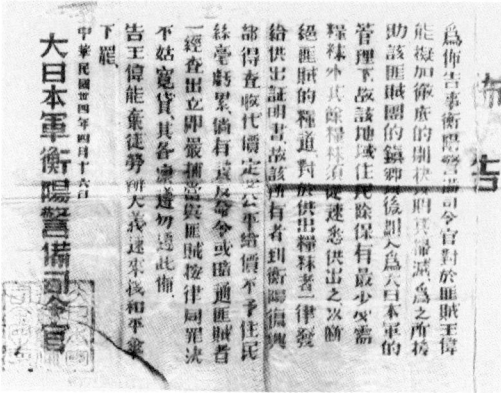

日军侵犯衡阳时发布的
征粮布告

衡阳县广福乡距县城较近，
惨遭日军严重破坏，民间粮食全
被日军抢光或破坏掉，即使是家
庭殷实的人家也只好摘野草果腹

1945年5月，日军侵入新化洋
溪，惨杀了3000多名中国军民。图
为死难军民合葬的"万人堆"。

常宁县司前街被日军破坏的
民房残影

目　　　录

一、湖南省抗日战争时期人口伤亡和财产损失调研报告

湖南省抗战损失调研课题组

（一）调研工作概述

20世纪三四十年代，日本发动侵华战争14年，给中华民族造成了巨大的人口伤亡和财产损失。但从第二次世界大战结束以来，日本右翼势力一直否认对中国的侵略罪行，日本政府及其一些政要人物也态度暧昧，一再在教科书、参拜靖国神社等问题上伤害中国人民的感情。为了更加有力地揭露日本军国主义的罪行，2005年3月，中共中央党史研究室正式组织全国党史部门开展抗日战争时期中国人口伤亡和财产损失课题的内部调研。2006年5月，在湖南省委领导的关心支持下，我省成立了由省委党史研究室牵头，省军区、省统计局、省档案馆、湖南文理学院等单位参加的调研课题组。并下发了《关于进一步抓紧做好抗日战争时期湖南人口伤亡和财产损失课题调研工作的意见》。湖南省委党史研究室对此十分重视，确定由室副主任陈清林具体负责抓，安排征集研究处承担此任务，拟订了详细的工作方案，组织指导全省各级党史部门铺开了抗损课题的调研工作，三次下发通知，对各地提出明确要求，召集了一次抗损课题专题会，并在2006年底召开的全省秘书长会议上介绍了湖南抗损课题的进展情况，强调了按时完成调研任务的目标。2007年8月24日，我室转发了中央党史研究室《关于提交和出版抗战课题调研成果的通知》，同时制订并下发了《抗战课题调研成果"A"、"B"系列编撰和出版方案》。8月30日，在全省党史研究室主任座谈会上，陈克鑫主任对全省抗损调研工作又做了专题部署。2007年12月和2008年3月，先后两次在全省党史工作会议上就抓紧做好抗损课题调研成果的整理和编撰出版作出重点部署，并将以地区为单位编纂出版抗损课题调研成果纳入2008年全省党史工作考核目标。全省各级党史部门高度重视该项工作，克服重重困难，开展了大量艰苦、细致、扎实的调研工作，长沙、

常德、株洲、娄底、永州、郴州、衡阳、怀化等市还决定在完成中央党史研究室规定的成果提交任务基础上，将抗损课题调研成果结集出版，纳入由省里统一组织的"B"系列丛书。我们赴南京中国第二历史档案馆、重庆市北碚图书馆、湖南文理学院、湖南省档案馆、湖南省（市）图书馆、湖南省方志馆等，共查阅档案资料617卷，复印、扫描6329页，查阅抗战期间及战后出版的书报刊物120多种，拍摄照片资料60余张，采访300余人，收集证言证词1000余份。省一级参加调研的人员共9人。14个市州共查阅档案资料18543卷，复印、扫描32655页，查阅抗战期间及战后出版的书报刊物1047多种，拍摄照片资料2047张，采访2250人，收集证言证词3062份，参加调研的人员达579人。按照中央党史研究室的统一要求，省级课题组对征集到的大量资料进行梳理、分类、专项统计和研究，严格以档案资料为依托，经数年努力，形成本调研报告。

（二）全国抗战前及战争中湖南的自然条件和社会经济概况

湖南省，位于长江中游南岸，东与江西为邻，北和湖北接壤，西连四川、重庆、贵州，南接广东、广西，因全省大部分幅员处于洞庭湖之南，故名湖南；省内最大河流湘江贯穿全境，又简称"湘"。全省土地面积21.18万平方公里。1938年，全省划为10个行政督察区，计省辖长沙市和77个县（1942年1月1日，衡阳升格为市）[①]。湖南历史悠久，山川秀丽，气候适宜，矿产资源等十分丰富，水陆交通便利，是中国重要的粮食生产基地之一，有"鱼米之乡"、"有色金属之乡"、"非金属矿产之乡"等美誉。

日军侵华期间，在三湘这片美丽富饶的土地上滥施淫威，不仅对湖南狂轰滥炸，而且发动了6次大规模的疯狂进攻，使湖南人民陷入空前的灾难之中。抗战前期，北平、上海等沿海战区的工厂、学校纷纷内迁，给湖南带来了现代工业的设备和技术，使湖南的民族工业顿时出现了一派繁荣景象，与此同时，湖南的传统工业进一步复苏。"全省工厂发展到935家，工人人数达5.76万人"[②]。在当时国民党统治区仅次于四川而位居第二，出现了有"小上海"之

---

① 湖南省地方志编纂委员会编：《湖南省志·第二卷·地理志》（上册）修订本，湖南人民出版社1982年版，第534—535页。

② 陈真、姚洛合编：《中国近代工业史资料》第1辑，三联书店1957年版，第102—104页。

称、仅次于重庆的工业中心——衡阳和有"小南京"之称的洪江等新兴城镇。加之国民政府与省政府当局采取了一系列发展措施，驻湘国民政府军在3次长沙会战中连续击退日军的进攻，为湖南营造了一个相对稳定的环境，湖南粮食产量回升，油菜、棉花、甘蔗等经济作物增产，经济出现了稳定发展的势头，为湖南和全国的抗战提供了重要的物资保证和财政支持。然而，由于日军野蛮侵略的步步深入，湖南经济急剧衰退。迅速繁荣的工矿业陷于歇业、拆迁和毁灭之中，一度兴旺的城市惨遭毁坏，岳阳、长沙、株洲、衡阳、常德等城区，几成废墟。特别是1938年11月，长沙"文夕大火"，火延3日，全城建筑大部化为灰烬，千古名城彻底被毁，举世震惊。交通运输业大部瘫痪。湖南农业生产遭到严重破坏，耕地面积大幅度减少。到1940年，耕地减少到4226万亩，比战前的1936年减少15.82%。"湘省虽为产米富庶之区，然自抗战以后，大后方各省，均仰给于湘，谷米外流，仓廪匮乏，而四六七九各战区之军粮，亦惟湘省是赖"①。"广西过去的粮食，大都靠湖南接济"②。尽管当时湖南省建设厅采取了诸如推广水稻良种、开垦荒地等措施，但粮食生产元气大伤，长期处于停滞不前的状态。茶叶、水果等经济作物产量下降，畜牧水产业濒于破产。由于日军实行"三光"政策，导致生态环境急剧恶化，造成湖南连年灾荒，全省人口逐年减少。1937年，全省有496.02万户，人数为2814.31万人。到1946年统计时，全省只有477.86万户，人数仅为2617.11万人③。全省78个县市中，沦陷的有53个县和长沙、衡阳两市，沦陷区面积约50余万方市里，几乎占全省面积的70%，沦陷区人口达2100余万人，占全省总人口数的75%。据湖南省政府统计室统计，全省因日军进攻和轰炸而死亡人数达920085，而流离失所者至少以百万计，灾情冠于全国④。抗战胜利时，昔日美丽富饶的三湘四水已满目疮痍，民生凋敝。

（三）日本侵略者在湖南犯下的主要罪行

自七七事变至抗战胜利，日军对湖南轰炸、烧杀、淫掠，无恶不作，灭绝

---

① 巴壶天、郑天健编：《湘政纪实》，第15页，中国新光印书馆印刷，1947年10月，湖南省档案馆藏，档案号22—1—1331。

② 《新华日报》1944年8月20日，第2版。

③ 湖南省地方志编纂委员会编：《湖南省志》第二十三卷《人口志》，湖南人民出版社1999年版，第33页。

④ 湖南省政府统计室编：《湖南省抗战损失统计》，1946年12月，湖南省档案馆藏，档案号46—1—25。

人性，在湖南犯下累累罪行。现将其主要罪行概括如下。

1. 狂轰滥炸

在三湘大地上狂轰滥炸，是日本侵略军侵略湖南的一种重要手段，也是日本侵略军在湖南犯下的滔天罪行之一。日军侵华期间，湖南省一直是日军飞机轰炸的重点地区之一。根据掌握的档案资料和一些市、县（市、区）公开出版的有关史料、著作，日军飞机轰炸湖南，始于1937年8月14日轰炸长沙市（一说轰炸岳阳县），止于1945年10月29日轰炸辰溪县（一说轰炸芷江），共轰炸了湖南长沙、衡阳两市和湘潭、湘阴、常德、芷江等57个县，轰炸次数至少有1630次，给湖南造成了重大的人口伤亡和巨大的财产损失。日机轰炸湖南主要有以下几个特点：

（1）从日军飞机轰炸的地域看，处于湖南水陆交通干线上的重要城镇，特别是当时繁华的政治、经济、文化中心，是日军飞机轰炸的首选地点。日军飞机轰炸次数最多的是长沙、衡阳两市和常德、芷江、邵阳、零陵（今永州市零陵区）等县，其次为湘阴、湘潭、岳阳、株洲、衡山、平江、醴陵、桃源、郴县（今郴州市苏仙区）、沅陵、辰溪等县，再次是浏阳、宁乡、湘乡、耒阳、永兴高亭司、常宁水口山、安化烟溪等地①。

（2）从日军飞机轰炸的主要目标看，可分为三个阶段：从七七事变到1938年11月日军占领岳阳、临湘前，日军飞机轰炸的重点多为车站、桥梁、机场等交通、战略据点，轰炸手无寸铁的无辜平民；从1938年11月日军占领岳阳、临湘到1942年，日军飞机轰炸的重点转向湖南的资源城市、军需工业基地；1942年以后，日军飞机轰炸的重点是驻防湖南的空军基地。

（3）从日军飞机轰炸湖南的目的看，主要有三个方面：一是屠杀湖南民众，减少中国军队人员的补充；二是摧毁湖南的交通线和生产设施，企图使国民政府军在前线得不到接济，导致湖南后方城乡社会秩序混乱；三是重点破坏军用飞机场，企图消灭国民政府军的空军和陆军的有生力量。因此，日军飞机在城区多投掷燃烧弹，在交通线路多投掷爆炸弹，特别是对飞机场投掷大量重磅炸弹，企图从军事上彻底摧毁中国军队的斗志，从心理上全方位地撼动湖南人民抗战的信心。

据湖南省防空司令部的统计，仅就日军飞机对湖南的686次轰炸而言，就

---

① 湖南省防空司令部：《湖南防空史略》，1945年编印，湖南省档案馆藏，档案号18—1—3，第21—22页。

炸死湖南民众 13322 人、炸伤 14864 人，炸毁房屋 66685 栋[①]。遗憾的是，由于日军飞机轰炸时，人心惶惶，很多情况下没有保留下详细的伤亡记录和财产损失情况，或当时的统计并不全面，因此，尽管我们根据当年的档案资料，得出了日军飞机共轰炸湖南至少有 1630 次的结论，但仍然无法准确计算出日军飞机轰炸给湖南造成的确切损害情况。

2. 疯狂攻击

1938 年 11 月，日军占领岳阳、临湘后，湖南成为国民政府军抵抗日军进攻的最前线。为了逼迫重庆国民政府投降，掠夺战略物资，日军在湖南发动了多次疯狂进攻，虽然最终都遭到失败，但也给国民政府军造成了重大伤亡。

（1）进犯频繁，次数之多为全国其他战场无法比拟。抗战进入相持阶段后，湖南成为日军的主攻方向。从 1939 年 9 月至 1945 年 6 月，日军在湖南先后发动了三次长沙会战、常德会战、长衡会战、湘西会战等 6 次重大战役，占全国正面战场 22 次会战的 1/4 强，投入兵力达 50 余万人次。国民政府军在湖南境内与日军激烈拼杀，为夺取抗战的最后胜利做出了重大牺牲。

（2）进攻方式是全方位、立体式的，并使用灭绝人性的生化武器。日军在进攻时，除了武器装备精良的地面部队，还有空降、特种兵等诸兵种，加之飞机狂轰滥炸助阵，使用重炮、坦克等重型武器攻击守军阵地，动用登陆艇、汽艇等运输工具，经常有海军第 11 舰队的护卫，有时还伪装成难民偷渡，甚至在进攻和撤退时都使用灭绝人性的毒气开路。

（3）进攻中对国民政府军采取了极其残忍的消灭手段。如：第一次长沙会战中，国民政府军第五六九团一营营长苗振华和二营营长夏绍武及士兵 500 余名被日军俘虏。日军将 2 名军官的头皮割开剥下，盖住双眼，又从胸部剥皮至双膝，然后让其活活痛死；将一名营长的四肢钉在门板上淋上汽油，活活烧死，将 1 名连长凌迟碎剐，其余被俘官兵亦遭各种毒刑。

3. 肆意屠杀

从 1938 年 11 月侵入湘北，到 1945 年 8 月投降，日军践踏了大半个湖南，在近 7 年的时间里，日军对湖南人民肆意屠杀，制造了一系列令人发指的重大血案，岳阳、临湘、平江、华容、南县、湘阴、长沙市、浏阳、常德、湘潭、衡阳、邵阳等地，是被日军屠杀的重灾区。

---

① 湖南省地方志编纂委员会编：《湖南省志·第五卷·军事志》，中国文史出版社 1994 年版，第 754 页。

湘阴营田惨案：营田，位于湘江与汨罗江汇入洞庭湖的三角地带，包括营田街、边山、三塘湾、堆山嘴一带，抗日战争时期，属湘阴县。1939年9月23日，在第一次长沙会战中，日军攻陷营田，对被俘军民大施淫威。从9月23日至10月5日，日军占领营田的13天中，杀害无辜百姓800余人；国民政府军官兵战死和被杀害者多达1200余名。日军还在"饱受重创之余，迁怒于我无辜民众，仅就大荆街、长乐街、新市、平江、金井、福临铺、上彩市等7地，遭敌枪杀居民即达5千余人"①。

湘阴青山惨案：青山，是南洞庭中的一个小岛，今属湘阴县。当时，这个小岛只有1700余名居民，驻有国民政府军一个营。1941年9月19日，日军平野支队500多人，在海军舰艇的护卫下攻陷全岛。下午2点钟左右，日军数挺机枪同时开火，300多名老百姓和200多名被俘官兵全都倒在三圣庙前的稻田里……从9月18日至10月5日，短短18天时间，日军在青山杀死无辜百姓524人、被俘官兵300多人，烧毁房屋281间，肆意强奸妇女，胡复兴、周继初等24户村民被斩尽杀绝。

临湘洪山惨案：1942年11月25日，日军调集日伪军1200余人，将洪山一带纵横20余公里的地方严密包围，并诱骗躲进山里的人回家。28日，日军开始了惨绝人寰的大屠杀。洪山、昆山、罗坳、黄土咀、三旗港等地的山坡上、水田里、屋场边，尸横遍野。自11月26到12月3日，短短7天时间内，日军在洪山一带杀害无辜群众达1800多人，其中全家被杀绝的有72户，强奸妇女达600人，烧毁房屋达2180多间。

南县厂窖惨案：厂窖位于洞庭湖西北岸，是一个由13个小垸组成的湖洲大垸，今属南县。1943年5月8日，日军包围了厂窖大垸。国民政府军第七十三军主力10000多人和武汉、长沙、南县、安乡、华容、石首等沦陷区的公务员、居民、学生、船民等20000多名随军涌来的难民，加上本地的15000名居民，除少数突围逃出外，绝大多数被合围在这个东西宽约5公里、南北约长10公里的陀螺形口袋中。9日上午，日军指挥官下达了屠杀的命令："当杀人时，应尽可能将其聚集在一块地方，节省子弹和劳力"，"无论什么时候，须以不令一兵漏网，全部歼灭，不留痕迹为主旨"。永固垸，这个仅有六七平方公里的小垸子，被杀村民、难民1500多人，至今尚留着"千人坑"遗址；德福垸，包括现在的德福、汉新两个村，被杀国民政府军溃兵、难民和本地居民多达4000多

---

① 《新华日报》1939年10月15日。

人；在瓦连堤一带，被杀群众 3000 多人，73 户被杀绝……短短 3 天时间，日军共屠杀我无辜同胞 3 万余人。其中，本地居民 7000 多人，附近居民 6000 余人，外地难民 1.2 万多人，国民政府军溃兵 5000 余人，还有 3000 多人被打残致伤，制造了一个仅次于南京大屠杀的大惨案。

此外，日军在岳阳临湘之间的桃三地区、宁乡龙从乡、湘乡双峰山、新化洋溪、冷水滩黄阳司等地制造了 5 起千人以上的大屠杀，在临湘新市、宁乡芳储乡、韶山、醴陵北乡、祁阳城关镇和宜章等地制造了 40 余起 100 人以上 1000 人以下的大屠杀，在长沙鸭子铺、洞井、岳麓山、东岸乡、望城、常德、湘乡洙津渡狗头坝、株洲三门镇、常宁烟洲、邵阳大坡岭等地制造了 80 多起 10 人以上 100 人以下的大屠杀。至于 5 人以下的屠杀和个体杀害则成千上万，遍及全省各地，数十万无辜群众被日军杀死烧死，至于被掳失踪与受战祸拖累而冻死、饿死、病死和吓死的人，根本无法统计。

4. 掳掠焚烧

日军在湖南发动疯狂进攻、"扫荡"的过程中，其掳掠焚烧达到了令人发指的程度。1940 年秋冬之际，日军指挥机关竟丧心病狂地下令："凡是敌人区域内的人，不问男女老幼，应全部杀死，所有房屋，应一律烧毁，所有粮秣，其不能运输的，亦一律烧毁，锅碗要一律打碎，井要一律埋死或投入毒药……"①从此，日军更是肆无忌惮。

1938 年 11 月 8 日，日军第十一军六师团今村支队先遣部队侵入陆城（今属岳阳，原为临湘县城），将旧县衙署、考棚、盐仓、莼湖书院、民乐园、文庙、乾元宫、刘太尉祠、三闾大夫祠等 30 多座著名古建筑尽数拆毁和焚烧。1939 年 7 月，云溪镇有 500 余栋房屋被日军拆除、烧毁。

1942 年 11 月 28 日，日军在洪山烧毁房屋 2180 多间，抢走耕牛 996 头，抢走生猪 4400 多头。1943 年 5 月，日军侵入南县厂窖时，载有近万名逃难群众和大批粮食、布匹的船只也被困在厂窖大垸内。日军先是上船搜索，掳掠财物，继而放火烧船，聚集在龚家港河段的上千条船只，连船带人被烧得精光。3 天之内，日军在北起太白洲，南至龚家港的厂窖东西两侧河段中，烧毁船只 2500 余艘，烧毁房屋 3000 余间，以至于到处是断墙残垣，枯树焦土。5 月 5 日，日军窜至澧县西洲垸、官垸等乡，抢光了鸡鸭鹅、猪牛羊、大米、鸡蛋……并在

---

① 转引自湖南省政协文史资料研究委员会：《最悲惨的年代——日军侵湘暴行实录》，岳麓书社 1997 年版，第 8 页。

清河村放火，沿线 3 个村的民房长达 1.5 公里，烧了 3 天 3 夜才熄灭。同年，日军在临湘陆城新设村（今岳阳市陆城镇新设村）建军用机场，共拆毁新设、白家墩、土矶头等 8 个村子的全部民房，计 2100 余间，致使 5300 多名群众流离失所。1944 年 6 月，"窜扰湘境各县的敌人，现到处搜劫物资，废铜、破铁、杂粮、谷米无不席卷北运。长沙、湘潭、湘乡、衡山、醴陵等县城市，已被敌人纵火焚毁，各地精华尽付一炬。"① 9 月 16 日夜，东安县第二大集镇芦洪市被日军纵火，主要街坊全部变成一片瓦砾，一切财物统统化为灰烬，290 户 1100 多人无家可归，被迫流离失所。日军在东安县大庙口及其附近烧毁村庄 5 个，房屋 130 多座，烧毁粮食 130 多万公斤；杀死耕牛 150 多头；掳走财产不知其数。10 月 21 日，日军再次入侵道县小河边村，将抓住的 30 多人用绳索紧紧地捆着双手，分别丢进 3 个垫上干柴和稻草的窖里，用火活活烧死，离村时还张贴了"大皇军在这里杀死、烧死、淹死支那人共计 97 人……"② 的布告。

1945 年 1 月，嘉禾县被日军烧毁、掳掠的财物达 440 亿元（法币）。5 月 19 日，日军第十一军六十八旅团一部进犯宜章县，掳走粮食 400 多担，抢走牲畜 100 余头，烧毁房屋 20 多栋。8 月，日本投降后，驻扎在湖南的日军仍在各地肆虐。如：一支 300 余人的日军往衡阳集结，途经邵东县石株桥时，一夜之间，就宰杀当地农户 7 头耕牛、21 头生猪，并把屋内所有家具、衣服搬到一丘 8 分小田里全部烧光③。

据 1947 年《湖南建仓储三年计划》的统计，长沙、衡阳两市和浏阳、平江等 28 县被日军捣毁仓廒 18996 处，掠取积谷 396.36 万担，全省被日军劫掠和损毁的粮食达 4068 万担，耕牛 642788 头，器具、衣服等价值 42696 亿多元，其他各种损失 46015 亿元，导致人民困苦不堪。

5. 疯狂掠夺

日军采取"以战养战"的方针，不仅疯狂掠夺湖南矿产等战略资源，而且实行垄断和控制，使湖南沦陷区经济走向殖民地化。

1938 年 11 月，日军侵占岳阳、临湘后，在岳阳城内开设湖南洋行，独家收购茶叶、光洋。德岛、兴亚、中村、永户、三浦、三久、未来时、大冢等洋行也陆续开业，多经营绸缎、布匹、煤油、火柴、香烟、蜡烛、红白糖、海味、

① 《中央社湖南前线一日电》，载《新华日报》1944 年 8 月 2 日。

② 中共零陵地委党史办：《潇湘抗日烽火》（内部资料），1995 年 7 月，第 21 页。

③ 中共邵东县委党史研究室：《中国共产党邵东历史》第一卷（1921—1949），中共党史出版社 2009 年版，第 166 页。

南货，并经营钟表和照相业务。同时，日军强迫当地商民使用"军用票"和伪"华兴商业银行"发行的"华兴票"。1941年3月，日军指使南京伪国民政府成立伪中央储备银行，发行中央储备银行券（以下简称"中储券"）。日伪一方面加紧推行，禁止沦陷区人民使用和携带法币；另一方面又采用种种手段夺取法币，以转套外汇及物资。从1942年10月22日开始，在临湘、岳阳等地城镇，实行以"中储券"全面兑换法币。1943年1月，再次进行"中储券"与法币的兑换，并规定从2月15日起，未经兑换的法币，不但禁止使用和携带，并且不准保存持有，私藏和故意违反法令者，一经查出，即予没收充公，从严惩处。4月1日，军用票停止发行，日伪以军用票18元折合"中储券"100元的比率将军用票收回。1944年7月11日，日军在湘潭设立"永兴商业银行"和"复兴商业银行"，月底"永兴银行"停业。1945年1月，日军复兴部设"复兴银行"，使用"中储券"，先后向复兴公司发放"津贴金"12074万元，经营布匹、食盐，兴建海味售卖店、日华会馆、银宫戏院。同年3月，经日军复兴部策划，在长沙设立"永兴商业银行"。该行营业5个月，经收"中储券"存款1.77亿元，发放各种贷款合"中储券"1.29亿元。其中贷给"省设计委员会"、"中国湘绣公司"、"兴华商行"等日伪机构的信用放款占82.8%，用以支持上述机构掠夺沦陷区的物资。日本投降后，长沙"永兴商业银行"、湘潭"复兴商业银行"停业，衡阳复兴银行等相继被国民政府接收，其所有债权债务均未清偿。

日军在沦陷区与进攻途中，大肆掠夺矿产资源。1940年，日军从汉口、岳阳、临湘等地强征劳力，采取极其野蛮的采掘方法，掠夺桃林铅锌矿，劫走大量萤石，以冶炼钢铁，制造枪炮，屠杀中国人民，造成矿区资源浪费，机械毁损；1944年8月，日军占领湘潭锰矿，劫走所存全部锰砂，并强迫工人进行掠夺性开采。日军占领期间，湘潭锰矿被劫锰砂4500多吨，直接损失超过3.16亿元，间接损失达数十亿元。1944年，日军占领湘潭王家山煤矿，将数十万吨煤劫往武汉敌占区发电厂；日军进占水口山铅锌矿、新化锡矿山锑矿后，除劫走矿产资源外，还拆卸机器设备外运；1945年，日军在华容5次勒缴黄铜2万余斤，钢铁4万余斤，老百姓的铜、铁工具和用品被搜括殆尽；日军在长沙设立永兴商业银行，大量搜集五金矿产，并以食盐交换军用物资；设于长沙黄兴南路的集中寄卖行，专事收集从沦陷区抢劫的锰矿粉、钢管、铁器等物资；日军在攸县皇图岭办"合作社"，专门收集铜、铅、锌、锰等物资，抗拒不交者，则予以烧杀抢抄。此外，散藏于民间和仓库的黄金、白银、财宝、文物以及枪支弹药，被日军抢走的不计其数。

此外，日军还在湖南开辟了 3 条走私线路，私下干着倾销产品、掠夺物资的勾当。当时，"敌货之内运者，以煤油、日用品、布定为多，资敌者以桐油为最"①。同时，日军对食盐等生活必需品实行统制，并在岳阳、长沙等地遍设烟馆，以廉价大批量出售土膏，企图既摧残吸食者的人身健康，又谋取非法的超额经济利益。

6. 强奸妇女

日军侵湘期间，除烧、杀、掳、掠外，还在进攻途中及占领期间，对妇女大量实施性暴力。在多数情况下，日军为了满足其兽欲，用最野蛮、最残酷的手段对湖南妇女进行性虐待。在一些占领区，日军则通过设立"慰安所"、"筛谷行"等来摧残被其胁迫来的妇女。

日军对妇女实施性暴力不分对象。"八旬婆婆不嫌老，12 岁幼女不嫌幼，或有生产未满月者，或身体不洁者，无不被奸……"② 如：1944 年 4 月 23 日，7 名日军轮奸了长沙岳麓乡黎团五的陈秀华，当时她生孩子还不到一个月。1945 年 1 月 18 日，望城县梅树村袁家湾年仅 13 岁的王菊妹，被日军轮奸，鲜血染红了垫褥，数年间还不敢一人外出。

日军对妇女的性折磨、摧残的手段十分野蛮与残忍。如：1939 年 9 月 22 日，日军在新墙河南岸强奸了羊永发的妻子和 2 个媳妇、3 个女儿，竟将刺刀插入她们的阴部，并将睡在摇篮里的两个婴儿提起来，活活摔死在地上。1944 年 7 月，在邵阳徐家牌（今邵东县）的山路上，日军对一位年近 40 快要分娩的妇女进行了轮奸，还在其肚子上连踩数脚，将未出生的婴儿从阴部踩了出来，一名日军挥刀而出，婴儿尸体顿时被分为两段……

日军对妇女的性暴力不分场合，甚至连庙宇、道观、坟地都成为其施暴的地点。如：1943 年 10 月 23 日，汉寿县外洲的金介人两老和五圣宫庙里的女斋公，都已经 60 多岁，躲在五圣宫庙里求"菩萨"保佑。日军将金老妈轮奸后，抛进小港激流中，女斋公也遭到了十几名日军的摧残，忍辱呻吟月余后死去。1945 年 2 月 3 日，日军 50 余人在藤井一山队长带领下，在宜章小水冲村山坳的庙里轮奸了 10 多名妇女，其中有 10 岁幼女和 70 岁老妇，被奸者均含恨而死。

日军还颠倒伦常，或逼迫民家父女、母子、兄妹颠倒行奸，或用刀枪威胁

---

① 国防最高委员会、对敌经济封锁委员会调查专报之三：《敌伪在我沦陷区经济统制动态》，中华民国三十年五月编印，湖南省档案馆藏，档案号 131—1—3310，第 14 页。

② 中共澧县县委党史联络组、党史资料征集办公室编：《喋血救亡录——纪念抗日战争胜利 60 周年》，中共党史出版社 2005 年版，第 40 页。

女的丈夫、兄弟、父亲、公公看着他们奸淫，借以旁观取乐。如：1943 年 5 月 10 日，日军在澧县王家厂对杨某进行轮奸，勒令她的父亲在旁边观看，其父当场气绝身亡。1944 年 9 月 5 日，日军在茶陵县接履桥画眉铺村轮奸一个 50 多岁的妇女后，逼迫她 15 岁的儿子也去奸污，儿子哭着求饶，被日军刺死。

日军还在一些占领区设立"慰安所"或行乐所等，通过武力威逼或诱骗等方式，强逼良家妇女充当"慰安妇"。

……

日军入侵湖南达 6 年零 9 个月，兽迹到过全省 55 个县市，一些当年遭受日军性暴力的湖南妇女，出于各种原因往往难以启齿，而且在战争期间和战后，国民政府也未将妇女受强暴的情况列为专项指标加以调查，因此，现在要全面统计日军在湖南实施性暴力的情况显然十分困难。但是，根据有限的文字记载，仍不难看出当年日军在湖南实施性暴力的野蛮、残忍与普遍性。据湖南省政协文史部门的不完全统计，日军攻陷常德时，掳走妇女 180 多人，加上桃源、慈利、石门等 10 县，日军在常德会战中共强奸妇女 3.5 万余名，其中 4237 人被轮奸致死；湘乡县被日军强奸的妇女达 1655 人；衡东县被强奸的妇女达 1000 余人；岳阳被日军逼奸、轮奸的妇女达 4 万人以上；祁阳县被日军强奸的妇女达 3873 人；衡阳仅鸡笼街一地，被日军强奸的妇女就有 500 余人……①

7. 进行细菌战、毒气战

日本进犯湖南期间，公然违反《国际法》的规定，对湖南实施绝灭人性的生物化学战，不仅在常德进行了大规模的鼠疫细菌战，而且在三次长沙会战、常德会战、长衡会战等重大战斗中大量、频繁地使用毒气对付国民政府军，甚至在撤退时或占领区内，也使用毒气残害手无寸铁的无辜平民。

（1）对湖南常德发动细菌攻击

1941 年 11 月 4 日，日本关东军第 731 部队远征队和总部设在南京的"荣"字第 1644 部队，联手对湖南的兵源、粮秣基地常德实施了惨无人道的细菌攻击，派飞机在常德城及近郊石公桥、镇德桥等地投下大量携带鼠疫病菌的跳蚤。12 月 2 日，日本中国派遣军高级参谋宫野正年大佐向井本提交报告，称"以常德为中心的湖南省'鼠疫'极为猖獗"②。1941 年秋季和 1942 年春季，常德城

---

① 湖南省政协文史资料研究委员会编：《最悲惨的年代——日军侵湘暴行实录》，岳麓书社 1997 年版，第 13 页。

② 中央档案馆、中国第二历史档案馆、吉林省社会科学院合编：《日本帝国主义侵华档案资料选编·细菌战与毒气战》，中华书局 1989 年版，第 282 页。

区大量居民身染恶疫死亡。后来，常德周围地区也不断发生鼠疫，大量无辜百姓染疫死亡。据常德市细菌战受害调查委员会开展的实地调查统计，此次鼠疫涉及的受害区域达 13 个县、70 个乡、486 个村，其中因疫病死亡 30 人以上的村子有 60 多个，死亡人数有名可查的达到 7643 人。

（2）在三次长沙会战中大量使用毒气

第一次长沙会战时，日军强渡新墙河遭到顽强阻击，多次向国民政府军阵地施放毒气。如 9 月 22 日，日军在攻占草鞋岭时，使用毒瓦斯 15000 桶、烟幕 17350 桶；23 日拂晓，日军猛攻大桥岭等地时，施放毒气筒约 1 万个。日军第六师团 1946 年编印的《第六师团转进实录》中描述了当时的情景：乱哄哄地被围在凹地里的敌人，多半陷于昏迷状态。站着向他们不断射击，一个一个倒了下去，真够痛快！1984 年 10 月 31 日，日本《朝日新闻》还刊登了日军在新墙河作战中施放大量毒气支援进攻的现场照片，只见照片上浓烟滚滚，直冲云天。第二次长沙会战时，日军仍然在猛烈攻击中和脱离战场时使用了毒气。日军步兵第一三〇旅团《浙赣作战战斗详报》（之四）称："（在长沙附近）姜家坞一带的战斗中，黑濑部队依靠准备好的红筒，大大提高了突破的速度。"日军步兵第六十八联队对于毒气的效用大肆吹嘘："在较长时间使用特种烟压制敌人，轻易地实现了撤退的目的。"在第三次长沙会战中，日军在攻打长沙及撤退时均使用过毒气。据日军步兵第六十八联队的记载：在这次会战中，共使用了 118 个小型红筒、302 个发射红筒及 3 发九四式山炮红弹。日军溃退时还沿途散布毒菌，特别是遗留毒气弹和延性炸弹甚多。1942 年 2 月 28 日，白崇禧致军政部电中提到：（一）元月十二日新墙战斗敌以毒气袭击，我军中毒死伤率约为百分之四十以上①。

（3）在常德会战中频繁使用毒气

常德会战，是日军使用毒气最频繁的一次战役。据《自由西报》所载《常德保卫战》一文称：（十一月）十八、十九、二十日，敌军先后在慈利东北徐书店及常德南面的落马场、杨朱场及牛鼻滩附近施放毒气，华军受害甚巨，敌方司令部旋施［施放］毒气的命令已在敌尸中搜出。国民政府军事委员会编印《常德会战大事记》记载：十二月三日，日军对常德继续猛攻，并大量施放毒气②。1943 年 12 月 30 日，长沙《大公报》刊载《孙代长官郭参谋长对记者谈

---

① 中央档案馆、中国第二历史档案馆、吉林省社会科学院合编：《日本帝国主义侵华档案资料选编·细菌战与毒气战》，中华书局 1989 年版。

② 徐浩然编：《近代中国史料专刊第七十七辑·常德抗日血战史》，文海出版社有限公司印行，第 919 页。

话：常德会战大胜之经过》一文称，敌寇不顾国际公德，此次共放毒八十余次，我中毒官兵不下一千余人。会战结束后，第六战区司令长官司令部编印《第六战区常德会战战斗要报》，在附录中收录了《敌使用毒气概况》一文，对日军在常德及周围地区使用毒气的次数（74 次，次数不明者，以一次计算）、用毒种类、中毒伤亡情形等情况作了详细介绍，称：此次常德会战，敌惨无人道，使用毒气次数之多，为抗战以来所仅见①。

（4）在长衡会战中反复使用毒气

在长衡会战中，日军反复使用毒气。如：6 月 18 日晨，日军对长沙妙高峰、天心阁、桃花山等中国守军阵地施放大量毒气弹，致使国民政府军伤亡过半。6 月 24 日晚，日军第 68 师团对衡阳五马槽施放催泪性、喷嚏性毒气，并大量发射糜烂性毒气炮弹，致使国民政府军伤亡甚众。在衡阳会战期间，日军大量施放毒气，致使守城官兵中毒伤亡者甚多，预备第十师三十团战后仅存 8 人，守城官兵 17500 余人，伤亡 15000 人，伤亡率达 85% 以上②。《新华日报》也披露："这次湖南会战，敌寇不择手段，在宁乡、长沙、衡阳都曾大量使用毒气，官兵中毒致死的很多。"③

在湘西会战中，日军也使用过毒气。如：1945 年 4 月 19 日，日军第 68 师团一部在新宁与国民政府军第 55 团遭遇时竟施放毒气，致使第 55 团伤亡惨重。此外，日军还在"打掳"、"扫荡"时也丧心病狂地使用毒气。如：1941 年 9 月中旬，日军进攻湘阴周家咀时，发现有 24 名村民躲在洞内，即用棉絮堵住洞口，再注入毒气，致使村民全部身亡。1944 年农历 11 月 3 日，日军到道县楼田村骚扰，发现黑岩洞内有人，便用风车向洞内吹燃烧的干辣椒和化学毒物，致使 568 人中毒死亡，其中死绝 31 户。1945 年 2 月，日军撤离茶陵时，施放了大量化学毒剂，造成当地难以治愈的伤害。

（四）人口伤亡情况

湖南是抗日战争时期日军侵华的重灾区。九一八事变后，省公路局"北上抗日汽车队"和在奉令修建、扩建芷江等机场的过程中，湖南就出现了人员伤

---

① 转引自陈先初著：《人道的颠覆——日军侵湘暴行研究》，社会科学文献出版社 2004 年版，第 326—328 页。

② 田伏隆主编：《最悲惨的年代——日寇侵湘暴行实录》，岳麓书社 1997 年版，第 361—362 页。

③《新华日报》1944 年 7 月 18 日。

亡。全国抗战爆发后，侵华日军除了派飞机对湖南狂轰滥炸外，还先后纠集50万军队，在湖南发动了3次长沙战役、常德战役、长衡战役和湘西战役，在常德实行细菌战，并在进军湖南省55个县市途中和占领区，推行"三光"政策，大肆屠杀、迫害群众、强征劳工、慰安妇，制造了一系列重大惨案，使湖南人民伤亡巨大。这期间，八路军南下支队、新四军江南挺进支队和其他抗日游击队，特别是国民政府军在湖南对日作战中，湖南籍的爱国官兵在外地对日作战中均付出了巨大牺牲。

1. 直接伤亡

（1）平民伤亡情况

1939年8月，湖南省政府奉国民政府行政院训令，饬将本省抗战损失详细查报，曾经转饬所属各级机关切实办理，到1946年12月完成全部调查。根据各县市上报的数字，湖南省政府统计室编印了《湖南省抗战损失统计》，从1937年7月7日起至1945年8月10日止，由于日军进攻及日机轰炸，致使湖南无辜平民伤亡总计达2622383人，其中死亡920085人，重伤738512人，轻伤963786人。在《人口伤亡表》按县（市）分表备考栏中，另外注明"汝城、永顺、大庸、保靖、桑植、古丈、凤凰、乾城、永绥、麻阳等10县，无人口伤亡，表内故未列入"。事实上，湖南的平民伤亡人数应该不止这么多。例如，当年被注明"无人口伤亡"的汝城县，在抗战期间虽未沦陷，但因为日军飞机的轰炸、灾民的流动，人口伤亡也很严重。1946年7月，湖南省政府社会处编印的《湘灾实录》收录了《各县灾情简报》，其中汝城"灾情摘要"中就记载："战时死亡人口过多，尸体暴露，疫疠流行"①。

（2）新四军、八路军和抗日游击队伤亡情况

1943年12月，新四军江南挺进支队抵达华容桃花山。在建立石公华抗日根据地的过程中，多次与日、伪军激战，但自身伤亡不详。1945年3月，八路军南下支队进军湖南境内，转战19个县市，与日、伪军激战多次，目前也没有看到伤亡的详细资料。此外，省政府曾要求粤汉、湘桂铁路沿线的县和邻近各县组织自卫队。在协助国民政府军对日作战中，长沙等36县自卫队伤亡2400余名；长沙、浏阳、常德、益阳、衡阳、郴县、邵阳、零陵、黔阳等31县市的

---

① 湖南省政府社会处编：《湘灾实录》，中华民国三十五年七月，资料时期：截至三十五年六月底止，湖南省省档案馆藏，全宗35，目录1，卷号189，第28页。

战时任务队，在各次会战中"均能协助国军作战"①，但伤亡也不详；长沙等县市设立的军民合作总分站137站，被国民政府在全国各地推广，伤亡情况也不详；湘北、湘中、湘南数百支游击队在三湘大地与日军频繁交战，也没有留下完整的伤亡数字，只有一些零星的统计，如：1944年10月，湘阴县县长何源勃率领的"抗敌自卫队"第二中队遭到日军袭击，伤亡50余人；华容县鲇鱼须的"神兵队"100余人遭到日军反扑，全部牺牲。

（3）国民政府军伤亡情况

1939年9月14日至10月7日，第一次长沙会战，日军称"湘赣会战"，国民政府军伤亡、失踪达4万多人②。1941年9月7日至10月19日，第二次长沙会战，日军称长沙"加号作战"，国民政府军（不包括第三、第五、第六战区策应作战部队）阵亡23858人、伤35220人、失踪11594人，共计70672人。此外，军马损失780匹、伤117匹、失踪265匹③。1941年12月24日至1942年1月15日，第三次长沙会战，日军称"第二次长沙会战"，国民政府军伤亡2.9万余人④。1943年11月2日至1944年1月5日，常德会战，日军称"常德歼灭战"，国民政府军伤亡4万余人，彭士量、许国璋、孙明瑾等3位师长阵亡⑤。1944年5月下旬至9月中旬，长衡会战，日军称"湖南会战"，国民政府军伤亡9万余人⑥，第79军军长王甲本率部撤退至东安山口铺附近时，与日军遭遇，重伤身亡。1945年4月11日至6月7日，湘西会战，日军称"芷江作战"，国民政府军伤亡1.3万余人⑦。仅这6次重大战役，国民政府军就伤亡、失踪28.2万余人。此外，国民政府军在湖南境内，还与日军进行过多次零星战斗，伤亡不少，但由于没有详细的档案资料为依托，其伤亡情况无法准确统计。

2. 间接伤亡

（1）灾民、难民伤亡

---

① 巴壶天、郑天健编：《湘政纪实》，第139—140页，中国新光印书馆印刷，1947年10月，湖南省档案馆藏，档案号22—1—1331。

② 湖南省地方志编纂委员会编：《湖南省志·第五卷·军事志》，中国文史出版社1994年版，第1008页。

③ 台北"国防部史政编译局"编印：《湘赣地区作战》（上），《抗日战史》（第七册），台北1989年版，第274页。

④ 湖南省地方志编纂委员会编：《湖南省志·第五卷·军事志》，中国文史出版社1994年版，第1022页。

⑤ 台北"国防部史政编译局"编印：《湘赣地区作战》（下），《抗日战史》（第八册），台北1989年版，第193页。

⑥ 湖南省地方志编纂委员会编：《湖南省志·第五卷·军事志》，中国文史出版社1994年版，第1041页。

⑦ 湖南省地方志编纂委员会编：《湖南省志·第五卷·军事志》，中国文史出版社1994年版，第1049页。

日军飞机对三湘大地的狂轰滥炸，日军对湖南的多次疯狂进攻和在占领区的残暴统治，使数以千万的湖南人民生活无着。但湖南受灾群众和难民到底有多少，其中伤亡者多少，迄今无准确统计。

1944年6月，湖南呈报行政院善后救济总署，称全省难民达11738020人①。衡阳市是灾民最多的地区之一。1945年11月，联合国救济总署副署长韩雷逊、中国救济总署署长蒋廷黻及善后救济总署湖南分署署长余籍传亲赴衡阳下乡视察，目睹灾情，认为衡阳受灾最惨②；蒋、韩两氏于11月26日在沪招待中外记者席上报告工作情形，韩氏更明白地说，各地灾区，与欧洲战场不相上下，衡阳境况最劣。沦陷前，衡阳市人口53万余，战后据调查结果，经战事死亡的有5万余人，流亡黔、桂、川及湘西、东、南的约计8万余人，逃避衡阳境内四乡的计10余万人，外籍回乡不再返市的计10余万人；沦陷期间，患疟痢、伤寒时疫等病的计9万余人（死亡3万余人）；光复后，患时疫等病的3万余人（死亡4000余人）。根据湖南省政府统计室1945年12月28日填造的《各县市待赈及饿毙人数》，全省非赈不生（指房屋被毁、财产损失无法生存者，户主伤亡其家仅存老弱妇孺无力生存者）者达3486297人，其中已经饿死的人数达8984人。

（2）劳工伤亡

1）国民政府征用民工

1938年起，服务于抗战的需要，湖南先后征用劳工兴修常德、衡阳、郴县、浏阳、平江、宁乡、湘潭、芷江、零陵、邵阳、溆浦、道县、湘乡等处工程。如：抢修芷江机场时，就征用芷江等11县民工1.9万人③。1941年2月，又从永绥、保靖、凤凰、乾城4县抽调民工，协助修建四川秀山飞机场。1943年，由桂东酃县抽调民工协助修建江西遂川飞机场。为了配合军事需要，征用民工修筑公路，计有桂穗公路、由衡阳至宋家塘一段公路、湘潭下摄司一段公路、由洞口至榆树湾与安江至洪江两段公路、湘南的蓝临宜嘉蓝两段公路、山塘驿至大江口一段公路等工程。由于军事环境而破坏的公路线，从1939年4月起到1944年止，共有2399公里。1939年战局紧张时，为便于作战，将长衡等

① 吴奇伟：《救济湘灾的途径》，见湖南省善后建设协进会编：《湘灾导报》创刊号，中华民国三十四年十二月十六日出版，第5页。

② 邹仲刚：《衡阳在抗战中的光荣牺牲》，见湖南省善后建设协进会编：《湘灾导报》创刊号，中华民国三十四年十二月十六日出版，第16页。

③ 《抗战时期芷江人口伤亡和财产损失》，芷江县史志办公室提供，2005年5月。

25 县与长常公路附近各县，及龙山、桑植等县以前修建的城堡，征用民工拆除。为了阻止日军重武器和骡马的行进，征用民工对各交通道路进行了彻底破坏。此外，关于军运者，为军粮的运输、弹械的补充、伤病员的救护等，全省各县征用民工，为数尤多，因沦陷各县，案卷损失，实征民工工数，最终没有统计一个准确的数字①。由于环境艰苦，征用民工的死亡率很高。如：1944 年 5 月，湖南省政府和第九战区司令部电令第五、六、八、九行政督察署征集民工 4 万人重建溆浦桥江机场。时值农忙天旱季节，瘟疫流行，饿累交迫，民工共死亡 167 人，其中安化 41 人，永绥 36 人，乾城 24 人，麻阳 18 人，泸溪 16 人，溆浦 14 人，新化 12 人，辰溪 6 人，支付埋葬费 306 万元。芷江机场多次扩建，被征调的农民付出了很大的代价。1944 年，仅黔阳民工就死亡 300 余人。1945 年 5 月的扩建，民工死亡更多。当时在机场边挖有两个埋人坑，每坑埋人数以百计。据芷江县征工处 1945 年 8 月 7 日报告称："天雨频繁，时疫流行，民工死亡至本月七日已达 96 名。"芷江本县民工尚如此，其他各县民工的伤亡更可想而知。因资料欠缺，征用民工总的伤亡情况亦未见统计数据。

此外，全省还推行国民义务劳动，各县市发动民众担任军事运输、破坏道路，及修理军事防御工程，服务民众，截至 1945 年 8 月敌人投降时止，计达 1129143 人②。

2）日军强征劳工

日军在湖南强征劳工的情况，由于档案资料的欠缺，目前难以统计一个准确的数字，只有一些零星的材料。如：日军 4 次进攻长沙时，每次都在临湘、岳阳掳走民夫 3 万人以上，能活着回到家的不到 1/3。1943 年 10 月，日军修建陆城机场，强迫 1000 余民工做苦力，许多人被毒打致死。在常德战役中，日军共掳走 8.3 万人，其中儿童 320 人③。日军在华容墨山白顶山、黄鹤岭、禹山、马鞍山等地设立据点时，强征民工数万人修筑碉堡、战壕，不少人被折磨至死④。1947 年 3 月，湖南省主计处对日军强征劳役情况进行统计。沅江县被日军强征劳力 107 人，逃回 91 人，死亡 8 人，失踪 8 人。安仁县被日军抓去在本县或他省服劳役（挑担、做工、筑路）人数共计 35930 人，逃回 18930 人，死

① 巴壶天、郑天健编：《湘政纪实》，第 136—137 页，中国新光印书馆印刷，1947 年 10 月，湖南省档案馆藏，档案号 22—1—1331。

② 巴壶天、郑天健编：《湘政纪实》，第 132—133 页，中国新光印书馆印刷，1947 年 10 月，湖南省档案馆藏，档案号 22—1—1331。

③ 湖南《大公报》1943 年 12 月 24 日。

④ 华容县史志办：《中国共产党华容历史》（1919—2006）第一卷，中央文献出版社 2006 年版，第 226 页。

亡 9950 人，失踪 7050 人。武冈县被日军拉夫挑运物资人数总数在万人以上。临湘县陆成乡被日军强征 362 人，逃回 142 人，送回 50 人，死亡 76 人，失踪 93 人。湘潭被日军掳走服劳役的有 2320 人，其中死亡 27 人，逃回 1271 人，其余均失踪。衡阳县被日军抓去服劳役（修桥、送担）人数共计 720 人，逃回人数 520 人，死亡人数 125 人，失踪人数 75 人[①]。邵阳县被日军抓去服劳役（挖战壕、筑路、挑担）人数共计 7200 人，逃回人数 2765 人，送回人数 3692，死亡人数 515 人，失踪人数 228 人[②]。此外，被日军强征服役的澧县为 7891 人，耒阳县为 1746 人，南县为 26737 人，蓝山县为 3152 人，平江县为 12597 人，新宁县为 94300 人，长沙市为 3 万人。遗憾的是，当时各县市上报的材料并不完整，没有形成全省的统计数字，后来因政局的变动就不了了之。

（3）日军强征"慰安妇"

关于日军在湖南占领区内强征"慰安妇"的活动，现存档案、文献资料很少，难以反映其全面情况。1938 年 11 月上旬，日军入侵岳阳后，日伪组织在各地设立招待所，强拉青年妇女，逼充临时"慰安妇"。1939 年秋末冬初，日军独立第十七纵队在吴胡驿（今五垸乡）附近的西边章屋场设立了"慰安所"，内有被掠来的朝鲜妇女 8 人、湖北妇女 2 人、新墙妇女 4 人。1941 年 12 月初，日军在新墙河成立了"慰安所"，将抢来的妇女集中起来，供其长期蹂躏。1944 年夏，占据株洲朱亭镇的日军，威逼地方维持会特别设置一所"慰安所"，常年胁迫十多名妇女充当"慰安妇"，供其昼夜淫乐，其中 8 人在此丧生。在湘潭县易俗河，日军特设一所"慰安所"，在其中充当军妓的有日本妇女，也有被抓的中国妇女，日军官兵买票便可进去淫乐[③]。9 月，日军在湘潭银田寺万寿宫（红庙）墙上挂上"快活林"的木牌，掳来 20 多个青年妇女，遭其奸淫凌辱[④]。1945 年 1 月 16 日，日军入侵宜章后，强迫县内每日送 10 个姑娘作"慰安妇"，供日军奸淫行乐。此外，日军在各地掳走了不少妇女，虽无"慰安妇"之名，却有"慰安妇"之实。如：1944 年 6 月下旬，日军在衡山潭泊街拦截妇女数十名，将她们关在潭泊港口大禾场的一间民房内，供其轮奸。9 月 4 日，日军入侵祁阳县城关镇，将潇湘街向某之妻和洪某等 6 人关进戴鼎甲的房子，

① 《衡阳县人民被敌征服劳役调查表》，民国三十六年二月填报，湖南省档案馆藏，档案号 44—1—6，第 67—68 页。

② 《邵阳县人民被敌征服劳役调查表》，民国三十六年十二月二十八日填报，湖南省档案馆藏，档案号 44—1—6，第 42—43 页。

③ 株洲文史资料编委会：《株洲文史》第 7 辑，1985 年内部出版，第 155 页。

④ 《中国共产党湘潭历史》（1921—1949）第一卷，中共党史出版社 2006 年版，第 291 页。

后又从龙口源抓来妇女 7 人，日军不准她们穿衣裤，每人每天至少要被 10 多名日军奸污。9 月中旬，日军入侵祁东万福岭乡灌渡桥村漆家院，经常从别的地方捉拿年轻妇女来漆家院，任其蹂躏。1945 年 2 月 14 日，日军偷袭汉寿百禄桥，掳去 12 个青年妇女到其驻地台公塘，供其集体轮奸行乐。由于缺乏且难以搜集资料，因而，无法准确统计日军在湖南强征慰安妇和实施性暴力的受害人数。

（4）引发瘟疫等造成的伤亡情况

日军对湖南狂轰滥炸，在三湘大地烧杀淫掠，加之实施灭绝人性的细菌战和毒气战，严重破坏了湖南原来良好的自然环境。日军经过之处，尸横遍野，蚊蝇成堆，病菌大量滋生，痢疾、疟疾、天花、疥疮等多种疾病相继暴发。

1938 年 7 月中旬，芷江霍乱流行。民众因病死者，日有数十，尤以民工为最多。1940 年 7 月上旬，长沙、平江及滨湖的湘阴、宁乡、益阳、沅江、汉寿、常德、安乡等县霍乱、鼠疫流行，长沙县数日内死数十人。1942 年夏秋间，衡阳市霍乱流行甚烈，仅 6—7 月就死亡 2000 多人，衡阳市政府筹集 15.5 万元，用于扑灭霍乱。同年 8 月 8 日，《力报》讯：衡阳市霍乱流行，疫势严重，蔓延区扩大，每日患者在 100 人以上，死亡率占 60%。1945 年 5 月 22 日，湖南省政府和第九战区司令部电令第五、六、八、九行政督察区征集民工 4 万人（计划 10 万）全面动工兴建溆浦桥江机场。在修建过程中，又值瘟疫流行，安化、永绥、乾城、麻阳、泸溪、溆浦、新化、辰溪等县死亡民工合计 167 人。6 月，安江又流行霍乱，死亡 200 余人。

日军投降后，这些疫病又很快在全省蔓延，导致瘟疫流行。如：在先后 4 次沦陷的湘阴县，荆浒、黄谷、新市、武昌、长乐等 5 个乡（现均属汨罗市）以痢疾、疟疾为主形成瘟疫，彼起此伏，持续达两年之久。据不完全统计，自 1945 年夏季起到 1947 年春季止，死于瘟疫的约 5000 人。荆浒（现汨罗大荆）一个乡就死了 1314 人。1947 年 12 月 22 日，荆浒乡乡公所呈报该乡惨遭瘟疫，请求救济："窃属乡地当湘北要冲，屡遭寇灾，惨无复比。惟天又祸我灾黎，去年入秋以来，痛遭瘟疫，计自 8 月至 11 月，死亡老幼男女数近 1000……惟查自去年 12 月至本年 2 月 15 日止，相继又死亡老幼男女 320 余人，前后合计死亡人口 1300 有奇……而一般鳏寡孤独毫无依靠之老幼男女求生不得，求死不能，目睹心伤，殊为可痛。且去年 9 月以后所死之贫民多无棺木埋葬，现因雨洒土离而白骨盈野，伤心惨目，有如是焉……"当年，湘阴县政府档案中有这样一段记载："秋，新市附近一地六百余人中，除一个保长和一个甲长外，其余全部患病，结果死亡 124 人，外村群众不敢入村，稻谷成熟无人收割。"[1] 根据善后救济总署湖南分署公布的《湖南省各县市疫情统计表》，1946 年 1 月至 6 月，全省患霍乱、伤寒、天花、疟疾等疫病的人数达 17297 人，死亡 520 人[2]。当年入夏以后，全省各种传染病人数更是猛增。但全省没有对死于瘟疫总人数的准确统计。

以下为湖南省政府统计室 1946 年 12 月公布的《人口伤亡表》[3] 中的由于日军进攻和日军飞机轰炸造成的全省各地人口（平民）伤亡数字，总计伤亡 2622383 人。

抗战时期湖南人口伤亡汇总表　　　　　　　单位：人

类别　　伤亡	死　亡	重　伤	轻　伤	备　　注
成年男性	284456	360480	432106	本表完全采用 1946 年 12 月湖南省政府统计室《人口伤亡表》的统计数字，仅限于 1937 年 7 月 7 日起至 1945 年 8 月 10 日止日军进攻和日机轰炸所造成的人口（平民）伤亡，本调研报告涉及的其他各种人口伤亡数字均未统计在内。
成年女性	150523	197065	302920	
幼　　童	83265	86485	79937	
不　　明	401841	94482	148823	
总　　计	920085	738512	963786	

（五）财产损失情况

1945 年底，湖南省政府曾进行了一次全面调查统计。后来，省妇女工作委员会等机关对财产损失又陆续进行了补报。1948 年 1 月，省政府统计处又对原公布的部分数字进行了调整。形成了全省总损失，按损失主体分，以法币（当时亦称为国币）计算，并按 1945 年 8 月物价折算，全省财产总损失为 12196904201230 元。但由于当时对财产损失的统计并不全面，因而，事实上的

① 程朴：《抗日战争后湘阴县瘟疫流行情况》，见岳阳市政协文史资料研究委员会编：《岳阳市文史资料》第六辑，1987 年 11 月出版，第 118—120 页。
② 善后救济总署湖南分署经济室编：《湖南善后救济区域现状调查报告》（增订本），中华民国三十五年八月，第 67—76 页。
③ 该表为湖南省政府统计室 1946 年 12 月编印的《湖南省抗战损失统计》的一部分。后者存湖南省档案馆，档案号 46—1—25。

财产损失要多于这个总数目。

1. 社会公共财产直接损失

社会公共财产直接损失，大致包括：日军飞机轰炸所造成的财产损失；日军在占领区和进攻各地时所进行的物资掠夺（包括粮食、畜禽、矿产和其他物资）；日军在各地制造的惨案（杀人放火）所造成的财产损失；日军强征湖南劳力从事运输、修筑工事等军事设施和机场、道路、桥梁所造成的劳力经济损失；湖南在三次长沙会战、常德会战、长衡战役、湘西会战等战役中的战争损失；日军在常德进行细菌战所造成的财产损失等。

1948年1月，省政府统计处按建筑物、器具、现款、图书、仪器、文卷(宗)、医药用品、其他等项进行分类，对各机关（省级、县市级）、各学校（省立、县市立、私立）、各事业（省营、县市营、民营）、各人民团体及合作社等社会财产的直接损失进行了统计，以1945年8月法币计算，总计为11509086514457元。其中社会公共财产损失部分：全省各级机关（含省级、县市级）直接损失合计64083117278元；各级各类学校（省立、县市立、私立学校）直接损失合计75713282600元；全省各项事业直接损失合计8223552038813元，其中，省营事业直接损失106529923457元，县市营事业直接损失合计3120698501元，民营事业直接损失8113901416855元；各人民团体及合作社直接损失459112117884元。全省省级各机关团体学校及事业直接损失182630464477元。其中：省级各机关损失直接损失原报数7120290663元；省政府各处厅局室直接损失原报数7011702201元；各行政督察专员公署直接损失原报数108588462元；省属学校损失直接损失47414742052元，其中公立学校直接损失16420785000元，私立学校直接损失30993957025元；在省营事业直接损失的统计中，农业按房屋、器具、现款、产品（农产品、林产品、水产品、畜产品）、工具（农具、渔具、其他）、牲畜、运输工具、其他等进行分类，直接损失为131135897元，矿业按房屋、器具、矿坑、现款、矿产品、机械及工具、运输工具、其他等进行分类，直接损失为3280802016元，工业按厂房、现款、制成品、原料、机械及工具、运输工具、其他等进行分类，直接损失为1376671677元，公用事业按房屋、器具、现款、机械及工具、运输工具、其他等进行分类，直接损失为79070000元，商业按店房、器具、现款、存货、运输工具、其他等进行分类，直接损失为624162000元，银行按房屋、器具、生金银、保管品、抵押品、有价证券、运输工具、图书、仪器、其他等进行分类，直接损失为245898837元，公路按房屋、器具、现款、路线设备、电讯设备、车辆、材料、修理机械及工械、货物、其他等进行分类，直接损失为94342120000元，航业按房屋、器具、现款、码头及趸船设备、船只、材料、修理机械及工具、货物、其他等进行分类，直接损失为3566900000元，电讯按房屋、器具、现款、路线设备、材料、其他等进行分类，直接损失为2883163000元。

2. 个人财产直接损失

个人直接财产损失，主要指日军进攻及日军飞机轰炸过程中，全省个人在建筑物、器具、现款、古物图书、仪器、牲畜、衣着物等方面的财产损失，包括全省各机关学校及事业内服务员工以及各县市普通住民的直接损失。据1948年1月，湖南省政府社会处编印的《全省抗战损失调查汇总表》的统计，按1945年8月法币计算，全省个人财产损失合计为2686625957882元，其中，各机关学校及事业内服务员工直接损失为58094450111元，普通住民直接损失为2628531507771元。在《省级各机关学校内服务员工直接损失调整表》中，省级机关学校内服务员工直接损失总计为21565508305元。其中，补报建筑物直接损失1356830000元，补报器具直接损失1018018030元，补报现款损失11024500元，补报古物图书直接损失471688000元，补报牲畜直接损失24808210元，补报衣物直接损失1309468900元，补报其他直接损失115766140元。直接损失调整的情况为：省级各机关员工合计为19989383743元，省政府及秘书处个人为2763889320元，民政厅机关员工为684717330元，财政厅及其所属单位个人为1213701000元，教育厅及其所属单位为1353028400元，建设厅及所属单位为714246283元，警务处及所属单位机关员工为2368094444元，社会处机关员工为2466434100元，卫生处及所属单位机关员工为523887800元，地政局及所属单位机关员工为2247461112元，会计处机关员工为2429144500元，统计室机关员工为238868310元，省田粮处机关员工为520432060元，第一区专署机关员工为81626659元，第二区专署机关员工为165274885元，第三区专署机关员工为214258480元，第四区专署机关员工为32372310元，第五区专署机关员工为135124570元，第六区专署机关员工为60511500元，第七区专署机关员工为224785000元，保安部军法室机关员工为1529964680元，保安部防空科机关员工为21561000元，民范女子职业学校、明德、广益等27所私立学校合计为1576124562元。当时，省政府在调查机关员工个人财产损失情况时，还有重点地调查了社会处等单位，并作了详细的记载和统计。

3. 间接损失

间接损失大致包括：因日军杀人、伤人、掠夺资财而造成的生产水平下降；因日军入侵而增加的国防成本、军事开支；因日军占领而造成的国土损失；日军强奸妇女、强征慰安妇而造成的精神损失和财产损失；为躲避日军入侵，政府机关和人民团体、事业单位、学校、公私企业拆迁内地的财产损失；为救济伤病员和难民，政府增加的费用和民间进行的募捐等。

1945 年底，湖南省国民政府在统计间接损失时，只考虑到迁移费、防空设备费、疏散费、救济费、抚恤费、复员费、应变费等项。后来，省政府及秘书处、省妇女工作委员会等机关补报了迁移费、疏散费、救济费等。1948 年 1 月，省政府统计处原来的间接损失统计数字进行了调整，全省以 1945 年 8 月法币计算，共计财产间接损失 687817686773 元。其中：全省各级机关间接合计损失 4504665167 元，各学校（含省立、县市立、私立）间接损失 10185695000 元，各事业（省营、县市营、民营）间接损失 581919501487 元，各人民团体及合作社间接损失 19241572260 元，各机关学校及事业内服务员工间接损失 10439013903 元，普通住民损失间接损失 61473238956 元。因此，这个间接损失的统计是不完整的，至少还有下列各项损失并未计算在内。

（1）募捐损失

九一八事变后，湖南就开始发动各项捐献，接济抗日将士，主要有以下四个方面：1）捐献寒衣。1938 年 9 月，全国征募寒衣运动委员会湖南分会成立，发动全省捐献寒衣，计 1939 年为军用棉背心 30 万件，1940 年及 1941 年为军用棉背心各 20 万件，均拨交第九战区司令部，配发前方将士应用。2）七七献金。从 1938 年起，湖南省动员委员会开始发动献金运动，到 1940 年共收到献金法币 297757.89 元。3）慰劳捐款。1938 年 7 月 28 日，湘抗敌总会拨款 8000 元慰劳保卫武汉陆军将士，2000 元慰劳空军将士，并派施剑翘带旗帜前往慰劳。①湖南各界人士为了鼓励士气，征募各项慰劳捐款，1939 年 10 月 15 日、1940 年 10 月 10 日、1941 年 11 月 1 日，先后 3 次派遣慰劳团，赴前线慰劳抗战将士，计寒衣、药品、现金等慰劳品，及荣誉旗帜等，总值达 300 万元。4）献机。1943 年，湖南航空建设协会征募会费及献机捐款，共计法币 17114993 元。

①《湖南省政府大事记》，1938 年 7 月编印，第 286—287 页，湖南省档案馆藏，档案号 22—1—11。

1942、1943 两年，滑翊分会征募捐款法币 2121116 元①。1942 年，共发出捐款配制的寒衣 12903 件。但遗憾的是，既没有 1938 年以前的统计数字，也没有 1944 年、1945 年的统计数字，更没有全省统计的总数字。

（2）人力资源损失

抗战期间，日军在进犯湖南及占领区内，大量强征劳力修桥筑路、运输军用物资等，给湖南人民造成了重大的经济损失；同时，为了抗战需要，国民政府征用大批劳力参加地方自卫组织、防护团等，也造成重大经济损失；国民政府还征集了不少人服常备兵役，经济损失也是重大的。此外，日军还在沦陷地区劫掠大批 12 岁以下儿童，运往省内外等城市，给这些家庭造成重大财产和精神损失。抗战结束时，省国民政府虽然进行过统计，但因种种原因，统计资料很不完整。

1）国民政府征兵损失

为了抵抗日军进攻，国民政府要求适龄青年服兵役。1937 年 10 月，湖南设立军管区司令部，负责管辖长岳、衡郴、宝永、辰沅 4 个师管区及长沙、衡阳、沅陵等 16 个团管区。1941 年 10 月 1 日，重新划为长潭、岳浏、湘宁、常益、澧慈、衡耒、桂郴、茶醴、邵新、宁道、芷绥、沅永等 12 个师管区及永顺征兵事务所，各县市设兵役科与组训科（后改为军事科及国民兵团），分别办理征拨和组织训练事宜。据统计，从 1937 年起至 1945 年 8 月止，全省共计征募壮丁 2022637 名；从 1937 年 12 月至 1942 年 6 月止，共核准招募单位 124 个，募集部队总数为 232011 名。省政府还征集民众服常备兵役，将他们编为国民兵，进行普通训练和集合训练，19 岁至 35 岁的人一律参加。从 1936 年起至 1943 年止，全省共训练国民兵 5789191 人。此外，对学校也实施了军训。1938 年前，集训毕业学生 12037 人。1943 年，有 110 个学校实施了军训，教官 178 人，受训学生 24729 人；1944 年，有 117 个学校实施了军训，教官 191 人，受训学生 26000 余人②。这些都没有折算成经济损失。

2）日军强征劳役损失

日军强征劳役，给湖南人民造成了严重的经济损失。1947 年 3 月，湖南省主计处对此进行统计时，大部分县市不是没有上报，就是没有按规定标准进行

① 巴壶天、郑天健编：《湘政纪实》，第 135—136 页，中国新光印书馆印刷，1947 年 10 月，湖南省档案馆藏，档案号 22—1—1331。

② 巴壶天、郑天健编：《湘政纪实》，第 133—135 页，中国新光印书馆印刷，1947 年 10 月，湖南省档案馆藏，档案号 22—1—1331。

折算，因此，全省最终没有形成一个精确的损失数字，只留下了一些零星的材料。如：沅江县被日军强征劳力计工日 4088 个，损失工资 817.6 元。安仁县被日军抓去在本县或他省服劳役（挑担、做工、筑路）人数共计 86950 个工，损失工资数 26085 元。临湘县陆城乡被日军强征修建机场，计工日 304410 个，损失工资 76882 元。衡阳县被日军抓去服劳役（修桥、送担）人数共计 7640 个工，损失工资数 988000 元；邵阳县被日军抓去服劳役（挖战壕、筑路、挑担）人数共计 67000 个工，损失工资数 328000 元。湘潭被日军掳去服劳役（修路、筑工事）人数共计 2320 人，每人服役 30 天左右。此外，被日军强征劳役，澧县共计 157820 个工，耒阳县共计 287725 个工，南县共计 267370 个工，平江县共计 849540 个工，长沙市共计 900000 个工，新宁县共计 1809700 个工。武冈县被日军拉夫挑运物资总数在万人以上，损失多少当时未折算。除了强征劳役，日军还劫掠了许多 12 岁以下的儿童到外地，给被劫儿童的家庭带来的心灵创伤和经济损失是无法估算的。如：衡阳县被劫掠 11291 人，邵阳县被劫掠 3153 人，南县被劫掠 592 人，龙山县被劫掠 813 人，沅江县被劫掠 117 人，醴陵县在调查损失时，发现仅 1944 年 5 月，日军就在渌口、清安铺、县城、白兔潭等地掠走儿童 1290 名。

（3）难民救济损失

1938 年 11 月，日军攻占岳阳、临湘后，长沙、黄河流域各省的难民，纷纷涌入湖南，流离转徙于湘资沅澧四水之间，人数不下 10 万，"安抚赈济，当时情况，甚为严重"[①]。但严重到什么程度，救济费与相关的间接损失究竟有多少，当时并没有进行全面的统计。

第二次长沙会战时，长沙、湘阴、岳阳、临湘、浏阳、平江、湘潭、醴陵等 8 县 147 个乡遭受损失，实际发放救济款 1026533 元（事务费用、医药费及牛赈等费均未列入），救济 203042 人[②]。1942 年 1 月，日军第三次进犯长沙时，省政府在湘乡、衡山、耒阳 3 县设立临时避难区，救济来自湘北战区的难民，共发放救济款 3.7 万余元。3 月，省政府又派救济队分赴长沙市和长沙、湘阴、岳阳、平江、临湘等 6 县市 78 个乡镇发放受灾急赈款，共发放救济款 11197418 元（事务费用、医药费及牛赈等费均未列入），救济灾民 201555 人[③]。1942 年，全省共设立了 43 个难民收容所，收容难民 50271 人，其中男 31415 人，女

① 巴壶天、郑天健编：《湘政纪实》，第 5 页，中国新光印书馆印刷，1947 年 10 月，湖南省档案馆藏，档案号 22—1—1331。
②③ 湖南省政府秘书处编印：《湘政四年》，1943 年，湖南省档案馆藏，档案号 22—1—1149，第 50—51 页。

18856 人。同时，赈济委员会湖南省分会还资助湘北战区难民回原籍，发放资助费 21789 元。此外，救济平江南江桥遭受日军蹂躏的灾民 3483 人，每人发 5 元，计发救济款 17415 元；救济流亡澧县的鄂籍难民 186 人，每人发急赈款 20 元，计发 3720 元；救济流亡华容注滋口的岳阳难民 1477 人，每人发急赈款 4 元，计发 5908 元；救济流亡南县的岳阳籍难民 2924 人，每人发急赈款 4 元，计发 11696 元，共发放 38099 元。赈济委员会湖南省分会还救济了湘北战区学生 60 余名，每人发遣散费五六十元不等，并资助了浙赣等省逃来后方学生的旅差费。为了保证难民的基本生活，1939 年、1940 年、1941 年，省政府给难民每人每月发给养 3 元，1942 年 1 月至 6 月，每人每月发 4 元，1942 年 6 月以后，每人每月发 5 元，其生育调养费和死亡埋葬费各按 1 元发放，小孩每名按 5 元发放。据统计，1939 年，共发放难民数 22219 人，发放给养 799884 元；1940 年，共发放难民数 27212 人，发放给养 979632 元；1941 年，共发放难民数 34035 人，发放给养 560133 元；1942 年，共发难民 38121 人，发放给养 1953512 元。4 年合计发放难民数 121587 人，发放给养费 4293161 元①。1943 年 3 月，日军进犯南县、华容等县，省政府与第九战区各拨款 100 万元，作为急赈，并将国民政府 1500 万元拨款全部作为善后救济经费。6 月，日军再犯滨湖各县时，又拿出 50 余万元作为急赈，用于救济沅江、汉寿、南县、华容、常德、桃源、慈利、石门、澧县、安乡、益阳等县难民。1944 年 5 月，省政府制定了《湖南省救济难民暂行办法》，规定距前线 200 里以内的县负责抢运，200 里以外的县负责收容，还颁布了《湖南省寇灾急赈查放办法》，通饬各县遵行，转发国民政府 1 万万元救济款，并从全省各县市新兴事业经费中划拨 8572520 元作为救济事业经费，列入全省 1944 年度各县市新兴事业费科目②。从 1945 年至 1946 年 6 月止，善后救济总署湖南分署共疏运难民 233986 人，但没有包括未经难民服务处疏运的难民人数；参加工赈工作的人数 3747 人，共计 1363432 工，另善后工厂共收容 3745 人③。

(4) 长沙大火损失

1938 年 11 月 12 日，省会长沙被一场人为的大火焚毁，给长沙人民带来了前所未有的灾难。虽说大火是湖南省军政当局执行所谓"焦土抗战"方针

---

① 湖南省政府秘书处编印：《湘政四年》，1943 年，湖南省档案馆藏，档案号 22—1—1149，第 55 页。
② 湖南省政府秘书处编印：《湘政四年》，1943 年，湖南省档案馆藏，档案号 22—1—1149，第 97—99 页。
③ 善后救济总署湖南分署经济室编：《湖南善后救济区域现状调查报告》（增订本），中华民国三十五年八月，第 7—8 页。

的产物，但主观上却是为避免长沙被日军利用而采取"坚壁清野"的举措。因此，这个抗战期间湖南发生的极为重大的灾难，肇始的责任要算在侵湘日军的头上。

这场大火损失十分惨重，千年文化古城顿成废墟。"全国都市中，充实富庶，长沙当居首要。百年缔造，可怜一炬"①。尽管当时缺乏精确的统计，但透过个别行业和局部的损失，就能看到其中损失的惨重程度：全城80%以上房屋被烧毁，共计5.6万余栋，繁华的南正街（今黄兴路）、坡子街、臬后街、八角亭、药王街、太平街、西长街、大西门正街及沿江一带，仅存残垣断壁；省政府、民政厅、建设厅、警察局及其分局（第五分局除外）、警备司令部、省、市党部、保安处、地方法院、高等法院、电报局、电话局、邮政局、市商会、中央通讯社、中央广播电台及在长报馆等均被烧毁；被烧毁的学校有湖南大学、明德中学、岳云中学、楚怡工业学校、兑泽中学、第一师范、南华女中、明宪女校、妙高峰中学、省立长沙高中、民众教育馆等31所；被烧银行有：湖南省银行、江西裕民银行、上海银行、交通银行和中国银行；被烧工厂40多家；被烧碾米厂和粮栈170多家；烧毁湘绣业40家；除湘雅医院外，全市医院均被焚毁；被烧死市民3000多人②，数十万人被迫离乡背井，颠沛流离。可以说，长沙大火造成的损失是无法估算的。

除了以上的财产损失外，日军侵湘期间还有一些无法统计、连带有财产损失的方面，如1937年至1945年，为应对日军的侵略，保卫国家和民族的利益，湖南全省共征集壮丁2022637人；在此期间，全省共饿死8984人；由于战争的影响而加剧了自然灾害的危害程度，到1945年底，全省27774470人中，非赈不生的人数达到3486297人。在日军进攻和日机轰炸中，全省共死亡920086人，重伤738512人，轻伤963786人；日军在湖南对妇女进行强制性的性侵害人数众多，既给妇女造成精神上的创伤，同时因疾病治疗也连带造成经济上的损失。因此，日军侵湘期间给湖南造成的直接损失和间接损失，远远大于已统计的数字。

以下为湖南省政府统计室1948年1月公布的《全省抗战损失调整表》中的财产损失数字，按1945年8月物价折算，全省财产损失总计为12196904201230元（法币）。

---

① 《长沙大火——敬慰湘民》，载《中央日报》1938年11月18日。

② 一说2万多人。中国湖南省委党史资料征集研究委员会编：《湖南党史大事年表》（新民主主义革命时期），湖南人民出版社1986年版，第184页。

抗战时期湖南省财产损失汇总表　　　　单位：元（法币）

项　别		共　　计	直接损失	间接损失	备　注
总　计		12196904201230	11509086514457	687817686773	本表根据 1946 年 12 月湖南省政府统计室《全省财产损失总表》进行设计，仅限于 1937 年 7 月至 1945 年 8 月 10 日止日军进攻和日机轰炸所造成的财产损失，而且完全采用省政府统计处 1948 年 1 月公布的《全省抗战损失调整表》的统计数字，本调研报告涉及的其他各种损失均未统计在内。
各机关损失	合　计	68587782445	11509086514457	4504665167	
	省级机关	7819413704	64083117278	699123041	
	县（市）级机关	60768368741	56962826615	3805542126	
各学校损失	合　计	85898977600	75713282600	10185695000	
	省立学校	18245230000	16240785000	1824445000	
	县（市）立学校	22053974506	19355237272	2698737234	
	私立学校	45599773094	39937260328	5662512766	
各事业损失	合　计	8805471540300	8223552038813	581919501487	
	省营事业	429679839542	106529923457	323149916085	
	县（市）营事业	3859635492	3120698501	738936991	
	民营事业	8371932065266	8113901416855	258030648411	
各人民团体及合作社损失		478353690144	459112117884	19241572260	
各机关学校及事业内服务员工损失		68587464014	58094450111	10439013903	
普通住民损失		2690004746727	2628531507771	61473238956	

（六）结论

　　根据截至目前所掌握的资料和进行的相关研究，我们得出了湖南省抗日战争时期人口伤亡和财产损失的以上若干数据。由于年代久远、搜集资料困难等客观原因，应该说，我们得出的这些数据还只是初步的和尚不完整的数据，并不是研究的最终结果。今后，我们将继续推进本课题调研工作，以期在掌握更多资料和取得研究新成果的基础上对有关数据再做出修订和补充。

　　日军侵华期间，湖南不仅自身承载了人力、物力、财力巨大损失的压力，而且为全国抗战每年供应军粮 1000 万担、军布 300 万匹、军棉 7 万担，从

1937 年至 1945 年征募壮丁 2022637 人①，为驱逐和最终击败日军做出了重大牺牲，以至于抗战胜利时，"湖南灾情冠于全国"②。日军的疯狂侵略，严重阻碍了湖南经济社会的发展，造成的有形损失是巨大的，带来的无形灾难是深远而无法估量的。从以上的分析中，可以得出本次湖南省课题调研的几个主要结论。

1. 日军的野蛮杀戮，是湖南人口遭受重大伤亡的主要因素

抗战期间，湖南沦陷时间最长的是岳阳、临湘两县，达 6 年零 9 个月；平江、湘阴、长沙等县多次沦陷。日军在进犯与占领期间，对湖南人民肆意屠杀，制造了诸如厂窖惨案、营田惨案、青山惨案、洪山惨案、三汊湖惨案、梓桥惨案、湘潭石潭惨案、东安大庙口惨案、道县万家庄惨案、小河边惨案、楼田惨案、茶陵芫上惨案、邵阳五峰铺惨案等一系列惨绝人寰的惨案。日军在屠杀无辜群众时，手段极其残忍、野蛮，除用机步枪扫射、刺刀刺杀外，还有活埋、火烧、火烤、水淹、水烫、油炸、斧劈、砍头、剥皮、敲脑吸浆、挖眼、割耳、割鼻、剜腮帮肉、割喉、穿肩、穿手、割乳、剜心、剖腹、掏肠、断肢、肢解、凌迟、窒息、绞刑、奸杀、戳阴、烧阴、戳肛、火烙、悬吊、毒打、饿死、狗咬、灌辣椒粉、灌凉水、灌开水、灌大粪、毒熏、投放细菌和毒剂弹及轰炸等上百种灭绝人性的酷刑。可以说，一切能够用来杀人的方法和手段，都被日军派上了用场。其疯狂和残忍、野蛮和恶毒，达到了令人发指的程度。日军的野蛮屠杀，是湖南人口遭受重大伤亡的主要原因。

2. 日军的疯狂，使湖南的民族工业惨遭夭折

全国抗战爆发前，湖南迎来了十分宝贵的发展机遇。1936 年，国民政府批准资源委员会关于"发展工业，巩固国防"的"三年计划"，湖南成为国民政府拟建的重要工业基地，如中央电工器材厂、中央机器制造厂、中央钢铁厂等相继在湘潭勘址动工。全国抗日战争爆发后，上海等沿海、沿江城市的工厂，纷纷迁湘。"1938 年至 1940 年，湖南共迁入工厂 121 家，内迁技术工人 2777 人"③。加上本省民营工厂的建立，"全省工厂发展到 935 家，工人人数达 5.76

① 《湖南省军管区司令部成立十周年纪念专刊》，转引自钟启河、刘松茂编著：《湖南抗日战争日志》，国防科技大学出版社 2005 年版，第 309 页。
② 余籍传：《湖南的善后救济工作——一面计划，一面实施》，见《湘灾导报》创刊号，第 9 页，湖南省善后建设协进会编，中华民国三十四年十二月十六日出版。
③ 陈真、姚洛合编：《中国近代工业史资料》第 1 辑，三联书店 1957 年版，第 88 页。

万人"①。在当时国民党统治区仅次于四川而位居第二。这些工厂主要分布在衡阳、祁阳、邵阳、芷江、安江、沅陵、辰溪等地，给湖南带来了现代工业的设备和技术，使湖南的民族工业顿时出现了一派繁荣景象。与此同时，湖南的传统工业进一步复苏。然而，随着日军的疯狂轰炸与直接侵犯，不仅使湖南具有优势的传统工业遭到破坏，而且"长沙、醴陵、衡阳等地工厂，因事变仓促，只有少数工厂冒险抢运内迁，但是受到运输等困难，机器材料损失很大，所有矿区损毁殆尽"②。因国民政府发展举措和沿海等地工厂内迁而崛起的湖南新兴现代工业又惨遭夭折。

3. 日军的恶行，造成湖南瘟疫流行、灾民饿殍载道

湘、资、沅、澧四水流域，孕育了洞庭湖以南富庶秀美的山川。日军对湖南的轰炸与进犯，尤其是实施灭绝人性的生物化学战，严重破坏了湖南的生态环境和人民的生存条件，使三湘四水连年出现旱灾、水涝等自然灾害，各种传染病流行，其中，以岳阳山地一带的疟疾最为严重；霍乱病从 1937 年传入湖南后就未能绝迹，而且时有所闻，按湖南人口患病率百分之一计算，就有 30 万人需要治疗③。抗战胜利时，由于水旱灾害频仍，遍布全省 57 县，灾民达数百万人。湘中、湘南饥民载道，饿殍盈途，全省至少有 1000 万人挣扎在死亡线上④。这种状况不仅与昔日"湖广熟，天下足"的辉煌形成强烈反差，而且严重阻碍了社会生产力的发展，导致湖南经济社会秩序极度混乱。

4. 日军的侵略，严重阻碍和破坏了湖南经济社会发展

湖南，是全国著名的"鱼米之乡"。抗战期间，日军在湖南狂轰滥炸，还发动了 6 次疯狂进攻，不仅给湖南造成了惨重的人口伤亡，而且造成了巨大的财产损失，使湖南经济社会发展遭受重创，工业、农业、商业、交通邮政、金融、教育、公共事业遭到毁灭性的破坏，省会长沙和衡阳、岳阳、常德等许多城市变成废墟，广大乡村田园变成荒原，各种设施、生产条件遭到严重破坏，特别是日军对学校的蓄意破坏，长沙等地学校被迫迁至湘中腹地或湘西、湘南山区办学，岳阳、常德、衡阳、邵阳等地的学校亦相继疏散到农村，大部分学

---

① 陈真、姚洛合编：《中国近代工业史资料》第 1 辑，三联书店 1957 年版，第 102—104 页。
② 《新华日报》1944 年 10 月 20 日，第 2 版。
③ 善后救济总署湖南分署经济室编：《湖南善后救济区域现状调查报告》（增订本），中华民国三十五年八月，第 77 页。
④ 《湘灾，全国灾难的信号》，载《中央日报》1946 年 3 月 14 日。

校停办，大量文化人才外流，许多学龄儿童失去入学受教育的机会，同时，日军还在各地设立伪中学、伪小学，如：临湘有伪小学 9 所，学生 352 人；岳阳有伪中学、小学 11 所，学生达 898 人[①]，强迫掳来的学生接受奴化教育，给国民素质提高带来了严重灾难。所有这些不但长期严重影响了全省经济社会的发展，而且致使许多方面甚至还出现了倒退现象，综合来看，导致湖南的现代化进程至少倒退 50 年。

（执笔：桂新秋）

---

① 《本省战区敌伪教育情况》，载湖南省政府教育厅 1947 年编印《抗战时期之湖南教育》（1941 年 10 月至 1947 年 7 月），湖南省档案馆藏，档案号 59—1—1。

二、专   题

（一）日军飞机轰炸湖南造成重大人口伤亡和财产损失

在三湘大地上狂轰滥炸，是日本侵略军侵略湖南的一种重要手段，也是日本侵略军在湖南犯下的滔天罪行之一。日军侵华期间，湖南省一直是日军飞机轰炸的重点地区之一。根据《敌机袭湘损害情形统计表》①、《关于敌机空袭损害概况月报图表》②、《各县市呈送遭受日寇空袭损失查报表》③、《敌机轰炸地区表》④ 和相关市、县市区已经出版的地方党史基本著作，日军飞机轰炸湖南，始于 1937 年 8 月 14 日轰炸长沙市（一说轰炸岳阳县），止于 1945 年 10 月 29 日轰炸辰溪县（一说轰炸芷江），轰炸长沙市不少于 100 次、衡阳市不少于 53 次、浏阳县 12 次、长沙县 23 次、湘潭县（含株洲镇）不少于 60 次、岳阳县不少于 22 次、醴陵县 28 次、湘阴县 115 次、平江县 30 次、临湘县 15 次、衡阳县 528 次、衡山县不少于 27 次、耒阳县 66 次、攸县 1 次、茶陵县 12 次、常宁县 12 次、郴县（今郴州市苏仙区）不少于 21 次、桂阳县 2 次、永兴县 6 次、宜章县不少于 7 次、资兴县（今郴州资兴市）4 次、临武县 1 次、汝城县 2 次、常德县不少于 30 次、澧县 28 次、桃源县不少于 18 次、石门县 30 次、华容县 21 次、南县 15 次、慈利县 5 次、安乡县 2 次、临澧县 2 次、益阳县 14 次、湘乡县 7 次、安化县 9 次、汉寿县 8 次、宁乡县 10 次、沅江县 16 次、邵阳县 26

---

① 湖南省主计处、省防空司令部：《关于敌机空袭损害概况月报图表》（1939 年 7 月至 1943 年 8 月），湖南省档案馆藏，档案号 44—1—12。

② 湖南省政府、省防空司令部：《关于敌机空袭损害概况月报图表》（1940 年 3 月至 1944 年 3 月），湖南省档案馆藏，档案号特 F—16—16。

③ 湖南省统计处：《各县市呈送遭受日寇空袭损失查报表及本处有关文件》，湖南省档案馆藏，档案号 46—1—31。

④ 湖南省政府统计室编印：《湖南省抗战损失统计》，中华民国三十五年十二月，湖南省档案馆藏，档案号 22—1—1292。

次、新化县 5 次、武冈县 2 次、新宁县 13 次、城步县 2 次、零陵县 29 次、祁阳县 21 次、道县 41 次、永明县（今江永县）9 次、龙山县 1 次、沅陵县 21 次、溆浦县 12 次、辰溪县 22 次、泸溪县 1 次、芷江县 38 次、黔阳县 2 次、怀化县 2 次、安仁县 18 次、宁远县 1 次、古丈县 1 次、宁远县 1 次，共计轰炸湖南 59 个市县，轰炸次数不少于 1630 次，给湖南造成了重大的人口伤亡和巨大的财产损失。

下面从四个方面进行分类、剖析，通过对原始档案的归类研究，结合亲历、亲见、亲闻者的所见所闻资料，揭露日本侵略军飞机轰炸给湖南造成人口伤亡和财产损失的滔天罪行。文中关于财产损失的货币统计数据，凡未注明币种者均为法币；涉及财产损失的价值，除特别注明者外，均按 1945 年 8 月物价折算。谨此说明。

1. 狂轰滥炸交通要道和战略据点，导致驻湘国民政府军的后方运输线一时陷入局部瘫痪

全国抗战爆发之初，日本侵略军在进攻我华北、华东地区的同时，经常派飞机侵扰我后方，大肆轰炸和扫射后方城市的和平居民。湖南的长沙、岳阳、株洲、衡阳等城镇，均为交通要道，屡遭日军飞机轰炸。1938 年 11 月，日本侵略军占领岳阳、临湘后，湖南的交通要道与战略据点，更是成为日军飞机经常光顾的目标，日军飞机的轰炸不仅对湖南的交通设施、道路等造成了巨大的物质损失，而且也造成了重大的人口伤亡。

1937 年 8 月 21 日，日军飞机 3 架首次轰炸岳阳城，投弹 2 枚。由于炮弹落到洞庭湖畔，因此，这次轰炸没有直接造成人员伤亡和财产损失。10 月 7 日，日军飞机 8 架轰炸郴县（今郴州市苏仙区）的栖凤渡车站，投弹 7 枚，炸死 3 人、伤 7 人，炸毁了整个车站及房屋，还炸毁路轨 1 节、枕木 5 根。11 月 3 日，日军飞机 7 架轰炸永兴县高亭司车站，投弹 3 枚，炸死 2 人，炸毁路轨 1 节、枕木 7 方。

1938 年 7 月 21 日，日军 12 架轰炸机对宜章白石渡车站及煤矿转运站进行了轰炸，但当时没有统计受到损害的详情。同月，日军飞机还轰炸了临湘火车站，伤亡不详。9 月 1 日，日军飞机 9 架分别轰炸郴县保安司令部、县政府，投弹 80 余枚，炸死 34 人、伤 50 人，炸毁房屋 40 栋。10 月 18 日，日军飞机 9 架

轰炸郴县火车站、汽车站等处，投弹 55 枚，炸死 11 人、伤 10 人，炸毁房屋 13 栋，震倒 25 栋。10 月 19 日、23 日、27 日，日军飞机 9 架接连轰炸宜章白石渡车站，其中 19 日投弹 30 余枚，炸死 12 人，炸毁铁轨 300 余公尺。10 月 27 日，日军飞机 9 架轰炸郴县火车站、汽车站、西塔街等处，投弹 17 枚，炸死 2 人、伤 3 人，炸毁房屋 21 栋，震倒 18 栋。12 月 9 日，日军飞机（轰炸机）5 架又在宜章白石渡车站附近投弹 20 余枚，炸毁火车头一个。同一天，日军飞机 7 架轰炸郴县车站，投弹 38 枚，炸死 18 人、伤 24 人，炸毁房屋 36 栋。12 月 19 日，日军飞机又轰炸了宜章车站，损失不详①。

　　1939 年 10 月，日军飞机轰炸的醴陵市、衡阳粤汉车站、零陵冷水滩的湘桂车站以及湘潭、溆浦等水道据点，均为国民政府军运输要道。日军飞机轰炸醴陵 3 次，投弹 26 枚，炸死 10 人、伤 16 人，炸毁房屋 10 栋；日军飞机在轰炸衡阳粤汉车站时，炸毁民船 5 艘、路轨 10 余公尺、车厢两辆；日军飞机在轰炸冷水滩湘桂车站时，炸毁路轨 120 公尺、车厢 1 节、车辆 1 辆；日军飞机轰炸溆浦 1 次，投弹 64 枚，炸死 15 人、伤 19 人，炸毁房屋 37 栋。10 月 25 日，日军飞机 6 架轰炸沅陵，炸毁军米 6 万石。同年 11 月，日军飞机轰炸衡阳车站时，除了炸毁衡阳站机房外，还炸毁机车 5 辆、车厢 1 辆、民船 10 艘；轰炸冷水滩车站时，炸毁路轨 220 余公尺。同年 12 月 22 日，日军飞机 24 架轰炸了郴县三里亭、许家洞、邓家塘车站等处，投弹 70 余枚，震倒房屋 2 栋。

　　以下为 1939 年 12 月湖南全省防空司令部绘制的日军飞机轰炸湖南造成的人口伤亡和财产损失情况统计表：

敌机袭湘损害情形总统计表②
（自七七事变至二十八年十一月底止）

区别 县镇别	日军飞机架次	被炸次数	投弹数量	损害情形	备　考
长沙	473	38	1682	桥梁路轨 142，枕木 373，房屋 2524 栋，估价 6310000，死 1403 人，伤 1795 人，牛 19 头，民轮船 6 只，棚车 2 辆	

---

① 湖南省防空司令部：《郴宣防空业务概况》，1941 年，湖南省档案馆藏，档案号 18—1—9，第 94—104 页。

② 湖南省主计处、省防空司令部：《关于日军飞机空袭损害概况月报图表》（1939 年 7 月至 1943 年 8 月），湖南省档案馆藏，档案号 44—1—12。

区别 县镇别	日军飞机架次	被炸次数	投弹数量	损害情形	备　考
衡阳	445	38	2244	桥梁路轨 174，枕木 300，房屋 1768 栋，估价 4537690，死 1903 人，伤 705 人，民船 34 只，牛 12 头，车箱二站房二材料厂一翻砂厂	毁客车 1 空军第六总站炸毁
岳阳	179	22	655	桥梁路轨 132，枕木 223，房屋 281 栋，估价 421500，死 439 人，伤 366 人	
衡山	60	7	172	桥梁路轨 20，枕木 40，房屋 108 栋，估价 108650，死 65 人，伤 66 人	
宜章	60	7	150	桥梁路轨 115，枕木 215，房屋 37 栋，估价 37000，死 11 人，伤 20 人，牛 19 头，民轮船 6 只，棚车 2 辆	
株洲	448	34	1466	桥梁路轨 316，枕木 1286，房屋 901 栋，估价 688980，死 419 人，伤 452 人，棚车 2 辆	
湘潭	246	26	664	桥梁路轨 125，枕木 330，房屋 234 栋，估价 666280，死 167 人，伤 245 人	
邵阳	80	6	52	房屋 378 栋，估价 490370，死 207 人，伤 561 人	
宁乡	55	5	181	房屋 182 栋，估价 136500，死 14 人，伤 74 人，牛 1 头	
郴县	79	10	355	桥梁路轨 13，枕木 40，房屋 509 栋，估价 354500，死 118 人，伤 166 人，汽车站全毁，棚车 2 辆	
临湘	51	7	193	桥梁路轨 29，枕木 32，房屋 67 栋，估价 33500，死 45 人，伤 80 人，机车 1 辆	
醴陵	137	18	382	桥梁路轨 81，枕木 458，房屋 50 栋，估价 404400，死 42 人，伤 28 人，车厢 4 站房 1	
湘阴	96	8	257	桥梁路轨 30，枕木 184，房屋 5 栋，估价 3000，死 775 人，伤 253 人，城区精华付之一炬，一时无从估计	

县镇别 \ 区别	日军飞机架次	被炸次数	投弹数量	损害情形	备　考
平江	144	21	586	房屋 740 栋，估价 511400，死 334 人，伤 490 人，马二匹汽车 1 辆	
桃源	100	10	259	房屋 563 栋，估价 309650，死 453 人，伤 605 人	
攸县	2	1	3	房屋 20 栋，估价 60000，死 1 人，伤 2 人，毁汽车 8 辆损坏 4 辆	
常德	224	17	953	房屋 2494 栋，估价 3754400，死 590 人，伤 719 人，汽车 1 辆	
芷江	196	14	1486	房屋 1274 栋，估价 1624100，死 281 人，伤 166 人，牛 2 头	情报所附近落手榴弹数枚
澧县	2	1	4	房屋 20 栋，估价 10000，死 9 人，伤 3 人	
益阳	57	9	376	房屋 208 栋，估价 391870，死 306 人，伤 244 人，民船 7 只	
汉寿	23	3	64	房屋 17 栋，估价 13760，死 11 人，伤 25 人	
浏阳	28	6	148	房屋 124 栋，估价 187000，死 79 人，伤 60 人	
华容	2	1	4	房屋 1 栋，估价 1200，民船 1 只	
辰溪	75	5	380	房屋 496 栋，估价 4301470，死 65 人，伤 111 人，民船 2 只	
耒阳	18	2	25	桥梁路轨 5，枕木 29，死 16 人，伤 11 人，旧汽车 4 辆	
永兴	7	1	3	桥梁路轨 1，枕木 7，死 2 人	
沅陵	162	11	1051	房屋 2750 栋，估价 16213860，死 195 人，伤 542 人，毁米 6 万石，汽车 3 辆，高射炮 1 门民船 5 只	
祁阳	17	2	90	房屋 197 栋，估价 535600，死 23 人，伤 28 人，毁附保队长训练班步枪 90 余支	华商工厂军政部第三被服厂被炸
零陵	108	6	667	桥梁路轨 280，房屋 93 栋，估价 298170，死 92 人，伤 126 人，客车 1 辆车厢 1 辆牛 1 头	

区别\县镇别	日军飞机架次	被炸次数	投弹数量	损害情形	备　考
溆浦	9	1	64	房屋 37 栋，估价 59800，死 15 人，伤 19 人	
慈利	6	1	32	房屋 49 栋，估价 69870，死 17 人，伤 25 人，民船 4 只，牛 6 头，马 2 匹	
合计	3606	339	15198	桥梁路轨 1243，枕木 3516，房屋 16119 栋，估价 42836520，死 8058 人，伤 7988 人，牛 19 头，民轮船 6 只，棚车 2 辆	

附记：

一、本表系根据二十六、七、八年日军飞机袭湘损害情形分县统计表汇编之；

二、二十八年九月二十三日以后，湘北情形紧急，湘阴由混乱状态而变为战区，通讯线路被炸中断，一切情况无法探得，故湘阴各次空袭情况均未列入；

三、十月四日，敌轰炸机 1 架空袭衡山之洣河桥，当被守桥部队击落，堕于衡山雷溪市之黑神庙，驾驶员死 2 人、逃 2 人，闻 1 人在渌口捕获。

长沙市是日军飞机轰炸的重点之一。据 1946 年 12 月湖南省政府统计室编印的《日军飞机轰炸地区表》，"长沙市自二十六年七月起被日军飞机轰炸共约百余次，因有关卷宗毁损，故未详列"，其中在"轰炸时期"一栏中，标出最早的轰炸时间是 1937 年 8 月 14 日①。1937 年 11 月 24 日，日军飞机 4 架空袭长沙，在小吴门和火车站一带，投弹 6 枚，炸死炸伤民众 300 余人，造成的财产损失惨重。当时，湖南省和长沙市当局忽视防空事宜，既未在群众中普遍进行防空教育，同时防空设备亦差。本来在何键统治时，湖南曾拨锑矿盈余购置驱逐机，但并未购买，后又募集 300 万元作建设"消极防空"使用，也无着落。因此，这次日军飞机轰炸时，群众仓皇失措，无所适从，而日军飞机肆无忌惮，任意横行，"从容而来，不迫而去"，当国民政府军的飞机起飞时，日军飞机早已扬长而去。1938 年 8 月 17 日，日军飞机 18 架狂炸长沙中山路、宝南街等 20 余处繁华市区和南门外东瓜山、中六铺一带贫民区，炸毁民房、商店 300 余栋，造成民众 833 人伤亡的惨剧。此次损失如此之大，主要还是由于国民党省市当局事前未采取有效措施，同时，事后也未积极处理善后所致。如，8 月 25 日，

---

① 湖南省政府统计室：《湖南省抗战损失统计》，1946 年 12 月编印，湖南省档案馆藏，档案号 46—1—25。

日军飞机轰炸潘家坪贫民区，炸塌贫民住宅40余间，导致200余贫民顿失依托，"四散旷野，状极悲惨"。次日，这些贫民依然"露宿风餐，无人过问"。虽曾要求难民救济处予以救济，而该处人员以"难民过多，无法登记，一语了之"。此后，日军飞机之侵扰更为频繁，特别是敌人进攻岳阳时，曾几度大规模轰炸。如1938年10月19日，日军飞机44架三度侵袭；1938年10月24日，日军飞机35架分4批侵袭……其损失之大，无法估量。据目前掌握的资料统计，8年抗战期间，日军飞机轰炸长沙不少于100次。

岳阳县城，是湘北门户，为粤汉铁路线的战略要地，是粤汉路和湘江沿岸的重要城市，因此成为日军飞机轰炸的重要目标，被炸次数特别多。岳阳沦陷前夕，日军飞机对岳阳城蹂躏的次数更多。该城市区域虽小，而被炸极多，特别是车站，屡遭日军飞机轰炸。1938年武汉会战开始后，日军为断绝中国大后方对武汉的支援，又开始对岳阳城进行空袭骚扰。7月17日，一架日军飞机突然闯进岳阳城上空，投弹6枚，炸死平民60余人。3天后，日军飞机10多架侵入岳阳上空大肆轰炸，其中7月20日10时，日军飞机18架炸死居民800余人，炸伤数百人，炸毁民房300余栋，藏于城南印山防空洞内的200余人全部罹难。此后，日军飞机常来侦察、空袭。当时国民党政府忽视防空，因而损失极大。从10月15日起，岳阳城一连3日遭日军飞机轰炸，仅15日一天，日军飞机两批18架就投弹100余枚，炸毁商店、民房150余栋，炸死炸伤100余人。据目前掌握的资料统计，在岳阳沦陷以前的4个月中，日军飞机就空袭岳阳县城30多次①，炸死无辜群众1900多人，市内大部分建筑物也被日军飞机炸成废墟。

株洲镇，抗战时期只是一个很不起眼的小镇，但由于地处粤汉铁路和浙赣路的交点，因此，也成为日军飞机蹂躏之重要目标。1938年8月31日，日军飞机18架在株洲南北两站投炸弹和烧夷弹100余枚，炸死30余人、伤40余人，炸毁民房200余栋、民船8艘。这次日军飞机轰炸，给株洲造成的损失最大。同年10月，日军飞机更是对株洲进行大规模的轰炸。如：10月16日，日军飞机38架次分4批，对株洲轮回轰炸10次。10月17日，日军飞机106架，又对株洲轮番轰炸6次。1939年9月，日军飞机轰炸株洲，投弹164枚，炸死74人、伤111人，炸毁房屋166栋。10月1日，日军飞机又在株洲投弹23枚，炸死1人，炸毁房屋57栋。1940年12月8日，日军飞机轰炸株洲大河边天主堂

---

① 岳阳市史志办：《中共岳阳市地方史》第一卷（1919—1949），中共党史出版社2005年版，第350页。

侧、大码头河边、盐码头河边、火车南站等处，投爆炸弹 28 枚，炸死 16 人、伤 26 人，炸毁房屋 10 栋，民船 3 艘。据已掌握的资料统计，1939 年 11 月底前，株洲就先后遭到日军飞机轰炸 34 次，这个小镇被炸得满目疮痍。

衡阳市，为湘南重镇，又是交通枢纽，因此，亦为日军飞机经常袭击的主要目标。1938 年 2 月 18 日，日军飞机 7 架在衡阳火车站投弹 30 余枚，损失不详。同年 8 月 18 日，日军飞机 27 架在衡阳机场投弹 10 枚；中秋节晚上，日军飞机 1 个中队（9 架）侵入衡阳上空，先用机枪扫射，再俯冲投弹，炸死炸伤市民甚众，一对新婚夫妇双双被炸死，新娘的腿被炸飞上树梢，新郎陈尸树下。10 月 9 日夜至 10 日晨，日军飞机 30 余架分为 6 批轰炸衡阳市，几至整夜不息。11 月的一天，日军飞机 20 余架，从华东基地起飞，侵袭衡阳，投弹数十枚，炸死炸伤居民 1000 余人。1939 年 4 月 6 日，日军飞机 108 架由武汉、南昌等基地起飞，云集衡阳上空，分 3 批对衡阳东南西北 4 门和中心街道狂轰滥炸。顿时，衡阳城火光冲天，硝烟滚滚，死伤遍地。这次日军飞机投下的炸弹最大的重达 500 磅，破片飞出 200 米仍杀伤不少人，轰炸引起的大火从上午 10 时烧至傍晚未熄，炸死、烧死居民近万人，炸毁房 500 栋。11 月，日军飞机轰炸衡阳，炸毁机车 5 辆、车厢一辆、民船 10 艘、木排 3 张。1940 年 6 月的一天，日军飞机 48 架由华东起飞侵袭衡阳，在城内城北投弹，炸死居民千余人，炸毁房 200 余栋。7 月，日军飞机炸毁了衡阳车站材料库 1 所。8 月，日军飞机轰炸了湘桂铁路火车西站，湘桂路轨略有损坏。10 月，日军飞机轰炸衡阳，炸毁路轨 7 条、东洋渡的兵工厂全部、车站一部分。12 月，日军飞机多次轰炸衡阳粤汉车站、粤汉码头、机场、火车西站、湘桂路便桥等处，炸毁汽车 1 辆、车厢两辆、铁轨 18 条，交通部材料库及粤汉路修理厂、湘桂路及湘黔路材料库均被炸毁；1941 年 6 月中旬的一天，日军飞机 40 余架袭击衡阳，住在衡阳中学附小的荣誉军人近 200 名被炸死。同年 8 月中旬，日军飞机 86 架在衡阳各地投弹，仅在回雁峰附近就炸死居民 500 多人，整个衡阳城被炸死的约数千人。据目前掌握的资料统计，从 1937 年 9 月至 1945 年 7 月，日军出动飞机 2690 架次，对衡阳市境内轰炸 656 次，投弹 6115 枚。日军飞机轰炸过后，昔日繁华的衡阳城已成为一片废墟。

平江县城地处湘鄂要冲，也屡遭日军飞机空袭。1938 年 2 月 11 日，日军飞机首次轰炸平江城，当时没有及时统计，损失不详。5 月 7 日，日军飞机 3 架再次空袭平江县城。8 月 19 日，日军飞机轰炸县城及长寿街，炸死 200 余人。10 月 19 日上午，日军飞机 6 架空袭平江县城，疯狂地进行投弹、扫射。轰炸引发全城一片火海，大火一直烧至晚上，使县城房屋大部分被毁，共计炸毁店铺600多栋、民房2000多间。当时群众缺乏防空知识，来不及疏散躲避，在一片慌乱之中，被炸死炸伤700余人，宋家塘防空洞内50多人全被压死。轰炸过后，县城内"无街不戴孝，到处是狼烟"，惨不忍睹。10月29日，日军飞机5架从江西修水进入平江县境，轰炸长寿及甲山一带，当时没有统计，损失不详。1939年3月15日，日军飞机18架分2批轰炸该城，从东南街到西北街轮番空袭，半小时投弹100余枚，炸死300余人。在这次轰炸中，英国教会所办的循道公会、普爱医院、培元小学虽在屋顶上放置了巨幅英国国旗，亦难幸免，躲在这里的46名群众被炸死，英国牧师李协邦也殒命，北街善慧庵、青石巷等地均被炸死30多人。9月18日，日军飞机轰炸县城时，又炸死300余人。据目前掌握的资料统计，从1938年2月11日至1942年7月19日，日军飞机共出动335架次，先后在平江城乡轰炸22次，投弹2990枚，炸毁房屋14231栋，炸毁粮100万石，炸死耕牛8980头。

湘阴县城，地处长（沙）岳（阳）之间，是一个水路要冲，也经常成为日军飞机光顾的目标。第一次长沙会战前夕，湘阴更成为日军飞机轰炸的重要目标。如：1939年6月23日下午2时左右，日军飞机9架分3批轮番在县城上空轰炸、扫射，投掷燃烧弹。日军飞机轰炸的重点是居民集中的南门口、东正街、衙正街、三井头、王家祠堂等处，刹时间硝烟弥漫，血肉横飞。在南门口的河口上，聚集了来往的船只和行人，日军飞机投下了一颗重磅炸弹，当场炸死100余人；在泰昌粮行附近，不少买米和卖米的人来不及躲避，被炸死者达150余人；在王家祠堂附近，日军飞机的一颗炸弹葬送了360余人；住在衙正街的居民，被日军飞机突如其来的轰炸吓得儿啼母哭，拼命地往外逃跑，被堵在姚光茂店铺附近，日军飞机疯狂地扫射、轰炸，有300人当场倒在血泊之中。在东正街、十字街、三井头等处，日军飞机除轰炸、扫射以外，还投掷了大量的燃烧弹，炸死、烧死无数居民。东正街，这个当时湘阴最繁华的商业中心，彻底被毁。这次"城关惨案"，给湘阴造成了极大的灾难，一个几千人口的县城，顷刻间变成了废墟，到处是破壁残垣，到处是死难者的尸体，真是惨绝人寰。据当时食盐委员会的统计，日军飞机这次轰炸，炸死1700人（不包括无法统计的乡下人和外地人），衙正街宋家洋铁铺、曹吉安家、任家秤铺等42家被炸成"绝户"，炸毁房屋500余栋、民船70多只。

冷水滩车站，是湘桂线上的重要枢纽，也是日军飞机轰炸的重点地区之一。如：1940年9月7日，日军飞机轰炸冷水滩火车站及各材料库、堆栈等处，投爆炸弹 74 枚、烧夷弹 2 枚，炸死炸伤各 4 人，炸毁房屋 73 栋、枕木 4 根，国民党交通部及湘桂路材料库、钨矿业堆栈被炸毁；1941 年 7 月 8 日，日军飞机 4 架轰炸冷水滩，投弹 4 枚，炸死 15 人、伤 26 人，炸毁房屋 13 栋，造成的器具损失达 150000 元，其他损失 296000 元。7 月 29 日，日军飞机 9 架轰炸冷水滩，投弹 6 枚，炸死 6 人、伤 16 人，炸毁房屋 12 栋，造成的器具损失 1200000 元，其他损失 600000 元。1942 年 9 月 1 日，日军飞机 4 架轰炸冷水滩，投弹 7 枚，炸死 53 人、伤 106 人，炸毁房屋 11 栋，造成的器具损失 1100000 元，其他损失 1550000 元。1943 年 11 月 18 日，日军飞机 4 架轰炸冷水铺，投弹 6 枚，炸死 93 人、伤 158 人，炸毁房屋 9 栋，造成的器具损失 9560000 元，其他损失 7160000 元。1944 年 4 月 25 日，日军飞机 18 架轰炸冷水铺，投弹 36 枚，炸死 398 人、伤 512 人，炸毁房屋 136 栋、工厂 1 家、车辆 3 辆、航船 18 艘、帆船 12 艘，造成的器具损失达 19000000 元，其他损失 39000000 元。8 月 13 日，日军飞机 18 架轰炸冷水滩，投弹 36 枚，炸死 105 人、伤 213 人，炸毁房屋 356 栋，造成的器具损失达 72000000 元，其他损失达 10600000 元[①]。

2. 轰炸政治经济文化中心，打击湖南军民的抵抗意志，削弱经济、人力资源

七七事变后，湖南成为战略大后方，是国民政府后方资源、军事工业集散地区之一。当时，湖南没有一座设防城市。日军为了达到其侵略的罪恶目标，其飞机不仅轰炸交通要道，对湖南省的政治、经济、文化中心狂轰滥炸，而且公然违反国际公约，对湖南没有设防的城镇和广大乡村手无寸铁的无辜平民蓄意伤害，制造紧张、恐怖气氛。据不完全统计，全省 78 个市县有 59 个遭到日军飞机的摧残与蹂躏。

1938 年 7 月，上海文化界国际宣传委员会根据各省市的调查及各种报纸所载的材料，统计编制了《一年来敌机轰炸不设防城市统计》（1937 年 8 月—1938 年 5 月），其中涉及湖南省的统计：日军飞机入侵架次为 100，轰炸湖南 15 次，投弹 369 枚，炸死 160 人、伤 241 人[②]。7 月 26 日，湖南省防空司令部为

① 湖南省统计处：《湖南省零陵县（市）空袭损失查报表》，民国三十五年八月二十日查报，湖南省档案馆藏，档案号 46—1—31。
② 中国第二历史档案馆藏，档案号十二·2·967。

日军飞机狂炸我不设防城市发表《告长岳市民书》，劝老弱妇孺，迅即疏散①。7月29日，常德各界举行反日运动大会，致电当时正在巴黎召开的国际反对轰炸不设防城市大会，谴责日军滥炸不设防城市的暴行。

1938年8月5日，日军飞机第一次轰炸汉寿县城，炸毁米厂巷房屋数栋，炸死一孕妇，炸伤多人。8月17日，日军飞机18架狂炸长沙，投弹120余枚。南门外东瓜山、中六铺一带贫民区，及中山路、宝南街等20余处繁华市区均被轰炸。仅在南门外的贫民区，日军飞机就投弹40余枚，并以机枪扫射，炸毁民房80余栋，造成300余人伤亡。这次日军飞机狂炸，炸毁民房、商店300余栋，炸死民众312人、重伤212人、轻伤309人，共计造成833名平民伤亡。这次损失之重，实为空前所未有。当时，湖南省政府对此次伤亡人员名单及发放的抚恤、掩埋等费用进行了登记造册。以下为省政府发给被日军飞机轰炸死亡的312人掩埋费的详细清单②：

湖南省政府发给长沙市八一七被炸死亡民众掩埋费证明册

姓名	性别	籍贯	年龄	职业	住址	被炸地点	发给掩埋费数	具领人	盖章或捺指模	家庭状况
龚粟氏	女	长沙	52		种福园5号	种福园5号	1000	龚石泉		留媳龚袁氏
龚润泉	男	长沙	37	鞋业	种福园5号	种福园5号	1000	龚石泉		
龚苏氏	女	长沙	32	鞋业	种福园5号	种福园5号	1000	龚石泉		
龚义泉	男	长沙	26	鞋业	韭菜园恒香里13号	韭菜园恒香里13号	1000	龚石泉		
龚丽坤	女	长沙	2		种福园5号	种福园5号	1000	龚石泉		
周扬氏	女	湘潭	18		清福巷27号	清福巷3号	1000	周少恒		夫周少恒贫
萧南湘	男	湘潭	50	工人	经武路27号	经武路27号	1000	肖云生		贫
刘许仙	男	湘潭	27	工人	经武路2号	经武路2号	1000	王致亲		
蔡陈氏	女	长沙	19		下潘家坪	下潘家坪	1000	蔡子桂死者夫		

---

① 《湖南省政府大事记》，1938年7月，湖南省档案馆藏，档案号22—1—11，第286页。

② 《关于湖南省各县遭受空袭损害抚恤文件》，中国第二历史档案馆藏，全宗116，卷宗550。另注：以上死亡民众312人共计发放掩埋费312000元。

姓名	性别	籍贯	年龄	职业	住址	被炸地点	发给掩埋费数	具领人	盖章或捺指模	家庭状况
陈龙氏	女	长沙	42	漆店	社坛街 34 号	浏正街	1000	范海容死者戚		
陈英杰	男	长沙	14	漆店	社坛街 34 号	浏正街	1000	范海容死者戚		
陈桂生	男	长沙	50	漆店	社坛街 34 号	浏正街	1000	范海容死者戚		
刘树芳	女	河北	17		下潘家坪 20 号	下潘家坪 20 号	1000	刘才死者弟		
佘郭氏	女	长沙	63	粮店	樊西巷 13 号	东庆街 35 号	1000	佘正坤死者子		
佘德生	男	长沙	61	粮店	樊西巷 13 号	东庆街 35 号	1000	佘正坤死者子		
何春林	男	长沙	51	小贸	凤凰台 26 号	东庆街柑子园口	1000	何东海死者子		
吴海明	男	江苏	38	小贸	补拙里 5 号	藩后街菜场	1000	吴顾芬死者妹		
郑家棣	男	长沙	45	市府职员	东乡上华山	浏正街	1000	汪康福死者外甥		
董德林	男	长沙	22	纸杂	古家巷 13 号	古家巷 13 号	1000	易福生死者师		
梅天顺	男	河南	19		凤嘴 14 号	伍家岭	1000	杨志忠死者妹夫		
杨代弟	男	河南	5		凤嘴 14 号	伍家岭	1000	杨志忠死者父		
肖曹氏	女	长沙	50	商	东庆街 32 号	东庆街 32 号	1000	肖锦林死者子		贫
肖桂林	男	长沙	58	商	东庆街 32 号	东庆街 32 号	1000	肖锦林死者子		
彭贵和		长沙	37	缝工	凤嘴 12 号	下潘家坪	1000	彭庆生死者叔		

姓名	性别	籍贯	年龄	职业	住址	被炸地点	发给掩埋费数	具领人	盖章或捺指模	家庭状况
骆凤芝		湘阴	12		下潘家坪	下潘家坪	1000	骆青山死者父		
李峥嵘		永州	40		东庆街7号	古家巷15号	1000	朱进死者邻居		
柳子庭		衡州	53	西乐	碧湘街39号	东庆街29号	1000	凌五元死者外甥		
罗仕华	男	长沙	57	理发	经武路237号	经武路237号	1000	罗仕元		贫
王满贞	女	湘潭	26		经武路237号	经武路237号	1000	王兴华		夫贫
冯德廷	男	湘潭	50	工人	经武后街	经武后街	1000	冯陶氏		
胡刘氏	女	长沙	40		清福巷33号	清福巷33号	1000	胡科生		全家被炸
胡林氏	女	长沙	51		清福巷33号	清福巷33号	1000	胡科生		孀居
胡宏发	男	长沙	75	小贸	清福巷33号	清福巷33号	1000	胡科生		尚留孙子孙女各一
谭周	男	南京	22	商	司马里1号	司马里1号	1000	黄海春		贫
苏迪光	男	长沙	32		种福园5号	种福园5号	1000	谭蒲生		留妻
王宗德	女	长沙	39		局后街23号	局后街23号	1000	向重年		留友
周陈氏	女	长沙	32		清福巷24号	清福巷24号	1000	周锡芹		贫
张运泉	男	长沙	22	小贸	橘隐园13号	经武路27号	1000	张雨泉		母贫
蒋树员	男	衡阳	34	工人	衡清武馆5号	衡清武馆5号	1000	罗子员		贫
戴炳员	男	衡阳	40	教厅公丁	种福园2号	种福园2号	1000	苏有德		
熊祥五	男	衡阳	19	农	经武路257号	衡清武馆	1000	熊春林		贫
陶元彬	男	江苏	44	军	经武路26号	经武路26号	1000	朱靖清		王克强主官贫
宋陈氏	女	长沙	61		经武路86号	经武路86号	1000	袁两裕		子女各一

姓名	性别	籍贯	年龄	职业	住址	被炸地点	发给掩埋费数	具领人	盖章或捺指模	家庭状况
彭福生	男	长沙	38	小贸	经武后街茅棚内	经武路86号	1000	李树森		弟连生贫
周四和	男	长沙	36	小贸	经武路便河边	便河边	1000	周得胜		弟得胜
刘正魁	男	长沙	28	工人	种福园5号	经武路便河边	1000	蓝树生		
秦王氏	女	长沙	30		种福园5号	种福园5号	1000	蓝树生		
叶傲秋	男	衡阳	40		种福园5号	种福园5号	1000	蓝树生		
周桂云	男	长沙	37	国药	清福巷45号	种福园5号	1000	罗福方		余子一贫
谭瑞堂	男	衡阳	46	小贸	衡清武馆4号	清福巷45号	1000	谭继云		贫
谭瞿氏	女	衡阳	49		衡清武馆4号	衡清武馆4号	1000	谭继云		贫
谭刘氏	女	长沙	45		种福园5号	衡清武馆4号	1000	刘义和		
杨李氏	女	岳阳	36		经武路便河边	种福园5号	1000	杨春生		
杨德生	男	长沙	27	工人	经武路便河边	经武路便河边	1000	杨春生		
岑姚氏	女	安徽	20		望麓元3号	望麓元3号	1000	岑良龙		
谭桂林	男	长沙	52	皮业	种福园5号	种福园5号	1000	廖益和		
易文氏	女	宁乡	30		经武路后街12号	种福园5号	1000	黄汉亦		贫
谭凤鸣	女	长沙	13		种福园5号	种福园5号	1000	刘义和		
黄苏氏	女	长沙	20		清福巷13号	清福巷13号	1000	黄秋生		贫
闵张氏	女	湖北	56	小贸	种福园13号	种福园13号	1000	闵玉卿		
陈起财	男	长沙	40	小贸	经武后街	经武后街	1000	文晴初		
戴德臣	男	岳阳	30		经武路后街2号	经武路后街2号	1000	朱黄氏		贫
戴王氏	女	岳阳	30		经武路后街2号	经武路后街2号	1000	朱黄氏		贫
戴德荣	男	岳阳	40		经武路后街2号	经武路后街2号	1000	朱黄氏		贫
戴炳生	男	岳阳	40		经武路后街2号	经武路后街2号	1000	朱黄氏		贫
柳孟容	男	安徽	26	商	协和里2号	协和里2号	1000	柳[]权		

姓名	性别	籍贯	年龄	职业	住址	被炸地点	发给掩埋费数	具领人	盖章或捺指模	家庭状况
李杏桃	男	长沙	50	农	经武路86号	经武路86号	1000	李度生		
杨桂华	男	湘潭	33	警士	望麓元1号	望麓元1号	1000	杨镇堃		贫
马汝尧	男	凤阳	25	难民	协棹街20号	协棹街20号	1000	王开蔺		贫
刘楚雄	男	邵阳	30	军	余家塘一条巷10号	余家塘一条巷10号	1000	刘一贫		弟一贫
何义正	男	衡阳	21	警士	衡阳十七都光家塘	清福巷	1000	何义方		贫
黄超群	男	衡山	18	车夫	橘隐园14号	经武路27号	1000	黄星		母弟各一
王少鸣	男	安徽	60	商	临时难民医院	王家坪	1000	李德铬		子妻各一
徐王氏	女	长沙	63		清福巷34号	清福巷34号	1000	邓寅生		贫
马玉元	男	邵阳	28	纸业	经武路27号	经武路27号	1000	戚厚卿		贫
彭建勋	男	邵阳	40	商	经武路	经武路	1000	戚厚卿		贫
陈孝义	男	安徽	19	农	种福园1号	种福园1号	1000	郭标生		家留安徽
曾周氏	女	长沙	20		许家坪8号	许家坪8号	1000	曾元卿		
曾秋贞	女	长沙	1		许家坪8号	许家坪8号	1000	曾元卿		
易枚生	男	长沙	60		许家坪8号	许家坪8号	1000	曾元卿		
章云生	男	浙江	54	更夫	清福巷1号	清福巷1号	1000	章彭氏		姊母一贫
黄松桃	男	湘乡	20	警士	浏正街24号	警局三分所内	1000	黄少东		贫
魏长生	男	长沙	48	皮业	上六铺街19号	上六铺街19号	1000	阳树初		
丁保林	男	湘潭	32	皮业	上六铺街19号	上六铺街19号	1000	阳树初		
周照庚	男	长沙	28		局后街24号	局后街24号	1000	唐汉儒		一妻
周国风	男	长沙	56		局后街24号	局后街24号	1000	唐汉儒		一媳一母
戴谢氏	女	长沙	25		种福园4号	种福园4号	1000	戴照祥		贫

续表

姓名	性别	籍贯	年龄	职业	住址	被炸地点	发给掩埋费数	具领人	盖章或捺指模	家庭状况
戴毛伢	女	长沙	1		种福园 4 号	种福园 4 号	1000	戴照祥		贫
戴李氏	女	长沙	51		种福园 4 号	种福园 4 号	1000	戴照祥		贫
王李氏	女	长沙	36		清福巷 3 号	清福巷 3 号	1000	王斌		贫
王思义	男	长沙	45		清福巷 3 号	清福巷 3 号	1000	王斌		贫
王菊贞	女	长沙	2		清福巷 3 号	清福巷 3 号	1000	王斌		贫
周海山	男	长沙	22	工人	太寺石 9 号	太寺石 9 号	1000	龚春员		
庐绍星	男	福建	64		上六铺街 31 号	上六铺街 31 号	1000	吴保恭		
庐炳明	男	福建	9		上六铺街 31 号	上六铺街 31 号	1000	吴保恭		
庐黎氏	女	福建	50		上六铺街 31 号	上六铺街 31 号	1000	吴保恭		
周福生	男	湘潭	40		上六铺街 132 号	上六铺街 132 号	1000	李仁和		
郭秀仁	女	湘潭	14		上六铺街 130 号	上六铺街 130 号	1000	李仁和		
余子祥	男	长沙	64		衡清武馆 4 号	衡清武馆 4 号	1000	常元祥		
陈杨氏	女	湘潭	17		大椿桥 51 号	大椿桥 51 号	1000	陈明云		
盛海藩	男	湘潭	17		大椿桥 51 号	大椿桥 51 号	1000	陈明云		
吴瑞炎	男	安徽	27		北门外王家坪	北门外王家坪	1000	吴继征		
康舜尧	女	长沙	23		书院坪 59 号	书院坪 59 号	1000	康炳耀		
李竹初	女	湘乡	20		下六铺 11 号	下六铺 11 号	1000	唐光辉		
邓成西	男	长沙	24		下同仁街 38 号	下同仁街 38 号	1000	邓定南		
廖桂生	男	长沙	50	帮工	义坟坪 22 号	义坟坪 22 号	1000	廖满生		
魏长生	男	南京	46	皮坊	义坟坪 22 号	义坟坪 22 号	1000	廖满生		
文富贞	女	长沙	15		上六铺街 65 号	上六铺街 65 号	1000	文保生		
刘立钦	女	长沙	30	拖车	彭鄱路 2 号	彭鄱路 2 号	1000	刘正钦		
刘云伢	女	长沙	1		彭鄱路 2 号	彭鄱路 2 号	1000	刘正钦		

姓名	性别	籍贯	年龄	职业	住址	被炸地点	发给掩埋费数	具领人	盖章或捺指模	家庭状况
江陈氏	女	湘乡	25		大椿桥附15号	大椿桥附15号	1000	江炳焜		
江超凡	男	湘乡	10		大椿桥附15号	大椿桥附15号	1000	江炳焜		
萧梅生	男	邵阳	21	下力	汤公庙44号	清福巷4号	1000	萧湘		母兄各一
胡少傅	男	邵阳	18	工人	枣子园27号	枣子园27号	1000	胡三和		
李楚才	男	邵阳	50	工人	杨家小园3号	杨家小园3号	1000	李单海		
罗子兴	男	长沙	56		茶园巷9号	茶园巷9号	1000	杨坤涛		
朱孙氏	女	江苏	19		经武路281号	经武路281号	1000	邹张氏		贫苦
周邱氏	女	长沙	30		枣子园艺20号	枣子园艺20号	1000	邱寿生		
李刘氏	女	衡阳	47	缝纫	书院坪1号	书院坪1号	1000	李兴发		
邹桂廷	男	长沙	41	工人	枣子园艺附13号	枣子园艺附13号	1000	邹寿生		
刘云生	男	长沙	24	工人	枣子园艺附16号	枣子园艺附16号	1000	文志斌		
文春廷	男	长沙	56	工人	枣子园艺附16号	枣子园艺附16号	1000	文志斌		
黄德生	男	长沙	56	工人	杨家小园2号	杨家小园2号	1000	黄瑞林		
李桂生	男	湘潭	49	工人	枣子园艺21号	枣子园艺21号	1000	李保云		
曹新桥	男	长沙	40	工人	中六铺街73号	中六铺街73号	1000	曹张氏		
陈桃生	男	湘潭	20		枣子园艺1号	枣子园艺1号	1000	周长生		
黄刘氏	女	长沙	30		道坡2号	道坡2号	1000	黄庆生		
黄冬贞	女	长沙	12		道坡2号	道坡2号	1000	黄庆生		
黄云华	男	长沙	45	作园	彭都路2号	彭都路2号	1000	黄德兴		
李德生	男	长沙	42		小蚂蚁巷13号	小蚂蚁巷13号	1000	李庆云		

姓名	性别	籍贯	年龄	职业	住址	被炸地点	发给掩埋费数	具领人	盖章或捺指模	家庭状况
孔李氏	女	长沙	63		下同仁街37号	下同仁街37号	1000	孔金兴		
曾庆生	男	长沙	20		上同仁街10号	上同仁街10号	1000	卢鹏		
李德生	男	沙	38		塘坊巷1号	塘坊巷1号	1000	李云桂		
李运生	男	长沙	48	工人	塘坊巷1号	塘坊巷1号	1000	李德堃		
章慎齐	男	长沙	45	工人	中六铺街6号	中六铺街6号	1000	章祥邻		
唐鑫桃	男	长沙	54		枣子园附15号	枣子园附15号	1000	唐罗氏		
龙龚氏	女	长沙	24		茶园巷9号	茶园巷9号	1000	龙爱云		
龙长伢	女	长沙	11		茶园巷9号	茶园巷9号	1000	龙爱云		
龙菊贞	女	长沙	1		茶园巷9号	茶园巷9号	1000	龙爱云		
彭炳臣	男	长沙	15		中山东路271号	天茂花园附近	1000			
彭李氏	女	长沙	35		中山东路271号	清福巷土地庙	1000			
刘吉生	男	常德	28		中山东路271号	天茂花园附近	1000			小康
朱三胜	男	宁乡	50		上六铺街42号	上六铺街42号	1000			小康
李万顺	男	长沙	31		上六铺街38号	上六铺街38号	1000	李铁奎		
李思文	男	湘潭	17	粮食业	上六铺街32号	上六铺街32号	1000	李铁奎		
李金花	男	湘乡	20		小蚂蚁巷10号	小蚂蚁巷10号	1000	林绍文		
李福全	男	长沙	15	作园	塘坊巷5号	塘坊巷5号	1000	李福生		
龚子臣	男	长沙	34	工人	中六铺街5号	中六铺街5号	1000	张义生		
徐陈氏	女	长沙	24		清福巷34号	清福巷34号	1000	邓寅生		
陈赵氏	女	衡山	12		砂湖桥14号	砂湖桥14号	1000	赵恒光		
陈贵贞	男	衡山	3		砂湖桥14号	砂湖桥14号	1000	赵恒光		

姓名	性别	籍贯	年龄	职业	住址	被炸地点	发给掩埋费数	具领人	盖章或捺指模	家庭状况
陈长禄	男	衡山	48	小贸	砂湖桥14号	砂湖桥14号	1000	赵恒光		
杨仲藩	男	长沙	26	茶社	都正街63号	都正街63号	1000	杨笃柱		
蒋维盛	男	湘乡	34		茶园巷	茶园巷	1000	蒋玉生		
梁银初	男	湘乡	24		小蚂蚁巷32号	小蚂蚁巷32号	1000	梁积成		
钟桂生	男	长沙	32		经武路283号	经武路283号	1000	唐柱生		
陈聚明	男	湘乡	50	清洁夫	湘乡朱清渡	一分局三分所内	1000	陈遥祺		
罗云辉	男	江苏	40		北石沙河1号	北石沙河1号	1000	邹云其		
林玉宣	男	衡阳	69	厨工	衡清学校	衡清学校	1000	何有珍		
张枚生	男	益阳	42	工人	沙河街14号	沙河街14号	1000	张刘氏		
易玉华	男	长沙	33		落霞园6号	落霞园6号	1000	易清然		
雷云和	男	宝庆	37	军	局后街13号	局后街13号	1000	陈九铃		
易黄氏	女	长沙	32		塘坊巷大61号	塘坊巷大61号	1000	易清淡		
马季康	男	江苏	50	医生	康衢巷4号	康衢巷4号	1000	马毓鹏		
马张氏	女	江苏	43		康衢巷4号	康衢巷4号	1000	马毓鹏		
马诒台	女	江苏	15		衡清武馆4号	衡清武馆4号	1000	马毓鹏		
张马氏	女	江苏	40		康衢巷4号	康衢巷4号	1000	马毓鹏		
张[ ]兰	男	江苏	19	学	康衢巷4号	康衢巷4号	1000	马毓鹏		
张梅娟	男	江苏	16	学	康衢巷4号	康衢巷4号	1000	马毓鹏		
张菊英	男	江苏	14	学	康衢巷4号	康衢巷4号	1000	马毓鹏		
郭秀英	女	湘潭	14		塘坊巷大61号	塘坊巷大61号	1000	许亮安		
许庆廷	男	湘潭	32	下力	塘坊巷大61号	塘坊巷大61号	1000	许亮安		
凌志和	男	长沙	30	工人	拱桥3号	拱桥3号	1000	赵松梅		
周恺明	男	长沙	30	下力	南湖港10号	南湖港10号	1000	周志忠		
周王氏	女	长沙	38		南湖港6号	南湖港6号	1000	周志忠		

姓名	性别	籍贯	年龄	职业	住址	被炸地点	发给掩埋费数	具领人	盖章或捺指模	家庭状况
周二和	男	长沙	38	下力	南湖港6号	南湖港6号	1000	周志忠		
徐墼生	男	江苏	56	商	下同仁街36号	下同仁街36号	1000	徐克雄		
徐麓庆	男	江苏	14	学	下同仁街36号	下同仁街36号	1000	徐克雄		
袁赦成	男	江苏	19	商	下同仁街36号	下同仁街36号	1000	徐克雄		
黄进贤	男	湘阴	42		下同仁街36号	下同仁街36号	1000	徐克雄		
何周氏	女	湘乡	51		下同仁街36号	下同仁街36号	1000	徐克雄		
卢德泰	男	衡山	46		砂湖桥18号	砂湖桥18号	1000	赵维林		
黄李氏	女	长沙	19		下同仁街37号	下同仁街37号	1000	游福生		
余刘氏	女	长沙	60		拱桥3号	拱桥3号	1000	彭寿林		
罗庚云	男	长沙	28		杨家小园	杨家小园	1000	罗厚钦		
叶田氏	女	湘潭	43		枣子园23号	枣子园23号	1000	叶玉田		
叶少梅	男	湘潭	17		枣子园23号	枣子园23号	1000	叶玉田		
易和生	男	长沙	38		茶园巷23号	茶园巷23号	1000	易桂云		
吴杨氏	女	长沙	55		下同仁街37号	下同仁街37号	1000	吴云生		
赵富保	男	湘潭	3		枣子园23号	枣子园23号	1000	赵方民		
赵桂生	男	湘潭	42	工人	枣子园23号	枣子园23号	1000	赵方民		
刘姜氏	女	江苏	40		书院坪4号	书院坪4号	1000	刘坤吕		
刘小毛	男	江苏	5		书院坪4号	书院坪4号	1000	刘坤吕		
胡有开	男	衡阳	18	缝纫	书院坪1号	书院坪1号	1000	李兴发		
彭东和	男	长沙	36	缝纫	书院坪1号	书院坪1号	1000	李兴发		
胡李氏	女	宁乡	22	女工	下胡家花园8号	下胡家花园8号	1000	潘玉林		
胡五爷	男	长沙	54		小蚂蚁巷27号	小蚂蚁巷27号	1000	李瑞生		

姓名	性别	籍贯	年龄	职业	住址	被炸地点	发给掩埋费数	具领人	盖章或捺指模	家庭状况
周西敏	男	湘阴	15	缝纫	连陞街31号	中山东路	1000	周王氏		
罗菊伢	女	衡阳	3		清福巷1号	清福巷1号	1000	罗成豪		
王义廷	男	衡阳	30	军	福禄里7号	福禄里7号	1000	彭时亭		
王郭氏	女	衡阳	20		福禄里7号	福禄里7号	1000	彭时亭		
蔡月秋	男	湘潭	25	茶馆帮	草墙湾一条巷1号	南门外东瓜山	1000	黄少梅		贫
范易氏	女	长沙	35		彭鄱路4号	彭鄱路4号	1000	范爱华		
苏王氏	女	长沙	38	帮工	彭鄱路4号	彭鄱路4号	1000	范爱华		
徐黄氏	女	湘潭	40		清福巷27号	清福巷4号	1000	徐寿生		贫
彭谢氏	女	长沙	27		清福巷27号	清福巷土地庙侧	1000	徐寿生		贫
张树林	男	长沙	19		下胡家花园3号	下胡家花园3号	1000	何亮		贫
何李氏	女	长沙	26		下胡家花园3号	下胡家花园3号	1000	何亮		贫
陈玉志	女	长沙	22		下胡家花园3号	下胡家花园3号	1000	何亮		贫
赵乾坤	男	湘潭	19	拖车	同仁街1号	同仁街1号	1000	赵明德		
李建保	男	湘潭	10		经武后街	经武后街	1000	赵春元		全家死亡
左谭氏	女	湘阴	46		中山东路200号	曾公祠	1000	左其昌		贫
贺桂云	男	湘阴	50		茶亭子7号	茶亭子7号	1000	贺连兴		
颜寿贞	女	长沙	14		下同仁街37号	下同仁街37号	1000	颜席珍		
黄桂云	男	长沙	77		书院坪64号	书院坪64号	1000	黄春和		
梁文斌	男	湘乡	37		小车队山7号	小车队山7号	1000	梁有光		
胡广盛	男	湘潭	41	药业	玉湘街41号	玉湘街41号	1000	黄宏发		
李春贤	男	湘潭	12		经武后街	经武后街	1000	黄春元		
李桂生	男	湘潭	46	挑水	经武后街	经开后街	1000	黄春元		

姓名	性别	籍贯	年龄	职业	住址	被炸地点	发给掩埋费数	具领人	盖章或捺指模	家庭状况
李凌氏	女	湘潭	45		经武后街	经开后街	1000	黄春元		
易泽南	男	长沙	45	工人	惜阴街24号	惜阴街24号	1000	易满呈		
赵德生	男	湘潭	37		火圈34号	火圈34号	1000	赵镜庭		
杨长生	男	长沙	30	工人	枣子园21号	枣子园21号	1000	赵金贵		
彭金鳌	男	湘乡	23		小蚂蚁巷23号	小蚂蚁巷23号	1000			
谭盛氏	女	长沙	32		小蚂蚁巷23号	小蚂蚁巷23号	1000			
李胡氏	女	湘乡	31		中山东路265号	中山东路265号	1000	王斌		
李桂氏	女	湘乡	4		中山东路265号	中山东路265号	1000	王斌		
李云桂	男	湘乡	36	小贸	中山东路265号	中山东路265号	1000	王斌		
杨金娥	女	衡山	14		粉佳巷15号	粉佳巷15号	1000	杨葆生		
许光辉	男	湘潭	30	工人	中六铺街17号	中六铺街17号	1000	曾德蒙		
乐崑山	男	湘潭	51	帮工	湘潭易家塘	中山东路234号	1000	王月秋		
刘月生	男	湘潭	32		枣子园13号	枣子园13号	1000	邹养生		
胡运生	男	湘潭	40	帮工	中山东路263号	中山东路263号	1000	胡玉泉		
彭作林	男	衡山	40	小贸	南湖港3号	南湖港3号	1000	李福生		
周春蓉	女	长沙	16	作工	坟小园34号	经武路	1000	周太秋		
杨喜堂	男	湘乡	46		湘乡	清福巷	1000	刘秋蔚		
黄杨氏	女	长沙	52		茶亭子18号	茶亭子18号	1000	黄连珊		
杨张氏	女	长沙	36		上同仁街20号	上同仁街20号	1000	杨秋生		
袁云鑫	男	常德	20	工人	中山东路264号	中山东路264号	1000	周黄氏		
李树村	男	长沙	36	警士	居然里20号	居然里20号	1000	窦难林		

姓名	性别	籍贯	年龄	职业	住址	被炸地点	发给掩埋费数	具领人	盖章或捺指模	家庭状况
陈显华	男	长沙	39		枣子园1号	枣子园1号	1000	周三望		
陈显云	男	长沙	42		枣子园1号	枣子园1号	1000	周长望		
简远昌	男	安化	41		蚂蚁巷6号	蚂蚁巷6号	1000	简长光		
廖福林	男	湘潭	10		西湖马路163号	西湖马路163号	1000	廖贵生		
廖李氏	女	湘潭	14		西湖马路163号	西湖马路163号	1000	廖贵生		
廖金氏	女	湘潭	48		西湖马路163号	西湖马路163号	1000	廖贵生		
伍云贵	男	长沙	53	下力	义文[ ]20号	义文[ ]20号	1000	曾业全		
张文氏	女	萍乡	22		福禄里7号	福禄里7号	1000	苏桂生		
李乐安	男	长沙	38	挑水	中山东路200号	中山东路200号	1000	苏桂生		
刘汉钦	男	安化	42		大园8号	大园8号	1000	刘斌代		
徐永堂	男	湘乡	74		彭鄯路1号	彭鄯路1号	1000	徐可人		
徐许氏	女	湘乡	66		彭鄯路1号	彭鄯路1号	1000	徐可人		
徐仲国	男	湘乡	36	作园	彭鄯路1号	彭鄯路1号	1000	徐可人		
徐长寿	男	湘乡	4		彭鄯路1号	彭鄯路1号	1000	徐可人		
曹生才	男	长沙	54		茶园巷14号	茶园巷14号	1000	曾日章		
曹鑑全	男	长沙	20		茶园巷14号	茶园巷14号	1000	曾日章		
曹王氏	女	长沙	24		茶园巷14号	茶园巷14号	1000	曾日章		
龙万氏	女	长沙	24		茶亭子7号	茶亭子7号	1000	龙中林		
萧福生	男	湘乡	32	工人	茶园巷14号	茶园巷14号	1000	龙中林		
张盛武	男	长沙	76		许家坪5号	许家坪5号	1000	张白琴		
何李氏	女	湘潭	14		南湖港6号	南湖港6足	1000	何忠德		
姜春桥	男	宁乡	42	车夫	裕南街21号	裕南街21号	1000	黄云贵		
刘复初	男	长沙	35		惜阴街66号	惜阴街66号	1000	李惠钦		
邓与仁	男	湘乡	38		杏花园	杏花园	1000			
浣东生	男	长沙	35		大椿桥15号	大椿桥15号	1000	浣寿泉		

姓名	性别	籍贯	年龄	职业	住址	被炸地点	发给掩埋费数	具领人	盖章或捺指模	家庭状况
唐周氏	女	湘潭	22		书院坪12号	书院坪12号	1000	张树林		
张邹氏	女	长沙	70		义坟坪22号	义坟坪22号	1000	张洪禧		
李润生	男	长沙	6		便河边	便河边	1000	李少连		
何卫国	男	祁阳	3		粪码头22号	粪码头22号	1000	张志南		
张袁氏	女	湘潭	35		粪码头105号	粪码头105号	1000	张志南		
彭云汉	男	长沙	59		粉佳巷29号	粉佳巷29号	1000	彭云江		
贾张氏	女	江苏	27		岳州菜园岭	中山东路防空壕	1000	张志鉴		
许少华	男	长沙	27		上同仁街10号	上同仁街10号	1000	刘菊生		
刘张氏	女	长沙	25		小蚂蚁巷10号	小蚂蚁巷10号	1000	刘美仁		
蔡裕秋	男	湘潭	36	工人	惜阴街24号	惜队街24号	1000	彭王林		
杨金田	男	长沙	32		姚家巷66号	姚家巷66号	1000	杨新佑		
赵连贞	男	湘潭	12		茶亭子	茶亭子	1000	赵三元		
郭海伢	男	湘潭	2		协作街19号	协作街19号	1000	郭李氏		
李小全	男	湘乡	10		小蚂蚁巷10号	小蚂蚁巷10号	1000	申志候		
陈赵氏	女	衡山	12		砂湖桥14号	砂湖桥14号	1000	赵洪光		
邹德华	男	长沙	15		书院坪9号	书院坪9号	1000	邹万盛		
项凌氏	女	浏阳	36		义坟坪22号	义坟坪22号	1000	项志安		
项梅伢	女	浏阳	2	工人	义坟坪22号	义坟坪22号	1000	项志安		
丑炳生	男	长沙	40	难民	上同仁街19号	上同仁街19号	1000	丑国正		
潘钱氏	女	安徽	28	下力	铁路旁57号	南门外东瓜山	1000	钱中英		
周春华	男	长沙	40	工人	义坟坪23号	义坟坪23号	1000	黄士兴		
赵庆谈	男	湘潭	30		南湖港9号	南湖港9号	1000	刘征生		
巢潘氏	女	长沙	17		吴官渡59号	吴官渡59号	1000	巢清溪		

姓名	性别	籍贯	年龄	职业	住址	被炸地点	发给掩埋费数	具领人	盖章或捺指模	家庭状况
张孙氏	女	安徽	24		小吴门口	小吴门口	1000	张经久		
张朱氏	女	安徽	46		小吴门口	小吴门口	1000	张经久		
张正名	男	安徽	51		小吴门口	小吴门口	1000	张经久		
张 久	男	安徽	6		小吴门口	小吴门口	1000	张经久		
张小辉	男	安徽	13		小吴门口	小吴门口	1000	张经久		
何保华	男	长沙	41	工人	教育东街5号	经武路	1000	唐友顺		
吴连生	男	长沙	30	工人	粉佳巷20号	经武路	1000	田复生		
彭曾氏	女	长沙	74		白果树3号	经武门外	1000	彭异盛		
张汉畴	男	浏阳	25	警士	浏阳	中山东路	1000	张汉帜		
李花云	男	醴陵	36	警士	上林寺	乐道左巷	1000	张汉帜领		
李莫氏	女	长沙	52		许家坪5号	许家坪5号	1000	李桂沉		
秦长友	男	临湘	55		白果树10号	经武路	1000	何星麓		
徐德超	男	河北	38		局后街6号	天茂花园	1000	吴金波		
张亮东	男	宁乡	30		宝南街56号	宝南街56号	1000	袁圣书		
彭东和	男	长沙	42		孙家巷12号	孙家巷12号	1000	彭吴氏		
董少昌	男	长沙	66	工人	中山东路95号	中山东路95号	1000	董维先		
陈海华	男	长沙	16	工人	高正街35号	中山东路	1000	陈松华		
陈钦贵	男	长沙	32		北二马路9号	中山东路	1000	陈炳和		
陈春和	男	长沙	31		北二马路9号	中山东路	1000	陈炳和		
邹春华	男	长沙	28	工人	彭鄱路	彭鄱路	1000	保长代领		
刘杰	男	长沙	26	警士	长沙东乡	清福巷	1000	冯晓英		
蒋振武	男	衡阳	23	警士	衡阳南乡	中山东路	1000	冯晓英		
解庆云	男	长沙	22	警士	长沙解家山	一分局三分所	1000	冯晓英		
彭学文	男	长沙	34	警士	长沙东乡	长沙东乡	1000	冯晓英		

1938 年 10 月，武汉和湘北临湘、岳阳相继失守后，日军飞机就经常狂轰滥炸湘潭境内的重要目标。11 月 9 日，日军飞机第一次侵入常德，在石门桥机场及附近投弹，炸死民众 10 余人。12 月 29 日，日军 3 架飞机，大肆轰炸汉寿县城及近郊，东正街"三益公当铺"、龙池书院（现县一中）及附近的王氏宗祠、十字街"大德昌布店"、城北小码头、北郊杨旗嘴等处，炸毁或被炸起火焚烧房屋共 150 多栋。日军飞机还在汉寿县城上空盘旋，不停地用机枪扫射，炸死、烧死 20 多个妇女和儿童，炸伤 100 多人，造成数百人拖儿带女，流落街头，无家可归。①

1939 年 4 月下旬开始，日军飞机连续对常德城居民及房屋进行轰炸，致使老百姓天天惶惶奔逃于防空警报声中。4 月 21 日，日军飞机 18 架首次轰炸芷江县城内各街及东紫巷、南寺巷、南门外、工艺街等处，投弹 132 枚，炸死 201 人、伤 126 人，炸毁房屋 655 栋，给芷江造成了惨重损失。5 月 12 日，日军飞机 1 架轰炸郴县中山南街、下半边街、上河街等处，投弹 2 枚，炸伤 1 人，炸毁房屋 5 栋，震倒 8 栋，炸死猪一头、马一匹。6 月 14 日，日军飞机 9 架从西门口上空侵入益阳市区，向头堡、2 堡、3 堡一带接连投掷炸弹 10 余枚，炸死、炸伤市民 219 人，炸毁房屋 100 余所。6 月 23 日，日军飞机 39 架分 6 批，轮番轰炸常德城，共投弹 500 余枚，导致城内民房多次起火，死伤无数。城北门外马木桥（今光荣路）一个土防空洞，被日军飞机炸毁，躲藏在洞内的几十个老弱妇幼全部罹难，悲惨至极。7 月 23 日，日军飞机 29 架再次轰炸芷江县巷子、黄甲街、江西街等处，投弹 104 枚，炸死 60 人、伤 16 人，炸毁房屋 567 栋。10 月 17 日，日军飞机 9 架轰炸芷江县城河街、黄甲街、河街，投弹 7 枚，炸死 3 人、伤 12 人，炸毁房屋 423 栋。同年 7 月 12 日，在攸县西城外汽车北站投弹 4 枚，炸死 1 人、伤 2 人，炸毁房屋 20 栋。7 月 23 日，日军飞机 27 架轰炸芷江，投燃烧弹 72 枚，炸死 62 人、伤 10 人，炸毁房屋 128 栋。1939 年 8 月，日军飞机两架空袭湘潭县城，投弹于风车坪、寿佛殿等处，炸死市民 54 人，炸伤62 人。

长沙大火后，省政府等重要机关迁往沅陵。1939 年 8 月 18 日、21 日，日军飞机 62 架两次轰炸沅陵，投弹 512 枚，炸死 123 人、伤 484 人，炸毁房屋 2300 栋，由于省政府各机关已迁往耒阳并实施疏散，日军飞机企图摧毁湖南重要机关的目的未得逞。同月，日军飞机再次轰炸平江长寿街，投弹 14 枚，炸死

① 中共汉寿县委党史办：《中共汉寿地方史》第一卷（1921—1949），中共党史出版社 2005 年版，第 107—108 页。

2 人、伤 4 人，炸毁房屋 15 栋；轰炸湘潭 1 次，投弹 8 枚，炸死 58 人、伤 62 人，炸毁房屋 38 栋；轰炸辰溪 1 次，投弹 21 枚，炸死 3 人、伤 2 人，炸毁房屋 14 栋；轰炸常德 1 次，投弹 4 枚，炸死 17 人、伤 15 人，炸毁房屋 13 栋；轰炸汉寿 1 次，投弹 1 枚，炸死 3 人、伤 4 人，炸毁房屋 3 栋；轰炸益阳 1 次，投弹 4 枚，炸死 18 人、伤 22 人，炸毁房屋 11 栋。9 月，日军飞机 3 次轰炸湘潭，投弹 153 枚，炸死 51 人、伤 115 人，炸毁房屋 143 栋；4 次轰炸株洲，投弹 164 枚，炸死 74 人、伤 111 人，炸毁房屋 166 栋；3 次轰炸沅陵，投弹 414 枚，炸死 38 人、伤 23 人，炸毁房屋 252 栋；3 次轰炸浏阳，投弹 34 枚，炸死 15 人、伤 14 人，炸毁房屋 71 栋；两次轰炸辰溪，投弹 227 枚，炸死 12 人、伤 13 人，炸毁房屋 27 栋；1 次轰炸常德，投弹 85 枚，炸死 30 人、伤 21 人，炸毁房屋 25 栋；1 次轰炸平江，投弹 12 枚，炸死 5 人、伤 7 人，炸毁房屋 19 栋；因 9 月 23 日湘北战事紧急，湘阴通信线路被炸中断，湘阴被轰炸的次数与损害情形没有统计。在轰炸中，日军飞机还炸毁民船 8 艘。10 月，日军飞机对辰溪、沅陵、祁阳等资源重镇、军需工业地区进行轰炸。日军飞机 3 次轰炸沅陵，投弹 113 枚，炸死 22 人、伤 39 人，炸毁房屋 198 栋，炸毁高射炮 1 门、汽车 1 辆、军米 6 万石；1 次轰炸辰溪，投弹 91 枚，炸死 5 人、伤 7 人，炸毁房屋 20 栋、汽车 1 辆；1 次轰炸祁阳，投弹 30 枚，炸死 20 人、伤 25 人，炸毁房屋 12 栋；日军飞机还轰炸株洲 1 次，投弹 23 枚，炸死 1 人，炸毁房屋 57 栋，轰炸湘潭 1 次，投弹 4 枚，炸毁房屋 5 栋；轰炸衡山 1 次，投弹 6 枚。11 月，日军飞机狂炸益阳、衡阳、零陵等地，造成惨重的人员伤亡。日军飞机轰炸益阳 1 次，投弹 200 枚，炸死 200 人、伤 100 人，炸毁房屋 100 栋，炸毁民船 4 艘；轰炸衡阳 1 次，投弹 130 枚，炸死 87 人、伤 155 人，炸毁房屋 77 栋；轰炸零陵两次，投弹 221 枚，炸死 48 人、伤 114 人，炸毁房屋 82 栋；轰炸祁阳 1 次，投弹 60 枚，炸死 3 人、伤 3 人，炸毁房屋 200 栋，炸毁步枪 90 余枚；轰炸慈利 1 次，投弹 32 枚，炸死 17 人、伤 25 人，炸毁房屋 49 栋、民船 1 艘，炸死耕牛 6 头、马两匹。1939 年 12 月，日军飞机轰炸黔阳、会同、安化等资源重镇。轰炸黔阳 1 次，投弹 55 枚，炸死 8 人、伤 16 人，炸毁房屋 30 栋、民船两艘，炸死猪两头；轰炸会同 1 次，投弹 1 枚，炸毁房屋 1 栋；特别是日军飞机首次对安化烟溪的 2 次轰炸，共投弹 121 枚，计炸死 156 人、伤 136 人，炸毁房屋 926 栋，此外，日军飞机还炸毁民船两艘，炸死猪两头，并散发传单。

　　1940 年 1 月 1 日，日军飞机最新的神风侦察机 1 架被国民政府军空军击落。此后，日军飞机每次空袭，均有攻击机随行掩护。如：1 月 2 日，日军飞机 27

架空袭邵阳，其中攻击机有 10 架；1 月 3 日，日军飞机 20 架空袭邵阳，其中攻击机有 8 架；1 月 5 日，日军飞机 9 架空袭邵阳，其中有攻击机 3 架。日军飞机 3 次轰炸邵阳，投弹 396 枚，炸死 27 人、伤 35 人，炸毁房屋 118 栋。轰炸祁阳 1 次，投弹 40 枚，炸死 16 人、伤 20 人，炸毁房屋 50 栋。轰炸醴陵 1 次，投弹 5 枚，炸死 2 人、伤 13 人，炸毁房屋 1 栋。同年 2 月 15 日，日军飞机 82 架（内有侦察机 3 架，其余为轰炸机、驱逐机）分三批由湖北沔阳侵入湖南，企图轰炸芷江机场，但由于湘西各地烟雾密布，能见度很低，日军飞机途中折回，在安化小淹的白沙溪投弹 14 枚，炸毁房屋 1 栋。同年 4 月，日军飞机袭击湖南时，多避开我设防城镇，或高空越过，而在我不设防的城市乡村作低空飞行，肆行扫射。4 月 12 日，日军飞机 27 架轰炸芷江县城大伞巷、西门外、对河，投弹 230 枚，炸死 2 人、伤 14 人，炸毁房屋 8 栋、民船 1 艘，震倒天主堂宽惠医院房屋约 20 间，并炸毁芷江警备司令部东边门口。同年 5 月，日军飞机经常以 12 架至 20 架由粤桂侵入湖南，经耒阳附近，不入城市上空，湘阴、沅陵等处惨遭轰炸，遗憾的是，当时没有对湘阴、沅陵等处人口伤亡与财产损失情况的详细统计。在《湖南省各地空袭损失统计表》（二十九年五月份）中还提到，5 月 6 日，日军飞机 3 架冒充国民政府军空军飞机（涂中国国徽）轰炸沅江，投弹 18 枚，炸死 2 人、伤 7 人，炸毁房屋 1 栋；5 月 7 日，日军飞机 8 架轰炸岳麓山，投弹 45 枚，轰炸湖南大学前麓山路一带。6 月，日军飞机多次骚扰湖南，除在高空机声不能识别者外，总共有 343 架次，其中攻击机 9 架、侦察机 5 架、轰炸机两百几十架绕经湘西各县袭击四川；其余数十架，多系侦察机，在华容南县一带盘旋窥察，并在湘西各县迂回侦扰。虽未直接轰炸湖南各地，但湘西、湘北警报频传，日军飞机所经各县多被骚扰，无形之中所受损害不少。据《湖南各地日军飞机架数暨空袭次数比较图》（二十九年一至六月）、《湖南各地投弹数量比较图》（二十九年一至六月）、《湖南各地空袭死伤人数比较图》（二十九年一至六月）、《二十九年上半年湘省空袭概况》等统计，从 1940 年 1 至 6 月，日军飞机 207 架对湖南的邵阳、芷江、衡阳、长沙、湘潭、祁阳、沅江、安化烟溪、宁乡、醴陵等地进行了轰炸，共轰炸湖南 22 次，投弹 1050 枚，计炸死 122 人、伤 169 人，炸毁房屋 235 栋，估价 347484 元，炸死牛 2 头、猪 10 头、狗 2 只，民船 1 艘，邵阳伊斯兰学校全部被炸毁。7 月，日军飞机 35 架共轰炸湖南 5 次，其中华容 4 次、衡阳 1 次，共投弹 112 枚，炸死 26 人、伤 44 人，炸毁房屋 78 栋。另外，日军飞机还在华容炸死马 2 匹、伤 2 匹；其余 5 次多系侦察湖南境内，或假道湘西袭击四川。8 月，日军飞机 4 次轰炸衡阳，共投弹823枚，炸死918人、伤639人，炸毁房屋2231栋，炸沉民船36艘，炸死牲畜245头，仁济医院药库、警察二分所、税务局、财委会图书馆等均被炸毁。轰炸湘潭1次，投弹1枚，炸死9人、伤20人，炸毁房屋52栋；轰炸常宁松柏1次，投弹32枚，炸伤7人，炸毁房屋15栋，炼铅厂、药棉厂均被炸毁。9月29日，日军飞机36架轰炸芷江县城内各街巷、西城脚巷、东门外、吉祥街等处，投弹115枚，炸死62人、伤66人，炸毁房屋1700栋，民教馆、文庙、南寺被炸，损失惨重。日军飞机轰炸沅陵两次，共投弹180枚，炸死201人、伤453人，炸毁房屋231栋，炸沉民船10艘，沅陵县政府、行署、公共菜场、警察局等处被炸；轰炸辰溪两次，共投弹270枚，炸死213人、伤337人，炸毁房屋643栋、汽艇1艘、汽车1辆，辰溪县政府、警察局、卫生院、防护团等被炸；轰炸衡阳3次，共投弹116枚，炸死97人、伤96人，炸毁房屋132栋，炸毁车厢1辆，炸死猪9头；轰炸湘潭1次，投弹2枚，炸死11人、伤12人，炸毁房屋49栋；轰炸冷水滩1次，投弹76枚，炸死4人、伤4人，炸毁房屋73栋；轰炸泸溪1次，投弹104枚，炸死35人、伤68人，炸毁房屋291栋、民船1艘；轰炸衡山1次，投弹7枚，炸毁房屋1栋，炸死牛3头；轰炸株洲1次，投弹24枚，炸死炸伤各1人，炸毁房屋2栋；轰炸零陵两次，共投弹104枚，炸死75人、伤24人，炸毁房屋170栋，113后方医院被炸；轰炸湘阴1次，投弹5枚，炸死4人、伤10人，炸毁房屋18栋，炸死马1匹。10月，日军飞机架轰炸祁阳2次，投弹112枚，炸死16人、伤16人，炸毁房屋89栋、缝纫机10余架；轰炸衡阳2次，投弹169枚，炸死1人、伤16人，炸毁房屋33栋、民船3艘；轰炸冷水滩1次，投爆炸弹31枚，炸毁房屋21栋，国民党军政部器材库、药棉厂、机械厂等遭到轰炸；轰炸长沙1次，投弹7枚，炸死2人、伤3人，炸毁房屋1栋；轰炸醴陵2次，投弹24枚，炸死35人、伤79人，炸毁房屋17栋，损失粮食约5万石；轰炸湘潭1次，投弹1枚，炸毁房屋9栋；轰炸辰溪1次，投弹27枚，炸死11人、伤1人，炸毁房屋67栋、民船13艘，湖南大学及电灯厂被炸毁一部；轰炸常宁1次，投弹28枚，炸死17人、伤29人，炸毁房屋90栋，水口山、半边街机械厂、窿口、洗沙口等处遭到轰炸。10月13日，日军飞机轰炸沅陵，投掷燃烧弹，造成财产损失达1651650元①。12月，日军飞机轰炸长沙1次，投爆炸弹1枚，损失不详，在轰炸时，"日军飞机在长沙庆华乡投下红布包，裹花生蚕豆数小包。该地小孩拣

---

① 湖南省银行总行驻沅管理处：《湖南省记湘西碾米厂被炸损失统计报告清册》，1938年，湖南省档案馆藏，档案号56—2—221。其中提到8月21日日军飞机轰炸震破毁房屋一事。

食，即昏迷不醒，施救始愈。当时将所投之物焚烧，绿焰熊熊，令人咋舌，由此可以证明，敌寇业经开始采用细菌战，毒害我同胞矣"①；轰炸株洲建宁街、茅屋街、张家菜园、李家坪、大胜街等处2次，投爆炸弹68枚，炸死36人、伤56人，炸毁房屋40栋；轰炸湘潭空灵乡、雷打石2次，投爆炸弹32枚，炸死1、伤2人，炸毁房屋11栋；轰炸冷水滩宝光寺山地一带等处2次，投爆炸弹41枚，炸死3人、伤23人；轰炸衡阳毛坪、苗圃、南门外、金线冲、黄茶岭、祖师殿等处4次，投爆炸弹252枚、燃烧弹8枚，炸死61人、伤76人、炸毁民船9艘，电灯厂被炸毁小部等；轰炸常德铁家桥、双惠街、东门口等处2次，投爆炸弹129枚、燃烧弹7枚，炸死117人、伤156人，炸毁房屋214栋，常德城内的美国宣道会也遭到轰炸；轰炸华容县城1次，投爆炸弹20枚，炸死15人、伤31人，炸毁房屋13栋。

1941年1月，日军飞机8架轰炸衡阳1次，投弹21枚，炸死8人、伤7人，炸毁房屋8栋；日军飞机6架轰炸沅陵1次，投弹24枚，炸死41人、伤75人，炸毁房屋42栋。2月9日，日军飞机18架轰炸零陵县城，投弹62枚，炸死305人、伤696人，炸毁房屋45栋、航船4艘、帆船7艘，器具损失4500000元，其他损失5450000元。兰溪镇，是益阳县最大的集镇。4月22日，日军飞机2架对兰溪投掷燃烧弹多枚，大火烧了两昼夜，烧死两人，烧毁房屋400余栋，全镇被烧成一片废墟。8月3日，日军飞机27架轰炸湘潭十二总、十三总正街与河街及黄龙巷、居仁巷一带，炸毁房屋100多栋，炸死、炸伤平民300余人。8月6日，日军飞机48架次狂炸湘潭十二总至十八总繁华市区，炸死、炸伤700余人。同一天，日军飞机6架在湘乡县谷水镇投弹11枚，炸死1人、伤4人，炸毁房屋6间。8月24日下午，日军飞机8架在湘乡县城投弹2枚，致使9人受伤。11月3日下午3点左右，日军飞机10架空袭益阳时，发现市民争先恐后地奔向郊区躲藏，随即低飞，一面狂轰滥炸，一面俯冲扫射。刹时骨肉横飞，房屋倒塌，财物成灰。据当时统计，尸体可查者达1300多具，其后还陆续在偏僻处发现遗骸不少，伤者亦续有死亡。这是益阳遭受轰炸最惨的一次事件，被人们称之为"一一·三惨案"。

1942年6月30日，日军飞机9架再次轰炸常德城，投弹100余枚，炸毁房屋100余栋。市民被炸后，死伤惨重。9月，日军飞机56架空袭衡阳10次、汝城5次、邵阳2次、耒阳1次、湘乡2次、黔阳1次，与国民政府军空军发生

---

① 《湖南省空袭概况民国三十一年元月份》，在"今后应注意事项"中提到。

战斗；10月，日军飞机37架空袭古丈、宁远、芷江，达13次；11月，日军飞机48架空袭14次，轰炸桃源、衡阳、郴县、道县、耒阳、祁阳、岳阳、安仁等地，与国民政府军空军发生战斗；12月，日军飞机22架空袭湖南5次，轰炸桃源、衡阳、衡山、零陵等地，其中敌机18架轰炸衡阳1次，投弹42枚，伤4人。

1943年2月，日军飞机17架轰炸衡阳1次，投爆炸弹48枚、燃烧弹2枚，炸死3人、伤3人，炸毁房屋7栋、烧毁1栋、震倒2栋，炸毁铁轨76条、车厢4辆，此外，机车修理房一部、材料库全部均被炸毁。日军飞机13架轰炸零陵4次，投爆炸弹16枚，燃烧弹60枚，炸死29人、伤31人，炸毁房屋100栋、烧毁房屋150栋、震倒50栋。日军飞机7架轰炸华容塔市、梅田湖共4次，投爆炸弹54枚，燃烧弹2枚，炸死26人、伤13人，炸毁房屋6栋、民船4艘。同年3月，日军飞机轰炸南县荷花嘴、鱼尾洲、县城等处，共9次，投爆炸弹80枚、燃烧弹12枚，炸死53人、伤46人，炸毁房屋100栋，震倒房屋12栋，炸毁民船40艘。日军飞机5架轰炸华容塔市1次，投爆炸弹40枚，炸毁民船9艘。日军飞机3架轰炸澧县新州市1次，投爆炸弹19枚、燃烧弹1枚，炸死2人、伤2人，炸毁民船3艘。同年4月，日军飞机10架轰炸澧县3次，投爆炸弹46枚、燃烧弹1枚，炸死4人、伤3人，炸毁房屋1栋，震倒1栋。日军飞机2架轰炸南县1次，投爆炸弹12枚、燃烧弹1枚，炸死10人、伤9人，炸毁房屋15栋、烧毁10栋，震倒8栋。日军飞机1架轰炸常德1次，投爆炸弹2枚，炸毁房屋1栋。日军飞机18架轰炸零陵5次，投爆炸弹53枚、燃烧弹3枚，炸死3人、伤9人，炸毁房屋8栋、烧毁1栋，震倒3栋，财产损失250000元。同年5月，日军飞机7架轰炸长沙2次，投爆炸弹22枚、燃烧弹32枚，炸死29人、伤57人，炸毁房屋23栋、烧毁144栋，震倒2栋。日军飞机1架轰炸澧县1次，投燃烧弹2枚，损失不详。日军飞机27架轰炸常德3次，投爆炸弹203枚、燃烧弹16枚，炸死15人、伤24人，炸毁房屋94栋、烧毁13栋。日军飞机1架轰炸津市1次，投爆炸弹4枚、燃烧弹1枚，炸死12人、伤4人，炸毁民船1艘，财产损失估价10万元。日军飞机10架轰炸慈利1次，投爆炸弹31枚、燃烧弹6枚，炸死12人、伤17人，炸毁房屋8栋、烧毁42栋，震倒5栋。日军飞机10架轰炸石门2次，投爆炸弹44枚，炸死2人、伤2人，炸毁房屋101栋。日军飞机6架轰炸沅陵1次，投爆炸弹7枚、燃烧弹18枚，炸死42人、伤25人，炸毁房屋19栋、烧毁42栋。5月31日，日军飞机9架轰炸石门县城，投弹27枚，炸毁西门巷35家民房、商店及教馆。同年 6 月，日军飞机 24 架轰炸衡阳 1 次，投爆炸弹 21 枚，炸死 1 人、伤 10 人，炸毁房屋 2 栋、烧毁 7 栋。日军飞机 6 架轰炸沅江 1 次，投爆炸弹 7 枚、燃烧弹 18 枚，炸死 42 人、伤 25 人，炸毁房屋 19 栋、烧毁 42 栋。同年 7 月，日军飞机 41 架轰炸零陵 2 次，投爆炸弹 75 枚，炸死 3 人、伤 5 人，震倒房屋 1 栋。其中，7 月 23 日，日军飞机 21 架在距零陵县城 10 余里的虎子岭薄荷塘投爆炸弹 35 枚，炸伤小孩 5 人，震倒房屋 1 栋。7 月 24 日，日军飞机在湘潭易家湾附近以机枪扫射，打死打伤平民 10 余人。7 月 27 日，日军飞机 9 架轰炸零陵县城，投弹 12 枚，炸死 73 人、伤 129 人，炸毁房屋 36 栋、车辆 8 辆、航船 5 艘、帆船 4 艘，器具损失 720 万元，其他损失 890 万元。日军飞机 130 架轰炸衡阳 4 次，投爆炸弹 102 枚、燃烧弹 11 枚，炸死 104 人、伤 173 人，炸毁房屋 44 栋、燃烧房屋 4 栋，震倒房屋 6 栋，炸毁民船 6 艘。其中 7 月 29 日，日军飞机 36 架在衡阳东岸唐家码头、杨家坪、廖家码头、粤汉车站北、粤汉医院、粤汉铁路难民厂和西岸北正街、江西路、演武坪、樟木巷、黄沙洲、同仁堂码头共投爆炸弹 52 枚、燃烧弹 10 枚，炸死 92 人、伤 160 余人，炸毁房屋 50 栋、民船 8 艘、车厢两口、难民厂 8 栋、车房 1 栋。7 月 30 日，日军飞机 25 架在衡阳西岸道后街、玉皇巷、柴埠门、龙船、坪堂、机场东侧共投爆炸弹 25 枚、燃烧弹 1 枚，炸死 11 人、伤 25 人，炸毁房屋 3 栋、民船 6 艘①。本月，日军飞机 35 架轰炸芷江 2 次，投爆炸弹 31 枚、燃烧弹 9 枚，炸死 3 人、伤 15 人，炸毁房屋 8 栋、燃烧房屋 13 栋，震倒房屋 14 栋。日军飞机 21 架轰炸邵阳 1 次，投爆炸弹 31 枚、燃烧弹 2 枚，炸死 1 人，炸毁房屋 1 栋。同年 8 月，日军飞机 3 架轰炸湘阴营田 1 次，损失不详。同年 9 月，日军飞机 7 架轰炸临武 1 次，投爆炸弹 40 枚、燃烧弹 10 枚，炸死 20 人、伤 50 人，炸毁房屋 50 栋。日军飞机 4 架轰炸长沙 1 次，投爆炸弹 2 枚、燃烧弹 13 枚，炸死 6 人、伤 17 人，炸毁房屋 1 栋、燃烧 74 栋，震倒 2 栋。日军飞机 8 架轰炸郴县 1 次，投爆炸弹 25 枚、燃烧弹 3 枚，炸死 2 人、伤 7 人，炸毁房屋 1 栋、铁轨两条，车辆 3 辆。9 月的一天下午，日军飞机 9 架侵入益阳城区，从万寿宫上首起至临兴街，连续投掷燃烧弹数十枚，当场炸死 10 余人。顿时烟雾弥天，到处是火海。因市民大部分躲警报未归，无人抢救。除了六七家建筑物属砖石结构者尚存外，其余长达 1 里多路的街道全部化为废墟，财力物力的损失无法计算，无数市民倾家荡产，无

---

① 湖南全省防空司令部代电：《为谨将零陵湘潭衡阳等地遭受空袭损害情形先行呈核由》，防一衡字第 0596 号，民国三十二年八月九日发；湖南省主计处、省防空司令部：《关于敌机空袭损害概况月报图表》，湖南省档案馆藏，档案号 44—1—12。

家可归，被迫转徙流离。同年11月，日军飞机11架轰炸益阳3次，投爆炸弹6枚、燃烧弹34枚，炸死50人、伤10人，炸毁房屋5栋、烧毁房屋460栋。日军飞机9架轰炸宁乡1次，投爆炸弹7枚、燃烧弹10枚，炸死24人、伤32人，炸毁房屋52栋。日军飞机1架轰炸沅江1次，投爆炸弹1枚，损失不详。在常德会战中，日军飞机天天炸，大炮天天轰，有时一天一二十架飞机，上百门大炮一起出动，对全城进行狂轰滥炸，到12月9日收复常德时，城内上万栋房屋全毁于战火，幸存建筑物仅剩千分之一二。昔日繁华的商业都市，成为一片瓦砾。残墙断壁和电杆树木上，到处是炸飞的人肉、断肢、肚肠，惨不忍睹。郊区乡镇的房屋，也多半被炸毁，无数平民百姓血肉横飞，死伤于炸弹之下。同年12月，日军飞机81架轰炸衡阳4次，投爆炸弹313枚，炸伤1人，炸毁铁轨1条。日军飞机8架轰炸常宁4次，投爆炸弹9枚，震倒房屋1栋。日军飞机3架轰炸祁阳1次，投爆炸弹7枚，炸伤2人、炸毁房屋1栋，还炸毁煤仓1间、稻谷10余石。日军飞机11架轰炸长沙2次，投爆炸弹30枚、燃烧弹9枚，炸死15人、伤4人，炸毁房屋20栋、烧毁房屋22栋，震倒房屋2栋。日军飞机轰炸邵阳1次，损失不详。日军飞机11架轰炸零陵1次，投爆炸弹48枚，损失不详。日军飞机5架轰炸桃源1次，损失不详。12月24日上午，日军飞机12架轰炸湘乡1次，投爆炸弹28枚、燃烧弹4枚，炸死25人、伤52人，炸毁房屋8栋、烧毁4栋，震倒20栋。日军飞机轰炸武冈1次，损失不详。

1944年2月13日，日军飞机轰炸长沙1次，投爆炸弹6枚，炸死7人、伤5人；轰炸零陵6次，投爆炸弹5枚，伤2人。6月29日，日军飞机18架轰炸零陵县城，投弹47枚，炸死492人、伤316人，炸毁房屋351栋、工厂2家、车辆93辆、航船82艘、帆船42艘，器具损失5000万元，其他损失10000万元。8月12日，日军飞机36架轰炸零陵县城，投弹95枚，炸死243人、伤316人，炸毁房屋798栋、工厂3家、车辆184辆、航船54艘、帆船32艘，器具损失14000万元，其他损失14000万元。

1945年春，日寇已陷入穷途末路，为了作最后挣扎，更加不择手段，屠杀无辜平民。日军飞机在益阳三堡一带投掷燃烧弹一批，烧毁房屋数十余栋，损失财物100多万元。此外，日军飞机还先后有多次较小的轰炸和扫射。如有次下午在头堡文家码头河街投弹数枚，炸死30余人，炸毁房屋10余栋；一次中午，日军飞机在大码头赛楚南面馆投弹3枚，炸死吃面的就有8人，炸垮太和永书店的房屋；一次，日军飞机在汽车路清江旅社侧边投弹1枚，炸毁房屋1间；又在汽车路后面郊区投弹数枚，炸死3人，另1人距落弹地仅几尺远，被炸弹掀起的泥土压伤；一次，日军飞机在城内原女子职业学校（即现在三中校址）投弹1枚，没有爆炸，弹身一截露出地面，一截栽入泥中，约一个月后才取出。几年之间，市民都是提心吊胆，朝不保夕，东躲西逃，精疲力竭。

据湖南省防空司令部的统计，仅就日军飞机对湖南的686次轰炸而言，就炸死湖南民众13322人、炸伤14864人，炸毁房屋66685栋[1]。遗憾的是，由于日军飞机轰炸时，人心惶惶，很多情况下没有保留下详细的伤亡记录和财产损失情况，或当时的统计不全面，因此，尽管我们根据当年的档案资料，得出了日军飞机轰炸湖南不少于1630次的结论，但仍然无法准确计算出日军飞机轰炸给湖南造成的确切损害情况。

3. 在交战中，轰炸驻防湖南的中国军队和军工设施（含机场、军工企业），削弱中国军队的战斗力和后勤保障

1938年11月，日军占领岳阳、临湘后，湖南成为国民政府军抗击日军的前线。为了消灭国民政府军第九战区的主力，迫使迁移到重庆的国民政府投降，日军在湖南发动了6次大的战役。每次发动攻击时，日军都使用飞机狂轰滥炸，企图对国民政府军实行毁灭性打击。

1938年10月19日中午，日军飞机6架空袭平江县城。北街伤兵医院60多名重伤员全被炸死。1939年6月24日，第一次长沙会战前夕，日军侦知湘阴县城北门外有一个国民政府军的伤兵医院，立即派飞机前来轰炸，将几栋平房炸成焦土。住在那里的700多名伤兵，于当日凌晨，分乘几艘木船，由汽艇拖着往长沙方向转移。日军飞机发现目标后，跟踪追击。在十分危急的情况下，航船被迫在距湘阴县城20华里的萝卜洲抛锚，伤兵争先恐后地跳上岸，慌忙钻入芦苇丛中。日军飞机对准目标疯狂地轰炸、扫射，将船只全部炸沉，伤兵除几人泅水躲藏而侥幸逃生外，其余人全被炸死、烧死。

1939年9月，第一次长沙会战拉开帷幕。18日，湘北日军以第三、六、十三师团为主力，约3万余人，在大量飞机的掩护下，向驻守新墙河的国民政府军第一道防线发起攻击。23日，日军飞机多架在大桥岭、小桥岭、马家院、七步塘等国民政府军阵地上空轮番轰炸；9架日军飞机掩护日军狂攻鹿角及各处

---

① 湖南省地方志编纂委员会编：《湖南省志·军事志》，中国文史出版社1994年版，第754页。

国民政府军的封锁线；18 架日军飞机配合日军对国民政府军进行轰炸，与国民政府军在千家坪、堆三嘴一带激战。25 日，日军飞机又轮番轰炸新市国民政府军阵地。战斗中，日军飞机的轰炸对国民政府军造成了重大伤亡。

1941 年 9 月 7 日，日军两个联队在日军飞机掩护下，向大云山发动攻击，揭开了第二次长沙会战的序幕。19 日，日军早渊支队和第六师团在飞机掩护下渡过新墙河。27 日，早渊支队在日军飞机支援下，突破国民政府军第九十八师的阵地，南渡浏阳河，与日军空降兵一道，会同地面部队攻入长沙。同年 12 月 13 日，日军第十一军司令阿南惟几下达再次进攻长沙的命令，以策应日军第二十三军攻占香港及南方军作战，打通粤汉线。12 月 26 日，日军飞机对河夹塘、归义的国民政府军阵地进行轰炸，掩护日军第三师团渡汨罗江，向长沙攻击前进。

1942 年 1 月 1 日，日军第三师团渡过浏阳河，在 20 余架日军飞机的支援下，向驻守在阿弥岭、林子冲、金盆岭的国民政府军发起猛攻。尽管日军飞机轮番对国民政府军阵地进行轰炸，给国民政府军造成了重大伤亡，但由于国民政府军的顽强抵抗，致使擅长夜袭的日军加藤大队在夜战中受挫。1 月 2 日，6 架日军飞机编队轰炸岳麓山国民政府军的炮兵阵地与长沙市区，北门开福寺、东门袁家岭、南门东瓜山相继沦陷。1 月 4 日，日军飞机投掷烧夷弹，配合日军施放毒气，全力攻城，便遭到国民政府军第十军的拼死抵抗，日军被迫退出长沙。1942 年 8 月，日军飞机 93 架空袭衡阳、零陵两处机场达 18 次之多，与国民政府军空军发生战斗。

1943 年 9 月 28 日，为了消灭国民政府军的主力，摧毁中国第六战区的根据地，策应日军在南洋的作战，日本派遣军向第十一军下达了 11 月上旬攻占常德的命令。11 月 18 日，日军在外围据点河洑打响围攻常德的第一枪。11 月 20 日，日军在飞机轰炸的掩护下，攻占牛鼻滩。22 日，日军飞机 10 余架低飞投弹，对中国守军猛烈轰炸，造成国民政府军伤亡惨重，汉寿沦陷。24 日，日军在飞机投掷燃烧弹的掩护下，对常德守军第五十七师发起全线猛攻，但遭到国民政府军的重创，一部分冲入城内沅清街附近的日军，也被国民政府军赶出城外。25 日，日军恼羞成怒，动用数十架飞机、上百门大炮，对常德城狂轰滥炸，并投放燃烧弹。顿时，常德城一片火海，烟云蔽天，民宅荡然。轰炸过后，日军对东、西、北 3 个门发动全面进攻，逐步逼近城垣。27 日凌晨，日军在飞机掩护下，发动环城拂晓攻势，东门外的日军先后 3 次冲进城内，北门外的日军 5 次逼近城垣，均被国民政府军逐出或击退，日军在大小西门的进攻也未得逼，双方都有重大伤亡。28 日，日军 20 余架飞机轮番狂轰滥炸，常德城内一片火海，房子、碉堡皆成灰烬。29 日，日军飞机又对城区进行轰炸，加之钻入城内的日军到处纵火，严重削减了国民政府军的战斗力。30 日，日军飞机将轰炸目标对准第五十七师师部，并投掷燃烧弹。12 月 1 日，日军再次动用 20 架飞机，对第五十七师师部进行轰炸，师部四周被火海包围。3 日凌晨，第五十七师伤亡殆尽，常德城被日军攻陷。

1944 年 5 月，日军为了打通大陆交通线，发动了豫湘桂战役，再次南犯长沙。6 月 5 日，左路日军攻抵浒市、官渡一带，遭到中国守军第四十四军等部的抵抗。在飞机轰炸的支援下，攻陷国民政府军在浏阳以北的阵地。6 月 8 日，日军飞机连日轰炸湘阴小青山国民政府军的炮兵阵地，直至 11 日炮兵阵地转移时止。6 月 18 日拂晓，日军 30 余架飞机轮番轰炸岳麓山国民政府军主阵地，并低空扫射，同时用重炮、毒弹集中猛轰，岳麓山北、长沙市南国民政府军伤亡及中毒者逾大半，长沙沦陷。6 月 22 日，日军飞机轰炸衡阳城，在湘江两岸引发大火。但日军的进攻遭到国民政府军的顽强抵抗，死伤惨重。从 7 月 3 日开始，日军飞机每天对衡阳城投掷炸弹、燃烧弹等，衡阳城区昼夜燃烧，一片火海，国民政府军囤积的弹药也多被焚毁。8 月 8 日，日军费时 47 天，以重大伤亡的代价攻占衡阳。

在配合日军进攻的同时，日军飞机还对包括军用机场在内的国民政府军的军事设施狂轰滥炸。

1938 年 8 月 18 日，日军飞机 27 架轰炸衡阳，与国民政府军空军激战中，有数架日军飞机窜入机场上空，投弹数十枚，损失不详；同一天，日军飞机 17 架轰炸邵阳，在机场附近投弹 40 余枚，炸死 20 多人，炸毁民房 10 余间，并在其他地方投弹 10 余枚，民众伤亡甚多[①]。8 月 30 日，日军飞机 18 架轰炸长沙，在机场附近投弹 100 余枚，炸毁农舍数间，焚毁福寿桥民房 10 余栋，炸伤平民 1 人，有 3 枚炸弹落在滩头坪田中，损失不详。同一天，日军飞机 9 架轰炸位于文化路的郴县飞机场，投弹 70 余枚，炸死 38 人、伤 46 人，炸毁房屋 90 余栋，震倒房屋 30 余栋，炸毁汽车 1 辆，炸死猪 9 头。9 月 1 日，日军飞机 9 架又轰炸郴县机场等处，当时没有分类统计。9 月 3 日，日军飞机 9 架又轰炸郴县机场等处，投弹 88 枚，炸死 38 人、伤 56 人，炸毁房屋 313 栋。

1939 年 8 月 18 日，日军飞机轰炸沅陵县城，全城精华付之一炬。位于城郊

① 《湖南省政府大事记》，1938 年 7 月，湖南省档案馆藏，档案号 22—1—11，第 289 页。

的军工厂、湘西电厂被炸中，造成30余工人伤亡，50余间厂房被炸毁，损失严重。1939年10月，由于汉口大批日军飞机被国民政府军空军炸毁，日本认为轰炸汉口的飞机是从湖南各机场起飞的，为了防止国民政府军空军再次轰炸汉口机场，日军调集优势飞机、重磅炸弹，对我省衡阳、邵阳、零陵、芷江等机场投掷大量重磅炸弹，进行狂轰滥炸。日军飞机5次轰炸衡阳，投弹278枚，炸死9人、伤29人，炸毁房屋11栋，国民政府军空军第二总站汽油库遭到轰炸；5次轰炸芷江机场，投弹650枚，炸死3人、伤13人，炸毁房屋117栋；3次轰炸邵阳，投弹299枚，炸死2人、伤6人，炸毁房屋283栋；4次轰炸零陵，投弹426枚，炸死4人、伤12人，炸毁房屋13栋；11月，为了阻碍国民政府军空军飞机的起降，日军飞机在芷江、衡阳、零陵等机场投掷了大量重磅炸弹，如轰炸芷江机场2次，共投弹219枚，炸死1人、伤1人，炸毁房屋两栋；12月，日军飞机多次轰炸湘潭、衡阳、芷江、郴县等地机场。轰炸湘潭1次，投弹23枚，炸死1人、伤2人；轰炸衡阳4次，投弹127枚，炸死14人、伤52人，炸毁房屋18栋，此外，日军飞机还散发了传单；轰炸芷江2次，投弹300枚；12月22日，日军飞机24架轰炸郴县飞机场等处，投弹76枚，炸毁房屋2栋，炸毁单翼机（轰炸机）两架。日军飞机两次轰炸安化烟溪国民政府军政部兵工署第十一工厂，其中12月11日，日军飞机10架在烟溪投爆炸弹、燃烧弹30余枚，炸死115人、重伤约100余人，炸毁房屋600余栋，兵工厂所属第四厂（造炮厂）被炸毁1/4，第五厂（造枪厂）全部被炸毁，职工30余人被炸死①。日机两次轰炸，造成烟溪难民近万人，财产损失达90余万元。

1940年1月，日军飞机轰炸的主要目标还是国民政府军的机场。日军飞机轰炸湘潭3次，共投弹62枚，伤亡与财产损失不详；轰炸衡阳2次，共投弹197枚，炸死1人，炸毁房屋3栋；轰炸长沙2次，共投弹20枚，炸死23人、伤34人，炸毁房屋18栋。3月12日，日军飞机6架轰炸宁乡飞机场，炸死民工刘少云1人、伤6人，在飞机场东部炸出两个深8公寸、直径4公尺的弹穴，并炸坏一部分飞机。4月，日军飞机袭击湖南时，多避开我设防城镇，或高空越过，而在我不设防的城市乡村作低空飞行，肆行扫射。23日，日军飞机5架在长沙投弹44枚，并投燃烧弹3枚，炸死19人、伤15人，炸毁房屋26栋。9月，日军飞机两次轰炸祁阳，共投弹80枚，炸死8人、伤19人，炸毁房屋251栋，国民党军政部第三被服厂、华商工厂、祁阳工场等均遭到轰炸。9月4日，

① 《县府关于烟溪被敌机轰炸后赈济文件》（1939—1940年），（民国）安化县民政科档案，全宗号505，案卷号243，第12、99页。

日机 27 架轰炸辰溪马路坪（兵工厂）、南坪（兵工厂）、花塘坪（军火库）、小路口（海军陆战队）、陈家溪口等处。9 日，日军飞机再次轰炸辰溪，炸毁汽车 1 辆，一工厂、弹药厂、水泥厂均遭到轰炸；同一天，沅陵遭到轰炸，电池厂、防护团被炸。9 月 28 日，日军飞机轰炸衡阳时，湘桂线区司令部遭到轰炸，火车厢 21 辆被炸毁。12 月，4 架俄制国民政府军飞机迫降郴县机场。日军飞机 9 架立即跟踪到郴县，对县城和郴县机场进行了轰炸。

1941 年 3 月 16 日，日军飞机 8 架轰炸零陵（蔡家铺）机场，投弹 26 枚，炸死 36 人、伤 82 人，炸毁房屋 25 栋。航船 2 艘、帆船 1 艘，器具损失达 28 万元，其他损失 36 万元。1942 年 4 月 30 日，日军飞机 9 架轰炸机场，投弹 4 枚，炸死 16 人、伤 46 人，炸毁房屋 3 栋，器具损失达 60 万元，其他损失 90 万元。6 月 15 日，日军飞机 18 架轰炸机场，投弹 29 枚，炸死 31 人、伤 18 人，炸毁房屋 15 栋，器具损失达 210 万元，其他损失 280 万元。8 月 13 日，日军飞机 9 架轰炸机场，投弹 12 枚，炸死 83 人、伤 126 人，炸毁房屋 16 栋，器具损失达 160 万元，其他损失 320 万元。10 月 26 日，日军飞机 9 架轰炸机场，投弹 18 枚，炸死 65 人、伤 136 人，炸毁房屋 5 栋，器具损失达 80 万元，其他损失 1250 万元。1943 年 6 月 19 日，日军飞机 7 架轰炸机场，投弹 15 枚，炸死 146 人、伤 259 人，炸毁房屋 18 栋，器具损失达 360 万元，其他损失 450 万元①。

芷江，地处湖南西部边陲，是通往西南诸省的通道，素有"滇黔门户，全楚咽喉"之称。当时，芷江建有远东盟军第二大机场，是国民政府军陆军、中美空军重要集结地，自然成了日军飞机轰炸的重点目标之一。为了摧毁芷江基地，日军除了派特务破坏，就是出动飞机不断轰炸。1938 年 11 月 8 日，日军飞机 18 架第一次轰炸芷江机场，投弹 110 枚，炸死民工 80 多人②，其他损失不详。11 月 11 日，日军飞机 18 架轰炸机场，投弹 124 枚，损失不详。1939 年 1 月 11 日，日军飞机 6 架轰炸机场，投弹 36 枚，损失不详。4 月 7 日，日军飞机 29 架轰炸机场等处，投弹 86 枚，炸死 6 人、伤 4 人，炸毁房屋 32 栋。1941 年 8 月 3 日，日军飞机轰炸芷江机场等处，投弹 33 枚，炸伤 5 人，炸毁房屋 59 栋。1944 年 7 月 3 日，日军飞机轰炸芷江机场，投弹 30 枚，炸毁房屋 1 栋。7 月 12 日，日军飞机轰炸芷江机场等处，投弹 510 枚，伤亡情况与财产损失不

---

① 湖南省会计处：《湖南省零陵县（市）空袭损失查报表》，民国三十五年八月二十日查报，湖南省档案馆藏，档案号 46—1—31。

② 张克光：《日机对芷江的轰炸》，见湖南省政协文史委员会编：《芷江受降》，岳麓书社 1997 年版，第 20 页。

详。7 月 28 日，日军飞机投弹 240 枚，炸死 1 人、伤 11 人，炸毁房屋 3 栋。7 月 30 日，日军飞机投弹 7 枚，损失不详。8 月 2 日，日军飞机 9 架轰炸机场，投弹 85 枚，损失不详。8 月 27 日，日军飞机 9 架轰炸机场，投弹 326 枚，炸死 4 人、伤 58 人，炸毁房屋 1 栋。9 月 24 日，日军飞机 12 架轰炸机场，投弹 59 枚，损失不详。11 月 24 日，日军飞机轰炸机场，投弹 2 枚，损失不详。12 月 4 日，日军飞机轰炸机场，投弹 42 枚，损失不详。1945 年 1 月 29 日，日军飞机 12 架轰炸机场，投弹 217 枚，损失不详。2 月 21 日，日军飞机轰炸机场，投弹 110 枚，炸死 1 人、伤 3 人，其他损失不详。据目前掌握的资料统计，从 1938 年 11 月 8 日到 1945 年 2 月 21 日，日军飞机轰炸芷江 38 次，出动飞机 513 架，投弹 4731 枚，炸死 445 人，炸毁房屋 3756 栋、粮食 30 万担，其中攻击机场就达 23 次，投弹 3109 枚[①]。其疯狂程度由此可见一斑。

4. 轰炸、破坏文化教育机关和设施，企图摧毁湖南的文化教育事业

文化侵略，是日本侵华的既定方针之一。蓄意破坏教育文化机关，是日军飞机轰炸的主要目的之一。抗战期间，日军飞机在湖南各城市上空滥肆轰炸，对湖湘文化遗产进行摧残，对学校等文化教育机关进行焚毁，对文物古迹进行破坏。其目的就是为了从思想上、灵魂上瓦解湖南人民的抗日斗志，泯灭湖南人民身上的中华民族精神，使湖南人民甘当其统治下的"顺民"。

1938 年 4 月 10 日，日军飞机 27 架空袭长沙，狂炸岳麓山下的湖南大学和清华大学等地，炸死炸伤学生、工人、居民及游客等 100 余人。湖南大学损失最大，学校图书馆全部被炸毁。该校图书馆系 1929 年湖南省政府拨款开始新建的，历时 4 年，1933 年 11 月竣工落成。占地 9200 平方尺，钢筋水泥结构，设计新颖，规模宏大，建筑坚固，装饰精巧，门厅有 4 根直顶层檐的圆形大柱，屋顶呈钟楼式的圆形，颇具欧洲哥特式建筑的风格。书库内采用钢柱双面书架，方便借阅；图书阅览室、报纸杂志阅览室、研究室用房占近三分之二，完全突破了封建时代藏书楼的格局；另外，地下室还设有蒸汽洗手间等消毒卫生设施，使读者极感舒适和方便。如此先进的图书馆，在当时全国高校中也不多见。此

---

① 《抗战时期芷江人口伤亡和财产损失》，芷江县史志办公室，2005 年 5 月。

时图书馆已有各种藏书约 7 万册，其中不少珍贵典籍。可惜的是，这座现代建筑及其丰富的图书均被日军飞机的炸弹炸塌损毁，在烈火中焚烧，仅存 4 根房柱耸立在一堆废墟之上，真是"峥嵘馆舍千间毁，大好图书一炬残"！

湖南大学科学馆也在这次轰炸中，被炸毁三分之二，学生宿舍两栋亦被炸，全校精华付之一炬。惨案发生后，由于河西救护人员缺乏，省市当局又未很好组织城区内医务人员过河抢救，以致救护迟缓，损失加重。

与此同时，岳麓山风景区亦未能幸免，包括云麓宫在内的许多名胜古迹也挨了炸弹，一些无辜百姓死于非命。自卑亭有两个农民被炸死；涛亭前有 6 个游人毙命；清华大学迁长沙的新建校址处，有 18 人被炸死，20 余人受伤。在山间游玩的一对姐妹，均不幸中弹，弹片由臀部打进，从肚部穿出，当即惨死。这次轰炸，共炸死 38 人，使湖南大学教学、生活设施遭到严重毁坏，"八百余青年学生，一时陷入无书可读，无处安身的惨境"。至于千年书院——岳麓书院文物古迹和中外名籍的损失，更是无法用金钱所能计算的。

湖南大学迁辰溪后，日军飞机不仅跟踪两次轰炸湖南大学辰溪分校，炸死 1 人、伤 3 人，还炸毁校舍 10 余栋及实验仪器设备等 100 余件。中国著名武术家、湖南大学体育教授王润生就是被日军飞机炸成重伤，不治身亡的。而且，日机还 4 次轰炸湖南大学岳麓山本部，炸死、炸伤数十人，炸毁具有千年历史的岳麓书院半学斋、静一斋等处。如 1941 年 5 月 7 日，日军飞机 9 架分批投重磅炸弹 36 枚，又给湖大文物造成了严重损失，湖南大学收藏的文庙锡祭器及零件均被炸毁，四箴亭、御书楼、崇道祠、船山祠、六君子堂、中丞祠、文昌阁、文庙大成殿及塑像、科学馆的化学药品及玻璃器具也在轰炸中被炸毁。

日军飞机轰炸湖南大学，是日本侵略者摧残湖南文化教育事业的典型事例。抗日战争期间，类似这样的日军暴行还有许多：

1938 年 7 月 18 日，日军飞机轰炸祁阳，将祁阳县图书馆全部炸毁，馆内所有藏书付之一炬。

1938 年 10 月，日军飞机轰炸长沙时，震破湘雅医学院窗门屋瓦。1940 年 7 月 12 日，日军飞机轰炸贵阳时，已内迁到贵阳的湘雅医学院也遭到轰炸，动物室被炸毁，其他院舍也被震破多处。1941 年 12 月，日军纵火焚毁了湘雅医学院，计房屋 18 幢、家具 2973 件、仪器 1562 件、图书 3376 本，原来的价值达47971960 元①。

---

① 国立湘雅医学院：《本院抗战损失的上报材料》，1943 年 8 月至 1948 年 10 月，湖南省档案馆藏，档案号 67—1—332。

1939 年农历三月初二，日军飞机轰炸芷江县城。昔日暮鼓晨钟、香烟缭绕、信士游人留恋的"三清观"、"南寺"、"天王庙"等名胜古迹和历史文物均毁于一旦，那些泥塑铁铸的三大天王、四大金刚、金面泥身的十八罗汉都伴随殿宇的焚毁而粉身碎骨。

1941 年 8 月，衡阳雁峰寺的梵宇僧楼遭到日军飞机轰炸，全部被炸毁。12 月，长沙妙高峰中学云南轩图书馆、潇湘一览楼等遭到轰炸，被全部炸毁。省防空司令部也在 1941 年 8 月份的《湖南省空袭概况》中提到"学校多成轰炸目标，充分表现敌机之兽性"①。

1943 年 3 月 10 日，日军侵占华容县南山，可怜具有 2000 年历史的大禹庙和文昌阁被日军一把火烧成废墟。

据 1944 年 4 月出版的《石中期刊》记载："暴敌二次进犯，竟陷县城，为时达一月之久，学校被烧三分之二，教室则炸毁二间，仪器图书……损失相当数量，合计学校全部损失达百万以上"②。

湖西中学，是南县境内唯一的一所中学。该校被日军焚烧化成灰烬，校长段乃文及 7 名教师惨死于日军的枪口下。虽 3 易校址，仍屡遭轰炸，最后被迫停办。

1944 年 5 月，日军飞机连续对常宁县城东北角的烟洲进行数次轰炸，将 13 条大街小巷几乎都炸成废墟，这个宋代就是常宁县北乡 9 个集市之一的文化中心，有学校 3 所和私塾乡馆 10 余处全部毁于一旦，就连 1901 年意大利人在烟洲建造的湘南最大的天堂教堂和内设的崇德高级小学校舍都未能逃过此劫。

长沙岳麓山的爱晚亭、白鹤泉的遮亭、古麓山寺的前殿、云麓宫殿宇神像碑刻等，均遭到日军飞机轰炸，或是被日军所毁……岳阳君山名胜古迹众多，有酒香、飞升、望湖等 36 亭，湘君、祖师、龙王等 48 庙，还有 5 井、4 台。日军侵入后，寺庙仅存数处，古迹毁坏殆尽……

据 1945 年 12 月湖南省教育厅长王凤鸣的报告，全国抗战爆发之初，除公立学校及教育机关损失不计外，仅就市区内规模较大、办理完善的私立学校而言，因为日军飞机轰炸，遭到全部毁灭的学校就达 21 所之多。三次长沙会战、常德会战，由于日军飞机的轰炸，当地学校设施损失极重。长衡会战，日本侵略军大举犯湘，粤汉、湘桂两铁路沿线各市县均遭轰炸，并相继沦陷，教育文化方面损失之惨，难以形容。湘西会战，地处湖南偏僻、资水上游的新化、邵

---

① 湖南省档案馆馆藏档案，档案号（二五）—（1）—（18）—（1）—（10）。
② 中共石门县委党史办：《中共石门地方史》第一卷（1921—1949），中共党史出版社 2005 年版，第135 页。

阳、武冈、绥宁、城步等县也遭到日机轰炸，或被敌人窜扰，各级学校及教育机关全被破坏，夷为废墟者比比皆是。据当时的统计，省立农专、工专两所高校原有校舍全部被毁，设备亦损失殆尽，省立商专校损失也十分惨重，3 所专校共计损失约 197250 万元；省立中等学校共计 38 所，遭到轰炸或破坏的达 28 所。各县市立与联立中等学校共计 132 所，遭到轰炸或破坏的达 92 所，私立中等学校共计 217 所，遭到轰炸或破坏的达 181 所，损失总值共计约 4056942 万元；全省共有私立小学 34604 所，遭到日军飞机轰炸、破坏的中心小学达 649 所、乡保国民学校达 6307 所、私立小学达 1380 所、省立小学达 14 所，共计损失总值 2597658 万元；省立科学馆、省立中山图书馆及省立南岳图书馆未能逃过轰炸，因日军飞机轰炸或被日军破坏，省立第一、第二、第三民众教育馆馆舍全部被焚毁，器具损坏，图书散失无存。长沙市民众教育馆等 24 所县市文化设施全部被炸毁或焚毁，靖港民众教育馆等 24 所等遭到局部破坏。

日军飞机狂轰滥炸三湘大地，给湖南造成了重大的人口伤亡和巨大的财产损失，而且这也仅仅只是日本帝国主义在湖湘大地所犯下历史罪行的一个方面而已。从以上的分析中，可以看出日军飞机轰炸湖南的几个主要特点：

一是从日军飞机轰炸的地域看，处于湖南水陆交通干线上的重要城镇，特别是当时繁华的政治、经济、文化中心，是日军飞机轰炸的首选地点。日军飞机轰炸次数最多的是长沙、衡阳两市和常德、芷江、邵阳、零陵（今永州市零陵区）等县，其次为湘阴、湘潭、岳阳、株洲、衡山、平江、醴陵、桃源、郴县、沅陵、辰溪等县，再次是浏阳、宁乡、湘乡、耒阳、永兴高亭司、常宁水口山、安化烟溪等地①。

二是从日军飞机轰炸的主要目标看，可分为三个阶段：从七七事变到 1938 年 11 月日军占领岳阳、临湘前，因湖南省是中国政府抗战的战略大后方，为了切断国民政府军的物资供给、交通运输线与兵员补充，日军飞机在湖南的轰炸重点多为车站、桥梁、机场等交通、战略据点，轰炸手无寸铁的无辜平民，企图达到其速战速决的迷梦。从 1938 年 11 月日军占领岳阳、临湘到 1942 年，湖南省成为国民政府军抗击日军的最前线，为了彻底打击驻守湖南的国民政府军，掠夺战略物资，迫使重庆国民政府妥协，配合日军在太平洋地区的作战，日军先后发动了 3 次长沙会战，日军飞机将轰炸重点转向湖南的资源城市、军需工业基地。因此，凡是人口稠密的繁华城区，都成为了日军飞机集中轰炸的目标，

① 湖南省防空司令部：《湖南防空史略》，1945 年，湖南省档案馆藏，档案号 18—1—3，第 21—22 页。

日军企图以此断绝国民政府军的接济、扰乱湖南后方城乡相对安定的社会秩序。1942年以后，日军为了挽回失败的命运，又在湖南境内发动了常德会战、长衡会战、湘西会战等3次重大战役，与此同时，日军飞机又将轰炸目标重点瞄准在湖南的国民政府军空军基地，企图消灭国民政府军空军，摧毁国民政府军空军据点。

三是从日军飞机轰炸湖南的目的看，主要表现在三个方面：一是对湖南后方不设防城乡和无辜平民进行狂轰滥炸，以屠杀湖南民众，减少国民政府军人员的补充，动摇湖南民众抗战的信心。二是破坏水陆交通要道、资源城市和工厂，摧毁湖南的交通线和生产设施，企图使国民政府军前线不能得到接济，湖南后方城乡生活不能供给，社会秩序混乱，以阻滞国民政府军人员的补充和军需物资的运输。三是对军事设施、战略目标和国民政府军进行攻击性的轰炸，尤其是重点破坏中国的军用飞机场，企图阻碍国民政府军空军飞机的起降；企图消灭国民政府军的有生力量，为日军进攻减少伤亡、实现作战意图创造条件。因此，日军飞机在城区多投掷燃烧弹，在交通线路多投掷爆炸弹，特别是对飞机场投掷大量重磅炸弹，企图从军事上彻底摧毁国民政府军的斗志，从心理上全方位地撼动湖南人民抗战的信心。

（执笔：桂新秋）

（二）抗战期间湖南正面战场六次大会战中的损失

1938年10月武汉沦陷后，湖南由抗战的近后方变成了战略相持阶段的主战场，先后进行的大会战达六次之多，占整个抗战中国民党正面战场22次大会战的1/4强，占战略相持阶段国民党正面战场13次大会战的近1/2，数量之多，位居全国各省之冠。它们是：1939年9月至1942年1月的三次长沙会战，1943年11月至12月的常德会战，1944年5月至9月的长衡会战，1945年4月至6月的湘西会战。六次会战，造成国民党军队伤亡人数之多、地方损失之大，是全国其他战场所少见：根据所掌握的资料统计，六次大会战，中国军队的伤亡、失踪总数在24万人以上，而且仅第一、二、三次长沙会战就损失各种武器21285件；每次会战，日军都是一路烧杀抢掠，给其所经之地临湘、岳阳、湘阴、汨罗、平江、浏阳、望城、宁乡、长沙、常德、桃源、慈利、石门、南县、澧县、安乡、临澧、汉寿、华容、沅江、益阳、湘潭、株洲、醴陵、攸县、茶陵、安仁、湘乡、双峰、衡阳、衡山、衡东、新邵、邵东、邵阳、耒阳、隆回、绥宁、洞口、武冈、新宁、汝城、宜章、临武、桂阳、新田、嘉禾、蓝山、双牌、宁远、江华、江永、城步、通道、靖州、会同、芷江、新晃等县市带来严重破坏，造成巨大损失，但由于没有详细的档案资料为依托，其损失情况无法准确统计。本文中关于财产损失的货币统计数据，凡未注明币种者均为法币；涉及财产损失的价值，除特别注明者外，均按1945年8月物价折算。谨此说明。

1. 第一次长沙会战中的损失

第一次长沙会战，又称湘北会战，是日军所发动的"赣湘作战"的一部分。1939年9月中旬，为配合欧战爆发，日军第11军司令官冈村宁次纠集4个师团、两个支队及航空兵、海军各一部，约10万人，采用"分进合击"、"长驱直入"的战术，从赣北、鄂南、湘北进犯长沙，企图在夏秋之际击灭第九战区主力部队，"以摧毁中国军之抗战企图"。国民党第九战区动员战区所属部队30余万兵力迎战。第一次长沙会战从1939年9月14日开始到10月10日结束，历时25天。第一次长沙会战，给第九战区造成很大的破坏和损失。

在第一次长沙会战中，中国第九战区官兵浴血奋战、英勇拼杀，成功地将日军阻击在长沙外围，粉碎了日军"以战迫降"的狂妄企图，但自己也付出了很大的牺牲。

从1939年9月14日开始，集结于湘北的日军在近百架飞机和海军第11舰队的配合下，沿粤汉铁路、湘鄂公路、长岳古道经新墙河、汨罗江、浏阳河南犯，企图迅速夺取长沙，第一次长沙会战爆发。新墙河是日军夺取长沙的第一道障碍。国民党第15集团军第52军第2师、第195师在新墙河南北两岸与优势日军展开了激烈的争夺战。9月18日，日军第6师团攻击第52军第2师金龙山、斗篷山、铜鼓山等阵地，守军在这里与日军血战4天。守卫金龙山、斗篷山的第2师胡春华营，与日军鏖战数日，阵地工事几乎全部被炮火摧毁，伤亡惨重，全营除先期撤出的7名重伤员以外，自营长以下全部壮烈牺牲。日军奈良支队攻击第195师在新墙河防线的雷公山、草鞋岭一线阵地，被守军顽强阻击。国民党第195师史思华营坚守阵地不退，全营壮烈殉国。到22日晚，日军第6师和奈良支队均突破中国守军在新墙河以北的阵地，进抵新墙河北岸，准备渡河作战。守卫新墙河的第52军撤至南岸继续抵抗。9月23日凌晨，日军集中80多门火炮，向新墙河南岸第52军阵地猛烈轰击达1小时之久。接着，日军以步兵5000多人强渡新墙河，被守军击退。随后，日军集中兵力以第2师第12团阵地为主要攻击目标，发动第二次进攻，将大量炮弹倾泻在第12团阵地上，又出动飞机10多架对第12团阵地进行狂轰滥炸，第12团阵地工事多被夷为平地。在既没有防御工事依托，又无增援的情况下，守军顽强抵抗，打退了日军的第二次进攻。日军失败后更加疯狂，集中全部火炮和飞机，对第12团阵地进行了轮番轰炸，第12团守军大部分壮烈牺牲，幸存的三四百人伤员也被突入阵地的日军刺死，新墙河阵地失守。此次日军新墙河渡河作战中，中国守军将士阵亡1200人①。日军在进攻新墙河阵地的同时，上村支队在海军第11舰队的配合下，于9月22日从岳阳出发，经荷叶湖、古湖迂回到汨罗江以南，分别在营田、土星港、堆二嘴等处登陆，遭到守军第95师的顽强阻击。日军增兵后向营田以南青山、严家山、牛形山一带登陆。登陆后，日军即在炮火和飞机的掩护下向南青山、严家山、牛形山等守军阵地发动猛攻，各地守军抵挡不住，为免遭日军包围歼灭的危险，撤出营田，营田沦陷。营田沦陷后，中国守军第569团第1营营长苗振华和第2营营长夏绍武及士兵500余名被俘。随后，日军

---

① 陈先初：《人道的颠覆——日军侵湘暴行研究》，社会科学文献出版社2004年版，第35页。

向被俘的中国军人大施淫威，进行极其残暴的杀戮和蹂躏。日军将 2 名国民党军官的头皮割开剥下，盖住双眼，又从胸部剥皮至双膝，然后让其活活痛死；将苗营长凌迟处死；将夏营长的四肢钉在门板上淋上汽油，活活烧死；将 1 名连长凌迟碎剐；其余被俘官兵亦遭各种毒刑，一个不留地被杀害。在营田，中国守军战死和被俘虏后遭杀害的多达 1200 余名。

日军渡过新墙河、占领营田后继续南犯，25 日迫近汨罗江北岸，一部日军伪装成难民在蔺市河附近偷渡汨罗江，袭占新市并继续南进，相继占领平江、永安，直抵捞刀河；其主力部队在汨罗江上架起三座浮桥，企图强渡，遭到守军的顽强抵抗。26 日，日军在飞机大炮的掩护下，向汨罗江南岸的国民党守军阵地发起了全线猛攻，守军英勇反击，激战竟日打退了日军的多次进攻，确保了主阵地。从 9 月 18 日到 26 日，中日军队激战在新墙河、汨罗江之间地区，双方伤亡惨重，日军后援不继，战斗力下降，再也无力发动大规模的进攻。9 月 28 日，日军兵分三路展开进攻，到 9 月 30 日，中日军队在上沙市、石门桥、栗桥、三姐桥一带地区激战，双方成胶着状态。在三天激战中，日军或中埋伏，或遭阻击，进展十分困难，而且由于战线延长，后方交通被湘北中国军民截断，补给十分困难，加上中国军队的顽强抵抗，后援部队陆续压来，鉴于战局对己不利，日军被迫放弃进攻长沙的企图，下令撤退。10 月 10 日，日军全部退回新墙河以北地区，敌我恢复原来态势，第一次长沙会战结束。

第一次长沙会战中，中国第九战区损失惨重：军队伤亡、失踪达 37762 人（不包括其他战区策应作战部队），其中军官受伤 682 人、士兵受伤 17901 人、军官阵亡 337 人、士兵阵亡 12628 人，军官失踪 98 人、士兵失踪 6116 人[1]；损失各种武器 5207 件，其中手枪 127 支、步枪 4823 支、轻机枪 200 挺、重机枪 37 挺、迫击炮 17 门、特种枪 3 支[2]。

日军在侵湘过程中，见人就杀，逢妇女就强奸，遇物就抢劫或捣毁，见房子就烧，给其所经之临湘、岳阳、湘阴、汨罗、平江、浏阳、长沙县等地带来了严重的灾难。典型的日军暴行有：湘阴县营田惨案。1939 年 9 月 23 日，日军占领营田后，在屠杀中国守军 569 团 500 余名被俘官兵的同时，向被俘的当地

---

① 国防部战时编纂委员会：《第九战区历次会战经过（1938 年 7 月至 1942 年 1 月）》，中国第二历史档案馆藏，全宗号七八七，案卷号 6529，第 105 页。中国文史出版社 1994 年 6 月出版的湖南省地方志编纂委员会编《湖南省志·第五卷·军事志》第 1008 页上采用的是国民政府军伤亡、失踪达 4 万多人。

② 国防部战时编纂委员会：《第九战区历次会战经过（1938 年 7 月至 1942 年 1 月）》，中国第二历史档案馆藏，全宗号七八七，案卷号 6529，第 106 页。

居民大施淫威，进行极其残暴的杀戮和蹂躏。堆山嘴屋场有 15 户居民，共 93 人。日军登陆以后，不分青红皂白地见人就杀，见屋就烧，除郑西堂 1 人逃脱外，其余的 92 人，不分男女老幼均倒在血泊之中。三塘湾居住着 7 户易姓人家共 51 人，其中青壮年 13 人。日军将这 7 户中的易佩纯、易汉纯、易保和、易凤美、易咏仪、易春福、易锡连抓捕，用绳索五花大绑，押到长塘六斗垃，跪成一排，由 7 名日军刽子手，各拿东洋大刀，嗥叫着向他们的脖子上砍去，顿时 7 颗人头滚落地上。日军捉住大边山的农民易子勤后，将其按在屠凳上，用一把尖刀从他的喉嗓处捅进去，一股鲜血喷出好远。然后又将他的躯体砍成数块，围观的数十名日军则拍手狞笑。从 9 月 23 日至 10 月 5 日，日军占领营田的 13 天中，杀害湖南无辜百姓 800 余人；烧毁房屋 300 余栋，计 1700 余间；有 100 余名躲藏不及的妇女被强奸或轮奸①。日军撤走以后，幸存者回得家中，只见残垣断壁，焦骨腐尸，惨不忍睹。第一次长沙会战，给地方造成的损失巨大，但由于没有详细的档案资料为依托，其损失情况无法做出准确统计。

2. 第二次长沙会战中的损失

随着世界反法西斯战争形势的恶化和日美交恶，1941 年 9 月初，日军为了迅速解决中国事件，压迫中国政府屈服后抽兵东南亚，日军第 11 军司令官阿南惟畿指挥 4 个师团、两个支队和航空兵、海军各一部，约 12 万人，改用"中间突破"、"两翼迂回"的战术，由岳阳以南向长沙地区发动了第二次大规模侵湘战役，史称第二次长沙会战。第九战区调集 14 个军、近 30 万兵力迎战。第二次长沙会战从 1941 年 9 月 7 日开始到 10 月 9 日结束，历时 32 天。此次长沙会战，第九战区遭受了沉重损失。

会战中，第九战区官兵奋勇杀敌、英勇抗战，成功挫败了日军的攻击，但由于第九战区没能把握好战机和判断失误，长沙一度失守，第九战区官兵损失非常严重。

第二次长沙会战是从大云山战斗开始的。大云山位于昌水之北、油港之南，

---

① 湖南省政协文史资料研究委员会：《最悲惨的年代——日军侵湘暴行实录》，岳麓书社 1997 年版，第 10 页。

山高林密，十分利于防守。该地区大部分为中国政府军第4军辖区，一部分由第58军防守。为了解除大云山对日军后方的威胁，同时也为日军集中兵力作掩护，9月7日，日军第6师团在空军的掩护下，分别由临湘境内的忠防、桃林、西塘向大云山发起攻击，中国守军伤亡惨重。8日，日军第6师团主力突破大云山东侧阵地，大云山陷落。为了夺回阵地，中国军队集中了5个师的兵力在大云山与日军苦战。大云山战斗是日军为掩护其主力部队集结而发动的一次牵制是中国军队主力部队的作战，是第二次长沙会战的序幕。由于第九战区和第27集团军指挥部的判断失误，在大云山集结了5个师的兵力来与日军一个师团作战，不仅没有消灭敌人，反而把5个师的兵力牵制在大云山，导致新墙河防备空虚，便利了日军的进攻。日军通过大云山战斗，实现了自己的战略意图，不仅掩护了日军主力的迅速集结，而且将中国军队的5个主力师死死拖在大云山，从而从容地准备全面进攻，一举突破新墙河防线。18日晨，日军发起对新墙河的全面进攻，昌水以北的国民党军队不得不撤离大云山战场而赶赴新墙河参加战斗，大云山战斗结束。

9月18日拂晓，日军第4、第6、第40师团发起全面攻击。日军在由杨林街到沙港河下游一线约20公里的范围内，投入了45个步兵大队、322门火炮，并以战车协同作战，分向新墙河南岸的杉木桥、潼溪街、四六方、廖家渡、港口、杨林街等国民党各守军阵地发起进攻。国民党第一线守卫部队第90师、第102师刚经过防务调整到达指定位置，来不及休整即遭到日军的攻击，仓促应战，处于被动挨打的地位。而第55师防地仅有少数部队进行抵抗，在优势日军进攻面前，中国守军虽然不怕牺牲，英勇苦战，但抵挡不住日军的进攻，阵地相继被日军突破，日军迅速攻占了第90师长湖、白羊冲阵地。在新墙河以西，因第90师调往长湖，仅有少数警戒部队留守，日军第3、第4师团及早渊支队长驱直入，如入无人之境，进至洞庭湖和长岳公路。日军平野支队500多人乘一艘登陆艇和40多只汽艇，在海军舰艇的护卫下在湘阴县境内湘江口的青山强行登陆。在日军的猛烈进攻面前，守军第99军第197师稍作抵抗即被打垮。9月19日，日军占领了青山全岛。接着，开始了一场大屠杀，犯下了灭绝人性的暴行。日军将200多名守军俘虏用绳子绑着或用铁丝穿着，押到三圣庙前的稻田里，用机枪予以集体屠杀。不一会儿，尸骸狼藉，血流成河，200多人守军俘虏全都倒在血泊之中。残忍的日军仍不放手，还逐个在尸堆中踩、踢，发现有蠕动的、呻吟的，便补上一刀。稻田里淌着血水，血肉模糊的尸体一个挨一个，惨不忍睹。有两个被打散了的守军士兵，以为放下武器即可保全性命。然而，日军押着他们来到一个小山坡上，令其用铁锹挖一个土坑，然后逼迫其躺在自己挖好的土坑中。日军随即在上面填土，两个中国士兵意识到将要被活埋，拼命叫喊着，挣扎着。日军便用刺刀在他们身上乱戳，接着，继续填土，直到他们气绝身亡。日军将俘虏的守军营长刘儒卿剥皮，然后火焚致死。从9月18日至10月5日，短短18天时间，日军在青山杀死守军官兵300多人，奸淫妇女、抢走财物不计其数。新墙河阵地全面被突破后，日军继续南下，第40师团与国民党第4军在新墙河形成对峙局面，而日军第3、第4、第6师团则分别抵达汨水北岸的石头铺、兰市河、长乐街附近地区，第6师团一部则渡过汨水河突进至汨水河南岸的颜家铺、浯口一带，与第37军发生战斗。当日军突破新墙河防线向汨水推进之际，第九战区司令长官薛岳企图在汨水两岸地区歼灭敌军，但其下达的作战电令却被日军截获。阿南惟畿乃放弃原定的在湘江两岸消灭国民党军主力部队的计划，决定在捞刀河以北地区捕捉国民党军队，然后夺取长沙。日军各师团接令后，于20日深夜渡过汨水河，准备在22日黄昏开始行动，在捞刀河以北地区歼灭国民党主力部队。于是中日军队在汨水河南北两岸展开了一场殊死战。

9月22日，日军开始向国民党军队发起全面进攻。日军第3、第4师团各以一部分别向驻守下武昌、狮形山、兴隆山的国民党第37军第95师和第140师阵地发起攻击，第4师团主力则由下武昌、神鼎山穿插国民党第99师与第95师的结合部，由西向东压迫第95师主阵地神鼎山，第3师团主力则从第140师与第26军结合部双江口突入，由东向西压迫第140师主阵地，企图将两师包围歼灭。两师官兵英勇抵抗，伤亡惨重。24日上午，为避免被日军包围歼灭，第37军乃撤向麻林市。25日，日军突破国民党第26军阵地进至何家坪、五台洞。随后日军继续南进，会合第3、第4师团在栗桥、福临铺、金井一带围攻国民党第10军。第10军第190师第570团24日到达花门楼时即遭日军猛烈攻击，伤亡惨重，乃向梅林桥附近地区撤退；第190师第569团亦被日军击溃，当该师第586团到达梁家瑕时也被日军包围，发生激战，师长朱岳负伤，副师长赖传珠阵亡，其余官兵伤亡甚多，全师陷入混乱，于是向福临铺突围。第10军预10师刚占领高仓瑕、金井地区，便遭到日军第6师团的攻击。24日，日军在空军和大炮的配合下，向预10师阵地发起了猖狂进攻，金井失陷。日军跟踪追击，25日，日军第3师团攻至预10师新占领的阵地附近，激战一天，预10师阵地被突破，全师陷入混乱，纷纷向万家铺、麻林市撤退。9月24日，日军第3、第4师团攻击第10军第3师阵地，第3师左右逢敌，陷入苦战。26日，栗桥、影珠山等阵地相继被日军攻破。至此，第10军大部已被日军击溃，于是奉命向朗梨市转移整顿。日军击破第10军后，各师团向捞刀河挺进。此时，奉命前来增援的第74军先头部队第57师已抵洞阳市附近，主力到达浏阳市。日军决定先消灭第74军再攻打长沙。26日，第74军为击破当面之敌保卫长沙，向敌发起总攻：令第57师主力到达大埔以南至赤石河地区，占领丁家山、黄狮渡、枫林港阵地，攻击麻林市之敌；令第58师向永安市、春华山推进，以一部接替春华山防务，准备向路口畲之敌进攻；第51师向枫林桥、李家巷地区推进，攻击沙市街方向之敌。奉令后，第57师于27日开始向当面日军第3师团发起攻击，遭到日军的疯狂反扑。守军虽然顽强抵住了日军的进攻，但也牺牲惨重，全师伤亡达3000余人。第58师于26日占领春华山、东林寺、永安市一线阵地，随即遭到日军第3、第6师团猛烈进攻，第58师伤亡惨重，陷入苦战。第51师于27日进至捞刀河北岸，与日军激战于大桥、易家冲之线。第74军全面陷入苦战，乃于27日夜间撤至洞阳市、横江、小埠港亘浏阳河南岸高地之线，准备向西北侧击日军。日军击破第74军的阻击，全速向长沙推进，将国民党各追击部队远远甩在后面。9月26日，早渊支队在枫林港击退第95师的阻击后，突进至长沙的石子铺。27日晨，日军突破第98师在新河街、九尾冲、湖迹渡、杨家山一线的防线，进入长沙城。29日，第4师团主力也开进长沙。同日，第3师团的先头部队攻入株洲，将该市军事设施破坏后集结于金潭附近，第6师团集结于镇头市附近，第40师团集结于狮形山附近，荒木支队集结于沙市街附近，平野支队在庐林潭附近，江腾支队在关王桥附近。日军攻势就此结束。

当日军占领长沙时，由于战线太长和战争中消耗过大，感到兵力不足，再加上国民党第三、第五、第六各战区为策应长沙作战向各当地日军发起了猛烈进攻，特别是第六战区进攻宜昌，孤守宜昌的日军连连求援，已无兵可调的阿南惟畿只好急令第11军回援。在这种形势下，日军虽然占领了长沙，也不得不后撤。10月1日下午，日军开始撤退，10月9日撤回到新墙河以北原阵地。敌我恢复原来态势，第二次长沙会战结束。

第二次长沙会战中，第九战区军队损失颇为惨重（不包括第三、第五、第六战区策应作战部队）：军队死伤27128人，其中战死8758人、受伤18370人[①]；损失各种枪炮11136支，其中步枪10089支、轻机枪757挺、重机枪211

---

① 国防部战时编纂委员会：《第九战区历次会战经过（1938年7月至1942年1月）》，中国第二历史档案馆藏，全宗号七八七，案卷号6529，第183页。台北"国防部史政编译局"1989年编印的《湘赣地区作战》（上）《抗日战史》第七册第274页上采用的是国民政府军伤亡、失踪共计达70672人。

挺、迫击炮 79 门①；军马损失 780 匹、伤 117 匹、失踪 265 匹②。

日军在第二次侵湘过程中，一路烧杀抢劫，临湘、岳阳、湘阴、汨罗、平江、浏阳、长沙县、长沙市、株洲等日军所经之地，遭到了日军严重破坏。典型的日军暴行有：湘阴县青山惨案。青山，是南洞庭中的一个小岛，处于由洞庭湖进入湘、资二水的咽喉要地，故而成了日军攻占的目标。1941 年 9 月 19 日，日军平野支队 500 多人占领了青山全岛。接着，开始了一场大屠杀。在三圣庙前的稻田里，日军用机枪集体屠杀了 300 多名当地百姓。三圣庙前集体大屠杀后，日军继续在岛上四处搜索，行凶杀人。一伙日军从一个洞中抓出来 29 个老百姓，把他们带走。两天后，日军将这 20 多人全部屠杀。日军将发现的一个不满 1 岁的婴儿抛向空中，接着用刺刀尖活活挑死。村民肖胜文被日军杀害后，剖尸挖出内脏，然后用树枝撑开肚皮，吊在树上示众。从 9 月 18 日至 10 月 5 日，短短 18 天时间，日军在青山杀死无辜百姓 524 人，奸淫妇女、抢走财物不计其数；胡复兴、周继初等 24 户村民被斩尽杀绝，许青梅一家 9 人，被杀得只剩她一人。桃三惨案：1941 年 9 月，日军 1000 多人在自临湘桃林东湖庙经岳阳荷叶墩至三棋港（属岳阳）东西七八十里宽的地域内，反复烧杀 10 余天，岳阳、临湘两县被杀害者达 3000 余人，全村、全家被杀绝者比比皆是。岳阳新墙河惨案：1941 年 9 月，日军强渡新墙河。蔡家屋场（今新墙乡沙河村）村民蔡爱松、蔡希成等 10 多人未及逃跑，躲在稻草堆里，被日军发现后，用刺刀乱捅而死。日军还纵火烧毁房屋，致使新墙镇附近的村庄全部化为灰烬。同年 10 月间，日军从长沙溃退下来后，在大塘冲（今新墙乡前进村）、鹅公塘（今新墙乡大桂村）等地宿营，将村民易阳春、易德如等 10 多人用东洋刀砍死。日军还在刘瘳、墩上王（今新墙乡沙河村）等地杀人放火，男女老幼被杀死、烧死者达 500 多人。日军败退新墙河北岸时，到处烧杀掳掠。一群在麻布大山小坳西麓章姓二屋搜索的日军，将避藏在屋内的 10 名村民牵到屋前塘边用机枪扫射，全部杀害。日军第二次进攻长沙，给沿途各地造成了巨大损失，但由于没有详细的档案资料为依托，其损失情况无法做出准确统计。

① 国防部战时编纂委员会：《第九战区历次会战经过（1938 年 7 月至 1942 年 1 月）》，中国第二历史档案馆藏，全宗号七八七，案卷号 6529，第 185 页。

② 台北"国防部史政编译局"编印：《湘赣地区作战》（上），《抗日战史》第七册，台北 1989 年版，第 274 页。

3. 第三次长沙会战中的损失

第二次长沙会战不到两个月，1941 年 12 月 23 日，为了牵制中国第九战区军队南下增援香港英军并策应日军第 23 军作战，日军第 11 军司令阿南惟畿调集兵力 7 万余人发动了第三次对长沙的攻击。第九战区的中国军队集结 14 个军、30 余万兵力迎敌，在长沙以北地区节节抵抗。从 1941 年 12 月 23 日日军发动全面进攻开始到 1942 年 1 月 13 日返回原阵地，第三次长沙会战前后共计 20 天。会战中，第九战区遭受了巨大损失。

第三次长沙会战中，第九战区官兵浴血抗战、寸土必争，与日军展开拼死搏杀，在挫败日军图谋的同时，自己也付出了重大牺牲。

1941 年 12 月 23 日晨，日军在新墙河上游油港以北地区向国民党守军第 134 师阵地发起进攻，第三次长沙会战开始。24 日，日军突破国民党新墙河阵地，渡过新墙河，占领了国民党军队新墙河南岸第一线阵地，守军第 133 师主力退守南岳庙、洪桥，第 134 师主力退守王伯样、十步桥、观德冲一线阵地。25 日上午，日军第 6 师团第 13 联队由八仙渡向孙武、欧阳庙、胡德裕、黄板桥、谭家垅、古塘冲、黄沙街、龙风桥各阵地进攻，与守军第 133 师第 399 团发生激战；第 23、第 45 联队在飞机掩护下，进攻第 133 师第 398 团防守的下高桥、相公岭、傅家桥、长湖、洪桥、樟林港、袁家铺、谢子其各阵地，战斗十分惨烈。守卫傅家桥的第 398 团第 2 营在营长王超奎的率领下与日军反复争夺，日军用重炮轰击，全营壮烈殉国。守卫洪桥的第 3 营官兵在营长向有余的率领下，英勇抵抗，全部壮烈牺牲。27 日上午，日军第 3 师团在炮火和空军的掩护下，强渡汨罗江。28 日晨，日军第 6 师团主力攻击长沙岭、伍公市、磨刀滩阵地，激战至午夜，守军伤亡过半，日军攻陷兰市河，并由此渡过汨罗江，第 40 师团亦于当天攻陷荣家瑕，强渡汨罗江，并攻陷长乐街，长乐街国民党守军一个连伤亡殆尽。29 日，日军第 6 师团 3000 余人猛攻茶头岭，一个营的国民党守军自营长以下 400 余人全部伤亡。30 日，日军在付出惨重代价后进抵长沙市近郊，第 40 师团先头骑兵已抵永新市，主力进抵长沙城南地区，第 3 师团到达长沙东南郊区东山，第 6 师团进抵长沙东郊的朗梨市，随后日军从东、南、北三面向长沙外围守军发起猛烈攻击。

1942 年 1 月 1 日，日军第 3 师团渡过浏阳河，向长沙市南郊国民党预 10 师阵地阿弥岭、南水井、林子冲及金盆岭等阵地进攻，激战一日，守军阵地被摧毁，人员伤亡过半，守军撤至半边山、左家塘、农林试验场一线。日军攻击左家塘，守军一个营自营长以下伤亡殆尽，阵地被突破。预10师缩短正面阵地，据守农林试验场、马家冲、黄土岭、金盆岭之线阵地。1月2日，日军攻击南元宫、邹家庄、小林子街、黄土岭、太乙寺等阵地，守军与日军展开激战，战斗中第29团副团长陈新喜等阵亡。1月3日，日军第6师团全力进攻国民党第190师杜家山、陈家山阵地，并派飞机对守军阵地进行轮番轰炸；守军第570团与日军反复争夺，终因阵地工事全部被毁，被迫转移至南华女校继续抵抗。日军进攻受阻后，一方面以主力向北绕至湘雅医院、留芳岭附近继续展开攻击，另一方面以1000余兵力攻击第3师浏阳门、小吴门等阵地，日军的两路攻击均被守军击退。城南日军第3师团对预10师阵地发起猛烈进攻，入夜，预10师因伤亡过大，乃缩小正面阵地，固守白沙岭、小跳马槽、东瓜山、陶家山、修械所一线阵地。当第10军全力阻击日军进攻的同时，各参战部队按预定作战计划向进攻之敌攻击前进，到1月3日黄昏，第九战区部队将进攻长沙之敌从四面八方包围起来。由于日军屡攻长沙不下，周围中国军队又不断压缩包围圈，在这种形势下，为免遭全军覆灭的危险，日军第11军司令官阿南惟畿命令第40师团4日开始向北攻击前进，为主力部队撤退开辟道路；第3、第6师团于4日晚开始由郎梨市渡捞刀河向汨罗江一带退却，第9旅团、外围支队于6日南下接应。1月4日凌晨3点，日军为了在撤退前攻占长沙，向长沙各阵地发起全线攻击，守军沉着应战，击退日军多次进攻，使日军未能越雷池一步。日军连续4天进攻长沙伤亡惨重，弹尽援绝，处境十分不利，不得不下令第3、第6师团撤退。日军在撤退途中，遭到第九战区部队的围追堵截，狼狈逃窜，在付出惨重代价后，1月15日下午，全部撤至新墙河以北，敌我恢复原来态势，第三次长沙会战结束。

第三次长沙会战，第九战区军队（不包括其他战区策应作战部队）伤亡和失踪29217人，其中军官受伤804人、士兵受伤15066人、军官阵亡383人、士兵阵亡10741人、军官失踪26人、士兵失踪2197人[1]；武器损失惨重，仅第4、10、20、26、37、58、73、78、79、99等10个军就损失各种武器4942件，其中手枪110支、步枪1927支、各种机枪168挺、信号枪10支、掷弹筒39个、

---

① 国防部战时编纂委员会：《第九战区历次会战经过（1938年7月至1942年1月）》，中国第二历史档案馆藏，全宗号七八七，案卷号6529，第238页。

枪榴发射器 189 个、迫击炮 6 门、刺刀 2493 把①。

在第三次侵湘过程中，日军沿途烧杀抢劫，临湘、岳阳、湘阴、汨罗、平江、浏阳、望城、宁乡、长沙县和长沙市等地，惨遭日军严重破坏，损失非常严重。典型的日军暴行有：1941 年 12 月初，日军第三次强渡新墙河，新墙河以南的大片国土自此陷于日军铁蹄之下达 4 年之久，新墙一带人民受尽日军蹂躏的苦难。据当时的幸存者袁明尊介绍：1939 年到 1945 年 6 年中，在他家附近的邓华龙土地嘴上，被日军杀害的无辜群众超过千人，尸体全都被抛弃在一个破窑里。其中有些人是被日军军犬活活咬死的，有的是被日军的战马拖死的，有的是被日军当作活靶子射死的。1941 年 12 月，日军窜到临湘南木冲掳掠时，抓到两个未及时逃跑的妇女进行轮奸；君王家也有 5 名农妇遭敌强奸。此次会战，日军在所经之地造成了巨大损失，但由于没有详细的档案资料为依托，其损失情况无法做出准确统计。

4. 常德会战中的损失

为了挽回在侵略战场上的颓势，击灭中国第六战区主力部队，打击中国人的抗日斗志，牵制和破坏中、英、美三国军队向缅甸反攻的计划和兵力调动，并掠夺洞庭湖地区的资源，在"鄂西会战"后，日军即策划利用其优势装备和较强战斗力进攻常德，1943 年 11 月初，日军第 11 军司令横山勇指挥驻武汉地区日军 10 万余人，大举进犯以常德为中心的洞庭湖西部地区，史称常德会战。中国第六、第九战区调集 16 个军 26 万余兵力抗击进犯之敌。常德会战从 1943 年 11 月 1 日开始，到 12 月 25 日结束，历时 55 天。此次会战中，因日军的蓄意破坏，湖南遭受了巨大破坏和损失。

在常德会战的 50 多天战斗中，日军一度攻占常德，中国军队拼死杀敌、浴血抗日，迫使日军退守战前地区，但自身伤亡惨重。

1943 年 11 月 1 日夜，从松滋到华容间广大地区，日军兵分四路向国民党第六战区发动进攻：一路由第 39 师团和第 13 师团进攻松滋附近地区，一路由第 3 师团进攻公安地区，一路由第 116 师团从藕池口发动攻击，一路由第 68 师团从

---

① 国防部战时编纂委员会：《第九战区历次会战经过（1938 年 7 月至 1942 年 1 月）》，中国第二历史档案馆藏，全宗号七八七，案卷号 6529，第 241—243 页。

华容向安乡进攻。中国军队第10集团军第66、第79军和第29集团军第4军，也兵分四路，利用既设阵地与日军展开了激烈的绞杀战。11月6日，日军向以爔水街为中心的国民党第10集团军既设阵地发起猛攻。7日，日军第13师团一部突破国民党第79军暂6师桃树墟阵地，另一部日军钻入水冈头，攻抵红土坡附近，守军一营大部壮烈牺牲，余部50余人退守祐圣宫。11月9日，日军对国民党军第10集团军各阵地发动全面进攻，各军陷入苦战，损失惨重。第66军一部陷敌重围，其第185师阵地被日军突破；第79军在马踏溪一线阵地也多处被日军突破，渐渐不支；同时，各路日军已迫近澧县、津市和石门，形势对第10集团军极为不利。无奈，第10集团军于11月11日至12日向爔水街西南山区转移。趁此机会，日军主力大举南犯。当第10集团军在爔水街附近地区与日军发生激战时，第29集团军也与日军激战于澧水两岸地区。8日，日军攻入安乡县城，守城官兵与日军逐巷争夺，因日军不断增加兵力，守城官兵伤亡惨重，于9日拂晓撤退突围，安乡失陷。11月10日，日军攻入津市。11月13日，日军集结第3、第13师团主力，向第73军阵地发起进攻，在白沙渡、东溪峪、塘坊、川店铺之线阵地为守军所阻。14日，守卫东山坡、笔架山的暂编第73军第5师在师长彭士量率领下，顶住日军飞机大炮的轰击与日军展开拼死厮杀；15日黄昏，全师官兵大部战死，师长彭士量、参谋长郑勋在与日军肉搏中壮烈殉国，东山坡阵地被日军突破。第15师刀湾岭阵地失陷，官兵伤亡十分之七；第77师十八节圩阵地遭到日军大炮的猛烈轰击，官兵死伤惨重。15日，澧县、石门、临澧、慈利相继失守。在县城新街口，日军一次性捅死难民和国军散兵50多人。到22日，日军先后攻占南县、石门、慈利、桃源、安乡、津市、澧县、汉寿，从东南西北四面形成了对常德的包围。

11月18日至12月3日，日军以3个师团的优势兵力，并使用飞机大炮狂轰滥炸，向常德及其近郊发起猛烈攻击。11月18日晨，日军第68师团首攻涂家朋市，再攻牛鼻滩，国民党守军一个连据险顽强抵抗。19日，日军先用飞机轮番轰炸扫射，阵地全毁，守军伤亡惨重，牛鼻滩失陷。21日，日军由牛鼻滩向德山攻击，守卫德山的国民党军第169团第3营英勇拼杀，终因伤亡过大，阵地失守。同时，日军以兵力2000余人分三路夹击河洑山，并派10余架飞机对守军阵地狂轰滥炸，守卫河洑山的国民党第171团第3营英勇抵抗，始终将阵地牢牢掌握在手中。23日，日军将攻河洑山的兵力增至3000余人，并集中10余门火炮猛轰河洑山阵地，守军英勇反击，营长壮烈殉国，官兵大部阵亡，仅剩七八十人，河洑山失守。由于德山、河洑山的失守，使常德城失去了外围屏障，处于日军炮火的威胁之下。24 日，日军在 16 架飞机和炮火的掩护下，向常德郊区发动全面进攻。奉命据守常德的是国民党第 57 师。第 57 师第 170 团的落路口、卓安桥、白马庙、半铺市、沙港一线阵地的争夺战非常激烈，至下午 4 时，阵地全部被毁，守军伤亡过半，被迫退守落路口、渔父中学、兴隆桥一线；第 169 团在南坪冈、七里桥、新堤等阵地与日军苦战，阵地被炸成焦土，守军死伤大半，遂转移至陡马头附近。25 日拂晓，日军先以 20 余架飞机向城郊守军扫射，继之，日军倾其全力向第 169、第 170 团阵地进攻，守军与日军激战竟日伤亡惨重，第 169 团营长郭嘉章、第 170 团营长邓鸿钧壮烈殉国。至晚上 11 时，日军逼近城垣，第 57 师乃决心依据防御计划转移阵地，将第 169、第 170 团撤入城内，据城垣抵抗。26 日，日军从东、北、西三面同时攻城。大西门外日军第 116 师团一部先以 10 余门火炮集中射击，继以 12 架飞机轮番轰炸，守军尽管伤亡较大，据守渔父中学的守军一个排全部壮烈牺牲，但日军仍未能攻破大西门。日军攻击北门外贾家巷，守军为第 171 团一个排和迫击炮连一部，战至下午 3 时，阵地全部被炮火摧毁，守军仅剩排长和 8 名士兵；当日军再次进攻时，排长拉响最后一颗手榴弹与日军同归于尽，贾家巷失守，日军才接近城垣，发动猛攻，守军一个连浴血苦战，顶住了日军多次进攻。

27 日，在飞机和炮火的掩护下，7000 余名日军向城垣发起大规模进攻，激战一天，双方死伤惨重。28 日，日军派 20 余架飞机与百余门火炮对准城垣狂轰滥炸，然后向常德城发动全面进攻，城墙多处被毁。在东门，守军与日军反复肉搏达两小时之久，第 169 团副团长高子白率一支临时由 40 余名非战斗兵编成的队伍，以手榴弹及刀矛冲杀日军，终因寡不敌众，牺牲殆尽，日军占领东门。北门守军也被迫退至散惜堂、玛瑙巷亘体育场间各街巷，小西门守军和南门守军顶住了日军的攻击，但由于南门守军受到由东门突入日军的威胁，陷入两面作战的苦境。经过两日激战，第 57 师兵员消耗殆尽，于是将师部杂兵、夫役、政工人员及炮、工、通讯、辎重、担架等列兵、留置城内的第 29 分监部监护队常德警备队的 40 余名士兵等，悉数编入战斗队。29 日拂晓，日军以 18 架飞机轮番轰炸，东门阵地完全被日军炮火摧毁，日军分组乘隙突入，东门失守。30 日，日军在 10 余架飞机掩护下，进攻小西门，攻占文昌庙，大西门及西南城角陷于混战，第 171 团副团长卢孔文壮烈牺牲。12 月 1 日，战斗更加惨烈，守军仅凭少数残破碉堡与屋壁死力支撑；中午下南门、警察局、关庙、后街北端、法院正街、小西门等处阵地被日军攻破，守军全部牺牲。战至下午，东、南、北阵地全部失守，仅剩下兴街口经中山南路和大西门一隅。3 日凌晨，第

57 师师长余程万以第 169 团和第 171 团残部归第 169 团长柴意新指挥，留置城内继续抵抗，自率一部约 100 余人从笔架城下渡过沅水，向南突围。柴意新率部与日军反复肉搏 10 余次，壮烈殉国，常德失陷。常德失陷后，日军将被俘的守军第 57 师五六十名重伤员集中到一块后用机枪和手榴弹集体屠杀。

在常德城陷入日军的四面围攻之时，为解常德之围，国民党军事委员会调集第六、第九战区的第 10 军等 7 个军又 2 个师的兵力增援常德。第 10 军预 10 师为配合第 3 师进攻，师长孙明瑾率领千余兵力，向数倍于己的日军展开攻击，遭到日军的猛烈反扑，伤亡惨重，孙明瑾于是率部向萧家冲方向转移。12 月 1 日拂晓，日军在飞机掩护下向萧家冲预 10 师阵地发动猛攻，孙明瑾在率部向北突围抵达益家冲时遭日军堵击身中四弹壮烈殉国，副师长、参谋长受伤，全师损失 2000 余人。11 月 30 日，第 190 师一个团进抵谢家铺与日军第 68 师团一部遭遇，双方激战到 12 月 1 日，损失惨重。12 月 2 日，第 3 师攻占德山后派第 7 团拟入城协同第 57 师作战，该团进到南站时遭到日军顽强阻击，仅剩 100 余名官兵被迫撤回德山。常德失守后，日军派重兵向德山反扑，以飞机轮番轰炸，德山阵地全部被毁，守军伤亡惨重，团长张建民殉国，营长周志清以下全营壮烈牺牲。4 日，日军突破德山阵地，守军弹尽援绝，被迫撤离德山，6 日，德山失守。经过此役，第 3 师损失 2000 余人。随后，在第 190 师和重新休整之后的预 10 师的支援下，日军抵敌不住，被迫退却，至 12 月 9 日，德山方面已无日军。第六战区指挥所部于 11 月 26 日开始发起进攻。12 月 3 日，第 79 军克复临澧；第 73 军于 11 月 25 日克复慈利；第 74 军 12 月 3 日攻克九溪进至河洑以西地区，并向常德攻击前进。第 100 军于 12 月 3 日克复桃源。第 44 军主力南下围攻常德日军。第 66 军 25 日攻入石门。第 18 军 30 日一部进抵澧县近郊，一部向津市挺进。至 9 日，在常德附近的日军陷入第六、第九两战区 7 个军的围攻之中，后路有被截断的危险，为免遭全军覆没，日军被迫撤退。9 日，第 11 军下令撤退。12 月 9 日，欧震兵团一部攻入常德城，日军突围北辙，到 1944 年 1 月 6 日，敌我恢复原来态势，常德会战结束。

在常德会战中，中国军队虽然成功打败了日军的进攻，但也付出了惨重代价：彭士量、许国璋、孙明瑾等 3 位师长阵亡，官兵伤亡 4 万余人[1]，尤其是第 57 师 8000 余名官兵坚守常德，战死近 6000 人，负伤 2000 余人。会战中，中国军队其他方面的损失不少，但由于没有详细的档案资料为依托，其情况无法准

---

[1] 台北"国防部史政编译局"编印：《湘赣地区作战》（下），《抗日战史》第八册，台北 1989 年出版，第 193 页。

确统计。

　　会战中，日军一路烧杀抢劫，给其所经之地也造成了巨大的损失。如，在澧县，日军见人就杀，见妇女就强奸，澧县大坪乡有个地方原来叫沙湾，日军来到这里后将在此避难的30多个乡民全部杀光。从此"沙湾"也就成了人们难忘的"血泪湾"。在临澧，全县13个乡镇均遭到日军严重破坏，合口市房屋全毁，新安等市镇，毁去二分之一，全县当道民众有数千人被杀害。在官亭乡曾一次性杀害10多个无辜农民，年龄最大的70多岁，最小的仅12岁，其中于运卓死得最惨。日军将于赤身裸体绑在树上，先割去他一只耳朵，再用燃烧的竹扫把烧其下身，后又将其倒绑在树上，用开水从肛门淋下，致使其全身肉皮脱落，于运卓就这样悲惨死去。在杉板乡的鸡公岩，日军一次杀死40人。官亭乡潭云村妇女刘胡姐惨遭7个日军轮奸后被打死。在九里乡，日军对一李姓妇女实施强奸后，将盐撒进其阴道，又用扁担插入其中，致其惨死。18日，慈利失陷。随后，日军在城内四处纵火，城内主要建筑尽被焚毁。同时，境内交通稍微便利的市镇，如茶林河、东洋渡、杨柳铺、东岳观、通津浦等地所有民房、学校、工厂、公所和其他建筑，都被日军纵火烧得精光，全县20个乡镇，仅西北角最穷僻的6个乡幸免于难。可以说全县的精华所在，全被付之一炬，数万人无家可归，若干儿童无书可读。日军在到处烧抢的同时，还见人就杀，见女性就强奸，全县先后被日军杀害或蹂躏的达数千人。日军占领慈利后，兵分两路，一路以第3师团为主力南下进攻桃源，一路以第13师团为主力向第74军、第73军、第44军正面展开进攻。第44军在与日军激战中，伤亡惨重，尤以第161师为最甚，全师收容官兵仅约4个营。21日，日军占领桃源后，向陬市进攻，第150师师长许国璋率领部英勇抗击，终因敌我力量悬殊，抵抗失败，许国璋负伤后自杀殉国，陬市沦陷。日军占领到桃源后，到处纵火，县城及陬市、漆家河、九溪、黄石、盘塘、黄家铺、三阳、理公港、双溪口、龙潭等10多个交通便利之乡镇全被日军烧光，不仅如此，日军还抢劫或捣毁了其所经之地的一切食物，逢人就杀，到处强奸妇女，给当地人民带来了深重的灾难。据统计，会战期间，常德县有12300人被杀害、3860人受伤、5080名妇女被强奸、550名妇女被奸杀、13900人被掳去、15000栋房屋被毁、粮食损失1091000石、损失耕牛15000头、受灾乡镇32个，在战火中常德城遭到毁灭性破坏，到会战结束时城中建筑物完整者，仅千分之二，城门全毁，城墙不少地段被毁，街道两边全是断壁颓垣一片瓦砾，整个城市已变成一座无炊烟的废墟；桃源县有8050人被杀害、1855人受伤、2300名妇女被强奸、600名妇女被奸杀、12000人被掳去、11450 栋房屋被毁、粮食损失 896140 石、损失耕牛 12000 头、受灾乡镇 25 个；慈利县有 2355 人被杀害、1188 人受伤、1293 名妇女被强奸、128 名妇女被奸杀、2020 人被掳去、542 栋房屋被毁、粮食损失 104600 石、损失耕牛 3874 头、受灾乡镇 24 个；石门县有 3340 人被杀害、1296 人受伤、1561 名妇女被强奸、137 名妇女被奸杀、2479 人被掳去、603 栋房屋被毁、粮食损失 112435 石、损失耕牛 4224 头、受灾乡镇 16 个；南县有 5460 人被杀害、1567 人受伤、3570 名妇女被强奸、327 名妇女被奸杀、6580 人被掳去、124 栋房屋被毁、粮食损失 925460 石、损失耕牛 15640 头、受灾乡镇 11 个；澧县有 6184 人被杀害、1740 人受伤、2373 名妇女被强奸、414 名妇女被奸杀、7880 人被掳去、930 栋房屋被毁、粮食损失 935478 石、损失耕牛 18902 头、受灾乡镇 28 个；安乡县有 4150 人被杀害、900 人受伤、2690 名妇女被强奸、284 名妇女被奸杀、5243 人被掳去、520 栋房屋被毁、粮食损失 1814600 石、损失耕牛 4000 头、受灾乡镇 16 个；临澧县有 3430 人被杀害、1224 人受伤、1952 名妇女被强奸、263 名妇女被奸杀、3540 人被掳去、720 栋房屋被毁、粮食损失 65460 石、损失耕牛 4786 头、受灾乡镇 13 个；汉寿县有 1568 人被杀害、568 人受伤、625 名妇女被强奸、101 名妇女被奸杀、564 人被掳去、186 栋房屋被毁、粮食损失 125680 石、损失耕牛 226 头、受灾乡镇 16 个；华容县有 12247 人被杀害、5959 人受伤、9624 名妇女被强奸、35 名妇女被奸杀、9825 人被掳去、24690 栋房屋被毁、粮食损失 21628718 石、损失耕牛 893 头、受灾乡镇 20 个；沅江县有 577 人被杀害、158 人受伤、105 名妇女被强奸、45 名妇女被奸杀、186 人被掳去、156 栋房屋被毁、粮食损失 74403 石、损失耕牛 128 头、受灾乡镇 3 个①。以上常德县（今鼎城区和武陵区）、桃源县、慈利县、石门县、南县、澧县、安乡县、临澧县、汉寿县、华容县、沅江县等 11 县在会战中损失共计：59661 人被杀害、20315 人受伤、31173 名妇女被强奸、2884 名妇女被奸杀、64217 人被掳去、54921 栋房屋被毁、粮食损失 27773974 石、损失耕牛 79673 头，受灾乡镇 204 个，还有 300 万无家可归的难民。

5. 长衡会战中的损失

日军自 1943 年下半年开始在太平洋战场失利后，即计划紧缩防地，建立所

---

① 翦伯赞：《常德、桃源沦陷记》，载于叶荣开主编的《中日常德之战》，1995 年印行，第 774—776 页。

谓"绝对国防圈",即从千岛群岛——小笠原群岛——南洋西部——新几内亚西部——巽他群岛——缅甸等地一线建立防守体系,它包括菲律宾和中国,其核心是中国和日本本土,其陆路联接线则是从日本本土至朝鲜至中国东北、华北、华中、西南至越南、缅甸的铁道线。为了实现这一计划,日军提出了所谓"一号"作战计划,即豫湘桂作战计划,准备对中国发动一场大规模的战争,以消灭驻防在平汉、粤汉、湘桂铁路线上的数十万中国军队,占领这几条铁路线,并摧毁美军在华的空军基地。长衡会战即是日军"一号"作战计划的一部分,日军参战兵力共 8 个师团 36 万余人。针对日军的攻击,中国第九战区则调集 3 个集团军共 16 个军又 4 个挺进纵队约 30 万兵力进行节节抵抗。长衡会战中,由于第九战区判断失误,导致中国军队一败再败,长沙、衡阳相继失守,给湖南造成极大损失。

长衡会战从 1944 年 5 月 27 日开始到 9 月初结束,历时 100 余天,分两个阶段,即长沙作战与衡阳作战。在整个会战中,中国各参战部队在两个不同的战场上给予日军以沉重的打击,但自身伤亡也极其惨重。

1944 年 5 月 27 日,日军分左、中、右三路从洞庭湖两侧地区以钳形攻势向湖南发起进攻,长沙作战爆发。左路日军第 40 师团、独立混成第 17 旅团、独立步兵第 5 旅团从石首经南县、华容南下洞庭湖向沅江守军第 99 军阵地进攻,6 月 5 日攻占沅江。6 月 16 日,进攻宁乡,中国守军第 58 师众多官兵中阵亡。随后,日军向双峰进犯。右路日军第 3、第 13 师团突破守军第 72 军防线后向平江推进。中路日军第 68、第 116 师团于 5 月 27 日夜开始攻击,以主力突破新墙河南岸第 20 军防线,直驱汨罗江北岸。6 月 1 日,安乡失陷。同日,日军第 133 联队渡过汨罗江。至 6 月 6 日,中路日军全面渡过汨罗江,经益阳、古港继续向长沙、浏阳进逼。6 月 8 日,日军攻陷湘阴。6 月 9 日,日军第 116 师团主力及第 34 师团进攻岳麓山,与第 4 军守岳麓山部队发生激战。6 月 15 日株洲失陷。同日,日军开始攻打浏阳城,守城的第 44 军第 150 师受到日军的攻击,又遭到日机的狂轰滥炸,全城一片火海,守军死伤甚重被迫撤出城外,浏阳失守。日军占领浏阳后,向萍乡、醴陵攻击前进。6 月 16 日,日军一部 2000 余人,分由易家湾、观音港西渡湘江,进攻龟头市和湘潭,切断了长沙的后方补给线。同日,日军兵分两路向萍乡、醴陵进攻。到 6 月 14 日,左、中路日军已进至长沙外围阵地,并发起攻击。守备长沙的是第九战区装备较为精良的第 4 军,全军 3 个师总兵力约 30000 人。6 月 14 日,日军向红山头、黄土岭发起进攻;湘江左岸日军在占领望城坡后,继续向银盆岭、牛形山、石家冲、宋家塘、绿蛾岭、桃花山进攻。6月15日，日军在得到增援后，先集中炮火猛烈轰击守军阵地，然后组织步兵冲锋，战斗十分激烈，红山头的争夺尤为惨烈，阵地多次失而复得，傍晚红山头、左银盆岭、牛形山等阵地均告失守。6月16日拂晓，日军在飞机大炮的掩护下，向军储库、修械所、石家冲、宋家塘、仰天阁、绿蛾岭、桃花山发起猛攻，守军尽管死伤惨重但仍奋勇将日军击退。随之恼羞成怒的日军派20余架飞机对岳麓山及其附近阵地进行狂轰滥炸，将守军阵地大部分炸毁，通信网被破坏，守军大部分阵亡，但仍坚持杀敌；黄昏，修械所守军全部牺牲，阵地失守，宋家塘、仰天湖、绿蛾岭各阵地也相继失守。为了抵御日军进攻，第4军调整战线，紧缩阵地，加强妙高峰、天心阁的防守。午夜，日军向妙高峰、天心阁轮番发起攻击，岳麓山、桃花山的战斗趋于白热化。17日，日军攻势更猛。上午8时，日军占领岳麓山山麓的一个山头，对主峰云麓宫形成威胁，守军第90师几经反击，没有奏效。中午，日机数十架临空轰炸，日军炮火也十分凶猛，守军主阵地受到严重威胁。第90师师长陈侃只得向城区部队求援。第四军军长张德能率2个师兵力在城区与敌激战，战况迅速恶化，长沙顷刻难保，于是决定留下1个团的兵力坚守核心工事，其余一律撤往岳麓山，并命令1个团先于黄昏渡江支援第90师，大部队利用夜晚掩护渡过湘江。但是，由于时间紧迫，组织不力，官兵纷纷争先抢渡，秩序大乱，加之船只缺乏，直到天明部队渡江还没完毕。这时，占领红山头的日军乘机扫射，日机也进行轰炸，秩序更乱。到达湘江左岸的部队因无人组织指挥，纷纷向衡阳方向夺路南逃。留守城内核心工事的1个团，在团长屈平化抛弃部队只身逃窜后，由副团长率领突围向南撤退。这样，第四军守备长沙城区的2个师在一夜之间便土崩瓦解，使日军轻而易举地占领了长沙，而岳麓山的守军仍然在孤军苦战。18日晨，日机80多架对岳麓山轮番狂轰滥炸，守卫官兵大部分阵亡，日军第34师团第216联队一部偷袭岳麓山山顶，占领云麓宫守军阵地。随即第34师团主力蜂拥而上，攻占了荣湾、岳麓山、桃花山，并由磨石冲迂回到父子坡，守军第90师和炮兵部队抵敌不住，于上午撤出战斗，向南突围而去。长沙作战失败。

日军攻占长沙后，按计划迅速南下进攻衡阳。日军首先倾其主力在醴陵、萍乡、攸县、安仁约30至60公里的外围一线，展开了对国民党军队的搜索歼灭战。日军当时的战略构想是：对湘江以西地区取守势，集中主力歼灭位于湘东山区中国第九战区主力部队，而对衡阳则作为要地予以攻占并确保。因此，日军以2个师团进攻衡阳，3个师团进攻湘东山区，1个师团进攻湘江以西地区，将重点配置于湘东山地，7月7日后，又增派第34师团参加湘东作战，使该地作战日军达36个步兵大队。6月20日，日军第11军下达攻击作战命令，衡阳作战全面展开。6月21日，日军第40师团在12架飞机的掩护下，猛攻湘乡县城，城内守军新编第23师及第92师一营奋勇力战，激战至黄昏，守军死伤惨重，湘乡城失守；在东台山东北高地与敌激战的第32师也因伤亡过重，被迫向轮凤寨转移。日军占领湘乡后继续西进。7月3日拂晓，日军第40师团主力在炮火和飞机支援下，向双峰城发动猛烈攻击，守军第58师节节阻击，死伤甚重，遂撤出战斗，双峰沦陷。7月6日，国民党第15师收复湘乡。10日，第100军向双峰日军发起猛烈进攻，第58师与第19师1个团在空军6架飞机的支援下夹击日军，下午5时克复双峰。双峰战斗结束后，第24集团军为策应第10军守衡阳，以第73军牵制湘乡、岳麓山、沅江之敌，第62、第79、第100军主力沿湘桂、衡宝两路向衡阳分进。第73军第15师与第77师不时袭击湘乡、宁乡、益阳一带日军，第58师在佘田桥一线向永丰东南桃林一带日军不时发起攻击，直到7月22日，该敌南窜。至此，湘江以西作战结束。

几乎是在湘江以西作战进行的同时，衡阳保卫战也打响了。衡阳是当时湖南第二大城市，位于湘江中下游西岸，衡山南部，粤汉、湘桂铁路在此接轨。担任保卫衡阳重任的是方先觉任军长的国民党第10军。第10军有3个师，即第190师、新编第19师、预备第10师，为加强衡阳守备力量，第九战区司令长官部将驻在衡阳的新编第19师山炮营一个连、第74军野炮营、第48师反坦克炮营和担任衡阳机场警卫的暂编第54师一个团拨归第10军指挥，全军17000余人。6月22日，日军第68师团突破朱亭阵地后主力沿铁路分两路前进，一部突至吴集市以南，一部直抵泉溪市，与第10军第190师的警戒部队发生激战。23日拂晓，日军从泉溪市附近强渡耒水，向190师第568团第一营驻守的新码头阵地发起攻击。第568团第一营本可以撤至五马归槽据点，与暂编第54师的一个团共同作战。但营长杨济和却认为，与日军初次接战，若不战而退，不免灭自己威风、长敌人士气，决心在日军半渡时予以突然袭击。天刚亮，日军在猛烈炮火掩护下，乘数十只木船、橡皮舟，冲向国民党守军阵地。守军沉住气，待日军进入轻武器射程之内，20余挺轻重机枪和6门大炮一齐射击，打得日军船翻人溺、纷纷后退。日军知道正面强攻不易，午后以一部隔河佯攻，主力潜至泉溪市南面偷渡耒水。杨济和营长识破日军企图，于是主动撤至五马归槽阵地。战斗中，战炮连副连长王惠民牺牲，其他官兵伤亡50余人。24日，日军第68师团强渡耒水后，向五马归槽攻击；同时，日军派大批飞机对衡阳进行轰炸，并投燃烧弹，引起城区大火，燃烧了整整一天。25 日拂晓，日军攻击五马归槽亘湾塘一线。在五马归槽阵地，日军攻势十分猛烈，双方均伤亡惨重；激战中，守军第 570 团团长贺光耀身负重伤，由副团长冯正之继续指挥。鏖战至中午后，第 570 团被迫转移到冯家冲、莲花唐一线。黄昏时分，日军从湾塘发起猛攻，突破第 190 师第 568 团冯家冲阵地，攻入飞机场，守军乃退守湘江东岸核心阵地。26 日，日军第 68 师团乘势渡过湘江，进入衡阳城南部地区。第 116 师团于 26 日进至衡阳西北郊，志摩支队也于 27 日清晨进入城北地区，从而形成了对衡阳的包围态势。27 日，第 68 师团和第 116 师团分别从南、西两面发起进攻，扫除守军的前哨阵地。随即，日军向停兵山、高岭、江西会馆、五桂岭、虎形巢等守军据点发起攻击，守军利用严密的火网和精心构筑的防御工事，在城内炮兵的支援下，顽强顶住了日军的疯狂进攻，同时也付出了伤亡过半的代价。此时，由于湘江两岸全线与日军发生激战，方先觉深感兵力不足，战线太长，为有效打击敌人，决定缩短防线，加强城区的守备，令在湘江东岸的第 190 师和暂编第 54 师 1 个团撤入城区进行城垣保卫战。

　　6 月 28 日拂晓，日军第 116 师团第 109 联队从西面、第 120 联队从西南面、志摩支队从西北面、第 68 师团从停兵山一线，分头向衡阳城发起了全面攻击。在停兵山阵地，战斗十分激烈，守军第 30 团第 7 连官兵誓死奋战，以刺刀与日军肉搏，寸土必争。战至最后一个碉堡，全连官兵仅剩连长张德山等 4 人；这 4 人战至弹尽之时，连长拉响了最后一颗手榴弹，与冲上阵地的日军同归于尽；至此，全连官兵全部壮烈殉国。战至天明，除铁路以南部分阵地被放弃外，其余阵地均被保持。上午 10 点，日军第 68 师团师团长佐久间为人中将及其参谋长原田贞三郎大佐等数人在枫树山南欧家町指挥战斗时被守军炮火击中，重伤不治而亡，日军急忙调整部署，重点攻击城南。城南守军预 10 师以第 28 团固守江西会馆、五桂岭等阵地，以第 30 团固守修械厂、枫树山、张家山等阵地，以第 29 团固守虎形巢、范家庄、西禅寺等阵地。在 28、29 日战斗中，第 28 团守备的江西会馆外新街与五桂岭南端阵地失而复得数次，双方死伤惨重。30日，日军对五桂岭进行猛烈炮击，守备该阵地的 1 个连除几名炊事兵外，全连80 余人阵亡。30 日，日军向张家山发动更为猛烈的进攻，到黄昏，守军第二营已伤亡 70%，在援兵的帮助下，守军将张家山阵地仍牢牢掌握在手中。7 月 1日，日军向虎形巢发起全面进攻，守军第 29 团第 1 营伤亡过半，仅剩 90 余人，阵地大部被日军占领，守军在第 2 营的增援下，将日军逐出阵地。由于第 1 营伤亡惨重，虎形巢乃由第 2 营接防，第 1 营退守张飞山。进攻范家庄至西禅寺一线的日军，遭到守军第3营的顽强抵抗，多次进攻均无进展。在衡阳城西，第3师第7团据守汽车西站以北瓦子坪至易赖庙前街一线阵地；第9团防守易赖庙以北辖神渡、草桥至石鼓咀一线阵地。28日，日军步兵第218联队、志摩支队在飞机大炮掩护下同时对第7、第9团阵地发起全面进攻。第7团易赖庙前街阵地由于受到日军平射炮的轰击和日军的狂轰滥炸，使得配置该处的炮兵营受到沉重打击，地堡几乎被全部摧毁，守备该阵地的第1营也伤亡过半。7月2日，日军一部2000余人突破第3营瓦子坪阵地。守备辖神渡阵地的第9团第3营第2连多次击退日军进攻，战至7月2日上午，第2连全部壮烈牺牲，辖神渡失守。据守来雁塔与望城坳的第9团第3营连日来遭到优势日军围攻，守军背水作战，但终因敌我力量悬殊，守军撤守草桥南岸。经过6月28日到7月2日的第一次城垣攻防战，日军在付出惨重代价后，仅占领停兵山、高岭、瓦子坪、辖神渡、望城坳、来雁塔等数处据点，后方补给困难，处于粮尽弹绝的境地，被迫停止攻城。国民党第10军也损失惨重，伤亡4000余人，弹药消耗达60%以上，并且由于日机的狂轰滥炸，城市已成一片焦土，囤积的粮弹也多被炸毁，使部队的食宿、伤病员的护理发生了极大困难，加上天热，伤兵死亡率极高，自然减员大大降低了守城官兵的战斗力。

7月11日，日军在得到必要的军需补给后，向衡阳城发动了第二次总攻，攻击的重点仍在城南和城西南预10师防守阵地。日军首先派飞机对衡阳进行狂轰滥炸，午后用大炮对衡阳西南守军阵地进行猛轰，黄昏时派步兵对衡阳发起全面围攻。防守的江西会馆、外新街、五桂岭南端等阵地的第28团遭到日军空、炮、步兵的联合攻击，陷入苦战，很快江西会馆失守。15日拂晓，日军突入外新街南端，守军第3营第8连与日军逐屋争夺，牺牲殆尽，最后仅存一名班长带2名士兵顽强抵抗。在五桂岭南端，守军1个连顽强抵抗，打退日军多次进攻，15日，日军先以10门大炮轰击，接着以步兵冲锋，激战至午夜，守军自连长以下大部阵亡，阵地大部被日军占领，依靠援兵才将日军逐出阵地。15日夜，日军绕道141高地渗入枫树山左侧农民银行地下仓库，偷袭第28团指挥所，守军第二营营长战成重伤，第4连连长战死，阵地陷入混乱，师长葛先才率师部特务连与搜索第3连赶来增援，至16日拂晓才将偷袭之敌歼灭。守备修械所及其以西高地的第30团第3营从11日夜即遭到日军的波浪式攻击，守军忍受着巨大牺牲，逐一击退进攻的日军。黑濑支队从11日起对张家山发动了连续3昼夜的进攻，守军第1、2营及工兵营2个连官兵伤亡殆尽，张家山陷入敌手。16日，日军猛攻肖家山、打线坪，守军伤亡殆尽，被迫撤入第2线阵地。14 日，日军对虎形巢发动第 4 次猛攻，守备第 2 营营长李振武战死，守军伤亡过半。当天下午，日军先以飞机轰炸、炮击，继以步兵冲锋，突入虎形巢，展开混战，双方不断增兵，战至 15 日天明，守军和援兵伤亡三分之二以上，后援已尽，而日军援兵源源不断涌入虎形巢，在这种情况下，守军被迫退守西禅寺、张飞山一线阵地。城西第 3 师及城北第 190 师连日来亦遭到日军攻击，但日军攻击重点在城南，因而两处战斗规模较小，有兵力抽调出来支援预 10 师作战。由于连日苦战，各师损失惨重，特别是预 10 师几乎是伤亡殆尽。城南阵地地广人稀，难以再次抵御日军的进攻。于是，方先觉乃于 16 日夜令预 10 师撤入第 2 线阵地。日军虽然占领了衡阳守军第一线阵地，亦付出了惨重代价，日军的战斗力锐减，无奈，只得于 7 月 20 日停止第二次进攻，等待援军到达。

21 日以后，日军对第 68 师团、第 116 师团给予大量的补充，并调集第 13 师团、第 58 师团、第 40 师团参加对衡阳的攻击，第 11 军司令官横山勇也于 8 月 1 日佩戴"天照皇大神宫"神符飞抵衡阳机场，亲自指挥作战，企图一举攻下衡阳。与日军围攻衡阳的充分准备相反，第 10 军在经过 10 余日的战斗消耗后，丝毫得不到补充。日军做好一切准备后，于 8 月 4 日发动了对衡阳的第三次总攻。当日凌晨，日军第 68、第 116、第 13、第 58、第 40 师团集中所有炮火，对城南、城北、城西阵地猛轰，其中仅对衡阳城西南国民党阵地就发射了40000 多发炮弹，阵地工事被毁，官兵不少葬身于炮火中，但守军仍严守各阵地，用手榴弹和刺刀与日军展开殊死战，击退了日军的多次进攻。5 日，日军以猛烈的炮火支援步兵对城南的杨林庙、五桂岭北部、天马山、岳屏山和城北的演武坪等阵地发起猛烈攻击，阵地大部分失守。8 月 6 日凌晨，日军突破城北演武坪阵地，守军第 190 师第 568 团第 5 连 20 余官兵全部战死。日军以此为突破口，向城区中心推进，上午 9 时，日军发动全面进攻，守军阵地几乎被夷为平地，形势十分严峻，方先觉急令经过整训的军部各单位参谋、勤杂人员分赴市区各主要巷战工事阻击敌人，并令暂 54 师步兵营增援接龙山、苏仙井、司前街等阵地，暂时稳住了战线。当日中午，第 3 师第 8 团迫击炮连将正在市民医院指挥作战的日军第 68 师团第 57 旅团旅团长志摩源吉少将击毙，但这并不能挽救日益危殆的形势。从演武坪进入城内的日军，逐步向第 10 军军部所在地中央银行逼近。8 日凌晨，日军冲进指挥部，俘虏了方先觉、容有略、葛先才、周庆祥及其随从人员，衡阳陷落。

衡阳失守后，国民党企图夺回衡阳，因此，衡阳外围各路援军仍继续向日军发动猛攻。但日军在占领衡阳后，抽兵于城郊，向国民党城郊部队发动反击，企图西进，重点打击第62军，迫使该军后撤。在耒阳的第37军为策应第62军作战，在松柏河附近渡河后，向铁关铺附近之敌发起攻击。其余各军亦在原阵地与日军发生激战，竭力阻敌西进。9月7日，当第62军、第79军抵达冷水滩、芦洪司地区时，即遭受日军的分割包围，在突围中，第79军军长王甲本力战牺牲。至此，衡阳解围战彻底失败。

长衡会战中，中国各参战部队在2个不同的战场上给予日军以沉重的打击，但自己也付出了惨重代价：伤亡9万余人①，空军阵亡77人、失踪2人、负伤9人②。会战中，中国军队其他方面的损失不少，由于缺乏统计资料，其损失无法统计。

长衡会战是日军侵华期间在湖南境内进行的一次最大规模的作战，日军一路烧杀抢掠，平江、华容、沅江、宁乡、望城、汨罗、南县、益阳、浏阳、长沙县、长沙市、株洲、醴陵、攸县、安仁、耒阳、茶陵、衡阳、双峰、衡山、衡东、衡南、邵东等日军所经之县市惨遭严重破坏，损失非常严重。日军典型暴行有：

1944年6月10日日军占领浏阳县城后，到月底全县40个乡镇除张家坊外，尽为日军所占领。日军所到之处，杀人放火、奸淫掳掠，无恶不作。在青草市，日军杀死被掳挑夫17人。在沙市街，日军刺杀难民陈丙卿父子、陈习昭兄弟等数十人。永安街上王庆元之女年仅15岁，被4个日军轮奸至死。另外，日军经过处，猪牛均被挖去大腿后臀，活活痛死在栏中，家具被劈做柴烧，粮食被抛撒遍地，禾苗被践踏或割作马料。

1944年6月7日，日军进犯望城县铜官镇，并向周边地区扩散，顿时望城变成了一座人间地狱。日军所到之处，见人就抓，其中凡被视为可疑对象的就残酷杀害；见妇女就强奸；见猪牛鸡鸭就凌割宰杀；入户见什物器皿就捣毁。据对东城、杨桥、新康、白马、桐木、坪塘等乡镇的不完全统计，被日军杀害的近2000人，被奸妇女306人，被掳民夫上千人，烧毁房屋227栋，损失猪牛2000多头③。

1944年6月14日，日军攻占宁乡县城后，四处用兵，境内数十乡镇相继沦陷。在沦陷区，日军大肆奸淫掠杀，手段极其残酷。据抗战胜利后统计，此次

① 湖南省地方志编纂委员会编：《湖南省志·第五卷·军事志》，中国文史出版社1994年版，第1041页。

② 中国第二历史档案馆编：《抗日战争正面战场》（中），凤凰出版传媒集团凤凰出版社2005年版，第2602页。

③ 陈先初：《人道的颠覆——日军侵湘暴行研究》，社会科学文献出版社2004年版，第442页。

沦陷，被日军杀害的达 8451 人，其中仅从龙乡遇害的就有 1125 人，至于全县财务损失，则数额巨大①。

长沙作为湖南最大的城市也是湖南的省会所在地，曾三次成为日军进攻的对象，长沙人民也曾三次沦为日军蹂躏的对象。长沙作战日军占领长沙后，愤于前三次会战的失败，日军对长沙人民特别残酷，对其所经过的地方，奸淫烧杀抢掠，破坏文化机关，无所不用其极。据 1945 年 8 月日军投降后长沙市政府统计，自 1944 年 6 月 18 日日军占领长沙以来，长沙被日军杀害 8620 人，受伤3336 人，房屋毁坏 91283 栋，粮食损失 415488 石，耕牛损失 398 头，器具衣物损失估价 2283874744233 元，其他各种损失估价 4048359388238 元；长沙市市内除了日军占用的房屋没有全部损失外，简直再也找不出一栋较为完整的房屋，长沙市已变成了一座废墟②。

1944 年 6 月 18 日前后，日军侵占了醴陵境内的北乡、东乡、官庄、黄獭嘴、八步桥、关王庙、清安铺、白兔潭、浦口、枧头洲、神福港、攸乌、南乡、王仙、泗汾、夏家坊、东富等地。日军在醴陵境内掠地很广，造成的破坏也相当严重。如日军占领县城 10 天，退出时纵火烧城，将东南西北正街及机关、学校、民房、祠堂、庙宇、教堂、医院等建筑付之一炬。境内北乡靠近株洲，日军往来频繁，因此北乡一带百姓遭受损失很严重。8 月 21 日，日军在境内黄泥坳、石子岭、板杉铺一带强征粮谷 6000 石，杀害村民 300 余人。姚家坝附近被杀害的村民 200 余人，掳走男丁 500 余人充当夫役，生还的不到十分之三。其他各地无辜被杀、财物遭劫、房屋被烧的，到处都是。7 月 1 日，一日军往杉仙玉冲抢掠财物，被村民姚某殴伤，次日，日军一队前往报复，杀害 11 人，其中 6 人被用棉絮裹身后淋上汽油烧死。10 日，日军 300 余骑兵由潭湾奔老关，在森冲遭守军第 58 军截击，次日第 58 军撤退，日军开进森冲、茅田、枧头洲一带纵火抢掠，前后历时 18 天，枪杀平民 47 人。12 月，一队日军自醴陵县城开赴皇图岭，在符田附近遭别动队袭击，日指挥官和士兵数人中弹。随后，日军调动大队人马前来报复，烧民房二三十栋，并将在泗汾快活岭捕捉的民夫 16人缚于树上，逐一剖腹抽肠。此外在泗汾，周某之妻拒敌强奸，被绑于树上剜去双乳，哀号一天一夜后惨死。一刘姓教师与其侄子在船湾路遇日军被捉，日军将这叔侄俩分缚于某祠堂内的柱子上凌迟处死。在龙山港附近，一次日军抓获一名妇女，将其婴儿摔死，然后再将该妇女轮奸致死。东乡 82 岁的翟姓老人

① 陈先初：《人道的颠覆——日军侵湘暴行研究》，社会科学文献出版社 2004 年版，第 443 页。
② 陈先初：《人道的颠覆——日军侵湘暴行研究》，社会科学文献出版社 2004 年版，第 439 页。

被日军强迫挑担，老人力不胜任，被推入水井中淹死。醴泉镇吴斋公年过 80，被日军迫令挑重担上西山筑工事，吴走出不远即倒地不起，被剖腹致死，陈尸半山亭。据不完全统计，日军侵略醴陵期间，杀害民众 4562 人，伤害 4229 人，烧毁房屋 5523 栋，掠走稻谷 478857 石，宰杀耕牛 3799 头，其他财务损失无数①。

1944 年 6 月 27 日，日军入侵安仁。随即，日军展开了疯狂的浩劫。日寇在安仁的主要罪行有：一是疯狂屠杀安仁人民。如 1944 年 7 月上旬，日军在清溪井塘村凡古湾凡清道的厅屋神龛边，枪杀了大桥村到此避难的侯章苟、侯赛元等 7 人，不久又杀害了凡金秀一家 4 口。7 月 25 日，日军第 104 联队前往茶陵驰援第 3 师团，途经界首和樟桥一带时，在樟桥与坪上接界的亭子内又一次杀害无辜平民 7 人。8 月份，有 10 多个外地人为了谋生，想偷偷通过松山坳日军搭架的浮桥到其他地方去做生意，被守桥的日军哨兵抓住，日军便用绳索把这 10 多人捆成一串，然后从背后开枪将其全部打死。日军在占领安仁的一年多时间里，先后杀害了无辜平民 13900 多人，被杀绝户的也不在少数②。二是强奸掳掠妇女。1944 年 7 月上旬，日军在清溪井塘村凡古湾抓到病妇李秀兰后实施强奸，李不从，日军乃将李捆起来毒打，然后又用烈火烘烤，最后将其抛到水塘里。见到李在水塘里挣扎，日军竟乐得拍手狂笑。7 月 25 日，日军 104 联队的士兵在樟桥与坪上接壤的亭子外抓住一个妇女进行轮奸，之后又把一根柴棒插进其阴部将其弄死。据不完全统计，全县被日军强奸、掳掠的妇女达 9700 多人③。三是烧毁房屋。日军占领期间，全县有 7866 栋公私房屋被日军焚毁，使得无数民众无家可归，流离失所④。四是抢劫财物。全县被日军抢去耕牛 9000余头，粮食 8890 余石，其他物资无数⑤。

衡阳市在会战中更是遭到毁灭性破坏：在战火中有 5 万余人死亡，20 多万人流离失所、无家可归；市区原有 53200 余栋房屋，战后仅存完整的 5 栋，破

---

① 陈先初：《人道的颠覆——日军侵湘暴行研究》，社会科学文献出版社 2004 年版，第 450 页。

② 中共安仁县委党史资料征集办公室：《日寇在安仁的暴行和安仁人民的抗日斗志》（油印本），1986 年 3月，原件存湖南省图书馆。

③ 中共安仁县委党史资料征集办公室：《日寇在安仁的暴行和安仁人民的抗日斗志》（油印本），1986 年 3月，原件存湖南省图书馆。

④ 中共安仁县委党史资料征集办公室：《日寇在安仁的暴行和安仁人民的抗日斗志》（油印本），1986 年 3月，原件存湖南省图书馆。

⑤ 中共安仁县委党史资料征集办公室：《日寇在安仁的暴行和安仁人民的抗日斗志》（油印本），1986 年 3月，原件存湖南省图书馆。

损堪住的不到 60 栋，损失约值 250 亿元（法币）；家具衣物及各种物资损失约 59000 亿元（法币）；损失耕牛 12000 余头，猪数万头，约值 10 亿元；鸡犬不计其数①。长衡会战中，日军将战火从湘北一直烧到了湘南，给湖南各地造成了巨大破坏和损失，但由于没有详细的档案资料为依托，其损失情况无法做出准确统计。

6. 湘西会战中的损失

1945 年初，日本帝国主义经过太平洋几次决战的打击，已成强弩之末。为了挽救溃败的命运，作最后挣扎的日军决定发动以攻占芷江机场为目标的湘西会战，企图一举摧毁芷江机场，保证湘桂、粤汉两条铁路线的畅通，以利华南日军转进到沿海地区对付美军登陆。1945 年 4 月，日军第 20 军司令官坂西一良指挥 5 个师团又 3 个独立混成旅团 8 万余人的兵力，发动了以攻占芷江机场为目标的湘西会战（又称雪峰山会战）。针对日军的进攻意图，中国方面调集以四方面军为主再加上第三方面军部分兵力共 20 万兵力进行阻击。湘西会战从 1945 年 4 月 9 日开始到 6 月 7 日结束，历时 50 余天。湘西会战给湖南造成了很大的损失。

会战中，中国军队将士用命、浴血杀敌，成功挫败了日军的阴谋，但自己也付出了较大的伤亡。

1945 年 4 月 9 日，驻永丰的日军第 47 师团以一部经黑田铺向国民党第 73 军进攻，揭开了湘西会战的序幕。战斗打响后，日军采取正面猛攻、分进合击、乘隙迂回的战术，从北起桃花山、南沿资水，迄于新宁全长 400 公里的战线上，分三路进攻中国守军。国民党各军依据作战部署，节节抵抗日军，湘西会战全面展开。

南路日军第 34 师团及第 68 师团第 58 旅团于 12 日发起攻击后，于 16 日进至新宁城下，城内守军英勇抵抗，但因死伤惨重且众寡悬殊，于是突围转移至高平铺，新宁城失陷。日军攻陷新宁后，兵分两路，第 34 师团北趋武冈，第 58 旅团向城步、梅口方向进犯。到 22 日，北犯武冈之敌被第 58 师第 172 团逐次阻击于武冈五里牌、雷祖山、安心观一线，日军便改道进犯真良、分水坳等地，

① 陈先初：《人道的颠覆——日军侵湘暴行研究》，社会科学文献出版社 2004 年版，第 463 页。

再次被中国军队困于樟木山一带。第58旅团在梅口受到第三方面军第44师的有力阻击，于是改向关峡、珠玉山进犯，在珠玉山再次受到中国守军的顽强阻击，被迫改犯武阳。4月26日，3000余日军会攻武阳，驻守武阳的中国守军1个连浴血拼杀4昼夜，全部壮烈殉国，武阳失陷。5月1日，日军集中兵力，由大背水、白家坊向分水界以北茶山东南及石化附近第58师、第173师阵地猛攻，被守军击退。5月2日，第58师各部向日军展开包围歼灭战，各部击破日军的顽抗，攻占分水界各制高点，迫使日军退守茶山东南高地。5月3日，第58师全面围攻据守茶山顽抗的日军，5日克复茶山。在梅口、城步方面，4月21日，1000余名日军进抵分水坳、七里山附近，与守备城步的第131团警戒部队发生激战。4月23日，日军以一部约500人进攻城步，主力经蒋家坊向西突进，乘隙窜至梅口东北地区。向城步进攻之日军在靖溪附近遭到第131团阻击，战至25日，双方死伤惨重。4月26日，日军向第131、第132团各阵地猛攻，经过一天战斗，日军死伤枕藉，被迫向西北方向转移，退守关峡。4月28日，日军一部500余人在大炮掩护下，进攻梅口，经守军痛击，日军退回右岸溪头、蒋家坊间地区。为策应梅口、城步作战，4月30日国民党第44师克复关峡，然后，与第94军第5师向武阳攻击前进。5月1日，第94军第5师第13团以破竹之势对武阳发起攻击，于下午1时克复武阳，然后向马鞍山、鸦雀桥之敌进攻。5月3日，第5师经过半日激战，攻战了马鞍山、鸦雀岭；第44师主力进至枫门岭，邱行湘支队攻克万福桥，并协同第13团攻击龙烟山、六王庙之敌；同时，第5师第14团一部与第124师第362团向大河冲、杉木冲日军攻击，第122师主力进至竹舟江以东地区，第44师第132团经漆水向武阳以东挺进，至此，完成了对武阳东北日军的包围态势。5月4日拂晓，第5师各团向日军发起猛烈进攻，经过3日战斗，攻克龙烟山、神仙堂、六神庙等地，残敌向大竹山、茅柴岭一带溃逃，是为武阳大捷。武阳大捷，是湘西会战由被动变为主动、由防御转向进攻的标志。

中路日军第116师团由师团长岩永旺率领，从邵阳出发，沿邵榆公路及其西侧和邵阳西北兵分三路西犯：沿邵榆公路及其西侧进犯的日军共13000余人。担任该方面作战任务的是国民党第100军。4月16日，日军主力由唐渡、九弓桥、枫林铺渡河西进，以一部2000余人由桃林铺沿公路西攻岩铺，遭到第19师第57团第9连的阻击，其余日军进至双龙桥及雨山铺各附近地区。4月17日晚，日军主力进攻桃花坪，守军不支，桃花坪失陷。18日，日军猛攻岩口铺、芙蓉山，战至19日，日军毫无进展。日军于是以第120联队主力继续西进至黄桥铺、龙潭铺附近，第133联队亦进至赛市附近。4月21日，日军第120联队分向马鞍石、高沙市及石下江南北地区进攻，第133联队进抵水西桥，与第57师山门守军警戒部队发生战斗。4月22日，日军各以千余兵力分攻高沙市、石下江、山门以东的花桥、龙翅江等地，为守军所阻。4月26日，守军在高沙市、水南桥、新店、李家渡继续与敌鏖战。27日，日军占领洞口，然后向天门山及洞口以西公路各阵地进攻；山门日军在10门大炮掩护下，发起猛攻，守军伤亡很大，山门失陷。30日，5000余日军，在10门大炮的支援下，占领天门山，5月1日，守军反攻，收复天门山。5月2日，洞口日军集结优势兵力，在20余门火炮的掩护下，向洞口以西的山洞守军阵地猛攻，山洞一个排守军，血战一天，全部壮烈牺牲。日军于是以一部向狗扒皮及其以南第170团第2营进攻，其主力突入现江、肝溪附近。午后，日军6000余人携20门火炮向青岩、铁山阵地进攻，在空军的支持下，守军英勇奋战，打退日军多次进攻。5月5、6、7、8日一连4天，洞口日军虽一再向守军阵地猛攻，但其伤亡殆尽，已渐成不支之势。沿邵阳西北前进的日军由4000余人组成。4月13日，日军进至山溪附近，被守军第187团第6连阻止，日军乃北进至白羊塘、小罗冲附近，被第187团第3连阻止。4月14日，日军1000余人分由清江庙、小水庙向罗家坳、渡头桥、新田铺之线进攻，下午2时，800余名日军转攻巨口铺、五湖庙；小罗冲的日军700余人受阻后转向大观桥、朴塘桥进攻，被第187团第2连阻击，改经岩口、长邮冲至元姑寨附近。4月15日，巨口铺守军第5连得到第187团一部增援，内外夹击日军，双方都伤亡惨重；战至黄昏，日军纠集800余人，再度向阵地猛扑，第5连仅存20余名官兵，仍据险固守；迄16日，巨口铺守军全部壮烈牺牲，巨口铺失陷。4月17日，日军重点攻击龙溪铺，守军第187团第2营浴血苦战，由于孤立无援，龙溪铺失陷。长邮冲、元姑寨的日军15日攻抵罗洪界附近，企图进占隆回司，被守军击退。进至大桥边的日军其一部400余人进攻马王坳第55团第2连阵地，守军顽强力战，战至下午，全连壮烈牺牲。另一部日军进至青山界，被19师阻于马江以西地区。4月28日，日军猛攻青山界，守军沉着应战，歼敌400余人，取得了湘西会战的首场胜利。日军进攻隆回司的同时，分兵一支进攻龙潭司。4月18日，日军攻占红岩后，大举进攻第5师阵地，受到顽强阻击，守军乘胜反击，占领大、小黄沙，克复了红岩以南高地。从4月19日开始第51师各部向红岩、放洞南北高地及大黄沙南北高地日军展开猛攻，空军第5大队出动飞机助战，战斗十分激烈。4月25日，日军一部400余人由大黄沙突进至离龙潭司东侧3公里处，遭到第152

团第 2 营堵击，将该部日军歼灭大部，恢复原阵地。27 日，第 100 军对日军发起强大攻势，第 19 师第 56 团将红岩以东高地日军肃清，与红岩之敌隔河对峙；第 51 师第 152 团在大、小黄沙与日军反复拼杀四五次，终将该地日军击溃；望乡山日军 400 余人攻击都益塘，为第 151 团所阻；第 153 团守备青洞，与日军血战 5 日，反复肉搏 10 余次，伤亡惨重，于 27 日由第 189 团接防。至 5 月 1 日，第 5 师攻克红岩以西高地，第 63 师攻克 1456 高地。5 月 2 日至 5 月 5 日，第 63 师、第 19 师、第 51 师各打退日军多次反扑，稳住了阵线。

北路日军 4000 余人于 4 月 9 日由永丰经黑田铺、太芝庙向蓝田、新化进攻，当日一部进抵库里庙、边桥，主力进至厚里、玄檀坳附近。守备该方面的国民党军队为第 73 军。11 日，日军以一部攻东关岭，主力攻击梅寨坳，另一部窜抵三江关附近。12 日，三江关之日军北攻，一部进至峡山桥，守军第 230 团给日军打击后，转移阵地。14 日，日军渡过资水，国民党第 189 团在沙湾、珠溪一带阻敌；坪上日军 600 余人向羊角岭、沙塘湾攻击，遭到国民党第 44 团迎头痛击，日军退回麻溪、小溪市地区。15 日，日军进至祖师佬、盘古寨、珠溪、贺家岭一线，一部进至绍峰亭。17 日，日军以一部进攻了顶冈、下山、牛寨岭，主力集中于文家桥、盘古地区。第 73 军以第 15 师进攻大桥边、迎官桥附近之日军，以第 77 师 231 团进攻牛寨岭之日军。18 日，第 77 师第 231 团转移攻势，牛寨岭之敌退向了顶冈，文家桥日军退往田心。19 日，田心日军 1500 余人以 500 余人协同了顶冈日军向寨婆坳发起猛攻，守军一个连伤亡殆尽，寨婆坳失守；日军主力 1000 余人进攻视头坳、茅头。4 月 20 日，第 15 师各部向各当面之敌发起进攻，与日军展开激战，日军分头窜抵温溪、长铺子、徐家桥、桃林。4 月 23 日，日军以一部牵制盘龙界守军，主力进至竹冲山及严下以北高地，然后大部增援盘龙界。日军一面进攻盘龙界，另以一部钻隙进攻牛寨岭，守军第 9 连与日军反复肉搏打退了日军的进攻，在战斗中，连长周励壮烈殉国。25 日，日军突破严下阵地，守军撤至小塘西北高地。28 日，日军以主力迂回红岭东南，以一部向洋溪桥挺进，另一部 800 余人进至株木山以东边寨、田心及南寨以北地区，并以一部 300 余人进至黄家冲附近。到 5 月 7 日，第 73 军各部队仍与日军在洋溪桥以南地区激战。集结于益阳、宁乡地区的日军第 64 师团，为策应湘西会战，于 4 月 13 日，以一部由沅江向益阳桃花江进攻，一部由宁乡向大成桥、煤炭坝进攻。4 月 13 日，日军一部 2000 余人进攻益阳，遭到守军 18 军第 18 师第 54 团第 6 连的阻止，敌攻城未遂。4 月 18 日，宁乡日军 2000 余人向回龙铺、大成桥、煤炭坝攻击，遭到第 18 师第 52 团第 1 营的阻击。4 月

19 日，日军 800 余人南渡资水进攻桃花江，第 18 师第 54 团第 1 营在陈家冲、万家冲与日军发生激战。4 月 20 日，第 54 团向日军发起反攻，日军纷纷向益阳溃逃。宁乡之敌在第 52 团的打击下，也逃回宁乡城郊，宁乡、益阳战斗即告结束。

从 4 月 9 日到 5 月初，日军遭到中国守军的节节阻击，遭受重大伤亡，战斗力削弱，补给也很困难，而且日军已陷入中国军队的包围之中，处于被动挨打的局面。5 月 9 日，日军下达"中止芷江作战"的命令。早在 5 月 3 日，日军第 20 军鉴于作战不利，便已决定向后转移。5 月 5 日，日军开始撤退，日军在后撤过程中，遭到国民党军队的分割围歼。到 6 月 7 日，敌我双方恢复战前的态势。湘西会战结束。

湘西会战中，中国军队共伤亡 19000 余人，其中第四方面军战死军官 256 人、士兵 6576 人，受伤军官 494 人、士兵 11223 人[①]；空军失踪 1 人、受伤 2 人、阵亡 3 人[②]。会战中，中国军队其他方面的损失不少，由于没有详细的档案资料，其损失无法统计。

湘西会战中，日军对其所经之地新宁、绥宁、武冈、邵阳、隆回、洞口、新邵、邵东、益阳、宁乡、汝城、宜章、临武、桂阳、新田、嘉禾、蓝山、双牌、宁远、江华、江永、城步、通道、靖州、会同、芷江、新晃等县市进行残酷的破坏，给当地带来了沉重的灾难和巨大的损失。日军的典型暴行有：

1945 年 4 月 14 日，日军入侵隆回，沿途烧杀奸淫。在小沙江镇，日军一把火将镇上 200 多户瑶汉居民的房子烧光，一些冒死抢救自己的粮食和物品的瑶汉居民全被日军当场杀害。4 月 23 日，日军入侵磨石、五里、九龙一带，盘踞 33 天后退去，期间日军杀害当地居民 164 人[③]。5 月 18 日，日军在潮水庙一次坑杀当地村民 33 人。据不完全统计，会战期间，隆回先后共有 21442 人被日军杀害，16315 人受伤害，房屋被毁 5252 栋，其他财物损失无数[④]。1945 年 4 月 26 日，日军入侵绥宁武阳市（今武阳镇）。日军如禽兽，见女人就强奸。珠玉山一少女被 10 多名日军强奸。大田村 8 名妇女惨遭日军轮奸。日军在武阳驻扎

① 中国第二历史档案馆编：《抗日战争正面战场》（中），凤凰出版传媒集团凤凰出版社 2005 年版，第 1417 页。关于湘西会战中中国军队的伤亡，各种统计不一，中国文史出版社 1994 年 6 月出版的《湖南省志·第五卷·军事志》记载的是：国民政府军伤亡、失踪达 13000 余人（见该书第 1008 页）。

② 中国第二历史档案馆编：《抗日战争正面战场》（中），凤凰出版传媒集团凤凰出版社 2005 年版，第 2683 页。

③ 陈先初：《人道的颠覆——日军侵湘暴行研究》，社会科学文献出版社 2004 年版，第 480 页。

④ 陈先初：《人道的颠覆——日军侵湘暴行研究》，社会科学文献出版社 2004 年版，第 482 页。

了约一个星期。在这期间，老百姓的耕牛、生猪以及鸡鸭鹅等家兽家禽几乎都被杀光吃光，无一幸存。日军所到之处，翻箱倒柜，肆意抢劫，不中用的一律加以破坏。日军煮饭炒菜，大多拆卸民房的木板当柴烧，凡是日军驻扎过的村子，没有不被破坏的。日军撤退时，又抓民夫，武阳有上百人被抓走，这些人没几个活下来，基本上全给日军杀害了。除武阳外，绥宁唐家坊等地也遭到了日军蹂躏。5月5日，日军在唐家坊纵火，烧掉了130多栋房屋，致使800多人无家可归。5月6日，日军在小安村放火烧毁了100多栋房子，强奸了10多名妇女。据统计，日军入侵绥宁期间，共杀害当地民众556人，伤1035人，造成经济损失421亿元（法币）①。1945年4月29日，日军入侵洞口。在岩塘村，日军杀害村民37人；有个4岁小孩，被日军抛入空中落下以刺刀相接，戳穿肚子而死。日军在杀人的同时，对抓到的妇女不分老幼均加以强奸。有个十二三岁的小女孩遭日军强奸致残；一老年妇女被数名日军轮奸致死；一妇女因反抗日军的暴行被日军强奸后残忍地用刺刀戳下身而死。高沙镇是洞口县的一个百年老镇。镇上有正街4条，弄巷20多条，院子13个，草堂14个，家园10个，第、庐、墅、居里、舍9个，祠堂5个，公所8个，会馆3个，学校5所，庙宇15座，桥亭8座。5月，日军一把火把高沙镇烧得精光，此次大火中有1080栋房屋被焚毁②。与高沙镇同时被焚毁的还有洞口镇和山门镇，该两镇被焚毁房屋达1000多栋③。至于其他各地被日军焚毁的村子、民房及各种财物，则不计其数。湘西会战中，因日军的暴行，湘中、湘西许多地方遭受了巨大的破坏，但由于没有详细的档案资料为依托，其损失情况无法准确统计。

抗战期间，在湖南发生的六次大会战，给湖南造成了巨大的人力、物力、财力损失，湖南人民为驱逐日军做出了重大牺牲，以至于抗战胜利时，"湖南灾情冠于全国"④。日军的疯狂侵略，严重阻碍了湖南经济社会的发展，造成的有形损失是巨大的，带来的无形灾难是深远而无法估量的。

（执笔：王文珍　朱柏林）

---

① 李秉新等主编：《侵华日军暴行总录》，河北人民出版社1995年版，第1065页。
② 陈先初：《人道的颠覆——日军侵湘暴行研究》，社会科学文献出版社2004年版，第486页。
③ 陈先初：《人道的颠覆——日军侵湘暴行研究》，社会科学文献出版社2004年版，第486页。
④ 余籍传：《湖南的善后救济工作——一面计划，一面实施》，见《湘灾导报》创刊号，湖南省善后建设协进会编，1945年12月16日出版，第9页。

（三）抗战期间日军在湖南制造的重大惨案

日军在侵湘过程中，烧杀淫掠，无所不用其极，给湖南人民带来空前深重的灾难。近代国际公约规定，战争中不许杀俘虏，也不允许无故伤及平民等，可是我们却曾看到 1940 年秋冬之际日本军事指挥机关下达的这样一份命令："凡是敌人区域内的人，不问男女老幼，应全部杀死，所有房屋，应一律烧毁，所有粮秣，其不能运输的，亦一律烧毁，锅碗要一律打碎，并要一律埋死或投入毒药……"[①] 侵湘期间，日军先后侵占了湖南 78 个市县中的 55 个市县[②]，对各地人民进行血腥屠杀，岳阳、临湘、平江、华容、南县、湘阴、长沙市、长沙县、浏阳、常德、湘潭、衡阳、攸县、耒阳、邵阳等地受害最为惨重，制造了一系列令人发指的惨案、血案，如厂窖惨案、营田惨案、青山惨案、洪山惨案等。据不完全统计，抗战期间湖南被日军杀害的群众达 92 万余人，其中男性 28 万余人，妇女 15 万余人，幼童 8 万余人，性别年龄不详的 40 万余人；伤 170 万，其中男性受伤的 79 万余人，妇女受伤的近 50 万人，幼童受伤的达 10 万余人，性别年龄不详的受伤者达 24 万余人；共计死伤 262 万人[③]。在被杀害的 92 万群众中，直接被日军杀死的就有 577500 多人[④]；其中长沙市死 68147 人、伤残 146224 人，衡阳各市县死 233560 人、伤残 213204 人，常德各县市死 130000 多人、伤残 38000 人，零陵县死 59375 人，伤残 49244 人，岳阳死 41000 多人[⑤]。

---

① 湖南省政协文史资料研究委员会：《最悲惨的年代——日军侵湘暴行实录》，岳麓书社 1997 年版，第 8 页。

② 湖南省政府统计室：《湖南省抗战损失统计》，1946 年 12 月编印，湖南省档案馆藏，档案号 46—1—25，第 3 页。

③ 湖南省政府统计室：《省统计处关于湖南省抗战损失统计》，1946 年 12 月编印，湖南省档案馆藏，档案号 46—1—2，第 26 页。

④ 行政院善后救济总署湖南分署：《湖南省各县市遭受寇灾直接损失表》，1945 年，湖南省档案馆藏，档案号 59—1—196，第 2 页。

⑤ 湖南省政协文史资料研究委员会：《最悲惨的年代——日军侵湘暴行实录》，岳麓书社 1997 年版，第 12 页。

1. 日军在湖南制造的惨案

从 1938 年 11 月侵入湘北，到 1945 年 8 月投降，日军践踏了大半个湖南，近 7 年的时间里，对湖南各地的军民进行血腥屠杀，制造了一系列惨案，其中 100 人以上的集体大屠杀在 50 起以上，100 人以下 10 人以上的屠杀超过 85 起，至于 10 人以下的个体杀害则成千上万、遍及全省各地，直接杀死 577500 多人，涉及当时全省 78 个市县中的 67 个市县①，其疯狂和残忍、野蛮和恶毒，达到了令人发指的程度。

（1）日军屠杀 1000 人以上的大惨案

侵湘期间，日军在湖南制造的千人以上的特大惨案在 11 起以上，其中资料比较详备的有：南县厂窖惨案、岳阳新墙惨案、陆城惨案、湘阴营田惨案和临湘洪山惨案等。

南县厂窖惨案：厂窖位于洞庭湖西北岸，是个由 13 个小垸组成的湖洲大垸，今属南县，总面积 56 平方公里。1943 年 5 月 9 日至 11 日，日军在此屠杀中国军民 3 万余人，制造了一个仅次于南京大屠杀的大惨案。

1943 年 5 月，日军为了掠夺滨湖物资，歼灭驻防洞庭湖西北地区的国民党部队，进而威胁常德、长沙，给国民党重庆政府造成更大的军事压力，集结重兵，发动"江南歼灭战"。5 月 5 日凌晨，日军 1.5 万余人自荆江南岸沿线据点出发，从水陆向华容、安乡、南县等地进犯。5 月 7 日，从南县、华容、安乡一带败下阵来的国民党第 73 军主力 1 万多人奉命向厂窖方向撤退，随军而来的是武汉、长沙、南县、安乡、华容、石首等沦陷区的公务员、居民、学生、船民等 2 万多名难民。5 月 8 日，日军出动 3000 多人，汽艇 60 多艘，气势汹汹地向厂窖地区水陆并进，包围了厂窖大垸。与此同时，数十架飞机从汉口、当阳等地起飞，分批窜至厂窖上空侦察轰炸，密切配合地面部队的合围。于是，云集在厂窖地区的 1 万余名国民党溃逃官兵和 2 万多名随军涌来的难民，加上本地的 1.5 万名居民，除少数突围逃出外，绝大多数被合围在这个东西宽约 5 公里、南北长约 10 公里的陀螺形口袋中。9 日上午，日军指挥官下达了屠杀的命

---

① 行政院善后救济总署湖南分署：《湖南省各县市遭受寇灾直接损失表》，1945 年，湖南省档案馆藏，档案号 59—1—196，第 2 页。

令："当杀人时，应尽可能将其聚集在一块地方，节省子弹和劳力"，"无论什么时候，须以不令一兵漏网，全部歼灭，不留痕迹为主旨"①，于是数千灭绝人性的日军在以厂窖大坑为中心的方圆50平方公里地区，开始了一场有计划的血腥大屠杀。

位于厂窖大坑中心地带的永固垸，是个仅有六七平方公里的小垸子。日军在这里制造了一起起集体屠杀的血案。5月8日下午，听说日军沿东西河道到厂窖地区来了，住在东堤一线的上千名村民和外地难民，还有一小部分丢枪弃甲的国民党溃兵，便纷纷朝永固垸逃命，以为永固垸离河道较远，是个比较安全的地方。5月9日清早，数百名日军从东堤一线搜索着向永固垸扑来。不一会，人喊马嘶，永固垸被围得水泄不通。尽管日军名义上是捕杀溃兵，但因溃兵已丢枪弃甲化装成了老百姓，杀红了眼的日军，便不分男女老幼，见人就抓，抓到就杀。为了节省子弹，他们将抓获的群众，一串一串捆绑起来，驱赶到禾场上，集中进行屠杀。在戴吉禄禾场上，日军把120多名群众五花大绑地捆起来，四周架起机枪，用刺刀逼迫人们成排地跪下，要他们交出国民党溃兵和枪支，见无人作声，便恼羞成怒，用刺刀将他们全部刺死。类似这样的集体屠杀，永固垸里比比皆是，袁国清屋场、肖吉成屋场、罗菊东藕塘、王锡坤麻地，杀人都是几十上百名。垸内的肖明生一家，是个四世同堂的大家庭，全家29口人，老的80多岁，小的不满周岁。日军闯进他家，不由分说就枪杀了7个男劳力，并将17个妇女、老人和小孩捆成一串赶到附近一口深水塘里淹死。落水者稍有挣扎，日军便用刺刀去扎，或用枪托、竹篙去打。结果，这17人又全部被逼惨死在水塘里。一个好端端的29口之家，一天之内竟有24人被害。肖明生虽然虎口逃生，却因全家遭此横祸而疯癫了近一年。在日军的疯狂杀戮下，永固垸里尸横遍地，被杀村民、难民1500多人。外地难民，尸首无人认领，只得由当地幸存者挖坑集体掩埋。有个墓坑被埋无名尸首上千具，至今尚留着白骨累累的"千人坑"遗址。

总面积4000多亩的德福垸，包括了现在的德福、汉新两个村，是南县通往汉寿、常德的必经之地。垸子的西头，有一条贯通南北、长约2.5公里、宽200公尺的甸安哑河，是阻隔东西交通的一道天然深堑。5月9日早晨，日军出动数架飞机在这一带盘旋侦察，转上几圈便开始投弹扫射，拉开了大屠杀的序幕。早饭后，大批日军在飞机的掩护下，直奔德福垸，走在前头的是马队，紧随其

---

① 袁琴心：《血泪话厂窖》，载第二战区主办《阵中日报》，1943年6月25日。

后的是排着长队的步兵。前有哑河挡道，后有步步逼近的追兵，云集在甸安河以东各个村落里的数千名国民党溃兵、难民，欲进不得，欲退不能。日军的包围圈越拉越小，那些国民党士兵预感到灾祸临头，准备冒死突围，而更多的人却丢枪弃弹，惊恐万分直往蚕豆地、麦地里乱钻，以求躲避一时。那些被同时挤在包围圈中的本地居民和难民，眼看着日军的马队挥动着寒光闪闪的刺刀越逼越近，不得不扶老携幼，夹杂在国民党溃兵当中，东躲西藏。甸安河边，3000多名国民党士兵，结果不是被日军机枪扫射而亡，就是被飞机轰炸而死，几乎无一生还。日军随后又对剩余的国民党溃兵进行大搜捕，把抓到的人，不管是老是少，是男是女，一律杀害。农民肖长清，那时正患眼病，落入日军手中后，日军逼他带路。肖以"眼力不好"加以拒绝。日军听后二话没说，即用刺刀挖出肖的一双眼珠。日军抓住几个孕妇，当即强迫她们脱掉衣裤，进行百般侮辱，随后一个个打倒在地，以双脚在她们肚腹猛踩。结果，孕妇的肚子被踩塌，腹内胎儿全部死亡。日军还剖开其中一孕妇肚子，掏出胎儿，而后顶在枪刺上无耻作乐……据统计，在德福垸一带被杀的国民党溃兵、难民和本地居民多达4000多人。当时下了一场暴雨，岸上的尸体全部被冲进了甸安河中，北风一吹，无数尸体漂浮在河面上，塞满了整个哑河，清清的河水变成了乌红的血水，以至当地人不再叫它甸安河，而叫"血水河"。

瓦连堤是横贯厂窖大垸东西的间堤，堤上居住着几百户农家。当日军在永固垸、德福垸滥杀无辜的消息传到瓦连堤后，堤上的居民和几千名难民，便纷纷逃往沿堤一线的沟港、草丛和庄稼地里藏身。5月10日，天刚蒙蒙亮，大批日军沿着东西两线向瓦连堤上扑来。看到家家关门闭户，日军顿时兽性发作。除留下一部分日军在堤上分段搜索、大肆杀戮外，大部分日军，到沿堤两侧的田里地里、沟旁港边，进行梳篦似的反复大捕杀。杨凤山屋场的巷口里，有60多个逃难同胞躲在这里。正当大家挤作一团不知所措时，被日军发现。日军随即在巷外架起了机关枪，10多名日军平端着上了刺刀的枪冲进巷里。生死关头，几个胆大的青壮年赤手空拳与日军搏斗起来，可最后都惨死在日军刺刀下。接着，日军先把30多个男人和小孩逐个捆绑，连成一串，赶进一口深水塘中全部淹死；又把20多名妇女赶进一所民房，将她们连人带屋活活烧掉。农民毕成举一个不满周岁的孩子，也被日军抛入了熊熊烈火之中。瓦连堤西端的风车拐，被杀同胞700多人，28户人家被杀绝13户。这个不足半平方公里的地方顿时成为了血泊世界。农民王仲林一家，被日军堵住了大门，他的父亲被日军当胸一刀，砍死在屋门前；弟弟躲在门后，被日军发现后，刺了五六刀而死；岳父母从外地来躲难，同样惨死在日军的刺刀下，一个不满 10 个月的婴孩也被一刀刺死。一户曾姓人家的媳妇，因快要分娩跑不动，被追赶的日军捉住后，在她的肚子上猛刺一刀，临产的婴儿血淋淋地从母胎里流了出来，一抽一搐地颤动，日军却在一旁哈哈大笑。农民陈腊九被日军抓到后，绑在树上，尔后又被尖刀剖开肚子，血流满地，顿时惨死。农民汪宏奎，年过 60，耳有点聋，日军见其问话不答，便用刀将他的舌头与下颚割掉，使其痛不欲生，几天后死去。一个姓周的农民，被日军剁了好几刀，通身抹上盐，再用坛子在其身上乱滚，周身被磨得皮开肉绽，凄惨而死。两个难民被日军绑在树上，日军先用刀剖开肚子，将胆取出，再将胆汁挤入瓶内"珍藏"起来。日军甚至用铁丝穿过各人的锁骨，将数十人连成一串，做步枪射击"穿透能力"的试验。经过日军残酷的烧杀淫掠，瓦连堤上变成了一片焦土，到处都是惨死同胞的尸体，到处都是被大火焚毁后的残墙断壁。事后统计，瓦连堤一带被杀群众 3000 多人，73 户被杀绝，330 多间房屋化为灰烬。

当陆路上的日军在厂窖垸里疯狂烧杀的时候，水路上的日军也在厂窖河中干着同样罪恶的勾当。就在日军合击厂窖的前两天，大批逃难的船只，纷纷涌向厂窖大垸两侧大河里。这些载有近万名逃难群众和大批粮食、布匹的船只本打算向常德、益阳等安全河港驶去，没料到，却陷入日军包围圈中。5 月 9 日清晨起，在厂窖上下 15 公里的河面上，日军开始了惨绝人寰的大烧杀。他们先是上船搜索，掳掠财物，继而放火烧船。只见河中火光冲天，大火昼夜不熄。船民、难民哀嚎声不绝于耳。厂窖大垸东南部的龚家港河段，日军堵住两头入湖河口后，将聚集在这里的上千条船只，连船带人烧得精光，这条长 5 公里、宽 400 米的汊河变成了血河。厂窖港一带的河面上，挤满了各种各样的船只，日军汽艇开过来时，以船为家的船民们，大多数舍不得抛开船只逃命，便从船尾吊住舵把子汆入水中，仅留一张嘴巴在水面上呼吸，结果不是被炸死烧死，就是被淹死。各种奇形怪状的尸体，浮满了一港，连渡船过渡也要用篙子拨开尸体才过得去。日军对船民的屠杀，与陆地上一样的残忍。在汀浃洲一带，日军汽艇堵住湖口子后，将船上的船民、难民赶到附近河洲上，或用机枪扫射，或将群众三五十人为一群，用绳索连串捆绑起来，再将绳子首端拴在汽艇后面，开足马力，将其活活拖死、淹死在河中。在玉成堤上的河洲上，日军用一根 10 来米长的纤绳套住捉来的 30 多个船民的脖子，然后日军分成两队，握住纤绳进行"拔河赛"，船民全被活活勒死。在厂窖港的河堤上，日军还玩出了"滚石头"的杀人游戏。他们用绳索做成活套，套住船民们的脖子，然后用另一端缚住船民的双脚，一拉紧，人便弯曲成一个圆球状。日军将这些人从高高的河堤上向深不见底的水中一推，就像滚石头一样，越滚越快。有的当即滚死，有的落入水中淹死。日军站在岸上拍手狂笑，以此为乐。3天之内，日军在北起太白洲，南至龚家港的厂窖东西两侧河段中，屠戮船民、难民6800多人，烧毁船只2500余艘。

日军在大肆烧杀的同时，还毫无人性地摧残蹂躏广大妇女，从七旬老妪到八九岁女孩和修女，他们都不放过。

从5月9日到11日，3天时间里，3000多名日军，在厂窖共屠杀中国军民30000余人。其中本地居民7000多人，附近居民6000余人，外地难民12000多人，国民党溃兵5000余人，还摧残致伤3000多人，强奸妇女达2500多人。烧毁房屋3000余间，焚烧船只2500多艘①。大劫过后，厂窖到处断墙残垣，枯树焦土，尸横遍地，血流成河。当地民谣说："甸安河，甸安河，日军来了惨遭祸。几万同胞同遇害，尸体挤得个挨个；五里长河成血海，野狗天桥可通过。"当时报纸称此次屠杀"堪比扬州十日"。

岳阳县新墙惨案：濒临新墙河南岸的新墙镇，抗日战争爆发前是一个有近4000人口、商业比较繁荣的农村集镇。1938年11月日军侵占岳阳后，即在新墙河北岸掘壕驻守，同南岸的国民党守军对峙，时间长达6年之久，抗日战争胜利时，新墙镇只剩下不足300人，原有的近千幢房屋，多已变成废墟。

1939年9月22日，日军第一次强渡新墙河，对当地居民立即施行了惨无人道的屠杀。如羊家庄（今新墙乡燎原村）农民羊永发一家11口，就全部惨死在日军手中，其中两个睡在摇篮里的婴儿也被日军提起来活活摔死在地上，真是惨绝人寰。

1941年9月，日军再次强渡新墙河。蔡家屋场（今新墙乡沙河村）农民蔡爱松、蔡希成等10多人未及逃跑，躲在稻草堆里，被日军发现后，用刺刀乱捅而死。日军还纵火烧毁房屋，致使新墙镇附近的村庄全部化为灰烬。同年10月间，从长沙溃退下来的日军，在大塘冲（今新墙乡前进村）、鹅公塘（今新墙乡大桂村）等地宿营。当晚抓走农民易阳春、易德如等10多人，全部用东洋刀砍死。据当时的幸存者唐友初回忆说："日军在鹅公塘烧屋时，躲在夹墙内的群众被烧得跑出来，当场被杀者5人，我被敌人在后颈上砍了一刀，倒在地上，

---

① 中共湖南省委党史委编：《三湘抗日纪实》，湖南师范大学出版社1995年版，第14页。

后经医治半年方好，至今颈上仍留有两寸多长的刀痕。"① 日军还在刘瘝、墩上王（今新墙乡沙河村）等地杀人放火，男女老幼被杀死、烧死者达 500 多人。其中河铺子、墩子王两个小屋场就有老幼 14 人、青壮年 16 人被杀害，婴儿王建国的母亲正在喂奶，也未能幸免。日军败退新墙河北岸时，到处烧杀掳掠。一群在麻布大山小坳西麓章姓二屋搜索的日军，将避藏在屋内的 10 名农民牵到屋前塘边用机枪扫射，全部杀害。麻塘乡章家大屋章某被日军掳去挖战壕，因年老体弱动作缓慢而触怒了日军，适逢有人挖出一条四脚蛇，日军当即逼令章某活活吞食，致使章某顷刻毒发，全身肿胀而死。

1941 年 12 月初，日军第三次强渡新墙河，新墙河以南的大片国土陷于日军铁蹄之下达 4 年之久，新墙一带人民遭受日军蹂躏的苦难，真是罄竹难书。据当时的幸存者袁明尊介绍：1939 年到 1945 年 6 年中，在他家附近的邓华龙土地咀上，被日军杀害的无辜群众超过千人，尸体全都被抛弃在一个破窑里。其中有些人是被日军军犬活活咬死的，有的是被日军的战马拖死的，有的是被日军当作活靶子射死的。

1942 年 1 月，日军在潼溪街巷里屋场后的小塘土勘上，用刀把从附近掳捕的农民 26 人砍头，然后将尸体踢入塘中，顿时满塘清水被血染红。其中余湘爹一家 6 口，大儿媳妇被日军轮奸后抛入塘中溺死，小儿媳妇被日军掳去，老婆婆被活活烧死，长子余磨生、次子余楚仔和余湘爹本人都被砍头后抛入塘内。当地人民至今仍称小塘为"血水塘"。

岳阳县陆城惨案：陆城（今属岳阳）原为临湘县城，日军在此屠杀了无辜群众 1000 多人。1938 年 11 月 8 日，日军侵入陆城。过北门时打死 6 人，在桥头乱刀砍死 4 人，枪杀过路外地人 8 名；在汪家岭刺杀 5 人，打死客商 7 人；在唐湾惨杀船民工 7 名；在丁家山，一次屠杀无辜群众 49 人。日军占领陆城后，将旧县衙署、考棚、盐仓、莼湖书院、民乐园、文庙、乾元宫、刘太尉祠、三闾大夫祠等 30 多座著名古建筑尽数拆毁和焚烧。1939 年 2 月，先后有 120 多名贩运棉花的客商途经陆城，驻陆城日军硬说其是"游击队"，将其全部活埋；7 月某日，日军闯进象骨港，烧毁房屋 25 栋，抓 23 人，将他们用绳索捆至城陵矶码头，除田寅生一人被留做船夫外，22 人都被刺杀，尸体被抛入长江；9 月某日，日军一部由三木队长率领闯入楠梓冲崔家，抓住崔声依、崔章清父子 2 人，令崔声依交出参加游击队的小儿子，父子不从，均遭活埋。1940 年秋，驻

<hr>

① 湖南省政协文史资料研究委员会：《最悲惨的年代——日军侵湘暴行实录》，岳麓书社 1997 年版，第 31 页。

云溪日军因遭游击队袭击进行报复，村民曾昭南、刘竹清两家20多人，被捆住活活烧死；陈家大屋400多人[1]，遭日军集体屠杀，仅2人侥幸脱逃；云溪镇有500余栋房屋被拆除、烧毁。1942年9月24日，袁家嘴村民黎仲南、黎少南等6人，从白荆桥挑食盐途经路口铺被抓，日军疑其为游击队侦察员，施以灌开水、火烙、压杠子等多种酷刑后，用刺刀将人捅死；驻此一带的日军铁路巡逻队，只要发现铁路两侧有人，即以枪杀，有一日有31人遇害。1943年9月某日清晨，路口一带就有8人遭日军枪杀。1943年，日军在临湘陆城新设村（今岳阳市陆城镇新设村）建军用机场。至1945年初建成，共拆毁新设、白家墩、土矶头、刘乾坝、舒家墩、肖家墩、彭家墩、唐家湾等8个村子的全部民房计2100余间，致使5300多名群众流离失所，无家可归。修建机场期间，强抓劳工2500多人，劳工稍有不从，轻则绳捆索绑，重则杀头喂狗。据统计，直接被日军杀害的有319人，因劳累而死的有107人[2]。日军规定，被打死的劳工，亲属不许收尸，要放在工地边"示众"。每到晚上，群狗争食人尸的狂噪声不绝于耳。

湘阴县营田惨案：营田，位于湘江与汨罗江汇入洞庭湖的三角地带，包括营田街、边山、三塘湾、堆山嘴一带，抗日战争时期，属湘阴县。当时的营田街有200余家店铺，是湘江下游南北船只及物资的重要集散地。1939年秋，日军在此制造了一起屠杀中国军民2000余人的大惨案。

1939年9月22日，7800名日军乘汽艇，从岳阳荷叶湖出发，向营田发起扫荡。翌日拂晓，日军在飞机的掩护下，向守军发动猛烈攻击。在日军付出重大伤亡后，营田沦陷，中国守军500余名被俘。随后，日军向被俘的中国军民大施淫威，进行极其残暴的杀戮和蹂躏。

日军将2名国民党军官的头皮割开剥下，盖住双眼，又从胸部剥皮至双膝，然后让其活活痛死；将一名营长的四肢钉在门板上淋上汽油，活活烧死，将1名连长凌迟碎剐，其余被俘官兵亦遭各种毒刑，一个不留地被杀害。被俘官兵被戮，百姓亦遭劫难。其中堆山嘴屋场首当其冲。该处共住15户农民，共93人。日军登陆以后，不分青红皂白地见人就杀，见屋就烧，除郑西堂1人逃脱外，其余的92人，不分男女老幼均倒在血泊之中。三塘湾居住着7户易姓人家共51人，其中青壮年13人。日军将这7户中的易佩纯、易汉纯、易保和、易凤美、易咏仪、易春福、易锡连抓捕，用绳索五花大绑，押到长塘六斗圫，跪

① 湖南省政协文史资料研究委员会：《最悲惨的年代——日军侵湘暴行实录》，岳麓书社1997年版，第27页。
② 湖南省政协文史资料研究委员会：《最悲惨的年代——日军侵湘暴行实录》，岳麓书社1997年版，第29页。

成一排，由 7 名日军刽子手，各拿东洋大刀，嗥叫着将他们全部杀害日军离去以后，易佩纯的幼子易新田，一边哭喊着爸爸，一边抱着父亲那颗血肉模糊的头往尸体颈上去接。他以为只要把头接上，父亲就不会死。其情其状极为悲惨。日军捉住大边山的农民易子勤后，将其按在屠凳上，模仿杀猪的动作，用一把尖刀从他的喉咙处捅进去，一股鲜血喷出好远。然后又将他的躯体砍成数块，围观的数十名日军则拍手狞笑。

9 月 23 日至 10 月 5 日，日军占领营田的 13 天中，杀害湖南无辜百姓 800 余人；中国守军战死和被俘虏后杀害的多达 1200 余名；烧毁房屋 300 余栋，计 1700 余间；有 100 余名躲藏不及的妇女被强奸或轮奸①。日军撤走以后，幸存者回得家中，只见残垣断壁，焦骨腐尸，惨不忍睹。日军投降后，这里建了一座花岗岩大墓，将阵亡将士合并葬于墓中。

临湘县洪山惨案：这是一起由日军、汉奸用惨无人道的手段，屠杀湖南无辜群众达 1800 余人的大血案。

1942 年 11 月 25 日，日军调集日、伪军 1200 余人，以"清乡"、"扫荡"名义，将洪山一带纵横 20 余公里的地方严密包围，大举围捕游击队。26 日拂晓，日伪军将罗坳、昆山、杨氏祠、土马坳等处严密包围起来。日军首先命令伪青年团宣传队出面，逐户敲门，将群众从床上喊起来，集中一处，然后假惺惺地说什么："皇军这次来是围剿游击队，不伤害良民百姓。只要你们把躲进山里的人都喊回来，准备一些好吃的东西，慰劳一下皇军和保安团的部队，就没有事了。"随后，汉奸章世杰又命令伪保长刘正华戴上维持会议的袖章，敲着锣，上山呼喊逃避的群众回来，并威胁地说："不听命令回家的人，经踩山发现后，一律作游击队论罪。"不少群众信以为真，从山上回到了家里。接着，由汉奸头子出面，又召开了大会，继续以甜言蜜语欺骗群众说"你们安心在家种田，皇军是来维护你们的，皇军顶好"，以此诱骗更多逃离的群众回来。

27 日上午，日军抓去一些农民进行拷问，要他们说出被打死的日军尸体埋在哪里和游击队的去向。在得不到任何口供的情况下，日军、汉奸兽性大发，对被拷问的农民施以各种酷刑。中年农民易新南在被拷问逼供时，被日军打得皮开肉绽，血肉模糊。日军见他仍不招供，便命令汉奸用木棍压住他的手脚，再将一大盆开水倒在他的身上。易新南痛得死去活来，咬牙切齿，大骂日军、汉奸是毫无人性的野兽。日军恼羞成怒，指使几个汉奸将他按在地上，用军刀

① 湖南省政协文史资料研究委员会：《最悲惨的年代——日军侵湘暴行实录》，岳麓书社 1997 年版，第 10 页。

剥他的皮，易新南宁死不屈，继续叫骂，最后日军、汉奸一齐用乱刀将他捅死了。青年农民孙明安被日、伪军抓住后，见问不出结果，日军便放出一条凶猛的军犬，乱咬孙明安，痛得他倒地乱滚，日军、汉奸却站在一旁哈哈大笑。孙明安痛得实在难以忍受，拼命从地上爬起来冲出大门，跳进塘里，追来的6名日军和伪军，举着枪逼他赶快上岸。等他刚爬上岸来，日军又唤军犬来咬，孙明安拿起一根大木棒，同军犬展开了搏斗，日军恐军犬受伤，又捅了孙明安6刺刀，有个汉奸见他的脚手还在动弹，又上去补捅了3刀。

11月28日，一场惨绝人寰的大屠杀在洪山、昆山一带全面开始了，杀人不眨眼的日军，每到一处，见屋就烧，见人就抓，遇到企图逃跑的群众，不论男女老幼，一律当场杀害。已被捉住的无辜群众，被日军一批一批拉到田里地里、塘边、山上，或用刺刀捅死，或用东洋刀砍死，或用机枪扫射，对老人和拖儿带女的妇女，干脆一群群关进屋里放火烧死，一些还抱在母亲怀里的婴儿，也被日军、汉奸抢夺过来，或是活活摔死在地上，或是丢入火中烧死。

当时，在以洪山为中心的纵横20余公里的土地上，到处是枪声、妇女、婴儿哭叫声和日军的狞笑声，到处是焚烧房屋的滚滚浓烟和熊熊烈火。其中被杀害群众最多的洪山、昆山、罗坳、黄土咀、三旗港等地的山坡上、水田里、屋场边，尸横遍野，血流成河。罗坳和黄土咀两处被杀害者达500余人，洪山一天被杀害者达180余人。惨案发生的地方，有50多人被刺几刀至十几刀，因未伤要害，得以幸存。解放后仍然健在的罗少全当时被刺11刀，罗春德被刺7刀，虽已过去几十年，但身上的刀痕仍历历在目。

据不完全统计，自11月26日到12月3日的7天时间内，洪山一带被杀害的湖南无辜群众达1800多人，其中全家被杀绝的有72户，计330多人，被强奸妇女达600人，被烧毁房屋达2180多间，被抢走耕牛996头，被抢走牲猪4400多头①。

此外，日军还在还在岳阳临湘间的桃三地区、宁乡龙从乡、常德市城区、湘乡双峰山、新化洋溪和冷水滩黄羊司等地制造了5起千人以上的集体大屠杀。

（2）日军屠杀1000人以下100人以上的大惨案

除了屠杀1000人以上的大惨案外，日军在湖南还制造了40余起百人以上的大惨案。其中有详细资料的主要有：

---

① 湖南省政协文史资料研究委员会：《最悲惨的年代——日军侵湘暴行实录》，岳麓书社1997年版，第37页。

临湘县小沅村惨案：1938 年 11 月，日军占领了临湘小沅村，随后实行残酷的"三光"政策，杀人放火，奸淫掳掠，无所不用其极。

1939 年秋，日军为了确保其南犯的交通要道——粤汉铁路的畅通无阻，以居住在铁路旁边不安全为理由，将全村男女老少赶出来，然后纵火烧屋，360 多间房子，不两日便化为灰烬。

1939 年 10 月下旬，一伙外来商贩结伴路过小沅村，碰上了日军，被强行押到附近杨家湾一块水田里用机枪集体屠杀，72 人无一幸免。同年底，有几个外地商人路过巴茅坳，其中 4 人被日军残酷杀害，两具尸体被倒插在一口大粪缸里，还有两具被砍走了头，数日后在周四爹的粪池中发现了这两个脑袋。日军在离山海雷屋场不远的铁路桥上设一哨所。一次哨所里的日军抓来 5 个人，当即枪毙 4 人；一人逃跑，日军带军犬追回，绑吊在电杆上，让军犬撕咬，咬得他鲜血淋漓，皮开肉绽而死，而日军却在一旁狞笑。1939 年，天旱失收，王板桥农民常茂青因交不起租金，和儿子一道出外贩盐。年关归来，在离家不远的八仙台碰上了日军，惨遭杀害。常茂青的妻子四妈扑在儿子和丈夫的尸体上悲恸欲绝，哭喊苍天："为何不灭日军?!"日军兽性大发，又牵来军犬，将四妈活活咬死。张家农民张祖益，于 1940 年 2 月 12 日，被日军无端杀害在门前田塍上，5 间房子被日军烧掉。其妻方五姑至今仍保存着当年丈夫停尸的门板，不忘这血海深仇。

1940 年秋，两名日军到小沅村张家抢东西，碰上少女张细元，正欲强奸，被她两个哥哥打死了一名。日军当即从五里牌火车站调了一个连的日军，准备血洗张家。幸好村里群众已闻讯躲避，日军一把火烧了小沅村全村房屋，将留在村里的唯一老人罗二妈拴在火中活活烧死。日军尚不罢休，又将邻近的上山屋场 15 户人家的 80 多人赶到门前禾场上，当场用机枪杀死 6 人。日军还将 7 个人扒掉衣服，令他们扑在地上，用竹竿卡在脖子上，两名日军各踩一头，再用削尖的竹子从肛门戳入腹部，活活将他们捅死。其状惨绝人寰，在场老幼莫不嚎啕痛哭。在这次屠杀中，有 7 户被杀绝。

据不完全统计，沦陷 7 年内，小沅村 411 户、1555 人中，被烧屋、遭抢劫的有 400 户，受过日军各种毒打残害的有 478 人，被迫背井离乡的 997 人，被日军以各种手段杀害致死的 108 人（被杀的外地人未计），被日军强奸的达 30 人（其中 15 岁以下的少女 6 人）。另外，日军还抢走生猪 589 头，耕牛 40 头[①]。到

---

① 湖南省政协文史资料研究委员会：《最悲惨的年代——日军侵湘暴行实录》，岳麓书社 1997 年版，第 40 页。

1945 年年底，小沅这个大村落已是瓦砾遍地，蓬蒿掩门，雀巢梁上，满目凄凉。

湘阴县青山惨案：青山，是南洞庭中的一个小岛，现属湘阴县青山乡，处于由洞庭湖进入湘、资二水的咽喉要地，故而成了日军攻占的目标。1941 年 9 月 18 日凌晨，日军平野支队 500 多人乘一艘登陆艇和 40 多只汽艇，在海军舰艇的护卫下包围了青山。日军强行登陆，守军稍作抵抗即被打垮。9 月 19 日，日军占领了青山全岛。接着，开始了一场大屠杀。

在三圣庙前的稻田里，荷枪实弹的日军押着 300 多名当地百姓和 200 多名守军俘虏，他们被日军用绳子绑着或用铁丝穿着，密密麻麻地站成一片。大约下午 2 点钟，随着日军指挥官的一声令下，数挺机枪吐出火舌，稻田中的人一排排地倒下，不一会，尸骸狼藉，血流成河，军民 500 多人全都倒在血泊之中。残忍的日军仍不放手，还逐个在尸堆中踩、踢，发现有蠕动的、呻吟的，便补上一刀。稻田里淌着血水，血肉模糊的尸体一个挨一个，惨不忍睹。天快黑了，3 名中弹未死者渐渐苏醒，发出痛苦的呻吟。不巧被日军哨兵见见。于是，一群日军扑过来从尸堆中寻出两个幸存者，一阵乱枪打死。仅剩下张子仁的妻子这个唯一的幸存者，躲过了此劫。待夜深时，她拖着伤残的身子，偷偷爬出了死尸堆。三圣庙前集体大屠杀后，日军继续在岛上四处搜索，行凶杀人。周家嘴一个人工挖凿的小洞中，一些老人、妇女和儿童躲在里面，不幸被日军发现了。日军先是用棉絮、门板、泥土三层堵住洞口，然后扔进瓦斯毒气弹，硬是将洞中的人全部活活毒死。事后，人们从这个洞中清理出 24 具完整的尸体。其中，有年过花甲的老人，有不满周岁的婴儿。一伙日军从另一个洞中抓出来 29 个老百姓，把他们带走。两天后，日军将这 20 多人全部屠杀。有两个被打散了的守军士兵，以为放下武器即可保全性命。然而，日军押着他们来到一个小山坡上，令其用铁锹挖一个土坑，然后逼迫其躺在自己挖好的土坑中。日军随即在上面填土，两个中国士兵意识到将要被活埋，拼命叫喊着，挣扎着。日军便用刺刀在他们身上乱戳，接着，继续填土，直到他们气绝身亡。日军将俘虏的守军营长刘儒卿剥皮，然后火焚致死。日军将发现的一个不满 1 岁的婴儿抛向空中，接着用刺刀尖活活挑死。村民肖胜文被日军杀害后，剖尸挖出内脏，然后用树枝撑开肚皮，吊在树上示众。

从 9 月 18 日至 10 月 5 日，短短 18 天时间，日军在青山杀死无辜百姓 524 人、守军官兵 300 多人，奸淫妇女、抢走财物不计其数；胡复兴、周继初等 24 户村民被斩尽杀绝，许青梅一家 9 人，被杀得只剩她一人，不久后，她就疯了，天天唱着一首悲愤的歌："三十年走大兵，不知杀了多少人，杀了我男人，杀了我全家，好伤心……"①

常德县三汊湖惨案： 1943年1月20日清晨，日军进犯常德时，一小队日军窜进沅水南岸三汊湖村，逐屋放火，挨户搜杀。其中3名日军烧杀至张家湾时，发现躲在竹林中的村民潘二元，便举刀向潘猛刺，潘敏捷避开，与日军扭斗并夺得手榴弹1枚，投向日军，炸死日军1人，重伤1人，1人逃跑。日军随后集合数十人荷枪实弹包围苏家湖、张家湾，将躲在附近堤沟内的30多名村民抓出，用刺刀捅死。接着，日军向周围扩展屠杀，刀枪齐下，有的杀死妇女后奸尸，有的用刺刀洞穿肚皮取乐，斗湾堤上被杀30多人，杨姓菜园里8人捆在一起被杀，伍家菜园陈尸100多具，三汊湖旁被杀20多人。被害群众和国民党军队官兵共计300多人，后由3人10天才收尸埋完②。

澧县西洲垸惨案： 1943年5月5日，日军从湖北藕池口出发，窜至澧县西洲垸、官垸、三洲、孟姜、青赋、白云等乡。5月29日，一名日军被当地民众打死。5月31日，盘踞在西洲垸内的日军以民众打死一名日军和抢走枪支为借口，调集驻周家台、陈友千两处的军队，分别向垸中毛家村、清河村、建武村、学堤村、毛兴村、紫东村、共兴村、蔡家村、东福村、保福村等10个村进行大搜捕。日军闯进毛家村刘崇发家，发现刘的父母亲正准备行李外出逃难，开枪打死了两位老人，接着把刘的叔父也杀了。日军到学堤村见一姓肖的聋哑人，便像杀鸡一样也把他杀掉了。毛兴村99岁的罗祖班和99岁的妻子裴婆婆都是盲人，也被日军开枪打死。村民张从举为了营救被日军追赶的一名妇女，抄小路把这位妇女背过了河，后被追赶"花姑娘"的两名日军枪杀。村民郭祥民老俩口躲藏在麦地里，几名日军发现后，用手里的青竹竿不停地敲打两位老人的头部，以此取乐。郭忍无可忍地破口大骂道："狗日的！你们有没有娘老子的，老子又没有骚扰你们……"日军哪容得郭的怒骂，便用刺刀活活挑死二老后扬长而去。日军不仅屠杀老人和残疾人，就连儿童也不放过。日军把搜捕来的李启柏、张自华、龚道平、李启发等8个不满10岁的儿童关进一间茅屋内，锁上大门，然后点火烧房子，因为下雨，日军几次点火都未点燃，8个孩子才这样侥幸保全下来。日军把抓来的男女老少集中到三岔垴、新码头和同庆小垸3处，用刺刀一一杀害，3处被杀害村民达200多人，其中同庆垸60多人，新码头70多人，三岔垴30多人，其他村落被日军陆续杀害的有40多人。此外，日军把

① 中共湖南省委党史委编：《三湘抗日纪实》，湖南师范大学出版社1995年版，第14页。
② 萧栋梁、余应彬：《湖南抗日战争史》，湖南教育出版社1995年版，第332页。

龚伦礼、彭婆婆、刘婆婆、熊婆婆、李德炎、郭绍风、谢婆婆、汪婆婆、唐婆婆、李婆婆、肖婆婆、甘婆婆等12个老人（其中男2人，女10人）押到毛家岔北河岸边（今淞滋河西支毛兴段），扒光了老人们的衣服，对他们拳打脚踢之后，由4名日军提着老人的四肢，将老人一个个扔进了滔滔的北河里。其中谢婆婆是日军用刺刀捅向阴部后扔进北河的。除龚伦礼、彭婆婆和齐婆婆3位老人游到北河下游上岸外，其他9位老人都惨死在寒冷的河水里。也就是在这一天，日军从建武村抓来27岁的青年农民黄道松，发现他身长个大，腰间又系有一条皮带，怀疑他是中央军，黄向翻译百般解释，日军根本不听。突然日军小队长发出几阵狞笑，双手一挥地嚎叫："将他绑在树上剥皮"，话音刚落，立刻跳出两个手持尖刀的日军，猛地从黄的头顶沿鼻梁划开，随着一声惨叫，鲜血迸射，把两名日军染成了血人……剥到胸部，黄的眼珠，还在愤怒地瞪视着日军，其惨状目不忍睹。在疯狂屠杀村民的同时，日军又在同庆湖以南的清河村放起了大火，从毛家村到清河村尽头，沿线3个村的民房长达1.5公里，大火足足烧了3天3夜才熄灭。在原余家台乡新码头河沿的矶头上，日军将西洲东沿抓获的20名妇孺老幼（最大的81岁，最小的仅9岁），用尖刀戳穿饭食骨，再用铁丝串连起来推入急流淹死，并将这一杀人方法叫"下汤圆"。在余家台电排站南侧（即老修配厂）的河堤上，共兴村刘清雨的父亲刘后坤惨遭日军活活剖腹，在树上叫喊两天致死，五脏六腑拖满一地，亲属3天不敢收尸。共兴村龚光托的前妻，东福村肖廷福的母亲都惨死在敌机的扫射之下。在西洲垸惨案中，日军共屠杀了无辜村民230多人[1]。

茶陵县芫上惨案：1944年秋，日军在茶陵制造了"芫上惨案"。1944年8月29日，一部日军到茶陵城郊芫上的龙家湖等地，见人就杀。除当场杀害者外，余均被用长绳吊绑，分别集中到3口水塘及一河坳处和一沙滩上，或抛入塘、河淹死，或用刺刀捅死，或用枪击毙，5天内杀害897人，其中47户被杀绝。后来，这几个地方被称为"血泪塘"、"血泪坳"、"血泪滩"[2]。

祁阳县大冲惨案：1944年9月29日，驻扎在祁阳东兴寺的日军30余人，开入天马大冲，一到老屋院，即用机枪进行扫射。进村后，即抢劫财物，然后放火烧屋。紧接着冲到横湾和富山院纵火，将相连两个村的房屋全部烧光。10月1日，日军开进易塘湾，将一个住在祠堂里年已80多岁的孤寡老人，关进房

① 中共澧县县委党史联络组、中共澧县县委党史资料征集办公室编：《喋血救亡录——纪念抗日战争胜利六十周年》，中共党史出版社2005年版。
② 萧栋梁、余应彬：《湖南抗日战争史》，湖南教育出版社1995年版，第334页。

屋，四周点火，活活烧死。在陈家冲抓住 60 多岁的谢祖风，把他捆在门板上拖到陈家冲庄屋，放在堆积的柴草上，将他活活烧死。并将他的嫂嫂打死于沟里。在横湾纵火烧屋时，8 旬老人谢如山向日军哀求，莫烧村庄，遭杀害。在毛塘，日军抓住陈运发 80 多岁的母亲，用竹耙子打死；陈的老婆逃跑出门，被一枪击毙；陈的两岁小孩，伏在母亲尸体上大哭，被日军用刺刀从肛门戳进去，顶在枪尖上戏耍。躲在屋里的陈运发，痛不欲生，即夺门而出，抢救小孩，被砍死。半小时内，一家三代，全遭杀害。在茅塘，日军将 17 岁的陈柴兜和同村的陈景惠、陈石来、外地的黄昌芝，同绑在一棵树上，用柴火活活烧死。在夹泥岭，杀绝两家。一是廖知木匠，当日军来时，逃走不及，全家躲在夹泥岭树林内，被日军发现，一家 5 口，全部被杀。另一家是廖剑宝，也是全家躲在一起，被日军发现，妻子、儿子全被杀害，自己被抓走，以后杳无音信。日军在大冲烧杀了六七天。据幸存者回忆，这一次灭绝人性的大烧杀，共有 100 多名无辜平民遇难，烧屋 120 多间，使 250 多人无家可归①。

东安县大庙口惨案：1944 年 9 月，日军侵入东安县大庙口。在这里，他们疯狂地烧、杀、抢、掠，犯下了滔天罪行。10 月某日，日军到石丰村打掳。村民闻讯后，纷纷逃往深山。陈声恢走在最后，被日军发现。日军瞄准陈的背后开了一枪，陈应声倒地。日军进村后，见门就砸，见鸡就抓，见猪就杀。离村时，日军放起一把大火，不到两个小时，该村 50 多座房屋变成一片废墟。10 月 7 日下午，日军在大庙口街上抓来村民张贤福等 20 多人，将他们绑在陈家祠堂边和桥头进行集体枪杀。随后又放火烧毁了 10 多栋民房。10 月 8 日，日军窜至新塘村，要李显明为他们挑担。李系一名教书先生，因挑不起重担子而被刺刀戳死。日军还枪杀了村民黄先俊的儿媳妇，末了将黄重远等人的 15 座房屋烧毁。10 月 9 日，30 多名日军到湾里村，先是杀猪宰牛，抢夺财物，临走时放火烧毁了 50 多户村民的住房和柴屋。日军还使用细菌来残害村民。一天，机木岭村民彭满狗在路边捡回日军丢下的几件衣裤，不到两天，全家五口人相继患病死去。邻居去祭奠、送葬和抬柩的，也都染上同样的病，并很快死了。仅彭家院子 30 多户人家，有 10 多户惨遭死绝的厄运。据不完全统计，日军在大庙口及其附近共杀死村民 500 多人，打伤村民 70 多人，抓走村民 320 多人；烧毁村庄 5 个，房屋 130 多座，烧毁粮食 130 多万公斤；杀死耕牛 150 多头；掳走财产不知其数②。

---

① 湖南省政协文史资料研究委员会：《最悲惨的年代——日军侵湘暴行实录》，岳麓书社 1997 年版，第 417 页。

② 中共零陵地委党史办：《潇湘抗日烽火》，1995 年 7 月印行，第 31 页。

道县万家庄惨案和楼田惨案： 1944 年 9 月，日军入侵道县后，天天下农村打掳，烧杀掳掠无所不为。9 月 18 日，日军窜入道县万家庄村，疯狂地执行"三光"政策。村民张佑成、张泥成、张统成、张西仔等人面对日军的暴行，实在忍无可忍，他们盯住 4 个来打掳的日军，出其不意地打死了两个。有一名日军边喊边跑，张泥成纵步上前，手提马刀，用尽平生气力，朝其头劈去，又砍死了一名日军。最后一名日军见张泥成等人来势很猛，惊慌失措，只好夹着尾巴逃回营部住地五洲村。日军从甘蔗铺调来一个营的兵力，将万家庄村围得个水泄不通，把来不及躲避被抓住的 34 人，用绳索一个接一个紧紧捆住，关在一口大仓里，水米不给。19 日上午，日军用棉絮和湿布将每人的口和鼻子塞住，押到村后山红薯窖边，然后用枪托一个一个地打下五口窖里，只有张会开死里逃生，其余 33 人全部死亡。10 月 18 日，日军又窜入万家庄村，他们围着村架上机枪，不分白天黑夜对准村里扫射，很多男女老幼惨死在日军的枪口下。18 日上午约 10 点钟，日军把村里屋前屋后的柴草堆放在每座房屋内，放火烧屋，整个万家庄村陷入火海之中。日军这次烧毁民房 90 余间，杀死村民 75 人，烧毁和抢走的粮食、财物、牲畜不计其数①。

楼田村，位于山峦重叠的道县豸岭脚下，豸岭的半腰有一个岩洞叫黑岩，岩洞内斜坡共 5 层，约 2500 平方米。因洞口狭小，又掩映在青枝绿叶之间，难以被人发现。因此，历史上兵荒马乱时，附近各村群众常到这里来避难。12 月 15 日，楼田村及附近村的群众，听到日军打掳到了月岩，便都到黑岩躲避，不到两个小时，岩洞内就挤满了 1100 余人。岩洞虽然较宽敞，但躲难的人太多，空气稀薄，窒息得使人连呼吸也极感困难。17 日早晨，楼田村 8 岁的周德胜和义层村 8 岁的何金祥闷得实在受不住了，就爬出岩洞，走到楼田村边时，被 3 名日军发现了。两个小孩吓得面如土色，拼命地往回跑，这样黑岩被日军发现了。日军先用枪把守岩口，尔后，从附近村庄抓来大批人，强迫他们把各村所有的柴、稻草及能燃烧的东西都挑到洞口来。同时，还挑来数担干辣椒，撒在堆在洞口的柴草上，还在柴草撒上毒药。上午 10 点钟左右，日军在洞口点火，并往洞内煽风。楼田惨案就这样开始了。日军离开洞口后，死里逃生的周民璜和周民利从被烧死和熏死的同胞的尸体上往外爬，忍受着难似忍受的灼热和痛苦，终于爬出了洞口。在他俩的带领下，躲在附近川岩避难的 20 多人一起下山，营救洞内的难友。到 18 日清晨，从黑岩洞内救出 680 余名难友。洞内被烧

① 湖南省政协文史资料研究委员会：《最悲惨的年代——日军侵湘暴行实录》，岳麓书社 1997 年版，第 437 页。

死和熏死的人，惨不忍睹。楼田村李井花左手抓着竹篮右手抱着自己一岁半的孩子而死，周志信全家7口人都惨死在洞内。更惨的是全家五六人死时紧紧地抱在一起……这次惨案在黑岩洞内被烧死和熏死的有568多人，其中有名可查的就有420余人。此外日军还在楼田村奸污妇女47人，其中有13人被奸污后自缢而死；抢走耕牛10多头，牲猪40多头，鸡、鸭300多只；捣毁民房10多座，抓走民夫13人①。

岳阳县烟家塘与米家庄惨案：1944年10月，日军四渡新墙河进犯岳阳，金沙乡人民乘黑夜将日军在该地米家庄与齐家门两处临时修筑的公路和在小港所架的便桥破坏，翻毁日军车4辆，日军死伤5人。日军为了报复，先后在附近的烟家塘与米家庄等处围捕居民167名，分别牵至烟家塘后坡与米家庄等地加以屠杀。在烟家塘后坡被杀害的农民，都是用绳索绑在树上，然后用刺刀贯穿胸部，并且故意不再补刀，让被害者慢慢痛死。青年农民将绳索挣断，侥幸得以虎口逃生。所有被刺身而死的人，由于痛苦不堪，有的两脚在地上踢了一个坑，有的反过头将大树咬掉半边，有的死后弯着腰，像一张弓挂在树上，令人惨不忍睹。日军杀小孩则以刺刀捅其肛门，而后举过头顶，任孩子惨叫。这次惨案，在烟家塘等处共有84人遇害，7户被杀绝；在米家庄等处有80人左右被杀害②。

此外，日军还在临湘新市、宁乡芳储乡、望城、长沙的鸭子铺、洞井、岳麓山、东岸乡和常德、韶山、株洲三门镇、醴陵北乡、祁阳城关镇、湘潭姜畲、湘乡洙津渡狗头坝、常宁烟洲、邵阳的大坡岭等地制造了20多起百人大惨案。

(3) 日军屠杀100人以下的惨案

日军在湖南制造的百人以下十人以上的大惨案多达85起以上，有详细资料可查的主要有：

长沙县座寺岭惨案和柏山赵屋湾惨案：1941年8月，日军入侵长沙县。在座寺岭上，日军杀害了40多名被俘的国民党军官兵③，有的被刺刀捅死，有的被指挥刀砍死，有的被盖在扮禾桶里用稻草活活烧死，然后日军将这些尸体匀

---

① 湖南省政协文史资料研究委员会：《最悲惨的年代——日军侵湘暴行实录》，岳麓书社1997年版，第436页。

② 湖南省政协文史资料研究委员会：《最悲惨的年代——日军侵湘暴行实录》，岳麓书社1997年版，第28页。

③ 湖南省政协文史资料研究委员会：《最悲惨的年代——日军侵湘暴行实录》，岳麓书社1997年版，第284页。

匆掩埋就走了。这些惨状都被躲在山里的逃难者看见了，1958年，村民种黄花菜时，几十具尸骨才被挖掘出来。

同月，日军入侵长沙县柏山赵屋湾。一番烧、杀、淫、掠后，日军抓来11名男子①，先是强令搬运抢来的东西，然后令他们集中一排跪在禾场坪里，一群日军持枪上刺刀围观，一名日军持菜刀从排头砍起，头几个人三四刀才被砍死，砍到后面，菜刀缺口了，砍不进去了，疯狂的日军就猛砍头部、颈部、肩部，被杀者满身流血，杀人者也遍身鲜血。有几个未死者，倒地乱滚，在血泊中挣扎，真是惨不忍睹。围观的日军却狞笑阵阵，以此为乐。赵作斌等2人拼命爬进屋内才死去。最后两个，一个当屠刀即将临近时，奋起直奔水塘，由水底直摸到对面岸边树、竹丛中躲藏，虽然日军乱枪对塘中射击，但均未击中，幸免于难，另一个还未到塘边即被枪击而死去。

华容县禹山惨案：1943年4月初，日军占领了华容禹山，强征沿山百姓构筑工事，被抓上山去的"苦力"，做工稍有懈怠，都要遭受一种酷刑，就是把人绑在一口铁钟上，钟内烧起炭火，绑在钟上的人被烤得四肢弹跳，油脂、血水淌流，日军则拍手起舞，狞笑若狂。死于这种酷刑之下的有东湖村万庭瑞、尹国元、白鹿村李篾匠、松树村钟应典、黄春桃、蓼兰村高超群、周绍安、禹山村朱福二等10多人②。

澧县澧南垸惨案：1943年12月3日下午2时，日军12人在澧县任家洲（今澧阳镇范围内），以一日军失踪为由，在巴茅山抓了60余人，押到任家清的禾场上，强迫他们跪成一个圆圈，逼迫交出杀死日军的人。日军拖出村民任泽墨跪在圆圈中间，一顿毒打，逼他交代，任泽墨说："昨晚有人在这里，是张典范的船渡过河的。"当时张典范不在场，日军就抓出其女婿任长贤，拳打脚踢，棒打岩砸，整整打了两个小时。任长贤四肢被打断，已经奄奄一息，两名日军各拖其一条腿，拖到任祖斌家前的大柳树下，开枪将他打死，还刺了三刀。这次，全村被日军杀害的共13人，杀伤1人。同日，日本鬼子在澧水伍家洼架设木质立柱桥，窜入澧南垸回龙村境，杀死文丰凯、向多美、胡振瑞、胡松美、胡振和、胡日杨6人。栗木村唐泽彪和大堰村徐学弟被日军绑在两根棕树上，日军用点燃的烟头在他俩身上到处烧，借以取乐。当日军进屋去烤火时，唐泽

---

① 湖南省政协文史资料研究委员会：《最悲惨的年代——日军侵湘暴行实录》，岳麓书社1997年版，第284页。

② 湖南省政协文史资料研究委员会：《最悲惨的年代——日军侵湘暴行实录》，岳麓书社1997年版，第53页。

彪逃走，日军发现后先割徐学弟耳朵，再挖眼睛、割舌头，然后用刺刀从徐小腹刺到胸窝至其死亡。据不完全统计，日寇在澧南垸共杀死无辜群众86人①。

长沙市雨花亭狮子塘惨案：1944年6月19日，日军攻陷长沙城，奸杀掳掠，无所不用其极。据长沙市郊雨花亭乡退休干部彭四爹回忆：仅雨花亭狮子塘一次日军就将100多名民夫赶往塘中活活淹死，有几个会泅水的拼命挣扎着往岸上爬，被残暴的日军用枪托打得血肉模糊，无一生还②。在高温酷暑之下，浸泡在水中的百来具尸体很快变质腐烂，几里之外都可闻到腥臭的气味。

湘潭县石潭血案：1944年6月25日，40多名日军到石潭掳掠烧杀后，其中4人被游击队员周桂林引进1个木工厂后被杀死。日军随即调来大批人马将石潭团团围住，抓来群众20余人进行严刑拷打，勒令交出游击队员。日军见被抓群众中无一人招供，即将他们捆在一起，一个一个地用刺刀慢慢捅死；随后又将石潭后山附近20多个青壮年农民捆绑来，也用刺刀慢慢捅死，肢解的被害者的心脏、肠肚、手脚、脑浆遍地皆是。在这次惨案中，日军共杀害无辜群众40多人，还烧了2栋房子③。

沅江县华丰垸惨案和南大膳惨案：1944年6月26日，日军一个中队窜入沅江县华丰垸打掳。日军一进村子，见财就抢，见屋就烧，见人就杀，见妇人就强奸，一时烟火冲天，叫骂声、哭喊声连成一片。仅半天时间，日军就烧毁房子88栋，杀死群众92人，强奸妇女21人④。日军将农民彭庆云绑在屋柱上，周围堆放柴草，将其活活烧死。农民宋喜禄的妻子抱着小孩躲在禾田里，因孩子啼哭，被4名日军发现拖进屋轮奸，朱妻反抗，被乱刀戳死。日军又放火烧屋，朱喜禄从草丛中出来救火，被日军砍死在血泊中，其孩子也被烟呛死，这一家便被杀绝了。同日，日军压迫民夫将抢掳来的财物挑到沅江南大膳后，当晚将36个民夫分批押到木架坪河边木排上，用刺刀捅死，抛入河中。一王姓青年反抗，被连捅8刀惨死⑤。

衡东县东塘惨案：1944年7月20日上午，一队过境日军在衡东白马堰、大泥塘奸淫掳掠。一名日军在东塘村强奸一少女时被其父亲和叔父举锄打死。当天下午，驻扎在大泥塘村的日军倾巢出动，向东塘冲扑去，一路上见人就抓，

① 中共澧县县委党史联络组、中共澧县县委党史资料征集办公室编：《喋血救亡录——纪念抗日战争胜利六十周年》，中共党史出版社2005年版，第44页。

② 中共湖南省委党史委编：《三湘抗日纪实》，湖南师范大学出版社1995年版，第28页。

③ 萧栋梁、余应彬：《湖南抗日战争史》，湖南教育出版社1995年版，第333页。

④ 萧栋梁、余应彬：《湖南抗日战争史》，湖南教育出版社1995年版，第333页。

⑤ 萧栋梁、余应彬：《湖南抗日战争史》，湖南教育出版社1995年版，第333页。

抓住就乱砍滥杀。长岭冲50多岁的陈崇康，重病在床，爬都爬不动，日军把他从床上拖下来，拖到屋角上的水井边，一阵乱刀戳死在水井里。李四湾70多岁的周先家老人，走不动，只好躲在菜园里，被日军抓住，当场用乱刀砍死在菜园门口；周家湾60多岁的老人周秀春被日军抓住后，连打带拖，拖到当地居民洪某家里，把衣服扒光，用两块门板夹住，一端站一个日军用劲踩，然后放火烧了洪某的房子，可怜周秀春老人被烧成一团黑炭。许家冲的宋伯连，东塘湾的陈运余，蒋家塘的谢茂粒，这些人都是被乱刀戳死的，一个下午就有6个无辜百姓死于非命。但是，日军仍嫌不过瘾，第二天一清早再施淫威。首先抓住东塘冲陈少来，要他带路去找日军死尸，不找就用刺刀背砍。鬼子一边找尸一边抓人。一个早上日军抓住老老少少21人；有的是父子两人被掳来了，有的是祖孙三代被同时抓住。后来鬼子在洪家屋后的山圮里挖出了死尸，于是杀人的手段更为残忍。日军首先把陈少来用刺刀乱砍乱戳，然后将其推入死尸坑内，接着将抓来的当地村民一个个地用长刀砍，用刺刀戳。这抓来的21人，除了途中逃走两个和被强迫为日本兵磨刀的周日爱乘机逃脱外，其余18人全部遭了毒手，其凄惨之状真令人发指。据当年躲在洪家对面山上的目击者回忆，日本侵略军杀人手段之残忍，实属古今中外所罕见。鬼子们抓住一个中国百姓砍一两刀，朝身上戳几个窟窿，让他半死半活在地上痛得乱滚乱叫；再抓第二个，照样又是戳个半死；然后挨个这样砍成半死，让受难者要死不断气，痛得呼天叫地，乱滚乱抓。在一个大约一亩面积的山圮里，茅柴、杂草都被遇难者抓光，地皮也被抓烂。有的人手指头抓断，有的人身上、脚上一块块皮肉擦掉了，鲜血染红了整个山圮，顺着山沟往下流，一条一里多长的山沟满沟是血。7月22日一大早，日军再一次肆虐，他们跑到东塘冲一带来放火。首先从藕塘村朱芳英家放起，沿洋塘圮、黄泥冲、仙人冲、蒋家冲、泥塘冲、周家湾、邹家屋场、李泗屋场，到罗家屋场一连10个小村落，延绵二三公里，浓烟蔽日，火光冲天，先后烧了18栋大小235间房子，烧得寸草不留，使48户、200多人无家可归。在这次惨案中共有24个当地村民被日军杀害①。这个地方的劫后幸存者，回忆起当年的惨状来，至今仍然不寒而栗。

祁东县洪桥惨案：洪桥是祁东一集镇。1944年9月2日，日军侵入祁东洪桥，此后日军经常到附近地区打掳，进行烧、杀、抢、掠。有一天，日军到柞陂町张家大屋打掳，抢走7担白布，放在禾坪上。到这个村躲兵的刘家宽趁其

---

① 萧栋梁、余应彬：《湖南抗日战争史》，湖南教育出版社1995年版，第333页。

不防，从中挑出了一担。下午日军回到洪桥发现少了一担，第二天派兵围攻张家大屋，放火烧了两排横屋，共计7户。他们抓住张老四，用稻草把人围着活活烧死。第三天刘家宽在台山庵岭上摘辣椒，被日军枪杀。黄泥塘彭焕文、江家新屋江殿高两人，在虎形山被日军抓到，送到谭家岭日军司令部，日军用香火将他俩全身烧得糜烂。鸣鹿桥陈法舜，说了几句有关日军的话，被日军抓到洪桥谭家岭司令部，剁成4块，切去脑袋。他家里派人收尸，只在阴沟里找到了一个脑袋带回去。洪桥上正街周安力的儿子周邦金从过水坪买盐回来，横过铁路，在石家冲被日军枪杀。上游街周兆友被日军抓去当挑夫，转回时，在破木冲被枪杀。武圣街周联俊两个儿子被日军枪杀在东至口。益城村椿树塘江殿富14岁的儿子和江国柱15岁的孙子，手提腰篮，叫卖香烟，路过彭家花屋，往里看了一眼，日军就说他俩是"探子"，将其抓到南山弯岭上，叫他们自己挖坑活埋，迫其倒立坑中，把土填到肚脐边，名曰"栽葱"。10月下旬，日军用铁路便车从外地运来20人，押到南山弯铁路边，要他们自己挖两排三尺深的坑，然后将他们活埋。金兰桥六乙亭6个20来岁的青年人，也被日军活埋了。

双牌县罗家岭惨案：1944年9月12日，一队日军约30余人侵入双牌县城，见双牌全街无一人在家，首先就放火烧屋，共烧毁房屋20多座，随后就带着军犬在罗家岭山下到处搜人搜财物。日军见在山下一无所获，便遥望罗家岭上，发现有炊烟数起，3名日军立即上了罗家岭。村民郭立和宋稀玉，见日军肆无忌惮，烧杀抢掠，早已恨之入骨，这时见日军上山人少，便尾随而去。3名日军一进入村民胡才绍家里，就翻箱倒柜搜刮财物。郭立潜身窗外，用枪打死一名日军。余下两名日军，惊窜下山。为了报复，日军于14日清晨偷偷来到山上，将罗家岭四面合围，焚屋烧山，见人就抓，见物就抢，到处搜山。这时在罗家岭北面垒里避难的毛来元一家，他的妻子和怀孕快生的长女，因照顾家小，躲避不及，当场被抓。毛来元一个6岁的小孩，见母亲和姐姐被捆绑，伤心地从草丛中哭着跑出来，日军见草丛中跑出小孩，立即进行搜索。于是，将毛来元的次女和一个已怀孕的外甥女一并搜出。当天被抓获的还有唐妹子、鲁桂元、伍聋子、唐冬阳和唐毅然的两个儿子，连同在富家桥抓来的两个挑夫，总共13人①，日军将他们全部用棕绳捆绑，牵至鹅公斋松林内，进行惨无人道的残害。他们首先将被抓的男人，剥光衣裤，捆绑在树上，其中将伍聋子、唐冬阳两人倒捆着，用刺刀戳着取乐。待这些男人们声尽气绝以后，再将女的衣服剥光，

---

① 湖南省政协文史资料研究委员会：《最悲惨的年代——日军侵湘暴行实录》，岳麓书社1997年版，第439页。

任意糟蹋，发泄兽欲。然后再将她们捆在树上，剖腹枪杀。据躲藏在周围幸免于难的群众说：当时现场哭嚎惨叫之声长达数小时，其情其境，异常悲惨。

邵阳县板桥惨案： 1944 年 9 月 16 日深夜，日军铁蹄践踏到邵阳县板桥。当晚，日军 100 多人对板桥村进行了惨无人道的奸淫掳掠，抓走村民 100 多人，奸污妇女数十人，杀害 5 人。周玉普的妻子当时正怀孕拖着 3 个女儿惊慌逃走，被迫到邵水河边，眼看就要被抓住，她不甘受辱，只好带着 3 个女儿投河自尽，日军还向水中连开数枪，才掉头而去。被抓的 100 多人每人被捆住一只手连在一起，关在朱主兹的院子里。当时年纪最大的 72 岁，最小的只有 17 岁。白天日军强迫他们干捞鱼捉猪、割草喂马、挑水劈柴等苦活，稍有不如意就拳打脚踢。晚上数十人被关在一间房子里不准说话。9 月 18 日晚上，日军撤退前夕，在被抓的 100 多群众中先挑选出年轻力壮的为他们挑行李、扛抬枪炮，剩下的 23 名年老体弱无辜百姓，每两人绑在一起，被日军用刺刀活活捅死在朱主兹院子门口的路边田里①。

东安县芦洪市劫难： 芦洪市是东安县第二大集镇。1944 年 9 月 16 日夜，日军窜进芦洪市，逢人就杀，见物就抢。他们看到街上的居民都逃跑光了，便恼羞成怒，将芦洪市街上的房屋浇上煤油，四处纵火。顷刻之间，10 公里以外的地方都能看到冲天的火焰。茅铺街 70 多岁的老人唐仁旺拼命跑回家去抢救自家的财物，刚刚走近家门就被日军抓住，活活打死，丢进河里。过后，芦洪市的主要街坊全部变成一片瓦砾，一切财物统统化为灰烬，致使 290 户 1100 多人无家可归，流离失所。日军还强奸妇女，枪杀无辜居民。大街头上市民谢庚申正在追赶自家外出的肥猪时，被日军当做活"靶子"打死。大街头上的吕大毛夫妇被日军追赶，丢下一个 3 岁的女孩。这个女孩被日军捉住挑在刺刀上，尖叫尖喊了很久才断气。日军一个小队驻扎狮子岭以后，除了经常向"维持会"勒索食物和钱财以外，还不断地外出打掳，鱼肉人民。竹冲村农民唐宣元到芦洪市买东西，被日军抓住；日军硬说他是"山老鼠"（日军对自卫队的篾称，下同），把他的手脚捆绑在两根大竹竿上，嘴里塞满破布，抬到小街戏台下面，由一帮日军轮番刺杀。一名日军用刺刀戳进唐的肋骨里用手拔不出来，就用脚猛踩唐的胸部，拔出刺刀，还砍下唐的脑袋。五星塘农民宋孟民到芦洪市买菜，因他穿着一件旧黄衣而招来杀身之祸。日军抓住他，诬他是"山老鼠"的"探子"，用刺刀逼着走到南应小学门前的田里，挖坑将其活埋了。王恩武的铺屋被

---

① 湖南省政协文史资料研究委员会：《最悲惨的年代——日军侵湘暴行实录》，岳麓书社 1997 年版，第 449 页。

烧光以后，为了糊口，搭了个棚子卖米粉；两名日军来吃米粉，不但不给钱，还要强奸其妻蔡九莲；王忍无可忍，愤起反抗，被日军用枪托打昏在地，蔡也被糟蹋了。日军不仅在芦洪市据点附近随便抓人、杀人和强奸掳掠，而且不断外出到伍家桥、鹿马桥、沙子铺、杨梓洞等地进行奸淫烧杀，搞得当地老百姓家破人亡，鸡犬不宁。据不完全统计，芦洪市周围一带，在一年多的时间内先后被日军杀死打死42人，打伤打残253人，抓夫96人（其中21人下落不明），强奸妇女30余人①。

邵阳县面铺乡惨案和五峰铺罗城惨案： 1944年9月20日，一支日军踏入邵阳市郊面铺乡一带，在面铺乡白马岭一带（现面铺乡和平村七组），日军抓住40余名民夫，为其担运抢掠来的物资。9月22日，除已逃跑几个外，剩下的32名民夫在担运完日军的物资之后，便被日军集体赶赴白马岭半山腰进行屠杀。据幸存者祝云峰事后回忆：当天，日军把祝云峰、贵老五、马八爷、庚把式、乔大汉等32名民伕捆住双手，像牵牛一样从村里押至白马岭山腰的一个小空坪里，说是要就地休息。然后，日军每次叫走两人，说是到上面一个地方去执行搬运任务，但每次去执行任务的人都有去无回。其实，日军是每次押解两人去上边屠杀，其手段十分残忍，将两人押上去后，便把他们紧紧绑在树上，然后用刺刀刺死，每刺死一人，便将沾满鲜血的手和刺刀伸入一只水桶中清洗干净，把尸体甩在山沟里。就这样，一连杀死了30人②。当祝云峰与马八爷被押到屠杀现场时，才知道原来被押上来的人都被杀死了，现场早已尸横遍野，惨不忍睹。恰在此时，一架中国飞机俯冲而来，对着山上的日军猛烈扫射。日军在慌乱中杀死了马八爷，祝云峰则趁机跑了出来，从而成为这场屠杀的唯一见证人。

一天晚上，在邵南五峰铺罗城附近的乡村大道上，一队日军开过，数百名民夫替他们挑运军需物资、粮食、肉类、衣服，及背负伤病员，队伍长达1公里。在队伍的中段，忽有民夫不留神，将两箱"子弹"掉落地上，"砰咚"一声响，露了真相，"子弹"箱中装的原来并不是子弹，而是砖头！残暴的日军立即喝令前头的队伍站住，后头的等着，把中段的队伍拦腰截断，有100多名民夫惨遭杀害，尸体被抛入附近水塘中③。据当时目击者陈桥生说："这晚我是

---

① 中共零陵地委党史办：《潇湘抗日烽火》（内部资料），1995年7月，第29页。

② 湖南省政协文史资料研究委员会：《最悲惨的年代——日军侵湘暴行实录》，岳麓书社1997年版，第453页。

③ 湖南省政协文史资料研究委员会：《最悲惨的年代——日军侵湘暴行实录》，岳麓书社1997年版，第443页。

死里逃生，掺在死人堆里，随着跌下水塘里，抓住树根，才逃出命来。现在回想起来，还心惊肉跳，不寒而栗。"①

道县小河边惨案：小河边，位于潇水、茯水汇合处，离道县县城10多公里。1944年9月25日，日军窜入小河边村"打捞"，杀人放火，奸淫掳掠。日军一次就抓走60多名村民。日军白天像牛马一样奴役他们，晚上把他们关在一间阴暗狭窄的小厢房里，通宵直立，且不准外出大小便。一次，日军要村民蒋跃富杀牛给他们吃，蒋跃富只说了一句，"不晓得杀!"一名日军就用锋利的杀牛刀将蒋跃富的头砍了下来。又一次，日军要蒋利锡赤手空拳到深水塘捞活鱼，因没有捞到鱼，就把蒋利锡打得死去活来。日军强迫70多岁的蒋亨松挑70多斤重的担子跟着他们走，老人走不动，被活活折磨而死。日军把一个60岁的老人拖到村附近一个下临深潭的悬崖上，4名日军将老人抬起摔下去，弄得水花四溅，日军哈哈大笑，拍手称快。几分钟后，老人露出水面，日军又用几斤重的石块对准老人的头用力砸去，直到把老人砸死。10月19日，日军再次进入小河边，唐栾昆、唐友益、蒋晶富、蒋花富等人，怎么也按不住心中的仇恨，动手把4名日军杀了，还夺了两支三八枪和一支快慢机。21日，日军往小河边开进了一个连队，一进村就戒严搜查，在小河边附近横直10多里的村庄见人就抓。对被抓的人施以烙铁烙、"乌龟爬沙"、"筒子炒肉"等酷刑。蒋亨柏被反手吊在屋梁上，下面用烈火烧身。他70多岁的母亲也被抓去审讯，因年迈，双脚不能走动，被日军用挂耙活活挖死。尽管日军这么凶残，被抓的人谁也不说是谁杀死日军的，尸体在哪里。于是，日军用绳子捆着村民，将其一个个丢进很深的水沟里，帮他们打捞日军尸体。蒋怀花等几十个人被淹死在深水沟里。之后，日军又将抓来的30多人用绳索紧紧地捆着双手，分别丢进三个垫上干柴和稻草的窖里，然后，往窖里放火，将他们活活烧死。事后，日军离村时还张贴了"大皇军在这里杀死、烧死、淹死支那人共计97人……"②的布告，企图以此震慑群众，却留下了历史的罪证。

邵阳县曾家冲竹山塘惨案：1944年11月18日，夏槐堂亲眼目睹了一股日军在曾家冲竹山塘边残杀7名挑夫的全过程。那天下午4时左右，躲在离竹山塘不远的一间灰屋里的夏槐堂，看见3名日军来到灰屋前面的竹山塘边，指指画画地绕塘观察，随后将一根扦担的两头分别横绑在塘边的蜡树和棕树上。随

---

① 湖南省政协文史资料研究委员会：《最悲惨的年代——日军侵湘暴行实录》，岳麓书社1997年版，第443页。

② 中共零陵地委党史办：《潇湘抗日烽火》（内部资料），1995年7月，第21页。

即，日军每两名抓一个，押来 8 名挑夫，在灰屋前的一棵老槐树下停下。为首的军佐叽里呱啦了几句，两名日军一左一右地架着一位中年大汉向塘边走去。那大汉在路上拼命呼喊"打倒日本帝国主义"的口号，并用力挣扎。这时，又走去两名日军，用毛巾塞住了大汉的嘴，剥去其衣服，蒙住其眼睛把他的两手缠在扦担上，一名日军像猪嚎似的"嗯"一声，猛一刀刺向他的腹部，顿时他鲜血直流，小肠被刺刀带出，痛得他双脚在地上乱蹬，围观的日军则哈哈狂笑。另一名日军又向他腹部的另一边刺一刀，他痛得失去了挣扎的能力，两脚蜷缩，身体悬空，日军左一刀，右一刀地轮流在他的心窝周围刺杀了 30 多刀，最后才向致命处的心窝一刀刺去结束其性命，然后解开缠在扦担上的绳索，让其自然地跌落塘中。日军还不放心，又抓起田里的土块，向他身上砸去，足足折腾了20 多分钟。就这样，夏槐堂老人躲在楼上，亲眼目睹日军惨无人道地残杀了 7个挑夫①。当日军押走第 8 个挑夫赴难时，他见楼前的老槐树下空无一人，又时近黄昏，才从楼上爬下来，跌跌撞撞地往后山逃去。

湘潭县鸭婆垅惨案：1944 年 11 月，驻湘潭泉塘子王家祠堂的日军俘虏了当地 18 名抗日游击队员。日军将他们押到鸭婆垅，强迫其挖坑，然后惨绝人寰地将这 18 人全部活埋掉。

衡阳市翠鸟岩惨案：1944 年冬季，驻扎在衡阳黄茶岭、罗家湾、欧家疃一带的日军经常丢失枪支弹药。据传这些枪支是附近的农民偷去卖给了游击队。日军非常恼怒，一下抓了 18 个被他们认为是偷枪的人，不容他们分辩，在一个风雪交加的夜晚，将 18 人押至翠鸟岩一个小荒塘边，一名日军军官抽出指挥刀，将 18 人一个个砍头，然后将尸体扔到荒塘里②。最后一个被砍的当时只有十五六岁，小名"泥啄子"，大概是杀人的日军官因已连续杀了 17 人，精疲力竭，刀口也钝了，结果只砍断了"泥啄子"的颈骨，喉管和气管未被砍断，"泥啄子"才得以生还，成为 18 个受害人中的唯一幸存者。

嘉禾县惨案：1945 年 1 月 17 日，日军由零陵、道县侵犯嘉禾，流窜广发、贵贤（今普满）等 7 乡。日军所到之处，奸淫掳掠烧杀，无所不为。1 月 18日，日军一支先头部队数百人驻扎于干背塘，村民雷六喜的父亲被日军杀死于猪栏内；雷栋材的父亲被日军杀伤后又被推入粪坑淹死；雷满仔的母亲因用手

① 湖南省政协文史资料研究委员会：《最悲惨的年代——日军侵湘暴行实录》，岳麓书社 1997 年版，第452 页。
② 湖南省政协文史资料研究委员会：《最悲惨的年代——日军侵湘暴行实录》，岳麓书社 1997 年版，第363 页。

指点咒骂了日军，被砍成 8 块，用谷箩罩在地上；还有一位老年妇女因捡被日军丢弃的猪肉、牛肉，被日军砍成 4 块，分挂村旁 4 棵树上；车业村一个叫雷一志的村民被日军杀死后烧成灰烬；60 多岁的雷美美被日军缚住双脚倒拖一里多山路，活活拖死；有的被日军关在花轿内用柴火烧死，还有的被日军用绳索捆住手脚吊在树上荡秋千般吊死。据统计，此次日军入侵，全县共有 79 人被杀，263 人受伤，被烧毁、掳掠的财物达 440 亿元（法币）[①]。贵贤乡的干背塘、曾家、车业村受害最为惨重。

郴县栗背村惨案：1945 年 2 月 10 日，日军的铁蹄踏进了郴县栗背村。日军一进村，首先就把在场的男人捆了，然后就烧、杀、奸淫妇女，为所欲为，闹得村里昏天黑地，满目狼藉。由于栗背的男子不愿给日军当挑夫，日军恼羞成怒。眼看日军就要行凶了，被捆绑的男子们一声怒吼，四散奔逃，日军紧紧追赶，在村东头一棵古樟树下，邵儒皆被日军追上，连捅 9 刀致死。70 多岁的邵本振被日军砍了 7 刀，当即死在古樟树下的沟里，邵继作逃到冯家，被日军追上乱刀戳死。杀红了眼的日军像恶狼一样，在栗背满村乱窜，谁要碰上他们谁就遭殃。妇女冯姣德抱着小孩出屋逃命，日军将她母子两人踢翻在门前的水塘里淹死。邵志胜的母亲在家分娩不久，日军残忍地将刚刚出世的婴儿从其母亲怀里夺过，扔到猪栏里喂了猪，母亲上前抢救，被日军挥刀砍烂鼻子，流血不止而死。邵普太卧病在床，日军将他拳打脚踢，活活打死。邵保林被日军毒打得头肿如斗，口喷鲜血，含恨而亡。还有邵细丙、邵振佑、李玉钗等因遭日军毒打，重伤致残，不治而死。就是帮他们当挑夫的人也不能幸免，邵才得挑东西到达资兴县湾门陈家，日军嫌他不卖力，将他毒打一顿后，又用刺刀戳他的头，挑他的肩，捅他的肚子，踢他的腿脚，直到折磨致死……仅这一次，就有 15 人丧生在日军的屠刀下，其中包括梦想投靠日军的邵荫棠也被日军吊死了，有 7 户人家在这次浩劫中灭了灶头。

零陵县凡家岭惨案：1945 年 5 月 18 日，两名日军窜到零陵凡家岭打掳被村民击毙。次日凌晨 4 时，日军包围凡家岭，分几路进村抓捕村民。惊醒后来不及穿好衣服的村民只跑出几步即被乌黑的枪口堵了回来。手无寸铁的村民被日军的刺刀逼到村中的晒谷坪集中。日军先将 2 个小孩浇上汽油活活烧死，接着把 4 个未满周岁的小孩抛上空中用刺刀戳死，然后又接连将 20 多个村民割掉舌

① 湖南省政协文史资料研究委员会：《最悲惨的年代——日军侵湘暴行实录》，岳麓书社 1997 年版，第 412 页。

头、烧掉阴毛、戳烂乳房，折磨致死①。日军用刺刀逼问村民张昌乙是谁杀死两个太君，见张怒视不答，便割掉他的舌头，将其刺死。日军又把村民张昌贵、张其才倒悬在树上，用火将其活活烤死。同时，日军又放火烧屋，把村民屋舍全部烧光。

宜章县铁炉泉村和郭家村惨案：1945 年 5 月 19 日，日军第十一军六十八旅团一部 800 余人进犯宜章铁炉泉村和郭家村。铁炉泉村自卫队紧急动员全村群众撤往东、西两座炮楼内坚守，并与日军展开巷战，阻其进村。日军强迫被抓来的挑夫走在前面，蜂拥扑入村内，烧杀掳掠。所有粮食、牲畜、财物被洗劫一空，一些躲在家中的老人、小孩被杀害，临分娩的妇女被轮奸后遭剖腹惨死，全村一片火海。退入炮楼的自卫队员以炮楼为掩护，用土枪土炮还击日军，日军恼羞成怒，将村中所有麦秆、门窗木板、干柴堆放在两炮楼下，浇上汽油，点火焚烧，两炮楼迅速被烈焰吞噬。有的村民经不住熏熬，从炮楼窗口往外跳，遭日军枪击，或被日军以刺刀迎住挑死，两座炮楼里被活活烧死 47 人。与此同时，日军窜入与铁炉泉村邻接的郭家村进行烧、杀抢、掠。此次铁炉泉、郭家村共被日军烧杀致死 68 人，受伤 11 人，掳走粮食 400 多担，抢走牲畜 100 余头，烧毁房屋 20 多栋②。

洞口县桐山祖惨案：1945 年春夏之际，日军侵犯洞口，大肆抓夫，8 个人为一队，用长绳拴成一串，挑担赶路，年龄愈大所挑担子愈重。稍不如意，日军即加以毒打或刺杀。山门镇刘肇堂、刘功德、张起保等，先后被日军活活折磨致死。在桐山祖仓库，日军将 43 名民夫关入其内，然后放火烧仓库，43 人全部被活活烧死。在横溪仙鹤塘，日军逼迫民夫杨相杰、杨相清等 7 人挖好土坑，然后将他们砍为两段投入坑中，日军则在一旁哈哈大笑③。

此外，日军还在汨罗、长沙、浏阳、宁乡、澧县、安乡、汉寿、桃江、沅江、常德、益阳、湘潭、湘乡、株洲、祁阳、祁东、衡阳、衡山、常宁、郴县、资兴、洞口、隆回、耒阳、攸县等地制造了 60 余起百人以下 10 人以上的集体屠杀，至于 5 人以下的集体屠杀和个体杀害则成千上万、遍及全省各地，数十万无辜群众被日军杀死烧死，至于被掳失踪与受战祸拖累而冻死、饿死、病死

① 萧栋梁、余应彬：《湖南抗日战争史》，湖南教育出版社 1995 年版，第 335 页。
② 湖南省政协文史资料研究委员会：《最悲惨的年代——日军侵湘暴行实录》，岳麓书社 1997 年版，第 412 页。
③ 湖南省政协文史资料研究委员会：《最悲惨的年代——日军侵湘暴行实录》，岳麓书社 1997 年版，第 460 页。

和吓死的人，则根本就无法统计。

2. 日军在湖南制造的惨案的特点

日军在湖南所制造的一系列惨案，具有以下两个明显特点：

（1）杀人手段极其残忍

侵湘期间，日军想怎样杀人就怎样杀人，其用来残杀中国军民的手段之疯狂和残忍、野蛮和恶毒，惨绝人寰。据档案资料的记载和知情人、当事人的回忆，日军的杀人方式分集体屠杀和个体杀害两种。杀人手段极其野蛮，除机步枪扫射、刺刀刺杀外，还有活埋、火烧、火烤、水淹、水煮、水烫、油炸、斧劈、砍头、刀剁、石头砸、剥皮、敲脑吸浆、挖眼、割耳、割鼻、剜腮帮肉、割喉、穿肩、穿手、割乳、剜心、掏肝、剖腹、掏肠、断肢、肢解、凌迟、窒息、绞刑、奸杀、戳阴、烧阴、戳肛、火烙、悬吊、毒打、饿死、狗咬、猪吃、吞蛇、"五马分尸"、楠竹分尸、"筒子炒肉"、压杠子、灌辣椒粉、灌凉水、灌开水、灌大粪、毒熏、投放细菌和毒剂弹及轰炸等上百种灭绝人性的酷刑，可以说凡是日军能想象得出的可以用来杀人的一切方法和手段都用上了。"打靶"：日军在各地都有将群众集中打靶者，在双峰甚至有将妇女剥光衣服实行"裸体打靶"者。"活埋"：日军抓了中国民夫、百姓或游击队，往往以挖防空洞为名，令其自掘土坑，再将其捆绑推下去活埋，挣扎者以竹尖或刺刀猛戳，直至死亡。日军用此法在临湘象骨港活埋花贩 120 人，在隆回潮水庙活埋 33 人。"栽葱"：日军在祁东洪桥彭家花屋，将两个未成年人抓到南山弯岭上，叫他们自己挖坑活埋，迫其倒立坑中，把土填到肚脐边，并将这一杀人方法叫"栽葱"。"水淹"：在厂窖大屠杀中，被日军捆绑推入水中淹死者数千名；日军还在茶陵西江村将数十名老弱妇幼用绳子捆绑丢入水塘和河流中淹死。"下汤圆"：在澧县，日军将在西洲抓获的 20 名妇孺老幼的饭食骨用尖刀戳穿，再用铁丝串连起来推入急流淹死，并将这一杀人方法叫"下汤圆"。"水烫"：日军在零陵等地用开水将平民烫死或煮死者 10 人；在湘乡县仁和乡抓住抗日游击队员王子民后将其衣裤剥光，强压伏在门板上，用铁钉钉四肢，再向其肛门内插一竹筒，往里灌开水，将王子民活活烫灼而死。"火烧"：除烧房时大批烧死者外，日军还将抓来的百姓关入房内烧死；在临湘云溪，日军将曾、刘 2 姓 200 多人拴入火中烧死；在湘乡锁石将农民四肢叉开钉在墙上，头上挖洞，置灯芯淋煤油烧死；在常德将奉令破坏机场的100余民工因于密室用汽油烧死。"火烤"：日军在华容禹山，常用一种酷刑虐待苦力，就是把人绑在一口铁钟上，钟内烧起炭火。绑在钟上的人被烤得四肢弹跳，油脂、血水淌流，死于这种酷刑之下的有10多人。"砍头"：厂窖大屠杀中，在玉成垸某外河洲上，日军一次捉住当地居民30余人，全部捆绑在柳树林里，然后用东洋刀将人头逐个砍掉，借以"锻炼"其法西斯兵卒杀人的本领。"刀劈"：厂窖大屠杀中，日军在瓦连堤上将一个20来岁的姑娘倒插在水沟烂泥中，然后扳开双腿，用东洋刀从姑娘的阴部使劲劈下去，将她劈成两块。日军在衡山油麻乡金山村用刺刀把熊氏的脑袋劈成两半。"刀捅"：日军在营田捉住大边山的农民易子勤后，将其按在屠凳上，用一把尖刀从他的喉咙处捅进去，将其杀害。"刀挑"：南县汀合洲一向姓妇女，逃难中带一未满3岁的男孩，不幸被敌抓获。众日军竟将幼儿多次抛向空中，而后用枪刺接杀。"斧劈"：厂窖大屠杀中，日军常用斧头劈被抓的当地居民。"分尸"：祁东洪桥鸣鹿桥陈法舜，被日军剁成4块，切去脑壳。"凌迟"：日军在营田将1名被俘的国民党军连长凌迟碎剐。"剐皮"：日军在湘潭等地抓到游击队员就从鼻梁上划开，刮皮至双肩，再从胸膛剥皮至脚跟；邵阳田市早禾冲至今仍有"剥皮塘"，记下了这笔笔血债。"挖脑"：在道县小河边，日军用挂耙挖一70多岁的妇女的脑壳，将其活活挖死。"挖眼"：在洪山惨案中，日军经常将被抓群众的眼挖出致其死亡。"割鼻"：日军在郴县栗背村用指挥刀将一妇女的鼻子割掉，致使其流血不止而死。"割舌"：日军进占厂窖时，同西村村民汪宏奎已60多岁，耳有点聋，被日军抓获后，因问话不答或答非所问，日军即割去其舌头，并砍掉汪的下颚，致汪惨死。"剜耳"：日军抓住南县东安村村民贾运生后，因贾挣扎欲逃，惨无人道的日军竟用刺刀捅进贾的耳朵，来回剜戳，致其死亡方休；德福村蒋长生落入日军手中后，先被割掉左耳，接着被日军用麻绳从右耳穿进从左耳穿出，再由押解日军牵着前进。"穿肩"：在营田惨案中，日军曾用铁丝穿肩的酷刑将数十个无辜群众穿在一起，日军挽住铁丝两端反复拉扯，致使群众活活流血而亡。"穿掌"：一次，日军在邵东龙塘抓到7个农民，用铁丝穿入手掌，反复拉勒致死。"绳勒"：在南县玉成堤的河洲上，日军用一根10来米长的纤绳套住捉来的30多个船民的脖子，然后日军分成两队，握住纤绳进行"拔河赛"，船民全被活活勒死。"断肢"：在营田，日军将被俘的群众数十人断肢致使其活活流血而亡。"割奶"：日军占领营田后向被俘的军民大施淫威，营田街上一少女被日军剜掉脸上肌肉和乳房，被活活折磨死去。"剖腹"：在长沙金井，日军抓住一孕妇，用指挥刀划破孕妇小腹，毫无人性地把尚未成型的胎儿挑出几丈远，把孕妇活活折磨致死。日军在澧县遇儿坪先轮奸后再用刺刀将刘大妹开肠破肚，然后用稻草堆在她身上，把她烧成灰烬。"取胆汁"：厂窖大屠杀中，两个难民被绑在一棵大树上，然后被日军用刀劈开肚子，取出胆囊，用小瓶汲其胆汁。"剜心"：厂窖大屠杀中，日军用刀子将一难民的心剜出作下酒菜。"掏肝"：日军在新化洋溪将邹艾仁剖腹掏肝。"掏肠"：日军在澧县董家厂捉到一个妇女，轮奸后再用一钩子从阴道将肠子钩出，缠在腿上，将其残酷摧残致死。"戳肛"：祁阳大冲一两岁小孩被日军用刺刀从肛门戳进去而亡。日军在临湘小沅村残酷地以用削尖的竹子从肛门戳入腹部的酷刑捅死 7 个被抓的群众。"戳阴"：日军在新墙河先轮奸了羊永发的妻子和两个媳妇、三个女儿，再用刺刀戳入她们的阴部，将她们活活戳死。在厂窖，一位 70 多岁的老婆婆，被日军用刺刀从阴道刺到小腹，使其致死。澧县甘溪镇古堰村妇女傅某被日军以竹棒插入阴部致死。"烧阴"：溆浦高坪一 50 多岁的老太婆被日军用干竹篾片点着火烧烤其阴部致死。"奸杀"：日军在澧县分水村马头壳屋场抓住黄大炳 12 岁的女儿轮奸致其惨死；日军在宁乡高露乡将一新婚妇女轮奸致死。溆浦高坪毛家庵堂一位 84 岁的老太婆，被日军奸污致死。小沅村孕妇刘桂保，被日军轮奸致死。"摔死"：日军在新墙河将睡在摇篮里的两个婴儿提起来，活活摔死在地上。"窒息"：日军在桂阳清和圩，用木桶罩住一 3 岁的幼女，使其窒息而死。"毒打"：溆浦东升岩桥边的吴大作的妻子，被日军用枪托活活打死在洞内。"悬吊"：日军在嘉禾用绳索捆住难民手脚吊在树上，将其荡秋千般吊死。"狗咬"：日军常将凶猛异常的军犬放出，猛扑被绑百姓或受伤中国官兵，撕咬得血肉模糊，肝肠迸裂。"猪吃"：日军在郴县栗背村残忍地将一刚刚出世的婴儿从其母亲怀里夺过，扔到猪栏里喂了猪。"楠竹分尸"：日军在新化县洋溪将一民夫反手连脚绑成木鱼形，把楠竹弯下来，将人绑于两根楠竹竹梢上，再把楠竹放手弹开，让楠竹将人撕扯致死分尸。"吞蛇"：新墙河麻塘乡章家大屋章某被日军逼令活活吞食一条四脚毒蛇，顷刻毒发，全身肿胀而死。"毒剂弹"：在青山惨案中，一些老人、妇女和儿童躲在周家嘴一个人工挖凿的小洞中，不幸被日军发现后用棉絮、门板、泥土三层堵住洞口，然后扔进瓦斯毒气弹，硬是将洞中的人全部活活毒死。"毒熏"：日军在道县楼田发现一个叫黑岩的岩洞里藏有大量难民后，在洞口堆满柴、稻草等燃烧物，再在上面铺上数担干辣椒，并撒上毒药，然后在洞口点火，并往洞内煽风，当场熏死 500 多人。"投放细菌"：日军在东安县大庙口将投放了细菌的衣裤置于路口，被一村民捡回家，不到两天，其全家五口相继患病死去。邻居去祭奠、送葬和抬柩的，也都染上同样的病，并很快死了。仅彭家院子 30 多户人家，有 10 多户惨遭死绝的厄运。

（2）杀人不分对象

尽管国际公约规定，战争中不许杀俘虏，也不允许无故伤及平民等，可日军在湖南杀人从不分对象，想杀谁就杀谁；湖南被日军杀害的，既有军人，也有平民；既有青壮年，也有老人、小孩，甚至还有刚出生的婴儿；既有伤者、病人、残疾人，也有孕妇、产妇；既有放下武器的俘虏，也有为日军做苦力的民夫。杀俘虏：日军对那些放下了武器的中国抗日武装人员往往加以残杀。在南县厂窖惨案中，日军残杀国民党溃兵 5000 余人；在汉寿县百禄桥日军将俘虏的 4 个巡警残杀；日本宣布投降后，驻衡日军将关押在湘桂铁路管理局的抗日军人、工人、商人 500 余人，集中屠杀在湘江河岸的战壕里。杀伤者：日军在邵阳新渡口惨杀国民党伤兵 200 余名，在大同街"宜园盆堂"杀害 100 多伤病员。杀民夫：日军每到一地，都要到处抓人为其做苦力，可干完苦活后，日军却还要将民夫残酷杀掉。日军在长沙县柏山赵屋湾残杀 10 个为其干完苦力的民夫；日军在雨花亭狮子塘一次就将 100 多名民夫赶往塘中活活淹死；在华容墨山日军将 4 名民夫活活打死。杀老人：日军在邵阳县板桥将一年 72 岁的老人活活烧死；日军在东安县芦洪市将 70 多岁的老人唐仁旺杀害；日军在祁阳大冲将 2 名 80 多岁的老人杀害；在郴县栗背村日军将 70 多岁的邵本振老人杀害。杀小孩：日军在东安县芦洪市将一个 3 岁的女孩挑在刺刀上取乐；日军在湘阴青山将发现的一个不满 1 岁的婴儿抛向空中，接着用刺刀尖活活挑死；在南县厂窖惨案中，日军将一个不满 10 个月的婴孩用刺刀刺死。杀孕妇：在南县厂窖惨案中，日军将抓住的几个孕妇一一打倒在地，以双脚在她们肚腹猛踩，致使孕妇和其腹内胎儿全部死亡，日军还剖开其中一孕妇肚子，掏出胎儿，而后顶在枪刺上无耻作乐。杀残疾人：在南县厂窖惨案中，日军将一年过 60 岁的聋哑人汪宏奎杀害；日军在澧县西洲垸毛兴村杀害两位均已 99 岁的盲人夫妻罗祖班和裴婆婆。

世界上古今一切侵略军都是非常凶恶残暴的，日军就是一支最野蛮、最凶残的军队。在湖南，在中国，日军铁蹄奔突践踏之处，便是一片火海、一片血海，尸横遍野，满目疮痍，使中国人民蒙受了空前的劫难，犯下了不可饶恕的滔天罪行。日军还恬不知耻地作顺口溜羞辱中国人，说什么"吃的剥皮鸡，睡的美貌妻，烧的傻瓜屋，杀的蠢东西"，这从侧面自我勾画出一副日军杀人、放火、奸淫、掳抢的强盗嘴脸。

（执笔：朱柏林）

（四）日军在湖南实施细菌战、毒气战及其恶果

使用生物化学武器进行的细菌战和毒气战，是一种异常残酷和最不人道的杀人手段。因为这种武器主要通过施放大量致病微生物、毒素、有毒化学物质和其他生物活性物质，经由呼吸道、消化道、皮肤和黏膜等侵入人、畜体内，经过一定的潜伏期后爆发，致使人、畜死亡，其危害不仅涉及前线和后方的武装人员，还人为地制造传染病策源地，大规模地残害和平居民。正因为这类武器的使用和人道主义的基本原则相违背，所以遭到国际社会的普遍谴责，有关禁止使用这类武器的国际公约也相继缔结。1925 年 6 月 17 日，世界各国代表在日内瓦签订《关于禁用毒气或类似毒品及细菌方法作战的议定书》，明确规定禁止使用细菌化学武器，日本也是签字国，但却拒不承担相应的国际法义务。侵华战争期间，为了弥补其国小、资源少、军备物资匮乏的弱点，从根本上摧毁中国人民的抗战意志，达到灭亡中国的目的，丧心病狂的日本侵略军竟冒天下之大不韪，公然违反国际法的规定，在我国不少地区都进行了灭绝人性的生物化学战，对中国人民进行大规模的恐怖袭击。湖南是遭受日军细菌战和毒气战灾难较为深重的地区之一。从 1939 年至 1945 年间，伴随着战争进程，日军不仅对常德实施了大规模的鼠疫细菌战，而且在三次长沙会战、常德会战、长衡会战、湘西会战等重大战斗中均采用过毒气攻击，甚至在屠杀和平居民时也使用过毒气细菌。日军大量使用生物化学武器，给湖南人民带来了深重灾难，造成大量无辜同胞死于非命，其经济损失和精神损失更是无法估计，影响深远。

1. 日军在湖南常德进行的细菌战

常德素称"湘西门户"、"鱼米之乡"，东临洞庭湖，西倚武陵山脉，是湖南西北部的政治、经济、文化中心和水陆交通枢纽。自古以来就是兵家必争之地，抗战时期成为连通湘鄂、川黔的军事重镇。武汉失守后，常德作为华中通往陪都重庆的战略要地，其战略地位更加突出，成为日军重点攻击和摧残的对象。1941 年 11 月，为了配合对长沙即将发起的第三次进犯，灭绝人性的日本细菌战部队对湖南的兵源、粮秣基地常德实施了惨无人道的细菌攻击，派飞机在常德城及近郊石公桥、镇德桥等地投下大量携带鼠疫病菌的跳蚤，造成 1941

年秋季和 1942 年春季常德城区两次鼠疫大流行，使大量和平居民身染恶疫死亡。此后，鼠疫又在常德周围地区不断发生，使更多无辜百姓染疫死亡。据常德市细菌战受害调查委员会开展的大规模实地调查统计结果，此次鼠疫造成的死亡人数有名可查的达到 7643 人，受害区域涉及 13 个县、70 个乡、486 个村，其中因疫病死亡 30 人以上的村子 60 多个。这是日军在中国大陆用活人做试验从事生物化学武器研究的杀人恶魔 731 部队进行的一次大规模的细菌武器实际运用，常德人民成了这一实验的牺牲品，为此蒙受了巨大灾难。

(1) 日军 731 部队远征队对常德的细菌攻击

20 世纪 30 年代，日本为着发动侵略战争的需要，相继建立了数支细菌战部队，其中有两支部队与常德细菌战有直接关系：一是总部设在东北的"关东军第 731 部队"，二是总部设在南京的"荣"字第 1644 部队。日军对常德的细菌战攻击就是由这两支部队联手进行的。据佐藤在伯力审判席上供认："南京'荣'字第 1644 部队与关东军第 731 部队一起曾于作战时期，直接参加过用细菌武器反对中国军队及当地军民的动作。"①

日本细菌战部队组建后，立即开始了细菌战的准备工作，包括疫蚤的培养和繁殖、以人体为标本的各种试验和细菌战计划的实际制定。据伯力审判材料，日本正式制定准备发动细菌战的计划是 1941 年春及其以后的事。但在此之前，第 731 部队已于 1939 年 8 月在中苏边境的诺门罕战役中进行了一次小规模的细菌战实验，在哈勒欣河撒下了肠伤寒和沙门氏菌。1940 年 10 月，731 部队又派远征军前往浙江宁波一带，在宁波地区使用飞机撒播带有鼠疫病菌的跳蚤。前一次实验由于缺乏适当的撒播手段，没有收到"理想"的效果，后一次则造成了鼠疫在宁波一带的流行②。宁波细菌战的成功，使日本受到鼓舞，证明他们研制出来的"秘密武器"及投放方式是非常有效的。于是，从 1941 年春起，日军便开始具体制定进一步发动细菌战的计划，并对细菌武器的使用方法在现有的基础上加以完善。据细菌战犯尾冢隆二供认：1941 年 2 月，第 731 部队长军医大佐石井，经关东军总司令梅津允许后，在长春城的办公室内向我报告该部队工作情形时，向我叙述该部队内在准备细菌战方面所进行的事情。……据石井说，由于该部队内进行实验的结果，业已查明将细菌直接装在飞机弹内投

---

① 《伯力审判材料》（《前日本陆军军人因准备和使用细菌武器被控案审判材料》的简称），苏联外文书籍出版局 1950 年出版发行，第 64 页。

② 《远藤三郎日记》，1985 年日本《每日新闻》，转引自中国人民抗日战争纪念馆编：《日军侵华暴行实录（一）》，北京出版社 1995 年版，第 234 页。

散的方式是少有成效的……从飞机上散布细菌，如像施放毒气那样，其效力较大。……石井还对我说，效力更大得多的细菌投掷法是不把细菌"赤裸裸的"投掷下去，而是把它同媒介物一块，即同虫类，特别是同跳蚤一块投掷下去。跳蚤是富有生命力的虫子，把跳蚤染上鼠疫后，就从飞机上投掷下去，而寄存在跳蚤体内的鼠疫菌，便能顺利地同跳蚤一起落到地面上。……同时，石井对我说，对这个问题的研究工作尚未结束，例如，究竟从高空投下的跳蚤能散布到多大面积这个问题，就还没有弄清楚①。

1941 年 6 月，德军进攻苏联，苏德战争爆发。备受鼓舞的日本军部趁机加紧对苏备战，一面组织针对苏联的关东军特别大演习，以便能在战局有利时实施"北进"；一面加紧进行发动细菌战的实际准备。9 月 16 日，日本大本营陆军部以陆军参谋总长的名义发布"大陆指"，要求石井部队"加紧对鼠疫细菌武器的生产，以备战争急需所用"；同时命石井再次组织一个华中"远征队"，对中国战区和城市实施细菌攻击，具体目标为湖南省的常德市。这个命令是由关东军总司令梅津美治郎向石井转达的。据川岛清供称：1941 年夏季，当苏德战争开始后，有次我去访问石井将军时，本部队内两个部长村上中佐和大谷章大佐也在场，石井将军说到必须加强队内工作，并对我们宣读了日本参谋总长的命令，命令上要求我们加紧研究鼠疫细菌，作为细菌武器，该命令中特别指出，必须大量培养跳蚤作为散布鼠疫媒介物。这个命令是用墨笔写的②。

石井完全接受了参谋本部的指令，并立即照办。一方面，他叮嘱部下更加紧张地工作，以便提高部队内繁殖跳蚤的生产率，更加扩大跳蚤产量，"本部队在最顺利情况下第三、四个月内还只能繁殖 60 公斤跳蚤，但现在必须扩大跳蚤产量，以求在同一期间能生产出 200 公斤"③。另一方面，他根据陆军参谋总长指示，派出得力助手、第二部部长、军医大佐太田澄率领 100 多人的远征队，南下华中地区，发动对常德的细菌攻击。其目的有二：一是继续"在具体战斗环境内进行探求大量散播细菌方法的实验"，"要用鼠疫跳蚤，实验它从高空投下时，究竟有多大的效果，能否列为今后细菌战中具有攻击性的重要细菌武器，

① 《伯力审判材料》（《前日本陆军军人因准备和使用细菌武器被控案审判材料》的简称），苏联外文书籍出版局 1950 年出版发行，第 86—87 页。

② 《伯力审判材料》（《前日本陆军军人因准备和使用细菌武器被控案审判材料》的简称），苏联外文书籍出版局 1950 年出版发行，第 97 页。

③ 《伯力审判材料》（《前日本陆军军人因准备和使用细菌武器被控案审判材料》的简称），苏联外文书籍出版局 1950 年出版发行，第 99 页。

试验其可靠性有多大"①。二是为了破坏通向中国大后方重庆的重要交通要线。常德是华中一带中国军队军粮及四川大后方用粮的基地，特别是 1941 年 6 月日军占领宜昌、封锁长江三峡水路后，一度成为由湘入川通往重庆大后方的唯一交通要道。蒋介石政府为保卫常德粮仓，拱卫重庆，于同年 8 月组成了治所设在湖北恩施的第六战区，建立起北起钟祥、南至常德的几百里防线。有着如此重要战略地位的常德，自然成为日军选定实施细菌战攻击的重地。日军认为，如果用细菌战方法就可以封锁这个粮仓，老鼠随着运粮，将鼠疫扩散开来，甚至到四川大后方去，无疑具有重大意义②。这次攻击名义上是常德市，下令时则强调，"着重于常德市的四郊，以及附近各县。目的是：造成后方混乱，忙于扑灭鼠疫流行，以削弱中国军队对常德的保卫力量"③。

日军对常德的细菌攻击发生在 1941 年 11 月 4 日。是日"早上六时许，天刚破晓，浓雾迷漫，常德市区发生了空袭警报，随即有巨型日寇飞机一架由东向西低飞，在常德市上空盘旋三周后，又从西门外转折市空。当其折转低飞时，没有投掷炸弹，而是在市内鸡鹅巷、关庙街、法院街、高山巷以及东门外五铺街、水府庙一带，投下大量的谷、麦、豆子、高粱和烂棉絮块、碎布条、稻草屑等物。尤以关庙街一带，投下的数量多。"④ 当时常德市民非常惊异，互相奔告，不知是一回什么事，但是他们的惊异很快就代之以前所未有的恐怖：原来日机空投下来的是受到鼠疫杆菌感染的跳蚤，这种由跳蚤携带的鼠疫菌极易传染，并且能在极短的时间内致人死命。

对于日军的这一罪恶活动，人们在很长一段时间内主要是根据当年的医院诊疗记录及有关部门的防疫报告加以了解的，而日本方面的有关罪证材料，要么早已被销毁，要么仍然尘封在某个不为外界知晓的密室里。但是，如此骇人听闻的恐怖犯罪，想要绝对隐瞒起来是不可能的。1949 年 12 月，在原苏军驻地伯力举行的审判日军战犯的军事法庭上，对前日本军 731 部队的 12 名细菌战犯进行了审判，其中战犯川岛清（731 部队第四部部长）就供认了日军 1941 年在常德投撒细菌的事实。他说："我随 731 部队远征，一次在 1941 年，另一次在 1942 年，日军曾用致命的细菌当作武器进攻华中中国军队。记得第一次是在

① 佟振宇：《日本侵华与细菌战罪行》，哈尔滨出版社 1998 年版，第 197—198 页。
② 中国人民抗日战争纪念馆、北京市社会科学界联合会编：《侵华日军细菌战纪实》，北京燕山出版社 1997 年出版。
③ 佟振宇：《日本侵华与细菌战罪行》，哈尔滨出版社 1998 年版，第 197—198 页。
④ 邓一疃：《日寇在常德进行细菌战的经过》，载湖南省政协文史资料研究委员会编：《湖南文史资料选辑》第 8 辑，1976 年内部发行。

1941 年的夏天，有一天，第二部部长太田大佐告诉我：他将前往华中，并向我告别。不久他就回来了，又告诉我，曾用飞机在华中洞庭湖附近常德一带上空投掷大批鼠疫跳蚤，他把这件事称为'细菌攻击'。其后，太田大佐向石井报告，我也在座，他说 731 部队的远征军曾在常德地区用飞机散布了许多鼠疫跳蚤，结果造成了该区瘟疫流行，使许多人民患了这种时疫。参加此次细菌战争的工作人员，约四五十人，所采用的方法，就是用飞机在高空中把鼠疫跳蚤投掷下去，并没有用细菌炸弹，仅用粉碎机，把跳蚤散布下去。"①

这一供认，使日军发动的常德细菌战罪恶行径得到了有力的确认。同样来自伯力审判的材料也证明：1941 年发生在常德的细菌攻击的确是关东军第 731 部队"远征军"所为，这个"远征队曾有 30 个细菌学专家参加，全体人员总数达 100 人"，直接指挥者是太田澄大佐，使用的细菌武器是鼠疫跳蚤②。至于南京"荣"字第 1644 部队在这次细菌攻击中所起的作用，据另一名战犯、前日本军军医少将佐藤的供述："荣"字第 1644 部队成立时的队长为石井，接任南京"荣"字第 1644 部队长的是太田澄大佐，他 1941 年从 1644 部队离任后，被调往石井部队，任该部队总务部长兼第二部（实验部）部长、军医大佐。由于太田和石井的这种特殊关系，由第 1644 部队协助石井部队远征队的细菌战便是很自然的事。"荣"字第 1644 部队不仅供给过石井部队远征队"相当数量的跳蚤"，而且第 731 部队远征队到达南京时就驻扎在第 1644 部队宿舍内，成为远征队的细菌战前方"基地"③。

除伯力审判记录外，侵华战争期间以军医身份在日军服务并任过 731 部队第 162 支队少佐支队长等职的木神原秀夫也在 1954 年 6 月的笔供中讲到，常德细菌战"是石井亲自进行的"④。美国国家文件馆存有 1942 年 4 月 11 日高斯递交给国务卿的信件，报告了 731 部队在常德市喷撒鼠疫杆菌的情况。英国国家文件馆也存有前英国驻重庆领事馆军事负责人递交陆军部的报告书，汇报了日军在常德使用细菌武器的情况。1990 年 7 月 6 日，日本《每日新闻》登载了一篇题为《旧日本军"常德作

① 《伯力审判材料》（《前日本陆军军人因准备和使用细菌武器被控案审判材料》的简称），苏联外文书籍出版局 1950 年出版发行，第 260 页。

② 《伯力审判材料》（《前日本陆军军人因准备和使用细菌武器被控案审判材料》的简称），苏联外文书籍出版局 1950 年出版发行，第 396—397 页。

③ 《伯力审判材料》（《前日本陆军军人因准备和使用细菌武器被控案审判材料》的简称），苏联外文书籍出版局 1950 年出版发行，第 258—259 页。

④ 中央档案馆、中国第二历史档案馆、吉林省社会科学院合编：《日本帝国主义侵华档案资料选编·细菌战与毒气战》，中华书局 1989 年版，第 282 页。

战"资料：在空中喷撒注入鼠疫杆菌的跳蚤使市民感染鼠疫》的报道，文中称："在日中战争期间的 1941 年 11 月，旧日本军在中国湖南省常德市上空向地面喷撒注入了鼠疫杆菌的跳蚤，使市民感染上鼠疫。每日新闻社最近获得的中国方面的资料首次表明了这一'常德作战'使中国居民遭受损害的实态。资料为在当地进行调查的医生的报告书①。报告书上记载了对感染鼠疫后死亡的市民的验尸记录以及和空中喷撒鼠疫杆菌的关系的调查结果。……战史研究家等比较重视，认为'这是证明旧日本军 731 部队等不仅研究细菌武器，而且实际上在中国国内喷撒了鼠疫菌的最重要材料'。"特别是 1993 年 8 月 4 日一份战后一直保存在日本防卫厅防卫研究所图书馆的当年日本陆军军官业务日记即《井本日记》的公开披露，更是为人们进一步了解常德细菌战提供了新的强有力证据。

据《井本日记》记载，对常德进行的鼠疫攻击，也是根据大本营陆军部的指示实施的，由太田澄大佐及碇常重中佐担任现场指挥，随行人员包括医官、医师等在内共 100 余人。经过一番精心的准备，行动正式开始。11 月 4 日早晨，"接到报告说目标方向天气良好"，正在南昌机场待命的由石井部队航空班的增田美保少佐驾驶的一架九七式轻型轰炸机随机起飞，时间为 5 时 30 分。经过一个多小时的飞行，于 6 时 50 分飞抵常德上空。其时"大雾，降低 H（高度）搜索，在 H800m 附近有云层，故在 1000m 以下实施（由增田少佐驾驶，一侧盒子未完全打开，在洞庭湖上②将盒子掷下。谷子 36 公斤，其后，由岛村参谋进行搜索）"。"谷子"是疫蚤的代称。这就是说，增田所驾飞机将 36 公斤疫蚤装在两侧的盒子里，一侧盒子里的"谷子"在常德上空投下，另一侧的盒子则由于未完全打开而直接投下来的。

日军对这次行动的效果进行了跟踪，情报不断得到反馈。《井本日记》写道："6/11（实为 11 月 6 日——作者注）常德附近出现中毒流行……20/11 前后，出现来势迅猛的'鼠疫'流行，根据各战区收集的卫生资料判断，'如果命中，发病应该属实。'""常德附近开始菌疫流行，至 25 日已发现患者 44 例，死亡 40 人。1942 年鼠疫再度流行，仅这年就有患者 76 例，死亡 66 人，共计死亡 106 人"③。12 月 2 日，中国派遣军高级参谋宫野正年大佐向井本提交报告，

---

① 指中国国民政府军政部主任医师陈文贵于 1941 年 12 月到该市调查受害情况后写的《常德鼠疫调查报告书》和国民政府卫生部王诗恒写的《关于常德鼠疫灭除方法报告书》。

② 应为常德上空——引者注。

③ 中国人民抗日战争纪念馆、北京市社会科学界联合会编：《侵华日军细菌战纪实》，燕山出版社 1997 年版。

称"以常德为中心的湖南省'鼠疫'极为猖獗。"又据木神原秀夫笔供,1942年2月他在汉口第11军参谋部情报录中看到一份由常德报到香港的电文,内称"日军的飞机一架投下像笼子的东西,此后在住民当中发生鼠疫患者七八名,以后还可能继续发生,所以请放送防疫材料"①。

作为现场指挥的太田澄就此次行动在出发前与返回后都向川岛清以及石井作了报告,在返回后的报告中说,他指挥的远征军用飞机在常德地区撒布了许多鼠疫跳蚤,"结果造成了该区瘟疫流行,使许多人民患了这种时疫。"他还得意地宣称,这次细菌攻击"非常成功","按原定计划实现了预期目的";现在,"常德市发生的鼠疫在流行,还在向四郊农村、郊县蔓延!"②

《井本日记》的记载基本上是准确的,只是谈到飞机从空中投下的36公斤鼠疫蚤,应该是同大量的谷物、棉絮等杂物混在一起被装在"盒子"里然后投下的。至于太田澄报告中大谈特谈非常成功的鼠疫大流行,当时不免有表功之嫌,但从中国方面保存下来的大量历史档案资料看,此次细菌战确实造成了常德地区鼠疫的大流行。

(2) 常德鼠疫的证实和大流行情况

鼠疫,俗称黑死病,是一种由鼠疫杆菌引起的发病极快、传染性极强、死亡率极高的烈性传染病。鼠疫的传染方法是由鼠身上的鼠蚤为媒介,蚤体有鼠疫病菌,这种蚤可以使鼠染疫而死,鼠死后蚤还活着,就跳到人身上来寄生,当蚤咬人时,就将疫菌带到人的血液中,由此人也就染疫了,并且没有特效药诊治。这种疫症一旦侵入肌体,临床上呈现为严重的全身中毒症状,畏寒高烧,剧烈头痛,呼吸促迫,心动过速,恶心呕吐,随即出现意识模糊、狂躁不安、步履蹒跚、皮肤发绀等症状,很快导致死亡,并且染病死后,尸体变成黑色。因此,人们谈之色变。

当日机飞临常德市空时,常德城区拉响了防空警报。警报解除后,常德防空指挥部、警察局及各乡、镇公所将敌机所投部分物品收集起来,大约四五百斤,除了取其少许送至当地的广德医院进行检验外,其余的全部烧毁。广德医院是一所由美国人办的教会医院,当时拥有100张床位,它和只有门诊部而没有住院设施的常德县卫生院,成为当时常德的主要医疗防疫机构。此外,还有

① 中央档案馆、中国第二历史档案馆、吉林省社会科学院合编:《日本帝国主义侵华档案资料选编·细菌战与毒气战》,中华书局1989年版,第282页。
② 佟振宇:《日本侵华与细菌战罪行录》,哈尔滨出版社1998年版,第198页。

红十字会救护总队的第二中队驻扎在此地。最早接触到日机投掷物的医务人员是时任广德医院副院长的谭学华博士和该院检验医师汪正宇。他们首先对可疑物品进行了检验。

据汪正宇1942年发表的《敌机于常德首次投掷物品检验经过》所述,收到送来的检验标本后,他马上意识到,"除敌人用一种神经战术,使吾人恐怖外,那最可能的便是散布传染的细菌了。若是散布细菌,那么便是鼠疫杆菌。"他所依据的理由是:"(1)鼠疫为一种最可怕的传染病,其传染甚速,并且死亡率高;(2)所投下的谷麦等物,均为鼠类的食料;(3)本地之鼠甚多,便于鼠疫的传播;(4)根据记载,敌人曾在浙江衢州等处投掷过鼠疫杆菌,所以此次亦有可能。"[1] 于是,汪正宇详细记录了对投掷物的检验过程及其结论。

谭学华也对送来的标本及时进行了检验。他先"用这种谷物放在无菌生理盐水中沉淀,再取其沉淀作涂抹片用革兰氏的染色法染色后,在显微镜下发现这些谷物内有多数的革兰氏'阳性杆菌'和少数'两极着色杆菌'"。根据这种初步检验的结果,谭学华怀疑"日机散布的是鼠疫杆菌,乃作第二次检验,将日机投下的谷麦和(从)杂粮行取来的普通谷麦作比较培养,又发现日机投下的谷麦沉淀中除有多数革兰氏'阳性杆菌'外,并有少数革兰氏'阴性两极着色杆菌'"。更使谭学华认定"日机所散布的是鼠疫杆菌。"[2]谭学华将他的检验经过及结论写成文字发表于1942年3月1日出版的《国立湘雅医学院院刊》上。这份报告与汪正宇的报告一道,成为非常重要的证实日军细菌战罪行的第一手资料。

在日机投物后的最初几天里,并没有发现特别异常的情况,但仅仅过了约一个星期,情况就变得严重起来。"11月11日,有多人传说城内某地一带多有死鼠发现,和急症的病人在一起病后一二天内即行死亡!"[3]但当时并没有人将死鼠送医院检验,也没有将急症病人送往医院诊治。

第一个病例的出现是11月12日。这天早晨,家住城中关庙街的一名年仅12岁的女性患者蔡桃儿被送至广德医院,这个女孩在头天晚上发病,先是畏冷寒战,继而发高烧,周身疼痛。谭学华医师随即对其作血液涂片染色检查,发现有少数两极着色较深的杆菌,同敌机投掷物中所发现的细菌相似;结合患者居住地以及患者发病日期等因素综合判断,该病例属鼠疫症已经无疑,因此,决定收留住院,进行隔离治疗。入夜,患者病况更加严重,经多方抢救无效,

---

[1] 汪正宇:《敌机于常德首次投掷物品检验经过》,载重庆医药技专《医技通讯》1942年2月。

[2]《谭学华、吕静轩两医师追述当时检验情形》,载《新湖南报》1950年2月6日。

[3] 汪正宇:《敌机于常德首次投掷物品检验经过》,载重庆医药技专《医技通讯》1942年2月。

于 13 日上午 9 时许死亡，此时距发病时间仅 36 小时。为进一步确证病例性质，医院对死者进行了尸检，结果与先前的结论一致。当时，驻湘西的中国红十字会总会救护总队第二中队闻讯赶到医院参与了会诊。

继蔡桃儿死亡之后，又接连发现类似的病例，仅 11 月 13、14 两日，就有蔡玉珍、聂述生、徐老三 3 人死亡。经检验，死者体内无一例外地发现有"类似鼠疫杆菌的微生物"。

鼠疫患者的不断出现和死亡，表明疫情已经发生并蔓延，于是常德方面紧急报告中央卫生署、省卫生处以及红十字总会，请示采取紧急防疫措施。随即，一批鼠疫防治专家先后到达常德，成立了统一协调常德防疫工作的常德联合防疫处（后改为湘西防疫处）。军政部战时卫生训练总所检验学组主任兼中国红十字会总会救护总队部检验指导员、著名细菌学家陈文贵于 11 月 24 日抵达常德后，经过一个星期调查，并对一名龚姓死者的尸体进行解剖作细菌培养和动物接种等实验，证明患者所患为真性腺鼠疫，系由鼠疫菌引起败血性感染而死亡。同时，他还对此前 5 名死者的临床记录进行了复查和研究，证实："对于死者之诊断为鼠疫似尚无疑问。"于是在 12 月 12 日向上级提交的《湖南常德鼠疫调查报告书》中判定："自 11 月 11 日起，在'空袭'七日后，常德即有腺鼠疫之流行。"同时，他还通过考察华中地区的历史记载及根据流行病学的基本规律和染菌蚤的生存期限、传播方式等，得出结论：这次鼠疫是日机随谷类投下的染菌蚤类直接咬伤人后发生的。

为了彻底探查疫源，12 月 21 日，重庆国民政府军医署和卫生署派遣德籍犹太人鼠疫防治专家伯力士博士（R. PoLrzer）专程前往常德，负责剖验老鼠和测定跳蚤的工作。伯力士"在常德工作了两个月光景，解剖了五六千只老鼠，断定常德市流行的是老鼠和鼠身上的跳蚤传播的"[①]。伯力士于 12 月 30 日向卫生署署长金宝善提交了一份报告，除了情况证据外，还阐明了直接传染鼠疫的途径，他认为"被投下的传染性物体引起鼠疫的三个途径"之一，是投下的被鼠疫菌污染的谷物等被老鼠吃后而感染，老鼠传染给跳蚤，跳蚤又传染给人。

常德鼠疫发生的消息传开后，人们表现出极度的惊慌和恐怖。尽管地方当局及各有关部门对其进行积极的防治，但是未能阻止鼠疫在常德的流行。鼠疫的流行不仅给人民带来了极大的精神折磨，而且无情地吞噬了无数无辜者的生命。

---

① 邓一韪：《日寇在常德进行鼠疫细菌战的经过》，载湖南省政协文史资料研究委员会编：《湖南文史资料选辑》第 18 辑，1984 年内部发行。

根据历史资料记载，大规模的鼠疫流行在常德城区一共发生了两次，但是据常德市细菌战受害调查委员会的调查统计，常德地区鼠疫的流行，不是两次，而是五次。实际上，不论是两次说还是五次说都不能完全反映当时鼠疫流行的惨状，因为至少在鼠疫发生后的最初两年里，因疫致死的惨事几乎没有停止过。

11月13日不治身亡的蔡桃儿是第一个有记录的鼠疫受害者。继蔡之后，死者不断增加。仅在常德城区，至次年1月，就有8名鼠疫患者死去。然而这只是登记在册的数字，真实情况比这要严重得多。据邓一韪回忆："继蔡桃儿死后，关庙街、鸡鹅巷一带相继发生病例多起，往往不及医治而死。染疫人数一天天增多，平均每天在十人以上，传染极为迅速，一人有病，涉及全家。……疫势严重地蔓延，市民们谈虎色变。"① 由于最初一段时间内检疫所尚未成立，疫情情报网也不够健全，估计有大量死者未被发现。另外，为逃避检疫隔离和对死者进行火化，人们尽量将病人和死者隐瞒不报，自行处理。据时任湖南省卫生巡逻工作队队长、常德防疫处设计委员的刘禄德回忆："鼠疫发生后，虽然中国人民尽了最大的努力，但常德仍然被细菌害死了许多人。常德城内棺材都没有买，死的人最后就用棉絮、布条包裹后掩埋。我刚来时，看到的夜间出殡就是当地人不愿焚烧尸体，趁夜间偷抬出去掩埋的。"② 邓一韪认为这段时间里死于鼠疫的约在600人以上，其中大多数是腺鼠疫（淋巴腺）。

1942年一二月间有过一段短暂的缓和期，但此时携带疫鼠菌的老鼠却在大量增加③。在关庙街、鸡鹅巷、东门一带发现很多死鼠。经伯力士进行活鼠剖验，证实鼠族中鼠疫的传播，已由沟鼠传至家鼠及小鼠，鼠疫染疫率在半月内，由19%激增至48.3%，鼠疫发现地点遍及全城。到3月，鼠类染疫率达到86%。鼠疫在鼠族中流行，再度传染于人类。自1942年3月14日新发现两名患者死亡开始，居民染疫率逐日升高，常德鼠疫更加猛烈地流行开来。至同年7月，常德城区又有34人染疫，其中29人死亡（容启荣报告为31例）。但是这些人只限于医院的统计数字，只不过是实际患者的一部分，更多的疫情由于前述原因未能上报。4月10日，法院西街34号院落发现肺鼠疫患者。肺鼠疫是鼠疫病传染最烈和直接通过人与人传染的类型，死亡率高达100%。居民全部送往东门外的徐家大屋隔离医院，街道被封锁，几天内鼠疫流行达到高潮，火

① 湖南省政协文史资料研究委员会编：《湖南文史资料选辑》第18辑，1984年内部发行。

② 徐先明：《走过细菌沼泽的天使——记四十年代参加扑灭鼠疫的细菌战的刘禄先生》（油印本）。

③ 见《鼠疫疫情紧急报告》1942年3月17日第24号；《战时防疫联合办事处疫情旬报》1942年3月中旬第2号。原件存中国第二历史档案馆。

葬炉"也不敷使用","修建了鼠疫公墓"。常德鼠疫直至 1943 年还在流行，到底死了多少人，由于当局怕引起军民心理上的恐怖，加上居民又不愿解剖和火葬，即使染病死亡也想法悄悄土葬，故公开报导极少。经对当时各种报告和县志及调查统计，仅徐家大屋隔离医院就"先后收治过 200 多例病人，这些人基本上有去无回"。

根据对老鼠染疫情况的调查，预测到鼠疫将大规模流行，常德防疫处采取了对出境物资进行检查、在交通要道设置检疫所、逐户进行预防等措施，国民政府也派遣了防疫部队到常德督导鼠疫防治，但还是没能阻止住鼠疫的扩散。据当年担任常德防疫处设计委员的刘禄德老人回忆："每天我们这里都要接收四五十个病人，开始我们把死了的人用火焚烧，但四铺街附近大多都是回民，仅烧了两具尸体后，附近的回民不许我们烧了。只好抬出去埋掉，但抬出去要接触死人，又发生感染。常常是上午还在抬别人，晚上又被别人抬出去。每天都要死一二十人。我看这样子不行，就去找张专员（元祐）提议，把鸡鹅巷围起来，只放人出来，不准人进去，等人出来后把房子烧掉。当时鸡鹅巷有六七百间房子，张专员不同意，鸡鹅巷就这样保存下来，但鼠疫仍然蔓延流行，死的人无数。这样夏天闹霍乱，冬天闹鼠疫，持续不断，一直搞了几年。"[1]

鼠疫不仅在常德城区肆虐，而且向周边地区蔓延。1942 年 5 月波及与之毗邻的桃源县。该县漆家河莫林乡李家湾一位名叫李佑生的商人在常德做生意染上鼠疫后，悄悄潜返回乡，随即病情加剧，不治身亡。因受李佑生传染，其家属、邻居和前往看望的亲友等也都相继染病，仅 20 天时间，导致至少 16 人死亡。一位前往超度亡灵的临澧籍道士也未能幸免。

距常德城 22 公里的石公桥，1942 年 1 月曾有 2 人在县城染疫后死亡。此后一段时间内相对平静，但进入 10 月份以后，鼠疫又再度流行。据湖南省卫生处编印的《湖南省防治常桃鼠疫工作报告》称：自 10 月 27 日至 11 月 24 日，共计发现 35 个病例，死亡 31 例，其中张春国一家死 5 人，丁长发一家死 11 人（含雇工 3 人）[2]。另外，距石公桥 5 公里处之镇德桥于 11 月 20 日发现 2 名死者，至 25 日止共有 9 人死亡。综计以上两处，共发现 44 人染病，其中 40 人死亡。另据其他资料记载，此次石公桥、镇德桥染疫死亡人数为 43 人（其中包括可疑患者 7 人）[3]。但这一数字与真实数字相去甚远。据常德市细菌战受害调查

---

① 徐先明：《历史见证人——访刘禄德先生》。

② 原件存湖南省档案馆。

③《战时防疫联合办事处疫情旬报》，1942 年 12 月上旬，第 26 号。

委员会调查，这一地区实际死亡 230 多人，仅石公桥一段北横街就死亡 160 多人，有 2 户全家死绝。镇郊荒滩在很短的时间内"就新增 150 多堆新坟"，七八千亩良田荒芜，至 1942 年 11 月鼠疫更达爆发流行高峰，染疫者急剧增多。

当石公桥一带鼠疫初发之时，一个名叫魏乐久的帮工染上疫病后被抬回常德县韩公渡家中，于 1942 年 12 月的一天不治身亡。随即，鼠疫在韩公渡一带传开，在不到一年的时间内，即有 70 多人死亡，其中牛牯坡死 30 多人，邻近的花田坡死 40 多人。

上述鼠疫流行情况，一部分来自当年的疫情报告及防治工作报告，同时补充了一些后来的调查资料。根据历史资料记载，当年因染疫死者共 100 多人，但这些只是来自医院或隔离所的统计数字或由防疫部门所掌握到的情况，而更多的死亡人数当时根本无法统计上来。20 世纪 90 年代以来，美国、日本、中国等国专家学者的调查研究和出版公布的资料表明，经过大量调查、取证，1941 年 11 月的鼠疫流行了两年，常德受害者已达 7000 多人，这就是 2002 年 8 月常德诉讼团向日本呈交的"7643 人的死亡名单"，受害区域涉及 13 个县、70 个乡、486 个村，其中因疫死亡 30 人以上的村子就有 60 多个①。此外，据老人们回忆，当年有湖北襄樊的盐贩子自常德染疫回老家后死亡者；有来常德唱戏的外地艺人染疫后慌忙回籍而骤死途中者；还有在常德做鱼、米生意的外地人客死常德，其家人将其运回老家安葬者。所有这些都很难进入统计数字的。

日军细菌战及引发的鼠疫大流行不仅留下了一组组血淋淋的死亡统计数字，而且由此造成的巨大精神和经济损失，更是无法估算。尤其值得警钟长鸣的是，来自常德市卫生防疫站和桃源县卫生防疫站的监测报告，1990 年和 1991 年两次在当地所捕获的老鼠中检验出鼠疫 fi 抗体阳性血清 3 份，经吉林省白城市全国鼠疫病防治基地复判确认，表明构成鼠疫的潜在危害至今仍未全部消失。

（3）常德鼠疫的防治经过

常德鼠疫发生后，引起各级政府和社会各界的广泛关注，从中央到地方都投入了大量人力物力进行防治工作。虽然目前我们无法将这方面的损失情况用数据完整统计出来，但从有关历史资料记载常德鼠疫的防治经过及在全省范围开展的防疫工作看，确实耗费了巨大的人力财力。

就在敌机投物的第二天，即 11 月 5 日下午，常德县卫生院、防护团、广德医院和常德地方军警机关即召开防疫座谈会，"谭学华医师代表广德医院出席，

---

① 刘雅玲：《东京之行不辱使命》，载《常德日报》2002 年 9 月 11 日。

提议以下各事：（1）敌机所投之谷麦，除收留小部分，严密封存，留待专家查验外，其余一律清扫焚灭；（2）急电省卫生处，请派专门人员，来常德检验以便证实及协助防疫；（3）扩大鼠疫宣传；（4）速设隔离所。"① 这些提议被会议通过并采纳，疫情电报也随即发往设在耒阳的湖南省政府并转至省卫生处。

经广德医院化验证实日机所投之物确含鼠疫杆菌后，三民主义青年团常德分团部、总司令部、红十字会二中队、保安第四大队、中医公会、警察局、县商会、水警第二队、防空指挥部、县党部、常德卫生院等各方代表于11月8日下午在常德县政府会议室又一次召开防疫会议，就如何积极防疫案作出决议：（1）急电湖南省政府及卫生处，乞速派工程师并携带药品、器材来常以资防范；（2）即日举行防疫大扫除；（3）举行防疫宣传大会，由县府严令各镇公所，饬每户派一人参加，并由卫生院及广德医院派人出席演讲；（4）由卫生院及广德医院编拟防疫特刊，请《民报》、《新潮日报》义务刊登，并拟制标语分发各机关团体缮贴；（5）推定县政府、卫生院、县商会、三镇，首先筹制捕鼠器壹千俱，款由商会筹垫，三镇公所负责推销；（6）依照县政府捕鼠竞赛办法，定于本月30日起，举行捕鼠竞赛，按成绩优劣，分别奖惩（由社会科李科长主办）；（7）推由警察局在东门外觅借空屋一所，以作临时隔离医院，请由卫生院、广德医院、红十字会负责治疗；（8）俟省府疫苗发下，定期举行防疫注射。会议还就组织常德县防疫委员会作出决议，公推常德县专员公署专员、师管区司令、县政府县长、防空指挥部参谋长、县党部书记长、青年团书记、警察局长、卫生院院长、县商会主席、广德医院院长、红十字会、中医公会主席、国民兵团副团长为防疫委员②。

湖南省卫生处接到常德方面的电报后，认为敌人进行细菌战的可能性最大，但无设备证实空投物品所含细菌的性质，必须慎重处理。因此，急电重庆国民党政府请示处理办法③。同时，向省政府提出了假定以防治鼠疫为对象的防疫工作计划，其中主要是设置防疫管理机构，负责进行防治工作；以6个月为期，约需经费10余万元（法币）。这一计划提出后，经省财政厅、会计处和审计处审查，认为疫情尚未证实，经费预算无所凭借，因此没有及时提交省政府会议

---

① 谭学华：《湖南常德发现鼠疫经过》，载《国立湘雅医学院院刊》第1卷第5期，1942年3月1日。

② 《常德县防疫会议记录》，原件存常德县档案馆，转引自邢祁、陈大雅主编：《辛巳劫难——1941年常德细菌战纪实》，中共中央党校出版社1995年版，第144—145页。

③ 邓一韪：《日寇在常德进行鼠疫细菌战的经过》，载湖南省政协文史资料研究委员会编：《湖南文史资料选辑》第18辑，1984年内部发行。

通过。直到常德发现鼠疫病人报告后，省政府会议才正式通过了省卫生处拟定的工作计划，但经费被核减为 2 万元，在中央拨款未到之前，由省政府陆续垫付。

常德鼠疫开始流行后，一批鼠疫专家相继奔赴常德开展防治工作。11 月 16 日，卫生署医疗防疫总队第二大队大队长石茂年率部到达常德。11 月 18 日，湖南省卫生处主任技正邓一韪和护士长林慧清率领一支由医事职业学校 50 多名学生组成的省医疗防疫队抵达常德，并带来了急需的鼠疫疫苗和血清等物。两支队伍到常后，立即开展疫情调查，并与有关各方紧急会商防疫办法，宣布成立常德联合防疫处，由常德专署专员欧冠兼处长，邓一韪任副处长，另有委员若干名，负责统一协调防治工作。11 月 20 日，由军政部战时卫生训练总所检验学组主任兼中国红十字会总会救护总队部检验指导员、细菌学专家陈文贵率领的"湖南常德鼠疫调查队"从贵阳出发，24 日抵达常德，随即开展了调查和实验工作，断定为腺鼠疫，并向常德各负责机关提供了鼠疫疫苗等药品。

常德联合防疫处成立后，宣布全城总动员，全面开展防疫工作。经征求各方面意见，作出如下决定：（一）迅速设立隔离医院，收治发热和可疑的病人。同时向全市人口进行防疫注射，并发给注射证。（二）将敌机空投物类最多的鸡鹅巷、关庙街、高山巷划为疫区，派兵警戒封锁，断绝交通，不准居民外出，直至疫情消灭为止。（三）在常德全市开展灭鼠灭蚤工作，动员市民捉老鼠，并规定死鼠应烧埋，活鼠须上缴。（四）在常德西门外郊区建造火葬炉，专门焚烧疫病尸体，以免鼠疫蔓延。（五）加强疫情报告管理，除公私医院、诊所一律登记病号，以备随时查核发现鼠疫外，并规定居民、旅社，凡有病发热者，必须报告防疫处派员调查，以便鉴定是否是鼠疫患者。（六）为防止疫病外传，在船舶码头、汽车站及通往乡村的交通线上设立检查站，凭预防注射证方准外出。（七）开展防疫卫生宣传工作，并组织防疫卫生检查。以上各项工作所需经费由商会出面筹措。

于是，在常德联合防疫处统一组织和指挥下，在常德东门外约二华里的韩家大院，迁走 10 余户居民，利用其房屋临时改建了一所隔离医院，陆续收治了 120 多个病人，其中多数死亡，少数得愈；在西门外建立了火葬炉，前后共火化 360 余具尸体；为防止疫病外传，还在常德市的 6 个城门口设立了检查站，由防疫人员对进出人员进行注射。

12 月 8 日，日军偷袭珍珠港，太平洋战争爆发。次日中午，日军对常德进行狂轰滥炸，常德城内再次陷入新的混乱，给防治工作带来很大的困难。12

23 日，日军第 11 军发动了第三次长沙作战。月底，中央卫生署派来外籍专员伯力士开展鼠族调查，但未发现疫鼠。1942 年 1 月，关庙街、鸡鹅巷、东门一带发现很多死鼠。伯力士接到报告后，再度赶到常德。防疫处立即要求各保每天送 100 只活鼠供剖验，很快发现了大批疫鼠。到 3 月，鼠类染疫率达到 86%，居民染疫率也在逐日升高，疫情异常严重。第六战区司令长官陈诚来电指示：采取一切可能措施灭鼠，必要时不惜焚烧疫区房屋。中央卫生署也派来了第二卫生工程队专门负责灭鼠。

为了协助常德方面进行防疫工作，继前面提到的几支医疗专家队后，中央和省方又陆续派出了 20 多个医疗队共约 200 多人赶赴常德，其中包括中央卫生署派出的医疗防疫第十四队，军政部派出的第四防疫大队第二中队、第九防疫大队第三中队，第六战区和第九两战区分别派出的防疫大队。中央和省政府还相继拨发了防疫经费和药品，美国红十字会和在华圣公会也捐赠了大量药品①。

3 月 13 日下午，常德防疫处召开了本年度第二次会议，就加强往来常德的船舶货物等管理、设置检疫站进行检疫工作、训练保甲长协助军警做好防疫工作、采取各种有效方式开展防疫宣传、普遍推行防疫注射、做好疫情调查和尸体处置、加强鼠疫病家和隔离病人与留验者的管理与给养、聘请专用干事、继续捐募捕鼠捐等问题进行了讨论，作出了一系列明确具体的规定，进一步加强了防疫措施。在车站、码头及通往长沙、慈利、澧县等地的要道上，设置检疫站，实行交通管制；江中的船舶，一律不准靠岸，必须隔岸 10 米停泊；将关帝庙、鸡鹅巷、法院街、五铺街等地划为疫区，重新封锁后由防疫人员用来苏尔、滴滴涕反复消毒；发现可疑病人，一律送隔离医院；疫死者尸体，强制送往火葬炉焚化。一时间，常德城区气氛紧张，路上行人稀少，只有防疫人员来往穿梭。

4 月 10 日，法院西街 34 号发现死亡率高达 100% 的肺鼠疫患者后，常德防疫处于 4 月 11 日、14 日和 18 日三次召开会议，专门研究防疫工作。鉴于疫情不断扩大，决定：强化隔离医院治疗工作，加强隔离医院设备，凡可疑病人一律送隔离医院检验；自 4 月 12 日起，所送死鼠须用瓦罐密封；暂停火葬疫尸，改用公墓办法；疫区学校迁移，旅馆、戏院、浴堂、剧院、浴堂等公共场所暂行停业；全城厉行检疫，所有军民强制执行鼠疫注射；通往他县各大道，均有健全的检疫站；利用各种方法灭鼠等。于是，军警迅速封锁了法院西街，34 号

---

① 邓一韪：《日寇在常德进行鼠疫细菌战的经过》，载湖南省政协文史资料研究委员会编：《湖南文史资料选辑》第 18 辑，1984 年内部发行。

院落居民全部送往隔离医院；为弥补值勤军警的不足，从常益师管区和洞庭警备司令部借调200名士兵，交伯力士进行短期培训后参与防治工作，加强了城内疫区及各处城门的警戒，江面上水警增加了巡逻的次数；通往省城的常长公路沿线和所有城镇都设立了检疫站，省会长沙还成立了防疫委员会；从4月中旬起，在隔离医院附近修建了鼠疫公墓，暂停火葬，疫死者均由工程队消毒处理后埋入公墓。

尽管常德防疫处采取了极为严格的防疫检疫措施，但由于敌机空袭干扰，很难堵住检疫上的漏洞。鼠疫范围不可避免地扩大和蔓延。

5月10日，卫生署防疫处处长兼中央战时防疫联合办事处主任容启荣带着药品亲临常德视察督导防治工作。由他主持召开了防疫工作座谈会，决定将常德防疫处扩充为湘西防疫处，下设桃源分处；在常桃外围重要交通线上设检疫站，长沙、沅江、汉寿、沅陵、津市、临澧、安乡、慈利、石门等地各设一所，桃源分处下设城区、陬市、漆河、麦家河等4个分站。为了做好防治工作，特请中央先拨防治费50万元①。

桃源李家湾爆发鼠疫的消息传出后，湘西防疫处立即调派24名防疫队员，另偕一排武装士兵赶往疫区。随后，容启荣和省卫生处处长张维、第六战区长官部卫生处长陈立楷等也赶往陬市和桃源县城督导防治，并饬令桃源、临澧、石门、慈利4县实行交通管制。

为保证防治工作的顺利开展，中央卫生署于6月6日以卅一防字9642号代电，呈请核发湖南省政府临时防疫费120万元，并请先以紧急命令发给40万元，以资应急②。

在湘西防疫处的领导下，大幅度扩大了检疫范围，并对接触过患者的家属和亲友实行强制隔离，房屋进行消毒；奖励灭鼠。由于封锁街道，对行人强迫实行注射，到同年秋，总算报告县城人口约有一半接受了预防注射。正是因为建立了大规模的检疫网，才防止了鼠疫在湖南全省的大流行③。

日军暴行所导致的常德鼠疫大流行，一直持续到1943年上半年，湘西防疫处仍在进行防疫工作。1943年3月初，中央卫生署又派人送来了价值百万元的疫苗和药品。3月7日下午，湘西防疫处召开会议，商讨布置再次在疫区注射疫苗。会上决定加强宣传措施，动员居民配合防疫检疫，必要时再次实行交通

① 《鼠疫疫情紧急报告》民国三十一年六月五日第三十四号。

② 《鼠疫疫情紧急报告》民国三十一年六月十五日第三十五号。

③ 解学诗、松村高夫等著：《战争与恶疫——七三一部队罪行考》，人民出版社1998年版。

管制。5月5日，鄂西会战开始，驻武汉的日军第11军在鄂西与第六战区中国军队展开厮杀。离常德城不远的安乡、南县同时遭到日军攻击，安乡于5月7日陷落。日军为吃掉第六战区的生力军，摆出进击常德的态势。于是，常德城内开始疏散居民。6月15日，中国军队击退日军进攻，迫使日军全线退却，取得鄂西大捷。但是并没有驱散常德的紧张气氛，一场新的大战又在酝酿中，驻常德的防疫人员开始在战火中陆续撤退。

2. 日军在湖南各地进行的毒气战

在战争中，使用化学武器所造成的伤害远比常规武器严重，特别是没有有效的治疗方法。化学武器是毒气武器。抗日战争期间，日军不顾国际公法明文禁令，在中国战场大量使用化学武器特别是毒气武器对付中国军民。毒气武器的种类很多，包括催泪性毒气（刺激人体的黏膜，使人流泪，同时有窒息性作用，该毒气以绿色色带为标志，有"绿一号"和"绿二号"之分，对外称"绿弹"）、喷嚏性毒气（即二苯氢砷，被命名为"赤剂"，分两种，一种以装填在炮弹中用火炮发射，称"赤弹"；另一种以装填在金属罐中经加热放射，称"赤筒"）、窒息性毒气（即光气，被命名为"青一号"，对外称"青弹"）、糜烂性毒气（即芥子气，该毒气以黄色色带为标志，被命名为"黄一号"，对外称"黄弹"）、全身中毒性毒气（即氢氰酸，被命名为"茶一号"，对外称"茶弹"）等。湖南作为抗日战争进入相持阶段后的重要正面战场，中日双方军队在此长期拉锯，进行了多次重大会战，日军为了达到其进攻目的，曾在几次大战中大量地频繁地使用毒气武器，致使大量国民政府军官兵遭受毒气严重伤害。特别令人发指的是，日军不仅在战场上大量使用毒气对付中国军队，而且在撤退时或占领区内，也使用过毒气屠杀和残害手无寸铁的和平居民。

（1）日军在三次长沙会战中大量使用毒气

1939年9月，日本中国派遣军总司令部在南京成立，下辖24个师团、20个独立混成旅团、1个骑兵团，这些部队分为4个战略集团，即第11军、第13军、第21军和华北方面军，其中第11军配置在武汉地区，下辖7个师团、2个独立混成旅。湖南属于日军战略地图上的武汉地区，是著名的谷仓，是抗日战争时期国民政府粮食、兵源及工业资源的重要供给基地；同时，第九战区司令长官部设在省会长沙，自岳阳失陷后，长沙成为捍卫西南战略大后方的前哨阵地。从 1939 年 9 月至 1943 年 12 月，日军第 11 军先后对湖南省会长沙发动了 3 次大规模攻势，即三次"长沙作战"，中国方面称三次"长沙会战"。在这三次会战中，日军均使用过大量毒气，造成许多官兵中毒伤亡。其中规模最大的是新墙河畔的毒气战。位于岳阳县中部的新墙河，自东向西流经全县 33 个乡镇，最后注入洞庭湖。就是这条河流，在 1938 年 11 月日军占领岳阳、临湘后，成为中日双方对峙的重要分界线。河的北岸，是湘北日军的主要军事据点，也是日军南犯长沙的前进阵地；河的南岸，则是中国守军重兵把守。中日双方隔河相对，长期硝烟不断。几次长沙会战，盘踞新墙河以北的日军均以毒气开路，强渡新墙河南犯，最终又以退回新墙河以北结束战斗。

1）第一次长沙会战日军用毒情况

1939 年 9 月 14 日至 10 月 9 日，为了打击第九战区中国军队主力，巩固对武汉周围地区的占领，日军第 11 军乘欧洲战争爆发之机，集中近 5 个师团、飞机 100 架及海军一部，共 10 万余人，发动了以进攻长沙为目的的第一次长沙会战。第九战区则集中了 32 个师、3 个挺进纵队及海军布雷队一部共 30 多万人参战。在这次会战中，日军大量使用毒气。

日军在强渡新墙河向南进攻时，因遭中国守军顽强阻击，几次向守军阵地施放毒气，造成中国守军大量伤亡。具体情况是：在赣北、鄂南发动助攻期间，集结湘北的日军第 6 师团和上村支队、奈良支队等计 5 万余人，在冈村宁茨亲自指挥下，由粤汉铁路、湘鄂公路、长岳古道，经新墙河、汨罗江、浏阳河南犯，企图迅速夺取长沙。9 月 18 日，日军第 6 师团自岳阳及其东南的康王桥、大云山一线向中国军队第 15 集团军（总司令关麟征）第 52 军在新墙河以北的前沿阵地发起进攻。至 20 日的 3 天内，双方在金龙山、雷公山、下燕安、大桥岭等地反复争夺，中国守军本着逐次抵抗、消耗敌人的方针，顽强作战，多次击退日军进攻。日军为打开战局，采取密集的火炮轰击，并不惜违反国际公法，公然使用毒气。如 18 日当天下午 1 时 40 分，日军第 6 师团一部在进攻金龙山时向中国守军第 2 师第 8 团阵地发射毒气弹 200 余发。19 日上午 5 时 30 分，日军在雷公山一带向守军阵地发射烟幕弹和毒气弹；8 时 15 分，日军又集中火炮向金龙山、雷公山中国守军第 2 师第 8 团阵地展开更加猛烈的炮击，并在 15 分钟内发射了毒气弹数百发。一时间，阵地上到处弥漫着毒气，守军连长以下官兵 50 余人遭到毒气伤害。20 日，在下燕安、大桥岭一带，连续进行了两天攻击而未能得逞的日军，也向守军施放了大量毒气，致使守军出现重大伤亡。22 日，日军向草鞋岭一带发动进攻，遭到第 52 军第 195 师史思华营的顽强抵抗，日军再次使用毒瓦斯 15000 桶进攻该营，使史营遭受惨重牺牲，自营长以下官兵大部牺牲。至 22 日晚，日军第 6 师团和奈良支队均已突破中国守军在新墙河北岸的阵地，进抵新墙河，准备渡河作战，我担任新墙河北岸守备的第 52 军主力退到新墙河南岸防守。23 日拂晓，日军第 6 师团 5000 余人在炮兵旅 3 小时发射八九千发炮弹的掩护下，向中国守军坚守的大桥岭、小桥岭、马家院、七步塘一线猛攻，准备强渡新墙河。日军的强渡遭到南岸守军第 2 师和第 175 师的有力阻击，于是日军再次向中国守军阵地发射毒气炮弹。上午 8 时许，日军野战毒气队在约 8 公里的作战正面施放毒气筒（"赤筒"及特殊瓦斯）约 1 万个。灰白色的毒烟借着 2.5 米/秒风速的东北风越过新墙河，顷刻间，守军阵地 2 公里内的纵深地带全部被毒烟所笼罩。守军突遭日军大规模的炮火和毒气袭击，指挥、通讯受到破坏，部队因缺乏有效的防毒措施而发生恐慌，致使官兵中毒者迅速增多，毒死守军 700 余人，仅五街坊守军第 12 团就有 400 余人中毒。8 时 30 分，日军第 6 师团等部约 6000 余人在 10 余架飞机掩护下，戴着防毒面具渡过新墙河。日军突破守军阵地后，将守军中毒官兵全部枪杀。据统计，此次日军新墙河渡河作战中，中国守军官兵中毒阵亡者达 1200 余人。

当正面日军强渡新墙河向南进攻的同时，日军上村支队也于 9 月 22 日夜从岳阳起航，至次日晨，一部在洞庭湖东岸鹿角登陆，主力则迂回营田登陆。登陆前，日军也发射了烟幕弹和毒气弹，登陆过程中，又施放了 95 个毒气筒，日军登陆后，即在炮火和飞机掩护下向牛形山、天姓山、眼镜塘等处守军阵地发动猛攻。至 24 日下午，营田镇被日军占领。战斗中日军又发射毒气弹 20 余发。

关于日军在新墙河等地实行大规模毒气战的事实，有许多历史资料可以佐证。在（日）吉见义明、粟屋宪太郎所著《毒气作战的真相》中记载：日军主力第 6 师团渡过新墙河向南面地区的中国军队进攻的时候，大量使用了化学武器。"19 日向新墙河右岸攻击据点推进，23 日持续炮击新墙河敌军之河岸阵地，同时发射炮弹和毒气。"[1]

日军独立山炮兵第二联队《新墙河南方地区战斗详报》称：在这次作战中，决定 9 月 23 日黎明由炮兵进行的一小时的效力准备射击及攻击准备射击，接着打"白二星"、"白三星"信号弹，开始施放特种烟。

日俘高泽健儿 1945 年 9 月 10 日笔供承认：1939 年春季，在实施长沙北部地区第一次作战的初期，我配属于第九师团步兵第十九联队，在岳阳城南方的

---

[1] 原文载中华全国世界语协会主编：《世界》1985 年 9 月号，转引自步平、高晓燕、筐志刚编著：《日本侵华战争时期的化学战》，社会科学文献出版社 2004 年版，第 268 页。

新墙河畔，为掩护占领阵地的渡河作业（掩护配属师团的野战瓦斯第十三中队的放射准备），向一百米的正面放射窒息性毒气烟幕，炮兵也对阵地重要地点使用毒气弹。由于毒气窒息的结果，见有二三名战死，其余退却①。

日军步兵第六十八联队第一大队《赣湘会战战斗详报》中对营田等地作战使用毒气的情况有如下记述：步兵第六十八联队第一大队在 9 月 22 日至 26 日洞庭湖舟艇机动战及营田附近登陆战斗中，使用了 6 发四一式山炮毒气弹和 95 只毒气筒。在 9 月 24 日的战斗中，第三师团上村支队的最前线中队曾接到命令，在急袭突入眼镜塘无名寺附近中国军阵地和进入大洪山时，"如果情况允许，应施放烟（红筒）实施突击"，而所属的化学兵小队则"应捕捉战机施放发烟（红筒）压制敌人"。因此，上午 7 时 30 分左右"由炮兵向敌军阵地发射了 20 多发瓦斯弹"，迫使敌人"龟缩在战壕内不能向外探头"，之后立即冲进敌军阵地，"很快使敌积尸如山，血流成河，完成了对眼镜塘附近顽敌的歼灭战"②。

日军步兵第一五七联队第一大队《赣湘会战战斗详报》也有这样记述：9 月 15 日开始行动的步兵第一五七联队第一大队，至 10 月 12 日已使用了 1663 个红筒、90 个"发射红筒"（一种用抛射炮发射的红筒）。9 月 16 日，该部准备大规模使用毒气，进攻万步塆、水牛山，攻击计划如下：一、拂晓前向大垌刘南侧高地展开，完成攻击万步塆敌阵的准备，同时准备好使用特种烟。二、天一破晓立即进行两个小时的攻击准备炮击，冲进 0900 万步塆敌主阵地，接着突破水牛山、山前王附近敌军阵地，一举向沙古岭方面推进。在突入敌阵及尔后扩大战果时，均大规模使用烟，并以一部分烟弹协力奇袭汪村南侧的敌炮兵阵地③。

1984 年 10 月 31 日，日本《朝日新闻》刊登了日军在新墙河作战中施放大量毒气支援进攻的现场照片，只见照片上浓烟滚滚，直升空中。

町尻部队编写的《第六师团转战实录·赣湘篇》（1940 年油印件）中，前线的日军士兵们更是生动地描述了在毒气掩护下渡河作战的情况：

上级下达了"9 月 23 日上午 8 时 30 分一齐转入渡河，根据情况使用瓦斯"

---

① 中央档案馆、中国第二历史档案馆、吉林省社会科学院合编：《日本帝国主义侵华档案资料选编·细菌战与毒气战》，中华书局 1989 年出版。

② 转引自陈先初著：《人道的颠覆——日军侵湘暴行研究》，社会科学文献出版社 2004 年版，第 130—131 页。

③ 转引自中国抗日战争史学会、中国人民抗日战争纪念馆编：《侵华日军的毒气战》，北京出版社 1995 年版，第 147 页。

的命令。参加使用瓦斯的战斗，这还是第一次。虽然我们随身携带着防毒面具，可我还是感到从未有过的紧张……终于到了 8 点。野炮和山炮都开火了，此伏彼起的炮声打破了清晨的宁静……当设在后方的联队本部上空升起"白三星"时，中队长立即举起右手，我们便开始一齐渡河。野炮正在集中炮击正面的敌军阵地。我们都戴着防毒面具，所以虽然看到敌弹打得沙土飞扬，却听不到一点声音。眼看就到敌军阵地，在呼吸困难的情况下，上刺刀冲进敌阵，用发红的眼睛看看周围，只见有两三具被遗弃的尸体，敌军早已溃退。野炮在用叫人痛快的榴霰弹痛击溃退的敌军。瓦斯还像雾一样地残留在空中，因此还没有发出脱下面具的命令。头开始钻心地痛起来，感觉也跟着麻木起来。不久像雾一样的瓦斯消散了，我们得到（命令）允许脱下面具……转入突击时，我们小队正面之敌被切断了退路，正在左右乱转。乱哄哄地被围在凹地里的敌人，多半陷于昏迷状态。站着向他们不断射击，一个一个倒了下去，真够痛快![1]

下面一段资料是讲在后方服役的日军辎重兵中的新兵没有全部装备防毒面具，淋漓尽致地描述了红剂对人体的作用：

不久，前方像是起雾的样子。不知是谁喊了一声"是瓦斯"时，刹那间眼睛、鼻子开始疼痛……痛苦不堪。马上用水弄湿毛巾，堵住嘴和鼻孔，可是无济于事，痛苦不断加重。心里想着要尽快躲到安全的场所，可是已经到了眼睛不能睁、嘴巴不能说的地步，一下子成了瞎子和哑巴……为了活命拼命挣扎的样子是凄惨的，不光是别人，我自己也是……撞在大石头上，打伤了脚，使劲在地上擦头和脸，毛巾和衣服上全是泥，成了个泥人。从蒙住脸的湿毛巾里渗出的水，由鼻孔流到嘴里，更觉苦涩，每当这时，我就想是不是要死在这里了[2]。

2）第二次长沙会战中日军用毒情况

1941 年 9 月 18 日至 10 月 9 日，日军第 11 军主力第 3、第 4、第 6、第 40 师团共 10 万余人为了从中国战场抽调兵力向南洋扩张，决定采取以进为退的策略，发动了新一轮"长沙作战"，即第二次长沙会战。由于这次会战是机动战，日军没有大规模地统一使用毒气，可是在局部战斗中小规模使用毒气和脱离战场时使用毒气的事实是存在的。

9 月 18 日拂晓，驻新墙河北岸的日军开始全面攻击。在由杨林街到沙滩河下游一线约 20 公里区域内，日军部署的 322 门各种火炮同时开火，猛烈地轰击

---

① 步兵第十三联队第七中队桑原信二：《等待已久的令人痛快的新墙河渡河战斗》。

② 步兵第十三联队第一大队本部辎重一等兵田里有德：《在浓烟的突然袭击下忽然成了瞎子的队伍》。

新墙河南岸中国守军阵地，并发射了毒气弹。在炮火和毒气的支援下，日军分多路强渡新墙河。守军第20、第4、第58军等部与日军展开激战，迫使日军退回北岸。日军乃重新调整部署，以第3、第4师团等部为主力，在调集全部火炮对守军阵地进行猛烈轰击的同时，出动飞机实施轮番轰炸，并大量发射毒气弹，致使守军阵地大部被毁，人员中毒伤亡者不断增加，部队战斗力明显下降。日军趁机从潼溪街、新墙等处渡过新墙河，突破南岸守军防御阵地。其后，日军地面部队在飞行第44战队（约33架飞机）直接支援下，以一部向粤汉路两侧地区进行扫荡，主力则向长沙进击。9月28日，日第4师团早渊支队渡过浏阳河，占领长沙。29日，日第4师团主力也开进长沙。至此，日军认为已完全达到作战目的，再次决定"返转作战"，全面撤退。10月1日傍晚日军开始撤退行动。10月4日，日军平野支队在北撤途中，为了进占湘阴县城，施放了上万桶毒瓦斯和催泪弹，使守城的曹克人营大部死亡，留城百姓也大批被毒气窒息死亡①。

关于日军在第二次长沙会战中施放毒气的佐证资料如下：

日军步兵第一三〇旅团《浙赣作战战斗详报》（之四）引用的资料记述：当时一举燃放了约3000个中型红筒。"上述战斗是把中型红筒一字排列在准备突破的整个正面上，并在中国派遣军化学战教育队的指导下大规模放射毒气，然后突击的战斗。这是属于特殊战例。即在进行突破期间，枪炮战只是由某大队的一个中队和机关枪中队进行的大约20分钟的交火，其他并没有进行任何枪炮战便冲进敌阵。（在长沙附近）姜家坞一带的战斗中，黑濑部队依靠准备好的红筒，大大提高了突破的速度。"

日军步兵第二三六联队第一大队《长沙会战战斗详报》中也记述道：在这次会战中，步兵第二三六联队第一大队共使用了80个红筒②。

日军步兵第六十八联队对于毒气的效用大肆吹嘘，更是佐证了日军用毒情形：为了脱离战场，有时有效地使用了特种烟。在由长沙撤退时，为了脱离战场，较长时间使用特种烟压制敌人后脱离战场，轻易地实现了撤退的目的。……由于机动作战的关系，联队、大队一级没有统一使用过特种烟，但第一线中队在局部战斗中经常有效地、小规模地使用特种烟，致使战斗顺利进行。例如：使用特种烟，紧接着冲进敌阵，或者阻止并击退敌人的反击，或者顺利

---

① 湖南省政协文史资料研究委员会：《最悲惨的年代——日寇侵湘暴行实录》，岳麓书社1997年版，第71页。

② 资料来源于中国社会科学院近代史研究所、中国抗日战争史学会主办：《抗日战争研究》1996年第2期。

地脱离战场。等等①。

在同一篇报道中，第六十八联队还从积极进行化学战的观点出发，对今后进一步改善和提高使用毒气武器问题提出了建议：（甲）进行机动战的情况下，由每个大队组织指挥各自的化学兵小队，经常会贻误战机，因此"最好是让每个中队随时装备和携带特种资材，并见机合理地使用"。（乙）配备的化学武器中"有许多是旧的，点火装置已经损坏"，往往在"随身携带时受潮变质"，不能点火，因此，"这些特种资材需要更新"②。

3）第三次长沙会战中日军用毒情况

1941年12月太平洋战争爆发，日军为了支援香港及南洋部队作战，由第11军集中4个师团、2个混成旅及海空军共12万人，再度向湖南发动大规模进攻，即第三次长沙会战。12月23日，日军开始对新墙河一线发起进攻。24日强渡新墙河。中国军队根据前两次会战经验，采取彻底破坏道路，在中间地带空室清野，设置纵深伏击地区，诱敌深入，将敌围歼的后退决战方针。逐次抵抗，将敌诱至长沙以北地区实施包围。

在这次战役中，日军攻打长沙及撤退时均使用过毒气。1942年1月1日凌晨，日军第三师团一部3000余人越过浏阳河，从东南攻向长沙郊外守军第一线阵地阿弥岭和滴水井。中国守军预备第十师发动反击，先后两次击退进攻之敌。随后，日军出动飞机轰炸，继以炮火轰击，阵地工事被毁。2日上午，日军3000余人向预备第10师阵地金盆岭、黄土岭猛攻，该师集中所有迫击炮射击，压迫敌人东撤。3日，城北第190师阵地开始遭到日军第六师团主力猛攻。守备陈家山的该师第五七〇团与敌反复争夺，阵地三失三复，迫敌退出陈家山。日军第六师团在北面受挫，于是将攻击重点转向守军第三师阵地浏阳门、小吴门等处，并施放毒气和燃烧弹，企图从这一带突破，经几次冲击，同样没有得逞。日军连续3天攻打长沙，进展缓慢，伤亡严重，弹药粮食消耗极多，无法补充，便于4日开始向北攻击前进。在撤离长沙之前，日军对长沙城再次发动全线攻击，并在战斗中施放毒气。如在城北方面，日军第六师团以5000余人从拂晓至下午3时，向第190师的湘春路、周南女校等阵地发动2次进攻，并施放毒气。中国守军沉着应战，将敌人拒于阵地之外。1月4日起，日军向北撤退，沿途遭到中国军队打击。至15日，日军借助飞机救助，渡过新墙河，退回原来据点。中国军队毙俘日军5.7万人，取得了第三次会战的胜利。据日军步

① 步兵第六十八联队：《第二次长沙会战战斗详报》。
② 步兵第六十八联队：《第二次长沙会战战斗详报》。

兵第六十八联队《第二次长沙会战战斗详报》记载：在这次会战中，步兵第六十八联队在1941年12月14日至1942年1月16日期间总共使用了118个小型红筒、302个发射红筒及3发九四式山炮红弹①。

据《抗战五年来湖南省防疫工作总报告》记载，第三次长沙会战结束后，敌人在溃退时经常沿途散布毒菌，特别是遗留毒气弹和延性炸弹甚多，如长沙小吴门外南之宫附近中毒者达30余户，幸派医疗救护队进行救治尚早，未发生惨剧。

1942年2月28日白崇禧致军政部电中也提到：案据陆军第三十七军第一四零师梗辰午良代电呈，第三次长沙会战之战斗要报中有关贵部事项：（一）元月十二日新墙战斗敌以毒气袭击，我军中毒死伤率约为百分之四十以上②。

（2）日军在常德会战中频繁使用毒气

1943年11月，日军为了挽回太平洋等战场失利的影响，牵制和阻止中国远征军反攻缅甸和恢复滇缅公路国际交通线，拔除拱卫陪都重庆的战略要地常德这座屏障，企图通过战争夺取洞庭粮仓，扼断重庆的"谷仓"，缓解国内和占领区粮食恐慌的矛盾，为"实施平汉线之打通"③，保证部队供给，于是调集5个师团共10多万兵力，由第11军司令官横山勇指挥，依仗1941年11月对常德实施细菌攻击传染的"余威"，利用飞机、大炮、毒气向以常德为中心的周边各县展开大规模军事进攻。由于此次日军是以兵分数路的向心攻击配合对常德的核心进攻，战场范围波及包括澧县、石门、慈利、临澧、安乡、汉寿、南县、桃源、常德等数县在内的广大地区。常德会战于11月2日打响，历时50多天，至12月30日中国军队全部收复失地，日军退回原来阵地，常德会战结束，挫败了日军的阴谋和威胁，保证了中国远征军与盟军发动缅北战役的胜利。

日军在这次大战中使用毒气35次，每天均在2次以上，成为日军在对中国军队作战中使用毒气最频繁的一次战役④。大体经过是：11月2日薄暮，日军从松滋、公安、石首、华容出发分西、中、东三路大举南犯，其中西线日军突破暖水街防线后向石门推进，于15日攻陷县城。攻占石门过程中，日军于14日在川店铺、双溪桥一带与暂五师彭士量部大战时，因多次猛扑未逞，竟大量

① 实为第三次长沙会战。

② 中央档案馆、中国第二历史档案馆、吉林省社会科学院合编：《日本帝国主义侵华档案资料选编·细菌战与毒气战》，中华书局1989年出版。

③ 蒋纬国主编：《抗日御侮》第九卷，台北黎明文化事业出版公司1979年出版，中国第二历史档案馆馆藏。

④ 彭明主编：《中国现代史资料选辑》（第五辑），中国人民大学出版社1989年版。

施放毒气弹、催泪弹和烟幕，致使该部加强营自营长以下近1000人全部遇难。与此同时，日军突破守军在石门易家渡的防线，向慈利县境内进犯，并在该县东北之祖师殿、赤松山及以南之落马城、羊角山一带大规模使用毒气①。11月17日，日军从石门入侵桃源县境，21日攻占县城。自湖北公安南下的日军一部，于11月15日攻占津市，随后又占领澧县、临澧。从华容向湖区推进的东路日军第68师团一部，于11月22日兵分两路进攻汉寿，并以飞机10余架低飞掷弹，大放毒气，掩护部队进攻，中国军队伤亡惨重，遂向汉寿核心阵地转移，次日晨，日军增援部队700余人由围堤湖、沅水登陆汉寿西北，向中国守军东西北三面夹攻，中国守军伤亡殆尽，汉寿城陷。随后，南县、安乡均被日军占领。11月18日，日军开始围攻常德，首先攻打河伏和德山两个据点。21日，日军第116师团第120联队3000多人，在大炮、飞机、骑兵的配合下，采取整排连波式阵密集冲锋的战术，猛扑河伏山守军阵地。由于守军第57师袁自强营进行殊死抵抗，与日军血拼肉搏，使其无法向前推进。日军多次使用炮火、烟幕弹和毒气弹猛攻，经过10多次激烈战斗，河伏镇、沿河碉堡及部分山头夷为平地，500多名官兵全部阵亡。23日，日军为攻占德山，使用大量毒气向第196团第三营阵地进攻，给该营官兵以重大杀伤。24日，各路日军均抵达常德四周。随着东、中、西三路日军在常德外围的强势进攻以及石门、慈利、桃源、澧县、临澧、南县、安乡、汉寿等县的相继攻陷，日军完成了对常德的包围，战场重心移至常德城区。25日，日军4万多人从东、西、北三门附近地区开始向常德城全面进攻，逼近城垣。当时守备常德的部队系国民党第74军57师，由副军长兼57师师长余程万率领8500多名士兵进行顽强抵抗，使日军进犯艰难，每前进一步都付出了惨重的代价。这时，日军公然违反国际法，部署毒瓦斯部队，使用催泪性、喷嚏性、窒息性、糜烂性等毒气，向守备部队阵地发射毒气弹。国民党第57师虽系蒋介石嫡系部队，但其装备与日军比，仍比较差，没有防毒面具，只能用肥皂、毛巾等简单的办法防毒，因此不少士兵死于毒气。27日，围攻常德日军在飞机、炮火及毒气掩护下，发动环城攻势。30日，日军用21架（次）飞机向城区投放了大量毒瓦斯。28至30日，日军还先后在常德城郊的长生桥、鼎新电灯公司、落路口、西门城门口、东门近郊、北门近郊等处使用了大量毒气。在进攻东门、西门、小西门、北门、下南门城基一线时，均用毒气开路。特别是当日军把进攻重点转向北门以后，对小西门、北门、马

① 《敌寇迭施毒气》，载《国民日报》1943年11月23日。

木桥一线，在将其城基用炮火全部摧毁以后，连续多次使用毒气进攻，第57师171团（杜鼎团）在此守备部队几乎全部阵亡。日军就是用这种极其恶毒的手段，首先从北门一线打开缺口，攻进城来。在巷战中，日军最害怕肉搏，每次和第57师士兵肉搏部队都吃了大亏，因此又照样用毒气开路，在人民东路、人民中路、兴街口一线都是使用毒气。日军在此一线，几乎每前进一步，都是靠毒气和火攻。日军使用毒气，使中国军民造成大量伤亡，许多抗日将士和无辜平民死于日军的毒气之下①。12月3日，常德城陷落。4日，日军以机枪、迫击炮狂恣轰射，又施放毒气，中国守军第九团周营南面阵地遭炸坏，全团殉国。至6日，德山沦于敌手。

下面是有关日军用毒的部分历史记载：

《自由西报》所载《常德保卫战》一文称：（十一月）十八、十九、二十日，敌军先后在慈利东北徐书店及常德南面的落马场、杨朱场及牛鼻滩附近施放毒气，华军受害甚巨，敌方司令部旋施〔施放〕毒气的命令已在敌尸中搜出。二十三日晨，敌增援部队陆续到达常德，在大炮飞机掩护下向城内猛扑，并使用毒气及烧夷弹②。

中央社重庆1943年11月28日电：常德城区二十六日整日血战，敌机轮番轰炸，大炮轰击，此一日内并连续施放毒气十三次。敌攻我阵地不下，竟视国际禁例为弁髦，出此惨绝人寰，卑劣残暴行为，令人愤慨。

国民政府军事委员会编印《常德会战大事记》记载：十二月三日，日军对常德继续猛攻，并大量施放毒气③。

1945年9月《抗战八年来敌军用毒经过报告书》记载：常德敌于十二月七日攻傅家庙（刘家场西）时，其炮兵即射击喷嚏性毒弹达五百余发之多④。

（美）爱泼斯坦所著《常德之战》称，十一月二十九日，在坚守南城头时，我（第五十七师士兵顾斯文）肩头曾为枪弹射伤，同时还中了催泪和喷嚏性毒气⑤。

长沙《大公报》1943年12月30日刊载《孙代长官郭参谋长对记者谈话：

---

① 湖南省档案馆：《日本帝国主义侵湘档案史料汇编》下册（内部资料），1996年10月，第478—479页。

② 转引自徐浩然编：《近代中国史料专刊第七十七辑·常德抗日血战史》，文海出版社有限公司印行。见该书第6章第2节：《国外舆论》。

③ 转引自《常德抗日血战史》，第919页。

④ 中国第二历史档案馆编：《中华民国史档案资料汇编》第五辑第二编军事（五），江苏古籍出版社1994年版，第964页。

⑤ 载湘灾筹赈会编印：《常德大捷与敌寇暴行》（1944年4月），第16页。

常德会战大胜之经过》一文称，敌寇不顾国际公德，此次共放毒八十余次，我中毒官兵不下一千余人，其毒剂种类，概为催泪性、喷嚏性、窒息性等毒剂，以飞机散布，以山炮、迫击炮、掷弹筒抛射，烟罐吹放。

第六战区司令长官司令部印的《第六战区常德会战战斗要报》（附录）《敌使用毒气概况》一文，对日军在常德及周围地区用毒情况更是作了详细介绍：

此次常德会战，敌惨无人道，使用毒气次数之多，为抗战以来所仅见，其概述如次：

（甲）敌先后总共用毒七十四次（次数不明者，以一次计算）。

（乙）敌对我用毒最多之地点：（一）常德城及其附近三十五次，（二）仁和坪附近八次，（三）宜昌外围七次，（四）其他地点二十四次。

（丙）我受毒最多之部队：（一）我常德守军五十七师，被毒三十二次，（二）我仁和坪附近十三师，被毒七次。

（丁）敌一日中用毒最多之一次，为十一月二十六日，对我常德守军，施毒十三次。

（戊）敌用毒规模最大之一次，为十二月七日仁和坪之敌，用山炮迫击炮向我十三师傅家庙阵地，发射毒弹五百余发（我中毒一百余人）。

（己）我中毒人数最多之一次，为十一月二十九日，十二师在仁和坪附近中毒三百余名。

（庚）我各部队中毒伤亡情形：（一）中毒者，官兵共约五百三十五人（凡报全排全连全营大半中毒，而无确实数字者，概未加入，此仅根据电报中毒人员数字统计），（二）中毒伤亡者共四人（十三师），（三）我中毒最高人员，为十三师靳师长（在仁和坪指挥所）。

（辛）敌用毒后对我之战况影响：（一）使我已攻入敌据点部队，因敌用毒被迫退回原阵地，不能达成任务者四次，（二）使我阵地陷敌者六次，（三）其他各次对我战况均不发生影响。

（子）敌对我用毒之时机：（一）午前四时至十时，对我用毒八次，（二）下午四时至七时，对我用毒十二次，（三）上午十时以后至下午二时以前，对我用毒四次，（四）不明时间者四十次。

（丑）敌用毒之种类：（一）催泪性三次，（二）喷嚏性五次，（三）窒息性一次，（四）糜烂性一次，（五）窒息性糜烂性混合使用者一次，（六）窒息性催泪性混合使用者一次，（七）毒气烟幕混合使用者一次，（八）毒气种类不明者六十一次。根据所报中毒症状，似以喷嚏性之二苯氰胂毒气为最多数，又敌用窒息性糜烂性毒气虽据报但迄未证实（正查询中）。

（寅）敌用毒兵器：（一）飞机布毒一次（尚未证实），（二）山迫炮弹放射者十四次，（三）掷弹筒抛射者二次，（四）毒烟罐吹放者二次，（五）用毒武器不明者五十五次。

（卯）卤获敌用毒证据：（一）敌前崎部队迫击炮用毒命令原件，（二）毒烟罐三十七罐，（三）毒气掷榴弹十枚①。

（3）日军在长衡会战中反复使用毒气

1944年5月，日军发动了以打通粤汉、湘桂铁路为主要目的的长衡战役。27日，战斗正式打响。是日，日军第11军兵分3路由洞庭湖两侧地区，以钳形攻势向湖南发起进攻。左翼日军第3、第13师团于29日突破守军第72军之通城防线后，分赴湖南平江、江西渣津。右翼日军第40师团及独立混成第17旅团由华容南下，渡洞庭湖向沅江守军第99军阵地进攻，6月5日攻占沅江，继续向南推进。6月16日，在进攻宁乡时，特别当展开巷战时，日军像以往历次作战时一样，进行违背国际法的毒气战，调遣第101师团的毒气部队发射了大量燃烧弹和毒气弹，致使中国守军第58师众多官兵中毒伤亡。之后，日军在向永丰（今双峰境内）地区进犯时，遭到中国守军有力阻击，被迫暂取守势。正面日军第68、第116师团从岳阳东南地区发起进攻，突破守军第20军之新墙河南岸阵地后，向南疾进，于30日直趋汨罗江北岸。6月1日晨，第116师团之黑濑联队（第133联队）渡过汨罗江，2日占领栗山港。3日，日军第二线兵团之第34、第58、第27师团相继加入正面作战。至6月6日，正面日军全部突破汨罗江守军第37军防线，进抵永安市、捞刀河、沅江之线，两翼分犯古港、益阳。正面日军继续向长沙、浏阳进逼。其左翼挟其优势兵力猛扑浏阳，守军第44军喋血奋战9昼夜，终因战力残破，于14日退至浏阳城南郊。捞刀河北岸日军第34、第58师团于6月9日强渡后，又于12日渡过浏阳河，趋向长沙、渌水，逐次完成包围态势，迫近长沙外围主阵地。14日，日军与长沙守军第4军发生激战，反复争夺；17日，日军发动总攻。长沙外围红头山、黄土岭等守军阵地相继失守，守军退守妙高峰、天心阁、桃花山核心阵地。18日晨，日军在飞机重炮火力掩护下，向妙高峰、天心阁、桃花山等阵地发起猛攻，并大量施放毒气弹，守军官兵中毒伤亡过半，战斗力大减。岳麓山核心阵地被突破，

① 转引自陈先初著：《人道的颠覆——日军侵湘暴行研究》，社会科学文献出版社2004年版，第326—328页。

当日下午，日军第58、第68师团占领岳麓山和长沙城。长沙城沦陷，守军败退湘南。

　　长沙沦陷后，衡阳完全暴露在日军兵锋之下。衡阳是湘南重镇，这里不仅因有粤汉、湘桂两条铁路线交汇成为东南诸省进入广西的必经通道，而且也是大后方通往东南各省公路枢纽，当然更是战时中国大后方的重要屏障。正是因为衡阳具有如此重要的战略地位，所以日军一开始就将攻取衡阳定为湘桂作战第一阶段必须实现的目标，并将其视为推动战局展开的关键。日军占领长沙后，按既定计划向衡阳进逼。其左翼之第3、第13师团于6月23日占领醴陵，随即由醴陵地区南下，于6月24日攻占攸县，直趋安仁，向衡阳东南实施迂回。右翼日军第40师团由宁乡南进后进入永丰、双峰，继向金兰寺（衡阳县内）推进，准备宝庆方面作战。在左右两翼策应下，日军以其第116、第68师团从正面沿粤汉线两侧迅速南下，经株洲向衡阳方向突进。6月24日晚，日军第68师团进占湘江东岸，在对五马槽一带守军阵地进行攻占时，由于屡扑不成，遂施放催泪性、喷嚏性毒气，并对守军阵地大量发射糜烂性毒气炮弹，致使守军官兵中毒伤亡甚众。6月26日，日军第68师团一部占领衡阳机场，其主力渡过湘江进至衡阳西南时，遭到守军顽强抵抗，被迫中止攻势。27日晚，第68师团、第116师团在从西面及西南面形成对衡阳的包围态势后，对火车西站、汽车西站、枫树山一带守军阵地发射毒气炮弹，迫使守军撤出战斗。6月28日拂晓，日军开始对衡阳城发起攻击。由于守军第10军防御坚固，致使日军进展缓慢。为了达到攻击目的，日军集中炮火对衡阳城内守军阵地及其他重要目标进行猛烈轰击，并发射大量燃烧弹和毒气弹。6月28日起，日军对张家山守军阵地施放大量毒气弹，守军第十师二十九团一、二两营伤亡过半；同日，日军对瓦子坪、易赖街之线守军阵地施放毒气，并用飞机狂炸，造成守军第三师七团一营官兵大量伤亡，营长许学君阵亡；6月29日夜间，日军向衡阳市区施放中毒性毒瓦斯。6月30日午后4时，日军对五桂岭南端守军阵地发射毒气弹30分钟，守军预备第十师二十八团三营七连官兵80余人全部中毒死亡。然而，在弥漫的毒烟中，中国守军仍顽强地抗击日军，使日军攻击屡屡受挫。为摆脱被动局面，7月2日上午，日军再次以猛烈炮火对守军阵地发起冲锋，并再次发射毒气弹。守军仍顽强地坚持在被日军炮兵摧毁的阵地里进行抵抗。鉴于日军第一线各部队损失很大，加上各部队炮兵弹药殆尽，第11军决定从7月2日午夜1时起停止部队进攻。但日军的毒气攻击却没有停止。7月5日至8日，日军每天黄昏后，都分别向江西会馆、枫树山、机修厂、张家山、虎形巢各中国守军阵地施放毒气，致使大批官兵中毒。日军经过重新部署后，于7月11日晨开始了对衡阳城的第二次攻击。这次，日军以衡阳城之西南角为攻击重点，逐步缩小包围圈，但进展仍不顺利。于是日军在其空、炮火力支援下连续攻击，同时又向衡阳城内发射大量燃烧弹和毒气弹，致使城内多处起火，毒烟四处弥漫。7月11日至13日，驻守杜仙街、杨林街阵地的第三师七团二营，驻守易赖街阵地的第一营，驻守青山街、县立中学之线阵地的第三营，均遭受日军的毒气弹炮击，官兵伤亡惨重；日军在攻击虎形山、张家岭、肖家山等守军阵地时，也大量施放了毒气。7月14日午后，日军对驻守虎形巢阵地的第二十九团一营官兵空袭、炮击并施放毒气，守军工事大部分被毁，官兵多数昏迷。7月15日午后，日军向五桂岭南端阵地施放毒气，守军预备第十师二十八团三营八连伤亡惨重。守军仍然顽强抗击，战至20日，日军虽攻占了部分阵地，但伤亡惨重，进攻被迫再次中止。经过再次调整和充实兵力后，日军于8月3日夜开始了对衡阳的第三次进攻。一面利用空军对衡阳的守军重要据点进行全面的轰炸，一面指挥地面部队不分昼夜地轮番攻击，激战至6日，突破小西门附近一角和城北部分阵地而冲入城内。7日，日军第58师团的第一线部队攻占了市政府、农业学校等据点，到达湘江东岸，之后沿市中心的施正街、卫生街等街道前进。至8日拂晓，占领了衡阳大半个市区。与此同时，日军右翼部队也进入市区南端。至此，衡阳失守。在衡阳会战期间，由于日军大量施放毒气，致使守城官兵中毒伤亡者甚多，预备第十师三十团战后仅存8人，守城官兵17500余人，伤亡15000人，伤亡率达85%以上①。

此外，日军在湘西会战中也使用过毒气。1945年4月19日，日军第68师团之第58旅团进至新宁小麦田、峡山口、隆回司之日军2000余人，分向石桥铺、报木塘、土岭界、魏家段绕袭。中国守军第55团与敌苦战，日军竟施放毒气，中国守军伤亡惨重。

日军不仅在战场上大量使用毒气武器对付中国军队，而且在"打捞"、"扫荡"时也丧心病狂地利用毒气残杀无辜百姓。1941年9月中旬，日军进攻湘阴周家咀时，发现躲进洞内24名村民，即用棉絮堵住洞口，再注入毒气，将村民全部毒死洞中，至今在毒气杀人处建有"教育洞"。1944年长沙沦陷后，几架日机在洞井洪塘村学堂屋、竹园一带狂轰滥炸。据一位老人回忆：当时这里两个祠堂，每个祠堂住了三四百难民，共有七八百难民。日本飞机这次投了不知

---

① 湖南省政协文史资料研究委员会：《最悲惨的年代——日寇侵湘暴行实录》，岳麓书社1997年版，第361页。

是什么毒，只晓得飞机走后，一些难民突然都泻肚子、下痢，几天时间大都病倒了，不到一个星期就死了 160 多人。特别是 6 岁以下的小孩子，由于生活困难，身体虚弱，抵抗力差，中毒后死了 80 多人①。位于常宁县城东北角的烟洲，在宋代就是常宁县北乡的 9 个集市之一。日军侵占烟洲前，这里共有居民 358 户、1200 多人，是一个较繁华的商业集镇。1944 年被日军占领后，这里的居民死于日军毒刀、毒弹、毒气和瘟疫的达 637 人。1944 年农历 11 月 3 日，一群日军到道县楼田村骚扰，见 2 个小孩往后山上跑，即跟踪追去，发现黑岩洞内有人，便用干柴烧燃干辣椒和施放化学毒物，再用风车向洞内鼓风，洞内 568 人全部被烧死呛死，共死绝户 31 户，在名可查的 420 余人。1945 年 2 月，日军撤离茶陵时，施放了大量化学毒剂，造成这里无法治愈的伤害。

3. 抗战期间湖南全省开展疫病防治概况及经费开支

历史上，湖南疫病流行以霍乱、痢疾、伤寒、疟疾最盛行，天花、麻疹、白喉、脑膜炎、回归热、斑疹伤寒等间有发现。抗日战争时期，由于战争的因素，大大增加了各种疫病发生流行的可能性与严重性，特别是日军人为地制造了生物化学的传染源，更增加了卫生防疫工作的复杂性与艰巨性。当时除了一般防疫外，还有大量紧急疫病的防治。负责防疫的机构除各级卫生医疗单位（包括省立传染病医院、省医院和县市卫生院）外，每当夏秋两季来临或发生重大疫病时，均增设隔离医院、检疫站，配以巡回医疗防疫队，会同红十字会及卫生署救护队、医防队、公路卫生站等于各处交通要点、疫情严重之地方，开展防治工作。因此，抗战期间全省用于疫病防治的各种经费开支大为增加。

（1）全省开展防疫工作概况

为了加强对全国各地的疫病防治工作，抗战期间，国民政府在发生传染病的地方（省）创建了军事编制的专家队伍——防疫部队，并由中央卫生署、军政部和红十字会分别组织。中央卫生署医疗队共建立了 11 个大队，下辖 25 个中队、11 个防疫医院、5 个卫生材料站、1 个细菌检验队和 1 个卫生工程队②，

---

① 湖南省政协文史资料研究委员会：《最悲惨的年代——日寇侵湘暴行实录》，岳麓书社 1997 年版，第 224 页。

② 《医疗防疫总队十周年纪念刊》，中国第二历史档案馆藏，档案号 372—226。

总部最初设在湖南长沙，后迁至广西桂林、四川重庆等地，其中配置在湖南境内的驻耒阳的第7中队，驻零陵的第11中队，驻辰溪的第14、15中队，驻邵阳的第7防疫医院，驻芷江的第4防疫医院等①。中国红十字总会在救护总队下组建了37个医疗队，后改编为10个医疗大队，每个战区配置一个大队。军政部组建了4个防疫大队另3个分队，后扩充为9个大队另1个分队，其中配置在湖南境内的有本部设祁阳的第2防疫大队（第三战区）和设衡阳的第1中队；本部相继设衡山、长沙的第2防疫分队（1941年9月改为第4防疫大队），设衡山、邵阳的第1小队，设长沙的第2小队，设沅陵的第3小队；本部设长沙的第4防疫大队，设常德的第1、2中队，设沅陵的第3中队；本部设衡山的第9防疫大队，设湘潭的第2中队，设常德的第3中队②。

由于卫生署医疗防疫队、军政部防疫大队、红十字会医疗队在各地部署的防疫人员人数都不多（1940年时约有1200人），在发生传染病时要进行有效的医疗防疫活动，就必须有各机关的合作，因此国民政府卫生署于1940年5月召开了全国防疫会议，决定建立防疫联合办事处，由军政部军医署、后方勤务部卫生处、红十字总会救护总队4个部门提供人员、经费。随后，办事处开始向各地防疫机关定期下发由其所属卫生机构上报的传染病情报编成的《疫情旬报》，并开始调查地方的防疫设施，向传染病发生地区派遣人员和组织防疫等活动。

抗日战争期间，湖南一直处于正面战场，战事接连不断，因战乱环境污染及日军人为制造的传染源，使霍乱、鼠疫、痢疾、脑膜炎等急性疫病广为流行，全省防疫工作十分繁重。据湖南省卫生处1943年编印的《抗战五年来湖南省防疫工作总报告》，1938年至1942年的5年间，全省发生过霍乱、伤寒及副伤寒、斑疹伤寒、赤痢、天花、白喉、猩红热、流行性脑脊髓膜炎、鼠疫等传染病，每年的患病总人数分别为5822人、5572人、6006人、3686人、7704人。为防治这些疫病，在省卫生处组织下，全省投入了大量人力物力开展了疫病防治工作。

防疫分为一般防疫和紧急防疫两种。一般防疫包括免疫接种、疫情报告、夏令卫生运动、检疫隔离等工作；紧急防疫则是开展各种突发性疫病的防治。

一般防疫方面，主要做了如下工作：1）组织全省防疫情报网。遵照中央规

---

① 《内政部卫生署防疫队各队院站统计一览表》，1939年9月1日，中国第二历史档案馆藏，档案号467—28。

② 《大队长官驻地变化状况（民国二十九——三十年）》，中国第二历史档案馆藏，档案号805—518。

定，结合本省实际，以省卫生处为中心，联合中央与红十字会驻湘机关、战区、兵站卫生机关和邻近6省卫生处及省内所属各县卫生院，组织了全省防疫情报网，每周互通情报一次，除紧急情报随时互换外，每周均与中央防疫联合办事处互通情报，遇到诊断发生疑问时，即派员实地调查检验。2）厉行预防接种。1938年至1945年，每年组织接种牛豆和进行免疫注射。据统计，湖南省卫生处所属机关历年接种牛豆人数分别为411767人、126069人、1177607人、1501440人、395605人、1024052人、108000人（因1944年大部分地区沦陷，故缺当年统计数）；进行免疫注射人数分别为327563人、3499551人、2474965人、1773241人、845459人、439268人、45300人。3）发动各县夏令卫生运动。各县历年均组织防疫委员会办理一切防疫事宜，扩大卫生宣传，由省卫生处印发大批防疫标语传单进行宣传。4）设置防疫机构。每年都要选择交通要地设置隔离病院和检疫所，实施交通检疫，严密隔离治疗，据统计，1938年设立省隔离病院10院、省临时医疗防疫6队；1939年设省隔离病院11院、省检疫所11所、省临时医疗防疫5队；1940年设省隔离病院11院、省检疫所10所；1941年设省隔离病院14院、检疫所12所；1942年设省隔离病院12院、省巡回卫生工作队5队、省防疫检疫站14所；1943年省检疫站13所、省巡回卫生工作队2队、卫生工作队2队；1944年设湖南医疗防疫队5队；1945年设省医疗防疫队5队、巡回卫生工作队1队。长沙、衡阳、株洲、湘潭、衡阳、耒阳、平江、浏阳、湘阴、茶陵、醴陵、常德、津市、郴县、安仁、零陵、邵阳、永丰、沅陵、芷江、辰溪、安江、晃县、所里等地均设立过隔离病院和防疫检疫所。5）赠送急救药品。每年均购备大量急救药水分发边远各县①。

紧急防疫方面，主要做了如下工作：1）办理战区医疗防疫。三次长沙会战期间，因战争激烈，双方人畜死亡惨重，引发霍乱、痢疾流行，所有负伤军民老弱妇孺需要救护，战地饮水需要消毒，为此专门成立了饮水消毒队，开展了大规模的战区医疗防疫工作。1939年第一次长沙会战结束后，湘北地区因死亡枕藉引发疟疾等疫病流行，于是调集长沙、株洲隔离病院及检疫所人员组成临时医疗防疫一大队，下设4个小队，分别前往湘阴、浏阳、平江、长沙东北乡等地开展防治工作。1941年9月日军第二次进犯长沙期间，为开展救护负伤军民和进行战地饮水消毒，再次组织战区临时医疗防疫队两大队，下各设4个小队，共8队，除平江、常德各留一队驻县工作外，其余各队分两批先后从耒阳

<hr />

① 湖南省卫生处编印：《湖南省防疫工作报告》，民国三十二年四月，湖南省档案馆藏，档案号74—3—6；湖南省卫生处：《本处抗日战争期间有关卫生事业行政史实文件》，湖南省档案馆藏，档案号74—4—32。

出发，分布于衡山至湘潭下摄司公路线、衡山至株洲渌口线、长沙至黄花永安一线、长沙至白马铺水渡河安沙福临铺一线、浏阳至醴陵一线、长沙至平江岳阳一线开展救治工作，除进行手术医疗外，尤其注意改良环境卫生、指导防灭蚊蝇及饮水消毒等。1942年第三次长沙会战结束后，战区民众疾病死伤严重，省卫生处奉命组织战区临时医疗防疫队三大队，每个大队辖2中队，每个中队辖3分队，共计18分队，另组手术队一队、检疫队一队，奔赴战区工作。在长沙城内及近郊设立临时难民医院和临时治疗所，收容诊治伤兵难民、清理掩埋尸体，进行环境消毒、推广卫生教育，并开展敌人沿途有无散布毒菌情形调查，前后工作近4个月。2）防御鼠疫。鼠疫在湖南历史上未曾发生过，但自1941年11月日军飞机在常德投下带鼠疫菌的颗粒物后，便导致常德地区鼠疫的大流行。前面已提到，为防治常德鼠疫，中央到地方都投入了大量人力物力。因鼠疫为患甚烈，自1940年10月敌机在浙江宁波等地散播鼠疫杆菌引起鼠疫大流行后，湖南省卫生处即严密注意防疫工作，不仅制定了《湖南省防御鼠疫实施办法》，呈由省政府通令各县遵照办理，共分6项：组织鼠疫情报网、组织鼠疫流动检疫站队、扩大防疫鼠疫宣传、厉行杀鼠灭蚤、实行交通检疫、购备防治鼠疫药品器材。并在全省范围内开展了捕鼠灭蚤运动，省建设厅令湖南省机械制造厂制造鼠笼捕鼠器4百只，分发各县仿制，在全省各地举办捕鼠竞赛活动，设立捕鼠奖金，其中衡阳、常德、桃源、长沙等县成绩最佳。1940年12月，日机轰炸长沙时，在市郊庆华乡投下红色布包，内裹花生蚕豆数小包，当时小孩捡食，即昏迷不醒，施救始愈。"当时将所投之物焚烧，绿焰熊熊，令人咋舌。"由此证明，日军业已开始采用细菌战毒害湖南同胞。于是，省防空司令部在1941年1月关于全省空袭概况中专门制定了"今后注意事项"，提醒全省军民重视防疫细菌攻击之事。1941年11月常德鼠疫发生后，全省防治鼠疫工作更趋紧张。湖南省政府主席兼第九战区司令薛岳特饬省卫生处制定了《湖南省防御鼠疫计划实施办法草案》，共10项。为了让人们更多地了解和掌握防疫鼠疫的方法，由省卫生处组织编写了防疫宣传小册子，印发3万册，分赠各县进行宣传，告之防疫鼠疫的正确方法，并且在全省范围内开展了大规模的杀鼠灭菌运动。捕鼠灭蚤方面，提倡家家户户养猫或设置捕鼠器，并从省库拿出16500元作奖金，推行灭蚤办法，宣传灭蚤剂的配置，准备拿出20万至50万元用于灭鼠费用；交通检疫方面，在一些重要交通路口设交通检疫站，配置军警及卫生人员严厉执行检疫；向中央防疫处购买鼠疫血清疫苗，向香港定购黄安、红汞、注射器、硫黄、氰化钾、硫酸等药品，购置防疫人员装备器材，如橡皮手套、橡皮鞋、无缝手术衣等，派出医疗队开展救治鼠疫病人工作①。3）防治霍乱、痢疾、脑膜炎等。1939 年至 1945 年间，因战争的影响，后方较大城市难民混集，霍乱、痢疾流行区域遍及全省各地。据统计，1939 年夏湘潭、沅陵等41 县发生霍乱；1940 年夏，长沙、衡阳、桑植、滨湖各县共 37 县发生霍乱；1942 年夏，缅甸归侨七八千人分批由昆明运送经黔桂湘等地转粤闽其中多患时疫，途经衡阳、耒阳等地时，造成当地霍乱盛行，波及 46 个县市，患者多达2392 人，死亡 753 人，全省各级卫生部门迅速组织开展了霍乱救治工作，设立饮水消毒站 15 处，开展预防注射、散发药品和隔离医治患者等，使霍乱得到有效遏制。1943 年春，衡阳市发生脑膜炎流行，幸得及时救治而制止。

（2）全省用于疫病防治的经费开支

抗战期间，由于疫病的广泛流行，用于防治疫病的工作经费大为增加。根据湖南省卫生处统计室所制《湖南省历年省县市卫生经费统计表》记载，1937年至 1945 年，全省历年省县市用于支付省县市卫生经费（含省拨款、市县拨款和中央补助费等）分别是 187715 元、111163 元、309213 元、1176119 元、3796313 元、6222162 元、21345503 元、3960931 元、22860952 元。而全省省县市的卫生防疫费分别为 3050 元、45172 元、73450 元、89568 元、218616 元、1100000 元、300000 元、800000 元、1200000 元②。

据统计，为筹建隔离病院、检疫所等防疫机构，全省投入了大额经费。以1941 年、1942 年为例，其中 1941 年共设隔离病院 14 所，每单位月开支 1163元，工作 4 个月，共开支经费 65128 元，设检疫所 12 所，每单位月开支 584元，工作 4 个月，开支经费 28032 元，全年两项开支总计 93160 元；1942 年共设隔离病院 12 所，每单位月开支 4117 元，工作 4 个月，共开支经费 197616元，设检疫所 14 所，每单位月开支 2220 元，工作 4 个月，共开支经费 124320元，全年两项总计开支 321936 元。

1939 年至 1942 年全省用于春夏季防疫费（包括汽车、火车、轮船、民船的检疫费，种豆和免疫注射费，卫生宣传教育费、环境卫生消毒费等），每年分别为 73405 元、189568 元、231216 元、400000 元。

1941 年全省用于防御鼠疫费用计划需 9868000 元，其中防疫委员会经费

---

① 湖南省卫生处：《本处抗日战争期间有关卫生事业行政史实文件》，湖南省档案馆藏，档案号 74—4—32；《湖南省政府卫生处关于全省防毒计划措施及防治经过》，湖南省档案馆藏，档案号 74—4—200。
② 湖南省卫生处：《本处抗日战争期间有关卫生事业行政史实文件》，湖南省档案馆藏，档案号 74—4—32。

80000 元，俸给费 10000 元，雇员薪 10000 元，办公费 70000 元，邮电费 50000 元，杂支 20000 元，鼠疫流动检验经费 884500 元，鼠疫检验设备费 734500 元，检验人员旅费 150000 元，防疫宣传费 1600000 元，包括编印各种宣传品，宣传传单 30 万份，标语 5 万份，小册 10 万份。扩大捕鼠运动经费 2150000 元，其中制作捕鼠器 5000 只；捕鼠奖金 1650000 元；检疫站及预防设施经费 5103500 元，其中防疫站经费 103500 元，俸给费 84000 元，办公费 19500 元；预防设施费 5000000 元，包括疫苗血清 1300000 元，药品器材 3400000 元，包装邮运费 300000 元。

1942 年全省防疫临时费共计 4000000 元，其中：春季防疫费 11000 元，预防药品费 8000 元，牛豆苗 8000 元（购买牛豆苗 5000 打），特别费 3000 元，邮运费 3000 元；夏季防疫费 389000 元，检疫站经费 32670 元（共 14 所，此处只含衡阳、耒阳、湘潭、邵阳、郴县 5 个检疫站经费，其余 9 个检疫站的经费不在此列），隔离病院经费 47610 元（含耒阳、郴县、零陵、茶陵 4 个隔离医院经费，衡阳由省立中正医院第一分院临时设立隔离病床，其地方开办隔离医院经费由地方担负）；防疫事务费 38000 元（包括通讯情报费 3000 元，印刷宣传费 6000 元，旅运费 29000 元）；药品材料费 202720 元，（包括药品器械 57720 元，消毒材料 15000 元，疫苗 130000 元）；各地防疫补助费 33000 元（包括各地隔离病院补助费 12000 元，各地饮水水泄不通其他防疫补助费 12000 元，补助耒阳隔离病院开办费 4000 元）；准备金 35000 元（作各项紧急防疫设施之用，事实当年已发放到零陵、辰溪、临澧、华容等地）[1]。

（执笔：王文珍）

---

① 《湖南省三十一年度防治霍乱工作报告》，载湖南省卫生处 1943 年编印：《湖南防疫工作报告》，湖南省档案馆藏，档案号 74—3—6。

（五）日军侵湘期间对湖南妇女的性暴力

侵湘期间，日军每到一地，除烧、杀、掳、掠外，还以对妇女实施性暴力为乐。日军除设"慰安所"、"筛谷行"，强掳妇女集中任其蹂躏外，更多的是在行军途中或占领区内肆无忌惮地搜索妇女发泄兽欲，稍有不从者即遭杀戮。被强奸者，从未满10岁的幼女到年过古稀的老妇，从孕妇、产期妇女到行动不便的病残者，甚至连疯女和修女都不放过；有的被轮奸致死，有的被奸后被残杀，有的孕妇被奸后遭剖腹取婴，有的被奸后被割下乳房、阴户，残忍至极；日军甚至颠倒伦常，强迫父奸其女，子奸其母，兄奸其妹，日军则在一旁发出狞笑，鼓掌取乐。

1. 日军对湖南妇女实施性暴力的情况

日军对湖南妇女实施性暴力是伴随着战争的进行而发生的，日军铁蹄所至，暴行比比皆是，罪行令人发指。

日军盘踞岳阳县境长达7年之久，无辜妇女不论老幼，一经围掳后，便成为日军污辱、蹂躏和吊打、虐杀的对象。日军常常三五成群，四处掠夺妇女强奸。这些禽兽的淫威所及，虽八旬老妇和10龄幼女，也不能幸免。1941年9月20日，5名日军在岳阳金沙乡上甘冲屋场将一名少女轮奸后，不顾她已奄奄一息，又强逼68岁的邻居吴葵清去奸污。吴愤慨至极，挥拳猛击敌人，当场被日军用木棍打死，倒插于粪池中。据统计，全县抗战期间被日寇逼奸轮奸致死的妇女在5000人以上[1]。

1938年11月上旬，日军攻入临湘县小沅村后，恣意强奸妇女。据不完全统计，小沅村沦陷7年内，被日军强奸的达30人（其中15岁以下的少女6人）[2]。1939年6月中旬，日军在临湘县长塘乡曹田村，肆意奸污妇女。日军进村前，虽然妇女都上山躲避了，但有的由于担心家中被抢、被烧，有的家中留

---

① 苏智良：《慰安妇研究》，上海出版社1999年版，第133页。

② 湖南省政协文史资料研究委员会：《最悲惨的年代——日军侵湘暴行实录》，岳麓书社1997年版，第40页。

有老人，免不了要回家探望。如一位年近 40 岁的妇女，在日军进村后，回家探望，为日军所掳，被两名日军轮奸，仓忙逃至老屋又被一日军用枪逼住强奸，跑至村口时再遭两日军拦住轮奸。由于肉体上、精神上受到摧残，不久就死去了。一易姓妇女被一伙日军抓住就地轮奸，而且这伙人面兽心的家伙，竟用刺刀强迫全村被抓的群众旁观他们的轮奸兽行，不愿看的，就要杀头。沦陷时期，曹田村被日军轮奸或强奸的妇女有 10 多人①。

1939 年 6 月，日军侵入湘阴县。9 月 22 日，日军占领营田后，大肆蹂躏营田妇女。日军占领营田 13 天，天天寻找妇女强奸，共有 100 余名躲藏不及的妇女被强奸或轮奸。田彭柳屋一名少女被 8 名日军轮奸后，投塘自尽；白雪塘的 3 名中年妇女和一名少女，被 10 多名日军轮奸以后，又被剪掉头发，剥光衣服，逼着在村里转悠。1941 年 9 月，在青山惨案中，一伙日军轮奸了一位女青年后，竟持刀威逼一个村民再行奸污，他们则围观取乐。

同年 9 月，日军攻陷平江县城后，以寻觅妇女为唯一工作；如发现妇女，即前往追逐，或成群结队，或单独行动，不分昼夜，不择地点，毫无忌讳，肆意奸淫；不分老幼，不论残病，无不被日军强奸，即便是大腹便便的孕妇，也被日军蹂躏。安定桥李某的妻子，年 30 左右，被日军 8 人轮奸。乔街田某的妻子，被日军 16 人轮奸，田某前往求饶，被杀害。

日军进犯长沙市时，奸淫妇女不计其数。他们只要见到妇女，抓了就强奸。1939 年 10 月，10 多名日军士兵围着金井的 3 名妇女欲行轮奸。追赶中，3 名妇女知道无法逃脱魔掌，便机智地夺过日军腰上的手榴弹，猛地拉动引线，与日军同归于尽。1941 年 9 月，原九峰乡一保（现东屯乡）杨家老屋的周爱华被 8 名日军轮奸。日军每强奸一次，就用水冲洗一次周爱华的下身，不断地冲洗，不断地强奸，日军兽性发泄完，周已奄奄一息。1944 年 6 月，一队 10 多名打掳的日军，在明弹道五保边巷子（现黎托花桥村）杨家茶铺，将一过路女子抓获，就在茶铺的过亭里轮奸。茶铺老板不忍目睹，被日军毒打。1944 年 4 月 23 日，岳麓乡黎团五的媳妇听说日军进了村，跳入粪坑里躲起来，日军仍然未放过她，把她从粪坑里拖出来，扔在屋前水塘里洗了洗，就在水塘堤上强奸了她，事后她含恨跳水自尽。陈秀华才生孩子不到一个月，7 名日军轮奸了她。左家垅是日军的据点，掳抢强奸妇女更是无数。1944 年 8 月 1 日，日军在洞井乡洪塘村戈家冲一个屋场奸污妇女 4 人。同村学堂屋王泉的嫂子被日军轮奸后投塘

① 湖南省政协文史资料研究委员会：《最悲惨的年代——日军侵湘暴行实录》，岳麓书社 1997 年版，第 43 页。

自杀。傅家冲彭国良的妻子被抓，惨遭 10 名日军轮奸，致使其病在床上两个月起不了床。洞井铺老街上的张顺的妹妹，惨遭 8 名日军轮奸，身心遭到重伤，不久死去。天华村柴湾里 2 个难民也遭到了轮奸。此次，洞井乡被日军强奸的妇女有 140 多个①。

1943 年 3 月 9 日，日军攻占华容县城后，到处强奸妇女。三郎乡妇女因逃避不及，凡 12 岁至 70 岁的妇女，全被日军抓住后就地奸淫。日军在天井山洞里找到妇女 4 人，将她们奸淫之后，又将这些妇女的裤子全抢去；县城天主堂 20 余人未成年修女，全部惨遭日军奸淫。据统计，抗战期间，华容共有妇女 2278 人遭到日军强奸②。

同年 5 月 6 日，日军攻占安乡县境，到处奸淫妇女。聚集在距县城十五里的杨湖镇杨二爷家避难的妇女 11 人，被日军发后，全部被强奸。长口镇，李保长的母亲和妻女，全被日军强奸。李保长目击自己三代亲属同地同时被日军奸淫，非常气愤，奋不顾身，当场夺枪射杀日军 6 人；后来李保长被其他日军杀害。在县城内，日军掳去妇女多人；日军首先将她们的衣服脱下，用梳子梳整其阴毛，并以净水洗净，然后拿白豆腐灌入她们的阴户内，再将她们强奸。在合家口一个村子里，一伙日军捉住 11 名难民女子后实施强奸，其中仅一人挣脱魔爪。

同年 5 月，日军在南县厂窖大肆烧杀的同时，还毫无人性地摧残广大妇女，从七旬老妪、到八九岁幼女和修女，他们都不放过。整个厂窖地区被日军强奸的妇女竟达 2500 多人③。

1943 年，日军侵犯澧县期间，强奸妇女的暴行比比皆是。5 月 12 日，大天垭（今东门乡边河村）游某的母亲刘氏（50 岁），被一日军强奸后，又被其他日军将手足绑在钉在地上的 4 个木桩上，再次遭到 10 多名日军轮奸，日军离开后，亲人才将她解救抬回家。5 月 16 日，日军在遇儿坪搜到 10 多个妇女，将她们押赶一个到山坡上，逐个强行轮奸。5 月中旬，一小队日军将抓住的青年妇女吴某押到吴家屋场轮奸，将妇女董某（今金盆村三组）抓到合龙铺轮奸 5 天，致其死亡。6 月 4 日，大堰垱赵四姐等一些妇女在偏僻的谭徽贞家避难（今大堰垱镇）。日军发现后，强迫她们走出屋外，列队站着，一个个地在其身上摸

① 湖南省政协文史资料研究委员会：《最悲惨的年代——日军侵湘暴行实录》，岳麓书社 1997 年版，第 224 页。
② 陈先初：《人道的颠覆——日军侵湘暴行研究》，社会科学文献出版社 2004 年版，第 261 页。
③ 中共湖南省委党史委编：《三湘抗日纪实》，湖南师范大学出版社 1995 年版，第 14 页。

捏，百般玩弄。然后，日军拉出年轻健美的站一边，长相一般的站一边，最后在年轻姑娘中挑出 3 人，当众进行轮奸。11 月 10 日，涔中乡 2 保（今彭家厂乡陆家村 8 组）陈某、罗某、任某、彭某等 5 名妇女一同"躲日军"，在跑往陈家大屋（今彭家厂涔北村）途中，被骑着高头大马的 5 名日军追赶。跑到陈家大屋旁边，任、彭等 3 名姑娘越过堰沟，躲进了竹园。陈、罗两姑娘跑得慢，被 5 名日军抓住后使劲按倒在地上，先后进行了轮奸。11 月 24 日，道溪乡曲家坪两名妇女在棉地里躲日军，一个妇女抱着一个刚满周岁的孩子，由于孩子啼哭不止，这名妇女怕引来日军，就把孩子按在乳房上闷死了，但该名妇女还是被日军搜出进行了强奸。日军走后，这名妇女抱着死婴去投水，经多人抢救劝阻，才保生还。12 月 22 日，3 名日军抓住妇女赵某，其母上前求饶，被当场杀死，赵某被轮奸后气息奄奄。粗略统计，全县被日军强奸者 9188 人，其中被奸致死者 1911 人，被奸致伤者 1130 人，被日军百般淫辱的 4587 人①。

1943 年 11 月，常德会战后，日军攻入常德城，到处奸淫妇女。一次，在一茅屋内，两名妇女被 20 余名日军抓住轮奸。在林家湾，日军抓住 2 名妇女后，把她们拖到附近的山地里轮奸了。其中有名妇女不堪凌辱投水自尽。马道子村，一名年仅 14 岁的少女惨遭日军轮奸。日军在东门附近抓住一批妇女，其中不乏六七十的老太婆，日军将她们关在一间屋子里，供他们日夜蹂躏。河洑镇一名年轻妇女被日军剥光衣服轮奸后，绑在一棵树上，让过路的日军轮流奸淫，最后竟被轮奸致死。据统计，日军攻陷常德后在当地共奸淫妇女 5080 人，掳去妇女 180 余人②。

1943 年 11 月，日军攻入石门，到处蹂躏妇女。据对全县 20 个乡镇的不完全统计，抗战期间，石门共有 1095 人惨遭日军强奸③。

1943 年 11 月 18 日，日军攻入慈利县，凡未逃脱的妇女均遭日军强奸、轮奸。仅在辛家峪一地，被强奸的妇女就有数十人。

1944 年 4 月，日军入侵汉寿县。日军在百禄桥仅路过几次，就有 21 名妇女横遭凌辱④。百禄桥杨冬云的妹妹当时十六七岁，年轻不懂事，听说日军来了，她将头伸出门看"热闹"，被日军发现，随即遭到 5 名日军轮奸。百禄桥税务征

① 中共澧县县委党史联络组、中共澧县县委党史资料征集办公室编：《喋血救亡录——纪念抗日战争胜利六十周年》，中共党史出版社 2005 年版，第 40 页。
② 湖南省档案馆：《日本帝国主义侵湘档案史料汇编》下册（内部资料），1996 年 10 月，第 489 页。
③ 李秉新等编：《侵华日军暴行总录》，河北人民出版社 1995 年版，第 1021 页。
④ 湖南省政协文史资料研究委员会：《最悲惨的年代——日军侵湘暴行实录》，岳麓书社 1997 年版，第 121 页。

收所马竞成所长的妻子也被日军轮奸。萧家湾萧保生的妻子汪桂英在路上遇到日军，躲藏不及，被11名日军抓住在路旁轮奸，奄奄一息，被人救起，卧床数月。桂花村何春华的妻子王喜满因住在何家湾塘坳里，消息不灵通，不知日军来了，来不及逃跑，8名日军窜进她家，将其按倒在灶脚下，进行轮奸。

1944年6月9日，日军入侵望城县铜官洪洲。洲尾廖某的妻子被2名日军抓住，拖进胡应田家中进行轮奸。一位26岁的妇女，手里抱着一个两岁女孩，被日军逼到中蓬的一个大干水涵里惨遭轮奸，其女儿被活活淹死。另一30来岁的妇女，被日军多人轮奸后连裤子都不让穿，逃到半路上遇到她叔父，才脱下一条裤子给她穿了。有个叫桃妹子的姑娘，被一群日军轮奸后，吓得逃到一个薯洞里躲避，下午又被日军抓住强奸，直到晚上才逃了出来。一位30来岁的妇女，被10多名日军抓住进行惨绝人性的摧残，每奸完一次，日军就用冷水朝其阴部冲一次；事后，该妇女浑身不能动弹，几天以后一身浮肿，连指甲都变色了，一直病了好几个月都不能起床。1945年1月18日，日军到望城县梅树村袁家湾打捞。在袁家湾老屋的竹林里，日军抓出13岁的王菊妹，拖进卧室绑住后进行轮奸，可怜这个未成年的少女惨遭蹂躏，鲜血染红了垫褥，泣不成声。日军离去后，她父母回到家里，才帮她解开绳子，此后王菊妹病了很久，数年间还不敢一人外出。

1944年6月17日，湘潭县陷落，板塘地区成为日军驻扎的要地。6月23日的上午，一群全副武装的日军在马家河地区寻衅强奸妇女，他们在去瓦屋湾的垅中间，抓到了躲避不及的罗某后，便把她拖到天宝巷子里进行轮奸，致使罗的身心受到了极大的摧残，回家后卧床不起，含恨死去。6月27日，日军闯进板塘铺一家小商店，30多名日军蜂拥而入，把店里的副食品吃光，将器皿损坏，然后将女店主轮奸了一个通宵。女店主惨遭此难，腹部膨胀，下身全肿，已是奄奄一息了。待拂晓日军离店后，其丈夫即把她抬送乡下进行医治，只隔几天便含恨去世。又一天，几名日军从珂理桥路过，看见一个孕妇，一日军立即跑过去抓，吓得那孕妇撒开腿飞跑，然而最终仍没有逃出虎口，还是被日军抓住强奸了。上屋场的安某，一日碰上一队日军到苏家坪来抢糖，日军见安某年轻、标致，顿时围了上来，将安某按住轮奸。受害之后，安某悲愤万分，觉得无脸见人，跑到狮龙桥上首的大深塘投水自尽了。

同年6月20日，日军一部窜到湘乡县大育乡（今花坪乡水桥村），在可心亭（今城关镇白托村），外地难民杨太春15岁的女儿遭日军数人轮奸。6月24日，李海英姐妹在塔子山下（今东秀张江村）被日军抓去，关在塔子山的塔子里，被日军一个班日夜轮奸达一个星期之久。后来，李海英姐妹乘日军疲惫熟睡时，赤身裸体逃出。1945年5月11日，中沙村少女杨某年仅16岁，被日军抓住轮奸后，一个多月还不能走路；日军轮奸刘某的妻子后，将一条黄瓜插进她阴道内。据战后统计，抗战期间，全县共有1655名妇女遭日军凌辱①。

同年夏，日军侵入株洲县，使不少女同胞蒙耻。一个黄昏，在朱亭，从河边汽艇里走出4名日军，在街头乱窜。日军看到屠户康桂的妻子在家里做饭，就扑过去把她按倒在床上，康桂上前解救，被日军用枪托打倒在地，其妻遭两名日军轮奸。

同年6月下旬，日军入侵安仁县。7月上旬，日军在清溪井塘村凡古湾抓到病妇李秀兰后实施强奸，李不从，日军乃将李捆起来毒打，然后又用烈火烘烤，最后将其抛到水塘里。见到李在水塘里挣扎，日军竟乐得拍手狂笑。7月25日，日军104联队的士兵在樟桥与坪上接壤的亭子外抓住一个妇女进行轮奸，之后又把一根柴棒插进其阴部将其弄死。据不完全统计，全县被日军强奸、掳掠的妇女达9700多人②。

同年7月14日，日军入侵茶陵县，此后茶陵妇女立即陷入痛苦的深渊。一日，日军仅在枣市乡对江村就奸污妇女6人。

同年7月15日，日军开进冷水滩区黄阳司。此后，日军在黄阳司和四周村庄里恣意奸淫妇女。更为无耻的是，老年妇女也难逃他们的魔掌。一日，在冷水滩黄阳司碧塘村，日军逮住了一个后生和一个老年妇女，竟叫这一老一少脱去衣裤，当众交媾，两人死命不从，被日军用水车把手打得乱滚乱叫。

同年7月，日军攻入衡阳市后，到处奸淫妇女。7月的一天，衡阳陆堡镇男女乡民30余人乘船欲过耒水逃难，刚靠岸即被日军追上。8个日军跳上渡船抢劫财物，然后将不及逃避的4个少女强行抓到河边沙滩上，扒光她们的衣服就地轮奸。上壁乡胡鸭塘女青年唐细妹在路上遇见日军，被6个日军轮奸后血流不止，不省人事；在小司堰刘家，妇女尽被日军奸遍。一天，衡阳蒸水河畔，一群乘船外出避难的男女，不幸碰上了一队日军，一阵枪响过后，几名日军如狼似虎地跳到船上，用绳索将男人捆住，赶至船尾淹死。然后将妇女按倒在船舱中轮奸。日军发泄完，又将船一上财物抢劫一空，然后扬长而去。据战后调

① 湖南省政协文史资料研究委员会：《最悲惨的年代——日军侵湘暴行实录》，岳麓书社1997年版，第345页。

② 中共安仁县委党史资料征集办公室：《日寇在安仁的暴行和安仁人民的抗日斗志》（油印本），1986年3月，原件存湖南省图书馆。

查，仅鸡笼街一地，被日军强奸的妇女就有500余人①。

同年8月的一天，在常宁县，两名日军来到洲上罗家，抓住青年妇女罗翠翠，进行轮奸，还胁迫一个同村的男青年坐在旁边看着他们奸淫，罗深受摧残，不久死去。

同年9月4日，日军入侵祁阳县城关镇。西外街妇女周某等3人，被日军强奸后含恨各抱小孩投塘自尽。北正街青年妇女谢某，被日军抓去日夜轮奸，生死不明；民生里妇女龙某，遭日军强奸后，精神失常，癫疯而死；张某妻，生小孩未满月，被日军追逼强奸，即抱着小孩投塘自杀；西外街口唐某的两个女儿，大的17岁，小的16岁，被日军抓去多次轮奸，小女流血死亡；唐某妻，遭日军强奸，事后其手牵一子一女，含恨投塘自杀；县前街王某之妻，被日军强奸后，抱着一岁的小孩，投河自尽。据王某沉痛回忆说："我妻周氏，于1944年农历7月18日，同我逃难，在去株里山途中，被日军捉住轮奸，她从地上爬起后，裤都没有穿，抱起一岁的小女，投河自杀。我躲在远处，亲眼看到她死，而不敢上前抢救。以致尸身都没有捞到，惨呀！"② 据统计，祁阳县有3873名妇女遭强奸③。

同年9月8日，日军侵入邵阳县境，见到妇女，不分老幼均予以强奸。9月16日晚上，日军100多人，对邵阳县板桥村进行了惨无人道的奸淫掳掠，妇女被奸污数十人，遇害的5人。朱衡锋的18岁女儿被日军追到燕子岩不幸失足跌进邵水河活活淹死。周玉普的老婆当时正怀孕拖着3个女儿惊慌逃走，被追到邵水河边，眼看就要被抓住，她不甘受辱，只好带着3个女儿投河自尽，日军还向水中连开数枪，才掉头而去。据统计，抗战期间邵阳县被日军奸淫的妇女达13216人④。

同年9月16日的深夜，日军大队人马窜进东安县芦洪市，见妇女就强奸。小街上妇女魏某被9名日军轮奸，后含恨而死。据不完全统计，芦洪市周围一带，在一年多的时间内先后被日军强奸的妇女达30余人⑤。

---

① 湖南省政协文史资料研究委员会：《最悲惨的年代——日军侵湘暴行实录》，岳麓书社1997年版，第13页。

② 湖南省政协文史资料研究委员会：《最悲惨的年代——日军侵湘暴行实录》，岳麓书社1997年版，第414页。

③ 湖南省政协文史资料研究委员会：《最悲惨的年代——日军侵湘暴行实录》，岳麓书社1997年版，第363页。

④ 陈先初：《人道的颠覆——日军侵湘暴行研究》，社会科学文献出版社2004年版，第467页。

⑤ 中共零陵地委党史办：《潇湘抗日烽火》（内部资料），1995年7月印刷，第29页。

同年 9 月 18 日至 10 月 21 日，日军入侵道县小河边，杀人放火，奸淫掳掠，无恶不作。樟武坊一新婚女子被 9 个日军轮奸 3 天 3 夜后投河自尽。蒋先桂的妻子和 2 个 10 多岁的女儿，被日军追至河边，投水自尽。

同年 9 月，日军侵入武冈县。10 月 6 日，日军在武冈小泽强奸妇女 70 余人，在蒋家塘强奸妇女 4 人。冲道坪某妇女，日军对其轮奸后又逼令民夫效法去强奸。次年 5 月 5 日，一股日军窜至石背底行凶，10 名妇女遭强奸或轮奸，其中有 2 名少女被奸至昏死过去。

1945 年 1 月 21 日，日军扫荡桂阳县清和圩。日军冲进村中，抓到女人就强奸。曹歪毛 60 多岁的妻子被轮奸后，流血不止而死，其 3 岁的孙女被日军用木桶罩住窒息而死。在燕塘乡燕塘村 60 多岁的妇女李氏和其女儿、媳妇 3 人，均遭日军轮奸。此次清和圩共有 35 名妇女被奸污。据统计，自 1944 年 11 月 11 日至 1945 年 8 月 19 日，日军在桂阳共强奸妇女 271 名（其中 37 人致死）[①]。

同年 1 月，日军侵入资兴县东江一带后，对妇女进行了肆无忌惮的强奸。栗脚肖家村一名十五六岁的少女，陷入魔爪，惨遭 10 名日军轮奸，致使该女一身血迹斑斑，悲惨死亡。另有一个妇女被奸后，日军又抓来一名烂了手脚的麻风病人，要他奸这名妇女，这个麻风病人不从，被日军打得死去活来，后日军又用刺刀将他捅死。

同年 2 月 13 日，日军一部从湘潭县境侵入宁乡高露乡，驻扎骚扰 7 天，强奸妇女 60 多人。

同年 4 月，日军入侵绥宁县武阳，到处奸淫。珠玉山一年轻姑娘杨某拖着才几岁的弟弟逃难，见日军在后紧紧追来，姑娘一急便丢下弟弟躲进森林。弟弟见姐姐跑了，日军越来越近，吓得哇的一声大哭起来，连声喊"姐姐，姐姐"，竟然坐在地上不知道跑了。姐姐看到弟弟危急的情景，心如刀绞，便不顾一切跑出密林，拖着弟弟一起跑，结果，姐弟俩都落入魔掌。这个姑娘被 10 多名日军轮奸后，悲愤已极，带着满腔的仇恨，跳进了咆哮的河里。大田村妇女莫某，被日军抓住轮奸后打死在床上。另有七八个妇女也遭奸污。三里田一妇女莫某，不肯离家上山躲藏，结果被驻扎在该村的日军拖至床上轮奸。莫某遭蹂躏后精神一度失常，披头散发，开衣敞怀在村子里走来走去，不时悲惨地呼叫"天啊！天"。肖家村一位 40 多岁的妇女，不肯上山避难，遭奸污。六王村一老妪刘某，不肯离家，也被奸污。

---

① 湖南省政协文史资料研究委员会：《最悲惨的年代——日军侵湘暴行实录》，岳麓书社 1997 年版，第 410 页。

同年 6 月 17 日，日军过益阳县万子冲时，在陈桂生的大屋抓住从桃江镇及近郊躲兵避难于此的群众百余人。日军将这些人喊出来，分男女各站一边，喊出 3 名妇女，进行了灭绝人性的轮奸，一南县来桃江避难的中年妇女，原已被吓得神志不清，遭 4 名日军轮奸；一未婚女子，遭 4 人轮奸；一未成年少女，遭 3 人轮奸。日军强奸该未成年少女之前时，要 60 岁的陈芹香试奸，陈不从，被打了一耳光，险遭枪杀。

　　以上只是日军在湘奸淫妇女的冰山一角。日军侵湘 6 年零 9 个月，先后侵占了湖南 78 个县市中的 55 个县市，日军所到之处，皆以奸淫妇女为乐，期间不知道有多少湖南妇女惨遭日军蹂躏。一些当年被日军实施性暴力的湖南妇女，无论在当时还是在战后，出于各种各样的原因往往难以将其遭受性暴力的事实公之于众。此外，在战争期间和战后，国民政府进行的全国性战争损失调查中，并未将各地妇女受强暴的情况列为专项指标加以调查。因此，要对侵华日军在湖南实施性暴力的全面情况进行统计，显然是比较困难的，但根据一些有限的记载，不难看出当年日军对湖南妇女所实施性暴力的普遍性。据政协文史部门的部分统计，日军攻陷常德时，掳去妇女 180 多人，加上桃源、慈利、石门等 10 县，有 35000 余名妇女被强奸；湘乡县被强奸者 1655 人；衡东县被强奸者 1000 余人；衡阳鸡笼街一地被日军强奸者就达 500 余人；在湘阴营田惨案中被日军强奸者在 100 人以上[1]；华容县被日军强奸的妇女共 2278 人；在南县厂窖惨案中被日军强奸者达 2500 多人；望城县部分乡镇被日军强奸者达 306 人[2]；宁乡仅芳储乡被日军强奸者就有 65 人[3]；新化俟田乡被日军强奸者有 28 人[4]；衡山三樟乡被日军强奸者有 20 多人[5]；桂阳县樟市乡被日军强奸者有 35 人[6]；

---

[1] 湖南省政协文史资料研究委员会：《最悲惨的年代——日军侵湘暴行实录》，岳麓书社 1997 年版，第 62 页。

[2] 湖南省政协文史资料研究委员会：《最悲惨的年代——日军侵湘暴行实录》，岳麓书社 1997 年版，第 250 页。

[3] 湖南省政协文史资料研究委员会：《最悲惨的年代——日军侵湘暴行实录》，岳麓书社 1997 年版，第 290 页。

[4] 湖南省政协文史资料研究委员会：《最悲惨的年代——日军侵湘暴行实录》，岳麓书社 1997 年版，第 353 页。

[5] 湖南省政协文史资料研究委员会：《最悲惨的年代——日军侵湘暴行实录》，岳麓书社 1997 年版，第 373 页。

[6] 湖南省政协文史资料研究委员会：《最悲惨的年代——日军侵湘暴行实录》，岳麓书社 1997 年版，第 410 页。

据不完全统计，宜章县被日军强奸者在 30 人以上[①]；祁阳被日军强奸者 3873 人；安仁被日军强奸、掳掠的妇女达 9700 多人；邵阳县被日军奸淫的妇女达 13216 人。仅据上述统计，日军在湖南残杀和强奸妇女接近 10 万人，实际上被日军实施过性暴力的湖南妇女远不止这些。

2. 日军对湖南妇女实施性暴力的特点

日军侵湘期间，对湖南妇女实施性暴力时，从不分年长和年幼，施暴手段极其残忍，施暴地点不分野外屋内或者寺庙道观，甚至还颠倒伦常强迫妇女的男性直系亲属去强奸她们，在占领区日军则是通过设立"慰安所"来摧残胁迫来的妇女。

（1）设立"慰安所"强迫妇女充当"慰安妇"

日军在一些长期占领的地区大多设有"慰安所"或行乐所等，他们或通过武力威逼，或通过诱骗等方式强逼良家妇女充当"慰安妇"，"慰安妇"同样是日军性暴力的受害者。

1938 年 11 月上旬，日军入侵岳阳后，日伪组织在各地设立招待所，强拉青年妇女，逼充临时"慰安妇"，以博取日军的欢心。1939 年 10 月，驻泉塘湾的日军在吴胡驿（今五垸乡）附近的西边章屋场设立了"慰安所"，内有被掠夺的朝鲜妇女 8 人、湖北妇女 2 人、新墙妇女 4 人。日军第 17 纵队司令森林霸占了一个年轻妇女，规定其他日军不得亲近，违者立即处死。纵队下属的中小队长和宣抚班长，都可以从"慰安所"内挑选一个妇女带到战壕或岗哨内供其长期奸污。其余妇女则供一个中队的 100 多名日军士兵发泄兽欲。在这种惨无人道的摧残下，"慰安所"内的妇女，个个面黄肌瘦，形容枯槁。一次，日军宣抚班长清永和一名日军中队长为蹂躏一个姓李的妇女发生争执，闹翻了脸，清永借口仓库被盗，诬陷是姓李的妇女作案，欲置她于死地。李一再哭诉，清永充耳不闻，强行脱光李的衣服，叫她赤身裸体地站在禾场上，命令在场老百姓前去奸污，老百姓对日军切齿愤恨，断然拒绝。清永见其报复企图未逞，便提来一桶冷水泼入李的口腔鼻腔，再用皮靴脚掌踩在李的身上，李被折磨得气息奄奄，可恶的清永又牵来两只军犬，将李咬得血肉模糊而死。1941 年 12 月

---

① 湖南省政协文史资料研究委员会：《最悲惨的年代——日军侵湘暴行实录》，岳麓书社 1997 年版，第 411 页。

初，日军第四次强渡新墙河后，在当地成立了所谓"慰安所"，将抢来的妇女集中起来，供其长期蹂躏。

1944年夏，日军侵入株洲朱亭后，要维持会设立了一个"慰安所"，强迫10多名妇女住在里面，供他们不分昼夜地淫乐，有8名妇女在此丧生。

同年6月下旬，日军进入衡山潭泊街的第一天就在路上拦截了正在逃跑的妇女数十名，关在潭泊港口大禾场的一间民房内，一天换一批人去进行集体轮奸。3天之后，妇女就被奸死了五六人，尸首有的被抛入洣水河内，有的就赤身裸体地被甩在房内地上发臭生蛆，谁也不敢去过问。

同年9月4日，祁阳县城关镇潇湘街向某之妻和洪某等6人，被日军强奸后，关进戴鼎甲的房子，后又从龙口源抓来妇女7人，日军把这13人关在一起，并不准她们穿衣裤，日军来了，即行奸污；13人每人每天至少要被10多名日军轮奸。

同年9月中旬，日军入侵祁东万福岭乡灌渡桥村漆家院。他们经常从别的地方捉拿年轻妇女来漆家院，任其奸污蹂躏。无论白天黑夜，均能听到日军发出来的淫荡声和一些妇女的惨叫声。

同年9月，日军在湘潭银田寺万寿宫（红庙）墙上挂上"快活林"的木牌，掳来20多个青年妇女，遭其奸淫凌辱。

同年，日军进占邵阳县城后，第116师团后方主任参谋立即命令驻县城的宪兵和汉奸一起抓来10多名当地女子，设立了师团"慰安所"，供日军日夜奸淫行乐。

同年，在临湘火车站，日军设立了两家"慰安所"，一家叫"朝日屋"，使用三四名姑娘，另一家叫"安卷屋"，两家"慰安所"每日都要接待很多日军。

1945年1月16日，日军入侵宜章后，强迫县内每日送10个姑娘作"慰安妇"，供日军奸淫行乐。

同年2月14日，汉寿老百姓正欢度春节，日军趁机偷袭了百禄桥，掳去12个青年妇女到其驻地台公塘，供其集体轮奸行乐。这些妇女有的惨遭杀害，有的一去不返，有的逃回后连年卧病不起。

（2）日军实施性暴力不分老幼

日军侵湘期间，对湖南妇女实施性暴力时，并且不分对象，"……八旬婆婆不嫌老，12岁幼女不嫌幼，或有生产未满月者，或身体不洁者，无不被奸……"[1]

---

[1] 中共澧县县委党史联络组、中共澧县县委党史资料征集办公室编：《喋血救亡录——纪念抗日战争胜利六十周年》，中共党史出版社2005年版，第40页。

1939 年 9 月，平江县袁家岭一年仅 12 岁的幼女，惨遭 2 名日军轮奸。

1943 年 3 月，华容县三郎乡一包姓老年妇女，年 70 余岁，日军将其抓住后令挑夫先试奸，后以冷水泼洗包姓老妇阴部，再行轮奸。

同年 5 月，南县厂窖惨案中，有一妇女遭到日兵蹂躏后，其年仅 10 岁的幼女也未能逃脱魔掌，惨遭数名日军轮奸，该妇女非常痛恨，当即抱着已昏迷的女儿投河自尽……

同年 12 月 3 日，日军在澧县澧兰镇的任家洲、放马洲，共强奸、轮奸了妇女 16 人，其中 15 岁的 4 人，12 岁的 12 人。在尹家地，日军强奸 12 岁的女孩张某后，强迫被害人的姐姐给他吮舔生殖器，被奸少女身受摧残，当月死亡。

1944 年 6 月 9 日，日军入侵望城县铜官洪洲。65 岁的妇女廖某，被 2 名日军抓住进行了轮奸。一位 65 岁的耳聋老年妇女，因脚跛躺在床上不能动，也遭到 3 名日军丧尽人性的轮奸。50 来岁的妇女陈某被日军轮奸之后，好不容易逃到河东太丰垸的黑石套，却偏偏又遇到了日军，她被逼得走投无路，遂投河自尽。

同年 7 月 2 日，日军在攸县渌田将年仅 12 岁的刘菊英轮奸致死；70 多岁的老年妇女周氏，被日军抬到水塘边洗了之后按在门板上强奸，周氏誓死不从，被日军一脚踢到塘里淹死。

同年 9 月 4 日，日军入侵祁阳县城关镇。中仓街徐某，年 13 岁，被日军奸致重伤，精神失常而亡。

同年长沙合丰善仓里（现黎托乡花桥村）尹某带了两个父母双亡逃难到此的侄女，大的 14 岁，小的只有 9 岁。一天两名日军撞进她家，见其侄女，不由分说就要强奸，尹某急得向日军苦苦哀求而不允。在万般无奈下，只得求日军同意由自己替代幼小侄女受罪。两日军随即轮奸了尹某，可是两个幼小的侄女仍不能幸免，均遭摧残。

1945 年 2 月 13 日，日军侵入宁乡高露乡，一名年已 74 岁的刘姓老年妇女被日军抓住后，衣服被剥光，被迫为日军舂米，而后又被绑在长凳上，被 10 多名日军轮奸。

同年 4 月上旬的一天，日军向桂阳县仁义圩扑来。全圩男女老少闻讯而逃。此时，14 岁少女刘建湘正扶着年老多病的母亲艰难地往圩外逃难，恰被疯狗般窜来窜去的日军发现。日军顿时兽性大发，将刘建湘的母亲踢昏在地后，野蛮地轮奸了刘建湘。少女惨遭蹂躏，流血不止，昏死于地。

同年 4 月，日军入侵溆浦县龙潭大华一带。4 月 18 日，毛家庵堂 84 岁的老太婆加和姑，躲在柴草堆里，被日军发现后拖出来，剥光衣服，用绳子捆住手脚进行轮奸，每轮奸一次，在其阴部泼上一勺水……这位老太婆就这样被日军活活地奸污致死。一个月后，日军败走，老太婆家里人来收尸，她已是一具用绳子捆着的腐臭尸体。还有一位老太婆被日军抓住后，说："我已80岁了……"日军无耻地说："我又不要你生儿。"接着将她绑在凳子上，轮奸致死。

　　(3) 日军实施性暴力的手段极其野蛮和残忍

　　日军对湖南妇女实施性暴力远不能简单地用"犯罪"来界定，其对妇女的性折磨、摧残手段之野蛮与残忍，简直到了没有任何人性的地步，是对人类文明史的粗暴践踏！

　　1938年11月上旬，日军入侵岳阳，无辜妇女不论老幼，一经围掳后，便成为日军污辱、蹂躏和吊打、虐杀的对象。如金沙乡双冲屋场青年妇女吴晚家被日军掳获后欲行强奸，她将敌人诱至塘边，乘隙跃身跳入水中，当即被敌开枪射死。蒋天垅屋场妇女蒋吴某拒日军强奸，并用菜刀砍伤敌手，结果不但她自己惨遭杀害，连她的丈夫蒋味书及其弟蒋魁元、邻人付坤臣都被日军当场刺死。据国民党岳阳县政府的残存档案记载，仅金沙乡就有周爱贞、戴娥贞等14名妇女被掳后，因拒奸与敌格斗而惨遭杀害。日军第二次进犯长沙未遂败退时，有一股日军由高桥经三港咀北撤，路过官扩细周家。当时住在这个屋场的彭有客之妻周氏和住在谭周铺屋场的谭光彩之妻李氏、谭安仁之妻周贤贞、谭体光之妻汪三珍等4人，躲藏在一草楼上，被日军发觉，坚决不肯下来。日军纵火烧屋，4个妇女全被烧死。

　　同年11月上旬，日军占领临湘小沅村后，恣意奸杀妇女。小沅丁家孕妇方兴姑，有一天正在菜园里劳动，突然日军来了，躲避不及，被捉住强奸后，用枪托打死，并用刺刀将腹中婴儿挑出。刘家姚长妈的媳妇刘桂保，怀孕即将分娩，走娘家路过铁道，在胡家咀里被日军轮奸致死。死后10多天，家中才找到刘的尸首，惨不忍睹。

　　1939年9月，平江县岳田煅有一个已怀孕7个月的孕妇，见日军来了，跳入塘中自尽，仍被日军捞起，抬到安定桥轮奸毙命。马头岭附近有一分娩刚两日的产妇，被日军轮奸至死。思村庙湾吴某的妻子，被日军7人轮奸；吴某恳求日军放过其妻子，被日军当场惨杀；吴的岳父再向日军求情以放过其女，亦遭杀害；吴某的妻子最后被日军活活轮奸致死。平江县南二里的洪家段附近一年仅22岁的妇女，刚生完孩子才4个月，惨遭日军19人轮奸致死，她刚出生才4个月的婴儿从此成为孤儿。

同年 9 月 22 日，日军占领湘阴县营田镇后对被俘的军民大施淫威，营田街上一少女被日军捉住，欲施强奸，少女坚决反抗，被日军剜掉脸上肌肉和乳房，剥光衣服，被活活折磨死去。

同日，日军在岳阳新墙河南岸登陆，强奸了羊永发的妻子和 2 个媳妇、3 个女儿，竟灭绝人性地还将刺刀插入她们的阴部，并将睡在摇篮里的 2 个婴儿提起来，活活摔死在地上，真是惨绝人寰。1941 年 9 月，日军再次强渡新墙河，将躲在欧阳庙（今河沿村经济场）的几十名妇女儿童赶出屋后，先强迫两个 60 多岁的老婆婆脱光衣服绕天井爬行，再用皮鞭将她们的阴部抽肿后插入刺刀，2 个老婆婆就这样惨遭杀害，青壮年妇女全被日军奸污。

日军曾四次对长沙用兵，所到之处，奸淫妇女，无恶不作。1939 年 10 月的一天，一队日军窜至金井，在一处山坡上看到一个腆着肚子的孕妇。走在前面的日军小队长顿生淫念，奔上前去一把抓住孕妇，在众目睽睽之下实施强奸，仍觉不尽兴，竟又抽出腰间明晃晃的指挥刀，划破孕妇小腹，毫无人性地把尚未成型的胎儿排出几丈远，孕妇痛苦万分，其状惨不忍睹，而失去人性的日军却狂笑不止。1944 年 8 月 1 日，洞井乡洪塘村戈家冲陈淑华当时还只 15 岁，被日军抓了后捆在屋门前一棵树上强奸，一个强奸后，用冷水冲洗完，第二个又上，洗了奸，奸了洗，不久便死了。

1943 年 3 月，华容县三郎乡石照林的妻子，被日军 12 人轮奸后毙命。万庚乡属字藏岭一谢姓妇女，被日军 4 人轮奸后，被日军用旱烟袋尾括阴部而死。

同年 5 月，安乡县杨湖镇杨二爷家两名少女和两名老年妇女被日军抓住后，两少女因发育未全被日军将油糊入其阴户内，两名老年妇女则均被日军强奸后刺死。湖障乡第一保刘三麻子的妻子年近花甲，体质胖肥，日军 10 人将她轮奸后用竹竿搓棉花向其阴门内送入，其被竿子穿通小腹而死。

同年 5 月，在厂窖大屠杀中，日军毫无人性地摧残广大妇女。5 月 9 日上午，日军在瓦连堤一个涵管里头发现了一个 20 来岁的姑娘，把她拉出涵闸，扯掉衣裤进行侮辱。姑娘拼命反抗，狠狠地踢了那日军下身一脚。日军顷即痛得哇哇直叫。谁知这一下惹怒了其他几名日军，旋即对她下了毒手。日军先将她的手捆住，倒插在水沟烂泥中，然后板开双腿，一名日军举起东洋刀从姑娘的阴部使劲劈下去，将她劈成两块。躲在苎麻地里的一个姑娘被 5 名日军搜出并轮奸了。接着，日军又用刺刀刺进她的右脸腮帮，还绞掉了她两颗牙齿和一块脸包肉。日军把抓来的 20 多名妇女赶进一所民房，逐个轮奸后，点燃房屋将人活活烧死在屋内。一户曾姓人家的媳妇，因快要分娩跑不动，被追赶的日军捉住。日军在她的肚子上猛刺一刀，临产的婴儿血淋淋地从母胎里流了出来，一抽一搐地颤动，日军却在一旁哈哈大笑。青年妇女熊桂元，被 3 名日军反复轮奸后，当场流血而死，日军竟还用一个酒瓶插入其阴户，收尸的时候，只见她全身浮肿，面目全非了。还有一名未婚青年女子，相继被 13 名日军轮奸，昏迷之后，日军用糠灰搅入她的阴部，再插入刺刀，使其致死。一个 15 岁的少女，惨遭日军的毒害。当时，她全家人都躲在自家屋后竹坡的土坑里。日军发现后，先用刺刀捅死她的外祖母、父亲、母亲和一个仅 8 个月的小妹妹。然后，4 名日军企图轮奸她。她拼死拼活地反抗，狠毒的日军就用东洋刀剜掉了她的两块屁股肉；并用刺刀将她捅了 14 刀，最后被丢进了水沟里。一位 70 多岁的老太婆，被 8 个兽兵轮奸后，日军又用刺刀从阴道刺到小腹，使其致死。

同年 5 月中旬，澧县萤台乡一位 60 多岁的易姓老年妇女（原籍万松村五组）被抓轮奸后，日军竟用一个小瓷罗汉塞进其阴部。白鹤港一青年女子，为避日军蹂躏，剃了头发扮作男人，被日军发现强奸后用刺刀插进阴部致死。5 月 16 日，日军在遇儿坪轮奸了刘大妹。刘大妹感到无脸做人，就跳到堰里去自寻短路，她刚跳到堰里，就被日军发现了。日军勒令当场的老百姓把她拉上堰堤，就用刺刀把她开肠破肚，然后，用稻草堆在她身上，把她烧成灰烬，日军站在旁边哈哈大笑，真是惨不忍睹！5 月 19 日，日军在湖山岭（今洪福垸）抓了 8 名老婆婆，强迫她们跳裸体舞后，将她们全部倒悬，用乱絮扎进阴道致死。同月，日军奸污盐井龚某某的妻子张某某后，竟然剖其腹，悬其肠。6 月 4 日，大堰挡西郊李德发之妻郭氏被日军抓住剥光衣服，遭其鞭打侮辱，然后被日军惨无人道地把鸡蛋放入阴道，插进木棒搅拌而惨死。11 月 11 日，日军将分水村马头壳屋场黄大炳 12 岁的女儿轮奸致死。同日，原三元乡（今火连坡镇三元村五组）17 岁少女汤某被日军强奸后剖腹致死。甘溪镇古堰村妇女傅某被奸污后，日军以竹棒插入其阴部致死。赵某躲在扇门垭破岩垴（今火连坡镇三泉村属地）被日军发现，群奸致死，并割掉乳房，她的 5 个子女皆未成年，无人抚养，后东逃西散。11 月 12 日，日军在栗木村鸡公垱看到黄从贤 13 岁的小女凤儿，争先恐后地赶着要强奸，凤儿吓得直向茶山逃跑，跑至半山腰被日军开枪打死。同天，日军在双荷村吴家大屋抓到 18 名妇女，逼迫妇女脱光衣服围着一堆大火转，供日军取乐。夜间引起大火，烧毁民房 22 间。11 月底，日军捉着一个老妇，令其脱光衣服，强奸后，再用刺刀刺入阴部，残害致死；一伙日军在盐井抓到几名妇女，轮流强奸，然后令这些妇女为日军舔生殖器，有个妇女不从，日军就用刺刀割这个妇女的舌头；又一天，日军在董家厂捉到一个妇女，因强奸不从，日军便用一钩子从阴道将其肠子钩出，缠在腿上，残酷摧残致死。12月21日，盐井老街上场龚康记的张妈，被日军奸污后，用刺刀破肚挖肠，悬于梁上示众3天。12月22日，侯某之妻明某，被抓住时正值月经来潮，日军将她捆在树上，用竹刷帚刷洗其阴部。明某惨叫之声，震撼山林。12月24日，日军败退时，3名日军窜至梦溪寺乡下的冉家大堰边一间茅草房里，将一位年迈而病倒在床的老婆婆轮奸后，用刺刀捅进阴部，并剖开了腹腔，日军临走时，还点火烧屋，幸未点燃，才保全老妇的尸体。同月下旬，7名日军在大新乡三元墩抓住了一个抱小孩的年轻妇女，就地进行轮奸。那个出生只有8个月的小孩在6米远的地方啼哭，日军发泄兽欲后去围观，其中一名日军用刺刀插入了孩子的胸腔，并举过头顶挥舞，被奸妇女悲痛欲绝，最后被日军枪杀。

同年11月，在慈利县永安渡，7名日军轮奸2名少女，奸后将其杀死。在迎曦垭，日军抓住一名姓杨的少女带到王高义塘庙里轮奸，直至奸死。在景龙桥，日军遇女即奸，被蹂躏丧生的达百余人，其中有一名妇女被奸后，还被赤身裸体吊在油茶树上。在王家厂，一名逃难的妇女刚在一棵树下产下婴儿，被数名日军发现，即强行轮奸，致使母子惨死。

同年11月，日军攻入桃源县境后到处强奸妇女。陬市，"有十二三岁之某中学女生20余人，为敌掳获，奸污致死，敌人溃退后，其尸体集于一草地上。有衣服全被剥去者，亦有仅脱掉裤子者。面部均浮肿，下部血迹模糊，其死状较成年妇女尤为惨烈"[1]。而且此类血腥事件，在桃源绝非一例两例。

1943年12月，常德城南二里岗一刘姓妇女被日军按在地上轮奸了7次，已气息奄奄，后到日军又继续轮奸，刘姓妇女就这样被活活轮奸致死。罗家桥乡一罗姓幼女，年仅12岁，惨遭日军奸污，事后日军将其分尸两段，悬挂路旁树上。像日军这样的兽行，在常德随处可闻，当地人民认为把日军称为禽兽"仍嫌过奖，实无以名之，或曰'次禽兽'为宜，盖敌较禽兽尤不若云"[2]。

1944年6月10日，浏阳市沙市街，李桂全的妻子被8个日军轮奸致死。永安街王庆元的女儿年仅15岁，被4个日军轮奸致死；刘佑生的妻子苏氏怀孕在身，被日军轮奸后剖腹刺胎而死。

同年6月24日，一伙日军在湘潭板塘掳了民船，过河到古桑洲（马家河这段湘江水域中的一个洲子）为非作歹，因洲上周围是水，一时无处藏身的妇女吴某等3人都遭到了日军的蹂躏。更为恶毒的是，日军竟用那白光闪闪的刺刀

---

① 王幸之：《敌寇暴行录》，载第二战区主办《阵中日报》1944年1月12日。
② 中央社常德二十三日电，载长沙《大公报》1943年12月24日。

对准那刚被奸污了的妇女，逼迫她们走入江中活活淹死。

同年 6 月 26 日，日军 50 多人从石湾乘汽船顺湘江而下，在油麻乡金山村靠岸，有 10 多名日军到第 3 组抓住罗某的妻子熊氏和邻家一个 18 岁的少女进行轮奸。她俩极力反抗，拼命挣扎。日军在发泄兽欲之后，便把她俩丢到大粪池里，并用砖块、石头一顿乱砸，用刺刀把熊氏的脑袋劈成两半，把少女的一条大腿刺个对穿，一只手臂上砍了两刀之后，日军搬一张竹床来把两具死尸压在粪池里。同一天，日军在集富村追赶文国平的母亲李凤英，追到进化村金竹坪时，李眼看日军追近，赶忙往塘里一跳。日军企图强奸未遂，便开枪扫射。李凤英以死相抗，满身弹痕满身血，染红塘水一大片。7 月下旬，辖神庙的罗某之妻，在衡山丰根村的谭家湾，被 10 余个日军捉去轮奸，每强奸一次，日军就迫令一个被捕去的村民谭某向她阴户上泼一次水，直奸到阴户破裂，血流不止，还不肯罢休。还有丰根村谭家湾谭某的妻子、母亲、大媳妇，潭泊村炭山冲陈某的母亲，潭泊街丁某的妻子，陈某的母亲，她们因逃避不及，先后被日军抓住进行奸污。这些遭难的女人中，有的在受辱后就被日军一刀砍死，有的还被日军用木棍或卵石塞进阴部体内，活活地被捅死。

同年 6 月的一天，日军在醴陵泗汾抓住周某之妻，因其拒敌奸污，被日军剜去双乳，绑于树上，哀号一日一夜，惨痛而亡。龙山港附近，日军抓住一妇女，将其婴儿摔死，然后再将妇女轮奸致死。

同年 6 月，日军入侵攸县。一天，日军在渌田五星村抓住宁苟妹，因宁坚决反抗，不让他们发泄兽性，竟被割去两个奶头，终遭残害致死。楼塘村少女蔡仔妹，因强奸拼死不从，竟被日军用刺刀插入阴道而死。

同年夏，侵入株洲的日军约一个排到江口村茅坪抢劫，12 岁的少女刘菊英没来得及逃走，竟被这些野兽抓到后轮奸，折磨致死。有个 70 多岁的老太太刘周氏，被日军抬到塘边洗了之后弄到门板上强奸，老太太死死不依，被日军一脚踢到塘里淹死了。

同年 7 月 14 日，日军侵入茶陵。一天，在毛里甲，日军企图强奸 3 名妇女，因遭反抗而将其推入厕所粪池中，上面用木板压住，把她们活活淹死，以后被逃难回来的人发现。中瑶村陈右生的妻子，带着小孩，日军进村时，来不及躲避，日军把小孩从她怀里抢走，丢入塘中淹死，几个日军捉住她轮奸后，又开枪把她打死。日军在县城东南 30 里的舲舫乡洮水村严家冲，捉住了两个年轻妇女，欲行强奸，村女均拼命反抗，被日军杀害。腰陂乡石陂村村民刘蛇皮 20 岁的闺女，被 10 多名日军掳至张家冲的沙洲上轮奸致死。在枣市乡对江村壮年妇女唐秀英被几名日军轮奸丧命。

同年7月，日军到冷水滩黄阳司刘尚坝、波浪岭一带抢劫，两个青年妇女慌忙躲进院子的乱草堆里，日军四处搜寻，发现了她俩，便将她们按倒在地，强行轮奸。傍晚村民回来时，在乱草堆里找到了她俩的尸体。老街西郊有个叫陈二嫂的青年妇女，在家躲了一天不敢出来，傍晚刚想开门出来看看，不巧被一名日军看见，日军像饿狼一般扑上前去，紧紧抱住她，陈二嫂誓死不从，拼命挣扎，但无法摆脱，便对日军的肩膀使劲咬了一口，日军疼痛难忍，急忙松了手，陈二嫂拔脚便往门前小溪边跑去，刚到溪边，日军枪响了，陈二嫂栽倒在溪流里，鲜血染红了溪水。

同年7月，在邵阳徐家牌（今邵东县）山路上，一位年近40岁快要分娩的妇女，被日军打倒在地上，进行强奸，紧接着是一群日军进行轮奸。开始那妇女大喊大叫，奋力反抗，后来慢慢就昏过去了。轮奸后，一日军又用穿高筒皮鞋的脚，往那孕妇的肚子上连踩数脚，把未出生的婴儿从阴部踩了出来。被踩出来的婴儿头发已经青黑，手脚动了几下，在母体边断了气。这时，一名日军为了取乐，让婴儿尸体从大刀上横飞而出，婴儿尸体即被分为两段，他却一阵阵狞笑。另一个接着又朝双眼紧闭的妇女身上猛刺数刀，致使母儿同时惨死在日军的脚下。

同年8月，日军攻入衡阳市后，到处糟蹋妇女。仁义乡杜春香、杜秋香姐妹，因抗拒日军强奸，一个投水自尽，一个被奸后枪杀；老妇刘氏，年已75岁，被强奸后亦惨遭杀害。几名日军闯入郊区二塘附近的唐家，企图对一妇女施暴，其夫见状，上前解救。日军竟用铁丝将他穿挂树上，浇上汽油，点火活活烧死，随即又将妇人强行轮奸，再一刀刺死。铁炉门江边，一名日军凌辱了一位抱小孩的妇女之后，又将母子二人推入江中。母子一同丧命。西桥乡龙化塘村民胡梓堂之妻刘氏，年已65岁，被5名日军轮奸致死，胡求情亦遭残杀。

同年9月4日，日军入侵祁阳县城关镇，到处奸淫妇女。少女唐金莲（年16岁），被8名日军轮奸致死。于某妻被日军强奸时，口咬日军，被日军用刺刀刺入阴户戳死，抛尸河中；李某被14名日军轮奸致死；陈某妻唐氏身怀有孕，被日军轮奸而死；陈某妻，身怀有孕，不从日军强奸，被活活打死；谢某妻，眼瞎貌美，被9个日军轮奸致死；尹某、王某，在太白山被日军强奸时，口咬日军，被日军割去双乳，流血而亡。9月29日，驻扎在东兴寺的日军30余人，开入大冲，抓住谢某的老婆强奸，她奋力反抗，被日军推入塘中，用刺刀戳死，共戳了19刀，鲜血染红了塘水。在富山院，日军用刺刀戳死谢建福祖母，轮奸了他身怀六甲的妻子。奸后，日军又将其剖腹取胎，并用刺刀戳着胎儿玩。谢建福一家三代，同时惨遭日军杀害。谢某的妻子，被日军抓住强奸后，一刀砍断其右手，将其推入火里烧死。

同年9月5日，日军入侵零陵县境，奸淫妇女无数。张家漕村一妇女被8名日军轮奸致死。

同年9月18日至10月21日，日军入侵道县小河边，杀人放火，奸淫掳掠，无恶不作。4个日军抓住一少妇轮奸至死。

同年9月中旬的一天，在株洲朱亭，一妇女到新街湾码头去洗菜，在街口碰上两名日军，被拖进一个姓许的家里轮奸。她进行反抗，日军奸后便用刀乱捅，她就这样倒在血泊里。

1945年1月22日，日军在宜章县长村乡东溪一岩洞里，将8名妇女轮奸后，又剖腹挖心。1月23日，日军在白石渡与大道中间，将4个不及躲避的六七十岁的老太婆轮奸后杀害。

同年1月18日，日军在望城县梅树村龙王庙菜园里，抓住刘炳寰刚结婚3天的新娘子，扭到袁绍贵家建在堤上的牛栏屋草堆中，进行轮奸，因她反抗呼喊，奸完后日军用刺刀插入她的阴道走了，等刘炳寰回来，妻子已奄奄一息，把她背回家里，终于含恨惨死，刘哭得死去活来，痛不欲生。

同年1月20日，日军窜入只有10多户人家的耒阳麻冲小山村，村民谷召锡之妻、周复连之妻被杀；谷宅清之妻被日军用烧红的木炭烧伤致死；4岁小女孩谷成香被日军抛向空中，再以刺刀相接刺死；村民谷某之母被日军用竹箩签捅入阴道，再刺以三刀惨死。在泗江口，谷某之妻被抓后，因反抗日军奸淫，被强奸后，日军又以伞把捅入其阴道致死。

同年1月21日，日军将桂阳清和圩何纯林70多岁的母亲抓住后，用皮鞭将其阴部打肿，以冷水冲掉血迹，轮奸致死。日军在清和圩肆虐一天，奸污妇女50多人，其中被轮奸致死2人。

同年3月7日，溆浦高坪一位50多岁的老太婆，被一群日军捉住轮奸后，日军即用干竹篾片点着火烧烤其阴部，使之疼痛难忍，一阵阵"哎哟哟"的凄厉声持续半个多小时才终止……躲在不远的同村青年吴盛国亲眼目睹其惨景。待日军刚一离开，他就偷偷地跑过去将老太婆的尸体背走。刚走了三四米远，即被日军发现。吴只好忍痛弃尸逃跑。待日军走远后再来收尸时，发现其一身被剥得精光，阴部被烧烤得稀烂。东升岩桥边吴大作的妻子，被日军轮奸后，披头散发地跑到岩桥下面的一个狭小的岩洞内，想躲过日军再次糟蹋，不料兽性大发的日军狞笑地随着追来。当吴大作妻子往洞内爬时，被日军抓住双脚，吴妻死死地抱住洞内一勾岩。日军拉她不出来，便凶狠地用枪托朝其屁股上打去，只几枪托，便把她活活打死在洞内。4月17日，一个穿旗袍的中年妇女在黄连岗上撞上了一伙日军，当场被按倒于田坎下轮奸至死。断气后又被3名日军惨无人道地奸尸。4月23日，大华乡栗山村杨梨冲70岁的老太婆谌玉旺，在被多名日军剥光衣服并用绳子捆在板凳上无耻地轮奸，然后又将其身上捆着一块石头沉入河里。

同年4月23日，日军入侵隆回。在小沙江一岩洞内，日军抓住了两名年轻的瑶族妇女，将其强奸。随后，日军对其中一名反抗最强烈的妇女进行惩罚，先将她赤身裸体的绑在一棵树上，然后割掉其两个乳房，并在其阴户内塞进一根木棒，致其死亡。5月，九龙潭一陈姓妇女在外逃途中被日军抓住后轮奸致死。

同年4月底，日军入侵洞口县岩塘村。有个十二三岁的小女孩，遭日军强奸，留下终生残疾；一位老年妇女遭日军数人轮奸致死。村民尹某的妻子因反抗日军的兽行，被日军实施强奸后又残忍地用刺刀戳其下身，致其死亡；另有一名幼女也被日军先奸后杀。

（4）日军实施性暴力不分场合

湖南各地妇女为了逃避日军迫害，尽量躲藏在野外或山上的庙宇、道观、坟地里。中国人一向把寺院、道观、坟地等场所看做是神灵庇护的地方，他们单纯地认为，在这些地方日军或许会手下留情，但事实远非如此。

1939年9月28日日军攻占平江县城后，县城里的许多居民特别是妇女纷纷跑到当地的一所教堂里躲避，日军瞅准了这一点，也跟踪而至。据教堂一位神父讲，那段时间，"每日有百把的日本兵来教堂，他们翻墙过来，晚上也是如此来，找一样东西——花姑娘。一个兵写了'花姑娘'三个字在桌上，意思要我给他来找寻，隔壁三位61岁的老太婆，一个还是瞎子，都奸死了。找不到花姑娘，他们就烧房子……"最后神父的结论是："世界上没有这样野蛮的民族。"①

同年12月1日，日军在大山长木岗（今道河乡）搜山，2名日军抓住19岁女青年金某，并按倒在坟地里轮奸，后又将一根木棒插入其阴道。日军走后，亲人抬回金某治疗月余方愈。

同年10月23日，日军侵入到汉寿外洲。日军来到之前，百姓中能逃的

---

① 秋江：《一个神父口中的寇军兽行》，载衡阳《正中日报》1939年11月19日。

几乎逃尽，能带的几乎带光，剩下的只有堤上开小铺的金介人两老和五圣宫庙里的女斋公。他们当时都已经 60 多岁了，跑也跑不动了，只好硬着头皮在五圣宫庙里求"菩萨"保佑。殊不知日军全都丧尽了人性。金介人的妻子被日军轮奸后再被抛进小港激流中，事后一直未见其尸体；女斋公也遭到了十几名日军的摧残，忍辱呻吟月余后死去；金介人于凄楚悲痛中，不久亦含恨离开了人世。

1944 年 9 月中旬，日军入侵祁东万福岭乡灌渡桥村漆家院。漆某的妻子曾某，年轻貌美，被一个排的日军在树林里轮奸了一天。待这伙禽兽散去，曾某披头散发，目光呆滞，犹如死人一般，后来变成了疯女。

1945 年 2 月 13 日，日军侵入宁乡高露乡，一对新婚夫妇在返家途中被日军抓获，新郎当即被杀，新媳妇被架入文德宫内遭轮奸致死。

同年 2 月 3 日，在宜章小水冲村，日军 50 余人在藤井一山队长带领下，将10 多名妇女集中在山坳的庙里进行轮奸，其中有 10 岁幼女和 70 岁老妇，被奸者均含恨而死。

（5）日军还颠倒伦常强迫湖南妇女的男性直系亲属去伤害她们

日军还颠倒伦常，或逼迫民家父女、母子、兄妹颠倒行奸，或用刀枪威胁女的丈夫、兄弟、父亲、公公看着他们奸淫，借以旁观取乐。倘有人违抗不从，立即当场杀害。

1941 年 9 月，日军在新墙河强迫一个 14 岁的男孩去奸污自己的母亲，孩子无法，只得冒着被杀的危险拼命逃跑了。

1943 年 5 月，日军在安乡县合家口一个村子里，捉住 11 名难民女子后实施强奸后，又强迫她们与自己的父亲、丈夫、兄弟交媾。

同年 5 月 10 日，日军 10 人在澧县萤台乡芦家峪抓住两父女，强迫其父先奸其女，父不从，被杀，女未成年，被日军轮奸致死。同月，几名日军在王家厂抓住了少女杨某某和她的父亲，日军惨无人道地轮奸她时，勒令她的父亲在旁边观看。可怜这位老人怒目切齿，义愤填膺，当场气绝身亡。11 月底，有名日军在道溪乡曲家坪捉到一对夫妇，日军令丈夫脱掉妻子的衣服，站在旁边看日军强奸他的妻子，强奸完后，又令其用舌头给他舔生殖器。12 月，周某在芭茅山被日军强奸时，逼其父跪在旁边守候。

同年 11 月，日军攻入常德城后，抓住了一姓杨的父女俩，竟在光天化日之下，强迫父亲奸淫亲生女儿。

1944 年 8 月的一天，在常宁县松柏镇，几名日军到陈家大屋抓住一个闺女，日军强迫其祖父行奸。女的拼死反抗，被刺刀当场捅死。

同年 9 月 5 日，日军在零陵县接履桥画眉铺村轮奸一个 50 多岁的妇女后，逼迫这位妇女的 15 岁的儿子也去奸污，这位妇女的儿子哭着求饶，被日军刺死。

1945 年 1 月，在资兴东江栗脚肖家村，何德胜夫妻双双被抓住，日军轮奸他的妻子，还要强迫他在旁边看着，何德胜反抗，大骂禽兽不如的侵略者，日军士兵恼羞成怒，竟将他强行按在舂米用的石臼里，用抖捶将他活活捶死。何的尸体血肉模糊，稀烂一团，惨不忍睹。

同年 2 月 3 日，日军在宜章县平和乡欧家背后，6 个日军轮奸一妇女，并迫其丈夫一旁观看，丈夫见妻子遭残害，愤极吐血身亡。

3. 日军对妇女实施性暴力的严重后果

日军对妇女实施性暴力，对被害妇女的一生产生了极其严重的后果。

(1) 直接摧残被害妇女的生命

日军对妇女实施性暴力，最严重的后果，就是直接摧残被害妇女的生命。湖南有很多妇女，为了不遭受到日军的凌辱，在被日军抓住之前，往往投河自尽。1944 年 9 月，邵阳板桥村已怀孕在身的周玉普的妻子带着 3 个女儿被日军追到邵水河边，眼看就要被日军抓住，她不甘受辱，带着 3 个女儿一起投河自尽。1944 年秋，道县小河边蒋先桂的妻子和 2 个 10 多岁的女儿，被日军追至河边，因不甘受辱母女 3 人齐投水自尽。日军在对妇女实施性暴力时如遇到反抗，往往将被害人直接加以杀害。1939 年 9 月，日军在湘阴县营田镇捉住一少女欲施强奸，少女坚决反抗，日军于是将少女脸上肌肉和乳房剜掉，将她活活折磨致死。1938 年 11 月上旬，金沙乡周爱贞、戴娥贞等 14 名妇女被日军抓住后，因拒奸与敌格斗而惨遭杀害。1943 年 5 月，南县厂窖一个姑娘被日军抓住后因拒奸，被日军用东洋刀从阴部劈成两块。日军在实施性暴力时，毫不顾及被害人的生命，常将被害人轮奸致死。1938 年 11 月，日军将孕妇刘桂保轮奸致死。1943 年 11 月，日军将澧县分水村马头壳屋场黄大炳 12 岁的女儿轮奸致死。1944 年 8 月，长沙洞井乡年仅 15 岁的陈淑华，被日军轮奸致死。1945 年 1 月，桂阳清和圩何纯林 70 多岁的母亲被日军轮奸致死。在实施性暴力后，日军还常将被害人残忍地杀害。1938 年 11 月上旬，日军在临湘县小沅村将孕妇方兴姑强奸后用枪托打死。1939 年 9 月 22 日，日军在岳阳新墙河南岸强奸了羊永发的妻子和 2 个媳妇、3 个女儿后，竟灭绝人性地还将刺刀插入她们的阴部，致其死亡。1939 年 10 月，日军在长沙金井把一孕妇后强奸后，又用指挥刀划破孕妇小腹，致使孕妇和其腹中胎儿当场死亡。1943 年 5 月，在厂窖惨案中，一位 70 多岁的老婆婆被日军轮奸后，日军又用刺刀从阴道刺到小腹，使其致死。1943 年 6 月 4 日，澧县大堰垱西郊李德发之妻郭氏被日军强奸后惨遭杀害。11 月 11 日，澧县三元乡（今火连坡镇三元村五组）17 岁少女汤某被日军强奸后剖腹致死。被日军强奸后，很多妇女由于不堪其辱而含恨自尽。1939 年 6 月中旬，临湘县长塘乡曹田村一位年近 40 岁的妇女惨遭日军多次轮奸后，由于肉体上、精神上受到摧残，不久就死去了。1944 年 4 月 23 日，长沙市岳麓乡黎团五的媳妇被日军强奸后含恨跳水自尽。1944 年 6 月 23 日，日军在湘潭县马家河轮奸了当地妇女罗某，致使罗的身心受到了极大的摧残，回家后卧床不起，含恨死去。1945 年 4 月，日军在绥宁武阳珠玉山将一年轻姑娘杨某轮奸，杨某不堪其辱跳河自杀。像上述日军在对湖南妇女实施性暴力时直接杀死被害人或轮奸致被害人死亡的例子，实在太多，举不胜举。

（2）严重摧残被害妇女的身心健康

日军对妇女实施性暴力，另一个严重后果就是，严重摧残被害妇女的身心健康。有的妇女，在遭受日军的性暴力后，往往身心受到极大的创伤。1941 年秋，日军在平江县袁家岭将一年仅 12 岁的少女轮奸，致使其终身残疾。1943 年 5 月 10 日，5 名日军在澧县萤台乡抓住一孕妇，用小竹筒放进棉絮和煤油，插进孕妇阴道，4 名日军用脚踩住孕妇手脚，一个日军点火烧油筒，孕妇惨叫挣扎，日军狞笑不已，直到孕妇半死，日军才扬长而去，后被亲人抬回抢救，侥幸活命。但在生孩子时，因生殖器烧坏，难产致死。1944 年 4 月，萧家湾萧保生的妻子汪桂英被 11 名日军轮奸后奄奄一息，被人救起，卧床数月。1944 年 6 月 9 日，一位 30 来岁的妇女，被 10 多名日军轮奸后，浑身不能动弹，几天以后一身浮肿，连指甲都变色了，一直病了好几个月都不能起床。1944 年 8 月 1 日，长沙市洞井乡傅家冲彭国良的爱人被 10 名日军轮奸后，病在床上两个月起不了床。1945 年 5 月 11 日，湘乡大育乡中沙村少女杨某年仅 16 岁，被日军抓住轮奸后，一个多月还不能走路。1945 年 1 月 18 日，望城县梅树村袁家湾 13 岁的王菊妹被日军轮奸，从此王菊妹病了很久，数年间还不敢一人外出。1945 年 4 月，绥宁武阳三里田妇女莫某被日军轮奸后精神一度失常，披头散发，开衣敞怀在村子里走来走去，不时悲惨地呼叫"天啦！天"。

（3）严重影响被害妇女的家庭幸福致使其家破人亡

日军在湘对妇女实施性暴力，导致许多被害妇女的家庭家破人亡。1943 年 11 月 11 日，澧县甘溪镇赵某躲在扇门垭破岩垴（今火连坡镇三泉村属地）被日军群奸致死，她的 5 个子女皆未成年，由于无人抚养，后东逃西散。1944 年 9 月 29 日，祁阳县大冲富山院，日军杀死谢建福祖母，轮奸了他身怀六甲的妻子后又剖腹取胎，一家三代，同时惨遭杀害。1941 年秋，日军在平江县南的洪家段附近，将一年轻妇女轮奸致死，并杀害其丈夫，留下一刚生下才 4 个月的婴儿。

（执笔：朱柏林）

（六）抗战时期湖南财产损失情况

从 1937 年 7 月 7 日日本帝国主义发动全面侵华战争，到 1945 年 8 月 15 日日本宣布无条件投降，中国的全国性抗日战争整整进行了 8 年多。在这 8 年中，日本帝国主义给中国人民造成了深重的灾难，造成了数千万的人口伤亡和几千亿美元的财产损失。湖南也和全国一样，在抗战期间遭受巨大的人员伤亡和财产损失。为了铭记历史，推进抗日战争史的研究，回击日本少数人对历史的否定，我们有必要对日本帝国主义侵华期间在湖南所造成的财产损失进行详细的核实、考证，整理出一个尽可能准确的资料来。

抗战期间湖南的财产损失，从损失自身的性质来说，可以分为直接损失和间接损失；从损失的主体来说，则可分为单位和个人。直接损失大致包括：日军飞机轰炸所造成的财产损失；日军在占领区和进攻各地时所进行的物资掠夺（包括粮食、畜禽、矿产和其他物资）；日军在各地制造的惨案（杀人放火）所造成的财产损失；日军强征湖南劳力从事运输、修筑工事等军事设施和机场、道路、桥梁所造成的劳力经济损失；湖南在三次长沙会战、常德会战、长衡会战、湘西会战等战役中的战争损失；日军在常德进行细菌战所造成的财产损失等。间接损失大致包括：因日军杀人、伤人、掠夺资财而造成的生产水平下降；因日军入侵而增加的国防成本、军事开支；因日军占领而造成的国土损失；因日军入侵而加剧的灾害损失；日军强奸妇女强征慰安妇而造成的精神损失和财产损失；为躲避日军入侵，政府机关和人民团体、事业单位、学校、公私企业拆迁内地的财产损失；为救济伤病员和难民，政府增加的费用和民间进行的募捐；战后为恢复生产和安置难民等费用。本专题根据当年国民政府在抗战结束之后所进行的抗战财产损失统计和其他资料的情况，以损失的主体为统计对象，从直接损失和间接损失两个方面来分类进行全省抗战期间财产损失的调研统计。文中关于财产损失的货币统计数据，凡未注明币种者均为法币；涉及财产损失的价值，除特别注明者外，均按 1945 年 8 月物价折算。谨此说明。

1. 全省财产损失总情况

抗日战争时期，湖南省共有 78 个市县，27774470 人（1945 年统计数）。其中省辖市 2 个, 即长沙市和衡阳市; 其余划分为 10 个辖县的专区, 共计 76 县。

关于从 1937 年 7 月 7 日全国抗战起到 1945 年 8 月 15 日日本宣布投降止湖南省的财产损失情况, 1945 年底湖南省政府曾进行了一次全面调查统计, 到 1948 年 1 月, 省妇女工作委员会等机关对财产损失又陆续进行了补报, 省政府统计处又对原公布的部分数字进行了调整。全省以法币计算, 共计财产损失 12196904201230 元 (原报数 12192210270264 元, 1948 年补报 4693930966 元), 其中直接损失 11509086514457 元 (原报 11504405560497 元, 补报 4680953960 元); 间接损失 687817686773 元 (原报数 687804709767 元, 补报数 12977006 元)。其中:

全省各级机关合计损失 68587782445 元 (原报数 68564355259 元, 1948 年 1 月补报数 23427186 元)。其中直接损失原报 64072667098 元, 补报数 10450180 元; 间接损失原报数 4491688161 元, 补报数 12977006 元。其中, 省级机关合计损失 7819413704 元 (原报数 7795986518 元, 补报数 23427186 元)。在省级机关损失中, 直接损失原报 7109840483 元, 补报数 10450180 元; 间接损失原报数 686146035 元, 补报数 12977006 元。在县市级机关中, 合计损失 60768368741 元 (未补报), 其中直接损失 56962826615 元 (无补报), 间接损失 3805542126 元 (无补报)。

全省各级各类学校合计损失 85898977600 元 (无补报), 其中直接损失 75713282600 元 (无补报), 间接损失 10185695000 元。其中省立学校损失 18245230000 元 (直接损失 16240785000 元, 间接损失 1824445000 元); 县市立学校损失 22053974506 元 (直接损失 19355237272 元, 间接损失 2698737234 元); 私立学校损失 45599773094 元 (直接损失 39937260328 元, 间接损失 5662512766 元)。

全省各项事业损失合计 8805471540300 元 (原报数 8805108640300 元, 1948 年 1 月补报数 362900000 元)。其中, 直接损失原报 8223189138813 元, 补报 362900000 元; 间接损失 581919501487 元。在各项事业损失中, 省营事业损失 429679839542 元 (原报数 429316939542 元, 补报数 362900000 元), 其中直接损失原报数 106167023457 元, 补报数 362900000 元; 间接损失 323149916085 元。县市营事业合计损失 3859635492 元, 其中直接损失 3120698501 元, 间接损失 738936991 元。民营事业合计损失 8371932065266 元, 其中直接损失 8113901416855 元, 间接损失 258030648411 元。

全省各人民团体及合作社共计损失 478353690144 元, 其中直接损失

459112117884 元，间接损失 19241572260 元。

全省各机关学校及事业内服务员工损失 68587464014 元（原报数 64279860234 元，1948 年 1 月补报数 4307603780 元），其中直接损失原报数 53786846331 元，补报数 4307603780 元；间接损失 10439013903 元。

全省普通住民损失 2690004746727 元，其中直接损失 2628531507771 元，间接损失 61473238956 元。

2. 省级各机关团体学校及事业损失总情况

国民党省政府机关团体及事业单位，包括省政府四厅及直属处室以及他们的下属单位，国民党省党部及其所属机构，以及省里的派出机构（各专区行政督察专员公署），省级人民团体，省属公、私立学校，以及省里直接经营管理的各项事业单位。据当年国民党省政府统计，全省省级各机关团体学校及事业单位损失总计 513039136522 元（原报数 508345205556 元，1948 年 1 月补报数 4693930966 元），其中直接损失原报数 177949510517 元，补报数 4680953960 元；间接损失原报数 330395695039 元，补报数 12977006 元。其中：

省级各机关损失 7819413704 元（原报数 7795986518 元，1948 年 1 月补报数 23427186 元），其中直接损失原报数 7109840483 元，补报数 10450180 元；间接损失原报数 686146035 元，补报数 12977006 元。

省政府各厅局处室损失 7692716592 元（原报数 7679019406 元，1948 年 1 月补报数 13697186 元），其中直接损失原报数 7010982021 元，补报数 720180 元；间接损失原报数 668037385 元，补报数 12977006 元。

各行政督察专员公署损失 126697112 元（原报数 116967112 元，1948 年 1 月补报数 9730000 元），其中直接损失原报数 98858462 元，补报数 9730000 元；间接损失 18108650 元。

省属学校损失合计 53945975501 元（直接损失 47414742052 元，间接损失 6531233449 元）。其中公立学校损失合计 18245230000 元（直接损失 16420785000 元，间接损失 1824445000 元）。私立学校损失 35700745501 元（直接损失 30993957025 元，间接损失 4706788449 元）。

省营事业损失合计 429679839542 元（原报数 429316939542 元，1948 年 1 月补报数 362900000 元），其中直接损失原报数 106167023457 元，补报数

362900000 元；间接损失 323149916085 元。在省营事业中：

农业部分损失合计 137806779 元，其中直接损失 131135897 元，间接损失 6670882 元。

矿业部分损失合计 306268018669 元（原报数 305905118669 元，1948 年 1 月补报数 362900000 元），其中直接损失原报数 2917902016 元，补报数 362900000 元；间接损失 302987216653 元。

工业部分损失合计 20823837601 元，其中直接损失 1376671677 元，间接损失 19447165924 元。

公用事业部分损失合计 140749400 元，其中直接损失 79070000 元，间接损失 61679400 元。

商业部分损失合计 632262030 元，其中直接损失 624162000 元，间接损失 8100000 元。

银行部分损失合计 436186553 元，其中直接损失 245898837 元，间接损失 190287716 元。

公路部分损失合计 94563570000 元，其中直接损失 94342120000 元，间接损失 221450000 元。

航运业部分损失合计 3772273000 元，其中直接损失 3566900000 元，间接损失 205473000 元。

电讯部分损失合计 2905035510 元，其中直接损失 2883163000 元，间接损失 21872510 元。

省级机关学校员工损失合计 21593907775 元（原报数 17286303995 元，1948 年 1 月补报数 4307603780 元），其中直接损失原报数 17257904525 元，补报数 4307603780 元；间接损失 28399470 元。其中：

各机关员工损失合计 20017783213 元（原报数 15710179433 元，1948 年 1 月补报数 4307603780 元），其中直接损失原报数 15681779963 元，补报数 4307603780 元；间接损失 28399470 元。

各学校员工损失合计 1576124562 元（直接损失）。

（1）省级机关直接损失情况

在省级机关中，总计直接损失 7120290663 元（原报数 7109840483 元，1948 年 1 月补报数 10450180 元；其中补报建筑物直接损失 4660000 元，器具直接损失 950180 元，图书直接损失 10000 元，医药用品损失 500000 元，其他直接损失 4780000 元）。

（2）省级机关间接损失情况

省政府各机关总计间接损失 699123041 元（原报数 686146035 元，1948 年 1 月补报数 12977006 元；其中补报迁移费 1476255 元，补报疏散费 587328 元，补报救济费 10913423 元）。

（3）省级各机关人民团体学校内服务员工直接损失

除了国民政府机关遭受的损失外，省级各机关、人民团体、学校内服务员工个人也遭受不小损失。当年对此也进行了统计。统计分类为建筑物、器具、现款、古物图书、牲畜、衣物等。全省各省级机关人民团体学校内服务员工直接损失 21565508305 元（原报数 17257904525 元，1948 年 1 月补报数 4307603780 元；其中补报建筑物直接损失 1356830000 元，补报器具直接损失 1018018030 元，补报现款损失 11024500 元，补报古物图书直接损失 471688000 元，补报牲畜直接损失 24808210 元，补报衣物直接损失 1309468900 元，补报其他直接损失 115766140 元）。

（4）各项事业损失情况

1）省营农林牧业财产损失情况

抗日战争期间，湖南全省的省营农林牧业因敌机的轰炸和掠夺遭受的损失巨大。这方面的损失统计房屋以栋计算、种苗以株计算、其余以件计算，职工私人损失未计入。

全省合计损失农具机械 3603 件，种苗 351240 株，图书仪器 3386 件，牲畜 656 头，房屋 61 栋，家具 6732 件。遭受损失的单位有省农业改进所、农林场、林场、稻场、棉场、园艺场、苗圃、药圃、轧花厂、测候所、畜牧场、耕牛繁殖场、血清制造厂等。其中有长益区农林场、长沙林场、大山冲林场、益阳畜牧场、湘北耕牛繁殖场、长沙园艺场、长沙稻场、丁家岭稻场、衡郴零区农林场、衡阳稻场、衡阳林场、衡阳棉场、衡阳畜牧场、衡阳测候所、郴县测候所、零陵测候所、耒阳测候所、零陵林场、邵阳区农林场、邵阳稻场、邵阳棉场、邵阳测候所、邵阳畜牧场、常德区农林场、常德稻场、常德棉场、常德林场、津市轧花厂、安江苗圃、南岳药圃、湖南血清制造厂、南岳测候所、澧县棉场、华容棉场、茶陵测候所。

各县市农业推广所及农林场损失房屋 94 栋，价值 75000 元；家具 5200 件，价值 20800 元；农具 5400 件，价值 10800 元；种子 600 石，价值 3500 元；种苗 788000 株，价值 78800 元；家畜 4150 头，价值 41500 元；家禽 22000 只，价值

1000 元；其他 26000 元。以上共计 267400 元（以 1937 年上期物价计算，到 1945 年时应按原数增长 5000 倍）。

省蚕丝改良场损失共计 92770 元（以 1937 年上期物价为准，到统计时应按增长 5000 倍计算）。其中房屋 5 栋，价值 71100 元；家具 1700 件，价值 5200 元；图书 30 册，价值 20 元；仪器 300 件，价值 5500 元；农具 500 件，价值 1200 元；蚕具 500 件，价值 1900 元；桑树 58 亩，价值 2320 元；衡攸工作站损失 5500 元。

2) 省营矿业损失情况（本部分未折算价值）

全省省营矿业中，醴陵煤矿局损失锅炉 13 座，直流发电机 5 台，蒸汽起重机 8 部，6 吨机车 3 部，来回式水泵 24 部，水管 3200 尺，钢绳 2200 尺，车床 2 部，公种房屋 10 栋，各种木料 2000 根。湘潭云湖煤炭工程处损失锅炉 33 座，蒸汽起重机 10 部，1 吨矿车 100 辆，钢轨 75 吨，来回式水泵 18 部，水管 770 尺，钢绳 6000 米，钻钢 20 吨，钻床 3 部，各种房屋 5 栋。祁阳观音滩煤矿工程处损失锅炉 12 座，直流发电机 2 座，蒸汽起重机 5 部，钢轨 100 米，来回式水泵 20 部，水管 3800 米，钢绳 5000 米，车床 5 部，各种房屋 10 栋，各种家具 360 件。宁乡清汉煤矿工程处损失锅炉 5 座，来回式水泵 6 部，水管 800 米，房屋 3 座。常宁水口山铅锌矿局损失最大，共损失锅炉 15 座，直流发电机 5 座，蒸汽起重机 4 部，6 吨机车 3 座，鼓风机 1 部，选洗机 1 套，钢轨 20 吨，来回式水泵 14 部，水管 1500 米，风管 600 米，钻钢 30 吨，黄色炸药 6 吨，硝药 2 吨，钢索 1800 米，各种房屋 28 栋，各种木料 2500 根，各种家具 250 件。省炼铅厂损失蒸汽起重机 3 部，鼓风机 6 部，直流电动机 1 部，车床 2 部，离心式水泵 3 部，烘砂锅 7 口，纯铅 200 吨，各种房屋 45 栋。省炼锌厂损失直流发电机 1 座，蒸汽发动机 1 部，蒸馏炉 1 座，直流电动机 4 部，煤气发动机 1 部，各种房屋 29 栋，各种木料 2036 根，各种家具 125 件。总计全省省营矿业损失锅炉 78 座，直流发电机 12 座，蒸汽起重机 30 部，6 吨机车 6 座，鼓风机 7 部，蒸馏炉 1 座，蒸汽发动机 1 部，直流电动机 5 部，煤气发动机 1 部，选洗机 1 套，1 吨矿车 100 辆，钢轨 195 吨，来回式水泵 82 部，水管 10070 尺，风管 600 尺，钢绳 13200 尺，钻钢 50 吨，黄色炸药 6 吨，硝药 2 吨，钢索 1800 尺，车床 9 部，钻床 3 部，离心式水泵 3 部，烘砂锅 3 口，纯铅 200 吨，各种房屋 130 栋，各种木料 6536 根，各种家具 735 件。

3) 省营工业损失情况（本部分未折算价值）

省机械厂损失 550 千瓦透水电机锅炉 1 座，160 千瓦引警电机 1 座，44 匹马力蒸汽引擎 1 部，30 匹马力电动机 1 部，大小车床 44 台，大小刨床 4 台，大小铣床 4 台，各种电焊机及其他工作母机 11 台，半吨量热炉机 1 座，全厂房屋完全被炸毁。

省水泥厂损失 500 匹马力锅炉 1 座，150 匹马力蒸汽机 2 座，50 千瓦发电机 1 座，轧石机 1 座，入料盘 1 座，球磨 1 座，长磨 1 座，房屋 6 栋。

省化工原料厂损失焚硫炉 1 座，铅塔 4 座，盐酸炉 1 座，厂栈库舍 13 栋。

省电工器材厂损失 15 千瓦发电机 1 座，20 号煤气引擎 1 座，各种车床、钻床 6 台，全厂厂房被毁。

衡阳电厂损失 225 千瓦引擎发电机 1 座，110 千瓦煤气发电机 1 座，全部输电设备被毁，全部厂房被毁。

耒阳电厂损失大小发电机 3 座，房屋 1 栋。

湖南第一纺织厂损失纺纱机 4 万纱锭，动力机 1 部，房屋完全被毁。湖南第三纺织厂损失纺纱机 1000 台，厂房全部被毁。

省营工业企业在被日机轰炸或遭受日军劫掠后，恢复生产需要政府给以救济。全省省营工业企业需救济的情况是：总计 3641000 元（以 1937 年物价为准，统计时物价应按原数增加 5000 倍）。其中水泥厂修整房屋及土地 30000 元，设备 10000 元，筹办费用 10000 元，流动资金 250000 元。砖瓦厂修理厂房及土地 20000 元，工厂设备 10000 元，筹办费用 5000 元，流动资金 250000 元。化工原料厂（硫酸厂）修理厂房土地 45000 元，工厂设备 5000 元，筹办费用 10000 元，流动资金 140000 元。造纸厂修理厂房土地 68000 元，工厂设备 12000 元，筹办费 40000 元，流动资金 400000 元。制革厂修理厂房 50000 元，工厂设备 10000 元，筹办费 5000 元，流动资金 60000 元。榨油厂修理厂房 20000 元，工厂设备 12000 元，筹办费 8000 元，流动资金 80000 元。酒精厂修理厂房 10000 元，工厂设备 5000 元，筹办费 5000 元，流动资金 60000 元。油漆厂修理厂房 15000 元，工厂设备 10000 元，筹办费 5000 元，流动资金 50000 元。火柴厂修理厂房 15000 元，工厂设备 2000 元，流动资金 50000 元。玻璃厂修理厂房 10000 元，工厂设备 10000 元，筹办费 5000 元，流动资金 35000 元。面粉厂修理厂房 30000 元，工厂设备 5000 元，筹办费 5000 元，流动资金 100000 元。锯木厂修理厂房 11000 元，工厂设备 8000 元，筹办费 4000 元，流动资金 50000 元。第一机械厂修理厂房 42500 元，工厂设备 20000 元，筹办费 10000 元，流动资金 100000 元。第二机械厂修理厂房 32500 元，工厂设备 15000 元，流动资金 80000 元。建筑金属器材厂修理厂房 11000 元，工厂设备 10000 元，筹办费

5000元，流动资金80000元。制钉厂修理厂房16000元，工厂设备10000元，筹办费5000元，流动资金100000元。第一纺织厂重修厂房100000元，工厂设备40000元，筹办费用12000元，流动资金350000元。第二纺织厂修理厂房1250000元，工厂设备40000元，筹办费用12000元，流动资金350000元。麻织厂修理厂房23000元，工厂设备10000元，筹办费6000元，流动资金200000元。

4）民营工矿业损失情况

1943年前，在国民党省政府建设厅登记的民营企业，全省合计391家。其中衡阳59家，长沙31家，湘乡27家，攸县27家，湘潭25家，新化24家，益阳19家，邵阳16家，会同17家，沅江12家，安化11家，平江10家，黔阳9家，祁阳8家，耒阳8家，茶陵7家，零陵6家，沅陵5家，常德4家，宁乡5家，辰溪4家，麻阳4家，其他各县53家。以工厂类别分：纺织厂159家，炼铁厂24家，其他金属冶炼厂8家，炼油厂14家，玻璃厂13家，造纸厂16家，酿造工厂17家，制革厂3家，化学工厂9家，服装用品制造厂15家，建筑器材厂8家，面粉厂5家，电厂19家，机械厂65家，其他杂项工厂16家。至1945年国民政府统计抗日损失时，所损失之工厂大多数尚未列齐，但应列数字除极少数迁往湘西安全者外，其余大多数均已损毁。

以价值计算，全省民营工矿业在抗战中损失1216481元，另美金2000元。其中，新中工程公司270300元，新民机厂湘厂123793.8元，立达机器厂17807元，衡阳东南机厂36175元，衡阳民生机器厂17380元，德昌机器制造厂3000元，庆大机器厂3360元，衡阳协泰机器厂1630元，北新工厂149445.6元，彭宝泰机器厂4825元，徐协丰五金翻砂机器厂5670元，毓华棉机制造厂17760元（另美金2000元），振新汉口机器工厂1530元，志诚机器厂287元，德昌铁工厂14120元，亚东汽车修造厂4361元，众成铁厂25791元，渌江炼铁厂8480元，福裕钢铁厂衡阳厂6200元，湖南炼油厂70300元，华中实业油料公司油料厂15995元，中国植物油料厂107485.7元，三品化工制造厂7200元，华工化工厂1317元，力生电化厂9160元，日新电池厂19704元，中华碳精厂7750元，三角牌自由橡胶厂2012元，华商义记实业厂22557.5元，经济部中国植物油料厂和宝庆铁厂土桥煤矿工程处25960元，金泰纺织厂9440元，竟成纺织厂7710元，新渝纺织厂12000元，湖南第三纺织厂128199元，友力工业社4661.6元，辛华军毯制造厂8382元，兴华染织厂2649元，厚生面粉厂21300元，建湘面粉厂7340元，新昌印书馆12760元，金钱牌热水瓶厂4360元，国泰机器锯木

厂 2323.8 元。（以上各厂系迁往外省继续经营者，但尚有大多数之工厂系在家或迁省内其他地方蒙受损失者，未查报列入）

5）全省公路损失情况（未折算价值）

至 1945 年 11 月国民党省政府统计损失时止，全省公路通车里程只有 2328 公里。抗日战争中共毁坏路基 2328 公里，路面 2328 公里，桥梁 971 座（1877 米），涵洞 1410 座（2740 米），水管 8013 道，码头 14 对，站屋 115 栋，道房 273 栋，护墙 9500 米，厂房 13 栋。其中：

湘潭至邵阳线（173 公里）：毁坏路基 173 公里，路面 173 公里，桥梁 76 座（1007 米），涵洞 148 座（258 米），水管 522 道，站屋 8 栋，道房 29 栋，护墙 200 米；

邵阳至洞口线（108 公里）：毁坏路基 108 公里，路面 108 公里，桥梁 54 座（647 米），涵洞 78 座（110 米），水管 324 道，码头 1 对，站屋 6 栋，道房 18 栋，厂房 1 栋；

洞口至江口线（31 公里）：毁坏路基 31 公里，路面 31 公里，桥梁 10 座（160 米），涵洞 24 座（35 米），水管 100 道，站屋 1 栋，道房 3 栋，护墙 3000 米；

宁乡至湘乡线（62 公里）：毁坏路基 62 公里，路面 62 公里，桥梁 30 座（63 米），涵洞 35 座（52 米），水管 579 道，站房 2 栋；

长沙至枣木铺线（389 公里）：毁坏路基 389 公里，路面 389 公里，桥梁 1226 座（1410 米），涵洞 210 座（466 米），水管 1167 道，码头 2 对，站屋 17 栋，道房 57 栋，厂房 4 栋；

衡阳至宋家塘线（109 公里）：毁坏路基 109 公里，路面 109 公里，桥梁 56 座（448 米），涵洞 87 座（131 米），水管 327 道，站屋 3 栋，道房 10 栋，护墙 1000 米；

南岳支线（3 公里）：毁坏路基 3 公里，路面 3 公里，桥梁 3 座（17 米），涵洞 7 座（13 米），水管 6 道，护墙 1000 米；

衡阳交通线（8 公里）：毁坏路基 8 公里，路面 8 公里，涵洞 6 座（15 米），水管 10 道，码头 1 对，护墙 400 米；

衡阳至宜章小塘线（206 公里）：毁坏路基 206 公里，路面 206 公里，桥梁 74 座（736 米），涵洞 172 座（247 米），水管 618 道，码头 1 对，站屋 10 栋，道屋 22 栋，护墙 500 米，厂房 1 栋；

耒阳至茶陵线（133 公里）：毁坏路基 133 公里，路面 133 公里，桥梁 32

座（351 米），涵洞 95 座（159 米），水管 399 道，码头 1 对，站屋 7 栋，道房 11 栋；

茶陵至界化陇（43 公里）：毁坏路基 43 公里，路面 43 公里，桥梁 23 座（324 米），涵洞 34 座（52 米），水管 129 道，站屋 3 栋，道房 5 栋，厂房 1 栋；

郴县至桂阳线（34 公里）：毁坏路基 34 公里，路面 34 公里，桥梁 34 座（204 米），涵洞 25 座（41 米），水管 240 道，站屋 2 栋，道房 4 栋；

鲁塘坳至永兴线（20 公里）：毁坏路基 20 公里，路面 20 公里，桥梁 2 座（34 米），涵洞 15 座（24 米），水管 60 道，站屋 1 栋，道房 3 栋；

茶陵至鄌县线（68 公里）：毁坏路基 68 公里，路面 68 公里，桥梁 30 座（295 米），涵洞 42 座（71 米），水管 177 道，站屋 1 栋，道房 4 栋，护墙 400 米；

长沙经黄花市、平江至上塔市线（170 公里）：毁坏路基 170 公里，路面 170 公里，桥梁 105 座（763 米），涵洞 130 座（204 米），水管 510 道，码头 1 对，站屋 10 栋，道房 18 栋，护墙 10000 米，厂房 1 栋；

黄花市经浏阳大瑶市至东风界线（91 公里）：毁坏路基 91 公里，路面 91 公里，桥梁 63 座（623 米），涵洞 74 座（109 米），水管 273 道，站屋 5 栋，道房 12 栋，护墙 400 米；

大瑶市经醴陵至攸县菜花坪线（137 公里）：毁坏路基 137 公里，路面 137 公里，桥梁 63 座（642 米），涵洞 110 座（164 米），水管 411 道，站屋 10 栋，道房 15 栋；

平江经长寿至龙门厂线（84 公里）：毁坏路基 84 公里，路面 84 公里，桥梁 40 座（135 米），涵洞 65 座（102 米），水管 255 道，站屋 4 栋，道房 8 栋，护墙 200 米；

常德经临澧、澧县至东岳庙线（115 公里）：毁坏路基 115 公里，路面 115 公里，桥梁 41 座（526 米），涵洞 51 座（82 米），水管 741 道，码头 2 对，站屋 8 栋，道房 12 栋，护墙 500 米，厂房 4 栋；

澧县至津市线（11 公里）：毁坏路基 11 公里，路面 11 公里，桥梁 8 座（55 米），涵洞 5 座（13 米），水管 264 道，站屋 1 栋，道房 1 栋，护墙 500 米；

张公庙至石门线（30 公里）：毁坏路基 30 公里，路面 30 公里，桥梁 8 座（80 米），涵洞 15 座（38 米），水管 96 道，站屋 3 栋，道房 4 栋；

益阳至沅江线（25 公里）：毁坏路基 25 公里，路面 25 公里，桥梁 15 座（125 米），涵洞 13 座（30 米），水管 75 道，站屋 2 栋，道房 3 栋；

常德至桃源西线（34 公里）：毁坏路基 34 公里，路面 34 公里，桥梁 8 座（93 米），涵洞 18 座（22 米），水管 37 道，码头 2 对，站屋 3 栋，道房 4 栋，护墙 400 米；

常德至郑家驿线（244 公里）：毁坏路基 244 公里，路面 244 公里，桥梁 77 座（1144 米），涵洞 151 座（310 米），水管 743 道，码头 3 对，站屋 8 栋，道房 30 栋，厂房 1 栋。

湖南公路局车辆机械工具器材损失情况。

2.5 吨客车损失 300 辆。其中机械工具方面损失 45 型煤气引擎 4 部，10 型煤气引擎 15 部，30 型交流发电机 1 部，15 型鼠笼马达 3 部，油压起重机 5 部，磨缸工具 5 套，电动空气压缩机 2 部，空气压缩机 6 部。

1.5 吨客车损失 30 辆。其中机械及工具有：10 型鼠笼马达 2 部，直流发电机 2 部，充电机 7 部，传动轴 10 根，直流电焊机 2 部，交流电焊机 1 部，氢氧焊器 12 套，蓄电池制造设备 1 套。

1.1 吨轿车损失 10 辆。其中机械及工具有：10 型车床 6 部，8 型车床 15 部，6 型车床 10 部，4 型车床 10 部，手摇打气机 15 部，6 型生铁老虎钳 65 把，6 型熟铁老虎钳 20 把，4 型生铁老虎钳 20 把。

四分之三吨轿车 5 辆。其中机械和工具有：万能铣床 1 部，磨床 1 部，插床 2 部，6 型平刨床 2 部，4 型熟铁老虎钳 20 把，装配车身木工用工具 30 套，水模工用工具 10 套，翻铸工用工具 20 套。

损失机踏车 5 辆。其中有关机械及工具有：牛头刮床 2 部，四分之三钻床 15 部，交流电动磨缸机 1 套，油压起重机 10 部，锻工用工具 30 套，车钳工用工具 60 套，装配工用工具 200 套。

器材方面的损失有：各种车辆引擎零件 40 吨，各种车辆底盘零件 50 吨，各种车辆轮胎 500 套（连广州损失 400 套在内），车辆煤炉零件 50 吨，各种五金钢铁 200 吨，各种电讯器材 40 吨，各种润滑油料 6000 加仑（包括机黄黑油），各种燃料油 10000 加仑（包括汽油、柴油、酒精）。

湖南省公路局所有电讯、船舶、房屋在抗战中也遭受了严重的损失。

电讯方面，损失镀锌铁丝 260 吨，2 型弯脚磁碗 7000000 件，5 型紫铜扎丝 5 吨，3 型弯脚磁碗 2100000 件，杉树电杆 64000 根，壁悬电话机 80 具，西门子桌台机 70 具。

船舶方面，损失 40 型蒸汽船 9 艘，10 型汽划船 29 艘，20 型柴油船 2 艘，15 型板划 30 只，10 型板划 122 只，8 型板划 30 只，5 吨屯船 55 只，500 型系铁缆 50 根，大小系船铁锚 200 吨。

房屋方面，长沙修车总厂损失厂房面积 420 平方丈，永兴修车总厂 300 平方丈，祁阳修车总厂 350 平方丈，衡阳修车厂 200 平方丈，攸县修车厂 180 平方丈，常德修理厂 280 平方丈，沅陵修理厂 150 平方丈，长沙物料总库 200 平方丈。

6）各县通讯器材损失情况（未折算价值）

各县通讯器材损失主要包括无线电机件、乡村电话各分支干线器材。全省合计损失回灯收报机 30 部，15 瓦发报机 41 部，手摇发电机 72 部，8 号网线 10513 担，12 号网线 36168 担，100 门总机 10 部，50 门总机 70 部，20 门总机 501 部，5 门总机 1055 部，单机 2203 部，瓷它 1837700 套。其中：

临湘县损失回灯收报机 1 部，15 瓦发报机 1 部，手摇发电机 1 部，12 号铜线 1097 担，20 门总机 2 部，5 门总机 17 部，单机 59 部，瓷它 22000 套。

岳阳损失回灯收报机 1 部，15 瓦发报机 1 部，手摇发电机 1 部，12 号网线 1110 担，20 门总机 3 部，5 门总机 19 部，单机 60 部，瓷它 25000 套。

湘阴损失回灯收报机 1 部，15 瓦发报机 1 部，手摇发电机 1 部，8 号网线 89 担，12 号网线 950 担，20 门总机 2 部，5 门总机 10 部，单机 53 部，瓷它 19000 套。

平江损失回灯收报机 1 部，15 瓦发报机 1 部，手摇发电机 1 部，8 号网线 2000 担，12 号网线 1050 担，20 门总机 1 部，5 门总机 15 部，单机 40 部，瓷它 21900 套。

长沙损失回灯收报机 3 部，15 瓦发报机 3 部，手摇发电机 3 部，8 号网线 92 担，12 号网线 2100 担，100 门总机 2 部，50 门总机 5 部，20 门总机 25 部，5 门总机 57 部，单机 179 部，瓷它 179000 套。

浏阳损失回灯收报机 1 部，15 瓦发报机 1 部，手摇发电机 1 部，8 号网线 890 担，12 号网线 900 担，20 门总机 4 部，5 门总机 23 部，单机 67 部，瓷它 19800 套。

湘潭损失 15 瓦发报机 1 部，8 号网线 290 担，12 号网线 1500 担，100 门总机 1 部，50 门总机 1 部，20 门总机 10 部，5 门总机 37 部，单机 99 部，瓷它 67000 套。

醴陵损失手摇发电机 1 部，12 号网线 900 担，20 门总机 19 部，5 门总机 34 部，单机 56 部，瓷它 23000 套。

攸县 12 号网线 800 担，20 门总机 11 部，5 门总机 26 部，单机 40 部，瓷它

23000 套。

衡山损失回灯收报机 1 部，15 瓦发报机 1 部，手摇发电机 1 部，8 号网线 97 担，12 号网线 1000 担，20 门总机 19 部，5 门总机 37 部，单机 92 部，瓷它 19000 套。

茶陵损失 8 号网线 190 担，12 号网线 900 担，20 门总机 20 部，5 门总机 31 部，单机 39 部，瓷它 23000 套。

安仁损失 12 号网线 870 担，20 门总机 27 部，5 门总机 50 部，单机 29 部，瓷它 19000 套。

衡阳回灯收报机 2 部，15 瓦发报机 2 部，手摇发电机 2 部，8 号网线 1900 担，12 号网线 2000 担，100 门总机 2 部，50 门总机 4 部，20 门总机 23 部，5 门总机 56 部，单机 159 部，瓷它 69000 套。

耒阳损失回灯收报机 15 部，15 瓦发报机 25 部，手摇发电机 75 部，8 号网线 2890 担，12 号网线 2570 担，100 门总机 3 部，50 门总机 57 部，20 门总机 95 部，5 门总机 157 部，单机 279 部，瓷它 190000 套。

永兴损失 12 号网线 580 担，20 门总机 92 部，5 门总机 17 部，单机 30 部，瓷它 80000 套。

郴县损失 12 号网线 900 担，20 门总机 2 部，5 门总机 3 部，单机 20 部，瓷它 72000 套。

江华损失 12 号网线 479 担，5 门总机 7 部，单机 15 部，瓷它 79000 套。

永明损失 12 号网线 383 担，5 门总机 6 部，单机 9 部，瓷它 69000 套。

华容损失回灯收报机 1 部，15 瓦发报机 1 部，手摇发电机 1 部，12 号网线 900 担，5 门总机 15 部，单机 32 部，瓷它 29000 套。

南县损失回灯收报机 1 部，15 瓦发报机 1 部，手摇发电机 1 部，12 号网线 450 担，20 门总机 3 部，5 门总机 9 部，单机 20 部，瓷它 19000 套。

桃源损失 8 号网线 85 担，12 号网线 680 担，20 门总机 2 部，5 门总机 17 部，单机 39 部，瓷它 38000 套。

常德损失 8 号网线 97 担，12 号网线 789 担，100 门总机 1 部，20 门总机 3 部，5 门总机 79 部，单机 57 部，瓷它 47000 套。

汉寿损失 8 号网线 80 担，12 号网线 290 担，20 门总机 1 部，5 门总机 19 部，单机 20 部，瓷它 19000 套。

沅江损失 12 号网线 1200 担，20 门总机 5 部，5 门总机 10 部，单机 37 部，瓷它 29000 套。

益阳损失 8 号网线 159 担，12 号网线 1000 担，20 门总机 31 部，5 门总机 47 部，单机 79 部，瓷它 89000 套。

宁乡损失 8 号网线 170 担，12 号网线 1000 担，50 门总机 1 部，20 门总机 19 部，5 门总机 3 部，单机 60 部，瓷它 79000 套。

湘乡损失 8 号网线 189 担，12 号网线 1100 担，50 门总机 1 部，20 门总机 17 部，5 门总机 40 部，单机 59 部，瓷它 59000 套。

新化损失手摇发电机 1 部，8 号网线 97 担，12 号网线 900 担，50 门总机 1 部，20 门总机 18 部，5 门总机 37 部，单机 47 部，瓷它 39000 套。

邵阳损失回灯收报机 1 部，15 瓦发报机 1 部，手摇发电机 1 部，8 号网线 1200 担，12 号网线 1500 担，100 门总机 1 部，20 门总机 20 部，5 门总机 95 部，单机 117 部，瓷它 59000 套。

武冈损失 12 号网线 1300 担，20 门总机 15 部，5 门总机 50 部，单机 70 部，瓷它 37000 套。

新宁损失回灯收报机 1 部，15 瓦发报机 1 部，手摇发电机 1 部，12 号网线 900 担，20 门总机 1 部，5 门总机 17 部，单机 39 部，瓷它 49000 套。

东安损失 12 号网线 800 担，20 门总机 1 部，5 门总机 15 部，单机 27 部，瓷它 39000 套。

祁阳损失 12 号网线 900 担，20 门总机 1 部，5 门总机 13 部，单机 41 部，瓷它 39000 套。

常宁损失 12 号网线 800 担，20 门总机 1 部，5 门总机 11 部，单机 30 部，瓷它 37000 套。

零陵损失 12 号网线 1300 担，20 门总机 2 部，5 门总机 25 部，单机 97 部，瓷它 59000 套。

道县损失 12 号网线 270 担，5 门总机 1 部，单机 7 部，瓷它 50000 套。

7）全省民船、商船损失及失业船户情况

在抗日战争前，全省民船 59600 艘、1820600 吨；战后现有 25000 艘、1092360 吨；亟待修理 20832 艘、910300 吨（整修费按 1945 年 10 月统计损失时物价，以每吨用币 30000 元计算），需修理费 27309000000 元，失业船户 34600 户。其中：

湘水流域战前有民船 42100 艘、1345500 吨；战后现有 18000 艘、827300 吨；亟待修理 15000 艘、672750 吨，需要修理费用 20182500000 元；失业船户 24100 户。

资水流域战前有民船 10000 艘、334100 吨；战后现有 4000 艘、200460 吨；亟待修理 3333 艘、167050 吨，需要修理费 5011500000 元；失业船户 6000 户。

沅水流域战前有民船 5000 艘、106000 吨；战后现有 2000 艘、63600 吨；亟待修理 1666 艘、53000 吨，需要修理费 1590000000 元；失业船户 3000 户。

澧水流域战前有民船 2500 艘、35000 吨；战后现有 1000 艘、21000 吨；急需修理 833 艘、17500 吨，需要修理费 525000000 元；失业船户 1500 户。

商营轮船业在抗日战争中也损失惨重。全省共损失 84 艘商船，其中客船 53 艘，货驳船 8 艘，趸船 23 艘；损失金额 246000000 元，绞捞救济费用 43400000 元；失业船员 437 人。其中：

民众公司损失 10 艘（客船 8 艘，趸船 2 艘）；损失金额 40500000 元，绞捞救济费用 6000000 元；失业船员 60 人。

长津公司损失 14 艘（客船 13 艘，趸船 1 艘）；损失金额 51500000 元，绞捞救济费用 8400000 元；失业船员 84 人。

苏浙皖事务所损失 9 艘（客船 3 艘，货驳船 6 艘）；损失金额 15000000 元，绞捞救济费用 3800000 元；失业船员 40 人。

长津福利公司损失 6 艘（客船 3 艘，趸船 3 艘）；损失金额 13000000 元，绞捞救济费用 2600000 元；失业船员 27 人。

长湘公司损失 5 艘（客船 2 艘，趸船 3 艘）；损失金额 8000000 元，绞捞救济费用 2300000 元；失业船员 20 人。

复和公司损失 4 艘（2 艘货驳船，2 艘趸船）；损失金额 14000000 元，绞捞救济费用 2300000 元；失业船员 20 人。

极利公司损失 4 艘趸船；损失金额 2000000 元，绞捞救济费用 400000 元；失业船员 12 人。

长衡祁公司损失 3 艘（1 艘客船，2 艘趸船）；损失金额 7500000 元，绞捞救济费用 1400000 元；失业船员 13 人。

群益公司损失 2 艘客船；损失金额 5500000 元，绞捞救济费用 1000000 元；失业船员 9 人。

王懋庭公司损失 2 艘客船；损失金额 6000000 元，绞捞救济费用 1200000 元；失业船员 12 人。

蔡中白公司损失 2 艘客船；损失金额 6000000 元，绞捞救济费用 1200000 元；失业船员 12 人。

胡永盛公司损失 2 艘客船；损失金额 6000000 元，绞捞救济费用 1200000

元；失业船员 12 人。

袁英旺公司损失 2 艘客船，损失金额 9000000 元，绞捞救济 1200000 元；失业船员 12 人。

开济公司损失 2 艘趸船；损失金额 3500000 元，绞捞救济费用 700000 元；失业船员 7 人。

符道一公司损失 1 艘客船；损失金额 3000000 元，绞捞救济费用 600000 元；失业船员 6 人。

8）全省水利事业重要损失情况

全省水利事业合计损失 35704900 元（即修复被日军损坏之工程所需工款，按 1937 年物价计算，若按战后物价计算，应增 5000 倍，以下同）。其中修复滨湖 11 县垸堤共计土方 4924 万立方米，每立方米以 0.4 元计算，共需工钱 19696000 元；修复因战争失效的塘坝共需工钱 14000000 元；损失龙骨水车约 10000 具，以每具 200 元计算，全省共损失 2000000 元；安仁县永乐水渠工程灌田 10000 亩，因战事停顿，损失 4500 元；衡阳酃湖排水工程损失 600 元；全省共有 5 处水文站、6 处水位站在战争中遭受损失 3800 元。

在抗日战争的水利损失中，滨湖各县堤垸损失尤为严重。各县垸堤保护农田共计 4520000 亩，损失垸堤土方 49240000 立方米，修复工款估计 19696000 元（按 1937 年物价计算，若按战后 1945 年 10 月统计损失时物价计算，应增加 5000 倍，以下同）。其中南县垸堤保护农田 710000 亩，损失垸堤土石方 7100000 立方，工款估计 2840000 元；岳阳县垸堤保护农田 350000 亩，损失垸堤土石方 2500000 立方，修复工款估计 1000000 元；华容垸堤保护农田 340000 亩，损失垸堤土石方 3400000 立方，修复工款估计 1360000 元；澧县垸堤保护农田 290000 亩，损失垸堤土石方 15900000 立方，估计修复工款需要 6360000 元；湘阴县垸堤保护农田 510000 亩，损失垸堤土石方 4080000 立方，修复工款估计需 1632000 元；临湘县垸堤保护农田 50000 亩，损失垸堤土石方 500000 立方，修复工款需 200000 元；安乡县垸堤保护农田 500000 亩，损失垸堤土石方 4000000 立方，修复工款估计需要 1600000 元；沅江县垸堤保护农田 400000 亩，损失垸堤土石方 2400000 立方，修复工款估计需要 960000 元；汉寿县垸堤保护农田 580000 亩，损失垸堤土石方 3480000 立方，修复估计工款需要 1392000 元；益阳县垸堤保护农田 220000 亩，损失垸堤土石方 1320000 立方，修复工款估计需要 528000 元；常德县垸堤保护农田 570000 亩，损失垸堤土石方 4560000 立方，修复费用估计在 1824000 元。

3. 全省各专区财产损失总况

根据《湘灾实录》统计，抗战时期，湖南省78市县被日军直接杀害者总计577527人，伤病及其他各种受害人数1676111人；损毁房屋945194栋，估值2290516000000元；损失粮食40689368石，估值114806485100元；损失耕牛642788头，估值50001560000元；器具衣物损失估值4269617690500元；其他各种损失估值4601514314380元。各区财产损失情况分别如下：

长沙市：死亡36460人，伤病及其他各种受害人数56536人；物资损失总计估值1154960078000元，其中损失房屋97283栋，估值389182000000元；粮食415844石，估值831688000元；耕牛398头，31840000元；器具衣物153414550000元；其他各种损失估值611550000000元。

衡阳市：死亡29480人，伤病及其他各种受害人数25430人；物资损失总估值473610568000元，其中损失房屋45697栋，估值182278000000元；粮食502064石，估值1004128000元；耕牛2713头，估值217040000元；器具衣物价值47932000000元；其他各种损失价值242174900000元。

第一区：死亡178321人，伤病及其他各种受害人数560700人；物资财产损失总估值1978385862000元，其中损失房屋194673栋，估值437610000000元；粮食12506031石，估值25012062000元；耕牛165405头，估值13224400000元；器具衣物估值881948000000元；其他损失620591400000元。

第二区：死亡109261人，伤病及其他各种受害人数445705人；物资损失总估值1524103756000元，其中，损失房屋178635栋，估值289994000000元；损失粮食7555018石，估值15110036000元；损失耕牛127894头，估值10231520000元；损失器具衣物估值672049000000元；其他各种损失536719200000元。

第三区：死亡11236人，伤病及其他各种受害人数48109人；物资损失总估值724551572000元，其中，损失房屋72678栋，估值125235000000元；粮食损失395348石，估值750452000元，损失耕牛23426头，估值1639820000元；器具衣物损失331625500000元；其他各种损失265300800000元。

第四区：死亡69583人，伤病及其他各种受害人数40728人；物资损失总估值1611079632000元，其中，损失房屋78373栋，估值212567000000元；粮食损失 3052978 石，估值 12211912000 元；耕牛损失 55119 头，估值 4409520000 元；器具衣物损失估值 528208000000 元；其他各种损失 853683200000 元。

第五区：死亡 42633 人，伤病及其他各种受害人数 103406 人；物资损失总值 1392917895000 元，其中，损失房屋 75219 栋，估值 164941000000 元；损失粮食 2899062 石，估值 2477655000 元；耕牛 40398 头，估值 3231840000 元；器具衣物价值 665723000000 元；其他各种损失 556544400000 元。

第六区：死亡 26442 人，伤病及其他各种受害人数 153714 人；物资损失总估值 1155555322100 元，其中，损失房屋 57609 栋，价值 178357000000 元；损失粮食 9118443 石，价值 42897682100 元；损失耕牛 90428 头，价值 7234240000 元；器具衣物损失 444125000000 元；其他各种损失 482941400000 元。

第七区：死亡 68878 人，伤病及其他各种受害人数 233395 人；物资损失总计 1223512472000 元，其中损失房屋 131009 栋，价值 272296000000 元；损失粮食 3669276 石，价值 9338552000 元；耕牛 130070 头，价值 9105320000 元；器具衣物损失价值 518207000000 元；其他各种损失 414565600000 元。

第八区：死亡 2 人，伤病及其他各种受害人数 35 人；物资损失总估值 841172500 元，其中，损失房屋 246 栋，价值 492000000 元；损失粮食 32145 石，价值 273232500 元；耕牛 854 头，价值 68320000 元；器具衣物损失 7620000 元。

第九区：死亡 2211 人，伤病及其他各种受害人数 19854 人；物资损失总值 28099273380 元，其中，损失房屋 7360 栋，价值 20918000000 元，粮食损失 159849 石，价值 1048018500 元；损失耕牛 696 头，价值 69600000 元；器具衣物损失 5469320500 元；其他各种损失 594334380 元。

第十区：死亡 3020 人，伤病及其他各种受害人数 4471 人；物资损失总估值 5883844700 元，其中，损失房屋 6412 栋，价值 16696000000 元；损失粮食 383310 石，价值 8851067000 元；损失耕牛 5381 头，价值 538100000 元；器具衣物损失 20908700000 元；其他各种损失 16844580000 元。

4. 各县人口死亡及损失情况（不含间接损失）

第一区：

浏阳县：死亡 17842 人，伤病及其他各种受害人数 75060 人；物资损失总计 330205628000 元，其中房屋 29914 栋，估值 59828000000 元；粮食 647754 石，估值 1295508000 元；耕牛 10959 头，估值 876720000 元；器具衣物估值 149003000000 元；其他各种损失 119202400000 元。

长沙县：死亡 31687 人，伤病及其他各种受害人数 109687 人；物资损失总计 317663000000 元，其中房屋 33288 栋，估值 66572000000 元；粮食 471100 石，估值 942200000 元；耕牛 5130 头，估值 402400000 元；器具衣物估值 138748000000 元；其他各种损失估值 110998400000 元。

湘潭县：死亡 24596 人，伤病及其他各种受害人数 105746 人；物资损失总计 535629974000 元，其中，房屋 38412 栋，估值 135648000000 元；粮食 1652147 石，估值 3304294000 元；耕牛 28821 头，估值 2305680000 元；器具衣物估值 188186000000 元；其他各种损失 188186000000 元。

岳阳县：死亡 31807 人，伤病及其他各种受害人数 75689 人；物资总损失估值 218931028000 元，其中损失房屋 17850 栋，估值 7140000000 元；粮食 7331154 石，估值 14662308000 元；损失耕牛 78834 头，估值 6306720000 元；器具衣物损失估值 95411000000 元；其他各种损失估值 95411000000 元。

茶陵县：死亡 8652 人，伤病及其他各种受害人数 58229 人；全县物资总损失估值 253119034000 元，其中房屋损失 23515 栋，损失估值 47030000000 元；粮食损失 478857 石，估值 957714000 元；损失耕牛 3799 头，估值 303920000 元，器具衣物损失估值 113793000000 元；其他各种损失估值 91034400000 元。

湘阴县：死亡 24980 人，伤病及其他各种受害人数 67079 人；物资总损失估值 170758120000 元，其中，损失房屋 26378 栋，估值 52756000000 元；损失粮食 613040 石，估值 1226080000 元；损失耕牛 21323 头，估值 1705840000 元；器具衣物损失估值 106539000000 元；其他各种损失估值 8531200000 元。

平江县：死亡 12852 人，伤病及其他各种受害人数 42692 人；物资总损失估值 70593798000 元，其中，损失房屋 14231 栋，估值 28462000000 元；损失粮食 1066979 石，估值 2133958000 元；损失耕牛 8978 头，估值 718240000 元；器具衣物损失估值 36370000000 元；其他各种损失估值 2909600000 元。

临湘县：死亡 25905 人，伤病及其他各种受害人数 24518 人；全县物资损失估值 81485280000 元，其中损失房屋 11087 栋，估值 22174000000 元；损失粮食 245000 石，估值 490000000 元；损失耕牛 7561 头，估值 604880000 元；器具衣物损失估值 53898000000 元；其他各种损失估值 4318400000 元。

第二区：

衡阳县：死亡 35687 人，伤病及其他各种受害人数 177864 人；全县物资损失总计估值 440921136000 元，其中损失房屋 32524 栋，估值 97572000000 元；损失粮食 4417288 石，估值 8834576000 元；损失耕牛 71482 头，估值 5718560000 元；器具衣物损失估值总计 182620000000 元；其他各种损失 146176000000 元。

衡山县：死亡 9072 人，伤病及其他各种受害人数 9072 人；全县物资损失估值总计 213868726000 元，其中损失房屋 18814 栋，估值 37628000000 元；损失粮食 140383 石，估值 280766000 元；损失耕牛 7167 头，估值 573360000 元；器具衣物损失估值 97437000000 元；其他各种损失 77949600000 元。

耒阳县：死亡 22375 人，伤病及其他各种受害人数 69574 人；全县物资损失估值总计 282327258000 元，其中损失房屋 25373 栋，估值 50746000000 元；损失粮食 1530629 石，估值 3061258000 元；损失耕牛 2185 头，估值 174800000 元；器具衣物损失估值 127414000000 元；其他各种损失估值 100931200000 元。

攸县：死亡 15463 人，伤病及其他各种受害人数 42367 人；全县物资损失估值 164903440000 元，其中损失房屋 14861 栋，估值 39722000000 元；损失粮食 630000 石，估值 1260000000 元；损失耕牛 20763 头，估值 1661040000 元；器具衣物损失估值 73478000000 元；其他各种损失 58782400000 元。

茶陵县：死亡 9440 人，伤病及其他各种受害人数 36100 人；全县物资损失估值总计 124112350000 元，其中，损失房屋 11510 栋，估值 23220000000 元；损失粮食 71475 石，估值 142950000 元；损失耕牛 11135 头，估值 890800000 元；器具损失总计估值 55477000000 元；其他各种损失估值 44381600000 元。

常宁县：死亡 9753 人，伤病及其他各种受害人数 53400 人；全县物资损失估值总计 213585480000 元，其中损失房屋 16925 栋，估值 38850000000 元；损失粮食 744000 石，估值 1488000000 元；损失耕牛 3226 头，估值 258080000 元；器具衣物损失估值 98883000000 元；其他各种损失估值 79106400000 元。

安仁县：死亡 7439 人，伤病及其他各种受害人数 17758 人；全县物资损失估值总计 82861366000 元，其中损失房屋 7866 栋，估值 15732000000 元；损失粮食 21243 石，估值 42486000 元；损失耕牛 11936 头，估值 954880000 元；器具衣物损失估值 36740000000 元；其他各种损失估值 29392000000 元。

鄢县：死亡 32 人，伤病及其他各种受害人数 18 人；全县物资损失估值总计 1524000000 元，其中损失房屋 762 栋，估值 1524000000 元。

第三区：

郴县：死亡 4292 人，伤病及其他各种受害人数 10981 人；全县物资损失估值总计112455512500元，其中损失房屋10185栋，估值20330000000元；损失粮食126141石，估值315352500元；损失耕牛6266头，估值438620000元；器具衣物损失估值50762000000元；其他各种损失估值40609600000元。

桂阳县：死亡3589人，伤病及其他各种受害人数3210人；全县物资损失估值总计194078817500元，其中损失房屋16877栋，估值33754000000元；损失粮食46315石，估值115787500元；损失耕牛6429头，估值450030000元；器具衣物损失总计估值8875500元，其他各种损失71004000000元。

永兴县：死亡1578人，伤病及其他各种受害人数12344人；全县物资损失总计估值137473933000元，其中损失房屋11736栋，估值11736000000元；损失粮食37852石，估值9463000元；损失耕牛981头，估值68670000元；器具衣物损失估值69811000000元；其他各种损失估值55848000000元。

宜章县：死亡527人，伤病及其他各种受害人9685人；全县物资损失估值总计102393984000元，其中损失房屋9453栋，估值18906000000元；损失粮食67856石，估值16964000元；损失耕牛1488头，估值104020000元；器具衣物损失估值46315000000元；其他各种损失估值37052000000元。

资兴县：死亡987人，伤病及其他各种受害人数7864人；全县物资损失估值总计4436056000元，其中损失房屋8054栋，估值8054000000元；损失粮食98978石，估值247445000元；损失耕牛7466头，估值522620000元；器具衣物损失估值19742500000元；其他各种损失15794000000元。

临武县：死亡96人，伤病及其他各种受害人数1332人；全县物资损失估值总计42136100000元，其中房屋损失6329栋，估值12658000000元；损失粮食8820石，估值22050000元；损失耕牛25头，估值1750000元；器具衣物损失估值16363500000元；其他各种损失估值13090800000元。

桂东县：死亡49人，伤病及其他各种受害人数36人；全县物资损失估值总计16459000000元，其中房屋损失331栋，估值331000000元；器具衣物损失估值8960000000元；其他各种损失7168000000元。

蓝山县：死亡39人，伤病及其他各种受害人数1288人；全县物资损失估值总计31334757500元，其中损失房屋3112栋，估值6224000000元；损失粮食4517石，估值11267500元；损失耕牛667头，估值46690000元；器具衣物损失估值13918000000元；其他各种损失估值11134800000元。

嘉禾县：死亡79人，伤病及其他各种受害人数1369人；全县物资损失估值总计43858842500元，其中房屋损失6621栋，估值13242000000元；损失粮食 4849 石，估值 12122500 元；损失耕牛 106 头，估值 7420000 元；器具衣物损失估值 16998500000 元；其他各种损失估值 13598800000 元。

第四区：

常德县：死亡 25713 人，伤病及其他各种受害人数 3860 人；全县物资损失估值总计 454327760000 元，其中，损失房屋 31191 栋，损失估值 124764000000 元；损失粮食 385180 石，估值 1540720000 元；损失耕牛 20878 头，估值 1670240000 元；器具衣物损失估值 53348000000 元；其他各种损失估值 273004800000 元。

澧县：死亡 7099 人，伤病及其他各种受害人数 2890 人；全县物资损失估值 194324920000 元，其中，损失房屋 6246 栋，估值 18738000000 元；损失粮食 762400 石，估值 3049600000 元；损失耕牛 15594 头，估值 1247520000 元；器具衣物损失估值 95161000000 元；其他各种损失估值 76128800000 元。

桃源县：死亡 1579 人，伤病及其他各种受害人数 1855 人；全县物资损失估值 209630764000 元，其中损失房屋 11450 栋，估值 34350000000 元；损失粮食 253241 石，估值 1012964000 元；损失耕牛 4420 头，估值 353600000 元；器具衣物损失估值 96619000000 元；其他各种损失估值 77295200000 元。

石门县：死亡 4225 人，伤病及其他各种受害人数 1408 人；全县物资损失估值 98420948000 元，其中，损失房屋 1153 栋，估值 2306000000 元；损失粮食 101517 石，估值 406068000 元；损失耕牛 2736 头，估值 218880000 元；损失器具衣物估值 52610000000 元；其他各种损失估值 42880000000 元。

华容县：死亡 14056 人，伤病及其他各种受害人数 6963 人；全县物资损失估值总计 194816168000 元，其中房屋损失 6178 栋，估值 6178000000 元；损失粮食 38742 石，估值 154968000 元；损失耕牛 3360 头，估值 268800000 元；器具衣物损失估值 49008000000 元；其他各种损失估值 139206400000 元。

南县：死亡 12996 人，伤病及其他各种受害人数 18726 人；全县物资损失估值总计 198683208000 元，其中房屋损失 11110 栋，估值 11110000000 元；损失粮食 965072 石，估值 3860288000 元；损失耕牛 904 头，估值 72320000 元；器具衣物损失估值 46467000000 元；其他各种损失估值 137173600000 元。

慈利县：死亡 543 人，伤病及其他各种受害人数 1188 人；全县物资损失估值 116043304000 元，其中房屋损失 1663 栋，估值 3326000000 元；损失粮食 103150 石，估值 412624000 元；损失耕牛 1136 头，估值 90830000 元；器具衣物损失估值 62341000000 元；其他各种损失估值 49872800000 元。

安乡县：死亡 1881 人，伤病及其他各种受害人数 1889 人；全县损失物资估值总计 69640888000 元，其中房屋损失 6969 栋，估值 6969000000 元；损失粮食 355072 石，估值 1420288000 元；损失耕牛 2175 头，估值 174000000 元；器具衣物损失估值 33932000000 元；其他各种损失 27145600000 元。

临澧县：死亡 1486 人，伤病及其他各种受害人数 2003 人；全县物资损失估值总计 75191672000 元，其中房屋损失 2413 栋，估值 4826000000 元；损失粮食 88598 石，估值 354392000 元；损失耕牛 3916 头，估值 313280000 元；器具衣物损失估值 38722000000 元；其他各种损失估值 30976000000 元。

第五区：

益阳县：死亡 6959 人，伤病及其他各种受害人数 9636 人；全县共计物资损失估值 248826392500 元，其中房屋损失 22070 栋，估值 8828000000 元；损失粮食 86749 石，估值 216872500 元；损失耕牛 1494 头，估值 119520000 元；器具衣物损失估值 119831000000 元；其他各种损失估值 119831000000 元。

宁乡县：死亡 15210 人，伤病及其他各种受害人数 17127 人；全县共计物资损失估值 677390100000 元，其中损失房屋 34961 栋，估值 104883000000 元；损失粮食 99768 石，估值 249420000 元；损失耕牛 18471 头，估值 1477680000 元；器具衣物损失估值 317100000000 元；其他各种损失估值 253680000000 元。

安化县：死亡 210 人，伤病及其他各种受害人数 82 人；全县共计物资损失估值 1400000000 元，其中损失房屋 700 栋，估值 140000000 元；器具衣物损失估值 700000000 元；其他各种损失估值 560000000 元。

汉寿县：死亡 3147 人，伤病及其他各种受害人数 1212 人；全县物资损失估值共计 131441030000 元，其中损失房屋 11374 栋，估值 2748000000 元；损失粮食 17580 石，估值 43950000 元；损失耕牛 3616 头，估值 289280000 元；器具衣物损失估值 71311000000 元；其他各种损失估值 57048800000 元。

湘乡县：死亡 8451 人，伤病及其他各种受害人数 73231 人；全县物资损失估值共计 234746560000 元，其中损失房屋 13466 栋，估值 40398000000 元；损失粮食 2120000 石，估值 530000000 元；损失耕牛 15032 头，估值 1202560000 元；器具衣物损失估值 107009000000 元；其他各种损失估值 85607000000 元。

沅江县：死亡 8656 人，伤病及其他各种受害人数 2118 人；全县物资损失估值共计 99113812500 元，其中损失房屋 2648 栋，估值 7944000000 元；损失粮食 574965 石，估值 1437412500 元；损失耕牛 1785 头，估值 142800000 元；器具衣物损失估值 49772000000 元；其他各种损失估值 39817600000 元。

第六区：

邵阳县：死亡 15614 人，伤病及其他各种受害人数 141846 人；物资损失估值共计 640523835500 元，其中损失房屋 25690 栋，估值 102760000000 元；损失粮食 8501165 石，估值 39995475500 元；损失耕牛 68267 头，估值 5461360000 元；器具衣物损失估值 243434000000 元；其他各种损失估值 248873000000 元。

新化县：死亡 2664 人，伤病及其他各种受害人数 3707 人；全县物资损失估值共计 154467347800 元，其中损失房屋 11759 栋，估值 352777000000 元；损失粮食 98274 石，估值 462887800 元；损失耕牛 2257 头，估值 180560000 元；器具衣物损失估值 65870500000 元；其他各种损失估值 52696400000 元。

武冈县：死亡 5279 人，伤病及其他各种受害人数 5965 人；全县物资损失估值共计 174676184700 元，其中损失房屋 13868 栋，估值 27736000000 元；损失粮食 349001 石，估值 1640304700 元；损失耕牛 15236 头，估值 1218880000 元；器具衣物损失估值 80045000000 元；其他各种损失估值 64036000000 元。

新宁县：死亡 2850 人，伤病及其他各种受害人数 1245 人；全县物资损失估值共计 90957997200 元，其中损失房屋 4810 栋，估值 9620000000 元；损失粮食 165676 石，估值 778677200 元；损失耕牛 4279 头，估值 324320000 元；器具衣物损失估值 44565000000 元；其他各种损失估值 35652000000 元。

城步县：死亡 35 人，伤病及其他各种受害人数 951 人；全县物资损失估值共计 94900956900 元，其中损失房屋 1482 栋，估值 2964000000 元；损失粮食 4327 石，估值 20336900 元；损失耕牛 389 头，估值 31120000 元；器具衣物损失估值 10210500000 元；其他各种损失估值 81684000000 元。

第七区：

零陵县：死亡 19981 人，伤病及其他各种受害人数 55919 人；全县物资损失估值共计 208115600000 元，其中损失房屋 18278 栋，估值 54834000000 元；损失粮食 1680000 石，估值 5360000000 元；损失耕牛 30000 头，估值 2100000000 元；器具衣物损失估值 81012000000 元；其他各种损失估值 64809600000 元。

祁阳县：死亡 19266 人，伤病及其他各种受害人数 79120 人；全县物资损失估值共计 324501770000 元，其中损失房屋 31760 栋，估值 63520000000 元；损失粮食 907020 石，估值 1814040000 元；损失耕牛 17359 头，估值 1215130000 元；器具衣物损失估值 143307000000 元；其他各种损失估值 114645600000 元。

宁远县：死亡 1695 人，伤病及其他各种受害人数 17835 人；全县物资损失估值共计 180543250000 元，其中损失房屋 16156 栋，估值 32312000000 元；损失粮食 60400 石，估值 120800000 元；损失耕牛 2535 头，估值 177450000 元；器具衣物损失估值 82185000000 元；其他各种损失估值 65748000000 元。

道县：死亡 12342 人，伤病及其他各种受害人数 39700 人；全县物资损失估值总计 184885282000 元，其中损失房屋 26775 栋，估值 45550000000 元；损失粮食 532206 石，估值 1064412000 元；损失耕牛 38961 头，估值 2727270000 元；器具衣物损失估值 75302000000 元；其他各种损失估值 60241600000 元。

东安县：死亡 9450 人，伤病及其他各种受害人数 24356 人；全县物资损失估值共计 130086690000 元，其中损失房屋 16186 栋，估值 32372000000 元；损失粮食 316850 石，估值 633700000 元；损失耕牛 28437 头，估值 1990590000 元；器具衣物损失估值 52828000000 元；其他各种损失估值 42262400000 元。

永明县：死亡 2945 人，伤病及其他各种受害人数 5588 人；全县物资损失估值共计 67304302000 元，其中损失房屋 6505 栋，估值 13010000000 元；损失粮食 69261 石，估值 138522000 元；损失耕牛 4874 头，估值 341180000 元；器具衣物损失估值 29897000000 元；其他各种损失估值 23917600000 元。

江华县：死亡 3134 人，伤病及其他各种受害人数 9345 人；全县物资损失估值共计 81938600000 元，其中损失房屋 8056 栋，估值 16112000000 元；损失粮食 90000 石，估值 180000000 元；损失耕牛 6000 头，估值 420000000 元；器具衣物损失估值 36237000000 元；其他各种损失估值 28989600000 元。

新田县：死亡 59 人，伤病及其他各种受害人数 1537 人；全县物资损失估值共计 46136978000 元，其中损失房屋 7293 栋，估值 14586000000 元；损失粮食 13539 石，估值 27078000 元；损失耕牛 1910 头，估值 133700000 元；器具衣物损失估值 17439000000 元；其他各种损失估值 13951200000 元。

第八区：

龙山县：死亡 2 人，伤病及其他各种受害人数 35 人；全县物资损失估值 2000000 元（损失房屋 1 栋）。

桑植县：物资损失估值总计 839172500 元，其中损失房屋 245 栋，估值 490000000 元；损失粮食 32145 石，估值 273232500 元；损失耕牛 854 头，估值 68320000 元；器具衣物损失估值 7620000 元。

永顺县、大庸县、古丈县、保靖县无人员伤亡、物资损失统计。

第九区：

沅陵县：共计死亡 953 人，伤病及其他各种受害人数 1110 人；全县物资损失估值总计 18009150000 元，其中损失房屋 3099 栋，估值 12396000000 元；损失粮食 25000 石，估值 162500000 元；器具衣物损失估值 5400650000 元；其他各种损失估值 50000000 元。

溆浦县：共计死亡 624 人，伤病及其他各种受害人数 18190 人；物资损失估值共计 6887328380 元，其中损失房屋 2711 栋，估值 5422000000 元；损失粮食 130349 石，估值 847268500 元；损失耕牛 696 头，估值 69600000 元；器具衣物损失估值 18670500 元；其他各种损失估值 57874380 元。

辰溪县：共计死亡 512 人，伤病及其他各种受害人数 457 人；全县共计物资损失估值 2358000000 元（损失房屋 1179 栋）。

泸溪县：死亡 122 人，伤病及其他各种受害人数 97 人；全县物资损失估值共计 844800000 元，其中损失房屋 871 栋，估值 742000000 元；损失粮食 4500 石，估值 38250000 元；器具衣物损失估值共计 50000000 元；其他各种损失值 14550000 元。

凤凰县、乾城县、永绥县、麻阳县无以上各项损失统计。

第十区：

会同县：死亡 1789 人，伤病及其他各种受害人数 3000 人，全县物资损失估值共计 363726000 元，其中损失房屋 156 栋，估值 312000000 元；损失粮食 3176 石，估值 26996000 元；损失耕牛 15 头，估值 1500000 元；器具衣物损失估值 4100000 元；其他各种损失 19130000 元。

芷江县：死亡 302 人，伤病及其他各种受害人数 300 人；全县物资损失值共计 16316900000 元，其中，损失房屋 5872 栋，估值 11613000000 元；损失粮食 300000 石，估值 3300000000 元；损失耕牛 9 头，估值 900000 元；器具衣物损失估值 800000000 元；其他各种损失 600000000 元。

绥宁县：死亡 556 人，伤病及其他各种受害人数 1035 人；全县物资损失估值共计 40447056000 元，其中损失房屋 1819 栋，估值 3638000000 元；损失粮食 75344 石，估值 489756000 元；损失耕牛 5290 头，估值 529900000 元；器具衣物损失估值 19880000000 元；其他各种损失估值 15906400000 元。

黔阳县：死亡 9 人，伤病及其他各种受害人数 57 人；全县物资损失估值共计 587281000 元，其中损失房屋 34 栋，估值 68000000 元；损失粮食 1586 石，估值 134810000 元；损失耕牛 58 头，估值 5800000 元；器具衣物损失估值 200000000 元；其他各种损失估值 300000000 元。

晃县：死亡 305 人，伤病及其他各种受害人数 74 人；全县物资损失估值

924000000 元（损失房屋 462 栋）。

靖县：死亡 1 人，伤病及其他各种受害人数 5 人；全县物资损失估值 197300000 元，其中损失房屋 68 栋，估值 136000000 元；损失粮食 3200 石，估值 20802000 元；器具衣物损失估值 21500000 元；其他各种损失 19000000 元。

怀化县：死亡 1 人；全县物资损失估值 2184000 元，其中损失房屋 1 栋，估值 2000000 元；损失粮食 4 石，估值 34000 元；器具衣物损失估值 100000 元；其他各种损失估值 50000 元。

5. 全省各市县直接损失情况

（1）各市县人民团体财产直接损失情况（1938 年 11 月至 1945 年 9 月）

在侵华战争中，日军对湖南的侵略给湖南各县市人民团体造成重大直接财产损失。据国民党湖南省政府 1946 年 8 月的统计，从 1938 年 11 月至 1945 年 9 月：

桂阳县物资损失 27510000 元（建筑物 7800000 元，器具 3400000 元，现款 400000 元，图书 310000 元，衣物 8000000 元，粮食 7600000 元）；

永兴县 75594000 元（建筑物 70000000 元，器具 800000 元，现款 140000 元，衣物 654000 元，粮食 400000 元，其他 3600000 元）；

宜章县 20735000 元（建筑物 8500000 元，器具 207000 元，现款 708000 元，衣物 800000 元，粮食 720000 元，其他 9800000 元）；

资兴县 91781000 元（建筑物 67000000 元，器具 20500000 元，现款 300000 元，衣物 704000 元，粮食 307000 元，其他 2970000 元）；

临武县 134450000 元（器具 750000 元，衣物 90700000 元，其他 43000000 元）；

蓝山县 4330000 元（器具 230000 元，衣物 2600000 元，粮食 1500000 元）；

嘉禾县 4250000 元（衣物 2150000 元，其他 2100000 元）。

常德县 526774600000 元（建筑物 12400000000 元，器具 11000000000 元，现款 370000000000 元，图书 10000000 元，仪器 54600000 元，医药用品 740000000 元，衣物 126000000000 元，粮食 170000000 元，其他 6400000000 元）；

澧县 894286890 元（建筑物 567812500 元，器具 15436320 元，现款 41245670 元，图书 5672400 元，仪器 4230000 元，医药用品 67250000 元，衣物

176540000 元，粮食 11100000 元，其他 5000000 元）；

桃源县 708542000 元（建筑物 500000000 元，器具 46000000 元，现款 6500000 元，医药用品 700000 元，衣物 80140000 元，粮食 8002000 元，其他 67200000 元）；

石门县 165750000 元（建筑物 17800000 元，器具 2050000 元，衣物 40500000 元，粮食 76400000 元，其他 29000000 元）；

华容县 10848000000 元（建筑物 140000000 元，器具 940000000 元，现款 104000000 元，衣物 904000000 元，粮食 8010000000 元，其他 750000000 元）；

南县 2101804700 元（建筑物 1984000000 元，器具 24500000 元，现款 78460000 元，医药用品 6340000 元，衣物 200700 元，粮食 304000 元，其他 8000000 元）；

慈利 187900000 元（建筑物 10300000 元，器具 24000000 元，衣物 30700000 元，粮食 25400000 元，其他 97500000 元）；

安乡县 1805920000 元（建筑物 50600000 元，器具 2400000 元，现款 9430000 元，医药用品 2490000 元，粮食 795000000 元，其他 946000000 元）；

临澧 63600000 元（建筑物 7000000 元，器具 4000000 元，现款 50000000 元，仪器 200000 元，粮食 600000 元，其他 1800000 元）；

益阳 26407211400 元（建筑物 6078500000 元，器具 875000000 元，现款 875000000 元，图书 6450000 元，仪器 1760000 元，医药用品 500000 元，衣物 1070000000 元，粮食 8000000700 元，其他 9500000700 元）；

湘乡县 95445200000 元（建筑物 85000000000 元，器具 800000000 元，现款 400000000 元，图书 70500000 元，仪器 850700000 元，衣物 178000000 元，粮食 146000000 元，其他 8000000000 元）；

汉寿县 1851210000 元（建筑物 610000000 元，器具 31000000 元，现款 76000000 元，医药用品 510000 元，衣物 19700000 元，粮食 807000000 元，其他 307000000 元）；

宁乡县 2404070100 元（建筑物 304100000 元，器具 300000000 元，现款 34600000 元，图书 3070000 元，仪器 800100 元，医药用品 100000 元，衣物 95000000 元，粮食 800800000 元，其他 865000000 元）；

沅江 8919440000 元（建筑物 500000000 元，器具 1400000000 元，现款 18000000 元，图书 80000 元，医药用品 760000 元，衣物 600000 元，粮食 7000000000 元）；

邵阳县 83768006000 元（建筑物 80900000000 元，器具 900000000 元，现款 500000000 元，图书 80006000 元，仪器 460000000 元，医药用品 8000000 元，衣物 50000000 元，粮食 70000000 元，其他 800000000 元）；

新化县 449430000 元（建筑物 300070000，器具 20400000 元，图书 4060000 元，衣物 28400000 元，粮食 70000000 元，其他 27000000 元）；

武冈县 38240700 元（建筑物 7640000 元，器具 2600000 元，衣物 9000700 元，粮食 8400000 元，其他 10600000 元）；

新宁县 40810000 元（建筑物 8400000 元，器具 7250000 元，现款 300000 元，衣物 9400000 元，粮食 7840000 元，其他 620000 元）；

城步县 109339000 元（建筑物 7050000 元，器具 8619000 元，衣物 70600000 元，其他 3070000 元）；

零陵县 1341937500 元（建筑物 13000000 元，器具 200000000 元，现款 974000000 元，图书 8730000 元，仪器 2000000 元，医药用品 2507500 元，衣物 140000000 元，粮食 200000 元，其他 1500000 元）；

祁阳县 12739570000 元（建筑物 9600700000 元，器具 350000000 元，现款 700000000 元，图书 8000000 元，仪器 800000 元，医药用品 70000 元，衣物 708000000 元，粮食 840000000 元，其他 460000000 元）；

宁远县 393306000 元（建筑物 97800000 元，器具 78000000 元，现款 25000000 元，衣物 78500000 元，粮食 84000000 元，其他 30007000 元）；

道县 1067430000 元（建筑物 700800000 元，器具 40050000 元，现款 80080000 元，衣物 80000000 元，粮食 75900000 元，其他 90700000 元）；

东安县 182128000 元（建筑物 80007000 元，器具 78400000 元，现款 8040000 元，医药用品 74000 元，衣物 7007000 元，粮食 200000 元，其他 8400000 元）；

永明县 15940000 元（建筑物 300000 元，器具 740000 元，衣物 950000 元，粮食 6400000 元，其他 7600000 元）；

江华县 642100000 元（建筑物 385000000 元，器具 6500000 元，现款 9500000 元，图书 2100000 元，衣物 5000000 元，粮食 200000000 元，其他 34000000 元）；

新田县 10300000 元（建筑物 8600000 元，器具 200000 元，衣物 1500000 元）；溆浦县 114000000 元（建筑物 5000000 元，衣物 84000000 元，粮食 25000000 元）；

会同县 3637217000 元（建筑物 31200000 元，器具 4100000 元，粮食 26996000 元，其他 20630000 元）；

绥宁县 78000000 元（建筑物 15000000 元，衣物 24000000 元，粮食 14000000 元，其他 25000000 元）。在全省 76 县中，尚有永顺、龙山、大庸、保靖、桑植、古丈、沅陵、辰溪、凤凰、乾城、永绥、泸溪、麻阳、芷江、怀化、黔阳、晃县、靖县、通道 19 县没有上报人民团体财产直接损失情况。

（2）各市县农会、渔会基层会员财产直接损失情况（1938 年 11 月至 1945 年 9 月）

根据国民党省政府 1946 年 8 月统计，在抗日战争 8 年中，全省各市县农会、渔会基层组织的会员总计物资损失 67895700510 元。其中，房屋损失 16695195000 元；器具损失 1954354540 元；现款损失 15594000 元；农产品损失 35670291700 元；林产品损失 131410000 元；水产品损失 420110000 元；畜产品损失 540088900 元；农具损失 1000668000 元；渔具损失 9210000 元；其他损失 1162207700 元；牲畜损失 2966405100 元；运输工具损失 359370000 元；其他损失 6970795570 元。其中：

浏阳县损失 1785250000 元；长沙县 1942578100 元；湘潭县 4693600000 元；岳阳县 545700000 元；醴陵县 1942440000 元；湘阴县 6905100000 元；平江县 101313000 元；临湘县 298200000 元。

衡阳县 1774450000 元；衡山县 587100000 元；耒阳县 158863000 元，攸县 9890000 元；茶陵县 175105000 元；常宁县 172140000 元；安仁县 8707000 元。

郴县 341070000 元；桂阳县 70910000 元；永兴县 7367700 元；宜章县 8587000 元；资兴县 27100000 元；临武县 19107000 元；蓝山 4530000 元；嘉禾县 3110000 元。

常德县 576740000 元；澧县 31262611540 元；桃源县 196220000 元；石门县 92577000 元；华容县 1820441000 元；南县 1696784000 元；慈利县 10107070 元；安乡县 955565000 元。

益阳县 2418650000 元；湘乡县 1365310000 元；汉寿县 186986000 元；宁乡县 490977000 元；沅江县 478200000 元。

邵阳县 852880000 元；新化县 133610000 元；武冈县 41401000 元；新宁县 97917000 元；城步县 1076000 元。

零陵县 806500000 元；祁阳县 451040000 元；宁远县 4205000 元；道县 445310000 元；东安县 206511100 元；永明县 97150000 元；江华县 1565500000

元；新田县 23607000 元。

溆浦县 6194000 元；绥宁县 19413000 元。

另外，全省有 27 县未上报农会、渔会基层会员财产损失情况。

（3）各市县矿业同业公会会员财产直接损失情况（1938 年 11 月至 1945 年
9 月）

根据国民党省政府 1946 年 8 月统计，全省各市县矿业同业公会会员财产直
接损失总计 2736628000 元。其中房屋损失 1075108000 元，器具损失 210010000
元，矿坑损失 16352000 元，矿产品损失 1071115000 元，机械及工具损失
184845000 元，运输工具损失 32030000 元。各县市矿业同业公会直接损失情况
分别如下：

长沙市直接损失 216000000 元。

衡阳市直接损失 154450000 元。

浏阳县 145000000 元；长沙县 186210000 元；湘潭县 146830000 元；醴陵县
131700000 元；湘阴县 13330000 元；平江县 114100000 元。

衡阳县 75900000 元；衡山县 62210000 元；耒阳县 30940000 元；攸县
18800000 元；茶陵县 12380000 元；常宁县 314820000 元；安仁县 3100000 元。

郴县 141910000 元；桂阳县 50000000 元；永兴县 50070000 元；宜章县
12870000 元；临武县 12420000 元；蓝山县 6870000 元；嘉禾县 9890000 元。

常德县 92410000 元；澧县 6000000 元；桃源县 9090000 元；石门县
42000000 元；慈利县 5280000 元。

益阳县 10800000 元；湘乡县 117757000 元；汉寿县 9045000 元；宁乡县
9515000 元；沅江 1400000 元。

邵阳县 71351000 元；新化县 70020000 元；武冈县 12340000 元；城步县
15570000 元。

零陵县 106970000 元；祁阳县 152300000 元；宁远县 1860000 元；江华县
77450000 元；新田县 6070000 元。

溆浦县 650000 元；绥宁县 8050000 元。

另外，全省尚有 35 县未上报矿业同业公会会员财产直接损失情况。

（4）各市县工业同业公会会员财产直接损失情况（1938 年 11 月至 1945 年
9 月）

根据国民党省政府 1946 年 8 月统计，全省各市县抗战中工业同业公会会员

财产直接损失总计 2981962730 元。其中，厂房损失 909295000 元；现款损失 103780000 元；制成品损失 1024692500 元；原料损失 753455130 元；机械及工具 169090100 元；运输工具 21650000 元。各市县工业同业公会会员财产直接损失情况分别如下：

长沙市损失 1677550000 元。

衡阳市 207810000 元。

第一区：浏阳县 5108000 元；长沙县 32850000 元；湘潭县 11831000 元；岳阳县 1970000 元；醴陵县 27950000 元；湘阴县 9080000 元；平江县 98880000 元；临湘县 1180000 元。

第二区：衡阳县 7380000 元；衡山县 4350000 元；耒阳县 14370000 元；攸县 17011000 元；茶陵县 3980000 元；常宁县 65587000 元。

第三区：郴县 2560000 元；永兴县 2029000 元。

第四区：常德 87810000 元；澧县 18770000 元；桃源县 2600000 元；华容县 1330000 元；南县 3470000 元；安乡县 24050000 元；临澧县 5500000 元。

第五区：益阳县 12790000 元；湘乡县 11110000 元；安化县 345210000 元；汉寿县 1995000 元；宁乡县 4240000 元；沅江县 15930000 元。

第六区：邵阳县 37670000 元；新化县 7450000 元；武冈县 7850000 元。

第七区：零陵县 146360000 元；祁阳县 12560000 元；道县 6200000 元；东安县 11620000 元；永明县 2429000 元；江华县 30000000 元。

第八区：龙山县 9452730 元。

另外，全省尚有 37 县未上报工业同业公会会员财产直接损失。

(5) 各市县商业同业公会会员财产直接损失情况（1938 年 11 月至 1945 年 9 月）

全省各市县商业同业公会会员财产直接损失总计 1317862775550 元。其中店房损失 1163034011400 元；器具损失 9297221900 元；现款损失 3238923540 元；存货损失 134627836910 元；运输工具损失 212195400 元；其他 7452586400 元。各市县商业同业公会会员财产直接损失情况分别如下：

长沙市 102495301890 元。

衡阳市 785998000000 元。

第一区：浏阳县 34951000 元；长沙县 2992700000 元；湘潭县 8606079000 元；岳阳县 365150000 元；醴陵县 12901000 元；湘阴县 2726870000 元；平江县 98394000 元；临湘县 28190000 元。

第二区：衡阳县 2921657000 元；衡山县 1034377000 元；耒阳县 98820000元；攸县 14160000 元；茶陵县 29486000 元；常宁县 778100000 元；安仁县11150000 元。

第三区：郴县 92786000 元；桂阳县 11410000 元；永兴县 7606000 元；宜章县 4183000 元；资兴县 4561000 元；临武县 2656000 元；蓝山县 2850000 元；嘉禾县 1120000 元。

第四区：常德县 386428040000 元；澧县 2511506940 元；桃源县 133440000元；石门县 3753000 元；华容县 357140000 元；南县 467605000 元；慈利县1170000 元；安乡县 4388988320 元；临澧县 148000000 元。

第五区：益阳县 614381000 元；湘乡县 430457000 元；安化县 2871400000元；汉寿县 121828000 元；宁乡县 210247000 元；沅江县 8394400000 元。

第六区：邵阳县 280196000 元；新化县 3574400 元；武冈县 42750000 元；新宁县 34376000 元；城步县 4097000 元。

第七区：零陵县 914477000 元；祁阳县 65069000 元；宁远县 2674000 元；道县 16520000 元；东安县 10580000 元；永明县 3177000 元；江华县 1023700000 元；新田县 1280000 元。

第九区：溆浦县 2840000 元。

第十区：绥宁县 1600000 元。

另外，全省有 23 县未报县市商业同业公会会员财产直接损失情况。

(6) 各市县银行业与钱业同业公会会员财产直接损失情况（1938 年 11 月至 1945 年 9 月）

全省各市县银行业与钱业同业公会会员财产直接损失总计 3639859700元。其中房屋损失 1625227000 元；器具损失 332000 元；现款损失 246272000元；生金银损失 74482500 元；保管品损失 12140000 元；抵押品损失894421000 元；有价证券损失 116586700 元；其他 56000 元。各市县银行业与钱业同业公会会员财产直接损失情况，根据国民党省政府 1946 年 8 月的统计，分别是：

长沙市 1574270700 元。

衡阳市 1274245000 元。

第一区：浏阳县 25691000 元；长沙县 18210000 元；湘潭县 284400000 元；岳阳县 4500000 元；醴陵县 7851000 元；湘阴县 194000 元；平江县 2967000 元；临湘县 585000 元。

第二区：衡阳县 16156000 元；衡山县 12010000 元；耒阳县 640000 元；攸县 4100000 元；茶陵县 1378000 元；常宁县 350000 元；安仁县 520000 元。

第三区：郴县 710000 元；桂阳县 780000 元；永兴县 540000 元；宜章县 499000 元；资兴 264000 元。

第四区：常德县 350523000 元；澧县 12210000 元；桃源县 1821000 元；石门县 299000 元；华容县 1967000 元，南县 2500000 元；安乡县 243000 元。

第五区：益阳县 2910000 元；湘乡县 3500000 元；汉寿县 9710000 元；宁乡县 1270000 元；沅江县 5970000 元。

第六区：邵阳县 3792000 元；新化县 2400000 元。

第七区：零陵县 7375000 元；祁阳县 440000 元；宁远县 497000 元；道县 355000 元；东安县 523000 元；江华县 364000 元。

第十区：绥宁县 330000 元。

在全省 78 市县中，有 35 个县没有上报损失数字。因此全省市县银行业和钱业同业公会会员财产直接损失的统计是不完整的。

（7）各级各类合作社财产直接损失情况（1938 年 11 月至 1945 年 9 月）

抗日战争时期，全省各级各类合作社在日军进攻、轰炸和县境沦陷时，也遭受严重财产损失。据国民党省政府 1946 年 8 月统计，全省各级各类合作社财产损失总计 1316350805 元。其中，建筑物损失 518295410 元，设备损失 488415240 元，用具损失 3672150 元，食盐损失 88034100 元，粮食损失 54268600 元，油类损失 4572590 元，花纱损失 33888020 元，布匹损失 3939100 元，耕牛损失 4612000 元，机器损失 11386100 元，其他原料损失 104500757 元，现金损失 766738 元。各市县合作社直接损失情况分别如下：

长沙市各类合作社直接损失 36021867 元。

衡阳市损失 43280000 元。

第一区：浏阳县 13320000 元；长沙县 20965000 元；湘潭县 18540000 元；岳阳县 46890000 元；醴陵县 45384760 元；湘阴县 18695350 元；平江县 25250000 元；临湘县 15795000 元。

第二区：衡阳县 69225000 元；衡山县 48198190 元；耒阳县 26790000 元；攸县 24060000 元；茶陵县 36715000 元；常宁县 24540600 元；安仁县 1232920 元。

第三区：郴县 14407260 元；桂阳县 4146500 元；永兴县 1907320 元；宜章县 11949000 元；资兴县 6293400 元；临武县 3920000 元；蓝山县 11955300 元；

嘉禾县 5130000 元。

第四区：常德县 24120000 元；澧县 6612400 元；桃源县 7399620 元；石门县 3289300 元；华容县 28360000 元；南县 43420000 元；慈利县 3370200 元；安乡县 15810000 元；临澧县 8381368 元。

第五区：益阳县 18083200 元；湘乡县 57080000 元；汉寿县 12930000 元；宁乡县 24230000 元；沅江县 14509150 元。

第六区：邵阳县 87885000 元；新化县 11930000 元；武冈县 52410000 元；新宁县 12350000 元；城步县 7731000 元。

第七区：零陵县 85335000 元；祁阳县 54720000 元；宁远县 15040000 元；道县 28525000 元；东安县 14815000 元；永明县 11628100 元；江华县 14665000 元；新田县 1570000 元。

第九区：溆浦县 15980000 元。

第十区：绥宁县 1559000 元。

(8) 各市县政府及所属机关直接损失情况

湖南省各市县政府及所属机关直接损失总计 56962826615 元。其中，建筑物损失价值 18611702400 元，器具损失价值 19105274804 元，现款损失 328899456 元，图书损失价值 1529369414 元，仪器损失价值 1251523139 元，文卷损失价值 959179 元，医用用品损失价值 848304530 元，其他损失价值 15287752876 元。其中，各市县政府及所属机关直接损失分别如下：

长沙市共计损失 7093560000 元（建筑物 4640000000 元，器具 813000000 元，图书 607760000 元，仪器 264800000 元，文卷 36750 元，医药用品 192000000 元，其他 576000000 元）。

衡阳市共计损失 801464800 元，（建筑物 421655000 元，器具 133270600 元，现款 2135000 元，图书 58024000 元，仪器 9406200 元，文卷 30091 元，医药用品 59357000 元，其他 117017000 元）。

第一区各市县政府及所属机关损失合计 35303436041 元（建筑物 9089472930 元，器具 14499277151 元，现款 186877603 元，图书 90151737 元，仪器 66574916 元，文卷 41968 元，医药用品 131865850 元，其他 11239215854 元）。其中，浏阳县损失 280190720 元，长沙县损失 31747637804 元，湘潭县损失 398137803 元，岳阳县损失 1918000000 元，醴陵县损失 449063910 元，湘阴县损失 132614536 元，平江县损失 182650000 元，临湘县损失 195141241 元。

第二区损失合计 2953694608 元（建筑物 1026966144 元，器具 647507032

元，现款 40060000 元，图书 127838475 元，仪器 131380234 元，文卷 30480 元，医药用品 106802330 元，其他 87130393 元）。其中衡阳县损失 127775100 元，衡山县损失 674156000 元，耒阳县损失 66630000 元，攸县损失 586210000 元，茶陵县损失 734550000 元，常宁县损失 164269008 元，安仁县损失 584479500 元，鄠县损失 15625000 元。

第三区损失合计 1021184641 元（建筑物 502020450 元，器具 219248004 元，现款 13050040 元，图书 48468230 元，仪器 42224719 元，文卷 6702 元，医药用品 42334747 元，其他 135838451 元）。其中郴县损失 419674039 元，桂阳县 85100000 元，永兴县 65008940 元，宜章县 104692775 元，资兴县 217977217 元，临武县 48612000 元，桂东县 10526000 元，蓝山县 29119670 元，嘉禾县 4474000 元。

第四区损失合计 4494825743 元（建筑物 938667159 元，器具 1411477534 元，现款 5600000 元，图书 418564950 元，仪器 550521184 元，文卷 115621 元，医药用品 125575030 元，其他 1044419886 元）。其中常德县损失 734262400 元，澧县 235610000 元，桃源县 185768370 元，石门县 110081700 元，华容县 1867285430 元，南县 1130600000 元，慈利县 3184300 元，安乡县 28653799 元，临澧县 199379744 元。

第五区损失合计 1258437706 元（建筑物 404495865 元，器具 234049200 元，现款 2190000 元，图书 22136352 元，仪器 21074310 元，文卷 26338 元，医药用品 34598952 元，其他 549893031 元）。其中，益阳县损失 158911420 元，湘乡县 738076000 元，汉寿县 133721281 元，宁乡县 163400000 元，沅江县 74329000 元。

第六区损失合计 683165330 元（建筑物 117194031 元，器具 254467852 元，现款 43272813 元，图书 4616914 元，仪器 2673692 元，文卷 324403 元，医药用品 5781177 元，其他 255158850 元）。其中，邵阳县损失 640943557 元，新化县 20731549 元，武冈县 9099000 元，新宁县 8956000 元，城步县 3435224 元。

第七区损失合计 1872954833 元（建筑物 703946291 元，器具 511324172 元，现款 30100000 元，图书 104373456 元，仪器 134082959 元，文卷 345521 元，医药用品 120544744 元，其他 267983211 元）。其中，零陵县损失 276950000 元，祁阳县 206469000 元，宁远县 98312400 元，道县 121310579 元，东安县 1023855105 元，永明县 55007749 元，江华县 56000000 元，新田县 35050000 元。

第八区损失合计 47140 元（建筑物 47140 元，属龙山县的损失）。

第九区合计损失 284126578 元（建筑物 59835390 元，器具 202097258 元，现款 14000 元，图书 739300 元，仪器 1359930 元，文卷 775 元，医药用品 884700 元，其他 19195000 元）。其中，沅陵县损失 239599700 元，溆浦县 44151262 元，辰溪县 16820 元，泸溪县 358786 元。

第十区损失合计 1185929200 元（建筑物 707401000 元，器具 178956000 元，现款 5000000 元，图书 46696000 元，仪器 27425000 元，文卷 430 元，医药用品 28560000 元，其他 191891200 元）。其中，芷江县损失 737209000 元，绥宁县 38561100 元，黔阳县 138674100 元，晃县 185312000 元，靖县 85615000 元，怀化县 558000 元。

各市县政府及所属机关直接损失统计中，安化、永顺、大庸、保靖、桑植、古丈、凤凰、乾城、永绥、麻阳、会同、通道等 12 县无直接损失，因而没有列入。

(9) 各市县县营和民营农业直接损失情况

据当时国民党省政府统计，湖南省各市县县营农业直接损失总计 452189642 元。其中，房屋损失 18288500 元，器具损失 82608416 元，现款损失 72140 元。产品中农产品损失 149052660 元，林产品损失 37046310 元，水产品损失 142500 元，畜产品损失 40782900 元。工具中，农具损失 55510486 元，渔具损失 1338950 元，其他损失 28533840 元。牲畜损失 21453300 元，运输工具损失 8098440 元，其他损失 9261200 元。其中，衡山县损失 17445000 元，耒阳县损失 1272800 元，常宁县损失 63780000 元，永兴县损失 1750000 元，宜章县损失 193000 元，石门县损失 8468000 元，慈利县损失 484112 元，湘乡县损失 1259050 元，沅江县损失 3640000 元，邵阳县损失 12717680 元，永明县损失 341180000 元。在县营农业中，长沙等县无直接损失，因此没有列入。

民营农业直接损失情况。全省民营农业总计损失 3931155454889 元。其中损失房屋价值 686301336885 元，器具损失 447831039712 元，现款损失 3839500865 元。产品中，损失农产品价值 1125595218466 元，林产品价值 195544437298 元，水产品价值 18287376300 元，畜产品价值 248391960861 元。工具中，损失农具价值 400151094821，渔具价值 7071350760 元，其他 217125600629 元。损失牲畜价值 189771353130 元，损失运输工具 170373308131 元，其他损失 211871877031 元。其中：

长沙市损失 2874548000 元；

衡阳市损失 10067877000 元；

第一区合计损失 965567934392 元（浏阳县 150838000000 元，长沙县 111530627000 元，湘潭县 243502279992 元，岳阳县 105173530000 元，醴陵县 143500000000 元，湘阴县 111923837400 元，平江县 43355000000 元，临湘县 55744000000 元）；

第二区合计损失 662774332120 元（衡阳县 199802067000 元，衡山县 125135000 元，耒阳县 75015742680 元，攸县 122004002740 元，茶陵县 101946580000 元，常宁县 106887600000 元，安仁县 56142600000 元，酃县 580605000 元）；

第三区合计损失 482612572449 元（郴县 71941550000 元，桂阳县 127836521000 元，永兴县 105915334500 元，宜章县 77429134450 元，资兴县 21514752499 元，临武县 29740840000 元，桂东县 8695460000 元，蓝山县 17585300000 元，嘉禾县 21953680000 元）；

第四区合计损失 284286050086 元（常德县 35442758880 元，澧县 27261488786 元，桃源县 8816645975 元，石门县 28722682300 元，华容县 35079144130 元，南县 18767634110 元，慈利县 33323251000 元，安乡县 11737930000 元，临澧县 5784701140 元）；

第五区合计损失 457273601995 元（益阳县 83150300000 元，湘乡县 237822000000 元，汉寿县 82564641995 元，宁乡县 3836660000 元，沅江县 49900000000 元）；

第六区合计损失 440104400320 元（邵阳县 224857000000 元，新化县 78748050000 元，武冈县 95315652000 元，新宁县 35801000000 元，城步县 9382138320 元）；

第七区合计损失 576646839227 元（零陵县 112982515000 元，祁阳县 182215615000 元，宁远县 95412515000 元，道县 61453950227，东安县 36481310000 元，永明县 35138622000 元，江华县 31556000000 元，新田县 21456312000 元）；

第九区合计损失 18565510000 元（沅陵县 14371800000 元，溆浦县 2916868000 元，辰溪县 1031526000 元，泸溪县 245316000 元）；

第十区合计损失 26381789000 元（芷江县 4516500000 元，绥宁县 21338506000 元，黔阳县 215613000 元，晃县 285613000 元，靖县 25316000 元，怀化县 241000 元）。

在民营农业方面，汝城、安化、凤凰、乾城、永绥、麻阳、会同、通道等8县无直接损失，因而未列入统计范围。

（10）各市县民营矿业直接损失情况

全省民营矿业主要集中在出产各种矿产品的市县，列入1945年省政府统计损失范围的有20余县。全省民营矿业直接损失情况主要如下：全省总计损失9381740870元。其中房屋损失1496875700元，器具损失460504830元，矿坑损失1693648033元，现款损失10610000元，矿产品损失4003616000元，机械及工具损失804856372元，运输工具损失477727600元，其他433902335元。其中，长沙县损失5756000元，湘阴县损失5887100元，临湘县损失119425000元，衡山县108805000元，耒阳县128000000元，攸县1203670000元，茶陵县11520199元，常宁县623000000元，郴县375526000元，宜章县869394681元，资兴县35637000元，桂东县109180000元，常德县812561000元，湘乡县4291198890元，汉寿县40015000元，宁乡县224731000元，邵阳县134720000元，新化县62775000元，零陵县71377000元，祁阳县98562000元。

（11）各市县营工业、民营工业直接损失表

湖南省各市县营工业总计损失1305285196元。其中损失厂房价值432148150元，现款损失13341884元，制成品损失价值200486396元，原料损失价值171095242元，机械及工具损失256378472元，运输工具损失价值92126780元，其他损失139709772元。其中湘潭县损失307667406元；岳阳县87300000元；衡阳县43850000元；衡山县26476000元；耒阳县23176000元；常宁县94060000元；永兴县12886000元；宜章县551140元；慈利县267000元；益阳县1828570元；沅江县25000000元；邵阳县98501000元；零陵县112500000元；道县471222080元。

各市县民营工业损失情况。全省各市县民营工业直接损失总计336315182975元。其中损失厂房价值90514141260元，损失现款7127838599元，制成品损失价值32597567408元，原料损失价值34728653782元，机械及工具损失价值158979442122元，运输工具损失6549441134元，其他损失价值5818098670元。各市县民营工业损失情况分别如下：

长沙市损失17082400000元。

衡阳市损失172561980000元。

第一区：浏阳县损失185400000元；长沙县99438073632元；醴陵县

153800000 元；湘阴县 10996700 元；平江县 4300000 元；临湘县 5200000 元。

第二区：衡阳县损失 5956089 元，衡山县 21561930000 元；攸县 31950000 元；茶陵县 97106150 元；常宁县 157900000 元；安仁县 46105000 元。

第三区：郴县损失 186441000 元，桂阳县 56231000 元；永兴县 321568000 元；宜章县 185300000 元；资兴县 75231000 元；临武县 83521000 元；桂东县 6894000 元；蓝山县 8561000 元；嘉禾县 2851300 元。

第四区：常德县损失 1042500000 元；澧县 2900000 元；石门县 1465000000 元；华容县 85610000 元；南县 84521000 元；慈利县 25000000 元；安乡县 15360100 元；临澧县 353218 元。

第五区：湘乡县损失 696808420 元；汉寿县 212000000 元；宁乡县 744152000 元；沅江县 526060000 元。

第六区：邵阳县损失 9831954000 元，新化县 291034158 元；武冈县 152313400 元；新宁县 11561000 元，城步县 48217178 元。

第七区：零陵县损失 68568000 元；祁阳县 183865000 元；宁远县 8615000 元，东安县 7780694060 元；永明县 36450 元；江华县 33952200 元；新田县 567310 元。

第八区：龙山县损失 1952800 元。

第九区：沅陵县损失 80985150 元。

第十区：芷江县损失 1110000 元。

（12）各市县县营、民营公用事业直接损失情况

全省各市县县营公用事业损失总值 173587735 元。其中房屋损失价值 86221005 元，器具损失价值 15161400 元，现款损失 3367200 元，机械及工具损失价值 26694200 元，运输工具损失价值 33505730 元，其他损失 8638200 元。其中岳阳县共计损失 45500000 元，郴县损失 18655600 元，益阳县损失价值 1584635 元，零陵县损失 107847500 元。

全省各市县民营公用事业直接损失情况。各市县民营公用事业直接损失总计 1100553732 元。其中房屋损失价值 255999432 元，器具损失价值 173186900 元，现款损失 200000 元，机械及工具损失价值 459767500 元，运输工具损失价值 100885932 元，其他损失价值 110513968 元。各市县民营公用事业损失情况分别如下：长沙市 219000000 元，衡阳市 105003000 元，湘阴县 22879000 元，常宁县 508000 元，桂东县 40140000 元，常德县 83516000 元，澧县 20695000 元，桃源县 23540000 元，湘乡县 240388732 元，汉寿县 247484000 元，邵阳

97400000 元。

（13）各市县民营、县营商业直接损失情况

全省民营商业损失总计价值 3798276951178 元。其中，店房损失价值 719364284764 元，器具损失价值 365362283474 元，现款损失 49565718102 元，存货损失价值 1826046971966 元，运输工具损失价值 398322020270 元，其他损失 439615672602 元。其中：

长沙市损失价值 501200336000 元（店房 92765728000 元，器具 8910996000 元，现款 580772000 元，存货 247941120000 元，运输工具 338000000 元，其他 150663720000 元）。

衡阳市共计损失 196070170803 元（店房 59551977560 元，器具 7747230873 元，现款 151571600 元，存货 115428429770 元，运输工具 666177000 元，其他 12524784000 元）。

第一区损失合计 460371216123 元（店房 94955273754 元，器具 46952297542 元，现款 5478676551 元，存货 231734803356 元，运输工具 50944341003 元，其他 30305823917 元）。其中，浏阳县损失 131805000000 元，长沙县 7851168428 元，湘潭县 171237041445 元，岳阳县 61400000000 元，醴陵县 81237000000 元，湘阴县 1065668600 元，平江县 5238637650 元，临湘县 536700000 元。

第二区损失合计 580411120600 元（店房损失 80747125050 元，器具 66540378160 元，现款 32405553380 元，存货 237498960000 元，运输工具 117236141320 元，其他损失 36922962690 元）。其中，衡阳县损失 158733800000 元，衡山县 151445560000 元，耒阳县 181648320000 元，攸县 370230000 元，茶陵县 539910000 元，常宁县 86777278600 元，安仁县 385412000 元，酃县 510610000 元。

第三区损失合计 79676271500 元（店房损失价值 23219926000 元，器具 6729164550 元，现款 391487875 元，存货 32464667150 元，运输工具 9121529100 元，其他 7749496825 元）。其中，郴县损失 11984750000 元，桂阳县 12895321000 元，永兴县 1832561000 元，宜章县 8844419500 元，资兴县 9513482000 元，临武县 7620000000 元，桂东县 837560000 元，蓝山县 11561328000 元，嘉禾县 14536850000 元。

第四区损失合计 631713651409 元（店房 126977019200 元，器具 68388523210 元，现款 1786124350 元，存货 269303424660 元，运输工具 74622329022 元，其他损失 90636230969 元）。其中，常德县损失 181256000000 元，澧县 121633469400

元，桃源县 81092884109 元，石门县 12138301000 元，华容县 36543120000 元，南县 122121104900 元，慈利县 35482000000 元，安乡县 40066692000 元，临澧县 1380080000 元。

第五区损失合计 570473335000 元（店房 37520780000 元，器具 124361453500 元，现款 4946428050 元，存货 268049565500 元，运输工具 69761527000 元，其他 70833580250 元）。其中，益阳县损失 105676000000 元，湘乡县 297130900000 元，安化县 1365331000 元，汉寿县 25447484000 元，宁乡县 129713620000 元，沅江县 11140000000 元。

第六区损失合计 328593907660 元（店房损失 104449483000 元，器具损失价值 10741050188 元，现款 22081871 元，存货损失 18139762354 元，运输工具损失 25801615925 元，其他损失 1439914322 元）。其中各县损失情况分别是：邵阳县损失 230550000000 元，新化县 31881109520 元，武冈县 249906080 元，新宁县 20561315000 元，城步县 45351577060 元。

第七区合计损失 418182894370 元（店房损失 78042705000 元，器具损失 23430531600 元，现款损失 3596485550 元，存货损失 226542304620 元，运输工具损失 49062250200 元，其他损失 37499617400 元）。所属各市县损失情况分别是：零陵县 56716565000 元，祁阳县 95632405000 元，宁远县 55418300000 元，道县 83860062370 元，东安县 75279900000 元，永明县 25234210000 元，江华县 13725835000 元，新田县 12315616000 元。

第八区损失（主要是桑植县）合计 770852500 元。其中店房损失价值 490000000 元，器具损失 4600000 元，存货损失 273232500 元，其他损失 3020000 元。

第九区损失合计 7017284513 元（店房损失 5990131000 元，器具损失 126587351 元，现款损失 35748675 元，存货损失 598182756 元，运输工具损失 152362702 元，其他 114272020 元）。各市县损失情况分别是：沅陵县 2468340000 元，溆浦县 3351678000 元，辰溪县 952131000 元，泸溪县 250135513 元。

第十区损失合计 795910700 元（店房损失 5654136200 元，器具损失 1420470500 元，现款损失 110787500 元，存货损失 15072519300 元，运输工具损失 615747000 元，其他损失 922250200 元）。各市县损失分别是：芷江县 5117600000 元，绥宁县 18395700000 元，黔阳县 156318000 元，晃县 90306200 元，靖县 35845000 元，怀化县 141500 元。

在各市县民营商业中，汝城、永顺、龙山、大庸、保靖、古丈、凤凰、乾城、永绥、麻阳、会同、通道等12县无直接损失，所以未列入。

全省各县（市）营商业直接损失情况。邵阳县共计损失30340000元，其中店房损失价值480000元，器具损失191700元，存货损失28500000元，运输工具损失1085700元，其他损失82600元。其他县（市）未报损失情况。

（14）各市县民营金融事业及民营银行直接损失情况

全省各市县民营金融事业总计损失5957539628元。其中房屋损失1706453900元，现款损失220552824元，生金银损失2545123656元，保管品损失99933430元，抵押品损失81984792元，有价证券损失73885240元，运输工具损失22458240元，其他损失627439915元。其中，长沙市损失5299568000元，衡山县367119000元，耒阳县38690000元，茶陵县71690000元，常宁县6200400元，澧县9000000元，石门县31850000元，安乡县243000元，湘乡县18266700元，汉寿县47880000元，邵阳县44785000元，城步县5537567元，零陵县4185700元，道县12524261元。

全省各市县民营银行直接损失情况。衡阳市共计损失1481500000元，其中房屋损失价值303500000元，器具损失100100000元，现款损失5200000元，抵押品损失657000000元，运输工具损失210700000元，其他损失205000000元。

（15）各市县民营航业和县营航业直接损失情况

全省民营航运业直接损失共计30232493583元。其中房屋损失4680819910元，器具损失1300799984元，现款损失44773000元，码头及趸船设备损失2918550623元，船只损失11379443920元，材料损失3039503390元，修理机械工具损失2336703930元，货物损失2886817352元，其他损失1615084474元。以行政区划分别计算：

长沙市损失10258200000元。

衡阳市损失14151800000元。

第一区合计损失2423317763元（浏阳县28908元，长沙县39049000元，醴陵县2096241063元，湘阴县133074000元，平江县126045700元）。

第二区合计损失194079800元（耒阳县4570000元，茶陵县189509800元）。

第三区合计损失52345000元（资兴县）。

第四区合计损失 1105832200 元（常德县 218530000 元，桃源县 229942200 元，石门县 343300000 元，南县 321500000 元，慈利县 1560000 元）。

第五区合计损失 656687300 元（益阳县 585204000 元，湘乡县 11938000 元，汉寿县 22840000 元，宁乡县 36115300 元）。

第六区合计损失 502623000 元（邵阳县 489580000 元，新化县 13043000 元）。

第七区合计损失 883909000 元（零陵县 860085000 元，道县 23834000 元）。

第九区合计损失 115000 元（沅陵县 115000 元）。

第十区合计损失 3584520 元（绥宁县 3584520 元）。

全省各市县营航运业直接损失情况。沅江县共计损失 110100000 元，其中房屋 8000000 元，器具 1000000 元，码头及趸船设施 100000 元，船只 100000000 元，材料 1000000 元。

（16）各市县营电讯事业直接损失情况

全省各市县经营的电讯事业共计损失 1049195928 元，其中房屋损失 74523048 元，器具损失 50562656 元，现款损失 14688709 元，路线设备 666670311 元，材料损失 1999252442 元，其他损失 43498762 元。其中：

第一区合计损失 343098695 元（浏阳县 89000000 元，长沙县 186718000 元，湘阴县 57997000 元，平江县 9388695 元）。

第二区合计损失 114175400 元（衡山县 19040800 元，耒阳县 36378000 元，攸县 16020000 元，茶陵县 39871600 元，常宁县 2865000 元）。

第三区合计损失 147640000 元（郴县 140642000 元，宜章县 6045000 元，蓝山县 953000 元）。

第四区合计损失 60315300 元（常德县 8545300 元，澧县 12000000 元，石门县 13150000 元，华容县 15361000 元，南县 8654000 元，慈利县 215000 元，安乡县 490000 元，临澧县 1900000 元）。

第五区合计损失 95287960 元（益阳县 160960 元，湘乡县 18450000 元，汉寿县 54077000 元，沅江县 22600000 元）。

第六区合计损失 167792873 元（邵阳县 96110000 元，新化县 55356000 元，武冈县 12316000 元，城步县 4010873 元）。

第七区合计损失 118533000 元（零陵县 117405000 元，永明县 1075500 元，江华县 52500 元）。

第十区合计损失 2352700 元（绥宁县 2352700 元）。

（17）各市县机关学校及公营事业内服务员工私人直接损失情况

全省各市县机关学校及公营事业内服务员工私人直接损失 36528941806 元。其中建筑物损失 13809299305 元，器具损失 6372926326 元，现款 469179967 元，衣物 5433327187 元，古物书籍 1749052727 元，医药用品 265263655 元，牲畜 1966402438 元，粮食 2323095480 元，其他损失 4140394721 元。各市县这方面损失情况分别如下：

长沙市 19385100000 元。

第一区：浏阳县 7778673930 元；长沙县 282845260 元；岳阳县 84400000 元；湘阴县 117608000 元；临湘县 55420000 元。

第二区：衡阳县 3250000 元；衡山县 969042270 元；耒阳县 193085000 元；攸县 58050000 元。

第三区：郴县 23702567 元；桂阳县 46523800 元，永兴县 72042000 元；宜章县 65084000 元；资兴县 75618000 元；临武县 6809800 元；蓝山县 2341000 元；嘉禾县 1531000 元。

第四区：常德县 9562000 元；澧县 8258000 元；石门县 7051000 元；华容县 19162140 元；南县 12315000 元；慈利县 8653000 元；安乡县 9865000 元；临澧县 19169765 元。

第五区：益阳县 8561000 元；湘乡县 236830000 元；安化县 10401000 元；汉寿县 6152094 元；宁乡县 6231800 元；沅江县 8151900 元。

第六区：邵阳县 957480000 元；新化县 6788000 元；武冈县 9652000 元；新宁县 5615313000 元；城步县 4215000 元。

第七区：零陵县 35780000 元；祁阳县 2560100 元；宁远县 3541200 元；道县 2414000 元；东安县 1956300 元；永明县 1503100 元；江华县 50450000 元；新田县 8561000 元。

第八区：桑植县 68320000 元。

第九区：沅陵县 120448500 元；辰溪县 27480 元。

第十区：芷江县 8561000 元；晃县 28319800 元；靖县 11561000 元。

（18）各市县普通住民私有财产直接损失情况

全省各市县普通住民私有财产直接损失共计 2628531507771 元。其中，建筑物损失 468132936348 元，器具损失 323976437795 元，现款损失 18714258219 元，主要产品损失 809325690176 元，衣物损失 227968085721 元，牲畜损失

152929545523 元，运输工具损失 107300793125 元，古物书籍 41427945971 元，医药用品 51056222777 元，其他损失 517699592216 元。其中：

长沙市损失 36238848000 元。

衡阳市损失 77066374047 元。

第一区合计损失 240752 元（浏阳县 31778688737 元，长沙县 54624569000 元，湘潭县 28424744206 元，岳阳县 26953706589 元，醴陵县 24746604267 元，湘阴县 31751000000 元，平江县 20950053255 元，临湘县 21522639259 元）。

第二区合计损失 238751923315 元（衡阳县 74241295511 元，衡山县 37416653497 元，耒阳县 22993129774 元，攸县 40107217749 元，茶陵县 19855952951 元，常宁县 18400846442 元，安仁县 25592251900 元，酃县 144575500 元）。

第三区合计损失 156527343438 元（郴县 26459857044 元，桂阳县 53006714200 元，永兴县 29064416197 元，宜章县 14662821663 元，资兴县 12668331404 元，临武县 4452111200 元，桂东县 6751895000 元，蓝山县 2122061530 元，嘉禾县 7339135200 元）。

第四区合计损失 675488257395 元（常德县 232060938800 元，澧县 43669676524 元，桃源县 38529725951 元，石门县 55260700000 元，华容县 119778000000 元，南县 54091558760 元，慈利县 46991408458 元，安乡县 17553781101 元，临澧县 67552467765 元）。

第五区合计损失 305254940322 元（益阳县 32690306784 元，湘乡县 126290640958 元，安化县 21848000 元，汉寿县 20884877130 元，宁乡县 97410099000 元，沅江县 27957168450 元）。

第六区合计损失 354385565983 元（邵阳县 164020171523 元，新化县 42921562091 元，武冈县 78791348120 元，新宁县 28715069090 元，城步县 39937415159 元）。

第七区合计损失 208693142905 元（零陵县 34245689300 元，祁阳县 44633160500 元，宁远县 29034882000 元，道县 37524913937 元，东安县 8865484245 元，永明县 6496950033 元，江华县 35673690000 元，新田县 12218372890 元）。

第九区合计损失 1819083009 元（沅陵县 651148500 元，溆浦县 444646118 元，辰溪县 374298690 元，泸溪县 348989701 元）。

第十区合计损失 6954024080 元（会同县 263726000 元，芷江县 5919937000

元，绥宁县 455164680 元，黔阳县 42214900 元，晃县 149622000 元，靖县 22872600 元，怀化县 486900 元）。

在全省，汝城、永顺、龙山、大庸、保靖、桑植、古丈、凤凰、乾城、永绥、麻阳、通道等 12 县住民私有财产未报直接损失，故未列入计算。

6. 全省各市县间接损失情况

（1）各市县政府及所属机关间接损失情况

全省各市县共计间接损失 3805542126 元。其中迁移费 1682907686 元，防空设备费 566040174 元，疏散费 616856607 元，救济费 599593169 元，抚恤费 340144490 元。其中：

长沙市间接损失总计 20201400 元（迁移费 9135000 元，防空设备费 1436400 元，疏散费 5625000 元，救济费 2430000 元，抚恤费 1575000 元）。

衡阳市间接损失总计 68611000 元（迁移费 10957000 元，防空设备费 20809000 元，疏散费 24990000 元，救济费 7495000 元，抚恤费 4360000 元）。

第一区间接损失共计 324853155 元（浏阳县 51253000 元，长沙县 62140495 元，湘潭县 4018060 元，岳阳县 85000000 元，醴陵县 42140000 元，湘阴县 29536000 元，平江县 15535000 元，临湘县 35230000 元）。

第二区间接损失共计 380696867 元（衡阳县 51498167 元，衡山县 101821500 元，耒阳县 22445000 元，攸县 10221740 元，茶陵县 10125000 元，常宁县 70785010 元，安仁县 113800450 元）。

第三区间接损失共计 116061413 元（郴县 11351700 元，桂阳县 10215000 元，永兴县 17197300 元，宜章县 14088116 元，资兴县 24852791 元，临武县 15862000 元，汝城县 1947400 元，桂东县 9526026 元，蓝山县 5760080 元，嘉禾县 5261000 元）。

第四区间接损失共计 443891160 元（常德县 191384000 元，澧县 82351000 元，桃源县 86342000 元，石门县 27835800 元，华容县 10398760 元，南县 40215000 元，慈利县 955000 元，安乡县 1940000 元，临澧县 2469000 元）。

第五区间接损失共计 324023990 元（益阳县 8256100 元，湘乡县 29892690 元，安化县 138385200 元，汉寿县 91390000 元，宁乡县 38900000 元，沅江县 17200000 元）。

第六区间接损失共计 1340276204 元（邵阳县 11415904 元，新化县 993095000 元，武冈县 232028300 元，新宁县 78315000 元，城步县 25422000 元）。

第七区间接损失共计 596282219 元（零陵县 166800000 元，祁阳县 307929920 元，宁远县 82315000 元，道县 1743099 元，东安县 2151300 元，永明县 32651000 元，江华县 1438900 元，新田县 1253000 元）。

第八区间接损失共计 6975000 元（永顺县 6549000 元，龙山县 190000 元，大庸县 17000 元，保靖县 11000 元，桑植县 108000 元，古丈县 100000 元）。

第九区间接损失共计 9230286 元（沅陵县 505636 元，溆浦县 2825000 元，辰溪县 6600 元，凤凰县 612300 元，乾城县 515300 元，永绥县 492000 元，泸溪县 857000 元，麻阳县 3416450 元）。

第十区间接损失共计 174439432 元（会同县 82314000 元，芷江县 42316000 元，绥宁县 611200 元，黔阳县 28000000 元，晃县 5746307 元，靖县 252925 元，通道县 3618000 元，怀化县 11581000 元）。

全省各市县立各级学校间接损失总计 2698737234 元，全省各市县私立各级学校间接损失总计 955724317 元。

（2）各市县民营、县营农业间接损失情况

全省各市县民营农业共计间接损失 61662435720 元。其中可能生产额减少 44304247826 元，可获纯利额减少 9273418337 元，费用增加 8084769557 元（拆迁费 3521131005 元，防空费 1134867688 元，救济费 1847102463 元，抚恤费 1581668401 元）。其中：

长沙市民营农业间接损失共计 1217826000 元（可能生产额减少 716986000 元，增加拆迁费 462840000 元，增加救济费 38000000 元）；

第一区民营农业间接损失 9759013180 元（浏阳县 1234800000 元，长沙县 556420000 元，湘潭县 456420000 元，岳阳县 2196053180 元，醴陵县 550420000 元，湘阴县 1556500000 元，平江县 1123400000 元，临湘县 2085000000 元）。

第二区民营农业共计间接损失 10710802800 元（衡阳县 1985075800 元，衡山县 670266000 元，耒阳县 2108400000 元，攸县 1600200000 元，茶陵县 1455805000 元，常宁县 1556256000 元，安仁县 1325800000 元）。

第三区民营农业间接损失共计 4982207000 元（郴县 1035678000 元，桂阳县 852314000 元，永兴县 856300000 元，宜章县 656881000 元，资兴县 485312000 元，临武县 452315000 元，汝城县 35618000 元，桂东县 445321000

元，蓝山县 85733000 元，嘉禾县 76735000 元）。

第四区民营农业间接损失共计 10672621000 元（常德县 1216532000 元，澧县 856315000 元，桃源县 1068325000 元，石门县 1260410000 元，华容县 2750315000 元，南县 700005000 元，慈利县 1658319000 元，安乡县 452000000 元，临澧县 710400000 元）。

第五区民营农业间接损失共计 5806101780 元（益阳县 789560000 元，湘乡县 1129985400 元，安化县 96158600 元，汉寿县 808860000 元，宁乡县 1940700000 元，沅江县 1040837780 元）。

第六区民营农业共计间接损失 5030627000 元（邵阳县 1851930000 元，新化县 795160000 元，武冈县 122905000 元，新宁县 845316000 元，城步县 415316000 元）。

第七区民营农业间接损失共计 6850266000 元（零陵县 631560000 元，祁阳县 1012315000 元，宁远县 856312000 元，道县 1090690000 元，东安县 1064765000 元，永明县 863900000 元，江华县 965312000 元，新田县 365412000 元）。

第八区民营农业间接损失共计 1096016000 元（永顺县 153415000 元，龙山县 215305000 元，大庸县 215800000 元，保靖县 289245000 元，桑植县 188800000 元，古丈县 33451000 元）。

第九区民营农业间接损失共计 3244624200 元（沅陵县 915800000 元，溆浦县 758400000 元，辰溪县 485184200 元，凤凰县 315180000 元，乾城县 189700000 元，永绥县 183150000 元，泸溪县 257600000 元，麻阳县 134570000 元）。

第十区民营农业间接损失共计 2292380760 元（会同县 219318000 元，芷江县 612305000 元，绥宁县 578974560 元，黔阳县 619200000 元，晃县 36137000 元，靖县 98386700 元，通道县 2879500 元，怀化县 125130000 元）。

全省各市县县营农业间接损失共计 43418368 元。其中，可能生产额减少 19939427 元，可能获纯利额减少 21605330 元，增加拆迁费 1746618 元，增加防空费 676407 元，增加救济费 754920 元，增加抚恤费 695661 元。从县别来说，衡山县民营农业间接损失 12828000 元，耒阳县民营农业间接损失 770000 元，常宁县民营农业间接损失 11720368 元，邵阳县民营农业间接损失 18100000 元。

（3）各市县民营矿业间接损失情况

全省各市县民营矿业间接损失共计 912035200 元。其中，可能生产额减少

589344620 元，可获纯利额减少 185044780 元，增加拆迁费用 47575244 元，增加防空费用 32932096 元，增加救济费用 33898579 元，增加抚恤费用 23239881 元。从县别来说，湘潭县民营矿业间接损失 3820600 元，衡山县 130524000 元，耒阳县 223000090 元，攸县 5470000 元，常宁县 92242680 元，郴县 38568000 元，桂阳县 7586000 元，汝城县 20086100 元，桂东县 89562000 元，常德县 5621500 元，石门县 1941000 元，湘乡县 8898000 元，汉寿县 14680000 元，宁乡县 11964100 元，邵阳县 27500000 元，零陵县 8531500 元，祁阳县 9504600 元，宁远县 6431000 元，桑植县 958100 元，溆浦县 124885900 元，辰溪县 77460000 元，通道县 2800000 元。

（4）各市县民营、县营工业间接损失情况

全省各市县民营工业间接损失共计 101653499972 元。其中，可能生产额减少 89999481505 元，可获纯利额减少 9286352270 元，增加拆迁费 1052404990 元，增加防空费 415860081 元，增加救济费 560045433 元，增加抚恤费 335729693 元。其中：

长沙市民营工业间接损失计 12619466000 元（可能生产额减少 7846920000 元，可获纯利减少 2920760000 元，增加拆迁费用 842700000 元，增加防空费用 252764000 元，增加救济费用 470962000 元，增加抚恤费用 274360000 元）。

衡阳市民营工业间接损失共计 86440000000 元（可能生产额减少 80568582000 元，可获纯利减少额 5721000000 元，增加拆迁费 36573000 元，增加防空费 62020000 元，增加救济费 30650000 元，增加抚恤费 21175000 元）。

第一区民营工业间接损失共计 195496100 元（浏阳县 48213000 元，长沙县 36927100 元，湘潭县 38123000 元，醴陵县 2985000 元，湘阴县 35125000 元，平江县 34123000 元）。

第二区各县市民营工业间接损失共计 233383392 元（衡阳县 15011 元，衡山县 24404400 元，耒阳县 106190842 元，攸县 3170000 元，茶陵县 3215000 元，常宁县 78566560 元，安仁县 2825000 元）。

第三区民营工业间接损失共计 267315600 元（郴县 57421000 元，桂阳 34512000 元，永兴县 35612000 元，宜章县 56219000 元，资兴县 45321000 元，临武县 28316000 元，汝城县 833600 元，桂东县 4351000 元，蓝山县 2315000 元，嘉禾县 2415000 元）。

第四区民营工业间接损失共计 509427000 元（常德县 118810000 元，澧县 52315000 元，桃源县 48324000 元，石门县 22090000 元，华容县 16531000 元，

南县 68854000 元，慈利县 42163000 元，安乡县 52648000 元，临澧县 87692000 元）。

第五区民营工业间接损失共计 468790420 元（益阳县 52321100 元，湘乡县 77635000 元，汉寿县 28160000 元，宁乡县 139698600 元，沅江县 170975720 元）。

第六区民营工业间接损失共计 213995600 元（邵阳县 139290000 元，新化县 31066000 元，武冈县 32155000 元，新宁县 8653000 元，城步县 2831600 元）。

第七区民营工业间接损失共计 325039000 元（零陵县 56123000 元，祁阳县 58158000 元，宁远县 44215000 元，道县 72000000 元，东安县 50969000 元，永明县 27500000 元，江华县 9542000 元，新田县 9532000 元）。

第八区民营工业间接损失共计 27800860 元（龙山县 9752860 元，大庸县 7485000 元，保靖县 9815000 元，桑植县 748000 元）。

第九区民营工业间接损失共计 22347000 元（沅陵县 74600 元，辰溪县 815000 元，凤凰县 4850000 元，乾城县 4156800 元，永绥县 8246500 元，泸溪县 4115700 元，麻阳县 88400 元）。

第十区民营工业间接损失共计 330439000 元（绥宁县 178458000 元，黔阳县 66660000 元，靖县 85321000 元）。民营工业间接损失方面，全省有鄞县、安化、永顺、古丈、溆浦、会同、芷江、晃县、通道、怀化等 10 县没有，未列入统计。

各市县县营工业间接损失情况。全省各市县县营工业间接损失总计 249243860 元。其中可能生产额减少 144343430 元，可能获纯利额减少 70808358 元，增加拆迁费用 12181380 元，增加防空费用 7336820 元，增加救济费用 9062963 元，增加抚恤费用 5510909 元。从县别来说，岳阳县县营工业间接损失 2625000 元，衡山县 18841000 元，常宁县 10674860 元，沅江县 8890000 元，邵阳县 95500000 元，道县 94000000 元，溆浦县 18623000 元。

（5）各市县县营、民营公用事业间接损失情况

全省各市县县营公用事业间接损失共计 13888500 元。其中，可能生产额减少 1100000 元，可能获纯利额减少 9648100 元，增加拆迁费用 857200 元，增加防空费用 638950 元，增加救济费用 879550 元，增加抚恤费用 764700 元。其中岳阳县县营公用事业间接损失 1323500 元，郴县公用事业损失 8562000 元，汝城县公用事业间接损失 4003000 元。

全省各市县民营公用事业间接损失共计 1163437120 元。其中可能生产额减

少 340085620 元，可获纯利额减少 541589788 元，增加拆迁费用 104075679 元，增加防空费用 36022729 元，增加救济费用 131491096 元，增加抚恤费用 10172208 元。其中呈报了间接损失的县有：常宁县 12320 元，桂东县 21054000 元，常德县 7532000 元，澧县 545000000 元，桃源县 556212000 元，湘乡县 18387000 元，邵阳县 5400000 元，零陵县 3512000 元，祁阳县 4615000 元，沅陵县 715000 元，辰溪县 997000 元。

（6）各市县民营、县营商业间接损失情况

全省各市县民营商业间接损失共计 90225060655 元。其中，可能生产额减少 7153934909 元，可能获纯利额减少 73644140 元，增加拆迁费用 3878278299 元，增加防空费用 1893966779 元，增加救济费用 982614438 元，增加抚恤费用 702125695 元。其中：

长沙市民营商业间接损失 42973196000 元（可获纯利额减少 41459575000 元，增加拆迁费用 692749000 元，增加防空费用 320247000 元，增加救济费用 314479000 元，增加抚恤费用 187146000 元）。

衡阳市民营商业间接损失 8318140000 元（可能生产额减少 1732480000 元，可获纯利额减少 5106750000 元，增加拆迁费用 1060910000 元，增加防空费用 7160000 元，增加救济费用 273860000 元，增加抚恤费用 136980000 元）。

第一区民营商业间接损失 12915668161 元（浏阳县 850600000 元，长沙县 915149160 元，湘潭县 1015153000 元，岳阳县 4587800000 元，醴陵县 1582000000 元，湘阴县 924431000 元，平江县 784530000 元，临湘县 2256000000 元）。

第二区民营商业间接损失共计 1872063521 元（衡阳县 26671573 元，衡山县 1462132450 元，耒阳县 162997960 元，攸县 32580000 元，茶陵县 45580100 元，常宁县 105559438 元，安仁县 36542000 元）。

第三区民营商业间接损失共计 3681333000 元（郴县 856324000 元，桂阳县 785312000 元，永兴县 485613000 元，宜章县 525318000 元，资兴县 365312000 元，临武县 325115000 元，汝城县 4001500 元，桂东县 251637000 元，蓝山县 51384500 元，嘉禾县 40318000 元）。

第四区民营商业间接损失 4537137410 元（常德县 1051312000 元，澧县 150562000 元，桃源县 130564000 元，石门县 456580000 元，华容县 30710410 元，南县 822706000 元，慈利县 96516000 元，安乡县 834667000 元，临澧县 692520000 元）。

第五区民营商业间接损失共计2834696140元（益阳县705200000元，湘乡县1379193340元，安化县55850000元，宁乡县81517800元，汉寿县250579000元，沅江县362356000元）。

第六区民营商业间接损失共计2851196000元（邵阳县100500000元，新化县450065000元，武冈县814000000元，新宁县921315000元，城步县565316000元）。

第七区民营商业间接损失共计5779917000元（零陵县556310000元，祁阳县1125615000元，宁远县685612000元，道县622560000元，东安县932094000元，永明县504000000元，江华县865420000元，新田县452315000元）。

第八区民营商业间接损失共计573669400元（永顺县116001500元，龙山县221314000元，大庸县81557000元，保靖县31024000元，桑植县77856900元，古丈县45916000元）。

第九区民营商业间接损失共计2096154317元（沅陵县481510000元，溆浦县491500000元，辰溪县431857000元，凤凰县115780000元，乾城县119500000元，永绥县94800000元，泸溪县235417317元，麻阳县125790000元）。

第十区民营商业间接损失共计1820892707元（会同县250415000元，芷江县515608000元，绥宁县407852000元，黔阳县418316000元，晃县48312000元，靖县81891707元，通道县3682000元，怀化县95316000元）。

各市县营商业间接损失（主要是邵阳县）共计279500000元，其中可获纯利额减少240000000元，增加拆迁费用39000000元，增加防空费用500000元。其他市县未报情况。

（7）各市县民营金融事业间接损失情况

全省各市县民营金融事业间接损失共计1703638644元。其中，可能生产额减少736581235元，可获纯利额减少531925795元，增加拆迁费用70084454元，增加防空费用364875542元，增加救济费60990元，增加抚恤费110668元。其中：

长沙市民营金融事业间接损失1536233000元（可能生产额减少640750000元，可获纯利额减少474693000元，增加拆迁费用58000000元，增加防空费用362790000元）。

衡山县民营金融事业间接损失126998400元（可能生产额减少67999200

元，可获纯利额减少 46708400 元，增加拆迁费用 10481500 元，增加防空费用 1809300 元）。

耒阳县民营金融事业间接损失 15450000 元（可能生产额减少 14450000 元，增加拆迁费用 1000000 元）。

常宁县民营金融事业间接损失 983244 元（可能生产额减少 103400 元，可获纯利额减少 786595 元，增加拆迁费用 50654 元，增加防空费用 19162 元，增加救济费用 9930 元，增加抚恤费用 13503 元）。

石门县民营金融事业间接损失共计 3803000 元（可能生产额减少 388300 元，可获纯利额减少 3042400 元，增加拆迁费用 190150 元，增加防空费用 77020 元，增加救济费用 30030 元，增加抚恤费用 75100 元）。

湘乡县民营金融事业间接损失共计 17537000 元（可能生产额减少 12680000 元，可获纯利额减少 4500000 元，增加拆迁费用 249000 元，增加防空费用 108000 元）。

城步县民营金融事业间接损失共计 531000 元（可获纯利减少额 511000 元，增加拆迁费用 10000 元，增加防空费用 10000 元）。

道县民营金融事业间接损失共计 2013000 元（可能生产额减少 210330 元，可获纯利减少额 1684400 元，增加拆迁费用 103150 元，增加防空费用 62060 元，增加救济费用 21000 元，增加抚恤费用 22060 元）。

（8）各市县民营、县营航运业间接损失情况

全省各市县民营航运业间接损失共计 680541100 元。其中可能生产额减少 3350000 元，可获纯利额减少 587181830 元，增加拆迁费用 41835790 元，增加防空费用 19013320 元，增加救济费用 17090630 元，增加抚恤费用 12069530 元。其中：

长沙市民营航运业间接损失共计 261490000 元（可获纯利额减少 254690000 元，增加拆迁费用 6800000 元）。

长沙县民营航运业间接损失 348642000 元（可获纯利额减少 34864200 元）。

耒阳县民营航运业间接损失 3590000 元（可能生产额减少 3350000 元，增加拆迁费用 240000 元）。

常德县民营航运业间接损失 86315000 元（可获纯利额减少 60420000 元，增加拆迁费用 8831500 元，增加防空费用 8470800 元，增加救济费用 4315800 元，增加抚恤费用 4276900 元）。

桃源县民营航运业间接损失 82325400 元（可获纯利额减少 57627980 元，

增加拆迁费用 8232640 元，增加防空费用 4116270 元，增加救济费用 8195310 元，增加抚恤费用 4153200 元）。

石门县民营航运业间接损失 6280000 元（可获纯利额减少 4399000 元，增加拆迁费用 649000 元，增加防空费用 607000 元，增加救济费用 35000 元，增加抚恤费用 278000 元）。

益阳县民营航运业间接损失 26503500 元（可获纯利额减少 18552450 元，增加拆迁费用 3850050 元，增加防空费用 1450650 元，增加救济费用 1305170 元，增加抚恤费用 1345180 元）。

湘乡县民营航运业间接损失 6300000 元（可获纯利额减少 4410000 元，增加拆迁费用 650000 元，增加防空费用 610000 元，增加救济费用 325000 元，增加抚恤费用 305000 元）。

汉寿县民营航运业间接损失 14750000 元（可获纯利额减少 10325000 元，增加拆迁费用 1875000 元，增加防空费用 1075000 元，增加救济费用 767500 元，增加抚恤费用 707500 元）。

宁乡县民营航运业间接损失 12289000 元（可获纯利额减少 8602300 元，增加拆迁费用 1338900 元，增加防空费用 1118900 元，增加救济费用 678450 元，增加抚恤费用 552450 元）。

邵阳县民营航运业间接损失 85740000 元（可获纯利额减少 75800000 元，增加拆迁费用 8700000 元，增加防空费用 500000 元，增加救济费用 740000 元）。

道县民营航运业间接损失 8667000 元（可获纯利额减少 6066900 元，增加拆迁费用 868700 元，增加防空费用 864700 元，增加救济费用 415400 元，增加抚恤费用 451300 元）。

大庸县民营航运业间接损失 36000000 元（可获纯利减少额 36000000 元）。

保靖县民营航运业间接损失 6857000 元（可获纯利减少 6857000 元）。

麻阳县民营航运业间接损失 8570000 元（可获纯利减少 8570000 元）。

全省各市县县营航运业间接损失（主要是沅江县）共计 93000000 元，其中可能生产额减少 68000000 元，可获纯利额减少 17000000 元，增加拆迁费用 2100000 元，增加救济费用 3400000 元，增加抚恤费用 2500000 元。

（9）各市县营电讯事业间接损失情况

全省各市县营电讯事业间接损失共计 59886263 元。其中，可能生产额减少 12778140 元，可获纯利额减少 22369810 元，增加拆迁费用 13417820 元，增加防空费用 6854350 元，增加救济费用 1475823 元，增加抚恤费用 2990320 元。其中：

衡山县营电讯事业间接损失 2230400 元（增加拆迁费用 1364000 元，增加防空费用 866400 元）。

耒阳县营电讯事业间接损失 1199990 元（可能生产额减少 378140 元，可获纯利额减少 425610 元，增加拆迁费用 294302 元，增加防空费用 61370 元，增加救济费用 22430 元，增加抚恤费用 18120 元）。

攸县县营电讯事业间接损失 284000 元（增加拆迁费用 235000 元，增加防空费用 49000 元）。

常宁县营电讯事业间接损失 3030000 元（可获纯利额减少 2424000 元，增加拆迁费用 304000 元，增加防空费用 56000 元，增加救济费用 91000 元，增加抚恤费用 155000 元）。

郴县县营电讯事业间接损失 8562000 元（可获纯利额减少 6849600 元，增加拆迁费用 856200 元，增加防空费用 171240 元，增加救济费 256860 元，增加抚恤费用 428100 元）。

常德县营电讯事业间接损失 2568000 元（可获纯利额减少 2054000 元，增加拆迁费用 256800 元，增加防空费用 51360 元，增加救济费用 77440 元，增加抚恤费用 128400 元）。

石门县营电讯事业间接损失共计 1655000 元（可获纯利额减少 1324000 元，增加拆迁费用 165500 元，增加防空费用 33200 元，增加救济费用 49550 元，增加抚恤费用 82750 元）。

临澧县营电讯事业间接损失 7120000 元（增加拆迁费用 4670000 元，增加防空费用 2450000 元）。

湘乡县营电讯事业间接损失 4378000 元（可获纯利减少额 3502400 元，增加拆迁费用 437800 元，增加防空费用 87560 元，增加救济费用 131340 元，增加抚恤费用 218900 元）。

宁乡县营电讯事业间接损失 1157000 元（可获纯利额减少 925600 元，增加拆迁费用 115700 元，增加防空费用 23140 元，增加救济费用 34710 元，增加抚恤费 57850 元）。

沅江县营电讯事业间接损失 23500000 元（可能生产额减少 12400000 元，可获纯利额减少 3100000 元，增加拆迁费用 4000000 元，增加防空费用 1500000 元，增加救济费用 700000 元，增加抚恤费用 1800000 元）。

邵阳县营电讯事业间接损失 300000 元（增加拆迁费用 1500000 元，增加防空费用 120000 元，增加救济费用 30000 元）。

城步县营电讯事业间接损失 464873 元（可获纯利额减少 115000 元，增加拆迁费用 124800 元，增加防空费用 198500 元，增加救济费用 23573 元，增加抚恤费用 3000 元）。

零陵县营电讯事业间接损失 285600 元（可获纯利额减少 228480 元，增加拆迁费用 28560 元，增加防空费用 5712 元，增加救济费用 8568 元，增加抚恤费用 14280 元）。

祁阳县营电讯事业间接损失 835000 元（可获纯利额减少 668000 元，增加拆迁费用 83500 元，增加救济费用 25050 元，增加防空费用 16700 元，增加抚恤费用 41750 元）。

道县县营电讯事业间接损失 553400 元（可获纯利额减少 442720 元，增加拆迁费用 55340 元，增加防空费用 11068 元，增加救济费用 16602 元，增加抚恤费用 27670 元）。

永明县营电讯事业间接损失 290000 元（可获纯利额减少 232000 元，增加防空费用 5800 元，增加拆迁费用 29000 元，增加救济费用 8700 元，增加抚恤费用 14500 元）。

保靖县营电讯事业间接损失 1743000 元（可获纯利额减少 78400 元，增加拆迁费用 247300 元，增加防空费用 1147300 元）。

7. 全省战时人力损失情况

在抗日战争中，在湖南沦陷地区（55 市县），日军强征大量劳力运输军用物资，给湖南人民造成了重大的经济损失；同时为了抗战的需要，国民政府也征用大批劳力参加自卫团、防护团之类的组织，也造成重大经济损失；国民政府还征集了不少人服常备兵役，经济损失也是重大的。此外，日军还在沦陷地区劫掠大批 12 岁以下儿童，运往长沙等城市，给这些家庭造成重大财产和精神损失。抗战结束时，国民党省政府虽然进行过统计，但因种种原因，统计资料很不完整。只有如下几个县的资料可资研究：

龙山县：（损失工资计算标准以 1937 年 7 月份每人每月 3 元工资计算为标准）全县合计参加兵役和自卫组织等 6933 人，损失工资 13192.66 元。各年情况分别如下：

1937年8月，全县征集常备兵役353人，损失工资数63.54元；参加地方自卫组织145人，损失工资数26.1元；参加防护团150人，损失工资27元；合计参加人数648人，损失工资116.64元。

1938年3月，征集常备兵役人员415人，损失工资74.7元；参加地方自卫组织130人，损失工资23.4元；参加防护团100人，损失工资18元；合计参加人数645人，损失工资116.1元。

1939年9月，征集常备兵役365人，损失工资68.7元；参加地方自卫组织135人，损失工资24.3元；参加防护团120人，损失工资21.6元；合计参加人数620人，损失工资114.6元。

1940年2月，征集常备兵役302人，损失工资54.36元；参加地方自卫组织135人，损失工资数25.2元；合计参加577人，损失工资103.86元。

1941年1月，征集常备兵役437人，损失工资78.66元；参加地方自卫组织160人，损失工资28.8元；参加防护团240人，损失工资数33.2元；合计参加人数837人，损失工资140.66元。

1942年7月，征集常备兵役325人，损失工资58.5元；参加地方自卫组织175人，损失工资31.5元；参加防护团120人，损失工资21.6元；合计参加人数620人，损失工资111.6元。

1943年5月，征集常备兵役358人，损失工资64.44元；参加地方自卫组织203人，损失工资36.54元；参加防护团130人，损失工资23.4元；合计参加人数691人，损失工资124.38元。

1944年1月，征集常备兵役340人，损失工资61.2元；参加地方自卫组织120人，损失工资21.6元；参加防护团150人，损失工资27元；合计参加人数610人，损失工资109.8元。

1945年5月，征集常备兵役455人，损失工资81.9元；参加地方自卫组织125人，损失工资22.5元；参加防护团105人，损失工资18.9元；合计参加人数685人，损失工资123.3元。

此外，从1945年7月起至1945年8月30日止，龙山县被日军劫掠的儿童达813人，其中男256人，女398人，损失10594.8元。

湘阴县：（按照1937年7月普通劳动力工人所得工资每日2角为标准计算）1937年7月至1944年8月，全县共征集常备兵役人员60557人，损失工资数21001957元；参加地方自卫组织人数3770人，损失工资数1179186元，参加防护团人数 180 人，损失工资 706380 元；合计参加人数 64507 人，损失工资 22287523 元。

沅江县：（以每人每月工资 6 元计算）全县合计征集常备兵役人数 15692 人，损失工资 4947024 元；参加地方自卫组织 1034 人，损失工资 80652 元；两项合计参加人数 16726 人，损失工资 5027676 元；流亡人数 32200 人，损失工资总数 2431980 元。其中分年统计情况如下：1937 年 7 月征集常备兵役人数 1720 人，损失工资 1001040 元；1938 年 7 月，征集常备兵役人数 1935 人，损失工资 986850 元；1939 年 7 月，征集常备兵役人数 2048 人，损失工资 897024 元；1940 年 7 月，征集常备兵役人数 1862 人，损失工资 681492 元；1941 年 7 月，征集常备兵役人数 2119 人，损失工资 622986 元；1942 年 7 月，征集常备兵役人数 1876 人，损失工资 416472 人；1943 年 7 月，征集常备兵役人数 1427 人，损失工资 214050 元；1944 年 7 月，征集常备兵役人数 1540 人，损失工资 120120 元，参加地方自卫组织 1034 人，损失工资 80652 元，两项合计参加人数 2574 人，损失工资 200772 元；1945 年 7 月，征集常备兵役人数 1165 人，损失工资 6990 元。

到 1944 年 6 月，沅江县流亡人数 32200 人，其中男 12640 人，女 14382 人，幼童 5178 人，流亡人力工资损失总数 2431980 元。

到 1944 年 6 月，沅江县被劫掠儿童人数 117 人（男 91 人，女 26 人）。其中三眼塘 21 人，七坳子 7 人，台公塘 21 人，马公铺 37 人，赤山 31 人。

被征服劳役损失情况：1944 年 5 月 26 日，日军黑田部队在龙洪港强征 10 人挑担到民生工厂，时间 4 个月，计有 1230 个工，（10 人均逃回）损失工资数 246 元；同日同地点还有 2 人被日军抓去挑担 10 日，计工数 20 个，（2 人失踪）损失工资 4 元；同月，七坳子被日军抓去 2 人挑担到贵州等处，时间 3 个月，计工 184 个，损失工资 36.8 元（失踪 1 人）。同月，七坳子被日军抓去 1 人挑担到永兴坝，时间 2 天（死亡），损失工资 0.4 元；同月，赤山被日军抓去 17 人挑担到沅江南部各地，时间 17 天，计工日 289 个，16 人逃回，1 人失踪，损失工资 57.8 元。6 月，三眼塘被日军抓去 7 人挑担，时间 2 天，计工日 14 个，逃回 6 人，死亡 1 人，损失工资 2.8 元；同月，汲水港一带被日军抓去 23 人挑担到民生工厂，时间 6 天，计工数 138 个，逃回 22 人，死亡 1 人，损失工资 27.6 元；同月，汲水港被日军抓去 3 人挑担到贵州等处，时间 3 个半月，计工日 321 个，逃回 2 人，失踪 1 人，损失工资 64.2 元；同月，其他各小村庄被日军抓去 42 人为日军挑担到沅江各地及他省，时间 45 天，计工日 1890 个，逃回

34 人，死亡 5 人，失踪 3 人，损失工资 378 元。合计全县被日军强征劳力 107 人，计工日 4088 个，逃回 91 人，死亡 8 人，失踪 8 人，损失工资 817.6 元。

醴陵县劳力损失情况：全县抗战 8 年中共计征集兵役人数 29871 人，损失工资数 2867538000 元；参加地方自卫组织人数 1539 人，损失工资数 12662800 元；参加防护团 177 人，损失工资数 13991400 元。合计人数 31617 人，损失工资 3004192200 元。分年损失情况如下：

1937 年 9 月 10 日，服常备兵役人数 753 人，损失工资数 130118400 元；参加地方自卫组织人数 315 人，损失工资数 54432000 元；参加防护团 140 人，损失工资数 6912000 元。三项合计参加人数 1108 人，损失工资数 191462400 元（共 96 个月，以每月费 180 元计算）。

1938 年 2 月 9 日，服常备兵役人数 2855 人，损失工资 457311000 元；参加地方自卫组织 75 人，损失工资 12015000 元；两项合计参加人数 2930 人，损失工资 469386000 元（共 89 个月，以每月费 1800 元计算）。

1938 年 4 月 1 日，征集常备兵役人数 1644 人，损失工资数 257450400 元；参加防护团 3 人，损失工资 469800 元。两项合计参加人数 1647 人，损失工资 257920200 元。

1938 年 7 月 13 日，征集常备兵役人数 1081 人，损失工资 163447200 元（共 84 个月，以每月费 1800 元计算）。

1938 年 11 月 1 日，征集常备兵役人数 905 人，损失工资 13032000 元；参加地方自卫组织 23 人，损失工资 3312000 元。两项合计参加人数 928 人，损失工资 133632000 元（共 80 个月，以每月费 1800 元计算）。

1939 年 3 月 20 日，征集常备兵役人数 1120 人，损失工资数 157200000 元；参加地方自卫组织 11 人，损失工资 1485000 元；参加防护团 12 人，损失工资 1620000 元。三项合计人数 1143 人，损失工资 1543050000 元（共 75 个月，以每月费 1800 元计算）。

1939 年 6 月 1 日，征集常备兵役人数 1084 人，损失工资 142437600 元（共 73 个月，以每月费 1800 元计算）。

1939 年 8 月 4 日，征集常备兵役人数 1874 人，损失工资 239397200 元；参加地方自卫组织 32 人，损失工资 4089600 元。两项合计人数 1906 人，损失工资 243486800 元（共 71 个月，以每月费 1800 元计算）。

1940 年 1 月 20 日，征集常备兵役 1212 人，损失工资 141804000 元；参加地方自卫组织 46 人，损失工资 5382000 元；参加防护团 4 人，损失工资 468000

元。三项合计人数 1262 人，损失工资 147654000 元（共 65 个月，以每月费 1800 元计算）。

1940 年 5 月 1 日，征集常备兵役人数 1450 人，损失工资 161820000 元（共 62 个月，以每月费 1800 元计算）。

1940 年 11 月 3 日，征集常备兵役人数 908 人，损失工资 91526400 元；参加地方自卫组织 13 人，损失工资 1310400 元；合计人数 921 人，损失工资 92836800 元（共 56 个月，按每月费 1800 元计算）。

1941 年 4 月 10 日，征集常备兵役 1816 人，损失工资 166708800 元；参加地方自卫组织 112 人，损失工资 10281600 元；参加防护团 4 人，损失工资 642600 元。三项合计人数 1935 人，损失工资 177633000 元（共 51 个月，按每月费 800 元计算）。

1941 年 7 月 6 日，征集常备兵役人数 2235 人，损失工资 193144000 元（共 48 个月，按每个月费 1800 元计算）。

1942 年 2 月 4 日，征集常备兵役人数 2045 人，损失工资 150921000 元；参加地方自卫组织 205 人，损失工资 15129000 元；参加防护团 15 人，损失工资 1101000 元。三项合计人数 2265 人，损失工资 167157000 元（共 41 个月，按每月费 1800 元计算）。

1942 年 9 月 12 日，征集常备兵役 913 人，损失工资 55875600 元（共 34 个月，按每月费 1800 元计算）。

1943 年 3 月 1 日，征集常备兵役 853 人，损失工资 42991200 元；参加地方自卫组织 142 人，损失工资 7156800 元；参加防护团 21 人，损失工资 1058400 元。三项合计人数 1016 人，损失工资 51206400 元（共 28 个月，按每月费 1800 元计算）。

1943 年 6 月 6 日，征集常备兵役 672 人，损失工资 30240000 元（共 23 个月，按每月费 1800 元计算）。

1943 年 8 月 1 日，征集常备兵役人数 437 人，损失工资 18091800 元（共 23 个月，按每月费 1800 元计算）。

1943 年 11 月 10 日，征集常备兵役人数 1034 人，损失工资 37224000 元（共 20 个月，按每月费 1800 元计算）。

1944 年 2 月 15 日，征集常备兵役人数 1404 人，损失工资数 4296240 元；参加地方自卫组织 171 人，损失工资 5232600 元；参加防护团 44 人，损失工资 1346400 元。三项合计人数 1619 人，损失工资数 49541400 元（共计 175 个月，按每月费 1800 元计算）。

1944 年 5 月 2 日，征集常备兵役人数 1078 人，损失工资 29106000 元（共计 15 个月，按每月费 1800 元计算）。

1944 年 9 月 1 日，征集常备兵役人数 949 人，损失工资 18790200 元（共计 11 个月，按每月费 1800 元计算）。

1944 年 11 月 2 日，征集常备兵役人数 382 人，损失工资 6185400 元（共计 9 个月，按每月费 1800 元计算）。

1945 年 4 月 8 日，征集常备兵役人数 1167 人，损失工资 8402400 元；参加地方自卫组织 394 人，损失工资 2836800 元；参加防护团 51 人，损失工资数 367200 元。三项合计人数 1612 人，损失工资 11606400 元（共 4 个月，按每月费 1800 元计算）。

此外，醴陵县还有一批 12 岁以下儿童被日军劫掠到外地，调查损失时材料不全面详细，但有几地情况的记载：1944 年 5 月 25 日，日军在清安铺掠走 143 名（男 92，女 51）儿童运往长沙；1944 年 5 月 27 日，日军在白兔潭掠走 157 名（男 126，女 31）儿童运往长沙；1944 年 5 月 8 日，日军在渌口掠走儿童 424 人（男 305，女 119）运往长沙；1944 年 5 月 20 日，日军在县城掠走儿童 566 人（男 350，女 216）运往长沙。

桂阳县：8 年中共计征集常备兵役人数 19078 人，损失工资 464124480 元；参加地方自卫组织 8127 人，损失工资 523260748 元；参加防护团 1649 人，损失工资 65113296 元。合计参加人数 28854 人，损失工资 1052498524 元。分年情况如下：

1937 年，征集常备兵役 800 人，损失工资 129000 元（按 1937 年 7 月普通工人每人全月所得工资数目为标准）；

1938 年，征集常备兵役人数 1200 人，损失工资 1382400 元；

1939 年，征集常备兵役人数 1346 人，损失工资 1577016 元；参加地方自卫组织 452 人，损失工资数 600852 元；参加防护团 84 人，损失工资数 113184 元。合计人数 1882 人，损失工资数 2291052 元（按本年普通工人全年 12 月平均每月工资计算，以下同）。

1940 年，征集常备兵役 1574 人，损失工资 1586592 元；参加地方自卫组织 576 人，损失工资数 580608 元；参加防护团 92 人，损失工资 86736 元。三项合计人数 2242 人，损失工资 2253936 元。

1941 年，征集常备兵役 2008 人，损失工资 1686720 元；参加地方自卫组织

445 人，损失工资 383800 元；参加防护团 188 人，损失工资 157920 元。三项合计人数 2641 人，损失工资 2228440 元。

1942 年，征集常备兵役 3513 人，损失工资 4046976 元；参加地方自卫组织 264 人，损失工资 304128 元；参加防护团 208 人，损失工资数 239616 元。合计人数 3985 人，损失工资 4590720 元。

1943 年，征集常备兵役 2701 人，损失工资 1555776 元；参加地方自卫组织 356 人，损失工资数 2050560 元；参加防护团 284 人，损失工资数 1635840 元。三项合计人数 3341 人，损失工资 5242176 元。

1944 年，征集常备兵役 3065 人，损失工资 176544000 元；参加地方自卫组织 1558 人，损失工资 89740800 元；参加防护团 345 人，损失工资 19872000 元。三项合计人数 4968 人，损失工资 286156800 元。

1945 年，征集常备兵役 2871 人，损失工资 275616000 元；参加地方自卫组织 4476 人，损失工资 429600000 元；参加防护团 448 人，损失工资 43008000 元。三项合计人数 7795 人，损失工资数 748224000 元。

桂阳县流亡人力损失情况：1945 年 1 月，流亡人数 19836 人（男 5376 人，女 5409 人，幼童 9053 人），流动人力工资损失总数 79344000 元；1945 年 5 月，流亡人数 115983 人（男 28154 人，女 36113 人，幼童 51716 人），流亡人力工资损失总数 1391784000 元。合计流亡人数 135819 人（男 33530 人，女 41520 人，幼童 60769 人），流亡人力工资损失总数 1471128000 元。

安仁县：（据 1947 年 9 月 3 日统计）1937 年 7 月至 1945 年 8 月，共计征集常备兵役人数 3983 人，损失工资数 107541 元；参加地方自卫组织 580 人，损失工资数 55200 元；参加防护团人数 363 人，损失工资数 3367 元。合计人数 4926 人，损失工资数 166108 元（每天以 3 角计算）。后来历年征集常备兵役数根据军管区统计，总数更正为 13485 人，因此损失工资数也应更正。

1944 年 6 月 27 日起，至 1945 年 8 月 21 日止，安仁全县流亡人数 113738 人，其中男 48181 人，女 51667 人，幼童 13890 人。流亡人力工资损失总数 34121.4 元。

自 1944 年 6 月 27 日起，至 1945 年 8 月 21 止，安仁全县被日军抓去在本县或他省服劳役（挑担、做工、筑路）人数共计 35930 人，86950 个工，逃回人数 18930 人，送回人数无，死亡人数 9950 人，失踪人数 7050 人，因被征服劳役损失工资数 26085 元。

乾城县：8 年抗战中全县共计征集常备兵役 3945 人，损失工资 1328544 元。

其中，1938 年 1 月，征集常备兵役 358 人，损失工资数 197616 元（按每月工资 6 元计算）；1939 年 1 月，征集常备兵役 684 人，损失工资 328320 元；1940 年 1 月，征集常备兵役 879 人，损失工资 334152 元；1941 年 1 月，征集常备兵役 663 人，损失工资 222768 元；1942 年 1 月，征集常备兵役 496 人，损失工资 130944 元；1943 年 1 月，征集常备兵役 406 人，损失工资 77952 元；1944 年 1 月，征集常备兵员 165 人，损失工资 19800 元；1945 年 1 月，征集常备兵役 354 人，损失工资 16992 元。

武冈县：8 年因动员人力、流亡人力损失、人民被征服劳役损失工资总数 22395816000 元。其中征集常备兵役人数 73206 人，每天损失工资数 55576800 元；参加地方自卫组织人数 6424 人，每天损失工资 5996800 元；参加防护团 280 人，每天损失工资 262000 元。合计人数 79910 人，每天损失工资数 61835600 元。日军拉夫挑运物资总数在万人以上。分年情况如下：

1937 年：征集常备兵役人数 2241 人，每天损失工资数 896400 元；参加地方自卫组织人数 146 人，每天损失工资数 58000 元。合计人数 2387 人，每天损失工资数 954400 元，全年损失工资数（以 182.5 天计算）174178000 元；

1938 年：征集常备兵役人数 5229 人，每天损失工资数 2091600 元；参加地方自卫组织 292 人，每天损失工资 146000 元；参加防护团人数 20 人，每天损失工资 8000 元。合计人数 5541 人，每天损失工资数 2245600 元。全年损失工资（按 365 天计算，以下同）819644000 元。

1939 年：征集常备兵役 7476 人，每天损失工资数 4482000 元；参加地方自卫组织 438 人，每天损失工资数 262800 元；参加防护团人数 30 人，每天损失工资数 12000 元。合计人数 7938 人，每天损失工资 4756800 元，全年损失工资 1736232000 元。

1940 年：征集常备兵役人数 8964 人，每天损失工资 5378400 元；参加地方自卫组织 730 人，损失工资 438000 元；参加防护团 30 人，每天损失工资 18000 元。合计人数 9724 人，每天损失工资数 5834400 元，全年损失工资 2129556000 元。

1941 年：征集常备兵役人数 9711 人，每天损失工资数 7768800 元；参加地方自卫组织人数 876 人，每天损失工资数 70000 元；参加防护团人数 40 人，每天损失工资 31000 人。合计人数 10627 人，每天损失工资 8504800 元，全年损失工资 3104252000 元。

1942 年：征集常备兵役 11265 人，每天损失工资 8764000 元；参加地方自卫组织 1022 人，每天损失工资数 10220 元；参加防护团 40 人，每天损失工资 40000 元。合计人数 12267 人，每天损失工资 10076000 元，全年工资损失 3659490000 元。

1943 年：征集常备兵役人数 14940 人，每天损失工资 11952000 元；参加地方自卫组织 1020 人，每天损失工资数 102000 元；参加防护团 40 人，每天损失工资 40000 元。合计人数 16000 人，每天损失工资 13012000 元，全年损失工资 4749380000 元。

1944 年：征集常备兵役 10458 人，每天损失工资 10458000 元；参加地方自卫组织 1000 人，每天损失工资 100000 元；参加防护团 40 人，每天损失工资 48000 元。合计人数 11498 人，每天损失工资 11506000 元，全年损失工资 4199690000 元。

1945 年：征集常备兵役 2988 人，每天损失工资 3583600 元；参加地方自卫组织 900 人，每天损失工资数 2350000 元；参加防护团 140 人，每天损失工资 60000 元。合计人数 3928 人，每天损失工资 4995600 元，全年损失工资数 1823394000 元。

临湘县：临湘县陆城乡以乡长赵德瑞签名上报的陆成乡流亡人力损失调查表所列的统计情况如下：

1938 年 10 月 1 日，全乡流亡人数 486 人，其中男 280 人，女 206 人。流亡人力工资损失总数 239112 元。

1938 年 11 月 19 日，全乡流亡 73 人，其中男 37 人，女 36 人。损失工资 35644 元。

1939 年 1 月 1 日，全乡流亡 17 人，其中男 5 人，女 12 人。流亡人力损失工资 8160 元。

1939 年 8 月 30 日，全乡流亡 9 人，其中男 7 人，女 2 人。损失工资 3240 元。

1940 年 2 月 20 日，全乡流亡 50 人，其中男 22 人，女 14 人，幼童 14 人。损失工资 17114 元。

1940 年 8 月 25 日，全乡流亡 7 人，其中男 5 人，女 2 人。损失工资 2166 元。

1942 年 9 月 13 日，流亡在外 4 人。

8 年中，全乡合计流亡 646 人，损失工资 306258.4 元。

由于日军在陆城乡修建机场，全乡的劳力被征服劳役而造成的经济损失尤为巨大。该乡 1947 年 6 月 9 日上报的统计数字如下：

1938 年 12 月 15 日，日军北川部队在新淤洲强征乡里 80 人到白螺修机场，服役时间 7 年 8 个月 15 日，共计工日 93200 个，逃回 30 人，死亡 23 人，失踪 27 人，损失工资 38640 元。

1939 年 1 月 21 日，日军在丁家山强抓 32 人到长安搞运输，服役时间 4 年 8 个月，共计工日 53760 个，逃回 3 人，死亡 18 人，失踪 11 人，损失工资 10752 人。

1939 年 8 月 15 日，日军北川部队在新港强征 140 人到白螺修机场，时间 1 年，共计工日 50400 个，逃回 49 人，送回 45 人，死亡 16 人，失踪 30 人，损失工资 10080 元。

1939 年 11 月 30 日，日军在泾港强征劳力 20 人到长安搞运输，时间 5 年 9 个月，共计工日 41400 个，逃回 8 人，死亡 5 人，失踪 7 人，损失工资 8280 元。

1940 年 1 月 1 日，日军在斑竹坡强征劳力 15 人到长安搞运输，时间 1 个月，共计工日 450 个，逃回 1 人，送回 5 人，死亡 1 人，失踪 8 人，损失工资 90 元。

1940 年 4 月 5 日，日军在陆城强征 20 人到路口挑水，时间 3 年，逃回 15 人，死亡 1 人，失踪 4 人，损失工资 4320 元。

1940 年 10 月 15 日，日军在湖埠洲强征劳力 30 人到长安搞运输，时间 4 年，逃回 15 人，死亡 5 人，失踪 10 人，损失工资 4640 元。

1944 年 5 月 4 日，日军野口部队在中伙强征 25 人到叶家墩担水，时间 16 日，共计工日 400 个，逃回 21 人，死亡 4 人，损失工资 80 元。

全乡共计被征用 362 人，工日 304410 个，逃回 142 人，送回 50 人，死亡 76 人，失踪 93 人，损失工资 76882 元。

陆城乡动员人力损失情况如下：

1937 年 7 月 5 日，征集常备兵役人数 38 人，损失工资 22002 元；参加地方自卫组织 79 人，损失工资 76230 元；参加防护团 12 人，损失工资 6948 元。合计 129 人，损失工资 365736 元。

1938 年 1 月 1 日，征集常备兵役人数 10 人，损失工资 6240 元；参加防护团 32 人，损失工资 18720 元。合计人数 42 人，损失工资 24960 元。

1938 年 12 月 30 日，征集常备兵役 6 人，损失工资 2880 元；参加地方自卫组织 24 人，损失工资 5760 元；参加防护团 30 人，损失工资 15400 元。合计 60 人，损失工资 24040 元。

1939 年 12 月 30 日，征集常备兵役人数 5 人，损失工资 2200 元；参加防护团 7 人，损失工资 3360 元。合计 12 人，损失工资 5650 元。

　　1940 年 1 月 1 日，征集常备兵役 4 人，损失工资 1832 元；参加地方自卫组织 50 人，损失工资 3800 元；参加防护团 20 人，损失工资 8160 元。合计 74 人，损失工资 13792 元。

　　8 年中，全乡合计征集常备兵役人数 63 人，损失工资 35154 元；参加地方自卫组织 153 人，损失工资 171836 元；参加防护团 101 人，损失工资 52588 元。合计 317 人，损失工资 1213256 元。

8. 长沙大火造成的重大损失情况

　　1938 年 11 月 12 日的长沙大火，是当时国民政府为了与日军作战而不顾人民死活采取的残酷措施。大火整整燃烧了 5 天之久，是抗战期间湖南极为重大的一次灾难。这次大火所造成的损失十分惨重，但当时缺乏精确全面的统计。现在留下的只是个别行业和局部损失的情况：

　　这次大火烧死的人数，没有明确的统计，据 1938 年 11 月 20 日《新华日报》的报道，说事后军政当局组织人力掩埋尸体 600 余具。但被焚毁的尸体则无法统计。据中央社记者 11 月 19 日报道：“湘垣大火，市民未及逃出者 2000 余人，迄今尸体大部掩埋。”

　　长沙大火使无数的市民失去家园而离乡背井。大火前，长沙有 30 万人口，至 11 月 12 日已疏散 90%。大火之后，有关当局曾进行了灾民登记，共计 12.4 万人，其中仅黎托、茅斯港收容的孤儿即达 815 人。

　　损失最大的是长沙的房屋建筑，有民房、商店、学校、工厂、机关、银行、医院、报社、仓库、文化娱乐场所，以及不少宫宇寺庙、私家园林、名人故居等历史建筑。其中，民房商店被毁最多，其次为工厂、学校。据当时来长沙调查的两湖监察使高一涵亲自勘查，大火后，长沙“环城马路以内所有繁盛之区，如南正街、八角亭一带，凡属巨大商店几乎百无一存；其他各大街市之中，残存者亦仅各有三五家或十余家不等……统计长沙的房屋，除浏阳门一带早被敌机轰炸燃烧而外，仅北外、南外、东外各处房屋所存较多，余则大都被毁。通盘估计，全存及残存者，恐怕不及百分之二十。”据长沙房地、税务两部门解放初的房屋查估资料统计，长沙全市有 1100 多条街巷（不包括水陆洲和河西），全部焚毁的有 690 余条，幸存房屋不到 5 栋的 330 多条，约占 29% 多一点。全市严重受损街道将近 90%。

全市约有 440 多条街道没有全毁。其中：190 多条街道只一两栋未毁，130 多条街道仅三四栋未毁。幸存房屋 30 到 40 栋的有 60 多条街巷，约占 6%；11~20 栋的 30 多条街巷，约占 3%；21 至 30 栋的 10 条街巷，约占 1%；30 栋以上的 3 条，约占 0.26%。

房管部门 1952 年统计：大火后的幸存房屋为 2538 栋，占全市房屋总栋数的 6.57%。就建筑面积来说，幸存私房面积为 30.58 万平方米，幸存公房面积 53.79 万平方米。1956 年统计：两者共 84.37 万平方米，约占全市房屋总面积的 12.3%。

房屋被毁，则其中未及转移的一切设备、器材、资金、货物、图书档案、古玩文物等物质也荡然无存。

损失大的还有粮食业。长沙号称近代中国四大米市之一，粮食业十分发达。当时长沙粮食业中的碾米和粮栈业共有 100 多家，大火前仍存有谷米 200 多万石。火灾后除草潮门德安等 12 家半（某太丰粮栈半毁）厂、栈幸存外，其他全毁于火灾，损失谷米 190 多万石。湖南第一纺织厂是大火中损失最大的一家工厂，其厂房、设备、机器、原料被毁，损失达 200 多万元。

湘绣是中国四大名绣之一。长沙自清末以来湘绣业就十分发达兴旺，至大火前有 40 多家。但在大火中，几乎所有的绣品和画稿都连同铺房烧毁。如药王街锦华丽一家，就烧掉三大房间的优秀画稿和版本。

长沙商业历来繁荣，这次火灾损失巨大。如绸缎业，大火前全市有 90 余家，全行业资金 500 万元左右，大火中损失 390 多万元。百货业有批发号和零售号共 200 余家，除少数已事先将财物转移疏散外，大多受灾惨重，全行业资金损失约 50%。八角亭的太平洋等较大商号，损失都在 10~20 万元以上。

长沙的文化教育也同样遭到毁灭性的灾难。据统计，私立中小学被烧毁 31 所，损失 130 余万元。湖南大学、第一师范、省立长沙高中等公立学校也被烧毁。其他文化卫生单位如图书馆、民教馆、剧院、公园、医院等，很多都被毁之一旦，大量设施装备、器材用具、图书文物化为乌有。

日军侵华期间，湖南除了以上的财产损失外，还有一些无法统计、连带有财产损失的方面，如 1937 年至 1945 年，为因应日军的侵略，保卫国家和民族的利益，湖南全省共征集壮丁 1751159 人；在此期间，全省共饿死 8984 人；由于战争的影响而加剧了自然灾害的危害程度，到 1945 年底，全省 27774470 人中，非赈不生的人数达到3486297人。在日军进攻和日机轰炸中，全省共死亡920085人，重伤738512人，轻伤963786人；还有各地各界进行募捐得来的资金也无法进行统计；日军在湖南对妇女进行强制性的性侵害人数众多，既给妇女造成精神上的创伤，这是无法用币值来计算的，同时因疾病治疗也连带造成经济上的损失；还有因日军占领而造成的国土损失。由于当时的历史局限，国民政府在进行损失统计时，这些没有列入统计项目，间接损失统计时，也只考虑到迁移费、防空设备费、疏散费、救济费、抚恤费、复员费、应变费等项。由于当年统计上的不完善，而今因人力财力的因素局限，无法作大规模的民间普查进行核实补正，因而本专题所反映的湖南省抗日战争期间所遭受的财产损失，显然小于当年的实际损失。

（执笔：陈清林）

（七）日军侵湘对湖南文化教育事业造成的损失

八年抗战期间，因日军蓄意破坏，其所到之处，所有学校及教育机关被夷为废墟的比比皆是，故文化教育事业是遭受损失的重灾区之一。全省78个市县中，教育文化事业直接遭受日军蓄意破坏者达63个市县，其余15个县教育文化事业虽未被日军蹂躏，然而间接受损亦大。据1946年调查统计，抗战期间，湖南文化教育事业总损失达897.2057亿元[①]，湖南省教育厅及其所属单位员工和各学校教职工因战难损失29.2914亿余元。湖南近40年来教育建设，几乎全部毁灭（注：本文中关于财产损失的货币统计数据，凡未注明币种者均为法币；涉及财产损失的价值，一般按1945年8月物价折算）。

1. 破 坏 过 程

湖南实施"新教育"政策以来，教育界人士顺应时代潮流，继承湘贤重学风气，不遗余力地大力发展文化教育事业。到1936年止，计有各类小学及幼稚园26623所，学生1005575人，中等学校161所，学生30641人，专科以上学校3所，学生691人，民众学校、补习学校及民众识字班、孤儿教养院、盲哑院等其他各类学校2983所，学生92448人，民众教育馆、图书馆等一般社教机关共计3563所[②]，湖南教育已有相当发展。然而，抗战爆发后，日军大举犯湘，蓄意破坏文化教育机关，"妄图灭我抗战思想之根源，以达其鲸吞蚕食之宿谋……"，致使湖南教育文化事业遭受了空前未有的损失。

抗战时期，湖南文化教育事业遭受破坏的过程，可分为两个阶段：

第一阶段：1937年7月至1944年4月。这一时期内，一方面日军相继入侵湘北、湘东北和湘中部分县市，文化教育机关成为日军所经之地的破坏重点；另一方面日军派飞机深入湖南腹地滥肆轰炸大小城市和乡镇，文化教育机关是敌机轰炸的重点之一；为躲避战难，战区内的部分文化教育机关，被迫跋山涉水、克服重重困难，迁往湘中等地。1938年11月武汉失守，敌陷岳阳、临湘，

① 湖南省善后建设协进会编：《湘灾导报》（创刊号），1945年12月16日印，第13页。
② 湖南省政府教育厅编：《抗战时期之湖南教育》，1947年5月版。

湘北、湘中等地旋亦成为战区，战区内文化教育机关惨遭日军蓄意直接破坏。旋即发生长沙大火，除公立学校及教育机关损失不计外，仅市区内规模较大、办理完善的私立学校就有 21 所全部被焚毁。1939 年至 1944 年，中经长沙三次会战、常德会战，日军所至之处，文化教育机关烧劫一空。如日军所经之粤汉路北段沿线的湘阴、平江，浏阳、长沙，洞庭湖沿岸的华容、南县、安乡、临澧、澧县、汉寿、常德以及桃源、石门等县，所有的公私立各级学校及文化教育机关被日军破坏殆尽。湘北、长沙等地部分学校为避战难历尽艰险相继辗转迁至湘中腹地或湘西、湘南山区办学。与此同时，敌机深入湖南内地，对大小城市和乡镇进行狂轰乱炸，文化教育机关成为日军蓄意轰炸的重点。在战火中，许多文化教育机关、设施惨遭破坏，损失巨大。

第二阶段：1944 年 5 月至 1945 年 8 月。这一时期内，日军深入湖南腹地，大肆破坏其所经区域内的文化教育机关和设施，同时为达到"灭我抗战思想之根源"之歹毒目的，继续派遣敌机对湖南各地的文化教育之机关和设施进行狂轰乱炸；为避战难，部分迁到湘中的文化教育机关不得不再次进行迁移，历经艰难险阻，最终迁往湘西南大山区。1944 年 5 月日军大举犯湘，长沙、衡阳相继失守，粤汉、湘桂两铁路沿线及长衡两据点之外围各县市或沦陷或被骚扰，"城镇夷为废墟，舍滋于蔓草，损失之惨难以形容"。1945 年湘西会战，僻处资水上游之新化、武冈、绥宁、城步等县均被窜扰。日军所经之区域，所有学校及教育机关均遭蓄意破坏，夷为废墟者比比皆是。因战难，省立第三中学（永兴）、第七中学（零陵）和第十一中学（耒阳），被迫合并为省立湖南临时中学并迁址蓝山；省立第一、第二和第三师范学校合并为湖南联合师范学校；省立第三、省立高级护士助产、省立高级助产等职业学校因战难而停办；各沦陷县（市）民众教员馆和体育场亦多数被迫停办；其他各联立、县立、私立中学，或迁后方，或数校合并为一校；各沦陷县（市）的乡保学校，或因日军长期驻扎、校具损毁而停办。

抗战八年，全省 78 个市县，教育文化事业直接遭受日军蓄意破坏的竟达 63 个县市，永顺、龙山、大庸、保靖、桑植、古丈、溆浦、辰溪、凤凰、乾城、永绥、泸溪、麻阳、会同、通道 15 个县虽未被日军直接蹂躏，然而间接受损亦大。

2. 破 坏 方 式

日军侵湘，给湖南文化教育事业造成了巨大的破坏，其破坏方式主要是空中轰炸、直接破坏、奴化教育和学校等文化教育机关为避战难被迫不断内迁。

(1) 空中轰炸

抗战期间，日军为了达到破坏湖南文化教育事业的目的，实现既定的文化侵略的目标，派遣大量军机在湖南各城市上空狂轰乱炸，对学校等文化教育机关进行焚毁，对文物古迹进行破坏。省防空司令部在 1941 年 8 月《湖南省空袭概况》中提道"学校多成轰炸目标，充分表现敌机之兽性"[①]。

具有悠久而丰厚的历史文化底蕴的湖南大学是湖南第一所遭受到日机轰炸的高校。1938 年 4 月 10 日，日军派出 27 架飞机对湖南大学进行了第一次轰炸，共投燃烧弹 50 余枚，同时以机枪扫射。炸死、炸伤学生、工人、居民及游客等 100 余人。湖南大学图书馆是当时华中华南最大的图书馆，全部被炸毁倒塌，仅存 4 根房柱耸立在一堆废墟之上，馆藏的约 7 万册各种珍贵图书，除 1937 年冬运出极少数珍本、孤本图书资料外，中外名籍，荡然无存。科学馆亦被炸，其中的仪器设备全被毁坏。第一、第五学生宿舍等中弹倒塌，第一院、第二院、工厂及学生二舍、四舍等处被震毁。共计财产损失在 200 万银元[②]以上。至于千年书院——岳麓书院文物古迹和中外名籍的损失，更不是以金钱所能计算的。与此同时，岳麓山风景区亦未能幸免，包括云麓宫在内的许多名胜古迹也遭到了轰炸，一些无辜百姓死于非命。自卑亭有两个农民被炸死；涛亭前有 6 个游人毙命；清华大学迁长沙的新建校址处，有 18 人被炸死，20 余人受伤。湖南大学西迁辰溪后，日机又两次轰炸湖南大学辰溪分校。炸死 1 人、伤 3 人，中国著名武术家、湖南大学体育教授王润生就是被日军飞机炸成重伤，不治身亡的，还炸毁校舍 10 余栋及实验仪器设备等 100 余件。1941 年 3 月 3 日、4 月 18 日、5 月 17 日和 6 月 15 日，日机又接连 4 次轰炸湖南大学岳麓山本部，炸死、炸伤数十人，湖南大学收藏的文庙锡祭器及零件均被炸毁、四箴亭、御书楼、崇道祠、船山祠、六君子堂、中丞祠、文昌阁、文庙大成殿及塑像、科学馆的

---

① 湖南省档案馆馆藏档案，档案号（二五）—（1）—（18）—（1）—（10）。
② 湖南大学校史编委会：《湖南大学校史》，湖南大学出版社 2003 年版，第 207 页。

化学药品及玻璃器具也在轰炸中被炸毁。具有千年历史的岳麓书院御书楼、半学斋、静一斋等处均中弹倒塌，文庙大成殿及孔子像被炸毁。岳麓山校舍，经日机几次狂炸及长沙四次会战时日军炮火轰击，校区建筑仅留下约三分之一，且均破损不堪，满目疮痍。岳麓书院只剩下大门、赫曦台、五处专祠、自卑亭、爱晚亭、成德堂、拜厅及忠孝廉节堂，文庙内孔子像被炸毁。

日军飞机轰炸湖南大学，是日本侵略者摧残湖南文化教育事业的典型事例。抗日战争期间，类似这样的日军暴行还有许多：

1938 年 7 月，日机轰炸祁阳县城时将祁阳县图书馆全部炸毁，馆内所有藏书悉被焚毁。1938 年 10 月，日机轰炸长沙时，震破湘雅医学院窗门屋瓦无数。1938 年 11 月，日机轰炸浏阳县城，将县教育局、赣章小学、南宁书院全部炸毁。1940 年 7 月，日机轰炸已内迁到贵阳的湘雅医学院，将湘雅医学院动物室炸毁，其他院舍也被震破多处。1939 年 4 月，日机芷江县城的"三清观"、"南寺"、"天王庙"等名胜古迹和历史文物全部炸毁。1939 年 10 月上旬，日机 3 次轰炸醴陵县城，南华宫、阳氏祠、贤才旅馆、詹王殿、斌贤旅馆和北正街福音堂等均被炸毁。1941 年 8 月，日机将衡阳雁峰寺的梵宇僧楼全部炸毁。12 月，长沙妙高峰中学云南轩图书馆、潇湘一览楼等被日机全部炸毁。1944 年 5 月，日机对常宁县城东北角的烟洲进行数次轰炸，将 13 条大街小巷几乎都炸成废墟，炸毁学校 3 所和私塾乡馆 10 余处，就连 1901 年意大利人在烟洲建造的湘南最大的天主教堂和内设的崇德高级小学校舍都未能逃过此劫。

据 1945 年 12 月统计，抗战爆发之初，除公立学校及教育机关损失不计外，仅就市区内规模较大、办理完善的私立学校而言，因日机轰炸，遭到全部毁灭的学校就达 21 所之多；省立科学馆、省立中山图书馆及省立南岳图书馆也未能逃过轰炸。三次长沙会战、常德会战、长衡会战、湘西会战，由于日机的轰炸，当地学校设施损失极其惨重。

（2）直接破坏

为了达到"灭我抗战思想之根源"之目的，日军将其所经之区域内的文化教育机关、历史文物古迹，悉数恣意破坏。1938 年时任湖南省主席的张治中针对日军破坏中国文化教育事业的行为，指责日本侵略者为"文化恶魔，文（人）类公敌"。

自从 1938 年 11 月，日军攻入湖南后，战区内文化教育机关和历史文物惨遭日军蓄意直接破坏。1938 年 11 月 8 日，日军侵入岳阳陆城后，将旧县衙署、考棚、盐仓、莼湖书院、民乐园、文庙、乾元宫、刘太尉祠、三间大夫祠、观音阁等 30 多座著名古建筑尽数拆毁和焚烧；城内葛、易、教、丁、吴等数家书楼，藏有典籍数千册，其中善本书不少，还有海内孤本，名人手迹以及名贵文物，也都被日军付之一炬。1941 年 12 月，日军竟纵火焚毁了湘雅医学院，计房屋 18 幢、家具 2973 件、仪器 1562 件、图书 3376 本，价值达 47971960 元[①]。1943 年 3 月 10 日，日军侵占华容县南山，可怜具有 2000 年历史的大禹庙和文昌阁被日军一把火烧成废墟。湖西中学，是南县境内唯一的一所中学。该校被日军焚烧化成灰烬，校长段乃文及 7 名教师惨死于日军的枪口下。该校虽 3 易校址，仍屡遭轰炸，最后被迫停办。1943 年 11 月，日军攻入汉寿后，纵火将西竺山县立中学校舍全部焚烧，并将留传了 1000 多年的西竺山净照寺的殿宇佛像被捣毁。1944 年 6 月 28 日，日军在醴陵县城纵火，将学校、祠堂、庙宇、教堂、医院均付之一炬。1944 年 8 月，日军攻陷衡阳后，到处焚烧建筑，据统计，战前衡阳全县的学校、民宅、乡镇公所、祠堂、庙宇等有房 305800 余幢，战后完全被焚毁、炸毁，捣毁的约 68300 余幢，遭到严重破坏的约 43300 余幢[②]。1945 年 5 月，日军纵火焚烧洞口县百年历史老镇高沙镇，高沙镇原有祠堂 5 个、公所 8 个、会馆 3 个、学校 5 所、庙宇 15 座、桥亭 8 座，经过这次大火，全镇变成一片焦土。

据 1945 年 12 月统计，省立农专、工专两所高校原有校舍全部被毁，设备亦损失殆尽；省立中等学校共计 38 所，遭到轰炸或破坏的达 28 所；各县市立与联立中等学校共计 132 所，遭到轰炸或破坏的达 92 所；私立中等学校共计 217 所，遭到轰炸或破坏的有历史悠久的明德、周南、广益、兑泽、雅礼、妙高峰、岳云、广雅、大麓、衡湘及修业商农职校、楚怡工业高职等 181 所；全省共有私立小学 34604 所，遭到日军飞机轰炸、破坏的中心小学达 649 所、乡保国民学校达 6307 所、私立小学达 1380 所、省立小学达 14 所；因日军飞机轰炸或被日军破坏，省立第一、第二、第三民众教育馆馆舍全部被焚毁，器具损坏，图书散失无存。长沙市民众教育馆等 24 所县市文化设施全部被炸毁或焚毁，靖港民众教育馆等 24 所等遭到局部破坏。

（3）奴化教育

侵湘期间，日军为了使文化为侵华战争服务，常在沦陷区设立奴化学校实

---

① 国立湘雅医学院：《本院抗战损失的上报材料》，1943 年 8 月至 1948 年 10 月，湖南省档案馆藏，档案号 67—1—332。

② 湖南省政协文史资料研究委员会：《最悲惨的年代——日军侵湘暴行实录》，岳麓书社 1997 年版，第 363 页。

施奴化思想教育，妄图以此在精神上摧残中国人民的民族意识。这种侵略比其政治、经济、军事上的侵略更为疯狂、残暴。1939年，日军在临湘县开办日中、东兴、复兴、和平、维新小学和亚兴高级小学等9所小学，在岳阳县开办日华、日新、维新等小学10所，推行奴化教育①。经费由湖北的所谓治安会拨来。课程大同小异，教材主要是经日军审查了的由上海书店出版的宣传奴化教育的课本。外国语教授日语，教员是日本人，学生背诵日语，略有龃龉，就举起皮鞋乱踢②。日军在沦陷区推行奴化教育的行为，遭到了当地人民和小学师生的坚决抵抗。但是，由于沦陷区的青年如不愿进入学校接受奴化教育，常被日军视为便衣抗日武装人员而加以杀害，故也有不少含羞忍泪入学的，如日军在岳阳的奴化学校就招收了42个班的898名学生③，临湘、岳阳两县共计招生1160人④。日军对奴化学校的监视也极严，学校的师生员工一律不准有丝毫抗日言行，否则轻则殴打重则有生命危险。尽管这样，仍有不少学生入学后不肯甘心奴化，加以不堪辱殴，而逃出奴化学校，投入后方的国民政府所创办的各级学校。由于沦陷区人民的坚决抵抗，日军的奴化教育因此没能在湖南扩展开来。尽管如此，日军在临湘县和岳阳县所推行的奴化教育，仍给当地的教育事业造成了巨大的损失。

（4）学校内迁

为了尽量避免遭受到日军的过多破坏，战区内的学校不得不耗费大量的财力物力和人力进行动迁，由此给各文化教育单位造成了巨大的间接损失。

1938年底，日军占领南京、武汉后，威逼湖南，空袭长沙，湘北、湘中等地旋即成为战区，长沙等地学校被迫迁至湘中腹地或湘西、湘南山区办学，与此同时，岳阳、常德、衡阳、邵阳等地的学校亦相继疏散到农村。仅职业学校而言，全省搬迁的共25所，约占总数的一半，因经费困难，有12所私立职业学校停办。省立职业学校中，长沙初级工业学校、长沙女子初级蚕丝染织科职业学校、邵阳初级金工应化科职业学校合并为省立第一临时中学初职部，迁安化县桥头河（今属涟源市）。1944年5月，日军再度大举犯湘，连陷30余县，办在这些地方的学校又被迫再迁。抗战期间，仅安化县即先后从长沙等地迁入

① 湖南省地方志编纂委员会：《湖南省志·教育志》（上册），湖南教育出版社1995年版，第137页。
② 湖南省档案馆：《日本帝国主义侵湘档案史料汇编》中册（内部资料），1996年10月，第415页。
③ 暨爱民：《抗战时期湖南教育发展述论》，见中国社会科学院近代史研究所、中国抗日战争史学会主办：《抗日战争研究》2005年第1期，第98页。
④ 湖南省地方志编纂委员会：《湖南省志·教育志》（上册），湖南教育出版社1995年版，第137页。

中学 20 所，武冈亦从外地迁入中学 10 所。

　　长沙市是抗战中湖南各地文化教育事业损失中最大的。抗战前，长沙文化教育事业发达，如当时全省省立职校的 44.4%，私立职校的 45.2%，高级职校的 61.2% 皆集中于长沙。抗战爆发后，随着日军 1938 年进逼长沙，学校的处境与居所艰难，很多学校不得不耗费大量的财力物力进行动迁。

抗日战争时期长沙中学迁入今娄底市情况一览表①

校　　名	入境年月	出境年月	备　　注
私立复初初中	1937 年	留驻	始迁新化青石街罗祠，1942 年迁李家岭，1959 年更名新化县第十初级中学。
私立衡湘中学	1937 年	1946 年冬	始迁今双峰洪山，1944 年迁今娄底万宝鳌头庄。
私立建国初中	1937 年	留驻	始迁今涟源杨家滩，1941 年迁桥头河，1953 年更名涟源县第四初级中学。
私立长沙女中	1938 年	1946 年	迁涟源桥头河，1939 年并入省立临时中学。1941 年 2 月改为省立一中初中部。
联立长郡中学	1938.4	1946 年	迁涟源蓝田，高中设湘乡会馆（今市人民银行处），初中设惠民茶厂（今市贸易公司处）。
私立妙高峰中学	1938.9	1946.8	迁涟源蓝田，高中设四区高小（今涟源市农科所处），初中设青山芳园（今 165 医院处）。
私立周南女中	1938.10	1946.4	迁涟源蓝田，高中设笃庆堂（今涟源九中处），初中设瓦亭子。
私立明宪中学	1938 年	1946 年	迁涟源蓝田三元锅坊（今涟源市原织染厂）。
私立明德中学	1938.3	1946.3	始迁今双峰霞岭，1939 年 4 月迁安化蓝田国师校舍，1945 年迁樟梅乡（今四古梅塘）。
省立第一中学	1939.2	1945 年	迁今涟源七星，不久改省立临时中学，1941 年 2 月恢复省立一中名。
私立枫林初中	1939 年	留驻	始迁新化高坪，1940 年迁上团，抗日胜利后实验班回长沙，普通班留新化。
私立文艺中学	1939.8	1946 年	由安化将城迁今涟源杨家滩，1944 年迁桥头河。
私立大麓中学	1939.7	1946 年	迁安化蓝田，高中设三甲一草，初中设梁氏族学，后分迁溆浦、长沙。

① 中共长沙市委党史研究室：《抗战时期长沙人口伤亡和财产损失课题调研报告》，2006 年 10 月 30 日，原件存中共湖南省委党史研究室。

校　　名	入境年月	出境年月	备　　注
私立行素中学	1939 年秋	1945 年	始为实验班寄妙高峰，1941 年迁冷水江大湾里，一年后再迁杨家滩，1943 年迁南岳，再迁新化县城杨祠。
私立广益中学	1944.5	1946 年	由常宁迁安化蓝田，借国立师院子弟小学校舍办学。
私立广雅中学	1944.9	1946 年	迁安化蓝田万寿宫。

抗日战争时期长沙部分职业技术学校外迁一览表①

校　　名	校　址	开办时间	简　　况
私立民范女初职	新化青石街	1937—1945 年	1922 年罗教铎创办于长沙，抗日时迁新化，设缝纫、会计专业。
私立精练高职	涟源三甲	1938—1945 年	1909 年创办于长沙小吴门，开设电讯、运输科，创办人袁德宣，迁湘中时校长为刘建。
私立明宪女高职	蓝田三元巷	1938—1946 年	1922 年曹典球、宾步程等创办于长沙南门外，迁入湘中时校长曾昭春，开设文书科。
省立第三职业学校	涟源桥头河	1939—1946 年	1922 年创办于长沙，迁入湘中，高职部并入省立临中，1944 年初职部从湘乡迁入。
省立第六职业学校	新化戴家巷	1941—1951 年	首任校长谭兴泽，高级班有矿冶、土木科，初级班有应用化学科。1947 年改名省新化高级职业学校。
省立高级工业学校	永丰泥湾里朗和堂	1938—1944.5	创办于上大垅，1944 年 5 月转安江，再迁溆浦桥江。

长沙湘雅医学院历史悠久，在抗战爆发之初尚能维持正常的教学秩序，但不久，同样未摆脱迁移转搬之苦。1937 年 11 月，日机轰炸长沙，接着南京弃守，武汉告急，医学院决定西迁。当时，日美关系尚未破裂，美国人认为可以保护自己的财产，因而雅礼会坚持将与医学院合作的医院和护校留在长沙（1944 年长沙失守，医院仓皇迁往安化，损失惨重，护校则早在长沙大火时解散了）。在迁移地点上，始选沅陵，再选桂林，最后确定迁往贵阳。1938 年 9

---

① 中共长沙市委党史研究室：《抗战时期长沙人口伤亡和财产损失课题调研报告》，2006 年 10 月 30 日，原件存中共湖南省委党史研究室。

月，湘雅医学院分两路向贵阳进发：一路是安排 40 多吨设备器材乘火车至广西金城江，再转乘汽车到贵阳；另一路是学生、员工和家属租用车辆经湘西、黔东到贵阳。总运输费用为 24297.5 元（法币）。湘雅医学院流亡后，长沙的湘雅护校于 1938 年 10 月关闭，高年级学生留在湘雅医院实习，低年级学生则疏散回家。1938 年 11 月日军逼近长沙，为了安全，湘雅医院决定兵分三路：一路留守长沙，两路外迁耒阳和沅陵。后考虑到耒阳易遭南下日军或敌机袭击，将已运到耒阳的医院设备运往沅陵。1939 年 1 月湘雅护校在沅陵建立分校复课。除了内迁沅陵的部分外，留守长沙的湘雅医院屡遭日军的破坏。特别是 1942 年长沙会战时，凶残的日军纵火焚烧长沙，将湘雅原有房屋、设备焚毁一空，几剩残垣断壁。据不完全统计，这一把火烧掉了湘雅 2000 多万元①。后向湖南省政府申请 6 万元紧急救济费才得以勉强维持医院的日常诊疗。1944 年 4 月，长沙再次危急，留守长沙的湘雅医院 120 名职工及家属被迫出城逃难，几经辗转，才在安化的东坪镇落脚，抗战结束后湘雅医院才得以返回长沙。国立湖南大学在日机第四次轰炸长沙后，于 1938 年 10 月迁往辰溪。为适应战时"教育救国"的需要，1938 年 10 月国民政府创建国立师范学院，设址湖南安化蓝田。1944 年夏，日军战火进逼安化四邻，危及蓝田。国立师范学院被迫迁往溆浦。

此外，长沙大火也给湖南的文化教育事业造成了巨大的损失。

3. 损失概况

抗战中，由于日军对其所侵略之区域内的文化教育机构进行蓄意破坏，给湖南的文化教育事业造成了巨大的损失。据 1946 年各级学校及教育机关呈报统计：全省文化教育部门因日军侵湘而造成的总损失达 897.2057 亿元②，省教育厅及其所属单位员工和各学校教职工因战难损失 29.2914 亿余元。3 所省立高等院校——省立农专、工专、商专损失达 19.725 亿元③。（国立湖南大学、国立师范学院和国立湘雅医学院所受损失没有统计）其中农专损失总值约 5.52 亿元，工专损失总值约 9.795 亿元，商专损失总值约 4.41 亿元④。中等学校教育

① 刘笑春、李俊杰主编：《湘雅春秋八十年》，中南工业大学出版社 1994 年版，第 36 页。
② 湖南省善后建设协进会编：《湘灾导报》（创刊号），1945 年 12 月 16 日印，第 13 页。
③ 湖南省善后建设协进会编：《湘灾导报》（创刊号），1945 年 12 月 16 日印，第 13 页。
④ 湖南省善后建设协进会编：《湘灾导报》（创刊号），1945 年 12 月 16 日印，第 13 页。

损失达 543.9137 亿余元。其中省立中等学校损失总值约 138.2195 亿元；各县市立联立及私立中等学校损失总值约 405.6942 亿元[①]。国民教育部分损失总值约 259.7658 亿元。社会教育部分损失 32.5545 亿元，其中省立社会教育机关损失总值约在 15.8437 亿元以上，各县市社会教育机关损失总值 16.7108 亿元[②]。各市县教育基金如房屋田租等被破坏或损失者估计共约 23.2992 亿元[③]。

（1）直接损失概况

抗战期间，由于日军的直接破坏和日机的狂轰乱炸，给湖南的文化教育事业造成了巨大的直接损失。

抗战爆发前，湖南的学校教育多集中于长沙、衡阳、常德、湘潭、邵阳等交通便利的市县，仅中等学校教育这 5 个市县就占了全省中等学校的近三分之一。日军侵湘，上列各城市几乎成为废墟，区内各学校所遭受的直接损失，特为惨重。

长沙市是湖湘文化的中心城市，文化教育事业发达，但日军的进犯，使全市文化教育备受摧残。战前，全市有 13 所幼儿园，95 所小学，32 所中学，职业专科学校 14 所，高等学校 6 所（包括国立大学）；有戏园、戏院 50 余家，电影院 33 家；碑帖字画店 11 家，书店 220 家，图书馆数家。经过"文夕大火"的焚烧和日军轰炸与占领，各类学校在战争时期或停办、迁移或遭轰炸摧毁，损失率为 100%；中央通讯社、中央广播电台及在长报馆，省立中山图书馆，市立儿童图书馆和部分民众图书馆，湖南大学、明德中学、岳云中学、楚怡工业学校、兑泽中学、第一师范、南华女中、明宪女校、妙高峰中学、省立长沙高中等 31 所学校，均毁于"文夕大火"；战后长沙戏院减为 14 家，电影院减至 8 家，碑帖店减为 6 家，书店减为 85 家。据 1945 年统计，抗战中长沙市各市立和私立学校因日军破坏而造成的建筑物、器具、图书资料、现款、仪器、医药用品等方面的直接损失达 40.1066 亿元，其中长沙市立中学校财产直接损失 1.75 亿元，长沙市各区镇中心国民学校财产直接损失 13.5 亿元，长沙市各保国民学校财产直接损失 11.21 亿元，长沙市各私立小学校财产直接损失 13.6466 亿元。[④]

① 湖南省善后建设协进会编：《湘灾导报》（创刊号），1945 年 12 月 16 日印，第 13 页。
② 湖南省善后建设协进会编：《湘灾导报》（创刊号），1945 年 12 月 16 日印，第 13 页。
③ 湖南省政府教育厅：《抗战时期之湖南教育》（1941 年 10 月至 1947 年 7 月），1947 年编印，湖南省档案馆藏，档案号 59—1—1。
④ 中共长沙市委党史研究室：《抗战时期长沙人口伤亡和财产损失课题调研报告》，2006 年 10 月 30 日，原件存中共湖南省委党史研究室。

湘潭也是湖南文化教育事业较为发达的地区，但日军的进犯，使县城几乎成为废墟，全县文化教育备受摧残。据统计，抗战期间因日军破坏而造成的直接损失达 45.0151 亿元，其中建筑物的直接损失达 26.54 亿元，器具直接损失 16.4251 亿元，现款直接损失 2937121 元，图书资料直接损失 1.017 亿元，仪器直接损失 0.2965 亿元，医药用品直接损失 0.1346 亿元，其他直接损失 0.57256 亿元[①]。

日军的肆意破坏，给湖南文化教育事业造成了不可估量的直接损失。仅就省属学校而言，建筑物的直接损失达 237.7489 亿余元，器具的直接损失达 60.4582 亿余元，图书资料的直接损失达 51.4613 亿余元，仪器的直接损失达 50.5512 亿余元，医药用品的直接损失达 14.2602 亿余元，其他直接损失达 53.3368 亿余元[②]。其中 3 所省立高等学校——省立农专、工专、商专被日军直接破坏掉的建筑物、器具、图书资料、仪器、医药用品等共计 17.7525 亿元。省立农专、工专二校原有校舍全毁，设备亦损失殆尽，商专校舍虽尚残留一部分，但其他损失亦属惨重。据统计，抗战中，农专因日军破坏而导致的直接损失达 4.968 亿元，工专直接损失达 8.8155 亿元，商专直接损失达 3.969 亿元[③]。全省文化教育事业在抗战中的直接损失达 791.934 亿元，其中省教育厅及所属单位直接损失达 30.3764 亿余元[④]，省属学校直接损失达 474.1474 亿余元[⑤]，县市属学校直接损失达 287.4101 亿余元[⑥]。

（2）间接损失概况

抗战中，湖南文化教育事业要承受日军的直接侵略和破坏。为了尽量避免遭受到日军的过多破坏，所进行的每一次内迁都必须花费大量的人力物力和财力，有的还须在日军每次发动新的进攻时一次又一次地疏散员工，有的还须救济在日军侵略中受损或受伤的员工，有的还得耗资购进大量的防空设施以防日机的轰炸，由此给各文化教育单位造成了巨大的间接损失。

长沙市是抗战中湖南各地文化教育事业遭受间接损失最大的。据统计，长沙市各市立与私立学校因日军入侵导致的间接损失，包括迁移费、防空设备费、

① 中共湘潭县委党史研究室：《抗战时期湘潭人口伤亡和财产损失课题调研报告》，2007 年 3 月 23 日，原件存中共湖南省委党史研究室。
② 湖南省政府统计室编：《湖南省抗战损失统计》，1946 年 12 月印，第 25 页。
③ 湖南省政府统计室编：《湖南省抗战损失统计》，1946 年 12 月印，第 25 页。
④ 湖南省政府统计室编：《湖南省抗战损失统计》，1946 年 12 月印，第 25 页。
⑤ 湖南省政府统计室编：《湖南省抗战损失统计》，1946 年 12 月印，第 25 页。
⑥ 湖南省政府统计室编：《湖南省抗战损失统计》，1946 年 12 月印，第 35 页。

抗日战争中湖南省属各学校直接损失表（单位：法币元）

学校类型 / 损失项目	共 计	建 筑 物	器 具	现 款	图 书	仪 器	医药用品	其 他
合 计	1775250000	887625000	887625000		299200000	99748000	89769000	99700000
省立农业专科学校	496800000	248535000	248535000		83776000	27929440	25135320	27646000
省立工业专科学校	881550000	443812500	443812500		149600000	49874000	44884500	43775000
省立商业专科学校	396900000	195277500	195277500		65824000	21944560	19749180	28279000
中等以上学校	43433712052	21784377500	21784377500	633052000	4601937500	4746881300	1216255500	5006590612
小 计	2205780000	1102890000	1102890000		245000000	208500000	120000000	227390000
合 计	47414742052	23774892500	23774892500	633052000	5146137500	5055129300	1426024500	5333680612
备 考	中等以上学校中包括省属的私立和联立中学校							

注：原表见1946年12月印湖南省省政府统计室编《湖南省抗战损失统计》，第25页。

抗日战争中湖南省属各学校间接损失表（单位：法币元）①

学校类型 / 损失项目	共 计	迁 移 费	防空设备费	疏 散 费	救 济 费	抚 恤 金
合 计	197250000	49324000	39303500	59322500	49300000	
省立农业专科学校	55200000	13810720	11004980	16610300	13774000	
省立工业专科学校	44100000	10851280	8646770	13050950	11551000	
省立商业专科学校	97950000	24662000	19651750	29661250	23975000	
中等以上学校	6088983449	2025275000	1466518000	1763456000	539545000	294189449
小 计	245000000	61250000	48293000	44575000	60882000	30000000
合 计	6531233449	2135849000	1554114500	1867353500	649727000	324189449
备 考	包括联立学校在内					

① 湖南省政府统计室编：《湖南省抗战损失统计》，1946年12月印，第33页。

疏散费、救济费、抚恤金等，达 1.17181 亿元，其中长沙市立中学校财产间接损失 450000 元，长沙市各区镇中心国民学校财产间接损失 47222500 元，长沙市各保国民学校财产间接损失 45897500 元，长沙市私立小学校财产间接损失 23611000 元①。

日军侵略，给湘潭的文化教育事业造成的间接损失也是巨大的。据统计，抗战期间湘潭文化教育事业的间接损失达 2857300 元，其中抗战中所用迁移费达 1041200 元，防空设备费用达 277600 元，疏散费用达 1538500 元②。

八年抗战，日军侵湘，给湖南省的文化教育事业造成了巨大的间接损失。仅就省属学校而言，抗战中所用迁移费达 237.7489 亿余元，防空设备费用达 15.5414 亿余元，疏散费用达 18.6735 亿余元，救济费用达 6.4972 亿余元，所用抚恤金达 3.2418 亿余元。其中，农专因日军入侵而造成的间接损失达 0.552 亿元，工专的间接损失达 0.441 亿元，商专的间接损失达 0.9795 亿元③。抗战中湖南文化教育事业间接损失达 105.2717 亿元，其中省教育厅及所属单位间接损失达 3.4147 亿余元④，省属学校间接损失达 65.3123 亿余元⑤，县市属学校间接损失达 36.5446 亿余元⑥。

(3) 文物损失概况

抗战中，由于日军的蓄意破坏，湖南的文物遭受到了巨大破坏。一是各地古建筑遭到日军的疯狂破坏。经日机几次狂炸及长沙四次会战时日军炮火轰击，湖南大学收藏的文庙锡祭器及零件都被炸毁，四箴亭、御书楼、崇道祠、船山祠、六君子堂、中丞祠、文昌阁、文庙大成殿及塑像也在轰炸中被炸毁；具有千年历史的岳麓书院御书楼、半学斋、静一斋等处都被炸毁，许多中外名籍被毁于一旦，文庙大成殿及孔子像也被炸毁，最后只剩下大门、赫曦台、五处专祠、自卑亭、爱晚亭、成德堂、拜厅及忠孝廉节堂。在轰炸中，芷江县城的"三清观"、"南寺"、"天王庙"等名胜古迹和历史文物全部炸毁，醴陵县的南华宫、阳氏祠、贤才旅馆、詹王殿、斌贤旅馆和北正街福音堂等被炸毁，衡阳

① 中共长沙市委党史研究室：《抗战时期长沙人口伤亡和财产损失课题调研报告》，2006 年 10 月 30 日，原件存中共湖南省委党史研究室。

② 中共湘潭县委党史研究室：《抗战时期湘潭人口伤亡和财产损失课题调研报告》，2007 年 3 月 23 日，原件存中共湖南省委党史研究室。

③ 湖南省政府统计室编：《湖南省抗战损失统计》，1946 年 12 月印，第 33 页。

④ 湖南省政府统计室编：《湖南省抗战损失统计》，1946 年 12 月印，第 32 页。

⑤ 湖南省政府统计室编：《湖南省抗战损失统计》，1946 年 12 月印，第 33 页。

⑥ 湖南省政府统计室编：《湖南省抗战损失统计》，1946 年 12 月印，第 35 页。

雁峰寺的梵宇僧楼被炸毁，就连 1901 年意大利人在常宁烟洲建造的湘南最大的天主教堂都未能逃过此劫。在日军的直接破坏中，岳阳陆城的旧县衙署、考棚、盐仓、莼湖书院、民乐园、文庙、乾元宫、刘太尉祠、三闾大夫祠、观音阁等 30 多座著名古建筑尽数拆毁和焚烧，华容县南山具有 2000 年历史的大禹庙和文昌阁被烧毁，汉寿留传了 1000 多年的西竺山净照寺的殿宇佛像被捣毁。抗战中湖南古建筑的损失是巨大的，它的损失不是以金钱所能计算的。二是文化物品也遭到了日军的蓄意破坏。抗战期间，日军对其所经区域内的文化物品大肆加以破坏，给当地文化的发展造成了不可估量的损失。据不完全统计，抗战期间全省遭到日军破坏的书籍共 31353 册另 3276 种 8 部 2 箱、字画 124 件、碑帖 339 件、古物 98 件、仪器 4 种、标本 2 种，损失共计 307791 元[①]。

此外，日军在临湘县、岳阳县所推行的奴化教育，毒害了沦陷区人民，尤其是毒害了沦陷区青少年的思想，毁灭性地破坏了占领区中国原有的教育事业，给当地的教育事业造成了巨大的损失，这种损失也不是以金钱所能计算的。

如上所述，抗战中，湖南省的文化教育事业惨遭日军蓄意破坏，遭受损失巨大：许多文化教育设施被毁，无数学校停办，学生被迫辍学，许多学龄儿童失去入学受教育的机会，大量文化人才外流，在相当长的时间内严重影响了湖南社会的进步和发展。

（执笔：朱柏林）

---

① 《湖南湖北两省公私文物损失数量及估价目录》，中国第二历史档案馆藏，全宗号 5，案卷号 11704，第 96 页。

三、重要档案文献资料和口述资料^①

（一）湘灾实录（节选）^②

编 辑 大 意

自抗战军兴，本省经四战一火，沦陷达五十四县，人力，物力，财力，损失难以数计，加以上年奇旱，遍及全省，饥馑交煎，疫病流行，人民呻吟辗转于兵燹饥馑疾病线上者，更非楮墨所能形容，其灾情之严重，待振之迫切，我中央当轴以及旅外同乡，当已略悉梗概，列湘灾为全国第一，并由居留省区筹款接济，事岂偶然，然而在抗战期间，人力物力财力损失若干？旱灾损失若干？粮食缺乏若干？待振与饿毙人数若干？等等，迄今尚无有系统完备之统计数字，供救济措施之参考与依据，殊为憾事！

本实录系就省府统计室原有《各县市遭受寇灾直接损失》及《各县市粮食生产消费及盈亏状况》等统计资料，各县市对省府呈报之粮荒，水、旱、风、火、虫等，灾情资料，并根据善后救济总署湖南分署工作报告所列分配救济物资数及湖南灾荒急救会历次配发振款数，合并编成，仓促脱稿，何敢谓为完备，亦使关心湘灾者，得一较有系统之概念，作紧急有效之救济而已，兹将编辑内容提要说明如次：

1. 寇灾损失表内死伤人数，系根据各县市查报被敌直接杀害之人数填列，其间接因战事死亡者未列在内。

---

① 以下档案文献资料中，涉及财产损失的货币统计数据，凡未标明币种者均为法币（亦称为国币），凡未标明货币单位者均以"元"为单位。特此说明。

② 《湘灾实录》为湖南省政府社会处编印的社会统计刊物之一，于1946年7月出版，实录采编资料日期截至1946年6月底。本书仅收录编辑大意和表1。原件存湖南省档案馆，档案号35—1—189。

2. 伤病及他种伤害人数，系指因战事伤害之人数。

3. 房屋损失，系指被敌烧毁及敌机炸毁之房屋数，估价标准，系参照抗战以来之物价及工资指数。

4. 粮食损失，系根据各县市查报损失数量核列，损失估值，是按照三十四年九月日军投降时本省核发公粮代金标准。

5. 耕牛损失，系根据各县市查报损失数目核列，估价标准，系按照日军投降时期各地牛价。

6. 器具衣物及其他各种损失估值，系根据各县市查报损失数值，并参照各地人民经济生活状况，商业繁盛情形及受灾轻重，分别核列。

7. 粮食生产，平常年系 25，26，28，29，四年各县政府所报数字之平均数，惟长沙，衡阳两市系 33 年所报数字，灾年系 34 年各县市政府所报数字。

8. 粮食消费，系根据民政厅 33 年各县市所报人口数全省计 2898，5228 人，以男女老幼平均每人每年消费稻谷四市石计算。

9. 盈亏状况：一、本省平常年稻谷产量 1，2160，9814 市石，消费量 1，1594，0912 市石，产销相抵，约盈 566，8702 市石；二、34 年因全省各县市惨遭寇旱虫水灾，以致收获锐减，全省仅达 6731，7107 市石，产销相抵约亏 4862，3805 市石；三、本省杂粮，如糯谷，小麦，乔麦，及蚕豆，甘薯等，根据往年产量估计，约可收获 2762，9800 市石，除以杂粮一石抵谷一石计算弥补粮食不足外，尚缺粮 2099，4005 市石，以稻谷二市石拆合米一石，计重 140 市斤，再以每吨 2000 市斤折合，共缺粮 73，4290 吨。

10. 灾区饥民代食品系根据各县呈报。

11. 各县市待振与饿毙人数，系根据各县市呈报，并参照各县市灾情轻重，及人口总数，分别估列。

12. 各县灾情简报，系根据各县来文，摘要填列。

13. 三十四年旱灾振款，系民政厅经放数字，合作贷款，系建设厅及本处经放数字（合作业务原属建厅，自本年五月份起改属本处），余如配发麦粉，寒衣，旧衣，旧鞋，牛奶，罐头及急振款项则均系善后救济总署湖南分署与湖南灾荒急救会半年来分配数字。

表1 各区市寇灾损失①

资料来源：省府统计室　　　中华民国三十四年十二月二十八日填造

损失类别 / 区市别	人口损失		物资损失		
	死亡人数	伤病及他种受害人数	估值总计（元）	房屋栋数	房屋估值（元）
总　计	57,7527	167,6111	11,3264,5604,9980	94,5194	2,2905,1600,0000
长沙市	3,6460	5,6536	1,1549,6007,8000	9,7283	3891,8200,0000
衡阳市	2,9480	2,5430	4736,1056,8000	4,5697	1822,7800,0000
第一区	17,8321	56,0700	1,9783,8586,2000	19,4673	4376,1000,0000
第二区	10,9261	44,5705	1,5241,0375,6000	17,8635	2899,9400,0000
第三区	1,1236	4,8109	7245,5157,2000	7,2678	1252,3500,0000
第四区	6,9583	4,0728	1,6110,7963,2000	7,8373	2125,6700,0000
第五区	4,2633	10,3406	1,3929,1789,5000	7,5219	1649,4100,0000
第六区	2,6442	15,3714	1,1555,5532,2100	5,7609	1783,5700,0000
第七区	6,8878	23,3395	1,2235,1247,2000	13,1009	2722,9600,0000
第八区	2	35	8,4117,2500	246	4,9200,0000
第九区	2211	1,9854	280,9927,3380	7360	209,1800,0000
第十区	3020	4471	588,3844,7000	6412	166,9600,0000

损失类别 / 区市别	物资损失				器具衣物	其他各种损失
	粮食石数	粮食估值（元）	耕牛头数	耕牛估值（元）	估值（元）	估值（元）
总　计	4068,9368	1148,0648,5100	64,2788	500,0156,0000	4,2696,1769,0500	4,6015,1431,4380
长沙市	41,5844	8,3168,8000	398	3184,0000	1534,1455,0000	6115,5000,0000
衡阳市	50,2064	10,0412,8000	2713	2,1704,0000	479,3200,0000	2421,7940,0000
第一区	1250,6031	250,1206,2000	16,5405	132,2440,0000	8819,4800,0000	6205,9140,0000
第二区	755,5018	151,1003,6000	12,7894	102,3152,0000	6720,4900,0000	5367,1920,0000
第三区	39,5348	7,5045,2000	2,3426	16,3982,0000	3316,2550,0000	2653,0080,0000
第四区	305,2978	122,1191,2000	5,5119	44,0952,0000	5282,0800,0000	8536,8320,0000
第五区	289,9062	24,7765,5000	4,0398	32,3184,0000	6657,2300,0000	5565,4440,0000
第六区	911,8443	428,9768,2100	9,0428	72,3424,0000	4441,2500,0000	4829,4140,0000
第七区	366,9276	93,3855,2000	13,0076	91,0532,0000	5182,0700,0000	4145,6560,0000
第八区	3,2145	2,7323,2500	854	6832,0000	762,0000	——
第九区	15,9849	10,4801,8500	696	6960,0000	54,6932,0500	5,9433,4380
第十区	38,3310	38,5106,7000	5381	5,3810,0000	209,0870,0000	168,4458,0000

① 本表死亡人数系被日军直接杀害的人数。因填造较早，物资损失资料不齐，数字偏小。参见本书收编的其他统计表。

（二）湖南省抗战损失统计（节选）①

编 辑 例 言

一、编查目的

抗战八年，湖南作战最久，争夺最烈，受灾亦最重，省会长沙，曾经一次大火，四次会战，全城精华，尽化灰烬，其次常德、衡阳、湘西几次会战，时间均达数月之久，斗争亦极激烈，全省七十八县市，计县城沦陷者四十四县市，被敌窜扰者十一县，仅被轰炸者八县，其余十五县，虽未遭敌骑蹂躏，而间接所受损失亦重，总计人口伤亡二百六十二万二千三百八十三人，伤一百七十万〇二千二百九十八人，亡九十二万〇〇八十五人，财产损失一十二万一千九百二十二亿一千〇二十七万〇二百六十四元，直接损失一十一万五千〇四十四亿〇五百五十六万〇四百九十七元，间接损失六千八百七十八亿〇四百七十万零九千七百六十七元。损失之巨，冠于各省，二十八年八月省府奉行政院训令，饬将本省抗战损失详细查报，当经转饬所属各级机关切实办理，兹已全部调查完竣，为使各方明了本省抗战损失实况起见，特将各项损失数字，分类统计，编印成册，以备参考。

二、编查人员

由各主管机关有关人员负责查报，省政府统计室负责整理汇编。

三、应用表式

系依照内政部抗战损失调查委员会修订之《抗战损失调查办法及查报须知》所定表式。

四、资料时期

自二十六年七月七日抗战起，至三十四年八月十日敌军投降止。

五、资料范围

表内所列各项数字，以本府所属机关团体学校事业及人民所受之损失为限，

---

① 本统计表由湖南省政府统计室于 1946 年 12 月编印。本书收录时有删减。原件存湖南省档案馆，档案号 46—
1—25。

关于中央驻省各机关及国营事业之财产损失，依照规定由各机关汇报中枢，表内概未列入。

六、汇计标准

人口伤亡，以口为单位，财产损失，以元为单位，表列各项损失数字，均按损失时价值，以三十四年八月份（敌军投降时）物价折算汇报，俾便比较，附历年物价指数如次：

本省历年物价指数（以二十六年八月为基期）：

二十六年　100　二十九年　　366　三十二年　　　5535

二十七年　115　三十年　　　1037　三十三年　　36622

二十八年　144　三十一年　3981　三十四年　188605

七、编列方法

本册编列，分为沦陷及轰炸地区，人口伤亡及财产损失三大部分，财产损失之部，复分三项编列：一为全省总损失，二为省级机关团体学校及事业损失，三为县（市）级机关团体学校及事业损失，每项之前均先列总表，后列分表，表内所列各栏，在事实上无损失数字者，用横线"——"表示之，在事实上应有数字，而未经查明者，则用点线"……"表明之。

八、本册编印匆促，遗漏错误之处，在所难免，敬希阅者指正

圖域區擾侵寇敵

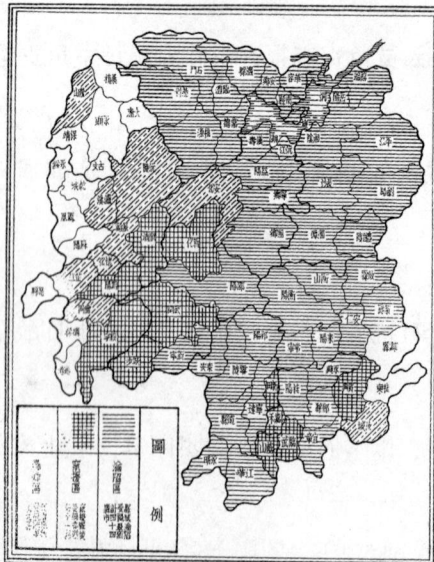

一、沦陷及轰炸地区

（表1）沦陷地区表

县市别	沦陷情形		克复日期	备考
	地区	日　期	经　过		

县市别	地区	沦陷情形 日期	沦陷情形 经过	克复日期	备考
长沙市	全市	1. 二十九年十二月卅一日 2. 三十三年六月十九日	1. 敌发动长沙第三次会战，于卅年十二月卅一日突进至市郊，卅一年一月四日将敌全部击溃。 2. 敌为开拓大陆交通，集结兵力二十余万向长沙进攻，卅三年六月十八日进至本市近郊，十九日全市陷沦。	1. 三十一年一月四日 2. 三十四年九月一日	（一）沦陷日期栏，县城沦陷者，以县城沦陷之日期填注，县城未沦陷者，以敌入境之日期填注。 （二）前列 1，2 数字表示次数，如 1 字表第一次，2 字表第二次，余类推。 （三）全省七十八县市，被敌蹂躏者，计长沙等五十五县市，其余鄙县、汝城、桂东、安化、水顺、龙山、大庸、保靖、桑植、辰溪、古丈、沅陵等
衡阳市	全市	三十三年八月八日	敌陷长沙后，沿湘江南窜，于三十三年六月二十三日窜至衡阳市近郊，城内守军苦战四十八日，伤亡殆尽，阵地全毁，衡阳遂于八月八日陷落敌手。	三十四年九月一日	
浏阳县	县城及各乡镇	1. 三十年九月二十七日 2. 三十三年六月十四日	1. 长沙第二次会战，敌于三十年九月二十七日窜入本县。 2. 敌陷长平后，于卅三年六月四日分五路进攻本县，敌我兵力，众寡悬殊，县城遂于六月十四日失守。	1. 三十年十月五日 2. 卅四年一月廿四日	
长沙县	县城及各乡	1. 二十八年九月廿三日 2. 三十年九月二十七日 3. 卅年十二月三十日 4. 三十三年五月廿五日	长沙第一二三次会战，本县适当其冲，东北各乡，均先后被敌政攻陷，卅三年五月月下旬敌发动大规模攻势，二十五日侵入县境，六月三日，敌军大部向势刀河进攻并用小战舰由水陆洲经陆，激战至六月十九日，因敌势强大，县城遂陷。	1. 廿八年九月廿九日 2. 卅年十月二日 3. 卅一年一月六日 4. 卅四年八月十三日	

县市别	地区	沦陷情形		克复日期	备考
		日　期	经　过		
湘潭县	县城及各乡镇	三十三年六月十八日	三十三年六月敌窜株洲昭阳渡河沿公路进扰衡山，在姜畲、涟南、石潭、碧泉绕乌石、永青、石安，与由花石、忠信、锦石各乡之敌会合，以致全县均遭蹂躏。	三十四年九月十日	凤凰、乾城、泸溪、永绥、麻阳、会同、芷江、晃县、靖县、通道、怀化等二十三县，因未遭敌陷，故未表内列入。
岳阳县	县城及各乡镇	二十七年十一月十一日	敌陷武汉后，于二十七年十一月十一日侵占县城及新墙河北岸，与我军隔河对峙，长沙第一二三次会战，敌均未得逞，第四次会战，县城不守，县境遂全部沦陷。	三十四年九月十日	
醴陵县	县城及醴泉、清泉、楚东、平桥、船湾、马军、成竹、渌口等乡镇	三十三年六月五日	敌于六月五日攻陷本县，七月八日我军曾一度克复，十日复为敌陷。	三十四年九月三日	
湘阴县	县城及各乡	1. 二十八年九月廿七日 2. 三十年九月二十九日 3. 卅年十二月二十六日 4. 三十三年五月十五日	长沙第一二次会战，本县县城及各乡，均被敌军侵扰，第四次会战，敌先由东南北各乡侵入，后达县西各乡，全县遂于三十三年五月十五日沦陷。	1. 二十八年十月六日 2. 三十年十月七日 3. 卅一年一月十三日 4. 三十四年九月一日	
平江县	县城及汉昌郊、北郊、西郊、南郊、三联、谈岑、天岳、张市、绥安、平安、南阳、梅福、献钟、安定、长寿、嘉义等十八乡镇	1. 二十八年九月廿六日 2. 三十年十月二十日 3. 三十年十一月二十日 4. 三十三年五月八日	本县地当长沙咽喉，湘北重镇，四次会战，均被敌军侵陷。	1. 廿八年十月三日 2. 三十年十月廿日 3. 三十年十二月廿四日 4. 卅四年二月廿八日	

县市别	地区	沦陷情形		克复日期	备考
		日　期	经　过		
临湘县	县城及各乡镇	二十七年十月十九日	敌于廿七年十月十九日进犯本县，经我军阻击，激战昼夜，始进县城，各乡镇亦相继沦陷。	三十四年九月十日	
衡阳县	县城及各乡镇	三十三年八月八日	敌于三十三年六月二十三日以最精锐部队猛犯衡阳东北近郊，七月上旬进至江东岸车站，八月四日敌又以总攻势猛急攻，守城孤军，苦战四十八日，弹尽粮绝，力不能支，县城遂于八日沦陷。	三十四年九月四日	
衡山县	县城及各乡	三十三年六月二十一日	本县跨湘江两岸，右有粤汉铁路，左有长衡公路，横贯县境，敌于六月二十一日晨占后，以此为围攻衡阳之根据地。	三十四年八月二十日	
耒阳县	县城及各乡镇	三十三年七月三日	本县三十三年七月三日被敌攻陷，盘踞十五个月之久，全县二十六个乡镇，均遭蹂躏殆遍。	三十四年九月一日	
攸　县	县城及各乡	三十三年六月二十四日	敌于三十三年六月二十四日经醴陵进陷本县，七月八日经我军克复，同月十日遭敌攻陷。	三十四年八月二十二日	
茶陵县	县城及各乡镇	三十三年七月十日	敌于三十三年六月二十四日经醴陵陷攸县，趋本县，我军完成向西反攻之部署，七月二日我克复向南北地区迎击，八月克复攸县，敌呈不支之势，乃推进其后方兵团，向我反扑，七月十日进陷本县。	三十四年八月十八日	

县市别	地区	沦陷情形		克复日期	备考
		日期	经过		
常宁县	县城及各乡镇	三十三年八月十六日	敌陷衡、耒后，于卅三年八月十六日侵陷本县。	三十四年八月十八日	
安仁县	县城及城厢凤凰冈，军湖、潭湖、熊峰、猴县、宜阳等十三乡	三十三年六月二十七日	本县于卅三年六月二十七日被敌沦陷，全县十四乡镇除云湖乡外，余均遭蹂躏。	三十四年八月二十一日	
郴县	县城及各乡镇	三十四年一月二十四日	敌打通粤汉路南段交通后，一月中旬，沿广东乐昌，江西遂川分途进犯，本县于一月二十四日陷于敌手。	三十四年八月二十五日	
桂阳县	县城及芙蓉峰、燕喜、清靖、东镇、嘉事、善义等乡	三十四年五月七日	敌于卅四年一月陷郴县后，本县形势，顿告危急，县城虽驻有国军一团，终以众寡悬殊，无法抗拒，卒于卅四年五月七日陷于敌手。	三十四年八月一日	
永兴县	县城及各乡镇	三十三年二月七日	敌由耒阳进犯郴县之先，即窜入本县，三十四年一月十九日，县城被陷。	三十四年八月二十日	
宜章县	县城及各乡镇	三十四年一月十四日	三十四年一月十三日敌先头部队由星子及临武边境入县境仁里乡，旋敌后续部队约五万人万分途窜入县境以南占据粤汉路各据点及隧道，县城遂于十四日失陷。	三十四年八月十八日	
资兴县	和海、中西、鹿鸣、五谷、湘源、威武、桃源等七乡。	三十四年二月三日	敌由郴县永兴进犯，偷渡东江，占领本县西北各乡，并于蓼江市设地区警备司令部。	三十四年八月十九日	

县市别	沦陷情形			克复日期	备考
	地　区	日　　期	经　　过		
临武县	在城,汾市,楚江,麦市,水兰,三合等乡。	三十三年十二月五日	敌于三十三年十二月窜经本县在城,汾市,楚江,麦市,水兰,三合等乡镇,进犯宜章。	三十四年一月二十日	
蓝山县	北屏,洽平,三义,永启,舜疑等乡。	三十三年十月二十二日	敌于三十三年十月二十二日先后窜入本县北屏等乡,至三十四年一月二十二日退出县境。	三十四年一月二十二日	
嘉禾县	广发等七乡	三十四年一月十八日	敌军万余,由零陵,道县侵犯县境三十四年一月十八日流窜广发等七乡。	三十四年一月二十日	
常德县	县城及长庚,启明,沅安,永平,天平,朗平,龙门,渐安,清平,善卷等廿八乡镇	三十二年十二月三日	敌于卅二年十一月六日强渡澧水后,即向本县进犯,二十四日窜至城郊,与我守军展开血战,十二月三日县城陷于敌手,全城尽毁	三十二年十二月八日	
澧县	县城及各乡镇	1. 三十二年五月七日 2. 三十二年十一月六日	敌于三十二年五月窜至本县官垸荆南等乡,澧水北岸均遭蹂躏,复于常德会战之役,一路由安乡进犯三洲荆南等乡,一路由公安进犯三元桐山等乡,县城及津市旋亦陷于敌手	1. 三十二年六月十三日 2. 州二年十二月廿二日	
桃源县	县城及莫溪,漆河,明月,黄石,渔父,水田,青云,土东,高东,大田,碳州,木塘,畲田,莫林,灵岩,延溪,沅上,赫晒,漳江,陬溪,三阳,云岳,语溪,九溪,龙潭等乡镇	三十二年十一月廿一日	敌于常德会战之际,首以伞兵降落本县,扰我后方,继以大军进攻县城及陬市,均于十一月二十一日陷于敌手	三十二年十二月三日	

县市别	沦陷情形			克复日期	备考
	地区	日期	经过		
石门县	县城及新关、中心、二都等乡	三十二年十一月十日	敌军由王家厂绕道北乡潜入围扰，因众寡不敌，县城遂于十一月十日沦陷	三十二年十二月三日	
华容县	县城及注市、三郎、砖桥、大乘、三宝、万庾、五合、北景、插旗、东庆、新安、德河、武灵、集成等二十乡镇	三十二年三月十日	敌于卅二年三月八日晚分路向藕池口等处渡江进犯，我守军奋勇阻击，十二日敌窜抵沙口梅田湖茅草街黄金口，弥陀寺之线，十七日我主力部队调到，全线反攻，截至三月底，敌我对峙，形成拉锯状态	三十四年九月一日	
南县	县城及九都、仁义、共和、崇礼、和亲、康乐、笃信、兴仁、协安、昭明、益智等乡镇	1. 三十二年五月七日 2. 三十二年十一月七日	荆江两岸战斗，敌由华容藕池口向我资湖以北窜扰，五月七日侵陷本县，旋为我军克复，三十二年十一月常德会战，复为敌陷。	1. 卅二年六月七日 2. 卅二年十二月廿七日	
慈利县	县城及零阳、广福、零溪、茶林、东岳、通津、安乐、龙景、长岩、丛简等乡镇	三十二年十一月廿一日	敌于三十二年十一月十五日由石门进犯本县，十八日陷东岳、通津，十九日陷茶林、广福，廿一日陷县城，廿三日陷零溪、长岩，与我军激战，廿五日敌力不支，向常德溃遗窜窜。	三十二年十一月廿六日	
安乡县	县城及各乡镇	1. 三十二年五月七日 2. 卅二年十一月四日 3. 卅三年五月廿九日	本县被敌先后沦陷三次：第一次敌进陷华容藕池后，即于五月五日六两日大肆轰炸，第二次七日本县沦陷，我于六月六日克复，第二次于冬常德会战，再陷敌手，我于卅二年十二月二十日克复，第三次长衡会战三度沦陷，我于卅三年六月一日克复。	1. 三十二年六月六日 2. 三十二年十二月廿日 3. 三十三年六月一日	

县市别	地区	沦陷情形		克复日期	备考
		日　期	经　过		
临澧县	县城及各乡	1. 卅二年五月卅一日　2. 卅二年十一月九日	敌于三十二年五月卅一日由澧县进犯县境，澧水以北之新安、团山、合口等三乡悉被沦陷，我于六月十日克复，同年十一月常德会战，县境全陷，历时月余，我于十二月三十一日克复。	1. 三十二年六月十日　2. 卅二年十二月卅一日	
益阳县	县城及沧水铺、华溪、泉交、谢林港等处	三十三年六月七日	长衡会战之役，敌于卅三年六月七日经龙夹港进陷本县，我军曾于十四日一度克复，旋复为敌攻陷。	三十四年八月十三日	
湘乡县	县城及湘潭、首善、连源、梓门、永丰、评虞、义安、仁和、大兴、事、宣风、南薰、兴音、青、弦歌、望春、同让、乐郊、凤音、凤、德田、安上等三十六乡镇	三十三年六月廿日	敌由宁乡进犯县境，于卅三年六月廿日，先后陷县城及永丰，与我军反复争夺，战事极为激烈。	三十四年九月一日	
汉寿县	县城及作新、维新、鼎山、永和、大同、大美、蠡山、龙文、乐福、毓三、合荆、辰阳、护城、云阳、望橘、灵崖、龙台、石章、龙津等十九乡	1. 三十二年五月八日　2. 卅二年十一月廿一日　3. 三十四年五月九日	敌于湘江之役，窜人本县北部各乡，常德会战时陷我县城，湘西会战时复陷数乡，均经我军先后击退。	1. 三十二年五月十二日　2. 卅二年十二月廿五日　3. 三十四年五月十六日	

县市别	沦陷情形			克复日期	备考
	地区	日期	经过		
宁乡县	县城及莲花、狮顾、仙凤、洋泉、高露、石潭、麟峰、芳储、停钟、龙从等十乡	三十三年六月十四日	敌于三十三年六月十二日沿沩水进犯县境，十四日攻陷县城及莲花、仙凤、洋泉各乡，至高露、石潭、麟峰、停钟、龙从等乡，亦为敌军经常出没之地，蹂躏达一年三月之久。	三十四年九月六日	
沅江县	县城及琼湖、琼凤、白河、蠡云、新成、永固、注东、乐明等八乡镇	三十三年六月四日	敌于长衡会战之役，由洞庭湖南窜于三十三年六月四日陷于敌手。本县	三十四年九月六日	
邵阳县	县城及靖生、仁义、敦西、立胜、礼教、保仁、安平、震中、刚劲等乡厘	三十三年九月十三日	敌于九月初由衡阳西犯本县，我军备勇抵御，激战数日，卒因兵力薄弱，奉令撤退，县城遂于十三日失陷。	三十四年九月二日	
新化县	大道、大公、大成、南平、屏南、临资、维山、古梅、苍桐、禾林、镇东、镇南、西、镇北等乡	三十四年四月十一日	敌于四月初旬由邵阳向本县进犯，十一日侵入县境，我军步步为营先后在营先步为营先在大道大公大成南平等十四乡与敌激战直至五月廿七日始告肃清。	三十四年五月二十七日	
武冈县	县属各乡	1. 三十三年九月十日 2. 卅四年四月十日	敌自卅三年九月十日起，侵陷长乐、金龙、四望、紫云、康宁、和亲、宛东、居仁等九乡，经我军攻击，至十月廿九日先后克复，卅四年四月十日敌复犯境各乡均陷敌手。（惟县城未失）经我军截击，至七月四日始完全克复。	1. 三十三年十月廿九日 2. 三十四年七月四日	

县市别	地区	沦陷情形		克复日期	备考
		日期	经过		
新宁县	县城及金石，新江，竹富，遏福，桃林，石溪，水头，白杨，新龙，檀油，排梓，安温，三民，双田，西唉，小溪，龙回等十八乡镇	1. 三十三年九月十二日 2. 三十四年四月九日 3. 三十四年五月十五日	敌军四万余人由邵阳东安进犯，于三十三年九月十二日陷县城后，直指广西进攻桂林，卅四年四月九日敌约七万余人，由全县回窜，向湘西往江进攻，同年五月十五日复有敌约三万余人，由广西资源各地窜入县境，被我龙江部队及输林别动各军击退。	1. 卅三年十月十二日 2. 卅四年四月二十四日 3. 卅四年八月五日	
城步县	延青，太平，威溪，凤翔，碧云，巫溪等乡	卅四年四月十二日	湘西会战之役，敌于卅四年四月廿日由新宁军人本县延青，太平，碧云，威溪，凤翔，巫溪等乡。	三十四年五月廿七日	
零陵县	县城及各乡镇	三十三年八月十七日	敌陷本县后，奸淫掳掠烧杀，惨绝人寰。	三十四年八月二十日	
祁阳县	县城及各乡镇	三十三年九月四日	敌由常宁偷袭县境，县城逐陷。	三十四年八月十四日	
宁远县	县城及石门，仁和，新开，龙潜，凤凰，天堂，梓岗，石溪，禾亭，琵琶，山，冷水，桐山，西塘等廿五乡镇	三十三年九月三十日	敌于九月三十日进陷桐梓乡响鼓岭，再向桐山花桥，仁和，禾亭，柏市，新开，白果，凤凰，龙潜，石溪，西塘市，太平，石门分进，十月二十一日陷县城城，再从县南之水市，灌溪，梅岗，东枢镇，冷水，官桥，天堂，湾井，琵琶等分向道县窜去。	三十三年十月三十日	
道　县	县城及各乡镇	1. 三十三年九月十二日 2. 卅三年十二月十四日	敌两度窜扰县境，先后盘踞共计九十五日，为害颇烈。	1. 卅三年十一月十一日 2. 三十四年一月二十日	

县市别	地区	沦陷情形		克复日期	备考
		日期	经过		
东安县	县城及各乡	三十三年九月八日	敌沿湘桂铁路分入路向本县进犯，九月八日县城失守，各乡亦相继沦陷。	三十四年八月十四日	
永明县	县城及各乡镇	三十三年九月十五日	卅三年九月十五日，敌约二万余人，由道县窜入县境，我因兵力薄弱，与敌警察大队及自卫壮丁激战，寡不敌众，实施游击战斗，县城遂陷。	卅三年十一月一日	
江华县	县城及各乡镇	1. 三十三年九月十七日 2. 卅三年十二月廿四日	敌于三十三年九月十七日窜入县境，我军于十一月十六日击退，十二月廿四日，敌复回窜，我军于二十五日击退。	1. 卅三年十一月十六日 2. 卅三年十二月廿五日	
新田县	明哲、大同、锦和、仁义、敦义等乡	卅三年九月二十日	敌于三十三年九月二十日窜入县境，曾三次企图侵犯县城，均被驻军先后击退。	三十四年四月八日	
溆浦县	龙潭、芙蓉、金郦等乡	卅四年四月十二日	敌欲企图占领我空军基地芷江，发动湘西会战，于卅四年四月十二日侵入本县龙潭、芙蓉、金郦等乡，我军以此地处山岳，反攻得力，敌不支溃退。	卅四年五月十六日	
绥宁县	武阳、芷田、梅口、官路等乡十二乡	三十四年四月二十四日	敌由城步窜入县境，先后陷武阳坊、黄土坑、官路上、瓦屋塘等地，唐家旋向武冈黔窜去。	三十四年五月九日	
黔阳县	洗马、铁山、龙船等乡	三十四年四月五日	敌于三十四年四月五日侵入本县洗马铁山等乡，不数日被我击退。	卅四年四月廿六日	

（表2） 敌机轰炸地区表

县市别	轰炸地区	轰炸时期	轰炸次数	敌机架数	投弹枚数	备考
长沙市	市区	二十六年八月十四日，二十七年十一月十二日，二十八年八月五日，十三日，二十九年四月二十一日，十月三日，十二月十五日，三十年一月二十一日，十月三日，……	—	—	—	（一）全省七十八县市被轰炸者计长沙等五十六县市，其余二十二县未被轰炸，因表内故未列入。 （二）长沙市自二十六年七月起敌机被轰炸共约百余次，因有关卷宗毁损，故未详列。 （三）长沙及长衡会战及在衡阳县会战，敌在衡阳、东阳、建新、剑公、元溪、广福、泉贞、泉湖、赐山等乡镇先后轰炸五百余次未按日详列。
衡阳市	市区、东岸唐家码头、杨家坪、廖家码头、火车站、西岸演武坪、梓木巷、黄沙洲	二十八年十月三日，十月四日，九日，十日，十一日，十一月九日，十二月二十日，二十七日，二十九年一月二十一日，二十五日，九月七日，十九日，二十八日，十月三日，三十二年元月〔 〕日，七月二十九日，三十日，……	41	123	378	
浏阳县	县城、碧如路、汽车站、梅花巷、蜈蚣岭、文运街、磨石街、大瑶乡、枨冲乡、永安镇	二十七年十月二十日，二十八年九月十日，十二日，二十日，三十日，三十年八月十六日，二十日，二十四日，九月二十五日，三十三年六月〔 〕日。	12	46	369	
长沙县	九峰乡、文艺乡、龙潭乡、高北乡、城南乡、岳麓乡、坪塘、乔口市、银盆岭、椰梨岭、黄土岭、震疑乡、会春乡、城北镇、坪麓乡、六铺街	二十八年九月二十日，二十三日，二十四日，二十五日，二十六日，二十七日，二十八日，二十九日，二十九年一月二十一日，四月二十日，五月三日，三十年三月二十七日，三十一日，十二月二十七日，十九日，四月三日，九月二十一日，二十二日，五月十五日，六月十三日，八月三日，二十四日，三十二年元月十日。	23	69	207	
湘潭县	县城、株州、易家湾	二十八年八月二十一日，九月三日，九月一日，十月一日，四日，十二月六日，二十九年一月一日，二十三日，二十一日，六日，九月七日，八月十日，九月九日，十二月二十七日，十日，八月八日，十九日，二十四日，三十二年七月十六日，三十二年七月十七日，二十四日。	18	54	162	

县市别	轰炸地区	轰炸时期	轰炸次数	敌机架数	投弹枚数	备考
岳阳县	芦席湾，船埠，城陵矶，火车站，新祥市，黄沙街	二十七年五月二十七日，八月〔 〕日，九月二十八日，十月一日，三日，四日，三十二年六月六日，〔 〕日。	7	21	63	
醴陵县	县城，阳三石	二十八年七月十三日，二十九年一月五日，十月三日，十二月二日，三十一年六月四日，八月九日，廿八日，三十二年十一月三日，三十三年五月十八日，二十九日，六月一日。	11	74	109	
湘阴县	县城，长乐街，南大膳，新市，蒙河口	二十八年六月七日，八日，九月十日，二十九年九月十七日，七日，二十八日，三十年九月十六日，十七日，十二月十七日，二十四日，三十三年五月八日，十日。……	115	218	256	
平江县	县城，大码头，浯口，中县坪	二十七年二月十四日，五月七日，二十八年八月十九日，九月十四日，二十日，三十一年三月六日，七月九日，三十三年三月十四日，五月二十三日，七月二日，十六日，九月八日。……	22	235	2990	
临湘县	长安镇，聂市镇，中正镇，云溪镇，桃李乡，文化乡，陆城乡，黄盖乡	三十年七月二十日，九月二十五日，四日，十月三日，三十二年五月九月九日，四月三日，九月十八日，五月九日。	8	44	30	
衡阳县	县城，东阳渡，建新，泉溪，剑公，致和，元贞，广福，泉湖，赐山等乡	二十七年十月十二日，二十八年八月五日，二十九年七月月二十七日，八月十日，十五日，十七日，十日，三十年九月二十一日，十月三日。……	528	1580	3580	

县市别	轰炸地区	轰炸时期	轰炸次数	敌机架数	投弹枚数	备 考
衡山县	县城，南岳市，雷溪市，洙河桥，澎洲坡，杨树坪，樟树市，三樟市，渔洲坝，油麻田，栗子港，渡口	二十七年九月十七日，十月十三日，十四日，三十年一月二十六日，三十二年五月八日，六月十三日，八月十四日，十月十五日，三月十一日，五月三月四日，八日，十四日，十七日，十九日，六月四日，十一日，十二日，二十八日，九月十一日，十六日，三十四年二月二十四日，三月五日，七日。	23	223	553	
耒阳县	县城，小水铺，金盆塘，灶市街，耒城，滩平，夏塘，廉正，大隆，白旺，浔环，白沙，新市，泗水，湖水，关福等乡	二十六年十月九日，三十年一月八日，三月四日，五月十二日，十三日，十四日，六月二十四日，七月二十四日，二十日，八日，十一日，三日，五日，十日，十二日，十三日，十六日，二十四日，三十四年二月十九日，四月八日，十一日，六日，五月十九日，廿三日，七月五日，六日，七日。	41	483	879	
攸 县	县城	二十八年七月十二日。	1	9	20	
茶陵县	县城，晓阳乡，电虎乡，纲云乡，文江乡	三十三年六月二日，六月三日，六月四日，六月五日，七月一日，七月二日。	12	30	138	
常宁县	县城，水口山，松柏，荫田，柏坊，江口塘	二十九年八月十七日，十月十一日，三十二年八月三十日，三十一年十月十五日，十一月十六日，三十三年六月二十日，六月十五日，七月一日，七月四日，七月十五日。	10	86	220	

县市别	轰炸地区	轰炸时期	轰炸次数	敌机架数	投弹枚数	备考
郴县	县城，火车站，良佑乡邓家塘，楼凤渡，桥口	廿七年七月五日，八月廿四日，三十年八月四日，九月廿九日，十二月二十三日，卅一年一月一日，卅二年九月廿一日，卅四年一月十二日，十四日，十五日。	9	27	81	
桂阳县	县城	卅四年一月九日，十日。	2	5	22	
永兴县	县城，高亭司，湘阴渡，塘门口	三十年六月十二日，卅三年十二月三日，十二月廿五日。	5	21	47	
宜章县	白石渡，火车站	二十七年八月〔 〕日，九月〔 〕日。	3	18	35	
资兴县	和海乡，东江，坡厢镇	卅四年一月廿日，廿一日，廿五日。	4	16	22	
临武县	县城	卅二年九月十八日。	1	7	36	
汝城县	县城，广坪机场	卅四年四月三日，八月十二日	2	2	6	
常德县	县城，石门桥，南站，河洑市，斗娃湖，经历司湾，三闾港，皇经台，夹街市，水巷口，斗姆阁，善卷乡，永安乡，德山市	廿七年十一月九日，十日，十一日，十三日，十八日，廿九日，卅日，廿八年三月八日，六月十三日，廿三日，廿四日，八月一日，九月十四日，廿九年十一月廿六日，十二月廿五日，卅一日，卅年三月五日，四月十七日，廿三日，六月七日，卅一日，八月九日，十二月九日，十一日，三十一年六月卅日，十一日，卅二年五月十四日，十九日。	28	310	1686	
澧县	澧武镇，汽车站，棚厂街，津市，新洲，大石桥	二十七年十一月二十一日，三十年八月十三日，三十二年三月十一日，四月八日，十四日，十六日。	7	8	18	

县市别	轰炸地区	轰炸时期	轰炸次数	敌机架数	投弹枚数	备考
桃源县	县城，漆家河、渔父乡、崇义乡、澄溪乡、漳江镇	二十七年十二月二十九日，二十八年六月十三日，三十一年七月一日，三十二年十一月二十日、二十六日，三十三年六月十八日，七月六日，十一月九日。	10	66	256	
石门县	县城，燕山、新关、二都、易市，蒙泉乡、福田乡、南圻乡、瓜花乡	卅年五月六日，卅二年十一月二日起，至廿八日止。	30	241	418	
华容县	县城，塔市	二十九年七月四日、六日，十四日，十六日，十二月二十九日，三十二年三月〔 〕日。	6	21	63	
南县	县城，九都镇、荷花咀、鱼尾洲，阙山头、一华阁	三十一年八月〔 〕日，三十二年一月〔 〕日。	3	21	……	
慈利县		二十八年七月〔 〕日，十一月二日，三十二年六月一日。	3	15	72	
安乡县	县城，沿河各乡	三十二年四月六日，十一月二日。	2	5	30	
临澧县	县城	三十二年五月二日，三十一日。	2	12	74	
益阳县	县城，二堡、爱胡庐、七公庙，猫嘴村、大码头、七星庙、赵家院子，牛坪	廿七年四月廿七日，八月廿日，廿八年九月廿二日，十一月二日，卅一年一月二日、十五日，卅二年四月十六日，卅四年四月卅日，九月二十八日。	9	49	258	
湘乡县	县城，谷水、丰乐乡、西阳瑕、潭市、西阳	三十年八月二十日，三十一年四月十二日、十五日，十一月二十日，三十三年四月二十八日，二十九日，三十四年五月七日。	7	27	134	

县市别	轰炸地区	轰炸时期	轰炸次数	敌机架数	投弹枚数	备考
安化县	烟溪市，小淹市，天乐乡，横铺子，长塘市，蓝田	二十八年八月二十一日，十二月十一日，十三日，二十九年二月十五日，三十三年六月二日，八月六日，三十四年四月二日，十七日。	7	32	80	
汉寿县	县城，毓德乡，大美乡，鸭子港	二十七年十一月十六日，二十八年五月七日，三十二年五月八日，十日。	8	26	72	
宁乡县	县城，飞机场，玉潭，桥河，南乡，北乡	二十七年九月六日，十二月二日，三日，二十八年五月三日，廿九年三月十二日，卅年八月六日，十月二日，卅一年二月三日，卅二年十一月二十四日，卅三年六月三日，五日。	10	64	219	
沅江县	县城，草尾乡，新成乡，北湖塞，南湖洲，芷泉河，寨头口，新塘口，大淋港，黄口潭，乐明乡，茈湖口，白河乡，注东乡，茅角口，草湾，琼湖镇	二十九年五月六日，三十一年四月十五日，四月二十日，五月九日，六月十五日，十月八日，十一月〔 〕日，十二月二十一日，二十八日，三十四年二月二十三日，三月二十九日，五月二十日，六月十二日，七月二十九日。	16	216	379	
邵阳县	县城，西站，关门口，飞机场，戴家坪，中三里桥，佘田桥，沙子坡，深坑边，靖合乡，桃花坪，平六乡，岩口铺，张家冲，三民级	二十七年七月二十三日，八月十八日，二十八年三月二十一日，二十七日，四月三日，十月五日，九月八日，十月十二日，三十年九月十八日，十一月二十三日，三十一年十月二十七日，三十二年三月十四日，三十三年三月二十日，四月八日，六月七日，十二日，二十二日，八月三日，二十四日，九月六日，十月二日。	24	318	1679	

县市别	轰炸地区	轰炸时期	轰炸次数	敌机架数	投弹枚数	备考
新化县	礼智乡，大有乡，吾梅乡，梅城镇	卅三年三月十七日，七月八日，卅四年五月十日，十二日。	5	12	19	
武冈县	县城，高沙	三十二年十二月〔 〕日，三十四年四月十五日。	2	2	15	
新宁县	县城，回龙市，白沙市市，窑市，冻江口	三十三年九月六日，三十四年四月二十日，二十四日，五月四日，五日，十六日，二十日，（六次）七月十日。	13	57	422	
城步县	县城，巫溪乡	三十四年四月二十七日，五月三日。	2	6	17	
零陵县	县城，蔡家铺，冷水滩，虎子岭，荷花塘	二十八年十月九日，十一日，十四日，十五日，十一月五日，七日，二十九年九月七日，十月八日，十一月二日，三十年二月九日，三月十六日，七月八日，二十九日，三十一年四月三十日，六月三日，八月十三日，七月九日，十月二十六日，三十二年六月十五日，七月九月一日，十月二十六日，三十二年六月十九日，七月二十日，九月十八日，卅三年二月十二日，四月廿五日，七月九日，八月十三日，十三日。	17	215	473	
祁阳县	县城，浯溪河，椒山坪，罗家园，观音滩，白水市	二十八年十月十四日，二十九年一月三日，九月十四日，九月十四日，卅年八月廿八日，十一月二日，十一月六日，卅一年三月十二日，八月二十四日，十月十五日，卅一年三月三十日，五月十九日，七月十四日，十月二十日，卅二年三月十五日，七月十四日，卅三年八月三月十四日，九月十四日，卅三年八月十四日，九月三日	13	195	505	

县市别	轰炸地区	轰炸时期	轰炸次数	敌机架数	投弹枚数	备考
道县	县城亲仁乡，许家坪	三十三年九月十二日，十三日，十四日，十五日，十六日，十七日，十九日，二十日，二十三日，二十四日，二十五日，二十八日，十月二日，五月二日，六日，八日，九日，十五日，十六日，十七日，廿一日，廿五日，廿七日，廿八日，十二月三日，四日，十九日，廿五日，廿六日，卅四年，一月八日，十七日，十八日，二月一日，四月十三日，五月四日，六月十四日	41	249	367	
永明县	县城永和乡，公允乡，永康乡，冰水乡，刚强乡，桃川镇，永谷乡，永靖乡	三十三年九月二十七日，二十八日，二十九日，三十日。	9	63	119	
龙山县	县城	三十年八月十三日。	1	1	1	
沅陵县	县城，铲子坪，汽车站，炮厂，电磁厂，柳林汉，伯陵路，太常村，湘西电厂，官庄，丁家庙，白田头，驿鸣头，西冲溶，桃溪坪，安平乡	二十八年八月十八日，二十一日，二十三日，二十四日，十月十三日，二十五日，二十九年九月四日，九日，三十年一月二十九日，五月七日，三十三年七月二十五日，九月二十三日。	21	211	1165	
溆浦县	大江口	二十八年十月十四日。	1	3	64	

县市别	轰炸地区	轰炸时期	轰炸次数	敌机架数	投弹枚数	备考
辰溪县	县城，南庄坪，花塘坪，松溪口，一二兵工厂，龙头脑，陈家溪，马路坪，水泥厂，汽车站，狗头桥，板溪口，垄头脑，桐湾，华中水泥厂，太和乡	二十八年四月三十日，八月二十一日，九月二十一日，二十三日，十月十三日，二十九年九月四日，九日，十月十一日，三十年四月一日，二日，七日，五月七日，八月三日，十月二十九日。	22	153	1047	
沪溪县	县城	二十九年九月九日。	1	27	104	
芷江县	县城，飞机坪，三里坪，坡田，楠木坪，七里桥，天王庙，过马塘，雁塔寺，龙井寺，燕子岩，桃花溪，龙坪，木鱼坡，火烧坡对河等处	二十七年十一月八日，十一月十一日，二十八年一月十一日，四月七日，二十日，七月二十三日，二十七日，十月三日，五日，九日，十月五日，二十六日，十二月二十五日，二十九年四月十二日，九月二十九日，八月三日，三十年五月二十日，三十一年五月六日，二十九日，七月二十五日，三十二年五月二日，十二日，二十七日，八月二日，八月三日，十月三十日，十一月二十一日，二月二十日，十二月四日，三十四年一月二十九日，二月二十一日。	38	513	4631	
黔阳县	县城，灯笼桥	二十八年十二月九日，三十四年四月十六日。	2	6	30	
怀化县	凤凰山，清水乡	三十三年七月五日，十一月十日。	2	2	14	

二、人口伤亡

（表3）人口伤亡表

事件：日军进攻及日机轰炸　时间：自二十六年七月七日起至三十四年八月十日止　地点：本省各地

（一）按区（市）分

区（市）别\类别	死亡					重伤					轻伤				
	合计	男	女	幼童	不明	合计	男	女	幼童	不明	合计	男	女	幼童	不明
总　计	920,085	284,456	150,523	83,265	401,841	738,512	360,480	197,065	26,485	94,482	963,786	432,106	302,920	79,937	148,823
长沙市	36,460	20,052	7,292	3,649	5,468	19,788	10,884	3,956	1,980	2,968	36,748	20,213	7,350	3,675	5,510
衡阳市	29,480	14,608	7,571	2,761	4,540	15,225	7,984	3,992	1,330	1,919	10,205	5,323	2,661	896	1,325
第一区	228,281	86,935	51,014	35,042	55,290	267,302	134,748	75,997	37,999	19,158	294,050	124,297	79,142	35,433	58,178
第二区	340,915	53,555	28,750	18,086	240,524	262,853	115,208	58,695	26,009	62,941	182,900	82,792	36,230	18,239	45,639
第三区	11,688	4,552	2,446	787	3,903	7,775	4,135	2,153	1,124	363	25,978	7,761	5,594	1,759	10,864
第四区	72,579	26,477	15,393	4,996	25,713	16,943	9,216	5,651	1,008	1,068	194,859	102,301	81,374	1,389	9,822
第五区	48,074	19,777	9,137	2,070	17,090	34,241	19,847	10,643	3,751	—	70,871	40,007	20,073	6,697	4,094
第六区	26,460	16,361	7,846	860	1,383	47,005	26,303	18,910	1,790	2	56,062	7,375	43,905	4,027	755
第七区	120,761	39,495	20,402	14,686	46,178	63,379	30,473	15,861	11,151	5,894	80,455	40,414	25,804	7,441	6,796
第八区	2	2	—	—	—	—	—	—	—	—	35	7	8	—	20
第九区	2,279	578	535	269	897	960	210	418	300	32	9,712	278	339	300	8,695
第十区	3,106	2,064	127	60	855	2,441	1,472	789	43	137	2,011	1,338	467	81	125

（二）按县（市）分

区（市）别	死亡					重伤					轻伤				
	合计	男	女	幼童	不明	合计	男	女	幼童	不明	合计	男	女	幼童	不明
总　计	920,085	284,456	150,523	83,265	401,841	738,512	360,480	197,065	26,485	94,482	963,786	432,106	302,920	79,937	148,823
长沙市	36,460	20,052	7,292	3,648	5,468	9,788	10,884	3,956	1,980	2,969	36,748	20,213	7,350	3,675	5,510
衡阳市	29,482	14,608	7,571	2,761	4,540	15,225	7,984	3,992	1,330	1,919	10,205	5,323	2,661	896	1,325
浏阳市	17,842	4,518	3,289	2,562	7,473	5,009	2,146	1,625	1,097	141	20,011	1,816	1,510	1,052	15,633
长沙县	31,687	24,363	5,221	1,036	1,067	42,434	30,350	8,694	2,987	403	67,253	44,623	19,485	2,736	409
湘潭县	24,596	10,452	4,789	2,187	7,168	64,310	31,054	20,487	8,482	4,287	41,436	18,846	14,163	3,862	4,565
岳阳县	31,807	7,103	9,874	3,141	1,689	22,714	13,608	7,294	1,812	—	29,431	16,542	10,137	2,752	—
醴陵县	8,652	2,791	1,396	466	3,999	1,692	814	768	10	100	17,717	1,337	1,190	10	15,180
湘阴县	74,940	29,321	18,410	19,881	7,328	117,129	51,231	32,098	19,754	14,046	90,075	34,450	27,103	20,124	8,398
平江县	12,852	4,812	4,983	2,652	405	13,872	5,324	4,861	3,687	—	16,610	6,484	5,392	4,734	—
临湘县	25,905	3,575	3,052	3,117	16,161	742	221	170	170	181	11,517	199	162	163	10,993
衡阳县	135,678	22,839	11,548	11,291	90,000	138,001	37,222	29,845	16,422	54,512	49,863	15,641	14,853	9,396	10,000
衡山县	9,872	5,787	2,659	402	1,024	12,952	8,765	779	263	3,145	35,671	18,249	3,982	1,856	11,584
耒阳县	104,680	5,880	3,785	2,842	92,170	80,280	50,309	19,564	7,500	2,407	58,868	39,757	11,685	5,243	2,183
攸县	15,463	6,963	2,349	1,872	4,279	5,684	3,578	1,402	697	7	15,500	1,860	1,226	241	12,173
茶陵县	9,440	5,410	3,005	32	993	8,645	4,331	2,869	360	1,085	8,366	745	689	346	6,586
常宁县	51,841	3,663	3,364	1,118	43,696	4,758	1,352	1,326	416	1,664	9,386	2,704	2,756	832	3,094
安仁县	13,909	2,997	2,032	526	8,354	12,526	9,146	2,909	351	120	5,232	3,830	1,036	347	19
鄜县	32	16	8	—	8	7	5	1	—	1	14	6	3	5	—
郴县	4,292	920	175	117	3,080	257	146	33	—	78	5,204	197	85	—	4,922
桂阳县	3,737	1,884	1,506	347	—	2,097	832	691	354	220	965	156	337	212	260
永兴县	1,778	1,023	568	187	—	3,101	1,932	836	333	—	9,243	5,262	2,843	1,138	—
宜章县	527	281	18	6	222	83	45	20	18	—	4,860	40	28	20	4,772
资兴县	987	185	140	112	550	1,375	562	453	360	—	4,174	1,554	2,240	380	—

（二）按县（市）分

区（市）别	死亡 合计	男	女	幼童	不明	重伤 合计	男	女	幼童	不明	轻伤 合计	男	女	幼童	不明
临武县	96	26	30	15	25	254	112	72	28	42	412	370	24	3	15
桂东县	63	63	—	—	—	25	25	—	—	—	—	—	—	—	—
蓝山县	129	112	3	1	13	320	230	40	27	23	304	170	34	5	95
嘉禾县	79	58	6	2	13	263	251	8	4	—	816	12	3	1	800
常德县	25,713	13,345	8,902	3,123	343	2,592	1,543	936	67	46	1,268	718	500	8	42
澧县	7,099	5,134	1,911	54	—	1,844	1,024	812	8	—	1,054	654	318	82	—
桃源县	4,579	958	326	295	3,000	653	302	185	166	—	1,302	835	286	181	—
石门县	4,226	750	685	465	2,326	1,135	531	311	293	—	176,497	97,391	78,532	574	—
华容县	14,056	2,408	848	496	10,304	1,202	688	361	153	—	1,257	723	398	136	—
南县	12,996	2,455	1,564	328	8,649	7,656	4,184	2,366	107	999	11,070	849	567	157	9,497
慈利县	543	96	38	5	404	236	78	120	15	23	344	23	37	1	283
安乡县	1,881	713	695	102	371	762	367	317	78	—	1,127	623	394	110	—
临澧县	1,486	618	424	128	316	863	499	243	121	—	940	485	315	140	—
益阳县	6,959	1,436	532	—	4,991	428	398	30	—	—	4,416	285	36	1	4,094
湘乡县	15,210	9,963	4,730	517	—	5,610	3,342	1,817	451	—	11,517	7,417	3,336	764	—
安化县	1,065	745	268	52	—	440	246	158	36	—	2,374	1,514	776	84	—
汉寿县	7,733	2,078	599	669	4,387	2,669	942	1,071	656	—	2,375	968	792	615	—
宁乡县	8,451	5,071	2,535	533	312	24,410	14,646	7,323	2,441	—	48,821	29,292	14,647	4,882	—
沅江县	8,656	484	473	299	7,400	684	273	244	167	—	1,368	531	486	351	—
邵阳县	15,614	7,818	7,171	625	—	42,554	22,164	18,687	1,703	—	52,746	5,171	43,603	3,972	—
新化县	2,664	1,193	420	27	1,024	310	250	58	2	—	808	42	14	—	752
武冈县	5,297	5,186	75	36	—	3,778	3,633	102	43	—	2,187	1,934	218	35	—
新宁县	2,850	2,145	179	168	358	320	232	47	39	2	215	175	25	12	3
城步县	35	19	11	4	1	43	24	16	3	—	106	53	45	8	—
零陵县	59,375	12,283	7,698	8,563	30,831	23,275	8,891	6,968	5,647	1,769	25,969	13,564	10,035	467	1,853

（二）按县（市）分

区（市）别	死亡					重伤					轻伤				
类别	合计	男	女	幼童	不明	合计	男	女	幼童	不明	合计	男	女	幼童	不明
祁阳县	19,266	9,500	5,130	3,730	906	19,430	8,642	6,795	3,874	119	19,690	6,725	7,863	4,860	242
宁远县	1,695	883	236	178	398	7,917	5,103	166	468	2,180	9,918	4,875	2,967	584	1,492
道 县	24,726	7,342	3,483	1,457	12,444	565	365	142	58	—	9,221	6,244	2,543	434	—
东安县	9,456	5,214	3,120	340	782	5,843	2,974	1,089	630	1,150	6,330	2,565	1,416	520	1,829
永明县	2,945	1,761	379	260	545	2,605	1,470	290	269	676	2,978	1,744	313	281	640
江华县	3,234	2,450	356	158	270	3,735	3,122	408	205	—	5,590	4,683	612	295	—
新田县	64	62	—	—	2	9	6	3	—	—	759	14	5	—	740
龙山县	2	2	—	—	—	—	—	—	—	—	35	7	8	—	20
沅陵县	953	70	150	180	553	587	28	287	272	—	523	11	232	249	31
溆浦县	624	127	123	56	318	190	85	66	12	27	8,855	136	115	43	8,561
辰溪县	580	310	240	25	5	140	70	50	15	5	280	97	73	7	103
泸溪县	122	71	22	8	21	43	27	15	1	—	54	34	19	1	—
会同县	1,802	1,383	5	3	411	1,734	1,034	692	8	—	980	842	135	3	—
芷江县	416	295	43	24	54	221	143	16	14	48	170	72	17	38	43
绥宁县	556	309	45	18	184	392	238	64	12	78	643	315	267	29	32
黔阳县	22	22	—	—	—	63	45	12	6	—	167	83	42	9	33
晃 县	305	50	34	15	206	28	9	5	3	11	46	24	6	2	14
靖 县	1	1	—	—	—	3	3	—	—	—	5	2	—	—	3
通道县	3	3	—	—	—	—	—	—	—	—	—	—	—	—	—
怀化县	1	1	—	—	—	—	—	—	—	—	—	—	—	—	—

备考：汝城、永顺、大庸、保靖、古丈、凤凰、乾城、永绥、麻阳等十县，无人口伤亡，表内故未列入。

三、财产损失

甲、全省总损失

（表 4） 全省财产损失总表

事件：日军进攻及日机轰炸　　时期：自二十六年七月七日起至三十四年八月十日止　　地点：本省各地

（一）按损失主体分

项　　　别		共　　　计	直接损失	间接损失	备　　考
总　　　计		12,192,210,270,264	11,504,405,560,497	687,804,709,767	
各机关损失	合计	68,564,355,259	64,072,667,098	4,491,688,161	
	省级机关	7,795,986,518	7,109,840,483	686,146,035	
	县（市）级机关	60,768,308,741	56,962,826,615	3,805,542,126	
各学校损失	合计	85,898,977,600	75,713,282,600	10,185,695,000	
	省立学校	18,245,230,000	16,420,785,000	1,824,445,000	
	县（市）立学校	22,053,974,506	19,355,237,272	2,698,737,234	
	私立学校	45,599,773,094	39,937,260,328	5,662,512,766	
各事业损失	合计	8,805,108,640,300	8,223,189,138,813	581,919,501,487	
	省营事业	429,316,939,542	106,167,023,457	323,149,916,085	
	县（市）营事业	3,859,635,492	3,120,698,501	738,936,991	
	民营事业	8,371,932,065,266	8,113,901,416,855	258,030,648,411	
各人民团体及合作社损失		478,353,690,144	459,112,117,884	19,241,572,260	
各机关学校及事业内服务员工损失		64,279,860,234	53,786,846,331	10,493,013,903	
普通住民损失		2,690,004,746,727	2,628,531,507,771	61,473,238,956	

（表4）全省财产损失总表（续）

（二）按损失时期分

年别	财产损失		备考
	损失时价价值	汇报时价价值	
合计	2,029,970,212,627	12,192,210,270,264	（汇报时价价值以三十四年八月份物价为准）
廿六年	549,900	1,037,138,895	本年敌机轰炸长沙市，耒阳县小水铺火车站等处。
廿七年	1,040,776,000	1,706,917,891,130	本年长沙大火，敌轰炸长沙市，浏阳，岳阳，平江，衡山，正江，宜章，衡阳（市，县）郴县，常德，澧县，桃源，益阳，汉寿，宁乡，邵阳等十七县市并侵占岳阳，醴陵，湘阴，正江，衡阳市，浏阳，湘潭，平江，衡阳市，攸县，常德，桃源，慈利，益阳，安化，汉寿，宁乡，邵阳，沅陵，辰溪等廿县（市）。本年敌攻动第一次长沙会战，并攻陷长沙，辰溪，泸溪阴，平江等三县市。
廿八年	930,875,000	1,219,219,995,660	本年敌轰炸长沙（市，县），湘阴，衡阳市，常德，宁乡，邵阳，祁阳，沅陵，正江，邵阳，宁乡，湘潭，正江等十三县市。
廿九年	1,412,597,000	727,931,303,784	本年敌发动第二第三两次长沙会战，轰炸长沙（市，县）浏阳，湘阴，临湘，衡阳（市，县）郴县，正江，永兴，常德，澧县，石门，湘乡，邵阳，汉寿，宁乡，零陵，祁阳，龙山，沅陵，辰溪，未阳，衡山等廿四县市，并先后攻陷长沙（市，县），醴陵，平江，临湘，常德，桃源，平江，临湘，常德，浏阳，湘阴，平江等五县市。
卅年	8,714,728,000	1,584,996,407,367	本年敌轰炸长沙市，浏阳，湘阴，平江等四县市。本年敌发动常德会战，轰炸长沙（市，县）正江，湘潭，岳阳，湘乡，宁乡，邵阳，安化，新田等十四县市。
卅一年	12,712,251,000	853,454,680,463	本年敌攻动长衡会战，猛炸长沙（市，县）衡阳（市，县），益阳，湘乡，新化，临武，永安，永兴，桃源，常宁，安仁，茶陵，攸县，零陵，祁阳，新化，怀化，新宁等廿九县市，并侵扰长沙（市，县）浏阳，湘阴，湘潭，平江，宁乡，益阳，湘乡，沅江，邵阳，武冈等三十四县市。
卅二年	120,509,627,900	1,463,065,231,418	本年敌发动湘西会战，在炸长沙（市，县）浏阳，湘阴，湘潭，平江，宁乡，安化，湘乡，汝城，益阳，湘乡，安化，江华，临武，蓝山，新田等三十四县市。
卅三年	662,869,408,000	3,413,808,221,720	本年敌发动湘西两会战，在炸桂阳，郴县等十六县，并侵扰醴陵，郴县，桂阳，郴县，未阳，汉寿，新化，武冈，新宁，道县，东安，永明，资兴，汝城，益阳，湘乡，正江，衡山，未阳，新化，宜章，资兴，嘉禾，新化，武冈，新宁，城步，激浦，绥宁，黔阳等十三县。
卅四年	1,221,779,399,827	1,221,779,399,827	本年敌发动黔阳，道县，黔阳等十三县。

· 309 ·

乙、省级各机关团体学校及事业损失

（表5）省级各机关团体学校及事业直接间接损失总表

项　别　　　　计	总　　　　计	直接损失	间接损失
总　　　　　　　计	508,345,205,556	177,949,510,517	330,395,695,039
省级机关损失合计	7,795,986,518	7,109,840,483	686,146,035
省政府各厅处会局	7,679,019,406	7,010,982,021	668,037,385
各区行政督察专员公署	116,967,112	98,858,462	18,108,650
省属学校损失合计	53,945,975,501	47,414,742,052	6,531,233,449
公　立　学　校	18,245,230,000	16,420,785,000	1,824,445,000
私　立　学　校	35,700,745,501	30,993,957,025	4,706,788,449
省营事业损失合计	429,316,939,542	106,167,023,457	323,149,916,085
农　业　部　分	137,806,779	131,135,897	6,670,882
矿　业　部　分	305,905,118,669	2,917,902,016	302,987,216,653
工　业　部　分	20,823,837,601	1,376,671,677	19,447,165,924
公 用 事 业 部 分	140,749,400	79,070,000	61,679,460
商　业　部　分	632,262,030	624,162,030	8,100,000
银　行　部　分	436,186,553	245,898,837	190,287,716
公　路　部　分	94,563,570,000	94,342,120,000	221,450,000
航　业　部　分	3,772,373,000	3,566,900,000	205,473,000
电　讯　部　分	2,905,035,510	2,883,163,000	21,872,510
省级机关学校员工损失合计	17,286,303,995	17,257,904,525	28,399,470
各 机 关 员 工	15,710,179,433	15,681,779,963	28,399,470
各 学 校 员 工	1,576,124,562	1,576,124,562	……

（表6）省政府直属各机关直接损失表

损失项别 / 机关名称	总　计	建筑物	器　具	现　款	图　书	仪　器	文卷（宗）	医药用品	其　他
总　　计	7,109,840,483	3,830,493,518	969,315,080	7,081,887	795,209,720	443,361,639	26,577,438	159,539,068	904,839,571
省府及秘书处	492,841,537	238,117,381	87,963,056	—	91,020,000	21,665,000	15,574	19,430,000	34,646,100
民　政　厅	433,525,000	350,000,000	50,000,000	—	6,000,000	25,000	33,856	—	27,500,000
财政厅及所属	226,722,264	111,187,000	17,172,140	728,450	78,575,000	—	……	8,456,000	10,603,674
教育厅及所属	3,037,645,000	1,518,822,500	547,002,500	790,000	491,212,500	219,606,250	……	87,868,750	172,342,500
建设厅及所属	943,577,706	685,138,696	15,099,021	43,500	74,899,396	167,212,933	8,743	50,000	1,134,160
警务处及所属	721,165,981	455,311,216	105,032,397	5,310,210	5,065,448	1,660,800	2,578,587	5,743,618	143,042,292
卫生处及所属	318,645,360	194,442,500	64,856,940	—	1,736,220	22,585,100	9,594	34,591,600	433,000
地政局及所属	11,352,152	664,295	1,979,301	125,367	101,990	7,923,856	976	—	557,343
会　计　处	8,175,362	269,520	265,842	—	7,640,000	—	414	—	……
统　计　室	9,403,000	—	285,000	—	8,518,000	485,000	364	—	115,000
设计考核会	51,538,250	17,694,250	8,844,000	—	25,000,000	—	……	—	—
省田粮处	605,151,509	146,721,760	23,365,383	—	2,279,366	—	7,643	138,800	432,646,200
第一区专署	33,048,000	27,450,000	3,340,000	—	8,000	—	……	2,250,000	—
第二区专署	2,438,560	254,000	1,419,000	48,360	64,200	36,700	325	74,300	542,000
第三区专署	968,302	—	450,000	—	100,000	—	6,568	—	418,302
第四区专署	42,143,000	32,180,000	2,947,000	—	—	421,000	……	2,356,000	4,239,000
第五区专署	2,301,600	980,000	541,600	—	250,000	50,000	1,783	360,000	120,000
第六区专署	8,360,000	3,260,000	2,450,000	—	650,000	150,000	3,200	1,850,000	—
第七区专署	7,667,000	6,850,000	653,400	—	163,600	—	2,834	—	……
第九区专署	1,932,000	340,000	520,000	—	394,000	—	……	678,000	—
保安部军法室	21,000,000	15,000,000	5,000,000	—	—	—	5,336	1,000,000	—
保安部防空科	71,263,000	12,300,000	22,264,000	—	1,220,000	580,000	……	—	35,799,000
南岳管理局	54,166,900	10,810,400	6,910,500	—	—	960,000	……	320,000	34,266,000
省妇女会	4,809,000	2,700,000	954,000	36,000	312,000	—	1,641	150,000	657,000

备考：第八第十两区专署无直接损失，故未列入。

（表7）　省属各学校直接损失表

项别	总计	建筑物	器具	现款	图书	仪器	医药用品	其他
总计	47,414,742,052	23,774,892,500	6,045,825,640	633,052,000	5,146,137,500	5,055,129,300	1,426,024,500	5,333,680,612
专科以上学校 合计	1,775,250,000	887,625,000	299,208,000	—	299,200,000	99,748,000	89,769,000	99,700,000
省立农业专科学校	496,800,000	248,535,000	83,778,240	—	83,776,000	27,929,440	25,135,320	27,646,000
省立工业专科学校	881,550,000	443,812,500	149,604,000	—	149,600,000	49,894,000	44,884,500	43,775,000
省立商业专科学校	396,900,000	195,277,500	65,825,760	—	65,824,000	21,944,560	19,749,180	28,279,000
中等以上学校 合计	43,433,712,052	21,784,377,500	5,444,617,640	633,052,000	4,601,937,500	4,746,881,300	1,216,255,500	5,006,590,612
省立各中学校	4,212,900,000	2,019,006,271	529,796,242	3,000,000	529,646,000	527,280,000	25,351,375	488,820,112
省立各师范学校	2,610,855,000	1,328,641,144	330,730,792	4,040,000	330,637,000	329,160,000	5,418,354	282,227,710
省立各职业学校	5,616,000,000	2,859,230,085	706,917,466	—	706,717,000	703,560,000	10,623,271	628,952,178
私立各中学校	30,993,957,052	15,487,500,000	3,877,173,140	626,012,000	3,034,937,500	3,186,881,300	1,174,862,500	3,606,590,612
小学校 合计	2,205,780,000	1,102,890,000	302,000,000	—	245,000,000	208,500,000	120,000,000	227,390,000
省立师范附属小学	1,600,134,000	800,698,140	219,252,000	—	177,870,000	156,154,440	87,120,000	159,039,420
省立中学附属小学	494,505,000	247,047,360	67,648,000	—	54,880,000	41,920,560	26,880,000	56,129,080
省立各小学	111,141,000	55,144,500	15,100,000	—	12,250,000	10,425,000	6,000,000	12,221,500
备考	私立各中学学校包括联立学校损失在内。							

（表8）　省级各机关学校内服务员工直接损失表

损失项别＼机关名称	总计	建筑物	器具	现款	古物图书	仪器	牲畜	衣着物	其他
总计	17,257,904,525	7,691,888,192	2,383,657,324	360,368,441	2,841,163,312	3,589,900	45,730,827	1,762,502,854	2,169,003,675
各机关合计	15,681,779,963	6,882,788,132	2,054,009,552	326,518,467	2,653,781,039	3,356,900	45,730,827	1,762,502,854	1,953,092,192
省府及秘书处	1,780,006,920	584,588,400	199,406,700	975,600	54,767,600	—	625,000	232,298,020	707,345,600
民政厅	684,717,330	546,084,000	51,945,170	—	20,081,550	—	300,000	49,651,300	16,654,910
财政厅及所属	1,213,701,000	368,568,000	161,537,600	14,735,150	259,672,000	50,000	390,000	266,413,850	142,334,410
教育厅及所属	1,353,028,400	691,192,500	253,204,100	33,241,100	190,669,400	1,403,900	—	—	183,317,400
建设厅及所属	714,246,283	195,898,000	111,464,110	45,021,960	79,851,769	48,000	1,579,000	171,998,794	108,384,650
警务处及所属	2,314,260,944	965,128,332	459,571,687	78,324,197	313,953,960	—	—	317,288,838	179,993,930
社会处	2,117,320,000	970,770,000	295,875,000	113,835,000	162,350,000	1,855,000	34,040,000	283,320,000	255,275,000
卫生处及所属	523,887,800	335,330,000	148,914,000	746,000	38,897,800	—	—	—	—
地政局及所属	931,360,112	741,715,100	29,610,970	465,460	13,550,460	—	104,000	63,686,502	82,227,620
会计室	2,391,217,500	530,550,000	154,886,000	30,120,000	1,467,390,000	—	—	160,816,500	47,455,000
统计室	193,816,710	125,500,000	25,145,610	60,000	4,960,000	—	856,000	29,614,300	7,740,800
省田粮处	520,432,060	252,940,000	45,491,260	—	18,372,000	—	2,585,000	65,926,800	135,057,000
第一区专署	81,616,159	37,366,400	14,302,500	134,000	5,215,500	—	1,120,427	20,316,340	3,294,992
第二区专署	159,261,785	104,253,000	20,900,875	100,000	—	—	—	26,706,510	7,267,400
第三区专署	214,258,480	163,387,400	15,760,000	—	3,934,000	—	1,251,000	7,413,000	22,413,080
第四区专署	27,294,810	12,600,000	2,930,000	—	5,606,000	—	780,000	4,270,000	1,108,810
第五区专署	135,124,570	81,000,000	11,872,470	—	830,000	—	996,000	28,456,100	11,970,000
第六区专署	55,883,100	27,082,000	18,119,500	—	358,000	—	670,000	—	9,653,600
第七区专署	224,785,000	121,130,000	29,970,000	8,760,000	13,321,000	—	—	30,452,000	21,152,000
保安部军法室	24,000,000	24,000,000	—	—	—	—	—	—	—
保安部防空科	21,561,000	3,705,000	3,102,000	—	—	—	434,000	3,874,000	10,446,000

备　考　第八、九、十区专署据报无损失故未列。

· 313 ·

损失项别 / 损失者	总　计	建　筑　物	器　具	现　款	图　书	仪　器	医用药品	其他物品	备　考
各学校合计	1,576,124,562	809,100,060	329,647,772	33,849,974	187,382,273	233,000	560,000	215,351,483	
私立民范女子职业学校	39,749	—	9,901	—	28,428	—	—	1,420	
私立稳储初职学校	4,518,574	30,000	232,000	217,344	1,035,815	—	—	3,003,415	
私立开物初级农校	465,000	—	—	—	—	—	—	465,000	
长郡联立中学	128,268,000	37,300,000	24,658,000	3,780,000	41,050,000	—	—	21,480,000	
私立精炼高职学校	385,500,000	196,000,000	162,000,000	—	3,000,000	—	—	24,500,000	
私立收叙女子初级中学	436,400	—	—	—	80,000	—	—	356,400	
私立明德中学	17,451,380	6,067,000	5,481,280	—	2,723,600	—	—	3,179,500	
私立周南女子中学	42,552,000	2,415,000	27,566,000	1,836,000	2,898,000	—	—	7,837,000	
私立广益中学	100,986,688	57,000,000	21,209,626	464,000	11,826,550	—	—	10,486,512	
永郡联立蘋州中学	144,351,000	83,372,000	17,505,500	5,029,000	5,530,000	—	—	32,914,500	
私立信义中学	24,911,902	2,502,960	10,427,785	2,345,560	3,983,750	—	—	5,651,847	
私立自强初级中学	28,160,800	36,000	224,000	—	24,470,000	—	—	3,430,800	
私立育民初级中学	35,261,200	23,170,000	1,760,200	623,200	2,982,000	—	—	6,825,800	
私立弘毅初级中学	6,325,184	3,535,000	1,153,120	—	748,000	—	—	889,064	
私立育才初级中学	881,600	—	11,200	—	30,800	—	—	839,600	
私立同大初级中学	172,896,445	143,717,500	175,000	108,700	1,511,740	—	—	27,383,505	
私立俏程初级中学	2,414,000	1,450,000	286,000	76,000	120,000	—	—	482,000	
私立雅礼中学	28,387,730	4,821,600	5,400,530	3,000	12,845,900	105,000	—	5,211,700	
私立明宪女子中学	85,107,200	47,100,000	14,873,200	15,983,000	7,086,000	—	60,000	5,000	
私立文艺中学	244,401,900	137,477,000	23,454,500	2,345,000	57,221,900	128,000	500,000	23,275,500	
私立芝城初级中学	10,913,400	8,290,000	503,800	399,800	1,130,000	—	—	589,800	
私立新京初级中学	34,904,300	17,229,000	2,339,400	20,000	1,094,400	—	—	14,221,500	
私立紫峰初级中学	1,417,750	—	247,330	—	266,740	—	—	903,680	
私立沧浪初级中学	1,230,000	680,000	400,000	—	—	—	—	150,000	
私立燕山初级中学	1,361,190	7,000	17,400	—	33,050	—	—	800,040	
私立春芳中学	29,650,170	8,000,000	2,120,000	115,670	3,275,600	—	—	16,138,900	
私立明宪文书科学校	43,331,000	28,900,000	7,592,000	—	2,510,000	—	—	4,329,000	

（表9）省营农业直接损失表

分类			价值
共 计			131,135,897
房 屋			79,930,080
器 具			8,186,628
现 款			—
产品		农产品	10,031,000
		林产品	17,598,730
		水产品	75,200
		畜产品	270,000
工具		农 具	2,178,010
		渔 具	165,000
		其 他	—
牲 畜			384,000
运输工具			16,000
其 他			12,301,248

（表10）省营矿业直接损失表

分类	价值
共 计	2,917,902,016
房 屋	118,678,018
器 具	64,058,246
矿 坑	429,239,863
现 款	1,018,493
矿 产 品	1,234,270,423
机械及工具	664,648,052
运输工具	44,679,693
其 他	361,309,134

（表11）省营工业直接损失表

分类	价值
共 计	1,376,671,677
厂 房	375,800,798
现 款	30,635,255
制 成 品	36,240,740
原 料	411,564,437
机械及工具	479,330,622
运输工具	5,219,160
其 他	37,880,663

(表12) 省营公用事业直接损失表

分　类	价　值
共　计	79,070,000
房　屋	42,000,000
器　具	5,070,000
现　款	—
机械及工具	32,000,000
运输工具	—
其　他	—

(表13) 省营商业直接损失表

分　类	价　值
共　计	624,162,030
店　房	600,000,000
器　具	—
现　款	—
存　货	24,162,030
运输工具	—
其　他	—

(表14) 省营银行业直接损失表

分　类	价　值
共　计	245,898,836
房　屋	17,951,418
器　具	29,248,768
现　款	—
生金银	—
保管品	—
抵押品	—
有价证券	—
运输工具	—
图　书	445
仪　器	620
其　他	198,697,585

(表 15) 省营公路直接损失表

分　　类	价　　值
共　　计	94,342,120,000
房　　屋	1,838,720,000
器　　具	378,400,000
现　　款	—
路线设备	82,522,800,000
电讯设备	1,540,000,000
车　　辆	4,045,000,000
材　　料	3,288,000,000
修理机械及工具	716,200,000
货　　物	—
其　　他	13,000,000

(表 16) 省营航业直接损失表

分　　类	价　　值
共　　计	3,566,900,000
房　　屋	2,500,000
器　　具	600,000
现　　款	—
码头及趸船设备	700,000
船　　只	3,563,100,000
材　　料	—
修理机械及工具	—
货　　物	—
其　　他	—

(表 17) 省营电讯直接损失表

分　　类	价　　值
共　　计	2,883,163,300
房　　屋	3,760,000
器　　具	3,709,000
现　　款	—
路线设备	2,645,744,300
材　　料	229,100,000
其　　他	850,000

（表18）省政府直属各机关间接损失表

机关名称	总计	迁移费	防空设备费	疏散费	救济费	抚恤费	复员费	应变费	其他	备考
总　计	686,146,035	325,240,722	112,749,745	157,163,275	70,025,300	79,821,300	8,352,530	2,493,163	300,000	
省政府及秘书处	3,784,230	1,226,612	—	1,198,760	1,558,857	—	—	—	—	
民政厅	27,350,000	16,000,000	500,000	8,000,000	2,500,000	350,000	—	—	—	
财政厅及所属	21,671,997	15,066,110	783,750	4,176,052	1,642,885	3,200	—	—	—	
教育厅及所属	341,475,000	180,287,500	55,559,500	59,713,000	40,912,000	5,003,000	—	—	300,000	
建设厅及所属	18,335,699	11,286,836	1,640,000	3,118,759	2,010,104	—	—	—	—	
警务处及所属	171,947,430	47,414,739	52,006,895	58,631,973	10,588,217	3,305,606	—	—	—	
卫生处及所属	23,175,718	12,700,611	—	5,264,728	5,210,329	—	—	—	—	
地政局及所属	14,999,359	8,361,647	—	4,522,188	2,115,524	—	—	—	—	
会计处	10,845,693	—	—	—	—	—	8,352,530	2,493,163	—	
统计室	710,100	145,000	85,000	415,000	65,100	—	—	—	—	
设计考核会	914,351	22,357	—	262,175	629,818	—	—	—	—	
省田粮处	31,627,809	22,272,009	260,600	6,491,640	898,700	1,704,860	—	—	—	
第一区专署	2,205,000	545,000	980,000	680,000	—	—	—	—	—	
第二区专署	9,170,400	7,150,000	1,583,000	1,857,000	5,420	—	—	—	—	
第三区专署	1,155,000	930,000	—	30,000	195,000	—	—	—	—	
第四区专署	1,048,000	730,000	50,000	268,000	—	240,000	—	—	—	
第五区专署	687,000	168,000	56,000	155,000	68,000	—	—	—	—	
第六区专署	538,690	188,000	—	350,690	—	—	—	—	—	
第七区专署	410,000	100,000	80,000	180,000	50,000	—	—	—	—	
第九区专署	2,266,250	466,250	450,000	1,100,000	250,000	—	—	—	—	
第十区专署	628,310	—	—	628,310	—	—	—	—	—	
省妇女会	1,180,000	380,000	140,000	120,000	540,000	—	—	—	—	第八区区无间接损失，故未列入。

（表 19） 省属各学校间接损失表

项　　别		总　计	迁　移　费	防空设备费	疏　散　费	救　济　费	抚　恤　费
	总　计	6,531,233,449	2,135,849,000	1,554,144,500	1,867,353,500	649,727,000	324,189,449
专科以上学校	合　计	197,250,000	49,324,000	39,303,500	59,322,500	49,300,000	—
	省立农业专科学校	55,200,000	13,800,720	11,004,980	16,610,300	13,774,000	—
	省立工业专科学校	44,100,000	10,851,280	8,646,770	13,050,950	11,551,000	—
	省立商业专科学校	97,950,000	24,662,000	19,651,750	29,661,250	23,975,000	—
中等以上学校	合　计	6,088,983,449	2,025,275,000	1,466,518,000	1,763,456,000	539,545,000	294,189,449
	省立各中学校	468,100,000	155,266,010	77,577,400	82,964,008	82,565,000	69,727,582
	省立各师范学校	290,095,000	97,674,760	48,802,400	52,191,008	51,940,000	39,486,832
	省立各职业学校	624,000,000	207,789,230	103,820,200	111,028,984	110,495,000	90,866,586
	私立各中等学校	4,706,788,449	1,564,545,000	1,236,318,000	1,517,272,000	294,545,000	94,108,449
小学校	合　计	245,000,000	61,250,000	48,293,000	44,575,000	60,882,000	30,000,000
	省立师范附属小学	177,706,000	44,467,500	35,060,718	32,361,450	44,200,332	21,616,000
	省立中学附属小学	54,945,000	13,720,000	10,817,632	9,984,800	13,637,568	6,785,000
	省立各小学	12,349,000	3,062,500	2,414,650	2,228,750	3,044,100	1,599,000

备考　私立各中等学校包括联立学校在内。

（表 20） 省级各机夫内服务员工间接损失表

损失项别	总　计	迁　移　费	疏　散　费	医　药　费	丧　葬　费	备　　考
总　计	28,399,470	566,100	800,000	4,360,170	22,673,200	
省政府建设厅	20,530,370	200,000	—	3,000,170	17,330,200	
省政府统计室	1,366,100	366,100	800,000	200,000	—	
第一区专署	1,563,000	—	—	660,000	903,000	
第五区专署	2,620,000	—	—	—	2,620,000	死亡彭瑞蓝、卢靖南、卢维汉三名
第六区专署	1,220,000	—	—	200,000	1,020,000	死亡杨锡魁、朱流洲二人
保安部防空科	1,100,000	—	—	300,000	800,000	死亡黄庆云、文同氏、罗才生三名

附注：本表未列各机关因未报员工损失故未列入。

（表 21） 省营各种事业间接损失表

事业别	共　计	可能生产额减少	可获纯利额减少	费用之增加 折证费	防空费	救济费	抚恤费	其　他
总计	323,149,916,085	318,516,691,712	4,093,607,833	310,842,476	12,768,110	197,335,620	5,084,112	13,586,222
农业部分	6,670,882	—	—	5,581,516	250,000	839,366	—	—
矿业部分	302,987,216,653	301,145,000,000	1,743,905,460	73,704,001	1,638,500	5,728,000	3,649,470	13,586,222
工业部分	19,447,165,924	17,125,691,712	2,128,312,373	20,650,252	5,549,325	166,798,032	164,230	—
公用事业部分	61,679,400	45,000,000	9,390,000	6,400,000	889,400	—	—	—
商业部分	8,100,000	—	—	4,500,000	3,600,000	—	—	—
银行业部分	190,287,716	—	—	171,209,737	40,885	18,970,222	66,872	—
公路业部分	221,450,000	200,000,000	12,000,000	2,800,000	450,000	5,000,000	1,200,000	—
航业部分	205,473,000	—	200,000,000	5,123,000	450,000	—	—	—
电讯部分	21,872,510	1,000,000	—	20,868,970	350,000	—	3,540	—

丙、县市级各机关团体学校及事业损失（略）

附表

（附表 1） 湖南省抗战期间实征壮丁人数表

年　别	人　数	备　考
总　计	1,751,159	
二十六年	213,710	
二十七年	244,760	
二十八年	272,368	
二十九年	297,270	
三十年	173,828	
三十一年	208,836	
三十二年	184,421	
三十三年	101,756	
三十四年	54,210	

（附表2）　湖南省政府抗战期间播迁情形表

播迁次数	迁往县份	开始迁移日期	各厅处分驻地点	备　考
第一次	沅陵	廿七年十一月三日	秘书处驻考棚街考棚内，旋移驻桐林港省立油漆职业学校，民政、财政、教育，三厅驻第九职业学校，建设厅驻廖家庄，保安处驻中南门，合计处驻太常村，卫生处驻塘巷。	
第二次	耒阳	廿八年五月二十日	秘书处驻北门外杜陵书院，民政厅驻化桥龙桥邓宅，财政厅驻北门外梁民宗祠，教育厅驻西门外汽车站原耒阳县救济院，建设厅驻西门外雷家村，保安处驻竹塔市，合计处驻南门外，旋迁北门周家村，地政局驻南门伍家村。	
第三次	桂阳	卅三年六月十八日	秘书处驻桂阳县立乡村师范学校，民政厅驻元亳小学校，财政厅驻北门外县立中学，教育厅驻合计处均驻东门外省立第三职业学校，警务处驻蓉峰镇中心学校，卫生处驻土坡祠，地政局驻火田。	
第四次	嘉禾	卅三年六月廿八日	秘书处驻尊崇学校，警务处驻晋屏乡公所。	民政厅、财政厅、教育厅、合计处、卫生处、地政局均由桂阳迁宁远，建设厅迁蓝山。
第五次	临武	卅三年九月廿九日	秘书处驻临武县立中学校，警务处驻邝家村相祠。	民政厅、卫生处、地政局先后由宁远迁蓝山，财政厅、教育厅、合计处由宁远经蓝山、临武、宜章、汝城迁东沙田。
第六次	蓝山	卅四年一月廿一日	秘书处驻舜乡大麻营，民政厅驻六里学校，建设厅驻县立中学校，警务处驻城南路陈家祠，卫生处、地政局驻东门处花果园。	
第七次	长沙	卅四年九月十八日	秘书处驻教育会坪，民政厅、建设厅、警务处驻中山东路，财政厅、教育厅、合计处驻中山东路，卫生处驻北大马路，地政局驻下学宫街。	卅四年八月一日省府改组，吴主席就职沅陵，同月十日敌军投降，省府随即迁返长沙。

（三）《湖南省抗战损失统计》调整表[①]

（一九四八年一月）

三、财产损失

（表1）甲 全省总损失（一、按损失主体分）

事件：日军进攻及日机袭炸　时期：自二十六年七月七日起至三十四年八月十日止　地址：湖南省各地

项别		总计			直接损失		间接损失	
		合计	原报数	补报数	原报数	补报数	原报数	补报数
总计		12,196,904,201,230	12,192,210,270,264	4,693,930,966	11,504,405,560,497	4,680,953,960	687,804,709,767	12,977,006
各机关损失	合计	68,587,782,445	68,564,355,259	234,427,186	64,072,667,098	10,450,180	4,491,688,161	12,977,006
	省级机关	7,819,413,704	7,795,986,518	23,427,186	7,109,840,483	10,450,180	686,146,035	12,977,006
	县市级机关	60,768,368,741	60,768,368,741	—	56,962,826,615	—	3,805,542,126	—
各学校损失	合计	85,898,977,600	85,898,977,600	—	75,713,282,600	—	10,185,695,000	—
	省立学校	18,245,230,000	18,245,230,000	—	16,240,785,000	—	1,824,445,000	—
	县市立学校	22,053,974,506	22,053,974,506	—	19,355,237,272	—	2,698,737,234	—
	私立学校	45,599,773,094	45,599,773,094	—	39,937,260,328	—	5,662,512,766	—
各事业损失	合计	8,805,471,540,300	8,805,108,640,300	362,900,000	8,223,189,138,813	362,900,000	581,919,501,487	—
	省营事业	429,679,839,542	429,316,939,542	362,900,000	106,167,023,457	362,900,000	323,149,916,085	—
	县市营事业	3,859,635,492	3,859,635,492	—	3,120,698,501	—	738,936,991	—
	民营事业	8,371,932,065,266	8,371,932,065,266	—	8,113,901,416,855	—	258,030,648,411	—
各人民团体及合作社损失		478,353,690,144	478,353,690,144	—	459,112,117,884	—	19,241,572,260	—
各机关学校及事业内服务员工损失		68,587,464,014	64,279,860,234	4,307,603,780	53,786,846,331	4,307,603,780	10,493,013,903	—
普通住民损失		2,690,004,746,727	2,690,004,746,727	—	2,628,531,507,771	—	61,473,238,956	—

① 1946年12月，湖南省政府统计室编印了《湖南省抗战损失统计》一书，后因省妇女工作委员会等机关又陆续补报抗战损失，其中数字略有调整，故于1948年1月在原书的基础上编制此"调整表"五份。原件存湖南省档案馆，档案号35—1—215。

乙 省级各机关团体学校及事业损失

（表2） 省级各机关团体学校及事业直接间接损失调整总表

项　别	合　计	总　计 原报数	总　计 补报数	直接损失 原报数	直接损失 补报数	间接损失 原报数	间接损失 补报数
总　计	513,039,136,522	508,345,205,556	4,693,930,966	177,949,510,517	4,680,953,960	330,395,695,039	12,977,006
省级各机关合计	7,819,413,704	7,795,986,518	23,427,186	7,109,840,483	10,450,180	686,146,035	12,977,006
省政府各处厅局室	7,692,716,592	7,679,019,406	13,697,186	7,010,982,021	720,180	668,037,385	12,977,006
各行政警察专员公署	126,697,112	116,967,112	9,730,000	98,858,462	9,730,000	18,108,650	—
省属学校损失合计	53,945,975,501	53,945,975,501	—	47,414,742,052		6,531,233,449	—
公立学校	18,245,230,000	18,245,230,000	—	16,420,785,000		1,824,445,000	—
私立学校	35,700,745,501	35,700,745,501	—	30,993,957,025		4,706,788,449	—
省事业损失合计	429,679,839,542	429,316,939,542	362,900,000	106,167,023,457	362,900,000	323,149,916,085	—
农业部分	137,806,779	137,806,779	—	131,135,897		6,670,882	—
矿业部分	306,268,018,669	305,905,118,669	362,900,000	2,917,902,016	362,900,000	302,987,216,653	—
工业部分	20,823,837,601	20,823,837,601	—	1,376,671,677		19,447,165,924	—
公用事业部分	140,749,400	140,749,400	—	79,070,000		61,679,400	—
商业部分	632,262,030	632,262,030	—	624,162,000		8,100,000	—
银行部分	436,186,553	436,186,553	—	245,898,837		190,287,716	—
公路部分	94,563,570,000	94,563,570,000	—	94,342,120,000		221,450,000	—
航业部分	3,772,373,000	3,772,373,000	—	3,566,900,000		205,473,000	—
电讯部分	2,905,035,510	2,905,035,510	—	2,883,163,000		21,872,510	—
省级机关员工损失合计	21,593,907,775	17,286,303,995	4,307,603,780	17,257,904,525	4,307,603,780	28,399,470	—
各机关员工	20,017,783,213	15,710,179,433	4,307,603,780	15,681,779,963	4,307,603,780	28,399,470	—
各学校员工	1,576,124,562	1,576,124,562	—	1,576,124,562		—	—

（表3） 湖南省政府直属各机关直接损失调整表

损失别 机关名称	总　计	原报数	补 报 数								
			合　计	建筑物	器具	现款	图书	仪器	文（宗）卷	医药用品	其他
总　计	7,120,290,663	7,109,840,483	10,450,180	4,660,000	950,180	—	10,000	—	—	50,000	4,780,000
省府及秘书处	492,841,537	492,841,537	—								
民政厅	433,525,000	433,525,000	—								
财政厅及所属	226,722,264	226,722,264	—								
教育厅及所属	3,037,645,000	3,037,645,000	—								
建设厅及所属	943,577,706	943,577,706	—								
警务处及所属	721,165,981	721,165,981	—								
卫生处及所属	318,645,360	318,645,360	—								
地政局及所属	11,352,152	11,352,152	—								
合计室	8,175,362	8,175,362	—								
统计室	9,403,000	9,403,000	—								
设计考核委员会	51,538,250	51,538,250	—								
省田粮处	605,151,509	605,151,509	—								
第一区专署	42,778,000	33,048,000	9,730,000	4,200,000	750,000						4,780,000
第二区专署	2,438,560	2,438,560	—								
第三区专署	968,302	968,302	—								
第四区专署	42,143,000	42,143,000	—								
第五区专署	2,301,600	2,301,600	—								
第六区专署	8,360,000	8,360,000	—								
第七区专署	7,667,000	7,667,000	—								
第九区专署	1,932,000	1,932,000	—								
保安部军法室	21,000,000	21,000,000	—								
保安部防空科	71,263,000	71,263,000	—								
南狱管理局	54,166,900	54,166,900	—								
省妇女会	4,809,000	4,809,000	—								
妇女工作会	720,180	—	720,180	460,000	200,180	—	10,000	—	—	50,000	—

（表4） 湖南省政府直属各机关间接损失调整表

汇报各机关名称	总　计	原报数	补　报　数								
损失别			合　计	迁移费	防空设备费	疏散费	救济费	抚恤费	复员费	应变费	其他
总　计	699,123,041	686,146,035	12,977,006	1,476,255	—	587,328	10,913,423	—	—	—	—
省府及秘书处	16,586,516	3,784,230	12,802,286	1,456,255	—	587,328	10,758,703	—	—	—	—
民政厅	27,350,000	27,350,000	—								
财政厅及所属	21,671,997	21,671,997	—								
教育厅及所属	341,475,000	314,475,000	—								
建设厅及所属	18,355,699	18,335,699	—								
警务处及所属	171,947,430	171,947,430	—								
卫生处及所属	23,175,718	23,175,718	—								
地政局及所属	14,999,359	14,999,359	—								
会计处	10,845,693	10,845,693	—								
统计室	710,100	710,100									
设计考核委员会	914,351	914,351									
省田粮处	31,627,809	31,627,809	—								
第一区专署	2,205,000	2,205,000	—								
第二区专署	9,170,400	9,170,400	—								
第三区专署	1,155,000	1,155,000	—								
第四区专署	1,048,000	1,048,000	—								
第五区专署	6,870,000	6,870,000	—								
第六区专署	538,690	538,690									
第七区专署	410,000	410,000									
第九区专署	2,266,250	2,266,250	—								
第十区专署	628,310	628,310									
省妇会	1,180,000	1,180,000									
妇女工作会	174,720	—	174,720	20,000			154,720			—	—

（表5）省级各机关学校内服务员工直接损失调整表

汇报机关名称	总计	原报数	补报数								
			合计	建筑物	器具	现款	古物图书	仪器	牲畜	衣着物	其他
总计	21,565,508,305	17,257,904,525	4,307,603,780	1,356,830,000	1,018,018,030	11,024,500	471,688,000	—	24,808,210	1,309,468,900	115,766,140
各机关合计	19,989,383,743	15,681,779,963	4,307,603,780	1,356,830,000	1,018,018,030	11,024,500	471,688,000	—	24,808,210	1,309,468,900	115,766,140
省府及秘书处	2,763,889,320	1,780,006,920	983,882,400	492,000,000	167,000,000	—	179,250,000	—	900,000	139,300,000	5,432,400
民政厅	684,717,330	684,717,330	—								
财政厅及所属	1,213,701,000	1,213,701,000	—								
教育厅及所属	1,353,028,400	1,353,028,400	—								
建设厅及所属	714,246,283	714,246,283	—								
警务处及所属	2,368,094,444	2,314,260,944	53,833,500	6,365,000	11,153,000	—	10,593,500	—	2,740,000	22,116,000	866,000
社会处	2,466,434,100	2,117,320,000	349,114,100	214,289,000	19,063,000	10,7165,500	34,781,500	—	15,410,500	47,283,600	7,570,000
卫生处及所属	523,887,800	523,887,800	—								
地政局及所属	2,247,461,112	931,360,112	1,316,101,000	52,000,000	420,911,000	—	—	—	—	842,870,000	320,000
会计处	2,429,144,500	2,391,217,500	37,927,000	32,800,000	3,291,500	—	315,500	—	—	1,220,000	300,000
统计室	238,868,310	193,816,710	45,051,600	30,400,000	550,000	308,000	820,000	—	200,000	10,588,000	2,185,600
省田粮处	520,432,060	520,432,060	—								
第一区专署	81,626,659	81,626,659	10,500	10,000	130	—	—	—	130	200	40
第二区专署	165,274,885	159,261,785	6,013,100	2,350,000	793,000	—	—	—	120,000	2,590,000	160,100
第三区专署	214,258,480	214,258,480	—								
第四区专署	32,372,310	27,294,810	5,077,500	5,000,000		—	77,500	—			
第五区专署	135,124,570	135,124,570	—								

损失别 机关名称	总计	原报数	补报数 合计	建筑物	器具	现款	古物图书	仪器	性畜	衣着物	其他
第六区专署	60,511,500	55,883,100	4,628,400	—	—	—	—	—	23,000	4,605,400	—
第七区专署	224,785,000	224,785,000	—								
保安部军法室	1,529,964,680	24,000,000	1,505,964,680	521,616,000	395,256,400	—	245,850,000	—	5,414,580	238,895,700	98,932,000
保安部防空科	21,561,000	21,561,000									
各学校合计	1,576,124,562	1,576,124,562									
私立民范女子职业学校	39,749	39,749	—								
私立稳储初职学校	4,518,574	4,518,574	—								
私立开物初级农校	465,000	465,000	—								
长郡联立中学	128,268,000	128,268,000	—								
私立精炼高职学校	385,500,000	385,500,000	—								
私立攸县女子初级中学	436,000	436,000	—								
私立明德中学	17,401,380	17,401,380	—								
私立周南女子中学	42,552,000	42,552,000	—								
私立广益中学	100,986,688	100,986,688	—								
永郡联立麬洲中学	144,351,000	144,351,000	—								
私立信义中学	24,911,902	24,911,902	—								
私立自强初级中学	28,160,800	28,160,800	—								
私立育民初级中学	35,261,200	35,261,200	—								
私立弘毅初级中学	6,325,184	6,325,184	—								

续表

损失别　汇报机关名称	总　计	原报数	补报数 合　计	建筑物	器　具	现　款	古物图书	仪器	性　畜	衣着物	其　他
私立育才初级中学	881,600	881,600	—								
私立大同初级中学	172,896,445	172,896,445	—								
私立循程初级中学	2,414,000	2,414,000	—								
私立雅礼中学	28,387,730	28,387,730	—								
私立明宪中学	85,107,200	85,107,200	—								
私立文艺中学	244,401,900	244,401,900	—								
私立芝城初级中学	10,913,400	10,913,400	—								
私立新高初级中学	34,904,300	34,904,300	—								
私立紫峰初级中学	1,417,750	1,417,750	—								
私立沧浪初级中学	1,230,000	1,230,000	—								
私立燕山初级中学	1,361,190	1,361,190	—								
私立春芳中学	29,652,170	29,652,170	—								
私立明宪文书科学校	43,331,000	43,331,000									

（四）第一、二、三次长沙会战经过及中国军人伤亡统计表[①]

1. 第一次长沙会战经过（廿八年九月十七日起至十月十日止）

自欧战爆发，各国无暇东顾，敌乃企图利用时机，亟思蠢动，冀达其竭主力以解决中国事变之妄想。遂于九月初成立所谓对华派遣军总司令部，以敌酋西尾寿造为总司令，板垣征四郎为总参谋长，策定进攻我西安、汉中、宜昌、长沙及郑州诸计划，加紧对我侵略行动，尤以打通粤汉路、进窥长沙之企图更属明显。

依据敌参谋长板垣最近拟定对湘北作战计划，以陆军三个师、海军一个旅团分由洞庭登陆及长沙以北进犯，并于赣北集中两师团由萍乡急进，取夹攻态势，限十月十日以前攻占长沙。

九月中旬，在南昌附近之敌 101D、106D 主力秘密向赣江以西移动，并于奉新、安义一带新增由南昌调来之伪军约六千余，其原泊南昌、九江附近敌舰亦均上驶，转往长江，向岳阳方面西调。同时，集结于岳阳、通城一带之 6D、33D 及 13D、3D 各一部，已增至六万之众，其对我赣西湘北进犯之企图昭然若揭。因此，我亦严加戒备，分令各军妥为防范。当时湘北方面有我 52A 张耀明部之 2D、25D、195D，37A 陈沛部之 60D、95D，79A 夏楚中指挥之 98D、82D、140D，20A 杨森部 133D、134D 等部队，担任新墙河亘通城以南之守备。70A 李觉部推进，任汨罗江第二线阵地之守备。湘江西岸，则以 54A 陈烈部、87A 周祥初部及 53A 一部暨洞庭水警备队（以湘省洞庭警备队及鄂省湖沼别动队编成）担任汉寿、沅江、常德等处守备及湖防。后方之长沙、湘潭、衡阳、醴陵、全州一带分别控置有 N3A、4A、99A 等部为待机之准备。至高安方面，有 49A 刘多荃部（105D、9BD[②]）任锦河南岸，32A 宋肯堂部（139D、141D）任高安

[①] 本文摘自《第九战区历次会战经过(1938年7月至1942年1月)》，题目为编者所加，校编时对文、表顺序做了适当调整。原件存中国第二历史档案馆，档案号787—6529。

[②] 疑为 98D 之误。

东北祥符观亘奉新以西阵地之守备。1AG 卢汉部 60A（183D、184D）及 58A（N10D、N11D）除一部（183D）向上富镇推进外，余均集结于上高附近地区。武宁以西有 30AG 王陵基部 72A、78A 共四师，担任警戒游击。赣江东岸有我 29A 对南昌之敌警戒袭击并控置，74A 王耀武部于万载、宜春，73A 彭位仁部于修水附近待机。此外，咸宁东南及通山附近我湘鄂赣边区地方推进军 3D 及地方团队，正分向崇阳、武宁袭击；阳新以南有 197D、地方团队及孔荷宠部，向阳新、瑞昌袭击；在德安以北，有我岷山游击队及 N14D，分向星子、德安、瑞昌一带袭击，策应我高安及湘北之作战。

九月十七日，敌 101D、106D，主力集结于高安以东及奉新一带。是日午，其 101D 之 157R 及 106D 之 106R 约五千余，附炮四十余门，分向我高安以东及奉新以西阵地进犯，并施放喷嚏性毒瓦斯。我 32A 当与敌展开血战，予以痛击。敌未得逞。我为防敌大举进犯，及策应、支援该军之作战，乃令 74A 王耀武部（51D、57D、58D）分向高安以西石头街、泗溪、棠浦之线，15D 向上富镇西方甘坊附近推进；183D 经靖安西北向上富镇南进，准备聚歼西犯之敌。各部均于十八日分别到达，并调在临川整训之第 10A 梁华盛部开吉安，作机动部队。是日夜，敌复猛攻我 32A 之 139D 祥符观阵地。十九日晨，被敌突破，乘胜西进，与我于城郊发生激战。随即陷我高安。二十日，敌军千余，附重炮六门，机械化部队一队，由高安西进，与我 32A 于灰埠以北展开激战，各无进展。是时，我为争取主动，相机反攻，期予急进之敌以打击，乃调整部署，以 49A 刘多荃部（9RD①、105D）仍守备高安以东、锦江南岸阵地，32A 退守绵江南岸，高安至灰埠阵地，74A 守备石头街、泗溪、棠浦阵地，183D 在上富镇，15D 在横桥、甘坊之线，于当晚部署就绪，开始向龙团圩、南山河、会埠街之线反攻，敌告不支。廿一日，我 141D 克复高安之龙团圩、石脑圩，乘胜东进。廿二日，我 139D 克复高安，51D、58D 进至高安西北，收复斜桥、南山河等地。廿三日，攻克祥符观，恢复以前之阵线，残敌退据奉新及其西北地区。廿四日，敌为策应湘北敌军之攻势，又复西进陷我上富镇，并于是晚攻占甘坊。迄廿五日，仍与我 60A（183D、184D）及 $\frac{15D}{73A}$ 在甘坊附近激战。二十七日晨，经我全线反攻，我 57D 及 184D 遂于是日下午分别克复甘坊及上富镇，残敌北窜。惟敌在该方面企图牵制我军，以达其策应进攻长沙，敌军频以少数兵力向我反攻，上富、甘坊时得时失，但经我 1AG 卢汉部 58A、60A 及 15D、57D 在甘坊、横桥

① 疑为 98D 之误。

一带围攻，终无法西进，乃改变方向，以其 106D 主力向北转用，期另由武宁西进部队及由通城南下之 33D 会攻修水。自廿八日以来，修水东南已发现敌 106D 之 145R、147R 及 101D 之一部。卅日，山口（修水、铜鼓间）亦到敌二百，另有七百余之敌与我 72A 之 N15D 在彭桥（修水东南）发生激战，我王陵基部予敌痛击后，因三面感受威胁及缩短战线，于十月二日自动放弃武宁以西阵地，将兵力集结于修水附近。

为乘赣北与湘北之敌未合以前实行各个击破计，令罗卓英统一指挥 30AG、1AG、32A、49A、74A、15D 等部，以 49A 牵制高安附近之敌 101D，王集团以主力由修水攻击西窜山口之敌；罗集团主力（57D、74A、60A、58A、15D、32A）则以西进之 106D 为目标，由南向北夹击。自四日反攻以来，奉新、上富间交通被我 57D、105D 截断，敌仅守上富、甘坊各据点，其大塅、山口之敌遭我军夹击北窜。由九仙汤（上富西北）向西窜之敌 106D 一部亦于六日经我 74A、58A 由南向北，32A 由西向东及 72A 由北向南三方夹击，狼狈溃退，九仙汤遂于十日为我 74A 克复。惟武宁之敌乘我王集团后撤，于四日陷三都，五日协同 106D、33D 攻占修水，嗣经我各军反攻，九日晚复为我 3D 及 N16D 收复，残敌分向武宁、奉新溃退，我赣北各军，刻正扫荡残敌，分向奉新、靖安、武宁挺进中。

湘北之敌 6D、13D 主力，附骑、炮兵三千余人，在新墙北岸荣家湾一带地区集结，于十九日起，向我大桥岭、九龙冲（新墙南岸）52A 阵地进犯，并放毒瓦斯，经我奋勇应战，争夺至为激烈。三日来，敌终未得逞。迄廿三日晨，乃以主力 6D、33D 与 3D 之 5B、13D 之 116R、58R 及 15D 一部，约十万之众，在海、空军协力下，分三路进犯，一路以 33D 主力由通城南下，向我 79A 夏楚中阵地进犯，与我 98D 在麦市以南对峙；一路为敌 6D 及 13D 山村联队在炮兵掩护之下，由新墙河北岸沿岳阳新墙古道渡河进犯，与我 52A 展开血战。至午，敌一部已渡过新墙河，进据新墙，掩护其主力南渡；另一部则进至杨林街，与我 52A 发生剧战，其另一路为 3D 之川保联队及陆战队一部，附兵舰卅余，汽艇百余只，于同日晨，以一部约七八百在鹿角市，主力在湘江口之营田附近登陆，企图绕攻我军侧背，以策应其主力之南犯，当与我营田附近 37A 之 60D、95D 在千秋坪附近展开血战，双方争夺甚烈，屡进屡退，陷于拉锯式之状态。唯以敌颇顽强，并得空军掩护，未能迅予歼灭，致在该地得一上陆根据。迄廿四，敌我仍陷于混战状态，我 95D 因伤亡甚重，乃以 70A 之 19D 加入，继续对敌攻击，与敌相峙于东塘（营田南）一带。中午，敌复以大型汽艇载 3D 之 5B 经黄花滩（湘江口西岸）向营田增援，我以敌在新墙强渡及营田登陆成功，侧背颇受威胁，新墙阵地已无固守价值，乃令各部向汨罗南撤。我52A逐次与敌在长湖、大荆街附近展开血战，毙敌甚多，故其主力未敢猛进，仅以一部约三百余窜汨罗江北岸，一度袭占归义。旋经70A一部于夜半克复。廿五日，我各部均已占领汨罗第二线阵地，98D、82D占领九岭南江桥之线，140D占领平江浯口之线，73A彭位仁指挥107D，占领浯口、长乐街、新市、归义之线，70A李觉指挥19D、95D、60D各一部乃在归义至湘阴之线从左翼向营田登陆之敌进攻，主力准备机动。廿六日，营田方面战况无大变动，新市方面之敌则继续南攻，其由通城麦市南窜桃树港之敌有窥伺我长寿街之模样，正由杨森部准备夹击。

基于以上之经过，敌已被诱深入，我为实行夹击予以打击计，除已令4A由衡山、衡阳向前推进，5A向衡山、衡阳、易俗河一带接防，92D向湘潭接防外，乃令52A一部，在新墙、汨罗间与敌保持接触，主力占领永安市、上杉市协同友军夹击。彭位仁指挥77D及$\dfrac{195D}{52A}$占领金井、福临铺之线，伏击由汨罗南犯之敌，59D占领长沙正面，70A李觉指挥19D、107D及$\dfrac{95D}{37A}$转进待机，90D、102D暂占渌口、湘潭之线，准备即渡湘江，开进于长沙、浏阳间地区，11D、N23D在湘江西岸策应。以上各部均由关麟徵统一指挥，限于廿七日部署完毕。另以79A夏楚中指挥所部，协同20A及3D攻击由桃树港南窜之敌。

各部遵令于廿七日部署就绪后，廿八日，敌13D北村、山村两联队，即进至汨罗江第二线阵地，向我猛攻。其一部陷我平江，主力与我60D、195D激战于金井、上杉市一带；另一部约二百窜至永安市，为我25D歼灭，沿铁路南下之6D，是日晚进至上杉市苦竹坳（上杉市、桥头驿间）附近，遭我伏击，伤亡甚重。十月二日晨，我195D向上杉市附近之敌攻击，毙敌近千，残部向麻林桥退去。通城方面之敌，33D廿九日大部窜至长寿街，其一部十月一日窜至献钟，经我开抵长寿街附近之3D主力协同79A予以歼灭。其主力亦因遭我20A、79A侧击，伤亡重大，向北溃退。但我140D已于是日先后克复桃树港、麦市，敌军后路被我截断，狼狈豕突，不得不向修水方面逃溃。又，营田南下之敌，乘我军后撤，跟踪南进，陷我湘阴，其先头于廿九日到达桥头驿，遭我77D伏击，即被击退，迄一日，与我对峙于该镇以北。总计各路轻进敌军，因遭我伏击后，损失重大，已不敢遽进。我以敌势已疲，攻击顿挫，乃对敌转取攻势。除仍令罗集团以主力夹击西进之敌外，并以□集团指挥之8A李正堂一师继续南攻，主力改向通城、崇阳一带袭击，阻敌南下增援，以20A、79A仍对敌33D攻击。令关集团保持重点于浏阳东北地区向敌攻击，进出于新开市、大娘桥之线，4A

之90D、102D即迅向长沙、浏阳以南地区前进。十月三日，各军开始反攻，我60D、195D克复金井、福临铺。四日，我60D、195D、59D进抵瓮江、白沙桥、大娘桥之线，平江、营田、湘阴亦经我25D、N23D、195D各一部克复，敌主力溃退汩罗北岸，我各部一面扫荡南岸残敌，一面于六日以追击部队（25D、195D、59D）进占新墙南杨林街、荣家湾一带，并以一部越新墙河向北挺进，至是我军已恢复湘北会战前之阵线。此刻我已令32A向靖安进击，王集团向武宁追击，79A进攻通城，并以53A一部协同195D攻击岳阳，4A尔后向临湘桃林攻击，各部正积极挺进中。

综观是役，敌军以半年之准备，挟陆、海军十万之众，企图于敌酉西尾新任总司令之际，侥幸一逞，于双十节前会师长沙，成立伪新政权，以壮到任之声威。殊不料经我巧妙之战略，诱敌深入，断然一击而粉碎其阴谋，获得赫赫胜利。不仅安定湘北一隅，且树立第二期抗战胜利之基础，形成我抗战之大转折，敌弄巧成拙，军力日减，最后胜利，愈有把握矣。

2. 第九战区第一次长沙会战我军官兵伤亡失踪统计表

方面	番号	区分	伤		亡		失 踪		小 计		合计	备 考
			官	兵	官	兵	官	兵	官	兵		
赣北	58A	军 部				2				2	5,292	
		新 十 师	22	376	24	996	36	1,438	82	2,810		
		新十一师	58	795	32	550	5	958	95	2,303		
	68A	军 部		1	3	21	2	67	5	89	2,301	
		第一八三师	10	211	5	294		58	15	563		
		第一八四师	12	396	6	690	12	513	30	1,599		
	32A	第一三九师	24	428	12	416	1	16	37	860	1,262	
		第一四一师	22	176	36	131			58	301		
	49A	第一〇五师	21	447	6	270			27	717	810	
		预 九 师	4	46	1	15			5	61		
	74A	第五一师	36	570	9	42	2	69	47	681	1,739	
		第五七师	59	596	10	285		61	69	942		
	30AG	总司令部	1	4		22		18	1	44	45	
	72A	新十四师	3	114		219		5	333		968	
		新十五师	4	192	3	403		28	7	623		
	78A	新十三师	19	545	9	838	2	57	30	1,440	2,117	
		新十六师	5	125	5	382	9	127	13	634		

方面	番号	区分	伤 官	伤 兵	亡 官	亡 兵	失踪 官	失踪 兵	小计 官	小计 兵	合计	备考
鄂南	8A	第 三 师	30	3,546					30	2,546	2,793	该师伤亡未据分报
		第一九七师	6	209				2	6	211		
	20A	军 部		2		5				7	3,511	
		第一三三师	10	578	2	422		79	12	1,081		
		第一三四师	11	1,571	4	613		212	15	2,396		
	79A	军 部		3		2		146		151	3,286	
		第八二师	36	356		218			36	574		
		第九八师	18	379	12	166	3	296	33	841		
		第一四〇师		1,313			2	336	2	1,649		
湘北	37A	第六〇部	35	1,142					35	1,142	4,073	
		第九五师	68	1,228	64	1,381	6	149	138	2,758		
	70A	第一九师	12	311	6	228	1	221	19	760	2,226	该师伤亡未据分报
		第一〇七师	14	423	6	353	18	635	39	1,409		
	52A	第 二 师	37	106	29	1,748		28	66	1,882	3,890	
		第二五师	14	355	15	181	2	34	31	570		
		第一九五师	31	673	19	567		51	50	1,291		
	73A	军 部		3		4		1		8	3,286	15D参加赣北作战
		第一五师	30	587	2	520	1	452	40	1,562		
		第七七师	25	1,008	5	573	2	63	32	1,644		
		新二二师	2	28	3	69			5	102		
		炮一团三连	1	58					1	59		
		炮一团二连	2						2	2		
总 计			682	17,901	337	12,628	98	6,113	1,117	37,762		

附记：一、本表系根据陈长官俭戍务代电暨各部队呈报调制；

二、我参战兵员共二十四万一千五百余人，其已调动而未参战部队概未计入。

3. 第二次长沙会战经过

（三十年九月七日起至十月八日止）

自敌发动侵华战争，经我全国一致坚强持久抵抗，将敌速战速决之企图，彻底粉碎。敌惕于军事、外交种种手段，均不能胁迫我方屈服，战线延长，泥淖愈陷愈深，国力消耗殆半。加之国际风云日紧，变化莫测，亦不容敌倾全国之力以对我，即在我国占领地区，虽欲挟其优势装备，由点线控制全面，但因我游击队活跃，与军民之精诚合作，及焦土清野之彻底，使敌对我之人力物资，无从利用。且其后方时时感受威胁，凡此诸端，均使敌无法在战略上续取攻势。故敌自武汉会战后，除积极孵育伪组织外，并采取守势战略。一面保持现实态势，一面扫荡占领地区我游击部队，并开发资源，企图实现其以华制华、以战养战之迷梦。乃我军愈战愈强，不独使敌扫荡计划屡次失败，即其第一线亦岌岌可危。敌为欲应付此重大危机，不得不在战术上采取攻势，以图局部予我野战军以打击，争取主动，获得动作之自由。例如第一次长沙会战及随枣、粤北、中条山、上高诸会战，是敌历次在战术上攻势，虽屡遭我反击失败，但仍不知懔悟，一意冒险行动，故又有此（第二）次长沙会战之惨败。

敌自七月下旬以来，一面宣传南进北进，一面抽调信阳、应山方面之第三师团，京山、钟祥方面之第四师团，宜昌方面第十三师团，及第十八独立旅团各一部，及九江附近第卅三师团一部，集中武汉后，秘密向湘北输送，企图向我闪击。鄂南方面之第四十师团，亦向湘北转移。计至九月上旬，开进临、岳地区之敌，共约十万人，我军洞烛其奸，早为周到之准备。九月七日，开始前卫战，敌以八千余，分由忠防、桃林、西塘，向我大云山前进据点围攻，企图占领，以排除其粤汉路威胁，掩护其主力行战略展开。我大云山监视部队，先敌转移于北港方面，故敌于八日合围后，向山中搜索时，一无所获。我4A攻击队协同孙军一部，由通城方面自东向西，欧军亦派遣一部渡新墙河，由南向北夹击，敌不支，于十一日放弃大云山，退守方山，旋由西塘方面陆续增援反攻，经我4A、58A两军各一部迎头痛击，敌伤亡三千余，仍行顽抗，并于草鞋岭附近构筑工事死守。至十七日晨，新墙河北岸敌增至三千余，开始向我猛攻，企图渡新墙河南窜。我4A扼河抵抗，毙敌极众。至午后，敌藉炮火及空军掩护，以二千余分于杨林街、潼溪街、三港嘴、新墙各处强渡成功，其后续部队陆续增加。我军经逐次抵抗，向关王桥、大荆街、黄沙街线阵地转移。敌十八日继续猛攻，我4A予以猛烈反击后，按既定方斜，向关王桥东南地区转移，准备协同由鄂南方面转用之我58A、20A两军，适时向敌侧击。敌于十九日进迫汨罗江后，即各以一部分于浯口、长乐街、伍公市、新市各处强渡汨水南岸，拟向我正面继续攻击，但因我前进部队猛烈堵击，加之汨罗江北岸之我军猛击其侧背，故其主力迟滞于北岸，几达三日。敌不得逞，乃于廿一日以第二线兵团增加其左翼，窜瓮江铺向我猛攻。复经我26A给以猛烈之打击，敌恼羞成怒，不顾一切，于廿二日全力渡过汨罗江，以一部分成多股小纵队由正面钻隙南窜，主力于廿二日由三角塘向石湾、金井迂回，企图围歼我汨罗江南山地守备队，我26A、37A、99A、10A各军，于瓮江铺、梧桐岭、桐子山、栗山巷、神鼎山及脱甲桥、麻峰咀、新开市、大娘桥及石湾、金井、福临铺、栗桥、三姐桥各线及其中间地区，迭次于敌以惨烈之打击后，为诱敌深入计，26A向金井东侧地区转移，准备协力72A向敌反包围攻击，99A向长沙以北粤汉线西侧地区转移，准备侧击进犯长沙之敌，37A、10A两军交互向长沙外围阵地转移。敌豕突狼奔，于廿五日窜到沙市街、上杉市、麻林桥、青山市、新桥、洋桥一带，廿六日继窜至捞刀河附近，又经我37A、10A、74A、79A各军一部予以猛烈之打击，旋我为以空间换取时间，正面部队退守浏阳河南岸，79A一部保卫长沙。廿七日，敌一部藉空军及伞兵之掩护，侵入长沙城东北角，其主力即在洞阳市、永安市、春华山、黄花市一带整理，因士兵痢疾过甚，精神萎靡不堪，此时，我汨水北岸部队，除58A控置平江附近外，20A、4A两军，已由浯口方面南渡向敌尾击，廿八日已到达金井西北附近地区，72A由东北向西南，到达沙市街附近，26A已到达蕉溪铺，由东向西攻击，74A展开于洞阳市南侧高地，由东南向西北攻击，10A、37A两军扼守浏阳河南岸镇头市、渡头市、东山之间，72A到达长沙东南附近地区，准备由西南向东北攻击，79A主力由岳麓山渡过长沙向敌猛烈攻击，一部由捞刀河北岸向敌尾击，99A自长沙以北铁路西侧地区，由西北向东南攻击进犯长沙之敌。合围之势既成，敌遂陷于包围不利状态中，且其弹药粮秣，一再于麻峰咀、马鞍铺附近被我军截获，更形慌乱，加之我五、六战区同时策应，进展神速，敌不得已，终于十月一日夜开始向北溃退，我军窥破战机，除正面衔尾急追，侧面沿途截击外，并派有力部队，由右翼向汨罗江、新墙河北岸断行超越追击，溃退之敌，始终未能迅速脱离战场，伤亡损失极大，我追击部队主力，于五日渡过汨罗江，八日越过新墙河，残敌向临湘、岳阳方面急窜，狼狈不堪。洞庭湖方面，前犯上下青山、芦林潭、斗米咀、营田之敌小部队，亦同时落舰逃去，壮烈之第二次长沙会战，至此告一终结。

根据第一次长沙会战及随枣、粤北、上高诸会战，再证以此次长沙会战，足见敌已成强弩之末，而我军则愈战愈强。惟敌军阀横暴，必不甘服，最后胜利，尚待我全国同胞精诚团结，自力更生，继续努力，以争取之。

4. 第九战区第二次长沙会战我军伤亡统计表

第九战区第二次长沙会战我军伤亡统计表

部　别 ＼ 区　分		伤	亡	伤亡合计	备　　考
第四军	直属部队	8	2	10	
	第五九师	986	566	1,552	
	第九〇师	786	241	1,027	
	第一〇二师	1,079	652	1,731	
第十军	直属部队	3	1	4	
	第三师	935	357	1,292	
	第一九〇师	740	302	1,042	
	预十师	284	158	442	
第二十军	直属部队	2	1	3	
	第一三三师	889	505	1,394	
	第一三四师	796	321	1,117	
第二六军	直属部队	5	1	6	
	第三二师	951	361	1,312	
	第四一师	410	120	530	
	第四四师	838	344	1,182	
第三七军	直属部队	5	1	6	
	第六〇师	1,106	621	1,727	
	第九五师	862	419	1,281	
	第一四〇师	729	390	1,119	
第五八军	直属部队	2	1	3	
	新十师	1,003	503	1,506	
	新十一师	1,016	454	1,470	
第七二军	新十四师	451	193	644	78A 之□□□归该军指挥, 伤亡未据报。
	新十五师	500	202	702	

部 别 ＼ 区 分		伤	亡	伤亡合计	备 考
第七四军	直属部队	2	1	3	
	第五一师	451	210	661	
	第五七师	630	387	1,017	
	第五八师	545	282	827	
第七九军	第九八师	354	143	497	
	暂六师	417	168	585	
第九九军	第九二师	428	282	710	
	第九九师	392	210	602	
	第一九七师	108	35	143	
暂二军	暂八军	657	324	981	
合 计		18,370	8,758	27,128	

附记：1. 本表根据薛长官十月灰复涵一电调制；

2. 我军伤亡官兵共 27,128 员名，敌军伤亡共 41,638 名；

3. 又据第二处表报：阵亡官 760 员，士兵 22,667 名，阵伤官 1,310 员，士兵 33,795 名，失踪官 421 员，士兵 11,066 名，共计伤亡官 2,491 员，士兵 67,528 名。医院确实收容数官 709 员，士兵 7,050 名。

5. 第三次长沙会战湘北方面会战经过摘要

十二月十七日至二十三日一周间，敌陆续抽调其 3D、6D、40D 所属各部队，集中岳阳附近地区，其总兵力约七万余。二十四日以七千余在罗袁墩（新墙东约十公里）、八仙渡（新墙西约十二公里）间分八路渡新墙河南犯，我守备部队 20A 迎头痛击，敌陆续增援达万余，分途钻隙南窜。至二十五日，进至关王桥、大荆街、黄沙街之线。我 20A 经逐次抵抗后，以一部留置正面与敌保持接触，主力按原定计划向东南关王桥方面转移，正面 58A 先后由平江方面到达杨林街及其以南地区，乃协同 20A 由东向西侧击南窜之敌。敌以一部掩护其侧背，对我 58A、20A 两军作战主力冒险突进，继续南窜。至二十六日晚，迫近长乐街及其以西汨罗江北岸附近地区，遂与我 37A、99A 两军汨罗江北岸前进部队发生战斗。二十七日午后三时，敌藉炮、空掩护，由其右翼各以一部分于归义、汨罗各附近，强渡成功。乃陆续增援沿铁道线，逐步向南推进，曾逐次与我37A、99A两军发生激战。二十八日，其左翼部队复以一部约千余于长乐街附近渡过汨罗江，因我37A极力抵抗，激战于清江口、丁家洞之线，至三十日辰，该敌仍未能继续进展。由铁道正面南犯之敌，于二十九日晚窜至新开市、大娘桥一带地区，一面以一部向左旋回，企图包围我37A左翼主力，于三十日在新开市附近整顿后，三十一日晨分由金井、福临铺、栗桥、新桥四路向捞刀河推进，至夜，其各路先头部队分经春华山、枫林港、石子铺窜至捞刀河、浏阳河中间地区，并以其左翼之40D向浏阳河畔金潭、渡头市、仙人市各地推进。其6D、3D向右旋回，对长沙外围就攻击准备，其沿铁道线南窜之一部，被我10军190D堵击于长沙北侧外围阵地以外。我汨罗江南岸37A、99A经予敌相当打击后，于三十日按既定计划，37A向长乐街、金井东侧地区，傅军向铁道线以西地区转移，准备待机向南窜之敌围击。至本（一）月一日晨，敌6D、3D开始向长沙城猛攻，但因我守备之10A沉着应战，加以步炮协同良好，予敌以意外猛烈之打击，敌复于二日将已进出浏阳河畔之40D主力向长沙方面转用，继续围攻，其空军亦参加助战。迄四日，我军阵地屹然未动，敌不得逞，攻势乃呈顿挫。我军按原定计划于四日开始以58A、20A两军由北向南，以78A、37A两军由东北向西南，26A由东向西，79A由东南向西北，4A由南向北，10A、73A由东向西，99A由西北向东南，对进犯之敌施行包围总反攻，敌既因伤亡惨重，态势不利，乃于四日夜开始由长沙城郊向东北溃退，泅渡浏阳河东岸后，分经春华山、望仙桥、石子铺向北急急逃窜。敌虽欲迅速脱离战场，但被我军重重包围，猛烈追击、截击、侧击，致其退却行动非常迟缓，平均每日不及十公里。至五日晚，除一部由石子铺道退却之敌（侧卫）得渡过捞刀河北岸外，其大部仍被阻滞于金井河、浏阳河以南地区。我4A、73A、10A、79A各部追击于后，26A、78A各军侧击于右，99A及140D侧击于左，37A、20A、50A各军除以主力占领金井、福临铺、栗桥一带有利地形截断败敌退路外，并各以一部由北向南进出路口畲、麻林市、唐田庙各要地截击敌人。敌酉阿南惟畿鉴于轻进之敌已陷于不可收拾之悲运，企图挽救危局，乃急遣上月三十一日由太原调来长乐街担任后方掩护之第九独立旅团（配属第五一炮兵联队）分途南下，企图在脱甲桥、福临铺、栗桥以南一带地区掩护其主力退却（敌上项企图已获得敌文件证实）。讵知于五日到达花门楼、古华山及福临铺以北地区时，即遭受我37A、20A、58A各军迎头痛击。我99A亦于七日适时到达李家塅、新开市、神鼎山一带地区，由西向该敌侧击，该敌虽死伤惨重，然犹着意于救援主力之任务，顽强战斗，延至八日，伤亡殆尽，仍不能获得其主力之呼应。我南北各个击破之势因已形成，此乃由长沙溃退之敌，因被迫而致行动迟滞之所致也。由长沙北溃之敌，渡过金井河、捞刀河后，以大部经枫林港、麻林市、福临铺、长乐街道，一部经新安铺、青山市、栗桥、新市道北窜，我乃以10A、79A两军清扫长沙附近及浏阳河、捞刀河间地区战场。以26A、4A、73A各军为追击军，衔尾急追，以78A、99A两军分为东西侧击军，猛烈侧击，仍以37A、20A、58A各军为截击军，在原地截击，另以140D由南向岳阳挺进，以T54D由通城向岳阳挺进，以湘鄂赣边挺进军向临岳挺进。退却之敌既不能与我追击部队迅速脱离，复遭受我两侧猛烈侧击，加以天雨泥泞，狼狈万状。直至八日，当其南援之9BS大部被我消灭之后，该敌始到达福临铺、栗桥附近地区，又经我各截击军予以痛击，敌溃不成军，遗尸遍野。至九日，会合北下残部，分多数小股向汨罗江逃窜，其官兵多改着土民衣服，乔装难民。至十三日，残敌大部由长乐街、新市间各处纷乱渡过汨罗江北岸，其一部及掩护部队尚留置于栗山巷、长岭、双江口各附近顽抗，旋被我全部歼灭。我除以26A、4A、73A各军由正面追击，37A、99A两军由东西侧击外，并以78A由右自浯口渡过汨罗江北岸向大荆街，以58A由左向新市、黄谷市行超越追击，向岳阳挺进之140D主力，同日进至黄沙街以北地区，其一部则渡过新墙河北岸，进出晏家大山附近地区，奉命在新墙河南北两岸，乘机截击败溃之敌，T54D为适应战机，亦奉命于同日到达洪桥、长湖、新墙一带地区，准备截击，敌人侥幸渡过汨水北岸，残敌十四日继续向新墙河奔逃，然我右超越追击之78A，已于十二日先复长乐街，展开于长乐街、渡头桥、三江口一带，由东向西猛烈截击；左超越追击部队之58A、20A两军在黄谷市、关山由西向东猛烈截击，使长乐街、大荆街、黄谷市各地敌留置之掩护部队无法达成其掩护任务，除大部被歼外，残余亦同时向北狼奔，窜至洪桥、长湖、新墙一带地区时，又被T54D、140D两师由两侧夹击，即以十四日正拟运由新墙渡河之敌伤兵被我李师俘虏八百余观之，敌之狼狈，可概见矣。至十五日夜，新墙河南岸之敌被我扫数肃清，当即恢复会战前态势。残敌渡过新墙向临湘、岳阳方面逃去，我除各以有力一部分向临湘、岳阳继续猛烈追击外，其他各部队，奉命开始就新部署位置。第三次大捷之长沙会战，遂此告一段落。

6. 第九战区第三次长沙会战我军伤亡失踪官兵统计表

第九战区第三次长沙会战我军伤亡失踪官兵统计表

卅一年　月　日　　　　　令一元调制

方面	番号	区分	伤官	伤兵	亡官	亡兵	失踪官	失踪兵	小计官	小计兵	合计	备考
湘北	20A	军直属队		29	1	13		2	1	44		
		第一三三师	17	946	11	857	1	241	29	2,044	4,076	
		第一三四师	21	892	8	596		23	29	152		
		暂五四师	15	265		101		37	15	403		
	58A	军直属队		4		2		3		9		
		新一〇师	22	621	10	447	3	82	35	1,150	2,439	
		新一一师	43	697	15	396		94	58	1,187		
	37A	军直属队										
		第六〇师	58	1201	22	355			80	1,556	5,775	
		第九五师	67	1937	25	796	3	45	95	2,778		
		第一四〇师	17	792	5	452			22	1,247		
	99A	军直属队										
		第九二师	15	270	3	135		81	18	486	1,428	
		第九九师	23	371	126	316		56	59	742		
		第一九七师	3	113	1	5			4	118		

方面	番号	区分	伤 官	伤 兵	亡 官	亡 兵	失踪 官	失踪 兵	小计 官	小计 兵	合计	备考
湘北	78A	军直属队									1,022	新一五师系归72A建制临时拨归该军指挥
		新一三师	5	55	12	77		13	8	145		
		新一六师	8	85	12	138		57	11	280		
		新一五师	16	219	1	342			17	561		
	10A	军直属队		2		1				3	3,487	
		第三师	11	220	5	70			16	290		
		第一九〇师	25	329	15	479	1	13	41	821		
		第十预备师	92	795	51	1,374			143	2173		
	4A	军直属队	3	16	1	14			4	30	1,472	
		第五九师	18	534	8	274		1	26	809		
		第九〇师	3	99	2	16			5	115		
		第一〇二师	12	140	5	282	1	96	18	518		
	79A	军直属队		1	1	5	1	3	1	9	1,350	
		第九八师	87	293	11	203		117	99	613		
		暂六师	19	251	13	309		36	32	596		
		第一九四师										

方面	番号	区分	伤 官	伤 兵	亡 官	亡 兵	失踪 官	失踪 兵	小计 官	小计 兵	合计	备考
湘北	26A	军直属队									2,782	
		第三二师	22	496	13	201		29	35	726		
		第四一师	62	575	34	345		164	96	1,084		
		第四四师	32	461	9	146		193	41	800		
	73A	军直属队									1,352	
		暂五师	10	114	2	341			12	455		
		第一五师										该军新一五师临时拨归78A指挥参加湘北会战
		第七七师	15	498	14	287		72	29	857		
		第六挺进纵队	5	52	2	8			7	60	67	
赣北	N3A	军直属队		3						3	2,844	
		新一二师	32	1,373	31	613	14	702	77	2,688		
		第一八二师	1	39	2	31		3	3	73		
	72A	军直属队		21		19				40	535	
		第三四师	8	148	7	302	2	28	17	478		
		第五预备师				5				8	8	
		赣保纵队	12	66	12	375		2	24	443	467	
		第二挺进纵队	5	39	1	12			6	51	57	
		总计	804	15,066	383	10,741	26	2,197	1,213	28,004	29,217	

附记：一、我参战部队伤亡失踪计官长一千二百一十三员，士兵二万八千〇〇四名，共计二万九千二百一十七员名；

二、本表系根据薛论和代电附表调制之。

（五）长衡会战概要[①]

（三十三年八月二十六日）

倭寇海上势力，节节失败，国内民情，转侧不安，为打击我野战军，防我反攻，与开拓大陆交通，求与南洋连［联］络，并镇压国内厌战情绪起见，除于四月开始中原会战，打通平汉路外，续于五月发动湖南攻势，企图打通粤汉路，完成大陆交通线。

本年二月以来，敌即调动频繁，积极补充常德会战之损失，并自关东军与华北暨滨海各兵团，抽调一部兵员，增加驻湘、鄂、豫部队战力，另编组若干独立步兵旅，以四个旅开赴华中，担任守护任务，抽集兵团，向湘北、鄂南集中，迄五月廿六日，敌由崇阳南犯。廿七日，敌强渡新墙河，湘战于焉爆发。

（甲）汨罗江初期消耗战

五月廿六日晨，崇阳敌以千余向通城以北我阵地进犯，当被阻止。廿七日晚，新墙河北之敌，分六路强渡南犯，同时崇阳一带之敌激增，直扑通城。我军以消耗敌人之目的，在通城山地与汨罗江两岸，逐次抵抗，使 72A 在通城山地、20A 在汨罗江北岸、37A 在汨罗江南岸，分别节节阻击，守备要点，并转向敌后袭击。至廿九晨，敌更依海军之协力，在营田登陆。我 99D/99A，当予以坚强阻击，并由三战区转用一个军，由六战区转用三个军，准备长浏决战。

南犯之敌，移其主力续进，更以强大兵团，突破通城山地，直犯渣津、平江，并循洞庭湖南趋沅、益，形成广阔正面我全线与敌激战，使敌消耗。至六月一日，右翼之敌，图窜渣津，被我 72A 堵击，转犯长寿街，我续予尾击侧击；正面之敌，陷（一日）平江，抵汨罗江北岸，我 20A 除留一部袭击敌后外，转移平江东南，由 37A 续行对敌抵抗；左翼之敌，亦陷草尾趋南咀，我前线之 72A、37A、99A 与敌激烈战斗。及六月六日，敌窜至达浒市、山田、捞刀河迄沅江之线，我 58A、44A、4A 及王耀武兵团，先后加入战斗，开始浏长阻击战，但我 99D、162D 与 37A 一部，仍留金井暨三姐桥、湘阴地区，阻敌增援，攻击

① 此文是"军令部拟长衡会战经过战斗要报"第二部分，题目为编者所加。原文见中国第二历史档案馆编：《中华民国史档案资料汇编》第五辑第二编"军事（四）"，江苏古籍出版社 1991 年版，第 139—145 页。

敌后交通线。

（乙）浏长阻击战

敌进至捞刀河北岸后，更犯芦林潭，陷湘阴，开放湘江，使海军部队挺进，维持其后方补给，连系湘江两岸交通，两翼分犯古港、益阳，保持广阔正面。我力阻敌军进犯，在两翼集结有力兵团，采取攻势行动，拟各个击破之。兹分述如次：

1. 古港包围战

陷长寿街南犯之敌，被我 72A 在其外翼侧击，我 44A 以一部逐次诱击，迨六月七日进陷古港，企图南趋萍乡。我以围歼该敌之目的，于六月八日晚完成如次之部署：

子、72A 主力展开于东门市东侧及其以南地区，向东门市攻击前进。

丑、58A 展开于横山、高坪之线，保持主力于左翼，向浏阳河谷攻击前进。

寅、20A 主力展开于双江口附近地区，对古港之敌攻击。

卯、44A 一部在郭西湖南北之线，阻敌西犯。

六月九日晨，我攻势开始，先后击破古港、东门市之敌，迫近永河沿溪，斩获颇多，予敌以重大打击。敌乃集其主力向我 58A 反扑，我余师长建勋负伤。十一日晚，在石湾附近，突破我 58A 左翼，向澄潭江、大瑶铺南窜。我 72A 主力及 58A 即移于追击，转向渌水与敌战斗。我 20A 主力，以小部尾击敌人，其他转向浏阳，阻击进犯之敌。

2. 宁益争夺战

陷沅江之敌，东趋湘江，图与溯江进犯之敌会合，南窜益阳，图掩护其围攻长沙主力军之侧翼。我以直冲侧背、保障岳麓山外翼安全之目的，除以 99A 主力逐次抵抗外，使 24AG 依如次之部署，向敌攻势前进：

子、51D 一部在汉寿东南地区，掩护主力军之集中。

丑、先头之 77D，赶赴益阳固守。

寅、主力 73A（欠 77D）、100A、79A 开资水以南集中，并先遣一部防御宁乡。

卯、总司令部进驻马迹塘，彭副总司令移驻宁乡。

六月九日，由沅江进犯敌 40D（配属 109R/11CD）在益阳以东，渡过资水，企图截断宁乡、益阳交通，并对益阳南方迂回，更以一部在益阳以北窜扰，当与我77D发生激战，我51D一部亦予以侧击。及十二日，益阳城北之敌，窜入城厢，向西迂回之敌，窜至邓石桥、观音寨，南窜之敌，进犯菁华铺，我19D赶到，加入战斗（一部协守益阳，主力攻击南岸之敌），向东予敌以痛击。十四日，敌以伤亡惨重，转向东南窜犯宁乡。同时我亦将益阳城厢之敌，肃清而确守之。

六月十四日，敌移其主力向宁乡、菁华铺、回龙铺各地进犯。我24AG主力已完成部署，迎击该敌，当于沩水两岸与宁乡城厢发生激战。同时我19D紧蹑南追，拟于沩水两岸分别聚歼敌军。十六日，我完成包围圈，连续四日，予以痛击，毙敌甚多。迄十九日以长沙失陷，敌得由白箬铺方面之敌支援，突围南窜，我军亦即跟蹑尾击。

3. 正面阻击战

浏河为敌军主力（3D、68D、34D、116D）所趋，亦敌我两军冲突正面。我以44A主力固守浏阳，以4A固守长沙，以37A在捞刀河西岸施行坚强抵抗。六月六日，战斗继续进行，激战至烈。敌为消除长沙之犄角，先以优势兵力强夺浏阳。经九日血战，敌我伤亡均重。我44A主力，以战力残破，于十四晚退至浏城南郊。同时捞刀河之敌，自九日起，陆续强渡。迄十二日，大部移至浏阳河两岸，分趋渌水、长沙。我37A主力，反复与敌周旋八日，给敌打击甚大。十三日晚，脱离敌人，转移醴陵，参加渌水次期消耗战。

长沙正面之敌，忖一、二、三次会战之失败，初在捞刀河岸，仅与我警戒部队战斗，及断续炮击。待其后援到达，粮弹充实，始于十日在白沙洲西渡湘江，进犯岳麓，更依浏阳河南岸敌之迂回，完成包围态势，逐次迫近主阵地。迄十四日，与我守军发生主力战，反复肉搏，予敌以重大损害。追十七日，长沙要点黄土岭、红山头相继失守，岳麓山主阵地，亦被敌突破。我为确保岳麓山起见，以总预备处西渡逆袭，不意核心亦告失守，乃于十八日以残部突围，赴永丰收容。

（丙）　渌水次期消耗战

进犯之敌，兵力强大，浏、长未克决战。为诱该敌进犯衡阳，乘其疲困，施行反击之目的，以欧兵团（26A、T2A、3D、32D）在渌水两岸，再予敌以消耗，同时增加衡阳防务，更由七战区转用一个军，由四战区转用一个师，由六战区先后再转用一个军，准备衡阳外围战斗。

六月十三日，南窜之敌，由湘阴港迄东山一带，分渡浏阳河，逐次与我警戒部队接触。迄十五日，上栗市迄株州［洲］全线，发生激战，我20A、72A主力与58A南躏敌军，亦协力尾击、侧击，我军逐次抵抗，消耗敌人。及二十日，先后放弃湘东醴陵、株州［洲］、渌口、湘潭，移战场于渌水南岸，续予敌以消耗，阻敌进犯。乃敌以钻隙突进之手段，沿湘江东岸猛扑，二十三日已抵衡阳外围，与我10A守军接触，并东犯攸县，西陷湘乡矣。我渌水两岸各军，仍阻敌援军，并向敌侧击、尾击中。

（丁）衡阳解围战

子、核心守备。我10A以固守核心、吸引敌军包围、佐我外线反击之目的，在衡阳附近完成防御配置。六月二十三日，敌突进之68D在湘江东岸，与我警戒部队开始战斗，炮毒交施，争夺四日。及六月二十七日晨，敌已渡湘江，包围衡阳，进攻主阵地，挟其炮毒威力，先后轰射冲扑。我10A坚强抵抗，反复肉搏，苦战撑鏖，阵地波澜迭起，工事随毁随修。迄八月四日，敌以雄厚兵力（68D、58D、116D及40D主力与13D一部）重行总攻，我复与敌血战五日，再予敌以重创。八日晨，我守军伤亡殆尽，衡城遂陷敌手。

丑、东线战斗。六月二十四日，经醴陵南窜之敌，已陷攸县趋安仁，我急调20A、26A、37A、44A开茶水，予敌迎头痛击，企将敌压迫于湘江而歼灭之。迨七月二日，完成西向攻击之整然部署，对湘江东岸攻势前进。激战至七月八日，我陆续克醴陵，复新市，迫攸县，收平田，包围耒阳以南之敌，直迫湘江。敌乃推进其后方兵团，更以新来之27D加入战斗，向我反扑。七月十日，再陷醴陵，着着进逼，茶陵、耒阳，亦次第失守。我除力阻敌军外，经常奋勇攻击，更以一部挺进，于二十一日渡过耒河，策应衡阳近郊战斗。七月二十九日，敌又陷萍乡，移其整补后之34D，南趋莲花。我军重兴攻势，再克萍乡，直迫醴陵、莲花，攻抵茶陵、安仁南侧，并加强对耒阳附近敌军之围攻，战斗仍续进行中。

寅、西线战斗。敌40D、116D南窜后，我24AG紧躏追击，并先遣79A经永丰开演陂桥，截堵敌之联络。七月一日，完成如次之部署。

1. 73A守备宁益，对沅江、长沙、湘潭、湘乡机动攻袭；

2. 100A集永丰附近，迎击西犯之敌；

3. 79A控置演陂桥以西，62A控置文明铺各附近，准备打击进犯之敌，并于渣江、新桥、白鹤铺之线，布置警戒。

七月二日，西犯永丰之敌，与我100A发生激战，反复争夺，至十日，将敌赶出永丰，迫其于东南改取守势。100A 亦移其主力南下，参加衡阳战斗。同时我 79A 与敌连续周旋，正对金兰市、演陂桥攻击。62A 亦向白鹤铺攻势前进。七月十五日，两军超越突进，抵达六塘东南及蒸水西岸，分别钻隙突击。十九日，我 62A 渗透至德城南之黄茶岭、欧家町，向敌夹击。我 79A 亦渡蒸水突进中。乃 62A 以补给不济，伤亡已大，侧背发生威胁，于二十二日撤至铁关铺以南地区整理。我 79A 适越蒸水攻达衡城西北郊，敌复抽集优势兵力反扑，至二十九日驱逐我军于杉桥西北地区。我再由四战区转用一个军，依铁道输送，增援前线，重行调整部署，施行整然攻势，逐次消灭敌之据点。八月二日，完成如次之部署：

A. 62A 在洪山庙以南地区，向东阳渡攻击前进；

B. 100A（19D、N19D）攻击雨母山、杨柳井；

C. 58D 在鸡窝山，向贾里渡攻击前进；

D. 79A 在杉桥西北地区，向板桥、望城坳攻击前进；

E. 63D 在集兵滩以北袭敌交通，掩护主力军之侧翼；

F. 46A 主力突 ZR 及 MTK 为总预备队；

G. 王总部移驻佘田桥，李副总部进驻洪桥。

是时，即开展雨母山要点争夺战，反复冲扑，得而复失。至七日，敌终顽抗。是晚，我以总预备队加入，施行总攻，直扑衡阳，求将包围核心之敌，压迫于湘江而歼灭之，以解衡阳之围。八日晨，我军豕突狼奔，进至五里牌附近，攻势终告顿挫，衡城亦已失守，我仍调整态势，续行攻击。

（六）第四方面军湘西会战敌我伤亡统计表①

（1945 年 4 月 9 日至 6 月 7 日）

部队番号	区分	参战人数		我军							敌军			备考
		官佐	士兵	死 官	死 兵	伤 官	伤 兵	生死不明 官	生死不明 兵	小计	伤	亡	小计	
18A	军部	459	3352		1		1			2				
	一一师	583	9588	13	325	37	417			792	1417	801	2218	
	一八师	593	9147	20	537	41	770			1368	1307	973	2280	
	一一八师	577	9025	14	342	34	537			927	840	651	1491	
	小　计	2212	31112	47	1205	112	1725			3089	3564	2425	5989	
73A	军部	440	4379		3		7			10				
	一五师	572	7796	34	807	51	1401			2293	1387	764	2151	
	七七师	578	7824	15	477	28	1148			1668	1218	542	1760	
	一九三师	546	8542	9	397	31	692			1129	932	424	1356	
	小　计	2136	28541	58	1684	110	3248			5100	3537	1730	5267	

① 此表系第四方面军湘西会战战斗详报中的附表，载中国第二历史档案馆编：《抗日战争正面战场》，凤凰出版传媒集团凤凰出版社 2005 年版，第 1415—1416 页。

部队番号	区分	参战人数		我军							敌军			备考
		官佐	士兵	死官	死兵	伤官	伤兵	生死不明官	生死不明兵	小计	伤	亡	小计	
74A	军部	401	2324											
	五一师	529	7619	35	538	48	940			1561	2112	1196	3308	
	五七师	568	7827	18	978	28	1041			2065	4024	1986	6010	
	五八师	584	8327	28	573	37	960			1598	1869	1360	3229	
	小　计	2082	26097	81	2089	113	2941			5225	8005	4542	12547	
100A	军部	243	1960		3	1				4				
	一九师	400	6954	32	927	72	1611			2642	1563	917	2480	
	六三师	434	7842	30	190	59	1177			1456	1633	764	2397	
	小　计	1077	16756	62	1120	132	2788			4102	3196	1681	4877	
	一三师	265	4693	6	438	13	329			786	510	270	780	
	暂六师	398	4835	2	40	14	192			248	350	130	480	
	总　计	8170	112034	256	6576	494	11223			18549	19162	10778	29940	
	附　记													

（七）临湘、岳阳敌伪奴化教育设施概况一览表[①]

临湘、岳阳两县敌伪奴化教育，自二十八年起，已开始实施。然除教育界极少数败类供其驱策外，其余各项教育人员多以流氓地痞甚至卜筮之流充数，学生无自动入学者，均系受敌伪强迫而来，复经我方战区教育工作人员多方宣传并极端破坏，故该二县奴化教育成效极微。兹据湘鄂边区战区教育工作队报告，将该二县敌伪奴化教育设施状况列表如次：

临湘敌伪奴化教育设施概况一览表

| 伪学校名称 | 所在地 | 学生数 | | 合计 | 班数 | 教　材 |
		男	女			
兴亚高小	长安镇	32	14	46	4	伪中央教育部编
东亚初小	云溪镇	27	11	38	3	同上
复兴小学	大岭口	18	9	27	2	同上
日中小学	朱家滩	17	6	23	2	同上
和平小学	桃林街	37	15	52	4	同上
维新小学	羊司楼	53	13	66	4	同上
伪第五区模范小学	千针坪	23	3	26	2	同上
伪长安镇第一小学	五里牌车站	38	4	42	3	同上
伪长安镇第二小学	老五里牌	28	4	32	2	同上
合　计		273	79	352	26	

岳阳敌伪奴化教育设施概况一览表

| 伪学校名称 | 所在地 | 学生数 | | 合计 | 班数 | 教　材 |
		男	女			
县立中学	学道岭	49	3	52	2	古文、日文
新民小学	梅溪桥	530	42	572	6	新共和读本
日新一校	城陵矶	32	4	36	4	新共和读本
日新二校	城陵矶	25	3	28	3	同上
日华一校	西塘	18	4	22	4	同上
日华二校	冯家	21	6	27	4	同上
维持学校	五里牌	32	4	36	4	同上
维新一校	麻家坳	17	5	22	3	同上
维新二校	丁家冲	25	7	32	4	同上
速成小学	老人铺	28	5	33	4	同上
大治小学	小桥坳	35	3	38	4	同上
合　计		812	86	898	42	

[①] 本表摘自1947年7月湖南省政府教育厅编写的《中日战争湖南地方抗战史实教育部分》。原件存湖南省档案馆，档案号59—1—1。

（八）日机空袭长沙

朱鸿运

八年抗战，长沙遭日军飞机的炸弹、燃烧弹轰炸和机枪扫射，据历史资料和老人的回忆，有百余次以上，死伤人数万计，损失财产无法估计。长沙轮船业和绸布业1945年11月报南京国民政府交通部、工商部，湖南内河航运损失计1256700000元，绸布业损失7577291000元（按当时法币400元值光洋一块）。

1937年11月24日上午11点钟，长沙上空窜来日本、意大利飞机6架，第一次轰炸古城长沙，在小吴门、火车站、落星田一带，投重磅炸弹6枚，机枪扫射。炸弹开花丈余深，类如小塘，有四五丈宽。火车站允嘉巷（今十六中）两湖旅馆一对夫妇结婚，正举行婚礼，宾客等炸得血肉横飞，屋顶、墙壁、树上、电灯杆都挂有尸骸、血衣，惨不忍睹，死伤200余人。小吴门死80余人，一家生男孩，正做三朝饭，赴宴者全部遇难。落星田被炸死43人。该处进口一家铁铺，一炸弹将其铁墩抛上对街屋顶落地砸死多人。这次长沙共死300多人，倒塌木架结构房屋80余栋。当时，各界多有埋怨政府，对防空未予重视，其实早在1936年9月搞过一次防空演习，警报台分设四处，司门口警钟楼、天心阁、陈列馆、纺纱厂。那时日军已侵占我华北，飞机经常侵扰后方，长沙所以搞过演习。空袭警报是在敌机来临市空之前，长、短鸣叫，紧急警报，敌机将临市空，连续短鸣，解除警报则一声长叫。故有民谣云："警报一声叫，阎王发来追魂票，紧急警报，哀声边，各人头上一块天，解除警报，没死又跳（"跳"系谋生计）"。此即当时的真实写照。至于这回演习，是湖南省保安处成立了防空股，工作不善，宣传不配套，市民乃至漠不关心。回忆演习这日上午，商店虽然关门，嬉笑成堆，作为看把戏，直到敌机真临长沙市上空，长沙既无飞机作战又无高射炮抵御，任凭日机横冲直撞而去才知道厉害。此次轰炸就是领事、外侨也惶悚不安，水陆洲英国领事馆、大西门外河街长沙关西人俱乐部、水陆洲叶公庙盐务稽核处英人住宅、球坪太古英人住宅、肖家台子、美孚洋油大班、美孚办事处、马厂洋油池、冯家码头、天主堂讲习所、韭菜园圣经学校葛宅、美人慎昌亚细亚商行、灵官渡、英人安利英、卜内门以及瑞典、挪威、法兰西等国侨民的住宅，都将盖瓦涂上鲜艳的红、绿、蓝颜色和他们的国旗，如美国星条旗、英国米字旗，以免日机轰炸，但日机不管这一套。

1938 年 4 月 10 日下午 2 时许，日机一个中队 27 架，第四次空袭长沙，在湖南大学、清华大学大肆狂轰滥炸，意图破毁我文明古国文化，投掷重磅炸弹、燃烧弹百余枚，共炸死炸伤 200 人，幸好是星期天，学生少数在校，否则伤亡人更多。湖大损失惨重，图书馆全部被炸毁。清华大学纪念堂、科学馆、书籍、仪器被毁三分之二。各房屋大半倒塌，损失财产约 30 万元，连同云麓宫庙宇，千年学府岳麓书院，也难逃厄运。次日长沙防空司令孙权辉将被炸情况呈报省府，并分呈中央。12 月，国民政府军事委员会，特派战地摄影组李萌、陈昌广二人来长沙，拍摄了日机轰炸现场，摄竣即寄海内外，向世界公演，揭露了日寇飞机的野蛮暴行。

8 月 17 日，敌机两队 18 架，第七次轰炸长沙 20 余处，投弹 120 余枚，主炸地点南门外东瓜山的居民区投弹 40 余，中六铺、中山路、宝南街、东长街、洋风拐角七八十枚，机枪扫射与凝固汽油弹，在湘江朱张渡、灵官渡等处毁帆船 10 余艘、民房 80 余栋，更有于衡阳开赴前线一列军车，行至东瓜山，见长沙放警报躲入铁路旁树荫深处，被敌机发现，疯狂炸、烧、射，全车覆没。总计此回炸毁民房、商店 300 余处，火车一列、帆船十余艘，炸死炸伤市民共2000 余。

8 月 28 日，6 架敌机炸潘家坪，倒塌民房 40 余间，200 余人顿失依据。

经验证明，日本飞机轰炸后方，平常目标多择飞机场、火车站、河码头、汽车站、公路、铁桥、轮船、渡口等，若进攻城市，只要发现某种目标，便忘乎所以狂轰乱扫。如 1939 年 9 月中旬，日本侵略军集中两个师团的兵力，在冈村宁次的指挥下，开始向湘南进攻，矛头主要指向长沙。一日下午 1 点许，9架日机侵犯长沙，发现路侧有几辆装运车，飞机从东屯渡口机枪扫射，在菜园丢下数枚小炸弹，人畜死伤多起，沿路投射韭菜园、浏阳门、文艺路等。浏正街中段修一防空洞，一颗燃烧弹扔在洞旁，一时大火熊熊，70 余人全部死亡。狡黠的敌人，自长沙文夕大火后，再不用重磅炸弹了，知其作用不大，改掷小炸弹或用重机枪，但侵扰长沙更加频繁，不分日夜，特别是 1944 年，长沙沦陷时，日寇进攻长沙，日夜空袭达几十次，5 月 28 日上午 10 时，3 架日机，在湘江猴子石上游、坪塘、曲塘港子，发现目标，丢下燃烧弹，烧毁军粮船 21 艘。

8 年抗战中，长沙被炸街道区域，极为广泛，计有北门头卡子、文昌阁、清泰街、湘春街、北二马路、湘雅街、火车北站、喜雀桥、福寿桥、新河铁桥河、草潮门、教育会、成功街、民主西街、熙宁街、毛家桥、六堆子、又一村、枫树园、油铺街、宝塔园、瓦子塘、留芳岭、荷花池、石间头、学宫街、晴嘉巷、经武门、洋火局、接官亭、中山西路、羊风拐角、飞机场、中六铺街、兴汉门、岳麓山、荣湾市、长沙关、大西门上坪湾、小西门河街、水陆洲、西湖路、洪家井、半湘街、福星门、雷家园、永州码头、烂码头、太古码头、议会前街、司门口、坡子街、药王街、三里炮、阿弥街、豆豉园、南湖港、东瓜山、下六铺街、朱张渡、灵官渡、大椿桥、青龙庙、沙湖桥、回龙山、白马庙、二里牌、金华殿、环城马路、大雨厂坪、上木桥、文明里、牌坊园、书院坪、造币厂、许家坪、南大十字街、游路、东屯渡、马王街、桂花井、小古道巷、硝厂、化龙池、苏家巷、育婴街、大古道巷、藩后街、古家巷、肇嘉坪、教厂坪、新军路、韭菜园、南元宫、乌家庄、黄泥坑、茅棚街、巴巴街、西鱼塘街、鲭鱼奎、修文街、文庙坪、木码头、落星田、浏正街、菊影园、炭扒街、理问街、老炮队坪、永庆街、陈家菜园、四十九标、五十标、模范监狱署、墙头角、稻谷仓、风神庙、贫民工厂、十字岭、殷家冲、麻园塘、纱帽塘、兵工厂。

（节选自长沙市政协文史资料研究委员会 1995 年编：
《长沙抗战——文史资料专辑》）

（九）防治湘西鼠疫经过报告书[①]

容启荣

1. 绪　　言

启荣奉命出发督导湘西鼠疫防治工作，于四月二十六日离渝赴桂转湘，于五月十日偕同湖南省卫生处处长张维抵达常德，当即视察驻常德及桃源中央与地方军民卫生防疫各单位工作情形，并与当地党政军当局晤谈多次，交换意见。为求健全防疫组织及决定防治方针，复在常德召集防疫工作座谈会，参加者计有第六战区司令长官部卫生处处长陈立楷，第九战区司令长官部卫生处处长冯启琮，湖南省卫生处处长张维，卫生署外籍专员伯力士，卫生署医疗防疫总队第二大队大队长石茂年，军政部第四防疫大队技正李庆杰，中国红十字会总会救护总队第四大队大队长林竟成，暨所属各单位高级卫生技术人员，以及湘西各县卫生院院长、各公路卫生站主任等二十余人。经检讨过去工作情形，并制定今后防治计划，送交湘西防疫处参考。五月下旬，桃源县属莫林乡发生肺鼠疫流行，又偕同陈处长立楷、张处长维等前往陬市及桃源县城督导防治。六月上旬，湘西鼠疫疫势下降，各项整理布置已有端倪，复接粤桂两省电告霍乱流行，即遄赴曲江、衡阳、桂林等地督导，卫生署医防总队驻湘粤桂各队协助地方实施防治。迨八月十九日方由桂林乘中航机返抵重庆，兹将在湘西督导防治鼠疫经过情形缕述如下：

2. 湘省鼠疫流行概况及其传染来源

甲、常德鼠疫初次发现情形

三十年十一月四日上午五时许，敌机一架于大雾弥漫中在常德东城市空低

---

① 本报告系防疫丛刊第一种，为国民政府战时防疫联合办事处1943年印制，湖南省档案馆藏，档案号74—3—6。

飞三匝，投下谷麦絮棉及其他不明之颗粒状物，多坠落于城内关庙街、鸡鹅巷一带。敌机投掷异物时，常德居民目击其状者甚多，其中并有美籍传教士巴牧师及其夫人可资佐证。当地卫生医务人员惊讶之余，忽忆及暴敌曾于二十九年冬，在浙江鄞衢两县用飞机投掷同样异物，因而引起鼠疫之发生，乃急收集该项谷麦等物，一部分送请当地广德医院检验。据称各物染有杂菌甚多，并有少数疑似鼠疫杆菌，惜因检验设备简陋，未能确实证明有无毒菌。自敌机去后，所遗谷麦等异物均经集合予以焚毁。因鉴于浙江之经验，市民都存惧心。敌机去后之第七日，城内即有急病流行之传说。翌日，有关庙街居民蔡桃儿者患急病就医于广德医院，同日死亡。经临床诊断、血液检查及尸体解剖，认为真性鼠疫病例。即向各有关机关报告。于是，原驻湘西之中央卫生署医疗防疫总队第二大队、军政部第四防疫大队、中国红十字会总会救护总队第二中队、湘省卫生处等均先后派员驰往协助防治。自十一月十二日发现第一鼠疫病例后，经各方面严密调查搜索，于十一月内又发现鼠疫患者四例（十三日一例，十四日二例，二十四日一例），十二月内二例（十四日一例，十九日一例），三十一年一月十三日最后一例，连前共计发现八例，其中第五例系经中国红十字会救护总队检验学指导员兼军政部战时卫生人员训练所检验学组主任陈文贵举行病理检查、细菌培养、动物试验等确实证明为腺鼠疫，由是常德鼠疫之诊断无疑义矣。

乙、常德鼠疫传染来源

常德鼠疫诊断既经确定，其传染来源亟待查明。根据当时发现情形与流行病学原理，以及国内鼠疫专家（卫生署外籍专员伯力士及军政部战训所主任教官陈文贵等）之实地调查研究，吾人深信，常德鼠疫确系敌机散播染有杆菌之异物所致，而其传染媒介必为隐藏谷麦棉絮内之活性染疫鼠蚤。其理由如下：

（一）鼠蚤原为鼠类流行性传染病之一，并非人类常有之疾病。根据流行病学之研究，鼠疫必先于鼠族内流行，随后乃波及人类。自三十年十一月，常德发现鼠疫病人后，卫生署当即派鼠疫专家伯力士博士及其他技术人员前往调查研究。经检查，常德鼠族迄三十一年一月中旬尚未发现染疫鼠族，自一月三十日后染疫鼠族之数目日渐增加，换言之，常德鼠疫先发现于人类，后传至鼠族，适与医学文献所叙述者相反，故其传染来源异于寻常者也。

（二）常德非特过去未有发生鼠疫之传闻，即按之近代史实，华中一带亦从未有鼠疫传播之记载，故常德鼠疫绝非由于旧病复发。

（三）三十年冬国内鼠疫疫区距常德最近者为浙江衢县、广东遂溪及闽西各县，水陆交通均逾两千公里之遥，按现在交通情况，即有感染鼠疫患者由浙闽粤等疫区前赴常德，将必于未及到达之途中超过其潜伏期而发作病症，故染疫患者由外潜入常德以致辗转传播实不可能，加以此次常德鼠疫发生后，经详细调查得知，所有患者均系常德居民，最近未曾外出，其第一个病例为十二岁之女孩，更可证明常德鼠疫并非来自国内疫区矣。

（四）查常德首次发现之八个病例均系腺鼠疫及败血性鼠疫，其传染必须藉染疫之鼠蚤为媒介（肺鼠疫可直接由人传人），而染疫之鼠族及鼠蚤即可随货运自疫区传至远处，但常德距浙闽粤已有之疫区甚远，因战事关系，其周围公路业已破坏，又无水运通道与各疫区直接相连，故常德鼠疫藉货运自外传入之可能性亦极微，良以湘西为米棉丰产之区，鼠疫自常德向外传播之机会则甚多也。

（五）敌机系于十一月四日在常德投掷谷麦等物，七日后鼠疫发现，经诊断证实为腺鼠疫，藉染疫鼠蚤为传染媒介，此项染疫鼠蚤除自敌机掷下之外难能经其他途径侵入常德。按腺鼠疫潜伏期（由蚤咬受传染日起至发病日止）为三至七日，间有八至十四日者。而常德鼠疫患者第一第二两例，系于敌机去后之第七日发现，第三及第四例于第八日后发病，显系敌机去后不久即为染疫鼠蚤所咬，其他四例虽发病于十一月二十三日、十二月十三日、十二月十八日及一月十一日，距敌机空袭常德日期较远，但据吾人所知，染疫鼠蚤在适宜环境中，纵不吸血亦可生存至数星期之久。故所有病例均可认为直接由敌机掷下之染疫鼠蚤传染而来，而病例又均发现于敌机散置谷麦等物最多之区域，更与吾人之推论吻合。敌机投下之谷麦想必用以诱引鼠族，谷麦内杂有棉花碎布即为包藏染疫鼠蚤之用。若遇鼠类趋往取食谷麦时，则可被鼠蚤叮咬而形成鼠族鼠疫之流行。随后可传至人类。同时，该项鼠蚤亦可咬人直接而传染。吾人深信，三十年冬，常德鼠疫首次发生之八个病例系直接由敌机掷下之染疫鼠蚤传染而来。而三十一年春再度流行，则系因鼠族随后亦遭传染所致，或谓当时并未捕得染疫鼠蚤，故无实在证据。但须知鼠蚤体小善跳，未易发现，于警报解除时均已逃逸，更无从追捕。

（六）查暴敌施用细菌兵器，数年来迭据各方报告已有相当证据。二十九年冬，浙江鄞衢两县突然发生鼠疫，启荣奉命前往调查及协助防治。据当时调查所知，两地发病前曾有敌机投掷谷麦等物，其情形与常德如同一辙。同年敌机又于金华散播黄色小颗粒甚多，经检验发现含有无数类似鼠疫杆菌，幸未有鼠疫发生。由此观之常德鼠疫实系暴敌所散播更无疑义矣。

丙、常德鼠疫再度流行概况

自敌机在市空投掷谷麦等物第七日后，常德首次发现鼠疫。其流行期间系自三十年十一月十一日至三十一年一月十三日，染疫者仅有八人。经多方调查研究，吾人深信，患者确系曾经直接为敌机掷下之染疫鼠蚤所咬。同时，该项染疫鼠蚤侵入当地鼠族，经若干时后，始形成鼠族流行，藉鼠蚤而再度传染于人。是以常德自三十一年一月十三日至三月二十三日虽无鼠疫患者，惟染疫之鼠日有增加。因此，自三月二十四日起又开始发现鼠疫病人，继续流行数月，计三月份三例，四月份十九例，五月份六例，六月份二例，七月份一例，前后总共三十一例，最后染疫者系于七月一日发病，迄九月底止无新病例，故第二次流行又暂告一段落。

鼠疫原系鼠族疾病，人只偶然感染得之。兹将常德两次鼠疫流行染疫病人数目及当地鼠族染疫情形表列于后，以明第三次流行之原因。当常德首次发现鼠疫时，并未发现大量死鼠，但同时未即实行鼠族检查实为大憾。迨十二月下旬，鼠疫专家伯力士博士抵常，即开始调查研究，仍未发现染疫之鼠。后因战局紧张，伯力士一度离常，至一月中旬方返，再继续检查，始发现鼠疫，此后染疫鼠数逐月递增，至四月时达最高峰，染疫病人亦随之而逐月增加。

常德鼠疫病人数目及染疫死鼠百分率统计表

期　　间	鼠疫病人数	检查死鼠数	染疫死鼠数	染疫死鼠百分率	附　　注
30 年 11 月	5	0	0	?	死鼠并无异常增加情形
12 月	2	35	0	0	十二月廿四日至一月三日检查鼠数
31 年 1 月	1	24	5	20.8	一月三十日及卅一日两日检查鼠数
2 月	0	168	32	19.0	
3 月	3	810	181	22.4	
4 月	19	359	159	44.4	
5 月	6	212	29	13.7	
6 月	2	259	9	3.5	
7 月	1	107	1	0.9	
8 月	0	337	4	1.2	

丁、桃源发生鼠疫情形

桃源常德之间相隔陆路只四十五里，水路九十里，交通便利，鼠疫向桃源传播至为容易。本年四月间，桃源县城首次发现疫鼠。六月时曾作大规模鼠族检查，经查出二百二十七死鼠内染疫者八只。七月上旬，又检查死鼠四十八只，只发现疫鼠一只。自七月十五日迄八月底止，鼠族鼠疫流行似已停息，桃源城内尚无染疫患者，但因鼠族已遭传染，形成疫源，随时可侵入人类，实为隐忧。

因常德检疫工作未臻完善，于本年五月初蔓及桃源县属莫林乡。先是有该乡李家湾居民李佑生于五月四日在常德染疫潜返故乡，于十日身死。因系由腺鼠疫所转成之肺鼠疫，能直接由人传人，故其探视之亲属邻居相继染疫死亡者共十六人。幸发现较早，管制及时，又正值夏令，未致扩大流行。自五月二十七日后无新病例发现，兹为便利叙述起见表列如下：

桃源莫林乡肺鼠疫患者登记表

姓　名	性别	年　龄	发病日期	死亡日期	传染原因	备　考
李佑生	男	40以上	不明	5月10日	由常德返莫林乡李家湾	
李佑生妻	女	40以上	5月13日	5月19日		
李新陔	男	20以上	5月18日	5月21日	侍其父母	李佑生次子
李新陔妻	女	20以上	5月23日	5月24日	侍其夫	
李惠陔	男	16	5月18日	5月21日	侍其父母	
李耀金	男	50以上	5月13日	5月15日	佑生隔壁邻居	
李耀金妻	女	50以上	5月16日	5月21日	侍其夫	
李耀金次子	男	21	5月16日	5月20日	侍其父	
李耀金幼子	男	11	5月20日	5月22日		
李润官	男	23	5月20日	5月24日	耀金隔壁邻居	
谢李氏	女	20以上	5月18日	5月21日	返母家探视得病送回	李佑生之女已嫁
谢李氏婆	女	50	5月23日	5月26日		
向国恒	男	32	5月23日	5月25日	曾赴李佑生探视	
李氏	女	50以上	5月27日	5月30日	李佑生次媳之义母曾往李家探视	
李耀金姐	女	50以上		5月21日	往李耀金家探视	
李耀金姑母	女	74		5月21日	探视	

此次桃源莫林乡肺鼠疫流行，所有病例均经详细调查并施行细菌检验证实，其中有患者数人病势极重，于二、三日内肺炎症状（如咳吐血痰）未即显现即

已身死。民国十年哈尔滨流行时亦曾见之。

此外邻接桃源之临澧县曾有鼠疫发现之谣传，经派员调查并未证实。湘省其他各县迄目前止亦未有鼠疫发现。

3. 实施防治经过

甲、组织

常德自敌机散布谷麦等物发生鼠疫后，当防空指挥部、警察局、县卫生院及私立广德医院召开临时防疫会议，讨论紧急处置办法，组织"常德县防疫委员会"，由县政府主持其事。随后中央及地方主管军民防疫工作单位先后赶到常德，乃于三十年十一月廿日在行政专员公署召开大会，决议加强防疫机构，成立"常德防疫处"，即以专员兼任处长负责主持，另由各方高级卫生技术人员联合组织"设计委员会"，常德防疫处下设总务、财务、宣传、情报、纠察、补给及防疫七股，由专员公署、省银行、三民主义青年团、警察局、保安大队、商会及卫生署医疗防疫总队第十四医防队主管或高级人员分别依次兼任。另设隔离医院及留验所各一所，由县卫生院院长兼任。隔离医院内设病床五十张。为便于分工合作起见，各方派往常德参加防疫工作之技术人员共同组织"联合办事处"，下分疫情调查、预防注射、隔离治疗及细菌检验等四组，指定工作地点及工作范围，分别负责办理实地防治工作。

纵观上述防疫机构，常防疫处系临时设置主管防治鼠疫之机关，其内部各股负责人多由当地党政军机关高级人员及商会代表兼任，而中央及省方派遣之高级卫生人员受聘为设计委员，不另兼防疫处本身职务，其用意乃系将防疫工作分为行政与技术两部分，并认定防疫系地方责任，而中央及省方只担任技术设计及指导而已。惟防疫工作之实施实为技术的行政，高级卫生技术人员必须实际参加行政工作，将设计、指导及实施三部工作打成一片，然后技术设计得彻底执行。尤须注意者，在我国目前情形之下，防疫工作并非卫生人员所能单独推动，必须有党政军三方面力量协助不可。故据诸事实，常德防疫处由地方最高行政官长主持尚不能认为不妥，但各方技术人员亦应负实际责任，否则各技术人员均可藉设计委员会为分谤卸责之具。加之该处设计委员均由中央及地方卫生机关高级人员兼任，如战区司令长官部卫生处处长、省卫生处主任技正、卫生署医疗防疫总队大队长、军政部防疫大队长及军政部战时卫生人员训练所主任教官等等，多因本身职务繁重不能久驻常德，故于短期内仍返原任，虽另由防疫处随时增聘，但一度曾有无人主持及互相推诿情事，其影响于防疫工作之推进甚大。至"联合办事处"之组织原系于常德鼠疫爆发时中央及省方纷纷派员驰往救治，卫生署深恐人多事乱，乃建议在常德各单位即组织"防疫联合办事处"以资联系，并收分工合作之效。惟自常德防疫处及设计委员会成立以后，该联合办事处自应废止，以免重复脱节及指挥不统一之讥。

常德防疫机构事实上实有加强之必要，嗣经与当地商定改组办法，随后，因鼠疫已传至桃源更有向各方蔓延之可能，遂建议改为湘西防疫处，于桃源成立分处，至邻近常桃各县得视交通情形设置检疫所。湘西防疫处内增设副处长二人，襄办行政技术事项，技术督察长一人，联系督导考核各项技术工作，技术顾问一人，咨询一切设计实施事项。其下则设总务、会计、疫情检验、检疫宣传、卫生工程及卫生材料各组，并附设下列八个工作单位：（一）疫情诊察队；（二）常德水陆交通检疫所；（三）常德鼠疫隔离医院；（四）卫生工程队；（五）鼠疫病理检验所；（六）防疫纠察队；（七）防疫担架队；（八）鼠疫留验所。各组及工作单位除总务会计两组及防疫纠察队外，其余均以交由卫生技术人员主管为原则，务期分工合作，责任分明。此外，另设咨询委员会，以便联系当地机关团体，如县党部、三民主义青年团、警察局、商会、报社等等，兼收集思广益之效。

乙、人员

常德防疫处处长职务原系由湘省第四区行政专员欧冠兼任，嗣于二月终，欧专员他调，乃于三月时改由××××××××任。防疫处改组后，增聘常德县县长戴九峰为副处长，另一副处长正在遴选推荐中。此外，又增聘卫生署专员伯力士为技术顾问，卫生署医防总队第二大队大队长石茂年为技术督察长，防疫处下各组及工作单位其属技术性质分由下列各卫生单位负责：

（一）卫生署医疗防疫总队第二大队所属第十四巡回医防队，第二卫生工程队，第二细菌检验队及第四防疫医院；

（二）军政部第四防疫大队第一中队及第九防疫大队第三中队；

（三）中国红十字会总会救护总队第四中队第一一一、第七三一及第四七二医务队；

（四）湖南省卫生处巡回卫生工作队（另加派卫生处医师及省卫生试验所技正等）；

（五）常德县卫生院；

（六）常德私立广德医院；

（七）驻常桃各军医院。

防疫处下附设之防疫纠察队原系由第二十集团军霍总司令调派士兵两连担任之，最近因该集团军移防，未知有无另行改派接任。

至于督导防疫人员曾经前往者计有卫生署防疫处处长、第六战区司令长官部卫生处处长、第九战区司令长官部卫生处处长、湖南省卫生处处长以及其他中央及地方军民卫生机关高级技术人员等。

此外最近湖南省政府派邓一韪为湘西防疫特派员前往督导防治工作。

丙、经费

三十年度湖南省核定预算由原有防御鼠疫临时费 70135 元，当常德鼠疫发生时该款业已支付将罄。因事势紧急，经该省府第二五九次常会决议，先行饬省库拨款二万元，再行办理追加手续，同时卫生署拨发该省临时防疫费一万元以资补助，另又拨发二万元交由卫生署医疗防疫总队驻常德各地为实施防治之用。惟常德防疫处自成立以来并无固定预算，所需经费系由地方捐募及征收捕鼠捐等而来，故业务之推进殊多窒碍。本年度三月间常德鼠疫再度流行，五月中蔓延至桃源，当时因本年度该省防御鼠疫临时费概算原列七十万零二千六百元，再请增加至一百二十万元尚未奉核定，各项防治工作实施尤感困难，经多方催请，迄六月十五日方克核定为七十万元。现在常德鼠疫经已传至桃源，两地鼠族均已染疫，随时有向外蔓延可能，倘预期之秋季爆发不甚严重，则本年度核定临时费预算数尚可应付。

丁、器材

防治鼠疫所需器材计分预防、治疗、消毒、灭鼠、灭蚤等项：

（一）关于预防用之鼠疫疫苗，本年度卫生署奉核准购运鼠疫疫苗费壹百五十万元，经由中央防疫处及西北防疫处各制造五万瓶两共足二百万人用量，并已分发各疫区应用。另又由军医署及中国红十字会总会救护总队部准备大量鼠疫疫苗，交由军政部防疫大队及红会医务队带往疫区及邻近地方备用。此外，湘省卫生处亦迳向中央防疫处购买鼠疫苗分发各县。本年六月中，常桃方面尚存有足供十七万人用量之鼠疫苗，故其供给尚称充裕。

（二）关于治疗用之新药磺苯胺噻唑（雪芳色麝），国内存量虽属不多，如疫情不甚严重，尚可敷用。为未雨绸缪计，经由卫生署商请美国红十字会捐赠大批此项特效药一部分已运到，并分发疫区备用，其余尚在运输途中，湘西方面现已有足供约六百病例之存量。至以前所用之鼠疫血清，国内尚能制造，必要时仍可供治疗之用。

（三）关于消毒、灭鼠及灭蚤需用之化学药品，国内存量有限。用以配制杀鼠毒饵之炭酸钡国内可小量制造，惟杀鼠灭蚤药品之最善者厥为靖酸气，如非舶来，并无其他来源，幸最近亦已由美国运到并赶送湘西疫区应用。此外，灭蚤制剂须用煤油、普通消毒须用酒精，购备亦不甚易，其他普通治疗及消毒用药，尚可勉强敷用。

戊、工作

办理防疫工作平时已属不易，战时疫疠不断流行，又限于人力物力困难，自必更多防疫犹如救火，又实系与病菌或其他病源作战，所采用之方法，为谋集体安全，有时必需强制执行，侵犯个人自由，甚或有时焚毁疫区牺牲物资，或管制交通影响商业，一切紧急措施均难得一般民众之谅解。即就施行预防注射一项而论，许多具有高等教育者尚且拒不接受，是则知识水准较低之民众更难期其乐于接受矣。常德自敌机散布鼠疫后，卫生人员不避艰苦，不顾危险，努力防治工作，以期消灭敌人施用细菌战术之企图。庸讵知当地民众反视卫生人员如寇仇，竟有殴打防疫工作人员情事，同时谣言四起，有谓常德鼠疫系卫生人员所伪造以骗取防治经费，有谓检验尸体实因外籍医师伯力士欲挖割眼睛及睾丸以制造汽油，亦有谓得病身死之人系因曾被强迫接受所谓"预防注射"，凡此种种无稽谣传，其影响于防治工作之推进甚大。鄙意以为，暴敌既有自空中藉飞机散布病菌之证据，则于地面难免有奸人之组织以图破坏我方防御计划及设施，此点至堪注意。但常德防疫机构之不健全、经费之不充裕前已叙述，亦为防治工作推动不灵活之原因。至于工作方式之是否妥适尤须予以检讨。兹将各项工作实施情形及其改进办法分别叙述如下：

（一）疫情报告　防疫犹如作战，疫情报告与敌情报告是同样重要，务须迅速准确及严密方能事前防备或及时管制。染疫患者能得早期治疗，其复原之机会较多，迅予隔离辗转传染之机会减少，于常德鼠疫爆发时，疫情侦察工作尚为妥善，其后日久，此项工作逐渐松懈，时有隐匿不报或延迟报告情事。本年三月至七月间鼠疫再度流行，染疫人数共三十一例，其中十七例系经检验尸体然后发现，而于鼠疫流行之五个月期间内，在六万余常德人口中经检验之尸体共计只三十七具，尤以四月间检验二十个尸体即发现十一个死于鼠疫，在死者患病期内防疫处并未得到报告，由此可推想常德春季鼠疫流行染疫人数报告遗漏者或恐不少，其详情见下表：

常德春季鼠疫流行染疫人数及其发现来源

日　　期	病人检验数　目	发现鼠疫患者数目	尸体检验数　　目	发现染疫尸体数目	染疫人数统　　计
二月	2	2	3	1	3
四月	9	8	20	11	19
五月	3	2	4	4	6
六月	8	1	8	1	2
七月	2	1	2	0	1
共计	24	14	37	17	31

　　鼠疫原系鼠族流行性传染病，在普通情形之下，先发现于鼠族，随后乃藉鼠蚤而侵入人类，故逐日检验鼠族有无染疫状态及搜寻能传播鼠疫之蚤类予以统计，如此可预为推测鼠疫侵入人类之危险程度，及早防备可免扩大流行，故鼠族及蚤类之检查应列为防治鼠疫之日常例行工作。在常德方面，该项鼠族检验工作办理未臻完善，因经检验之鼠族数目过少，所得疫情不甚准确，故今后务须鼓励民众随时捕杀老鼠送请防疫处检验，俾能确实明了当地疫情。

　　此外，另建议防疫处应竭力促进下列各项工作：（一）所有医院及开业中西医生若发现鼠疫或疑似鼠疫病人时，应即报告防疫处派员复诊；（二）警察局所暨乡镇公所应督饬保甲长随时查询所辖各户，遇有疑似鼠疫发生，即应报告防疫处；（三）所有死亡应由家属于当日分报保甲长及警察局所转报防疫处填发安葬许可证，其有疑似鼠疫症状，须经病理检验后，始可填发安埋许可证；（四）有死鼠发现之地带应由防疫处派员挨户收集，并随时侦察有无染疫患者；（五）办理疫情报告应列入警察暨乡镇保甲长之考成。

　　（二）隔离治疗　鼠疫传染至烈，尤以肺鼠疫为最危险，故染疫者必须强制隔离，以防蔓延传染，此紧急措施无识及自私之徒反对至甚，又因患者就医过迟救治无方，遂多归罪于隔离医院。今春鼠疫再度流行时，经施用磺笨胺噻唑治愈者七人，其中二人具有肺鼠疫症状，余为腺鼠疫及败血性鼠疫，故并非不治之病，但须早期就医，俾所用药得充分发挥其效能。自三十年十一月二十日常德隔离医院成立后，迄八月底止，收治病人二十五名，其中十二名经诊断证实为鼠疫患者，并与当地私立广德医院充分合作，必要时由该院代为收治，计经广德医院治疗之鼠疫病人共七名，其中三名系在恢复期内由隔离医院送往休养。

　　常德鼠疫隔离医院院址原系借用郊外民房，设备较为简陋，虽尽量装置防鼠设施，如周围掘沟及其他防鼠修建，仍不能认为妥适。医护人员除兼任院长一人外，计有医师一人、护士二人、医护助理员四人，若遇疫病扩大流行，恐难能应付。经商由卫生署医疗防疫总队第二大队加派医护人员协助办理，如本年度防疫处经费有着，似应另觅地址建筑隔离医院一所，必要时又可征用民船，略予改修下舟定江中，即可为临时隔离鼠疫患者之用。

今春常德鼠疫再度流行时，民众对防治工作不甚满意。当地中医中药界鼓吹筹设中医鼠疫院，所拟办法极为不妥，未获邀准。为免歧视中医之责，经向防疫处建议，如鼠疫病人愿请中医诊治者，可听其延至隔离医院诊察主方并派人煎药进药，其主治之中医与煎药进药之亲属仍应遵守隔离规则，着防蚤衣佩带［戴］口罩以免传染，并须主治到底。迄八月底止，仍未有中医在隔离医院诊治鼠疫病人。忆廿九年宁波发生鼠疫时，当地中医曾有同样要求，经决定上项办法后，并无愿意在隔离病院内诊治者。以上建议并无歧视中医之意，若我国古方确有医治鼠疫特效药，自当竭力采用，但规定在隔离医院诊治，乃系恐隔离消毒不周，反致互相传染。

（三）病家消毒　鼠疫病人经送医院隔离治疗或染疫尸体经已妥当处理后，所有患者居住地方及日常用具均应予以彻底消毒，必要时得予以局部焚毁，并应同时杀灭染疫鼠族及蚤类以杜传染。今春常德防疫处对病家消毒工作因缺乏蜻酸气，不能利用毒气薰蒸消毒法将疫区内鼠族及蚤类彻底消灭，幸于本年七月间美国红十字会捐赠蜻酸气一批已由美运到，并即赶送湘省应用。

（四）尸体处置　染疫尸体之最妥善处置办法厥为火葬，亦合国内外防疫条例所规定。但在常德实行火葬时，因布置未周，据闻曾有并非染疫尸体亦予以火葬，并有时数具尸体一同焚毁，甚或用同一火葬炉焚毁疫鼠，遂引起死者家属之怨恨及一般民众之反感。由是染疫者乃隐匿不报或分向四乡逃避，桃源莫林乡一度肺鼠疫流行，即其结果，其危险性至为重大自可想见。四月间防疫处经谨慎考虑后，决定停止火葬办法，改设公墓，规定染疫尸体消毒办法及埋葬地点，如是即可尊重民间习俗，又顾及集体安全。

（五）患者家属留验　患者之家属或同居以及其他于短期内曾与患者密切接触之人，因处于同一环境之下或已感染鼠疫正在潜伏期内病症尚未发作，故必须予以拘留，逐日检验是否已染鼠疫。其留验期间经法定为七日，如已证明并未染疫，即可恢复自由。此项留验办法，在常德施行，困难甚多，留验所附设于隔离医院内，设备不周，患者家属多不愿入内留验，故遇有鼠疫发生，即隐匿不报，或协助患者潜逃，由是影响于防疫工作更大。根据鼠疫之流行病学，腺鼠疫必须藉鼠蚤叮咬方能传染，可能性较小，肺鼠疫可直接由人传人，其传染可能性甚大，故所有曾经接触肺鼠疫病人之亲友必须强制迁入留验所留验，至于曾与腺鼠疫患者密切接触之人，经防疫处重新规定，仅限期迁出原址移往他处，并将疫户封闭以便施行病家消毒及杀鼠灭蚤等工作，俟封闭解除后方可迁回居住，但在迁居期内仍须将迁移住址报告警察局及保甲长，以便随时派员访问有无鼠疫发生，此项变通办法，其规定实系迫不得已。

（六）交通检疫　查常德总绾湘西，物产丰饶，水陆交通至称灵便，今既成为鼠疫疫区，染疫鼠族及其蚤类至易随商旅货运传至远处，至于鼠疫病人如任其潜离疫区，更有引起肺鼠疫流行之可能，故为防备鼠疫蔓延计，实施交通检疫至感切要。原拟在川湘、湘鄂、湘黔、湘桂等水陆交通要道设置检疫站，所有来自常德、桃源之旅客一律须受检查有无染疫症状，并将所有车辆、船舶及所载货物予以消毒灭鼠及灭蚤，但兹事体甚大，耗费至巨，非战时人力财力所及，且实施时技术上之困难更多，例如大量棉花五谷及络绎不绝之旅客行李等，事实上均无法彻底消毒，经谨慎考虑后决定下列检疫原则：

1. 检查常德、桃源及邻县鼠族以确定疫区范围，如有染疫鼠族发现时，即认为疫区。迄本年九月底止，染疫鼠族仅于常德桃源两县县城发现，至于乡区并未有染疫证据。

2. 鼠疫原为鼠族传染病，藉鼠蚤为媒介而传至人类，是以检疫工作之主要对象为疫区内之鼠族及蚤类。在目前情形之下，将疫区内所有鼠族蚤类完全消灭实不可能，故只可竭力制止其离开疫区，如是则腺鼠疫不至向外蔓延。

3. 腺鼠疫有时可变为肺鼠疫，其后即可直接由人传人，故检疫站必须检查旅客，于发现鼠疫病人时即应迅予隔离。

4. 常桃疫区外围各检疫站，对于各项货运，如认为并未藏有来自疫区之鼠族及其蚤类，则无须予以消毒。

根据上述原则经拟定下列检疫办法，建议湘西防疫处采用。

1. 常德及桃源城郊之水陆交通要道应设置检疫站，次要水陆路得将设检疫哨，其不重要之小路在距城数里地带予以破坏。

2. 所有经过检疫站哨之船舶、车辆及肩舆均须接受检查，若发现鼠疫或疑似鼠疫病人，立即送隔离医院，其行李应予消毒灭蚤之处置。

3. 所有出入疫区之旅客，须一律接受预防注射。

4. 凡由各产地或商埠通过常德、桃源之船只，如专载运往他县之五谷、棉花及其他能隐藏鼠类之货物，应严禁停靠。

5. 凡由外埠运入常德、桃源城区之货物得自由运输，但五谷、棉花、被服等绝对禁止由常桃城区外运。

6. 常桃县属境内准备外运之五谷、棉花等物应存贮于疫区范围之外，各仓库并须具有防鼠设备，其设置地点由防疫处指定之。

7. 所有经过常桃又准予停留之船只，日间可在江面两岸停靠，惟黄昏后至翌晨天明止，须移向江心离岸两丈以外之处抛锚，并应抽去跳板，所有上下行船只，黄昏与天明之间，一律禁止通行。

8. 凡由疫区出境之病人，必须向防疫处请领出境许可证，始可放行。

9. 凡由疫区迁运出境之尸体，必须领有防疫处领发之安葬证，始可放行。

10. 凡发现疫鼠及鼠疫病人之船只，应施行灭鼠灭蚤之消毒处置，无预防注射证之船员及旅客，应留验七日，如发现肺鼠疫时，所有旅客及船员均应留验七日后始可放行。

11. 遇有肺鼠疫流行时，得由军警协助，完全断绝交通，其无特别通行证者，一概不得出入疫区。

（七）杀鼠灭蚤　为解决常桃鼠疫问题最理想之方法为完全消灭当地鼠族，揆诸目下情形，实不敢求之过奢，但无论如何尽量减少鼠族及其蚤类之数量，即可减少鼠疫传染之机会。在过去因缺乏防治器材，除利用捕鼠笼、杀鼠器外，另以炭酸钡制成毒饵诱杀鼠族，施用经过尚未见效。惟鼠疫流行时，利用上述方法举行大规模灭鼠运动，实有增加人类鼠疫病例发生之可能，盖染疫之鼠中毒或被捕杀死后，附带鼠身上之蚤类即时离开，另觅新宿主，如当时附近并无鼠族，已染疫之蚤叮咬人类即可传染鼠疫，故在鼠疫流行期间，杀鼠灭蚤应同时举行。其最妥善之方法为利用靖酸气薰蒸法，该项药品一批已由美运到，正在疫区施用。至于以煤焦油及肥皂制成□□状灭蚤液颇有成效，但采购大量煤焦油备用亦为不易，现正试验改用其他灭蚤药品。

（八）预防注射　普遍施行预防注射，增加集体免疫力，可免鼠疫扩大流行，此实为有效防治方法之一。今春常德鼠疫再度流行时，有染疫者共三十一人，其中廿四人死亡，均未经预防注射，其他七人因曾接受预防注射，并于早期即于隔离治疗，得告痊愈，由此可见，鼠疫之预防注射，确有效用。惟该项注射须分两次或三次完成，强制施行不无困难，现正由各方细菌学家、免疫学家研究制造一次即可完成之预防注射方法，又因注射后所产生之免疫力大约只能维持六个月，故施用日期又须合理规定，经多方考虑后决定下列实施原则：

1. 根据鼠族及蚤类之检查结果推测，鼠疫可能流行期间，如鼠族染疫率有增加证据，疫区内即应普遍强制施行鼠疫预防注射于短期内完成该项工作。本年秋末冬初，预计有鼠疫再度流行之可能，预防注射工作应于九十月份积急[极]进行。

2. 在疫势有再度流行之危险期内，所有前往或经过疫区之旅客均须一律接受预防注射，否则不准入境。

3. 疫区内居民得随时自愿向各地卫生防疫机关请求施行预防注射，但该项工作于上述危险期间内必须强制执行。

4. 邻接疫区各地居民无须强制施行预防注射，但若疫区内疫势猖獗得由湘西防疫处斟酌实际情形，临时规定强制执行之。

（九）防疫宣传　防疫工作之实施难免侵犯个人之自由，必要时并须毁坏民众之财产，以一般民众知识之浅陋，殊能引起误会，对各种防疫设施予以消极或积极之阻碍。故为便利推动防疫工作计，应特别注意于民智启迪卫生教育之宣传，以提高其合作兴趣。在常德方面，防疫宣传工作除在报章随时发表当地疫情外，其他文字图画及口头等等宣传方法均未充分利用，即或利用，亦似未有严密计划及一定目标，故收效甚微。因此，当地民众对各项防疫工作多不了解，并易受奸人煽动而起来反对，其影响于防疫实施至大。查防疫宣传所需宣传资料，应由卫生技术人员供给，至实地宣传工作，应予党政军各方面充分合作，利用现有各种组织机构，务须深入民间。此次启荣在常德督导防治，对于防疫宣传极为注意，于五月十五日参加常德县各界清洁大扫除及防疫宣传大会，五月十八日出席常德县政府扩大行政会议，五月十五日参加常德县城区党团员大会。此外，又召集常德各界领袖及代表开座谈会，于每次集会对于常德鼠疫之传染来源及今后防治方针均详为阐明，并请各方面努力向民众宣传。

（十）训练工作　鼠疫于我国向非常见之传染疾病，故医务卫生人员对鼠疫多不认识，具有防治鼠疫经验之专门技术人员更加凤毛麟角。自廿九年敌机在浙江散播鼠疫后，举国注意，卫生署因鉴于防治鼠疫技术人员之缺乏，卅年度于浙江衢县设立防治鼠疫人员见习班，由各地卫生及军医机关派员前往，于鼠疫专家伯力士博士指导之下，参加实地防治工作。自该班成立以来，计已训练县卫生院长六人、医师二十人、环境卫生员四人、检验员二人，共计三十二人。本年度鼠疫专家伯力士博士由卫生署调驻常德担任技术指导工作，于是又在常德成立防治鼠疫人员见习班，迄八月底止已开班两次，每期一月，经训练医师四人、护士六人、检验员七人，共计十七人，今秋仍将继续办理。此外，卫生及军医两署已与印度政府商妥，由我国遴选高级卫生人员二十名，内包括医师十名、细菌学家五名、卫生工程师五名，分两期派赴孟买，在哈夫金鼠疫研究院实习三个月。其第一期于本年十月下旬开始，俟实习完毕返国后，可分派各地参加实地防治鼠疫工作。

4. 今后湘省鼠疫防治工作之展望

常德鼠疫原系由于敌机之散布，其防治工作因限于环境蔓及全城鼠族，嗣因交通检疫未能彻底施行，以致传至桃源，并于桃属莫林乡一带五月间发生肺鼠疫流行，殊称憾事。现疫势虽已遏止，但常桃两地鼠族已形成地方性的传染病，在将来仍有爆发及向外蔓延之可能，至堪顾虑。此次在常德、桃源经召集各有关机关及全体卫生技术人员，检讨过去防治设施及计划今后工作方针，因以往常、桃防疫机构不健全，技术人员指挥不统一，防治经费不充裕，工作方式欠妥善，当地党政军各方面力量亦未充分运用，故防疫工作推进困难，虽已分别建议改善，但今后防治技术工作是否能施无阻，除卫生技术人员应尽最大之努力外，尤有赖于当地党政军各界之协助以及一般民众之合作。

湘西鼠疫既已成为地方性病，其根除方法之对象厥为疫区内之鼠族，但现在以有限之人力物力实难期当地鼠族之完全消灭。若疫区范围不广，仅可将全部付之一炬。但常德城区各处均有染疫鼠族发现，而桃源县城亦有同样情形，势必须将两城全部牺牲方能达到完全消灭当地鼠族之目的，同时常桃乡区鼠族或恐亦已染疫，若是，则纵将城区牺牲，尤未能根除当地之鼠疫，因此未敢建议将疫区全部焚毁。其较逊之办法，即为将常桃两城暂时废弃，另择妥善地点迁移，经勘察周围地势及交通状况又未能觅得适宜地点，即或有之，亦非抗战期内当地民众财力之所能及，故迁城之计亦无把握。是以再三思维，深恐湘西鼠疫问题并非一年半载所能根本解决，在目前情形之下，惟有严密封锁疫区，务期减少鼠疫向外蔓延之机会。

此次奉命赴湘西督导防治鼠疫结果，防疫机构已较前为健全，防疫设施亦针对当地情形设施完成，将来自可依照推行，渐次根绝疫源。至鼠疫患者之治疗，发现病例共计五十五例，均系民众，当地驻军并未感染，经治愈者七人，其中二人且具有肺鼠疫症状。顾病例总数虽为不多，但亦已证明预防注射及治疗用药之功效，此尤足供工作同人引以自慰者也。

尤可贵者，驻常之卫生署、军政部、军医署及中国红十字会总会救护总队医疗防疫工作人员暨当地卫生机关各同仁，均能不避艰危、不辞劳怨，良足嘉尚。而卫生署外籍专员伯力士已届高龄，常驻疫区，于实地工作之余指导后进、孜孜不倦，更使启荣感念不置。循此以观，若各工作同仁能继续努力，则湘西鼠疫问题虽为严重，其根本解决，尚可预期也。

5. 附录（各种统计表）

湖南常德鼠族分类检验结果统计表（卅一年）

（表一）

月份 / 类别		一月(30—31)	二月	三月	四月	五月	六月	七月	八月	九月	总计
检验鼠族分类数目	沟鼠	13	68	194	72	24	29	20	40	35	495
	家鼠	11	89	531	256	119	126	76	212	322	1742
	小鼠	0	11	85	31	69	104	32	85	83	500
	合计	24	168	810	359	212	259	128	337	440	2737
染疫鼠族分类数目	沟鼠		9	19	20	3	2	0	0	1	54
	家鼠		21	157	134	15	5	1	3	3	339
	小鼠	(5)	2	5	5	11	2	0	1	4	30
	合计		32	181	159	29	9	1	4	8	423
染疫鼠族分类百分率(%)	沟鼠		13.24	9.80	27.77	12.50	6.89	0	0	2.85	10.90
	家鼠		23.59	29.56	52.34	12.60	3.96	1.31	1.41	0.93	19.46
	小鼠	(20.03)	18.48	5.90	16.13	15.94	1.92	0	1.17	4.82	6.00
	合计		19.04	22.35	44.29	13.68	3.47	0.78	1.18	1.81	15.45
疑似鼠疫鼠族分类数目	沟鼠		5	22	4	3	1	1	1	0	37
	家鼠		4	39	14	13	5	3	7	9	94
	小鼠		1	15	2	8	7	1	3	8	45
	合计		10	76	20	24	13	5	11	17	176
疑似染疫鼠族分类百分率(%)	沟鼠		7.35	11.34	5.55	12.50	3.44	5.00	2.50	0	7.47
	家鼠		4.50	7.34	5.47	10.92	3.96	3.74	3.30	2.79	5.39
	小鼠		9.09	17.65	6.45	11.59	6.73	3.12	3.52	9.63	7.00
	合计		5.95	9.38	5.57	11.32	5.02	3.90	3.26	3.81	6.43

附注：一月份染疫鼠类分类数目及其百分率之合计栏内数字未计入总计栏内。

湖南桃源县鼠族分类检验结果统计表（卅一年）

（表二）

类别	月份	四月（30—31）	五月	六月	七月	八月	九月
检验鼠族分类数目	沟鼠	5	15	19	21	15	10
	家鼠	78	189	208	61	35	19
	小鼠	0	0	0	1	6	1
	合计	83	204	227	83	56	30
染疫鼠族分类数目	沟鼠	0	0	1	0	0	1
	家鼠	1	5	7	1	0	0
	小鼠	0	0	0	0	0	0
	合计	1	5	8	1	0	1
染疫鼠族分类百分数（％）	沟鼠	0	0	5.06	0	0	10.00
	家鼠	1.26	2.65	3.36	1.64	0	0
	小鼠	0	0	0	0	0	0
	合计	1.20	2.45	3.52	1.20	0	3.33

附注： 四月份有疑似鼠族一例，九月份疑似家鼠一列。

湖南陬市、河洑两地鼠族分类检验结果统计表（卅一年）

（表三）

类别	月份	七月	八月	九月	总计	备考
检验鼠族分类数目	沟鼠	11	5	0	16	
	家鼠	60	44	19	123	
	小鼠	7	4	3	14	
	合计	78	53	22	153	
疑似染疫鼠族分类数目	沟鼠	1	0	0	1	1. 陬市八、九两月份无数字
	家鼠	1	0	0	1	
	小鼠	1	0	0	1	2. 无证实染疫鼠族
	合计	3	0	0	3	
疑似染疫鼠族分类百分率（％）	沟鼠	9.09	0	0	6.25	
	家鼠	1.56	0	0	0.81	
	小鼠	14.28	0	0	7.14	
	合计	3.84	0	0	1.96	

常德鼠蚤分类统计表（卅一年）

类别	月份	一月(30—31)	二月	三月	四月	五月	六月	七月	八月	九月	总计
经捕鼠蚤分类数目	印度鼠蚤	1	6	37	1	1	10	27	6	0	89
	欧洲鼠蚤（东亚种在内）	23	271	1442	744	197	16	1	4	9	2707
	盲 蚤	2	61	222	352	104	25	5	0	0	771
	合 计	26	338	1701	1097	302	51	33	10	9	3567
鼠蚤分类百分率（%）	印度鼠蚤	3.84	1.80	2.17	0.09	0.33	19.60	81.81	60.00	0	2.49
	欧洲鼠蚤（东亚种在内）	88.46	80.17	84.77	67.82	65.23	31.39	3.03	40.00	100.00	75.89
	盲 蚤	7.69	18.20	13.05	32.08	34.43	49.01	15.15	0	0	21.62

桃源鼠蚤分类统计表（卅一年）

类别	月份	四月(17—30)	五月	六月	七月	八月	九月	总计
经捕鼠蚤分类数目	印度鼠蚤	2	9	3	9	6	3	32
	欧洲鼠蚤（东亚种在内）	133	145	53	21	9	3	364
	盲 蚤	39	93	21	7	2	3	165
	合 计	174	247	77	37	17	9	561
鼠蚤分类百分率（%）	印度鼠蚤	1.15	3.63	3.89	24.32	35.29	33.33	5.69
	欧洲鼠蚤（东亚种在内）	79.89	58.87	68.84	56.76	52.94	33.33	66.02
	盲 蚤	18.96	37.50	27.27	18.92	11.77	33.24	28.29
	合 计	100.00	100.00	100.00	100.00	100.00	100.00	100.00

湖南省陬市及河洑两地鼠蚤分类统计表（卅一年）

类别	月份	七月	八月	九月	总计	备考
经捕鼠蚤分类数目	印度鼠蚤	42	43	0	85	
	欧洲鼠蚤（东亚种在内）	7	2	0	9	
	盲 蚤	2	1	1	4	
鼠蚤分类百分数（%）	合 计	51	46	1	98	八、九两月份陬市无报告
	印度鼠蚤	82.35	93.48	0	86.74	
	欧洲鼠蚤（东亚种在内）	13.73	4.35	0	9.18	
	盲 蚤	3.92	2.17	100.00	4.08	
	合 计	100.00	100.00	100.00	100.00	

（表七）

年份	月份	第一次注射	第二次注射	合　计
三十年	十一月廿四日至十二月卅一日	2909	1353	4262
三十一年	一月	2370	790	3160
	二月	1750	1180	2930
	三月	4568	2630	7198
	四月	6407	2779	9186
	五月（至十日止）	1018	671	1689
总　计		19022	9403	28425

常德鼠疫患者病型分类统计表

（表八）

月份	类别	腺型	败血型	肺型	腺型兼败血型	败血型兼肺型	腺型兼肺型
三十年	十一月	3	2	0	0	0	0
	十二月	2	0	0	0	0	0
三十一年	一月	1	0	0	0	0	0
	二月	0	0	0	0	0	0
	三月	1	1	0	0	0	0
	四月	8	8	5	2	1	1
	五月	1	3	0	0	0	0
	六月	1	1	0	0	0	0
	七月	0	0	1	0	0	0
	八月	0	0	0	0	0	0
	九月	0	0	0	0	0	0
统　计		17	15	6	2	1	1
百分率（%）		40.48	35.71	14.29	4.76	2.38	2.38

常德鼠疫患者按性别年龄组月份统计一览表

（表九）

年龄组	三十年十一月 男	女	三十年十二月 男	女	三十一年一月 男	女	三十一年二月 男	女	三十一年三月 男	女	三十一年四月 男	女	三十一年五月 男	女	合计 男	女
0－9											2				2	
10－19			1		1						2	3			2	5
20－29	2	1									2	3		1	4	5
30－39				1				1			2	2		1	3	4
40－49											2	2			2	2
50－59	1									2	3		1	1	7	1
60－69											1	1			1	1
70以上																
总计	3	2	1	1	1					2	14	11	1	3	21	18

附注：六月份病例二人、七月份一人尚不能分类，未列入表内。

常德鼠疫患者经过情形一览表

31 年 7 月 9 日止

病例号数	姓名	年龄	性别	职业	住 址	发病日期	死亡日期	主 征	诊断	备考
1	蔡桃儿	12	女		关庙街蔡洪盛号	30 年 11 月 11 日	30 年 11 月 13 日	寒热	败血型	
2	聂述生	58	男	商	府庙街四保	30 年 11 月 12 日	30 年 11 月 13 日	鼠蹊淋巴腺肿	腺型	
3	蔡玉珍	27	女	主妇	东门内常清街	30 年 11 月 11 日	30 年 11 月 13 日	高热、淋巴腺肿	败血型	
4	徐老三	27	男	工	北门内皂果巷 5 号	30 年 11 月 12 日	30 年 11 月 14 日	高热、头痛、右鼠蹊腺肿	腺型	
5	龚韶盛	28	男	工	关庙前街 18 号	30 年 11 月 23 日	30 年 11 月 24 日	高热、右鼠蹊腺肿	腺型	
6	王瑞生	38	男	工	东门内永安街 1 保	30 年 12 月 13 日	30 年 12 月 14 日	寒热、右鼠蹊腺肿	腺型	
7	王贵秀	15	男	小贩	三板桥九保	30 年 12 月 18 日	30 年 12 月 20 日	高热、昏迷	腺型	
8	胡 嫂	30	女	工	关庙街杨家港	31 年 1 月 11 日	31 年 1 月 13 日	寒热	腺型	
9	向玉新	50	男	小贩	华经庵 52 号	31 年 3 月 20 日	31 年 3 月 24 日	高热、四肢疼、腹部及胸部有出血点	败血型	
10	陈孔昭	52	男	商	关庙街湖南旅舍	31 年 3 月 22 日	31 年 3 月 28 日	左鼠蹊腺肿	腺型	
11	陈维礼	5	男		皂角街	31 年 4 月 1 日	31 年 4 月 4 日	发热、颈强直挛睡	败血型	
12	蒋家祖	45	男	小贩	北门内长巷子 32 号	31 年 4 月 1 日	31 年 4 月 2 日	高热、头痛	腺型	
13	邓乐群	32	男	政	法院西街	31 年 4 月 5 日	31 年 4 月 12 日	发热、头痛、右鼠蹊腺肿	腺型	
14	杨梅青	8	男	学	五铺街八保	31 年 4 月 4 日	31 年 4 月 6 日	尸体呈现出血点、右腋下腺肿	腺型	
15	张金斗	15	男	军	府坪街军警稽查处	31 年 4 月 3 日	31 年 4 月 7 日	发热、头痛、呕吐	败血型	
16	陈刘云	33	女	主妇	法院西街 34 号	31 年 4 月 6 日	31 年 4 月 11 日	发热、寒战、右鼠蹊腺部紧张	腺型继发肺型	
17	陈淑钧	14	男		法院西街 34 号	31 年 4 月 5 日	31 年 4 月 11 日	颈腺肿大	败血型兼腺型	
18	葛大亮	27	男	记者	三闾岗	31 年 4 月 9 日		寒热、呕吐、咳嗽	肺型	
19	金罗氏	28	女	主妇	三板桥九保	31 年 4 月 10 日	31 年 4 月 12 日	咳嗽、吐血痰	肺型	
20	毛仁山	60	男	工	五铺街 112 号	31 年 4 月 10 日	31 年 4 月 14 日		败血型	

病例号数	姓名	年龄	性别	职业	住　址	发病日期	死亡日期	主　征	诊断	备考
21	周黄氏	24	女	主妇	法院西街32号	31年4月10日	31年4月15日	咳嗽	败血型	
22	马保林	54	男	工	五铺街八保	31年4月15日	31年4月17日	左颈腺肿大	腺型	
23	杨筱得	13	男	学	五铺街90号	31年4月13日		发热、头痛、右鼠蹊腺肿	腺型	
24	杨珍珠	20	女	学	五铺街90号	31年4月14日		左鼠蹊腺肿	腺型	
25	陈华山	51	男	商	五铺街106号	31年4月12日	31年4月17日	咳嗽、血痰	肺型	
26	袁罗氏	17	女	主妇	清平乡四保	31年	31年4月18日		肺型	
27	谢连隆	32	男	记者	三同岗	31年4月16日	31年	左鼠蹊腺肿	腺型	
28	唐珍秀	17	女	工	北门长巷子三圣宫	31年4月13日	31年4月19日	咳嗽、血痰	肺型	
29	李祝氏	68	女	主妇	北正街33号	31年	31年4月18日	咳嗽、半身痛疼	败血型	
30	黄周氏	47	女	主妇	大河街十三保	31年4月13日	31年4月19日	恶寒、发热、咳嗽	败血型	
31	杜玉甫	26	男	商	下南门1号	31年4月29日	31年	左鼠蹊腺肿	腺型	
32	梅张氏	49	女	主妇	岩桥	31年4月17日	31年4月24日	高热、恶心、咳嗽、咯血	败血型兼肺型	
33	李泉婆	53	男	农	五铺街79号	31年4月21日	31年4月29日	高热、谵语、腹痛	败血型	
34	李刘氏	37	女	主妇	五铺街39号	31年4月30日	31年5月3日	左腋腺肿大	腺型兼败血型	
35	陈正陆	46	男	工	五铺街101号	31年4月22日	31年5月2日	咳嗽	败血型	
36	王保元	56	男	小贩	阴阳桥	31年5月5日	31年5月7日	发热、头痛、咳嗽	败血型	
37	李丁氏	26	女	主妇	双忠街22号	31年5月5日	31年5月7日	发热、身体衰弱	败血型	
38	顾卢氏	51	女	主妇	孙主庙41号	31年5月4日	31年5月7日	尸体胸腹部出血点、左鼠蹊腺石灰化	败血型	
39	戴氏	33	女	主妇	五铺街广德医院隔壁	31年5月15日	31年5月18日	左鼠蹊腺及腹淋巴腺肿大	腺型	
40	（未详）					31年6月		腋腺肿胀	腺型	
41	（未详）					31年6月			败血型	
42	赖世芳		女	护士		31年7月9日		少量咳痰带血	肺型	

（十）"厂窖惨案"幸存者血泪的控诉*

刘雨佳 整理

1. 日军杀了我全家24口人

厂窖镇新春村村民 肖明生

忆起"厂窖惨案"，我这个现今82岁的老人，怎么也抹不干泪水。当年，我一家就被日本兵杀害了24个亲人。

我家住在临近汀泗洲不很远的永固垸。那时候，四代同堂，共有29口人。1943年5月9日午后，突然枪声由远到近，一阵紧一阵；敌机低空盘旋，嗡嗡怪叫。紧接着，10个日本兵如狼似虎从北面直朝我家冲来，瞬间我父亲肖美和、叔父肖桂生和两个堂伯伯、一个哥哥、一个姐夫、一个侄儿共7人躲避不及，都惨死在鬼子的屠刀下。在我家同时被杀死的，还有4个难民。我另一个哥哥也被砍两刀，虽然未死，但流了好多好多的血。

次日上午，我家死难的亲人还未来得及掩埋，鬼子又入村作乱了。当时，全家还剩下22人，除我和大哥及侄儿外逃，其余的都呆在家里。那时，老祖母已80多岁，侄儿侄女小的只有岁把，女的又占了一大半。鬼子进村，前堵后截，跑也跑不出去，我母亲可真是个有血性的人，她宁肯站着死，不肯跪着生。她先扶着老祖母躲进棺材里，嘱叔母抱住侄女毛毛，然后，从容不迫地从柜中取出一匹白布，一扯两半，准备将在家老小捆在一起，万一鬼子再施残暴，即集体投水而死。果然，鬼子窜入我家，见几乎尽是女性，兽性大作，但遭到拼命反抗。鬼子恼羞成怒，将我母亲共18人包括抱着的小侄女，押到永固倒口，推入水里。入水后，鬼子还用竹篙、土块扑打，直到淹死为止。我妻子也是这次死难的。当时被赶入这倒口淹死的同胞不下百人。后来，只有那没被捆绑的小侄女毛毛，侥幸爬上了浮在水面的尸体，才得救。至此，我家先后惨遭鬼子杀害的共达24人之多。事后掩埋，竟满满装了两个禾桶。我自己虽然当时没有遇难，但因全家遭此横祸，后来疯癫了近一年。

---

* 本部分四篇控诉材料，均录自中共南县县委党史资料征集办公室、中共南县厂窖镇委员会合编《厂窖惨案》一书，中国文史出版社1991年出版。

2. 村垸顿成千人坑

厂窖镇新春村村民　刘明汉

1943 年，我 17 岁。日军进犯永固垸，一来，就杀人烧屋。我当时正躲在邻居胡金生的家里。首先遭敌魔掌的，是胡金生的叔叔。日军要他叔叔当夫子，他叔叔很害怕，显得不愿意，敌人即扳动机枪，把他一只手掌打穿，鲜血直流，旋即又一刀直朝他嘴里捅进去，紧接着又补上一刀，他的脸被削去了半边，倒在血泊中。随后，日军又将他父亲、哥哥一并杀死。接着，日军又操起屠刀，朝我脑壳捅了过来，我猛地往前一冲，避开了刀尖，然后没命地跑，一直跑过了 5 个屋场，躲进了郑竟山家里。一进屋就看到横七竖八躺着七八具血淋淋的尸体。正在这时候，5 个敌兵紧盯着我追了上来，我连滚带爬地钻入死人堆，顺手拖了具尸体压在身上。敌人追上来，见到一堆尸体，个个沾满了血浆，难辨谁死谁活，大吼了一声，用刺刀朝这堆尸体乱扎了一通，又在屋里到处搜查了一遍，才离去。就这样，我的左肩被乱刀捅了个眼。后来，我转藏到一块麦苗地里，没料到，这儿竟也是日军杀人的场地，躺在我眼前的死尸就有 10 余具，其中有个叫陈耀庭的，就是厂窖街上做生意的。后来我回家经戴吉禄禾场边路过，看到那儿死难的同胞足有 100 多，其中还有一对新婚夫妇。

日军走后，我回到家里，哪里晓得家里也遭了大难。我叔叔刘昌柱、刘昌祥和伯伯都被鬼子杀死，我父亲也被砍了 4 刀，只剩下一口气。在这同时，我岳父、叔岳父和他 4 岁的小孙子，以及我舅舅等，都被鬼子杀害了，舅舅的屋还被烧得精光。

就这样，整个永固垸被鬼子血洗了一遍。这个垸子只有现在的一个村这么大，而当时惨遭日军杀害的同胞却达千人以上。遇难的人一多，尸体也只能成十成百具一坑掩埋，所以后来人们都称这地方叫"千人坑"。如今这些死人坑，扒开泥土，仍可见到一坑坑的白骨。

3. 铁蹄践踏风车拐

厂窖镇肖家村退休干部 王长生

我的老家风车拐地处厂窖垸瓦连堤西端肖家湾附近。1943年5月9日，日本鬼子的铁蹄踏进了风车拐，仅两三天时间，他们就将这里及其邻近地区，糟蹋成一片血泊世界。

话得从头说起。

5月9日早晨8时左右，日军开进瓦连堤。敌人编成若干小队和马队，对这儿轮番合围"扫荡"，企图将这儿的人斩尽杀绝。那天，有个叫林福泰的人在我家和我父亲扯谈。我们正准备吃早饭，十几个日本兵便出现在我家门口。我没命地从后门跑出，躲进了屋后的苎麻地里。两位老人没来得及逃脱，被日军截住。日军狂呼乱叫，对准林福泰连捅数刀。可怜老人肚破肠流，惨叫着倒在我家灶下气绝身亡。鬼子又端起刺刀，朝我父亲捅来。我父亲有点武功，他面对强暴，顺手从身后抓了件粗重家具，"嗨"地大吼一声，实打实砸在一个日军头上。他又捞了件家具作武器，杀开条血路，跑出了门，谁知刚跑到堤腰上，父亲又被12个日本兵团团围住。因寡不敌众，惨遭毒手。

紧接着，这伙豺狼，有的驱着东洋烈马，排成横队往苎麻、蚕豆地里踩，有的组成纵队，端着刺刀，往百姓家里巡回搜索。那时，我从苎麻地里跑到了一块蚕豆地里，见鬼子从坟山的草丛中搜出6个难民，二话没说，一顿乱刀全部砍倒。不一会儿，日军便发现了我，在蚕豆地里追逐。我左闪右避，身上被刺5刀，不知流了多少血，但终归捡了一条命。我从昏迷中苏醒过来，睁眼一看，身子两边堆满了一两百具死尸！我忍着伤痛，爬到邻居孙玉章的偏屋里，用只大粪桶顶着掩身，从缝隙里观察敌人的行踪。这时，我听见成吉延家鸡飞狗叫，惨叫声声。后来才知道，成家6人当时被日本鬼子杀光了，连在成家避难的5个难民也被杀死，其中有个妇女，死时怀中还有个吃奶的孩子。胡伯桃的妈妈和哥哥死得尤其惨。日军杀他哥哥时，他妈双膝跪在地下，求日本兵给她儿子放条生路。她话还没落音，鬼子一脚踢到她的下身，将她杀了。旋即，鬼子的刺刀又在她大儿子的胸膛上连捅数刀，随后，鬼子手起刀落，又杀了胡伯桃的胞弟。

我瞅见鬼子杀人不眨眼，想找个更安全的藏身之处，便强撑受伤的身体，连续转移了几个地方。途经杨凤山屋场时，我吓懵了：日军在这里杀了60多人，其中30多人是赶到屋前塘中淹死的，20多人是围在屋里活活烧死的，剩下的是刺刀捅死的。挨近风车拐南边的莲子湖，300多名同胞全被赶进莲子湖里活活淹死。另外，在风车拐的堤面、堤坡上被杀的有100多人。汤二秀屋台上也被杀了100多人。我家邻近有个4岁的小孩，鬼子用刺刀捅进他的肛门，再用绳索将他绞杀。风车拐共28户人家，被杀绝的，就有13户。

除了杀人，日军还对妇女百般凌辱与残害。一个20多岁的女教徒遭到5名日军的轮奸。事后好多日子都动弹不得。风车拐彭××家6个妇女，个个遭日本兵强奸。他母亲、叔母还被多名日军轮奸。杨××家的3个儿媳，被9个日军轮奸。一些经期的妇女，也不得幸免。惨无人道的是，日军竟强迫男人去喝妇女的经血，谁拒绝，就杀谁。彭叔山的父亲抗拒，日军一刺刀在他胸口上捅了个对过，死在地下。日本兵脚踏在他胸脯上，才抽出刀来。妇女中的反抗者，皆被杀害。日军强奸杨××的二媳妇时，他二儿子眼睁睁地看着老婆被奸，忍无可忍，操条板凳把强奸的日军打昏。日军便将他二儿子、三儿子用乱刀砍死。这之前，杨××和他的长子，已被杀死。凶暴的日军觉得杀了他们一家还不泄恨，又一把火将他家烧了个片屑不留。坟山边罗家嫂子结婚才一年多，身边还有个嫩毛毛。日军将其轮奸后，竟将刺刀插入她的生殖器活活刺死。那嫂子的小孩，也被杀死。全万初的堂妹，日军将她强奸后，抛入屋后一条几米宽的深水渠，还恬不知耻地说什么这是"金蛙戏水"，后被人发现救起时，只剩下一丝气了。

此外，日军还放火烧屋。风车拐有民房28栋，共84间。日本鬼子烧掉了26栋78间。我的屋也被鬼子烧了个精光。所剩的残物就是屋台基上的一堆黑灰。当时，我们这几个劫后余生的人，无家可归，只能对天长哭，痛不欲生。

4. 日军施暴　船民遭难

南县航运公司退休职工　李宗贵

　　"厂窖惨案"发生的时候，我26岁，家里有父亲、妻子和我，以船为家。1943年5月初，我的船正在麻河口装载蚕豆，准备经厂窖出洞庭湖运往长沙。9日，吃罢早饭不久，我船行到厂窖，只见满河船连船、船吊船。突然，船上的人，像赶湖鸭子一样，哭爹喊娘，呼天叫地，一窝蜂地往岸上逃命。原来，日本鬼子真的来了。我一家人无计可施，只得跟别人一道跑上岸，钻进一片蚕豆地里藏了起来。当时，厂窖沿河水域特别是垸东及东南的沿河水域，是鬼子扫荡的重点区域。他们认为，这些船只是运送中央军及其枪械、弹药等军需物资的工具，必须连船连人全部毁掉。日军水、陆、空3路配合，对我船民、难民实行残酷扫荡。他们搜索、抢掠、枪杀船民之后，又往船上浇汽油放火焚烧，如此逐段扫荡。整天间，飞机则轮番丢燃烧弹、炸弹；就这样，把厂窖沿河水域炸得血肉横飞，烧得浓烟滚滚，真是惨不可言。那时，从太白洲到厂窖、从厂窖到龚家港，沿河15公里泊的船，少则3000，多则4000，总载量在万吨以上，全部烧光，只剩一些七零八落的船底板。

　　杀死的船民、难民约有数千上万人。日军把许多人用纤绳一串串拴起来，推进河中集中淹杀。还有用绳索拴到汽艇上，在水中活活拖死的。一个叫吴诗忙的船民，一家4口除吴外出外都在船上。鬼子一上船，便要强奸吴的儿媳，其媳不甘受辱，投河自尽。吴妻见媳身亡，自知难逃厄运，也跳水身亡。吴的儿子当时20来岁，血气方刚，上前与鬼子拼命，被一顿乱刀捅死。船只也被这伙强盗浇上汽油烧掉了。吴诗忙家船毁人亡。后来吴回到厂窖，对着河面又哭又笑，疯癫了好长一段时间。

　　当时，我全家3口虽得幸存，但虽生犹死，仅有的那只船及所载的6吨多蚕豆这点财产，全被烧光了，连船底板也没找到。船民没了船便没了家。从那以后，我们家的生活便苦不堪言。要不是共产党来了，我这几根骨头早就入土了。

（十一）常德桃源沦陷记*

翦伯赞

1. 常德、桃源——从平静到战争

桃源，这个具有神奇传说的地方，是我的家乡，在这里我度过了我的幼年时代。没有什么神奇的"桃花源"，也没有什么不死的秦人之世外的村落。和其他的地方一样，同是暴政横行的地方。

桃源的县城是一个很小的城市，没有城墙，也没有很大的商店，狭窄的街道，矮小的房屋，还保持着一种中世纪的风味。

常德，这座洞庭湖西岸的古老的城市，在这里，我度过了我的中学时代。

静静的沅水，灰色的城墙，古旧的庙宇，旧式门面的商店，各种各式的手工业作坊，用石板铺成的大街小巷，自有这个城市以来，也许没有什么改变。如果说这里也有些近代的装潢，那就是有一座西班牙天主教堂的钟楼，耸立在这个古城的天空。

常德、桃源相距六十里，是湖南西部的门户。自从十七世纪中叶经过清兵的一度蹂躏以后，三百年来，这里的居民，没有看见过外国的军队。

平静的时代很快的就过去了，一九三七年抗日战争爆发，历史的飓风，吹到中国。跟着武汉失守，成千成万的难民即涌进这两座古城。和难民的涌进同时，敌人的轰炸机群也出现于这两座古城的天空。从此以后，警报的悲鸣，炸弹的巨响，打破了这里三百年来的沉寂。

常德、桃源，特别是常德，对于敌人是一个具有诱惑性的地方。因为这里是洞庭湖西岸物质吐纳的地方，特别是粮食和棉花。为了获得这些东西，敌人曾经在洞庭湖沿岸，发动好几次大规模的掠夺；但每一次的掠夺都没有深入到常德、桃源。

历史的灾难终于降临了。一九四三年的秋收，召来了日寇大规模的进攻。在敌驻汉口十一军司令官横山勇的指挥之下，大批敌军，向洞庭湖西推进。据

＊ 原文载 1945 年 9 月 15 日重庆出版的《中华论坛》第一卷第九期。

说，这次敌人所用的兵力有八个师团（第三、十三、三四、三九、四〇、五八、六八、一〇六）、一个独立旅团（十七）、三十六个联队、五个独立大队，共十余万人；此外，还有伪军四师。但这些敌军并不是完全用以攻常德和桃源，而是分散在洞庭湖西广大的区域中进行粮食的掠夺。

敌人的攻势迅速展开，当时敌军三路并进，同趋常德。一路以华容为根据，于十一月二日，开始西进，三日陷南县，六日陷安乡，十五日陷汉寿，十八日进迫常德的近郊。另一路，以石首为根据，连陷公安、澧县、临澧，直趋常德。又一路由澧县而西，连陷石门、慈利。十一月十九日由漆家河侵入桃源境内的陬市——我的家乡，二十日晨，那时被称为世外的桃源遂被敌人占领。敌人占领桃源以后，又分道东进，转攻常德。不到半月，湘西九县十万平方公里的土地变了颜色，三百万以上的居民沦为奴虏。

2. 巷战——从十一月十八日到十二月三日

从十一月十八日到二十五日，战争在常德城外展开。当时我方驻守常德的军队是五十七师，只有五千人；而围攻常德的日军则有六万人左右。因为敌我力量的悬殊，战争一步步逼近城市。

十一月二十六日，敌人窜入常德城内，常德变成了血和火的城市。但是战争并没因为敌人之攻入城市而结束，只是由野战转为巷战。关于巷战的情形，中央社《常德保卫战中的英勇事迹》一文中曾有这样的叙述：

敌方二十六日开始攻进南城，占据河街高于城墙之常德商场与瑞记洋行，我军以竹竿撑手榴弹向之投掷，当将该敌扑灭。

二十八日以后，敌即由东北两角攻入，首先以飞机、大炮及喷嚏性瓦斯开路，攻之不下，两次纵火烧房，火势逼我退入市中心区。

我军在中央银行及慈善堂与县党部等据点，各被敌冲锋达二十余次。

守军因伤亡过重，最后师长当排长，校尉杂役当兵用，伤兵则只有战死而后已。

有时双方在同一建筑中，为争一个窗口做枪眼，争一个洞做出路，常白刃格斗；一兵打冲锋，一官守碉堡，更比比皆是。

美国记者爱拍斯坦（Epstein）《常德之战》一文中也说：

（在常德城内）每一条街，每一个地点，都有他的故事。关于这些，我由几个身经百战的老兵士和没有撤退过的老百姓，听到许多。

南门城，面对着宽广急流的流水，曾有一星期以上的激战。而最后，伙夫、担架兵利用敌人的步枪，也参与作战。砖头、石块、竹竿，都被中国军队采用做武器，以阻止敌人强渡登陆。

一百个中国士兵，坚守着围绕城市的五个古式的钟形碉堡，直至敌人的炮火不见发出为止。

城的东门，被敌军以长距离轰击的七五毫米大炮破开。（敌军就从这里进城。）

靠近西门城的中国炮兵团一位指挥官告诉我说：他们的兄弟当炮弹发完以后，都变成了步兵，同时三次冲击中，牺牲他们的团副。

全城的防御，只有五十七师的五千人马，而抗着来犯的六万敌人兵力，反使他们蒙受了百分之九十的损失。

从这些纪录中我们可以看出，在保卫常德的战争中，五十七师士兵曾经表现了他们最大的英勇。他们虽然知道等待援军的接应是没有希望的，但仍然战斗到底，作没有希望的等待。

十二月三日，是一个可耻的日子，这一天，常德沦陷了。

常德的沦陷，其责任并不在五十七师的士兵，而是由于在洞庭湖西岸没有必要的军事防御，替敌人留下了一个进攻的缺口。

3. 沦陷以后——奸淫、虏掠、屠杀

战争的失败替常、桃的人民带来了空前的灾难。但这种灾难并不是绝对不可避免的，假使政府在事前有计划地撤退了战区的人民。

关于常、桃人民所受的灾难，《大公报》记者高集在其《劫后常德》一文中曾有如此的叙述：

在常德被包围之前，城中的十四万居民都疏散到乡间，大部分是渡江到南

站，再转向黄石港、斐家码头、河洑一带，不幸恰被从漆家河渡江之敌包抄了，于是便演出了大规模的抢、杀、奸。

敌人对付难民的第一步就是搜身，五十元、一百元的钞票一齐抢去，五十元以下的小钞统统撕碎，然后往高处一抛，看着那片片飞舞的纸钞作乐。有时候聚集一二百难民在一处，喊他们把钞票饰物往地下丢，聚成一堆后，一齐拿走。

在永竹山，三个敌兵在一所草棚里搜寻出一个藏躲的难民，喊他脱去衣服，因为在张慌中脱得太快，便被一刺刀刺死。敌兵摸了摸尸体，搜走衣服内所带的两张五十元和一张一百元的钞票。

留在城里未及逃出的难民，在敌人进城后，全被驱进一间大房子里，一把火烧了这间房子，房子中的难民便随房子一同葬身在炽烈的火焰中。

在三汊湖，三个敌兵用机枪射死一百三十九个难胞。在乡间，三个或两个一起的难胞，都是被敌兵用刺刀杀死的。观音湖的一位五十几岁的刘百生老者，被几个敌兵用枪托打死后，还敲断他的大腿。所有的被拉夫的夫子，年青或年老的，一不如意，便被一脚踢进河里或穿心一刀刺死。

夫子是老幼皆拉，最老的有六七十岁老头，最年青的有十四、五岁的小孩。年老的被杀死的最多，因为他们既挑不动，又走不快，稍一耽搁或憩脚，就被杀戮。

每一村庄乡镇，都是一把火烧得一干二净。畜牲都拉去佐了餐，鸡是要剥皮吃，米和棉衣一无幸免，都被抢走。被褥拿去给马用，或用以填平泥泞的道路。质料好一点的棉衣被撕成碎条，围在颈间取暖。毛绒衣最喜爱，即使是沾了血迹的，也都抓走。剩余的米粮，或丢进水里，或撒在粪坑里……为敌兵作向导的奸细说，这是"破坏主义"。

遇上了敌兵的妇女，无一幸免，都遭了兽行的蹂躏。稍有姿色的，敌兵自己下手；年老或不合眼的便强迫夫子强奸，他们旁观作乐。在黄石港一个王姓女子被二十几个敌兵轮奸至死。陆山的一位姓杨的老者，被敌兵逼迫着奸他的幼女，事后，父女一齐撞墙死了。大部分妇女被奸死后，还剥去他们的衣服饰物，赤身裸体的暴尸野外。

在桃源，我们被所看到和所听到同样的事实所惊倒，桃源的景象完完全全是常德的一个翻版。

不仅中国的人民遭受了这样的巨大灾难，就是西班牙籍的教士，也难逃日寇的劫夺和侮辱。爱拍斯坦《常德之战》有云：

　　日本军队曾殴打五十九岁的老牧师王德纯（Vecitacion），同时抢劫了他的米粮、银匙、教服和金十字架。他们还想奸污修道姑玛提利慈、百利托、佛朗可，当他们进入欲图伤害那些避难的妇孺时，牧师和道姑沙滨洛诺同加阻挡，他们用刀背扣打他俩，在道姑的头上还击成了一道深痕，牧师们前后被扣打过四次。牧师王德纯是一位西班牙的主教，最初对于日军的侵犯尚无任何反感；现在惨痛的事实，叫他一再发觉和认识敌人的侵略行为。他召集了避难回城的一个五千民众大集会，他说："日本人确非人类的行为，我亲见人民被残杀，被奸污，我自己也遭抢劫、殴打和侮辱。……"

4. 损失的数字——所谓"常德大捷"

　　十二月九日，我军克复常德，各报皆载"常德大捷"。就在祝捷声中，中央社发表这样一个账单：

　　此次常德争夺战……我民众所受之损害，目前尚无精密统计。仅就常德、桃源、慈利、石门、临澧、澧县、安乡、南县、华容等九县而言，居民在三百万以上，各县受灾的民众，据估计当在三十万至四十万之间。

　　就常德一隅言，被毁民房一万栋，值十四万万元；稻谷二十五万担，约一万万元；杂粮四万二千担，约三千七百八十万元；耕牛一万二千头，约四千八百万元；农具十一万件，约三百三十万元；商家七千余户，其货物损失约二千万元；公物损失约一万八千五十万元；公务员一万二千户之损失，约七千二百万元；人民衣物，四万九千户之损失，约值九万八千万元；棉花六千石，约四千八百万元，肥猪四万头，约十二万万元。鸡鸭四万只，约二万四千万元，总计当在四十七万万五千七百六十万元以上。
　　据此间军政机关依据各种报告估，计常德争夺战中，被敌残害人民约二千三百人，被奸妇女约五千零八十人，因奸致死妇女约一百八十人，被掳男子约三千四百人，被掳儿童约三百二十名，总计一万四百六十人。（十二月二十二日常德电）

接着《扫荡报》又发表了一个比较详细的统计：

常德——死一二三〇〇人，伤三八六〇人，被奸妇女五〇八〇人，奸毙妇女五五〇人，掳去一三九〇〇人，焚屋一五〇〇〇栋，损失粮食一〇九一〇〇〇石，损失耕牛一五〇〇〇头，受灾乡镇三十二个，该县损失财产在五十三万万元以上。

桃源——死八〇五〇人，伤一八五五人，被奸妇女二三〇〇人，奸毙六〇〇人，掳去一二〇〇〇人，焚屋一一四五〇栋，损失粮食八九六一四〇石。损失耕牛一二〇〇〇头，受灾乡镇二十五个。

慈利——死二三五五人，伤一一八八人，被奸妇女一二九三人，奸毙妇女一二八人，掳去二〇二〇人，焚屋五四二栋，损失粮食一〇四六〇〇石，损失耕牛三八七四头，受灾乡镇二十四个。

石门——死三三四〇人，伤一二九六人，被奸妇女一五六一人，奸毙一三七人，掳去二四七九人，焚屋六〇三栋，损粮一一二四三五石，损失耕牛四二二四头，受灾乡镇十六个。

南县——死五四六〇人，伤一五六七人，被奸妇女三五七〇人，奸毙三二七人，掳去六五八〇人，焚屋一二四栋，损粮九二五四六〇石，损失耕牛一五六四〇头，受灾乡镇十一个。

澧县——死六一八四人，伤一七四〇人，被奸妇女二三七三人，奸死四一四人，掳去七八八〇人，焚屋九三〇栋，损粮九三五四七八石，损失耕牛一八九〇二头，受灾乡镇二十八个。

安乡——死四一五〇人，伤九〇〇人，被奸二六九〇人，奸毙二八四人，掳去五二四三人，焚屋五二〇栋，损粮一八一四六〇〇石，损失耕牛四〇〇〇头，受灾乡镇十六个。

临澧——死三四三〇人，伤一二二四人，被奸一九五二人，奸毙二六三人，掳去三五四〇人，焚屋七二〇栋，损粮六五四六〇石，损失耕牛四七八六头，受灾乡镇十三个。

汉寿——死一五六八人，伤五六八人，被奸六二五人，奸毙一〇一人，掳去五六四人，焚屋一八六栋，损粮一二五六八〇石，损失耕牛二二六头，受灾乡镇十六个。

华容——死一二二四七人，伤五九五九人，被奸九六二四人，奸毙三五人，掳去九八二五人，焚屋二四六九〇栋，损粮二一六二八七一八石，损失耕牛八九三头，受灾乡镇二十个。

沅江——死五七七人，伤一五八人，被奸一〇五人，奸毙四十五人，掳去一八六人，焚屋一五六栋，损粮七四四〇三石，损失耕牛一二八头，受灾乡镇三个。

从以上的数字，我们可以看见，在这一战役中，中国的人民有十三万一千九百人被杀死，三万八千零八十五人受了伤，三万五千一百八十五个妇女被奸污，四千二百三十七个妇女奸污致死，八万三千四百九十七人被掳去。在物质方面，烧毁房屋七万三千三百八十三栋，抢去粮食一千六百五十八万九千四百八十四石，损失耕牛八万六千五百一十二头。此外还有三百万以上无家可归的难民，所以有人说，常德之战，不是"大捷"，而是"大劫"。因为在这次战争中所得到的，是不应该失掉的土地；而所失掉的，则是将近二十万人的生命和将近两千万石的粮食及其他。

5. 废墟的凭吊——只剩一座天主教堂

常德已经克复了，但是他再也不能被称为城市。他实在已经就成一个废墟。爱拍斯坦《常德之战》有云：

这一座古老的城镇，这曾经有十六万居民的城市，中国伟大洞庭湖西岸的棉米丰富中心，现在仅存两所有屋顶的建筑；那是属于西班牙的天主教堂，为这次战争中硕果仅存的遗物，因为它耸然独立，由是才能获得幸免的机会。

常德城并不是脆弱的建筑，它有十四英寸长的砖头和大的石块，现刻不仅是屋顶飞去，就是昔日的砖墙石壁，也只是颓垣废瓦了。……

木板小屋成了少数部队的发火物。房屋塌倒，千穿百孔的墙壁，炸毁的建筑，从破垣残壁已筑成了交通路线。尸臭到处可闻。

中央社记者胡定芬《访问劫后常德》有云：

进了东门以后，这个汉唐以来即居重镇的名城，尽是满目疮痍，一片废墟，昔日灯光辉煌的大庆街已成瓦砾之场！历史上有名的春申君墓，变为一沟血水！在城中央和四周，偶而存留几所残破不全的平房，只算大海中的孤岛，丛山中的古刹，使人异样感觉寥落凋零。我们看到成千累万归还城区的同胞，从废墟上辨不出自己故居的位置，找不到自己亲切的骨肉，而在瓦砾场中仰天徘徊，一种无家可归、孑然一身的惨痛情景，更为之潸然落泪。

《大公报》记者高集《劫后常德》有云：

常德的整个面貌是不能辨认了，像是刚被发掘出的古老废城，没有一所完整的房屋，一堵整齐的墙，归来的难民在瓦砾堆中踯躅、徘徊，想寻出旧居的痕迹；然而，他们大半是怅然若失地含着两眶泪水缓慢地走了——他们再度离开这城市。

……德山的乾明寺，是一座雄伟的庙宇，绿瓦红墙，由山麓一层层向山巅盘旋。山巅的佛殿已顶上露天，四壁残破，地下是几寸厚的瓦砾，佛台上的佛像，依然是一脸慈蔼的笑容，但陪伴她的已不是往日缭绕的香火和明亮的烛台，而是一片劫后的凄凉。她的右半身已经残缺了，心口被挖开了一个洞……

这一带敌军曾占领过，德山的乾明寺一度做过敌人的司令部。如今敌人被驱走了，留下的只是佛像脸上的慈蔼而永恒的笑容。

在战壕里，《扫荡报》的记者曾拣起一挂被血迹污染了的佛珠，然而带佛珠的人呢，我们却一个也没看见。你不难想象在这圣洁的佛堂里，敌人曾是怎样疯狂的以血污的手写下他们的罪行。

关于桃源的情形，没有人记录，但我从家书上知道，桃源也和常德一样变成了一个瓦砾之场，南街、东街、北街、西街，再找不出一栋完整的房子。

常德、桃源毁灭了。但在我的头脑中，他们还是像过去一样的完整。

静静的流水，灰色的城墙，古旧的庙宇，商店，手工业作坊……没有城墙，狭窄的街道，矮小的房屋……

（十二）日军攻陷衡阳

阳衡文　罗　济　胡　伟

　　1944年6月，日军第十一军向衡阳发起猛烈进攻，在攻城战斗中，日军屡次使用毒气。6月24日晚，由泉溪市强渡来河西犯衡阳城东五马归槽之日军，向我守军阵地发射大量糜烂性毒气弹，我守军官兵中毒受伤者甚多。6月30日午后4时，日军对五桂岭南端我军阵地发射毒气弹30分钟，守军预备第十师二十八团三营七连官兵80余人全部中毒死亡。6月29日夜间，日军向衡阳市区施放喷嚏性毒瓦斯；6月28日至7月2日，日军对张家山守军阵地施放大量毒气弹，守军第十师二十九团一、二两营伤亡过半；6月28日，日军对瓦子坪、易赖街之线守军阵地施放毒气，并用飞机狂炸，造成守军第三师七团一营官兵大量伤亡，营长许学君阵亡；7月5日至8日，日军每天黄昏后，分别向我江西会馆、枫树山、机修厂、张家山、虎形巢各阵地施放毒气；7月15日午后，日军向五桂岭南端阵地施放毒气，守军预备第十师二十八团三营八连伤亡惨重；7月11日至13日，驻守杜仙街、杨林届阵地的第三师七团二营，驻守易赖街阵地的第一营，驻守青山街、县立中学之线阵地的第三营，均遭受日军的毒气弹炮击，官兵伤亡惨重；1944年7月14日午后，日军对驻守虎形巢阵地的第二十九团一营官兵空袭、炮击并施放毒气，守军工事大部分被毁，官兵多数昏迷。衡阳会战期间，日军大量施放毒气，致使守城官兵中毒伤亡者甚多，预备第十师三十团战后仅存8人，守城官兵17500余人，伤亡15000余人，伤亡率达87%以上。

　　1944年6月，日军第十一军大举进犯衡阳，8月攻陷，先后在县境各地建立76个据点，杀人无数。仁义乡沦陷最早，为日军之炮兵阵地，从1944年7月至1945年5月，该乡村民杜养一、伍知福等31人惨遭杀害。7月26日，日军盘踞云市乡回龙村10多天，该村及附近屋场村民胡战林等20余人被杀害。7月某日傍晚，日军在岣嵝峰下白马坪，将8名民夫拉出用战刀依次砍杀，仅1人侥幸生还。日军攻陷衡阳后，先是将掳来的城乡老百姓1000余人驱作苦力，为日军收集战死的死尸和抬送伤员，然后将民夫集中禁闭于湖南省银行内，在交战中全部被炸死。1945年2、3月间，驻珍珠乡宝庆寺（今属衡南三塘区）

日军楠木所率一部先后掳捕商人 32 人，抢劫财物后，将其全部活埋。当地村民贺自瑶、王月秋等 4 人亦被活埋。伪军便衣队长万少洲等，假借检查行人之名，每日捕抓行商多人，除抢劫财物外，均移送日宪兵队，将被捕人或用电电死，或用水灌死，尸体均于夜间抛入西湖中。里坳村大兴组，有 15 户人家 50 多口人，23 人惨遭杀害，6 户被杀绝。1945 年 8 月间，驻衡日军得知日本天皇宣布无条件投降的消息后，即将关押在湘桂铁路管理局（今五桂岭衡阳铁路工程学校）500 余人，集体屠杀于该管理局门口湘江河岸战壕内。被日军抓做民夫又被杀害者无以数计。据战后不完全统计，市、县被日军飞机炸死、杀害人数达 165160 余人，伤 213204 人，因战乱死于瘟疫 68400 人，50000 人失踪。日军还抢掠宰杀耕牛 10 万余头、生猪 37.86 万头，抢走谷物 3583200 担、鸡鸭无数，造成经济损失 10146 亿元（法币）。

1944 年 6 月 23 日，日军第十一军先头部队侵入衡阳泉溪、茶垅，放火烧毁泉溪镇河街到北极殿一带的店铺民房共 300 余家。农历七月十六日，日军在礼梓乡翠星堂纵火焚毁村民李本璋、陈友生等人的房屋 16 间，又在该乡夏藻鉴堂纵火焚毁夏德忆、夏德华等人的房屋 10 余间。8 月 8 日，日军将云市乡枫树垅全村房屋纵火烧毁。据统计，战前衡阳全县的学校、民宅、乡镇公所、祠堂、庙宇等有房 305800 余幢，战后完全被焚毁、炸毁、捣毁的约 68300 余幢，遭到严重破坏的约 43300 余幢。

1944 年 7 月的一天，陆堡镇男女乡民 30 余人乘船欲过耒水逃难，刚靠岸即被日本第十一军所属一部追上。8 个日兵跳上渡船抢劫财物，然后将不及逃避的 4 个农村少女强行抓到河边沙滩上，扒光她们的衣服就地轮奸；在茶市，成章中学英语教师段辉夫妇两人躲藏在禾田里，被日兵发觉，段即被枪杀，其妻被强奸后含恨自缢身亡；西桥乡龙化塘村民胡梓堂之妻刘氏，年已 65 岁，被 5 名日兵轮奸致死，胡求情亦遭残杀；上壁乡胡鸭塘女青年唐细妹在路上遇见日寇，被 6 个日兵轮奸后血流不止，不省人事；仁义乡杜春香、杜秋香姐妹，因抗拒日军强奸，一个投水自尽，一个被奸后枪杀；老妇刘氏，年已 75 岁，被强奸后亦惨遭杀害；在小司堰刘家，妇女尽被奸遍。据战后调查，仅鸡笼街一地，被日军强奸的妇女就有 500 余人。

1944 年冬季，驻扎在衡阳黄茶岭、罗家湾、欧家疃一带的日军第十一军一部，经常丢失枪支弹药。据传这些枪支是附近的农民偷去卖给了游击队。日军非常恼怒，一下抓了 18 个被他们认为是偷枪的人，不容他们分辩，在一个风雪交加的夜晚，将 18 人押至翠鸟岩一个小荒塘边，一日军军官抽出指挥刀，将 18

人一个个砍头，然后将尸体扔到荒塘里。最后一个被砍的当时只有十五六岁，小名"泥啄子"，大概是杀人的日军官因已连续杀了17人，精疲力竭，刀口也钝了，结果只砍断了"泥啄子"的颈骨，喉管和气管未被砍断，"泥啄子"才得以生还，是18个受害人中的唯一幸存者。

日寇占领衡阳后，先是将掳来的城乡老百姓千余人驱作苦力——为他们收集被国民党第10军打死的数万具死尸和抬送伤员，然后集中禁闭于湖南省银行内，将这1000多"苦力"全部炸死亡。

(节选自政协湖南省衡阳市委员会文史资料研究委员会编：
《衡阳文史资料》第7辑，1987年内部发行)

四、大事记

1931 年

9 月 19 日 长沙各界获悉日军攻占沈阳，群情激愤。22 日，湖南对日援侨会邀请各界代表召集紧急会议。省政府主席何键电请全国消弭内争，同御外侮。25 日，省会举行"反对日本武力侵占辽宁示威大会"，议决将"对日援侨会"改为"反日救国会"。

11 月上旬 长沙戏剧界组织 6 班湘剧名伶大会演，为湖南青年反日铁血救国团募集经费。12 月 8 日开始，又连续 3 天举行 6 班合演，为抗日募集捐款。

1932 年

年初 广州方面要调飞机经衡阳赴沪支援上海军民抗日，国民政府急令湖南省航空处征购机场附近民地，由湖南省政府拨款扩建衡阳演武厅机场，共耗资 8828.88 元。

3 月 13 日 "湖南青年反日铁血救国团"援沪（支援第十九路军抗日）第一大队在长沙教育会坪举行誓师大会。4 月 1 日，抵达苏州，担任构筑苏州第二道防御工事。

1933 年

3 月 10 日 湘雅医院院长王光宇率领 20 多人的医疗救护队乘车北上，赶赴前线，14 日到达北平，组织后方医院，救治负伤官兵。

3 月 12 日 省公路局职工组成的"北上抗日汽车队"第一批欧阳资生等 20 人带 10 辆"福特"车搭乘火车北上。4 月 1 日，第二批由刘启道、韩月潭率队带车 10 辆离长。担负从北平运军械、弹药到长城喜峰口、古北口前线，返程运回伤员的任务。期间，有不少人负伤，有 6 辆汽车被炸毁。第三批 14 辆汽车到达前线时，因《塘沽协定》签订，湖南车队被迫返回。

3 月 支援华北抗日，湖南奉令筹款购置飞机，经全省党政军联席会议决议，举办救国借款银元 500 万元。债券利率为年息 4 厘，面额为 5 元、10 元、

50 元、100 元、500 元、1000 元六种。

1934 年

4 月—8 月 蒋介石令何键限期修筑 800 米飞机场 10 处：长沙、衡阳、岳阳、郴县（今郴州市苏仙区）、浏阳、常德、洪江（后改芷江）、沅陵、永州、邵阳。至年底，衡阳、郴县、宝庆（今邵阳市）各辟飞机场 1 处，并扩修了长沙机场。

4 月 何键奉令扩建衡阳机场（八尺岭机场）。省政府支付征地费 3.1290 万银元，大部分人力、物力、财力由衡阳、耒阳、常宁、安仁、衡山 5 县负担；员工薪饷、征集民工津贴和架设工棚、制办器具等经费，各县分别支银元 1 万至数万元不等，并按田赋比例分摊工程事务开办费，5 县共支付 29.2485 万银元，其中衡阳 1 县就支付赋银 6.1486 万两。年底，扩建工程竣工。抗战爆发后，政府又拨巨款包商承建，建成机场长 1650 米、北面宽 900 米、南面宽 300 米，面积 99 万余平方米。抗战期间，第六航空总站进驻。

同月 何键下令征集民工在邵阳市西 500 米处修建机场（太平寺机场），1935 年 12 月底，机场竣工。机场长 1600 米，东南宽 715 米，西面宽 620 米，面积 63.65 万平方米，省政府支付征地费 4.18 万银元。1940 年，将跑道延长至 1200 米，美国和苏联援华抗日的战斗机曾在此起降。1944 年，日军入侵湘中，邵阳沦陷，机场内的棚厂、油库、弹药库均遭破坏。

1935 年

本年 蒋介石电令省政府征集民工 1 万人，扩建洪江机场（又名沙湾机场），修筑一条长 800 米、宽 15 米的跑道，并修筑一个长 100 米、宽 400 米的停机坪。后因机场无使用价值停建。1942 年，因抗日军事需要，作为芷江机场的备降机场再次兴建，年底完工，费用不详。1944 年，开始降落小型战斗机，一般情况下停放七八架，多时 20 架。1945 年 8 月，日军投降后，机场人员与设备迁往四川，机场停用。

1936 年

8 月 国民政府选定湘潭（含株洲）为国防工业基地，经半个月勘测，资源委员会所属中央钢铁厂（筹委会）、中央机器厂（筹委会）、中央电工器材厂（筹委会）均选定湘潭下摄司为厂址。9 月，在下摄司征购土地 9000 亩。1938

年9月，航空委员会以湘潭下摄司中央钢铁厂征购的土地未开工，商借改建为飞机场。

1937 年

4 月 省民政厅拨款 2.9308 万元，采取以工代赈形式，征工修建零陵蔡家埠机场。1938 年 6 月，湖南省政府增拨修建费 10 万元，同年 7 月，又拨青苗费 4 万元、征地费 3.05 万元，先后征用零陵县民工 4000 人、祁阳县民工 3500 人、东安县民工 2500 人进行修筑，年底竣工。

7 月 9 日 长沙各大报纸均在第一版显眼位置和大量篇幅报道卢沟桥事变的经过和前方士兵英勇抗敌的情况，呼吁国民迅起抵御外侮。省会各界纷纷通电，要求国民政府宣布抗战。长沙邮电、铁路工人等通电声援。自治女校、育英小学、含光女校等学校学生组成募捐团，支援抗日。

7 月 13 日 国民政府军陆军第十四军第八十三师四九八团团长曾宪邦（桃江人）奉命率部开赴宛平前线。13 日，日军以优势陆空军猛攻宛平辽冀山，曾宪邦在指挥战斗中不幸阵亡，终年 34 岁。他是抗战爆发后第一位殉国的国民党湘籍军官（国民政府追认其为陆军少将）。据目前掌握的资料统计，抗日战争期间，在全国各战场殉职的国民政府军团级以上湘籍将领（含在缅甸仰光殉难的第六十六军第三十八师少将副师长兼政治部主任、宁乡人齐学启）达 29 人。

7 月 17 日 湖南省会民众国术俱乐部、湖南人民提倡国货救国会、湖南省民众常识指导会、湖南省立民众教育馆、湖南省立农民教育馆等，发起组织"长沙人民抗敌后援会"。7 月 24 日，改称为"湖南人民抗敌后援会"。长沙市商民抗敌后援会、湖南妇女抗敌后援会、长沙市新闻记者抗敌后援会等抗日团体相继成立。湖南开始封存仇货，组织妇女战地服务团和学生寒、暑假服务团，募集捐款和寒衣，慰劳前方战士、慰问伤兵、救济难民。

8 月 4 日 国民党军政部电湘省府转饬各县协助各部在湘招募新兵。防空学校招募新兵 584 名；税警总团招募新兵 3000 名；陆军第六十师招募新兵 2000 名。

8 月 20 日 长沙市李文玉、同丰、余太华 3 家金店的店主、经理和店员工友合捐 1 万元，交抗敌后援会交前线将士。

8 月 23 日 为适应抗战需要，上年 12 月 22 日，铁道部与湘桂两省签订合资兴建湘桂铁路合约，需资金 3600 万元，铁道部承担一半，湘桂两省承担一半。本日，铁道部衡阳办事处成立，负责督修湘桂铁路事宜，湖南承担 1200 万元的资金。9月1日，省政府在衡阳设立湘桂铁路湘段工程处，任命余籍全、周凤九为正副处长。9月10日，湘段工程开工，省政府指定沿线各县每县征调民工15000名，每人工作30—60天。9月14日，湘桂铁路湘段征用土地办事处成立，公布《征用土地给价办法》。规定田地每亩10—30元，山地2—6元，由湘桂两省分别核付。

同日　书法家郑家溉（长沙县福临区白沙乡人，清光绪翰林院庶吉士）致函抗敌总会，谓：内人杨氏鉴于倭寇侵凌国难日亟，将重约二两的金镯1对，三女季纯将重约3钱的结婚戒指1枚，一并捐出，希转致前线，慰劳前方将士。长沙疏散时，他携眷避难于湘乡土桥，寄寓亲戚家中。1944年6月27日，日军侵入湘乡，欲利用其名望，出面组织维持会，郑严辞拒绝，并破口骂敌，为敌所杀。不久省政府特拨抚恤金5万元。10月7日，重庆《新华日报》以"湖南耆绅郑家溉骂贼殉国"为题，详细报道了郑家溉殉难经过。

8月下旬　南京三民中学迁来邵阳，后迁邵东廉桥（今邵东二中前身）；南京五十三中学迁来长沙。此后，南京私立行健中学迁来桂阳人和塘，南京五卅中学迁来益阳马迹塘。

8月　湖南公路局奉调汽车78辆，应征参加前线运输，分别驶往津浦与京沪前线，驾驶员与修理技工达300余名，编为两个中队5个小队。1938年5月，湖南车队三、五小队20余辆汽车被日军包围，突围中欧阳雄牺牲。同年7月，四小队1辆装手榴弹等弹药的汽车被日军飞机轰炸，正副司机两人当场牺牲。副司机周厚生、张汉勋奉命送车修理途中，遭日军飞机轰炸牺牲。同年底，留在省内充任内迁运输的汽车，因昼夜星驰抢运，毁损汽车43辆。1944年，由于大多数公路渡口沦于敌手，全省单车渡船33艘、拖轮20艘、趸船28艘、小划8艘等船舶设备被破坏殆尽。到1945年，湖南公路局营业亏损达8379575元（法币，当时亦称为国币，下同）。

9月3日　国民政府军委会训练总监唐生智之母捐金钏两对，共重4两7钱5分3厘。唐小姐捐戒指一枚，重2钱2分，慰劳前方将士。

9月5日　衡阳人民敢死挺进队130人（其中女性40名），在队长蒋兴和率领下开赴抗日前线，伤亡不详。

9月7日　旅沪湘绅熊希龄致电何键，速拨款救济旅沪湘籍难民，待遣者以万计，救济费用不详。

同日　省国术馆教授王家祯女士决定招募女青年100名组成女子大刀队，受训一个月，开赴前线杀敌。

9月8日 教育部决定在湘、陕设两个临时大学。以南开、北大、清华等校为基干，筹组长沙临时大学。校址设长沙韭菜园圣经学校（美国教会学校，目的是防止日军飞机轰炸）、涵德女校及附近四十九标的营房，稍后，文学院迁南岳白龙潭圣经学校分部。长沙临大设文、理、工、法商4个学院，17个学系，全校学生1452人。聚集了著名学者朱自清、闻一多、陈寅恪、冯友兰、金岳霖、叶公超、吴俊升、潘光旦、曾昭伦、吴有训等数十人。10月25日，长沙临大开学。1938年2月20日，长沙临大奉令分两路迁滇。教师、女生和体弱男生乘火车由粤汉路至广州，经香港、海防由滇越路去云南；身体强健的男生约800人，采取军训形式徒步旅行入滇，沿途作抗日宣传，历时68天，除极少数路段乘车船外，绝大部分路程均徒步行军，步行达3300华里，为中国教育史上的壮举。

9月14日 湘省著名女作家谢冰莹（冷水江人）率以女护士和女学生等组成的湖南妇女战地服务团17人乘火车赴武汉转上海前线战地服务，大批长沙市民纷纷自动到火车站送行，不少女学生临时苦苦要求加入服务团，场面颇为感人。该团伤亡情况不详。

同日 新宁县在乡军官刘泽南组织敢死队200人，开赴邵阳，伤亡不详。

9月22日 湖南抗敌总会通令各县分会，从速募集布鞋、布袜各10万双，慰劳前线官兵。

9月23日 第一批负伤将士乘火车来湘就医，何键及各界人士均前往车站欢迎，400余辆人力车免费接负伤将士至医院。

9月24日 湘旅沪难民135人由汉口乘火车抵长沙，省府有关部门将其安置在玉泉山庙内暂住。

9月28日 湖南省救国公债劝募委员会拟定财政部要求湖南派销救国公债的分配方案：田赋约200万，亩捐约40万元，省政府130万元，矿商100万元，特商50万元，盐商50万元，银行业50万元，其余各业60万元，共计1000万元。

9月—12月 上海商务印书馆、三一出版社、抗敌救亡出版社、中国战史出版社、战术出版社、正气出版社等迁来长沙继续出版图书。1938年长沙大火前夕又迁湘西，旋迁重庆。但商务印书馆迁重庆后以及香港分馆出版的图书，在版权页均仍印"长沙出版"的字样。

10月4日 刘慕棠（军校武汉分校六期女生队毕业）率第三批湖南妇女战地服务团60余人，由长沙出发，赴上海前线战地服务。伤亡不详。

10 月 5 日 湖南人民抗敌后援会派李人初护送军用大、小铁锹各 1500 件，大、小十字镐各 1500 件，共 6000 件至武汉，请武汉行营转运南京。18 日，省政府派科员邹仲融、参议傅烈等押送省抗敌后援会募款 30000 元、布鞋 30000 双、棉背心 15000 件、毛巾 10000 条、药 32 箱至南京交国民政府军委会。何应钦及蒋介石先后接见傅参议、邹科员，蒋谓：此次抗战湘省何（键）主席及浙省朱（绍良）主席出力最多。

10 月 14 日 第十九师（原何键基本部队，成员均为三湘子弟，师长李觉）奉令由浙江驰赴上海，加入淞沪会战，担任大场、蕴藻滨左翼第一线守备。18 日，李觉电何键报告该师第一一三团团长秦庆武（浏阳籍）17 日在大场葛家牌楼阵地与日军激战，全团自团长以下 1400 余人全部壮烈牺牲。

10 月 23 日 省学生抗敌后援会举行扩大宣传，长沙市 50 余校全体学生编成 1295 个小组，分别进行宣传、劝募、慰劳活动。

10 月 25 日 何键在本日纪念周（国民政府规定全国所有机关学校每星期一上午 8 时都要举行孙中山总理逝世纪念会）报告中称：一、此次沪战，我湖南军队出力很多，其勇敢与牺牲壮烈精神，已深得政府当局的嘉许；二、伤员来湘的已有 2 万人左右；三、伤员慰劳费，每兵 1 元，每士 2 元，每官 5 元。

10 月 26 日 湖南陆军干部同学会会长何键，副会长刘建绪，派员赴各医院慰劳第四路军负伤将士，致送慰劳金，校官每名 30 元，尉官 20 元，士兵 5 元。

10 月 31 日 北平私立民国大学教务长刘彦抵长沙，租赁南门外雨厂坪陶广军长公馆为校舍，筹备开学。同年冬，该校迁到长沙。1938 年 3 月由长沙迁往溆浦县大潭。著名学者翦伯赞、张天翼、顾颉刚、徐炳昶等随校迁移。1941 年，该校又由溆浦迁往宁乡县芳储乡陶家湾。1949 年，迁至长沙并入湖南大学。

同月 国民政府中央航空委员会电令湖南省政府，要求在芷江兴建一个 1200 米见方（长宽各 1200 米）的大型机场第十行政专员公署从芷江、黔阳、麻阳、晃县（今新晃县）、辰溪、会同、靖县（今靖州）、溆浦、泸溪、凤凰、沅陵等 11 县抽调民工 19000 名参加修建。1938 年 1 月，机场正式动工，同年 10 月竣工并交付使用。1940 年，中央空军第九总站调用一个工兵团，对机场进行加固维修。1944 年 8 月，日军飞机两次轰炸机场，又调用军民修复。1945 年 5 月，国民政府电令湖南省政府扩建机场。湖南省政府拨付经费，由第十行政督察区执行修建任务。6 月 1 日正式开工，8 月 16 日基本完成扩修跑道工程。

这次扩建，实际征调芷江、黔阳、晃县、怀化、靖县、会同等6县民工17000人。由于工程大、时间短、劳动强度极大，民工死亡甚众，据参与者回忆，当时在机场边挖了两个埋人坑，每坑埋人数以百计。机场多次加固扩修后，成为第二次世界大战中盟军东方第二大军用机场。从1938年冬到1945年10月止，先后有苏联志愿空军中队、中国空军第二大队、美空军第十四航空队第六十八飞行联队、中美空军混合团第一大队（轰炸机队）、第五大队（战斗机队）、中国空军第四大队等空军进驻芷江机场，飞机最多时达三四百架。

11月 长沙市人民防空委员会将秋季省政府拨款及人民捐款购买欧利根2公分高射炮24门、勃朗林高射机枪50挺，于本月成立湖南高射炮团，以资防卫领空。

12月13日 省政府设立湖南省民众训练指导处，张治中兼处长，省党部特派员赖琏任副处长，对全省民众（男子18—40岁，女子16—35岁）分期训练2个月，每日上课2小时，要求在1938年7月前完成。内容有：军事训练，精神训练，生产训练，编组训练。

同日 国立交通大学唐山工程学院迁湘潭钱家巷复课。次年3月，交大北平铁道管理学院迁来合并到一起，因规模扩大，房舍不敷，5月17日，从湘潭迁湘乡杨家滩上课。11月，再迁广西平越。

1938 年

1月31日 长沙市商界从抗战以来共捐献慰劳前方将士款14000余元。

同日 刘揆一（湘潭籍，华兴会发起人兼副会长，国民政府行政院顾问）将亲友所赠之寿资（上月为其60寿辰）全数购置布鞋400双，交省抗敌会充作慰劳品。

同日 为农历正月初六，省伤兵管理处向驻长沙伤员每人分发棉背心1件，布鞋、袜各1双。2月6日，省伤兵管理处奉中央伤兵管理处通知，规定住院伤兵每周授课18次（每日3次，其中一次为娱乐课），每次不超过一小时。

2月11日 日军飞机首次轰炸平江县城。10月19日，日军飞机6架分两队轰炸县城，投炸弹、燃烧弹200余枚，炸毁房屋3/4，炸死炸伤群众700余人。至11月底，日军飞机144架次共轰炸平江21次，投弹586枚，炸死334人，炸伤490人，炸毁汽车1辆，炸毁房屋563栋。

2月17日中午 日军飞机数架轰炸长沙新河飞机场，投弹10余枚，炸死3人、伤3人。

3月22日 来湘伤员截至本日已逾4万，治疗痊愈重返部队的约万人。

3月 为避免遭到空袭，长沙一批中学迁往乡村上课。本月1日，长沙岳云中学高中一部及初中全部迁南岳上课。3月3日，省立长沙高级中学迁湘乡杨家滩上课。省立长沙女子中学迁湘潭乌石乡上课。3月20日，湖南第一师范迁湘乡谷水西阳冲新舍上课。省立高级工业职校迁湘乡永丰镇开学。长沙明德中学亦于本月迁湘乡霞岭开学。

同月 常德县政府奉令组织民众修建石门桥机场，总面积121.46万平方米，省政府支付征地费7.2万元。9月竣工，因不适合飞机起降，又进行重修，年底完成。1943年10月，日军入侵常德，第九战区司令部下令将机场破坏，未再修复。

同月 省公路局第二批"北上汽车运输队"出发赴徐州前线，支援运输，其中有员工5人为国捐躯。

4月10日 日军飞机27架第4次轰炸长沙，主要目标是湖南大学，共投烧夷弹50余枚，爆炸弹40余枚，同时以机枪扫射。当场炸死3人，伤100余人。湖南大学图书馆全部被炸毁倒塌，除1937年冬运出极少数贵重仪器和少量珍本、孤本外，中外名籍，荡然无存。直接财产损失达200万银元以上，至于岳麓书院文物古迹和中外名著的损失，无法用金钱来计算。

4月12日 湘抗敌总会汇款2万元，慰劳参加台儿庄战役的第五战区将士。4月21日，台儿庄战役负伤将士200余人抵达湘潭，4月27日安排到后方医院就医。

4月25日 据长沙市防护团统计，全市有防空壕448个，避难室148所，可容10万人左右。

5月1日 省政府各机关实行抗战期间每日办公时间为10小时以上。

5月2日 湘抗敌总会决定向全省各界征募衬衣裤10万套。分发给病伤官兵，限1个月内完成。

5月6日 负伤官兵两批计2300余名，由汉口运来长沙；5月13日，运来两批计1500余人；5月18日，运来681名；6月7日，运来长沙1120名；6月10日，运来840名；6月13日，运来1400余名；6月16日，运来2200名。

5月9日 为了增强抗战的武装力量，张治中决定将全省16—50岁民众分别编入各级民众抗日自卫团。本日，"湖南民众抗日自卫总团"在长沙成立，张治中兼任团长。民众抗日自卫团的任务：平时确保治安，推动各项建设，战时协助军队作战。

5月10日 湖南省政府电令宁乡、长沙、湘潭、益阳4县组成"民工征管委员会",征集民工4000人修建宁乡历经铺机场。当时征地面积为:机场本部607亩,附属设施36亩,支付征地费3.1138万元。6月全面开工,7月下旬全部土方工程完工。9月6日,遭到日军飞机轰炸,机场被炸坏。1939年11月,宁乡县政府征调大沩、释褐、黄绢等6个乡丁壮各500人修复;12月,又从仙凤、芳储4乡各调100名丁壮投入。1940年3月12日,又遭日军飞机轰炸,部分民工撤离,未再修复。

5月27日 全国赈济会决定:逗留武汉的各省难民6万人转运来湘。

5月 因战事关系,长江水系轮船撤至长沙者达66艘,撤至常德者达16艘。

6月下旬 全国难童救济会决定分配难童2000名来湘安置。

△因战争需要,省府动员突击抢修的沅江至益阳、醴陵至浏阳大瑶、宁乡至湘乡的几段公路,本月竣工。

7月1日 省政府为发展湘省实业支持抗战,决定发行省建设公债1800万元,年息6厘,20年还清。

7月7日 为纪念七七抗战一周年,湘抗敌总会决定在省会举行献金运动,全市设献金台5个,至9日共收各界人士及群众献金96087元。

7月17日 日军飞机一架轰炸岳阳县城,投弹6枚,落在马家湾宝鸡山的简易防空洞顶上,洞内60人全被炸死。

7月20日 日军飞机27架空袭岳阳,以市区及泊驻岳阳水面的舰队为目标,遭到我各舰艇联合炮击。此役,我"民生"、"江贞"两舰受伤搁浅,"江贞"舰副长张秉燊、司书曹守樵殉职;"民生"舰副长林庸尧受伤,两舰官兵伤亡34人。日军飞机在岳阳城炸死800余人,炸毁房屋300余栋。

7月中旬 芷江霍乱流行。民众因病死者,日有数十,尤以民工为最多。

7月26日 长沙市28个收容所统计,共收容难民13785人。

7月下旬 国民政府经济部、湘省府联合拟定:设立武冈(辖6县)、芷江(辖9县)、沅陵(辖10县)3个垦区,以收容难民。

7月末 经动员疏散,长沙市人口下降为457897人。

7月 湖南省政府调集浏阳、醴陵等县民工扩修浏阳唐家洲机场,将机场扩大到长1000米、宽900米,占民用地650亩,其中水田200亩,共支付征地费银元2.4847万元。1939年,日军进犯湘北,为免资敌,又挖毁跑道,并在停机坪挖了4口水塘。抗战胜利后,未再修复。

8月1日　为充实教育经费及地方各级行政经费，张治中大幅调升屠宰税率。由原宰牛1头征1元、猪1头征4角、羊1头征1.5角，调整为宰牛1头征5元、宰猪1头征3元、宰羊1头征1元（原来征收之牛猪羊产销税及各种屠税附加一律取消）。

同日　滞留鄂省难民万余人陆续步行至湘，难童800名由武汉乘"祥巽"轮到长沙。

8月5日　省难民救济处规定：沿浏、醴、攸、安、衡、耒公路普设难民食宿站。

8月17日　日军侦知中央军校长沙分校举行结业典礼，蒋介石、汪精卫、冯玉祥、蒋百里等都将前来参加典礼，发表演说，乃派出飞机18架于上午11时空袭长沙，在南门外东瓜山、帆仁街、惜阴街、大雨厂坪、大椿桥及中山东路、宝南街、经武路一带投弹100余枚，炸死平民200余人、伤500余人，炸毁商店、民房约300余幢。

8月18日　日军飞机分两批空袭衡阳、邵阳。9时，日军飞机27架空袭衡阳，我空军起飞迎击，击落日机4架，我机1架被击中下坠，飞行员殉职。另批日军飞机17架空袭邵阳，在城外投弹数十枚，城内投弹2枚，炸死炸伤市民40余人。

8月25日　日军飞机18架空袭长沙，在市区投弹60余枚，炸死炸伤居民60余人。

8月　澧县机场奉令扩建，占地636亩，支付征地费2.544万元。机场长1000米、宽400米，建有临时棚厂1座，仅可容纳小型飞机两架。因日军入侵被毁。

同月　湖南省建设厅派工程师任匡华扩建平江机场，征地636亩，支付征地费2.544万元。机场长1000米、宽400米，因日军入侵被破坏。

9月6日　由前方部队送至长沙第十一兵工厂修理的炮弹两列车，在长沙卸车时，因搬运工乱丢乱扔引发爆炸。其中一个车厢炮弹全部爆炸，另一个车厢破裂，炮弹溢落满地。

同日　日军飞机9架第一次轰炸宁乡县境，投弹12枚，炸毁刚竣工不久的历经铺机场，炸死农民5人。次年5月30日，日军飞机24架4次空袭宁乡，炸死炸伤70余人。到1944年6月，日军飞机共103架次轰炸宁乡8次，投弹411枚，炸死炸伤216人，炸毁房屋215栋。

9月8日　中国战时儿童救济协会副会长马超俊赴湘西视察难童工作后，

在武汉向《大公报》记者谈战区难童在湘西安置情况：乾城设教养院 1 所，收容难童 1000 余人；浦市设教养院 4 所，收容难童 1400 余人；尚有 400 在常德，正向浦市运送中。在运送途中，承湘省各界人士协力，赠以衣帐等物。难童给养现每月约 4 元。浦市教养院 8 月 1 日已开始授课；乾城亦已于 9 月 1 日开课，取半工半读。两地共有教员百余人，保育员约百人。注重于手工业，如织布、织毛巾、织袜、编竹器、缝纫等，14 岁以上儿童，教以园艺工作。东安教养院亦有难童 500 余人。

9 月 13 日 迁至长沙的军政部第十一兵工厂手榴弹分厂（位于朱家花园）赶制产品时，手榴弹意外爆炸。全厂手榴弹（包括成品、半成品）及火药一齐爆炸，厂内职工 80 余人殉难。

9 月 24 日 日军飞机 18 架轰炸岳阳，炸死军民 900 余人。

同日 湖南第一纱厂厂长唐伯球指挥将纱厂全部纺机约 5 万锭（均购自英国），运往沅陵柳林汉。1940 年，又将其中 1.5 万锭运黔阳安江镇复工。

同日 湘雅医学院迁贵阳。6 月中旬开始将设备装箱，7 月 1 日首批设备水运至衡阳，等待湘桂铁路西运。9 月，40 吨设备经湘桂铁路运至金城江转运贵阳，运输费、途中仪器损毁等消耗达 8849446 元。师生乘汽车经湘西至贵阳（总运费为 24300 元），10 月 24 日，在贵阳上课（有学生 120 人）。1940 年 8 月 1 日，经教育部批准，湘雅医学院改为国立。湘雅医院和护士学校仍留长沙，长沙大火前夕西迁沅陵。

10 月 6 日 中央赈济会第八救济区特派员钟可托于上月 18 日赴湘视察赈务，本日在武汉谈湘省难民救济情况称：由各省先后运送来湘难民共计约 10 万人，现尚留湘者约计 5 万人。湘省赈济分会确定本年救济经费为 60 万元。由中央及地方各筹半数。除对难民的生活救济外，尤其注意组织难民生产事业。各县纷纷筹建小工厂，以安插难民就业。

10 月初 中央赈济会、政治部、中宣部等 24 个团体发起征募新棉背心 400 万件（分发军队），旧棉衣 500 万件（分发难民），允许以现金代实物（1 元折合新棉背心一件，5 角折合旧棉衣 1 件）。省主席张治中确定公务员捐助办法：简任以上捐薪半月，荐任以上捐薪 10 日，委任以上捐薪 6 日。张治中夫人洪希厚捐寒衣 1 万件，另负责募 1 万件。各厅长夫人捐寒衣 1000 件，另负责募 1000 件。因劝募需时，缓不济急，由省府先垫款 10 万元，赶制一批。

10 月 10 日 日军飞机 35 架 3 次轰炸长沙，炸死炸伤市民 300 余人。

10 月 11 日 上午，日军飞机分 4 批进入衡阳市上空大肆轰炸，被国民政府军高射炮击落 6 架，造成的损失不详。

10 月 12 日　湖南大学开始迁辰溪，第一批师生 200 余人到达辰溪。

10 月 15 日—17 日　日军飞机连续轰炸岳阳。15 日，日军飞机两批 18 架，投弹 100 余枚，炸死炸伤平民 100 余人，炸毁民房、商店 150 余栋。由于日军飞机的疯狂轰炸，该市几成废墟。

10 月 17 日　日军飞机 150 架 6 次轰炸株洲。

10 月 19 日　日军攻陷临湘县城，各乡镇相继沦陷。1945 年 9 月 10 日被国民政府军收复。

同日　日军飞机 3 批共 47 架（第一批 9 架，第二、三批各 19 架）空袭长沙，共投弹 200 余枚，内有若干烧夷弹，致使识字岭、浏正街、军路边、中山马路等处起火，延烧民房商店 400 余栋，炸死、炸伤市民约 300 人。

10 月 23 日　日军飞机在城陵矶炸沉铁壳大煤船一艘，内有难民 5000 余人，遇救者仅百余人。

同 1936 年 1 月　开始动工的湘黔铁路至本月已修至蓝田（今涟源市，由湘潭至蓝田约 160 公里），因日军进犯湘北而停工。

11 月 1 日　湖南省政府决定迁沅陵，长沙市政府迁邵阳，并决定动员市民疏散。至 12 日，长沙市民疏散 90%。11 月 3 日，省政府由长沙迁往沅陵，但省主席张治中、省保安处长徐权留在长沙。1939 年 5 月 20 日，因薛岳任湖南省主席职，以联络不便为由，建议由沅陵迁耒阳。1944 年 6 月 18 日，因日军大举犯湘，由耒阳西迁桂阳；6 月 28 日，因日军继续南进，包围衡阳，由耒阳西迁宁远，其中建设厅迁蓝山；9 月 29 日，因日军相继攻陷祁阳、零陵（今永州市）、道县，宁远受到威胁，东迁临武，其中教育厅、民政厅、卫生处、地政厅迁蓝山，财政厅、会计处先后迁桂东，1945 年 1 月 3 日，财政厅、地政厅、公路局、田粮局、国民党省党部、三青团省支团部等迁桂东。1945 年 1 月 21 日，因日军开始打通粤汉线作战，又西迁蓝山；8 月 1 日，因吴奇伟任省主席，省政府又迁沅陵办公；9 月 18 日，迁回长沙办公。

11 月 9 日　日军第六师团今村支队攻陷临湘县城，临湘县政府被迫迁胥山、大云山。同时，日军还占领了羊楼司、云溪、桃林、柳厂、路口、陆城等地。接着，在全县 50 多处交通要道建立了哨所和据点。随后，由汉奸王旦初出面组织伪维持会。1940 年 6 月，伪临湘县政府成立。县长王旦初。但实权掌握在由日军派驻县政府的"联络官"手中。下设秘书、书记、庶务、管卷 4 室和民政、财政、建设、教育 4 科。成立伪县保安大队、伪警察局、密缉队等组织。

据不完全统计，日军占领临湘期间，该县小沅村411户1550人中，被烧屋遭抢劫的有400户，受过日军各种毒打残害的有478人，被迫离乡背井的997人，被日军强奸的妇女30人，被日军杀害致死的108人；日军在羊楼司杀死无辜民众212人，烧毁房屋2100余间。

同日 中共湖南省委机关、《观察日报》社、文抗会、战时工作服务团部分人员由长沙迁往邵阳，1939年12月，省委机关由邵阳迁往衡阳，1940年2月，由衡阳迁往湘潭，同年11月，转移到湘乡永丰镇；八路军驻湘通讯处、《抗战日报》社由长沙迁沅陵。12月，八路军驻湘通讯处又由沅陵迁邵阳。1939年10月，被迫由邵阳迁衡阳，11月下旬迁湘潭，12月迁长沙南门外白沙井岭5号白沙草庐。

11月10日 国民党第九战区司令长官部由平江迁往长沙。1939年9月14日至10月10日，第一次长沙会战期间，长官部短暂迁往耒阳，战斗指挥所设在长沙，后撤至渌口；10月，会战结束后，均迁回长沙。1941年9月18日至10月8日，第二次长沙会战期间，长官部又短暂迁往耒阳，战斗指挥所迁至岳麓山，后迁至朱亭。1941年12月24日至1942年1月15日，第三次长沙会战期间，长官部又短暂迁往耒阳，战斗指挥所迁至岳麓山，会战结束后均迁回长沙。1944年5月底，因日军开始湘桂作战，由北向南进攻湖南，长官部先后迁耒阳、郴州、汝城、桂东等地。1945年8月15日，日本宣布投降，蒋介石电令薛岳为南昌、九江地区受降主官，长官部由桂东迁往南昌。

同日 日军飞机18架第一次轰炸浏阳县城，1小时内投弹100余枚，炸死炸伤军民数百人，炸毁房屋5000多间。到1944年6月，日军飞机184架次共轰炸浏阳26次，投弹370枚，炸死、炸伤922人。

11月11日 本日18时，日军第六师团今村支队攻陷岳阳，第九师团经岳阳攻陷磨刀坑北侧，侵占县城及新墙河北岸，与国民政府军对峙。岳阳县政府迁渭洞。长衡会战期间，日军攻陷岳阳全境，1945年9月10日，被国民政府军收复。

同日 日军飞机两批共24架轰炸常德，共投弹80余枚，炸死炸伤市民30余人，炸毁房屋店铺数十间。

11月13日 凌晨2时，长沙警备司令酆悌按照蒋介石"坚壁清野"、"焦土抗战"的方针，以及蒋于12日上午9时电张治中"长沙如失守，务将全城焚毁，切勿迟疑"的指示，进行放火演习。值南门外伤兵医院失火，以为日军将至，乃提前纵火。大火燃烧两天两晚，全城80%以上房屋被烧毁，共计5.6万栋。南正街（今黄兴路）、坡子街、皋后街、八角亭、药王街、太平街、西长街、大西门正街及沿江一带，仅存断壁残垣。省政府、民政厅、建设厅、警察局及其分局（第五分局除外）、警备司令部、省、市党部、保安处、地方法院、高等法院、电报局、电话局、邮政局、市商会、中央通讯社、中央广播电台及在长报馆等均被烧毁。被烧毁的学校有湖南大学、明德中学、岳云中学、楚怡工业学校、兑泽中学、第一师范、南华女中、明宪女校、妙高峰中学、省立长沙高中、民众教育馆等31所，被烧银行有：湖南省银行、江西裕民银行、上海银行、交通银行和中国银行。被烧工厂40多家。被烧碾米厂和粮栈170多家。烧毁湘绣业40家。除湘雅医院外，全市医院均被焚毁。烧死市民3000多人①。史称"文夕大火"。

11月20日　省政府召开临时会议，决定成立长沙火灾临时救济委员会，确定救济费50万元（军委会拨20万元，湘省府筹拨30万元）。救济委员会从各地调来1000袋大米、500袋食盐和100吨煤炭等用于急赈。长沙市火灾临时救济会除在长沙设所收容受灾市民外，指定下列各县设所收容灾民，湘中：安化、新化、邵阳、武冈；湘南：祁阳、东安、零陵、宁远；湘西：泸溪、溆浦。灾民可任选一地，凭灾民证到该县政府报到。原经营小本生意的，可贷款10元，由救济会发给借贷证，到指定县政府领款营业。到12月9日，共有8.4万余人次领取救济款，共发放60余万元，11万灾民得到了一定程度的生活安置。

11月21日　日军飞机第一次空袭澧县，对翊武镇、汽车站、棚厂街等地进行了轰炸。至日军投降前，日本飞机先后侵犯澧县领空28次，其中轰炸23次，扫射5次，共出动飞机61架次，投炸弹111枚，毒气弹12枚以及生化武器，共炸死、毒死249人，炸伤和中毒256人，炸毁房屋65栋，炸毁轮船和趸船共35艘。

11月22日　日军挺进新墙河北岸，其先头部队越过新墙河，向南直达黄沙街、洪桥、大荆街、长乐街。11月29日，又撤回新墙河北岸据守。从此，日军盘踞新墙河以北的岳阳县境，长达6年零9个月之久。日军将岳阳城区划定北自上观音阁起，南至梅溪桥铁路洞口止，东自乾明寺口起，西至鲁班巷止，为难民区。未及逃走的居民集中在此区域内居住，由日军发给"良民证"。从金家岭转天岳山，沿羊叉街、塔前街至吕仙亭止，为日华区。日商经营的洋行设于此区域内。从街河口到南正街、竹荫街，直到西门城内止，为日军军事区，

<hr>

① 一说2万多人。见中共湖南省委党史资料征集研究委员会编：《湖南党史大事年表》（新民主主义革命时期），湖南人民出版社1986年版，第184页。

其军事机关及驻军长官均驻此区内，中国人不能进入。据岳阳县善后救济会的调查统计，该县沦陷期间，死亡125685人，伤15689人；房屋损失86158栋（一说被日军烧毁房屋98000余栋），折合法币433亿元，粮食损失9165192担，折合法币458亿元……总计损失13821亿元（按1945年8月物价折算）。

11月24日 张治中宣布设立长沙市火灾善后建设委员会，自兼主任委员，在1938年省建设公债项下，拨1000万元作为基金。中央赈济会第八区特派员钟可托偕中央银行行长辛衡若由沅陵抵长沙办理火灾急赈。

11月 日军侵占岳阳、临湘两县，强迫当地商民使用由日本银行发行但不负兑换责任的"军用票"和伪"华兴商业银行"发行的"华兴票"。由于发行量大，价格低落。1941年3月，日军指使南京伪国民政府成立伪中央储备银行，发行伪中央储备银行券（以下简称"中储券"）。"中储券"发行后，"华兴票"停止发行和流通。"中储券"发行之初，面额分为一元、五元、十元、五十元、一百元5种，与法币等价流通。1942年3月，伪财政部公布《新旧法币实施办法》（自称其所发"中储券"为新法币，国民政府所发的法币为旧法币），停止"中储券"与法币等价流通，由伪中央储备银行随时挂牌规定比价。至同年5月26日，该行将法币与"中储券"的比价定为二比一，以后未作变动。"中储券"发行后，日伪一方面加紧推行，禁止沦陷区人民使用和携带法币；另一方面又采用种种手段夺取法币，以转套外汇及物资。从1942年10月22日开始，在临湘、岳阳等地城镇，实行以"中储券"全面兑换法币。1943年1月，伪财政部发出布告，规定从是年1月16日起至2月14日止，再进行一次"中储券"与法币的兑换。并规定从2月15日起，未经兑换的法币，不但禁止使用和携带，并且不准保存持有，私藏和故意违反法令者，一经查出，即予没收充公，从严惩处。同年4月1日，军用票停止发行，日伪以军用票18元折合"中储券"100元的比率将军用票收回。

12月1日 国立师范学院在安化县蓝田镇（今涟源市区）光明山开学。招收长江流域及其以南各省学生，为第一所全国性部属师范独立院校。

12月2日和4日 武冈县萧泽周等组织的抗日志愿兵团，由黄桥铺和县城分别开赴抗日前线。

12月15日 长沙《力报》于上月初迁至邵阳，本日复刊。汪精卫本月19日由昆明飞越南河内，29日发表"艳电"，公开叛国投敌。该报根据其驻重庆特派员严怪愚从重庆发回的电讯，首先刊出汪精卫投敌消息而闻名。

12月 日军侵略，华东各省的机关、工厂、难民纷纷内迁，常德及湘西各县人口猛增，常德城由战前5万多人猛增到20余万人。"1938年至1940年，湖南共迁入工厂121家，内迁技术工人2777人"。这些工厂主要分布在衡阳、祁阳、邵阳、芷江、安江、沅陵、辰溪等地，津市、洪江始有"小南京"之称，厂区附近污染十分严重，如，湖南的锡矿山"无树木花草，亦无鸟兽，各种农作物均不能孕育滋生。虽炎夏烈日，蚊子不生，此皆由于冶炼厂烟囱散出之化学气体过多所致。"

本年 湖南及省外的学校被迫内迁，蓝田、桥头河、杨家滩（均在今涟源县境）成为全省战时文化教育中心区。迁到涟源蓝田的学校：长郡、妙高峰、明宪（女中）、周南（女中）、大麓、精炼、明德、广雅、岳云等中学；迁到杨家滩一带的有：交通大学、唐山工学院及文艺（后迁桥头河）、建国（后迁桥头河）、行素等中学；迁到桥头河的有：省立一师（初迁西阳，但时间很短）、省立长沙女中、省立第五职业学校；迁到七星街的有：省立长沙高中（曾一度与省立一师、省长女中合并为省立临时中学，后改为省立一中）；迁到现娄底区境内的有：湘中（在茶园山）、衡湘（在万宝）、湘乡简师（在小碧斜塘）等中学。1938年前后迁到新化的学校：楚怡高中、复初中学、民范女职、成达女中、枫林中学等。加上国师附中和私立达德、鸿图、赣风4所中学，在今涟源县境先后共有大、中学24所（大学2所、中学22所），成为战时全省学校集中地区。

冬初 国民党"中央警官学校特种警察人员训练班"（简称军统特训班）从临澧迁至黔城。翌年冬，迁往贵州息烽。

1939年

1月12日 日军飞机27架分三批轰炸衡阳、株洲，炸死炸伤居民200多人。

1月 湖南省政府在芷江榆树湾（今怀化市）设立沅芷垦区办事处，安置难民和贫民，至1940年12月已开垦荒地2万亩，生产稻谷100万斤（杂粮除外）。

2月1日 薛岳宣誓就任湖南省主席职。

3月15日 日军飞机18架轰炸平江县城，投弹百余枚，炸死、炸伤居民40余人，英国在平江所设普爱医院被炸毁，英籍传教士李协邦被炸死。22日，英驻日大使克莱琪向日本政府提出抗议。

3月25日 前已铺轨至娄底之湘黔铁路奉令开始拆卸，将轨道材料及桥梁机件作修筑黔桂铁路之用。4月1日，黔桂铁路在柳州开工。

3月27日　邵阳县抗日自卫团所辖谢国春、王根源、谢光熏三队，奉命编入第九十三师，开赴前线。

春　国民政府航空委员会调集工程技术人员进驻溆浦桥江，勘察规划修建机场；旋即征调民工1万余人开工修建。不久，因湘桂铁路亟待通车，全部技术人员调走，工程暂停。1944年初重建，因日军进犯湘西又停工。1945年5月22日，湖南省政府和第九战区司令部电令第五、六、八、九行政督察区征集民工4万人（计划10万）全面动工兴建，同年冬，基本完成修建工程。在修建过程中，民工饿累交迫、生活艰苦，又值瘟疫流行、疾病磨人，逃跑的、死亡的，时有发生。这期间，安化县民工死亡41人，永绥县民工死亡18人，乾城县民工死亡24人，麻阳县民工死亡18人，泸溪县民工死亡16人，溆浦县民工死亡14人，新化县民工死亡12人，辰溪县民工死亡6人，合计死亡民工167人，支付埋葬费306万元。

4月6日　日军飞机18架袭击衡阳，引起全城大火，致使民众死伤甚多。

4月21日　日军飞机18架轰炸芷江县城内各街及东紫巷、南寺巷、南门外、工艺街等处，投弹132枚，炸死201人、伤126人，炸毁房屋655栋。7月23日，日军飞机29架轰炸芷江县巷子、黄甲街、江西街等处，投弹104枚，炸死60人、伤16人，炸毁房屋567栋。1940年9月29日，日军飞机36架，在芷江城内各街巷、西城脚巷、东门外、吉祥街等处投弹115枚，炸死62人、伤66人，炸毁房屋1700栋。据1946年芷江县政府对日军飞机空袭的统计，从1938年11月8日至1945年2月21日，日军飞机共轰炸芷江38次，投弹4731枚，炸死、炸伤838人，炸毁房屋3756栋。

4月　日军飞机两次轰炸、扫射黔城（黔阳县）对河登龙桥，炸死居民3人、重伤1人，炸毁房屋8栋。

5月20日　薛岳以省府前迁沅陵，联络不便，建议迁耒阳。随同省府迁耒阳的还有省保安司令部，驻湘宪兵四、九两团，陆军第三十九、暂二军军部等。6月10日，国民党湖南省党部亦迁耒阳办公。

6月14日　日军飞机6架轰炸益阳，炸死、炸伤市民97人。

6月23日　日军飞机39架分6批先后侵入常德上空轰炸，投弹500余枚，造成城内外6处起火，损失不详。

6月23日—24日　日军飞机两次轰炸湘阴县城，炸死居民1000多人，炸伤官兵700多人，炸毁房屋500多栋、民船70余条。

6月底 湘北军民奉令开始修筑大量作战工事，并破坏所有大路、公路、铁路和桥梁。仅岳阳黄沙街区龙凤桥一线，就修筑了长60华里、深2米的战壕和30多华里的藩篱。

7月7日 株洲箩工冒着敌机轰炸，在株洲火车站抢装军粮，汤厚生、郑尧卿、言云端3人中弹牺牲。1940年9月，株洲箩工又冒着敌机轰炸在大码头抢运军需用品，邓克正、王东阳、何宗文、叶汪南4人当场被炸身亡。1944年夏，该地"数百箩工在枪林弹雨中担负军差，或当向导，未稍退却"，共牺牲25人。

7月18日 日军飞机9架轰炸益阳城区，投弹10余枚，炸毁房屋100余幢，炸死、炸伤219人。

7月22日 驻防新墙河防线的第五十二军第二十五师夜袭云溪日军重要据点，歼敌150余人，焚毁其野战仓库。次晨敌汽艇10余艘载援兵到，国民政府军主动撤离，自身伤亡不详。

7月 驻新墙河第五十二军一九五师某团二连士兵许崇辛在鹿角九马咀炸毁日军汽艇7条，歼敌22人；不久，又在白仙渡3次夜袭日军碉堡，炸死日军15人，夺得机枪1挺、步枪3支；最后一次炸碉堡时，被日军包围，他拉响随身携带的集束手榴弹，与敌人同归于尽。

8月18、21日 日军飞机62架两次轰炸沅陵，投弹512枚，炸死123人、伤484人，炸毁房屋2300栋。据不完全统计，截至1944年9月23日，日军飞机共轰炸沅陵22次，投弹1165枚，炸死953人、伤1110人，炸毁房屋3099栋，直接财产损失达980万元。

9月中旬—10月7日 第一次长沙会战。日军第十一军司令官冈村宁次纠集4个师团、两个支队及航空兵、海军各一部，约10万人，从赣北、鄂南、湘北进犯长沙。国民党第九战区代理司令长官薛岳动员战区所属部队30余万兵力迎战。此役，日军承认"部分战况之激烈超过了诺门坎"，士气大受影响。国民政府军伤亡4万余人①。

9月18日 日军第六、第十三师团3000余人向新墙河北岸阵地金龙山、斗篷山、雷公山、小乔岭、铜鼓山等地发动进攻。9月19日，守军第五十二军第二师第八团胡春华营全营壮烈殉国。金龙山、斗篷山两处阵地被日军攻占。20日，日军增兵猛攻雷公山、草鞋岭，第一九五师史思华营拼命抗击，激战于

---

① 一说25833人。见钟启河、刘松茂编著：《湖南抗日战争日志》，国防科技大学出版社2005年版，第109页。

22 日，师长覃异之命令该营撤退，但该营官兵誓死与阵地共存亡，全营殉职。当晚，北岸阵地全部陷落。

9 月 21 日　日军飞机 66 架分 5 批轰炸湘西各地。上午 9—10 时，第一、二、三批各 9 架窜入沅陵投弹；11 时，第四批 27 架到辰溪投弹；午后，第五批 12 架又至沅陵投弹，并散发传单。

9 月 23 日　湘北日军第三、六、十三师团分路南犯，经激战相继攻陷我第五十二军及第六十师防守的新墙河阵地，占领鹿角、营田等新墙河北岸据点。在攻击中，日军伤亡 2000 余人，动用了飞机、重炮、毒气及海军的支援，短短 6 天时间，使用炮弹 87005 发、毒气瓦斯 1.5 万桶。

同日　日军制造"营田惨案"。日军在占领湘阴县营田的 13 天中，残杀无辜百姓 800 余人，强奸妇女百人以上，烧毁房屋 170 余间，杀害第九战区官兵 1200 余人。日本投降后，为纪念死难烈士，当地政府在营田建造了"抗日阵亡将士白骨塔"。

同日　日军在湘阴登陆后，以"调查户口"为名，到处寻觅妇女，镇东武穆乡农民易玉涛的妻子闻警慌忙逃避，被日军开枪打死。易玉涛拿菜刀躲在门后砍死两名日军，被蜂拥而至的日军乱枪打死，他家的房屋也被日军烧毁。

同日　第一次长沙会战期间，日军攻陷长沙县，9 月 29 日被国民政府军收复；1941 年 9 月 27 日，第二次长沙会战期间，长沙县再度沦陷，10 月 2 日被国民政府军收复；1941 年 12 月 30 日，第三次长沙会战期间，日军第 3 次攻陷长沙县，1942 年 1 月 6 日被国民政府军收复；1944 年 5 月 25 日，长衡会战期间，日军第 4 次攻陷长沙县，1945 年 8 月 13 日被国民政府军收复。据不完全统计，长沙县抗战期间共计损失 321798020075 元（法币，按 1945 年 8 月物价折算），其中直接损失 317663000000 元，间接损失 4135020075 元。

9 月 24 日　日军第三十三师团一部攻陷平江县城及汉昌、东郊、南郊、北郊、西郊等 18 个乡镇，10 月 3 日被国民政府军收复；1941 年 10 月 6 日，第二次长沙会战期间，日军再次攻陷平江，10 月 20 日被国民政府军收复；同年 11 月 20 日，第三次长沙会战期间，日军第三次攻陷平江，12 月 24 日被国民政府军收复；1944 年 5 月 8 日，长衡会战中，日军第四次侵入平江，1945 年 2 月 28 日，日军从平江撤退。县政府从钟洞迁回平江县城。据不完全统计，平江县抗战期间损失共计 73203690000 元（法币，按 1945 年 8 月物价折算），其中，直接损失 70593798000 元，间接损失 2609892000 元。

9 月 27 日　第一次长沙会战期间，日军第一次攻陷湘阴县城及各乡，10 月

6 日被国民政府军收复；1941 年 9 月 29 日，第二次长沙会战期间，日军再次攻陷湘阴，10 月 7 日被国民政府军收复；同年 12 月 26 日，第三次长沙会战期间，日军第三次攻陷湘阴，1942 年 1 月 13 日被国民政府军收复；1944 年 5 月 15 日，长衡会战期间，日军第四次攻陷湘阴，1945 年 9 月 1 日被国民政府军收复。据不完全统计，湘阴县抗战期间共计损失 175445410000 元（法币，按 1945 年 8 月物价折算），其中直接损失 170758120000 元，间接损失 4687290000 元。

同日 一队日军侵入长沙县麻林桥乡马家冲村，将村民黎桂生按在地上毒打，其母朱氏年 70 岁、其妻杨氏抱仅 2 个月大的幼女均投水溺死，躲在草堆中的长女凤仪（年 14 岁）、次女玉兰（年 12 岁）、三女慕兰、四女杰方均随母投塘溺死。后人将其合葬一处，名曰"七女墓"。长沙县长田蔚蒸为其撰写了碑文。

同日 日军飞机两架趁本日晴天轰炸长沙。28 日，11 架日军飞机又窜入长沙市区投弹。29 日，日军飞机 8 架分别空袭长沙、湘潭、株洲。日军飞机接连 3 天在长沙文艺中学、群治学院、经武路、湖迹渡等处共投弹 200 余枚，损失不详。

9 月 28 日 私立开物农校学生王邦佐等 5 人在长沙福临铺被日军所掳，威武不屈，为日军杀害。

9 月 日军为了确保岳阳至武昌间铁路畅通，以居民住在铁路旁不安全为由，将临湘小沅村的男女老少赶出，将 360 多间房子全部烧毁。在沦陷期间，日军在该村烧毁房屋 1294 栋，杀死居民 194 人，打伤致残者达 476 人。

同月 省立第一民众教育馆从长沙迁至永顺。

10 月 4 日 日军飞机 16 架分批空袭衡山雷溪市粤汉铁路铁桥，被国民政府军击落 1 架，坠于雷溪市附近，中方损失不详。

10 月 14 日 日军飞机第一次轰炸祁阳，投弹 30 枚，炸死 20 人，炸伤 25 人，炸毁房屋 12 栋。据 1946 年 12 月《湖南省抗战损失统计》和《湖南抗日战争日志》，日军飞机共轰炸祁阳 21 次。

10 月中旬 衡阳成为第一次长沙会战伤员主要转运站，自本月 18 日起至月底共收转由前线运来的负伤（含病）官兵共 27000 余人。

10 月 28 日 纽约华昌公司总经理李国钦（长沙籍）捐款美金 10 万元，慰劳湘北前线将士。

10 月下旬 省赈济会组织"湘北战区难民救济队"，分赴湘阴、平江、浏阳、长沙各作战地带开展救济。

同月下旬 全国各地掀起慰劳湘北将士热潮。除军委会犒赏 15 万元，湘籍美国华侨李国钦慰劳 10 万美金外，尚有下列单位和个人：全国慰劳总会、贵州各界祝捷大会、浙江宁波各界、福建抗敌后援会、浙赣铁路抗敌后援会各 1 万元，湖南省政府 2 万元，省高等法院 326 元，国立师范学院 234 元，广东大埔第一中学 827 元，中山大学农学院湘籍生 14 人 106 元，明德中学 247 元，周南女中 44 元，周南女中义卖捐款 157 元，明宪女中 92 元，国师代收蓝田商民及居民 163 元……共收犒赏及各处慰劳款 343160 余元。

同月下旬 长沙崇实女子职业学校（年初迁到邵阳，租借邵陵中学校址作为临时校舍）在邵阳城区举行多次公演大会，共募捐 2000 多银元，制成衣被送到后方医院伤病员手中。

11 月 薛岳令组织粤汉路破坏大队，成员从铁道工人中招募，任岳为大队长（大队部驻衡阳），下辖 3 个中队：第一中队驻岳阳县公田乡黄金坑；第二中队驻临湘詹桥镇笋筐洞；第三中队驻某地。中队下辖运输、爆破两个班，每班约 10 人，他们身穿便服，佩带加拿大制造的"强力"式手枪，专门在夜间秘密行动。破坏大队从成立到抗战胜利，对瘫痪日军交通起了一定作用。

12 月 25 日 三青团省支团部，为慰劳前方将士及负伤官兵，发起"复兴节"献金运动，分成 10 个劝募队，所募集费用不详。

12 月下旬 宁乡县政府以该县在乡军人众多，特组织志愿兵 4 连（每连 160 人）经集训后开赴前线。

同月下旬 据兵役署统计，自全国抗战爆发以来至本月，全国共征募壮丁 4848245 人，其中湖南为 759068 人，居全国第一。

同月下旬 临湘县政府派员护送 500 多名学生到茶陵、攸县、沅陵保育院及衡阳教养院公费就读。

同月下旬 教育部派杨宙康、吴学增在武冈竹篙塘创立国立第十一中学，收容湖北、湘北等地流亡师生，有教职员 150 余人，建校初收容学生 1432 人，次年达到 2000 余人，至 1944 年，又因战事先后迁至凤凰和辰溪上课。

同月下旬 日伪临湘县政府职员集股设立"长安公卖处"，后改称"临湘县合作社"，大量收购粮食、牲猪、铜铁铅锌等物资，为日军服务。

本年 第五行政督察区奉令征集民工在洞口城西 1.5 公里和雪峰天险洞口塘隧道东南 3 公里处修建机场（大沙坪机场）。机场长 600 米、宽 100 米，面积 6 万余平方米，耗费不详。抗战期间曾起降为小型战斗机数次，抗战胜利后废弃。

本年　道县县政府奉省政府令，征集民工在道县县城东北 2.5 公里、马家社东 1.5 公里的盆地中修建机场（白泥塘机场）。机场长 1200 米、宽 300 米，面积 36 万平方米。机场建成后，曾起降过 3 架小型飞机。1942 年 2 月 12 日，国民政府 1 架道格拉斯型飞机在此坠毁。

本年　省政府令攸县政府征集民工，在攸县城东北 3 公里、洣水南岸的沙洲上修建机场（白茅洲机场），总面积 36 万平方米，耗费不详。日军入侵时被毁。

1940 年

1 月 3 日　长沙县白箬乡第四保第七甲范寿章、范寿武、范寿瑜、范寿廷兄弟 4 人，前两人抽签应征入伍，后两人亦随兄主动从戎，乡绅以其 4 人入伍其志可嘉，集资相赠，范氏兄弟认为救国是国民的应尽义务，拒不收受。

1 月 5 日　省伤兵管理处处长赵凌霄报告伤兵管理处一年来之工作概况。谓：截至本月全省有伤兵管理分处 9 个、伤兵管理所 7 个、陆军医院 3 所、重伤医院 2 所、兵站医院 7 所、陆军后方医院 22 所、伤兵休养所 3 所、临残院 3 所、残教院 1 所、手术组 2 所、伤兵收容所 14 所、伤兵之友社 15 处。原有住院伤病官兵 59722 名，上年 2 月 11 日—11 月 30 日，新收伤病官兵 59136 名，治愈归队者 61703 名，死亡逃革 4123 名，转川、黔、桂者 6859 名，现有住院伤病官兵 36233 名。

1 月 19 日　日军飞机 9 架轰炸安化县烟溪第十一兵工厂，21 日，日军飞机 9 架再次轰炸烟溪。

1 月 24 日　日军飞机 9 架在长沙市北郊投弹 24 枚，炸死、炸伤平民 30 余人。

2 月 1 日　长沙县政府（当时长沙市政府已撤销）为募集春节劳军经费在南门口等处设立《长沙各界春节送礼劳军台》5 处，至 15 日共收各界捐献礼大洋 7000 余元。

2 月 24 日　临湘老农蒋味庭（60 多岁），自临湘沦陷后，即率子孙 13 人参加游击队。破坏敌人交通，并将历年积蓄 800 元，捐赠出征军人家属。

3 月 30 日　省会各界 2 万余人举行讨逆锄奸大会，决议：集资 5 万元在南岳塑铸汪逆夫妇铁像，开除周佛海（沅陵人）等人的省籍。

4 月 4 日　第七十九军第八十二师师长罗启僵少将在岳阳前线病故。

4 月 20 日　日本海军舰艇开始炮击洞庭湖沿岸；23 日，日本空军开始轰炸第九战区的重要据点。

7月3日—14日　为报复第九战区江防部队炮击日军基地及停泊江中军舰，日军飞机连续轰炸华容县城及乡镇。

7月7日　第九战区及长沙各界5000余人在教育会坪举行"七·七"抗战3周年纪念大会。薛岳及夫人方少文献5000元，参谋长吴逸志献500元，政治部主任郑炳庚献300元，副主任彭国栋献200元，省府委员周斓、方学芬以及伍仲衡、仇硕大、李式相各献100元。正午，在中山堂前举行抗日阵亡将士碑奠基典礼，各宣传队在烈日下分途赴各处宣传。长沙县政府（长沙市政府已于1939年初撤销）通令全市下半旗，中午12时全县民众一律为阵亡将士及死难同胞默哀5分钟，停止娱乐、禁屠素食一天。

同日　长沙县政府发动献金运动，在全市设献金台5个，至9日，共收各界献金29080元。

7月上旬　长沙、平江及滨湖的湘阴、宁乡、益阳、沅江、汉寿、常德、安乡等县霍乱、鼠疫流行，长沙县数日内死数十人。

7月25日　长沙市限期疏散人口。针对日军入夏以来每天以100—200余架飞机对重庆、成都等大后方重要城市进行连续的疲劳轰炸（日本大本营命名为101号作战，即自5月26日—9月3日连续轰炸101天，以迫使重庆政府屈服），长沙市警备司令部通令：本市居民除甲乙壮丁及重要业务人员外，老弱妇孺及重要物资均应一律疏散至离城50华里外的安全地带，自本日至31日为劝导疏散日期，8月1—20日为强迫疏散日期。

8月8日　因日军逼近，为免资敌，茶陵县长奉省主席兼第九战区司令长官薛岳命令，征集民工1200余人，3天内将茶陵鲤鱼洲机场破坏殆尽。

8月10日　作为日军101号作战计划的一部分，本日日军飞机90架分批狂炸衡阳，投弹800余枚，另投下大批燃烧弹，致使衡阳四城起火，城南尤惨，炸死居民400余人，炸伤1000余人，焚毁及震塌的房屋达1300余栋，造成无家可归者10000余人。

8月11日　薛岳派省府秘书长李扬敬携馒头数万只，赈款5万元，由耒阳赴衡阳办理急赈，并了解损失情形。

8月15日　省会（耒阳）各界慰问团携慰问金1380元赴衡阳慰问受灾民众。22日，长沙各界代表携款1万元，赴衡阳慰问受灾市民。24日起，战区所属剧团，为救济衡阳被炸难民举行募捐公演。

8月16日　衡阳空袭紧急救济联合办事处决定发放赈款标准，死亡每名30

元，重伤每名 20 元，轻伤每名 10 元，定 17—18 两日下午 3—6 时在雁峰、东市、西湖、石鼓、鼓东 5 个镇公所及水警局等处发款。

同日 军事委员会军需署拨款 5 万元，赈济衡阳灾民。

8 月 17 日 省动员委员会电饬各县动委会务于 9 月 30 日前募足寒衣 20 万件，供应前方将士。

8 月 24 日 日军飞机炸衡阳，投下大批燃烧弹，烧毁店铺甚多。

9 月 9 日 日军飞机 9 架轰炸泸溪县城，投弹百余枚，炸死居民 40 余人。

10 月 11 日 日军飞机 9 架向迁移到衡阳常宁松柏的湖南黑铅炼厂（当时全国惟一的新法炼铅厂）和湖南炼锌厂（当时全国惟一的新法专业炼锌厂）投弹 40 枚，炸死工人 6 人、居民 7 人，40 余人被炸成重伤，厂房、设备、器材大部分被炸毁，后经 3 个多月的抢修，勉强恢复部分生产，但因对外港口全部沦陷，内销有限，全省铅锌业从此日趋萧条。1941 年 10 月 27 日，由于日军飞机的轰炸，引发炼铅厂一座炼铅炉水箱爆炸，当场炸死工人 2 人、重伤 20 人、轻伤 3 人，被炸成重伤的 20 人中有 16 人在第二天相继死亡。1944 年 7 月 5 日，日军 100 余人自衡阳入侵松柏，水口山铅锌厂、矿全部停工，设备被破坏殆尽，窿道全部被水淹没（长沙文夕大火时，位于六铺街的湖南黑铅炼厂厂房全部被烧毁，直接损失 6.73 万银元）。

10 月 13 日 全国征募总会核定，湘省献寒衣数额为 20 万件，湘省规定所有党、政、军、警机关公务人员，均应按月扣捐代金月薪的 1%—40%。

12 月 11 日 日军飞机轰炸辰溪，湖南大学校舍大部被炸毁。

12 月 4 架俄制中国空军飞机迫降郴州机场。旋，日军飞机 9 架跟踪前来轰炸郴县县城和机场。

本年 汉口"中江实业银行"设立岳阳支行，推行日本军用票和"华兴票"。(1938 年，南京伪维新政府在上海成立"华兴商业银行"，发行"华兴票"。1941 年"中央储备银行"设立后，"华兴商业银行"撤销。)次年，南京伪国民政府成立"中央储备银行"，并停止发行"华兴票"。中江实业银行岳阳支行即以推行"中央储备银行兑换券"（简称"中储券"）为主要业务。该行停业时间不详。

1941 年

1 月 26 日 驻华容陆军第四十四军第一六一师团长毛人志率军民敢死队偷袭日军白螺矶机场，炸毁敌机 1 架和油库、帐篷等军用物资，被日军包围，除毛团长等少数人突围外，其余全部牺牲。

2月11日　日军烧毁临湘县枧田张家村的房屋，又杀害了二屋方家团山嘴的39名村民。

2月　由衡山迁到新宁的省立衡山乡村师范学校又迁至武冈县城联合小学，改名湖南省立第六师范学校。

3月上旬　衡阳各界共捐献急救包代金36416元，可购急救包113284个。

3月15日—17日　长沙市举行献金劳军竞赛大会，共收各界献金46560元。

5月3日　长沙市警察局长陈阵宣布：长沙市人口疏散已达二分之一以上，未疏散前本市人口为224836人，至本日已减为97086人。

5月底　日军在湘阴南大膳华丰坑一次性就杀害村民108人，烧毁房屋80多栋。在木架坪，日军杀死村民36人，并将他们全部抛入河中。

7月7日　日军飞机9架轰炸永兴县城，共投下20枚炸弹，炸死、炸伤100多人。

8月3日　下午1时，日军飞机27架轰炸湘潭，炸毁房屋百余栋，炸死、炸伤居民300余人。

8月7日　湘潭市的滴水埠是湘潭膏盐矿业公司集中的地方，商业发达，人口众多。当天下午1时，日军飞机9架在惟一公司侧投弹5枚，炸死炸伤3人，炸毁了部分房屋。次日上午8时许，日军飞机9架又在豪盐矿区投弹50余枚，炸死16人、伤7人，炸毁惟一、韩益两公司的房屋40余栋。

8月20日　日机86架侵入衡阳上空，分向各处投弹，仅在回雁峰附近，日军飞机就炸死居民500多人。在这次日军飞机轰炸中，全城被炸死者约数千人；《大刚报》编辑部和印刷厂、雁峰寺的梵宇僧楼，也在轰炸中被毁。

9月7日　日军在株洲屠杀战俘130多人。

9月17日　为阻击日本海军进入长沙，国民政府军海军湘江布雷队趁夜在磊石山、虞公庙、芦林潭、乌龙嘴、三汊河、老闸口、许家洲、霞凝港等处布雷40000具。

9月18日　日军出动10余架飞机，在长沙县的福临铺、石渡神等地，进行狂轰滥炸，将西村庙、石渡神两所小学炸毁，部分民房变成废墟。日军所到之所，杀人放火，强奸掳抢，无恶不作，仅在冯家坡村这一带，不到半个月，就枪杀和掳去了10多人。

9月7日—10月19日　"第二次长沙会战"。新任驻武汉日军第十一军司令阿南惟几（原任日本陆军部次长）纠集4个师团零9个大队，共45个步兵大队，26 个炮兵大队的庞大兵力和充足火力，并征调 15 万民夫作运输和修路，在空军配合下，向长沙进犯。第九战区长官薛岳令各部节节抗击，并调集主力于汨罗江南岸金井、福临铺、三姐桥以北地区与日军决战，但指挥电讯被日军破译。此役，双方伤亡均重（日方战史供认伤亡 6854 人），国民政府军（不包括第三、第五、第六战区策应作战部队）伤亡、失踪共 70672 人，有多名高级指挥员阵亡。

9 月 18 日　日军强渡新墙河，驻守新墙镇上街相公岭的第二十军第一三三师第三九八团二营营长王超奎（四川人）率全营官兵，与日军激战一昼夜，杀伤大批日军，全营官兵大部壮烈牺牲。战役结束后，当地政府曾将新墙乡改称超奎乡，相公岭改称王公岭，以资纪念。

同日　日军制造"青山惨案"。凌晨，日军独立混成第十四旅团步兵第六十三大队，由日海军舰艇运送，趁黎明前的黑暗，在湘阴营田（湘江中的上、下青山两个小岛组成）登陆。守军第九十九军第一九七师刘儒卿营（共约 460 人）因熟睡中措手不及，除驻下青山的一排应战后撤外，上青山守军 300 余人全部被俘。日军又搜捕当地群众 200 余人，于当日下午集体屠杀。此后，日军在其占领青山岛的 18 天中肆虐横行，杀死居民 524 人、守军官兵 300 多人，烧毁房屋 51 栋计 281 间，宰杀耕牛、猪 4600 余头，破坏和抢走渔船 70 多艘，奸淫妇女、抢走财物不计其数。其中，有 24 户被杀绝。

9 月 24 日　奉命增援的第十军第一九〇师在梁家墩被日军第三师团包围，经过激战，师长朱岳负伤，副师长赖传湘（江西南康人）以下官兵数百人阵亡，余部向福临铺方向突围。赖是在湖南战场上殉职的第一位师级将领。据目前掌握的资料统计，八年全国抗战期间，在湖南战场历次战役中殉职的国民政府军副团长以上将领达 23 人。

9 月 26 日　日军飞机再次轰炸浏阳县城，炸死、炸伤居民 32 人。

9 月 27 日　日军第六师团友成联队由浏阳北盛南下突袭 26 日晚由江西上高急行军到达浏阳市宿营的第五十一师一部。国民政府军酣睡中惊醒，匆促应战，损失惨重。接着，日军又南下进攻驻跃龙市第五十一师另一部，双方展开激战。我第五十一师少将指挥官李翰卿（山东濮县人）阵亡。以上两次交战，第五十一师伤亡官兵千余人，

同日　日军攻入长沙县城。一天内将被俘的 40 多名国民政府军官兵在座寺岭上杀害。他们有的被刺刀捅死，有的被指挥刀砍死，有的被盖在拌禾桶里用稻草活活烧死。

同日　日军大举进犯长沙。日军在柏嘉山赵屋湾抓来 11 名男子，先是强令

他们搬运抢来的东西，然后令他们一排跪在禾场坪里，一群鬼子持枪上刺刀围观，一名鬼子持菜刀逐个猛砍，被砍者满身流血，在血泊中挣扎，惨不忍睹，只有1人幸免于难，其余10人均被砍死。

同日　日军第二次侵犯浏阳，西北区23个乡镇遍遭蹂躏，被杀害者达500余人，永安市、北盛仓、镇头市、跃龙市受害最深，10月5日，沦陷各乡被国民政府军收复；1944年6月14日，浏阳第二次沦陷，国民政府军第四十四军伤亡惨重，浏阳城内一片火海。月底，日军在古港、大瑶、文家市、枨冲、跃龙、永安、洞庭滩、相公殿、彭家大屋等地设据点，四处骚扰。全县40个乡镇，仅张家坊幸免于难。日军所到之处，杀人放火，奸淫掳掠，惨无人道。据统计，日军几次犯浏期间，杀害百姓共17900余人，毁屋12800余间，抢走耕牛10900余头。1945年1月23日，日军从浏阳县城及县辖其他据点撤退，仅保留永安市据点。2月，浏阳县政府从永和凤凰岩迁回县城办公。

9月28日　从这天起至1944年6月，日军共3次骚扰长沙县高塘乡磨盘洲。洲上仅住着数十户人家，但在日军的3次进犯中，被杀45人，被烧房屋7栋，被掳去的有41人，其中失踪未归的5人，逃回30人，被宰杀猪、牛600头。

9月　岳阳县一心乡八旬老翁彭松卿率儿孙协助国民政府军参加本次长沙会战，他本人、继妻、媳妇3人殉难。

同月　国民政府经济部农本局合作金库长沙大火时迁新化，本月迁衡阳办公；中共湘鄂边区特委机关迁驻澧县境内。

10月4日　从长沙北撤的日军第三十三师团荒木支队与平野支队会攻湘阴城。驻守城关的第九十九军第九十九师第二九七团曹克人（桂阳人）营奋力抵御，杀伤大批日军，全营壮烈牺牲。曹克人被俘后，四肢被日军用铁钉钉在熊家祠堂的墙上，剥开胸膛活活钉死，终年30岁。翌年9月，第九十九师派人造具阵亡将士名册，将尸骨合葬于县城南郊平家湾，并建造了白骨塔和石坊。

10月　日军在岳阳上坑湾将方大彩一家妻子儿女共7人带至驻地，剥去他们的衣服，指挥狼狗将他们活活咬死，随即用他们的尸体喂狗。

11月3日　日军飞机第二次轰炸益阳。据当时统计，尸体可查者达1300多具；其后还陆续在偏僻处发现遗骸不少，伤者亦续有死亡。这是益阳遭受轰炸最惨的一次事件。史称"一一·三惨案"。

11月4日　上午8时，日军飞机在常德城及近郊石公桥、镇德桥等地投下沾有鼠疫细菌的大豆、高粱、谷米、破布、棉花条等物品，其中还有大量携带鼠疫病菌的跳蚤，造成 1941 年秋季和 1942 年春季常德城区两次鼠疫大流行，并在常德周围地区不断扩散，使更多无辜百姓染疫死亡。国民政府卫生署、中国红十字会、省卫生处派出医务人员 2000 多名，分成 20 余队奔赴常德城乡各地，直到 1943 年 3 月才控制疫情。据常德细菌战受害调查委员会开展的大规模实地调查统计结果显示，此次鼠疫造成的死亡人数有名可查的达到 7643 人，受害区域涉及 13 个县、70 个乡、486 个村，其中因疫病死亡 30 人以上的村子达60 多个。

11 月中旬 日军飞机轰炸浏阳县城 4 天，共炸死、炸伤百姓 70 余人。

11 月下旬 长沙县赈济会为救济第二次长沙会战中本县受灾居民，派陈宗陶、李寿增赴衡阳向各界劝募，共得捐款 6 万元。

同月下旬 旅美华侨汇寄 73500 元，马尼拉华侨乾鱼商业公会汇寄 2 万元，旅美华侨统一义捐救国总会汇寄 16 万元，芝加哥城华侨救国后援会汇寄 3 万元，慰劳湘北将士。

12 月中旬 湘潭县商民李叶生将本年租谷拨出 90 石献交县政府，作优待出征军人家属用粮。

12 月 24 日到 1942 年 1 月 15 日 “第三次长沙会战”。日军第十一军司令阿南惟几纠集第三、六、四十师团共约 7 万人，向长沙进犯。第九战区诱敌深入，对日军进行合围、阻击和追击。国民政府军以伤亡 2.9 万余人的代价大获全胜。

12 月 27 日 日军 2 万多人第三次窜犯湘阴县，短短的 10 多天时间，日军杀害的无辜平民、奸淫的妇女、烧毁的房屋、掠夺的财物，均无法准确统计。

1942 年

1 月 3 日 长沙市西乡民众挑肉 1 万斤，蔬菜 200 担进城慰劳守城的第十军官兵。

1 月 8 日 国民政府军空军第二大队在湘北长乐街、浯口一带与日军飞机发生激烈空战，被击落两架，飞行员欧阳寿重伤，吴纶阵亡，射击士兵高传贤跳伞重伤不治身亡。

1 月 25 日 薛岳呈国民政府军委会，第九十九军傅仲芳部李维扬营在第三次长沙会战中坚守麻石山，与千余日军苦战十数昼夜，最后只剩一人，仍坚守山头，请予抚恤。

同日 常德各界募款 2 万元慰劳参加第三次长沙会战将士。

1月　日军在岳阳县原四区新墙河南岸潼溪街巷屋场后的小塘墈下，把从附近掳获的居民 32 人砍头后，将尸体踢入塘中。

2月8日　湖南省政府以第二、三次长沙会战，日军蹂躏之故，决定临湘、岳阳两县免征田赋 3 年，长沙东北各乡免征 2 年。

2月10日　长沙市记者公会募款 3 万元，捐献长沙"记者号"滑翔机 1 架。

3月7日　宁乡大沩山、回龙山各寺和尚 300 余人，组成战时任务队，以便战时担任宣传、慰劳、救护。

3月16日　长沙县属各乡在第二、第三次长沙会战中共损失耕牛 1680 头。县府派员下乡发放耕牛赈款（每头平均 78 元）。

3月21日　因物价飞涨，法币贬值，省政府制定《战时各县公私立小学教职员薪酬改发谷物暂行办法》。按每元 6 市斤计算发给谷物。

5月底　自 1941 年秋奉令发动 1 元献机运动至本月底，全省献机捐款已逾 700 万元，可购飞机 50 架，居全国之冠。

同月底　自抗战爆发至本月，全省共征募壮丁 1320629 人。

6月8日　日军飞机 17 架 3 次空袭衡阳。9 日，日军飞机 6 架再次空袭衡阳。损失不详。

6月14日　安徽难民 500 名抵衡阳，衡阳县难民配运站将其安置在莲花乡等地。

6月22日　日军飞机 13 架空袭衡阳，国民政府军空军升空迎击，损失不详。

6月30日　日军飞机 9 架空袭常德，投弹百余枚，炸毁民房百余栋，市民微有死伤。

7月4日　日军飞机 7 批 20 架空袭衡阳，损失不详。

7月7日　省抗战动员委员会为纪念"七·七"抗战 5 周年，在长沙市司门口、伯陵路设置献金台两处，3 天共收各界献金 19800 余元。另收到各界缴送献金 9000 余元，《国民日报》、《大公报》举行义卖，分别募得捐款 3182 元和 2700 元。

同日　衡阳各界募款 12000 元。组织"衡阳抗战慰问团"，对前线军人、美国空军、荣誉军人和抗战家属进行慰问。

同日　《湘潭民报》举行七·七义卖献金，共募法币 10794 元，受到国民党湖南省党部的嘉奖。

7月30日 日军零式战斗机27架，企图掩护其轰炸机34架，先行进入衡阳上空。美机升空迎击，损失飞机1架。尾随于战斗机之后的日军轰炸机，于距衡阳30里处与日方败退之战斗机会合，即行逸去。

7月31日 晨，日本零式战斗机29架，入侵衡阳上空，美机升空迎击，损失飞机3架，另一架在衡阳机场待修时被炸毁。

7月 省民政厅统计：全省人口28281206人，其中男性14738698人，女性13542508人，壮丁数4440274人，上半年迁入152935人，迁出105266人。到9月，全省人口统计为28373000人，比7月份增加91944人。

夏秋间 衡阳市霍乱流行甚烈，仅6—7月死亡2000多人，衡阳市政府筹集15.5万元，作扑灭霍乱经费。

8月中旬 第十军军长方先觉拨款25万元，创办眷属纺织工厂一所。

8月 省政府规定：各乡、镇、保、甲如救护迫降盟机人员1名并安全护送至县政府者，奖国币1000元。房获敌机人员1名，奖国币2000元。伤害盟机人员者，除凶手外，乡、镇、保、甲长一同究办，县长亦应严处。

9月13日 长沙各界募款10万元，举行中秋节劳军，市中学生分6组慰问驻长国民党各部队。

9月18日 日军飞机7架轰炸临武县城，投下19枚炸弹。炸毁房屋16栋，炸死军民34人。

10月19日 驻岳阳侵华日军集结1200人，分四路包围洪山、昆山等十多个村庄。在连续7天的杀烧淫掠中，据不完全统计，惨遭日军杀害的村民竟逾1800多人，有72户无一人幸存，有600多名妇女被日军强奸，2180多间房屋被烧毁，5400多头猪牛和大量财物被洗劫一空，制造了惨绝人寰的"洪山惨案"。

10月 日军包围岳阳县金沙及附近黄伏里、晓里冲等十多个村庄，抓捕居民167人，分别押至烟家塘后坡与米家庄等村，将他们用绳索捆绑在树上，然后用刺刀贯穿胸部，让被刺的人慢慢流血痛死。

11月 日军在岳阳徐家凉亭一带抓捕男女百余人，然后用刺刀和指挥刀全部砍杀在荒野丘田中。

12月 全省"献机"运动，共捐款2000万元，可购飞机100多架。

12月底 国民党行政院于本年7月公布《战时田赋征收实物通则》，将田赋征收额增加一倍，即田赋正、附税额每元折征稻谷4斗。湖南征收额为700万石，较上年317万石增加了一倍多。

同月底 湖南成为大后方重要工业基地。据国民政府经济部统计，大后方各省共有工厂3758家（包括公营、民营），其中湖南501家，福建88家，粤北69家，江西102家，广西292家，湖南占大后方工厂总数的13.3%。

同月底 湖南民营工厂激增。抗战爆发后由于沿海工业品来源中断，湘省人口大量增加，需求大增，加上湘省资源丰富，交通便利，因而推动湘省民营工业迅速发展。战前湖南合乎工厂法规定（即有动力或工人30人以上）的民营工厂总计55家，至1942年新开工62家，共计新开工364家，超过战前民营工厂总数的6倍。

同月底 教育部在芷江柳树坪设立国立第二十中学，以收容战时儿童保育会直辖的湘、黔、桂、粤4省各保育院的小学毕业生，设初中及初职两部，建校时仅招初中生224人，到1944年已有学生866人（当年8月又因战火逼近，学校乃迁贵州）。

1943 年

1月9日 驻长沙第十军全体官兵捐款3万元，捐献"泰山号"滑翔机一架。

1月17日 省田粮处处长胡迈称：自1941年秋，田赋改征实物以来至本月，湘省共征稻谷1000万石，居全国第三位。

1月22日 长沙市开始实施限价政策，宣布米、油、棉花、布匹、蔬菜、肉食等30多种物品最高价，如有越价买卖依军法惩处。

1月31日 湖南第一纺织厂员工募款捐献飞机15架，厂方捐献一架，建设厅长余籍特电勉励。

2月2日 省政府令实施限制工资，规定战时工资以当地1942年11月30日的各业工资为最高额。

2月8日 日军飞机16架空袭衡阳，在江东岸火车站附近投弹50余枚，炸死炸伤民众7人，炸毁房屋2栋。

2月9日 日军飞机11架轰炸零陵，投弹200余枚，引发市区大火，烧毁房屋200余栋。

3月1日 日军飞机6架轰炸华容县梅田湖镇的扇子拐，投掷烧夷弹40余枚，并用机枪扫射一小时之久，炸死军民30余人，炸毁房屋300余间。

3月10日 日军梅木部队、户田部队、仁科部队、第四十师团主力及小野部队攻陷华容县城及注市、三郎、塔市、新安、德河、武灵、集城等乡镇，华容县长曹心泉率党、政、军、警南撤北景港、罗丝湾一带。不久，日军扶植汉奸成立了华容县维持会，同年8月改称县政府。1945年9月1日被国民政府军收复。据1946年《湘灾实录》载：自1943年3月至1945年8月，华容被日军烧毁房屋6173栋，耕牛损失了3360头，粮食被掠30472石，被屠杀居民14056人，伤残及其他受害者6600多人，财产损失2000亿元（法币，按1945年8月物价折算）。

同日　日军进攻华容县南山，拥有2000多年历史的大禹殿和文昌阁被日军烧成一片废墟。4月9日，日军横井大队在华容七女峰周围不到1平方公里的地方，杀害无辜村民30多人，烧毁房屋30多栋，计300多间，宰杀及抢走耕牛44头，奸污的妇女及被日军打伤致残的人，不可胜数。本月，日军占领华容县禹山，强征沿山百姓构筑工事。被抓去的群众做工稍有懈怠，都要遭受一种酷刑：日军把人绑在一口铁钟上，钟内烧起炭火，绑在钟上的人被烤得四肢弹跳，油脂、血水淌流，日军则在旁拍手狞笑。死于这种酷刑之下的群众有10多名。

4月17日　日军飞机轰炸安化蓝田（今娄底涟源市），炸毁房屋数十栋，炸死居民20人，炸伤45人。

5月3日　日军为打通自宜昌至岳州间长江航线，打击长江南岸的国民政府军主力，驻武汉地区的日军第十一军司令横山勇纠集10万兵力，发动所谓"江南歼灭战"。5月7日与我驻赤山半岛炮兵发生猛烈炮战，8日傍晚日军针谷支队（舟艇部队）始通过南咀，日军将其所有搁浅的舟艇炸毁。

5月7日　日军独立第十七旅团在中畑部队（第三师团）配合下攻陷安乡县城及各乡镇，6月6日，被国民政府军收复；同年11月4日，常德会战时，日军再次攻陷安乡县境，12月20日，被国民政府军收复；1944年5月29日，长衡会战时，日军第三次攻陷安乡县境，6月1日，被国民政府军收复。据不完全统计，安乡县抗战期间共计损失71935478000元（法币，按1945年8月物价折算），其中直接损失69640888000元，间接损失2294590000元。

同日　日军第四十师团小柴支队攻陷南县县城及九都、仁义、共和、崇礼、笃信、协安、益智等11个乡镇。6月7日，被国民政府军收复；同年11月7日，常德会战时，日军第二次攻陷南县，12月27日，被国民政府军收复。据不完全统计，南县抗战期间共计损失201098921000元（法币，按1945年8月物价折算），其中直接损失198683208000元，间接损失2415713000元。

同日　日军攻陷澧县县城及各乡镇，6月13日被国民政府军收复。同年11月6日，常德会战期间，日军再次攻陷三洲、荆南、三元、桐山等乡，县城及津市也沦陷于敌手。同年 12 月 22 日被国民政府军收复。据不完全统计，澧县抗战期间损失共计 196776696000 元（法币，按 1945 年 8 月物价折算），其中直接损失 194324920000 元，间接损失 2451766000 元。

5 月 8 日　日军攻陷汉寿县作新、维新、鼎山、永和、大同、大美、龙文、乐三、毓德、合荆、福陶、让城、辰阳、望桥、灵岸、龙津、石潭等北部 19 个乡，5 月 12 日，被国民政府军收复；1944 年 11 月 21 日，常德会战时，日军攻陷汉寿县城，12 月 25 日，被国民政府军收复；1945 年 5 月 9 日，湘西会战时，日军第三次侵入汉寿县境数乡，5 月 16 日，被国民政府军收复。据不完全统计，汉寿县抗战期间共计损失 133998625000 元（法币，按 1945 年 8 月物价折算），其中直接损失 131441030000 元，间接损失 2557595000 元。

5 月 9 日　日军侵犯汉寿县作新乡时，威逼作新乡中心学校校长黄德秋组织维持会，黄抗节不屈，骂敌殉难。7 月 11 日，省府明令表扬。

5 月 9 日—12 日　日军制造"厂窖惨案"。从临湘出发的日军舟艇部队针谷支队和从安乡南下的日军独立第十七旅团及侵入下流港附近的日军小柴支队共同包围了汉寿县作新乡厂窖（1955 年划归南县）及其附近鸡窝岭、肖家湾一带地区。日军各部对撤退至此地的我方军政人员、难民和当地群众进行了疯狂的大屠杀。日军除任意枪杀刀砍以外，还使用绞舌头、刺肛门、火烧、盐腌等骇人听闻的杀人手段。妇女被奸杀及孩童被挑死者不计其数。7 月中旬，监察院两湖监察使苗培成抵汉寿视察，22 日，在常德对记者称："厂窖有居民 2000余户，现几阒无一人，地方政府掩埋的尸体达万具，其葬身水中，顺流漂流者，当不下此数，故 2 万之谈，或非耸词。"据中共常德市委党史研究室调查，在厂窖惨案中被杀害的中国人达 32000 人，其中本地居民 7000 人，南县、华容、安乡 3 县难民 5000 多人，武汉、岳阳、长沙等外籍难民 12000 余人，第七十三军溃兵 5000 多人，其他各地民众 1000 多人（战后日本防卫厅编写的"战史"则诡称：围歼了空中观测到的约 3000 名敌人）。

5 月中旬　祁阳县九旬老人柏黄氏捐九旬寿诞筵席费 1 万元，作为文化劳军捐款，省政府题赠"惠我同胞"匾额以资鼓励。

5 月 31 日　日军攻陷临澧县城，澧水之北的新安、团山、水合口等乡全部沦陷，6 月 10 日被国民政府军收复。常德会战期间，11 月 9 日，全境再次被日军攻陷，12 月 31 日被国民政府军收复。据临澧县政府不完全统计：日军先后两次侵入临澧县境内，共杀伤无辜群众 6959 人（其中死亡 915 人），受辱妇女577 人，焚烧和毁坏房屋 10490 余间，杀害耕牛 3916 头，损失折合法币 77 亿元

（法币，按 1945 年 8 月物价折算）。

6月6日　第九战区司令部、省政府各拨款100万元赈济上月受日军抢掠、蹂躏之南县、华容、安乡、澧县4县灾民，派省府委员方学芬前往放赈，并电未受灾各县成立"救济难胞委员会"广为劝募。

6月8日　长沙市各界救济滨湖难胞委员会成立，决定募款50万元，救济滨湖难胞。

6月21日　省慈善总会儿童保育所在长沙市南门外四宜园开学，收容年龄7—12岁的抗属孤儿及战区流落难童，或家境贫孤而无依靠的学童，名额100名，男女兼收。

6月22日　桑植县达泉乡第八保百岁老人陈王氏将其百年来针红所积1万元，捐赠抗日将士作医药费。

6月23日　日军分两路进犯攸县，遭守城国民党交警第二大队400多人抵抗。城内居民渡浮桥四处躲难，尽落入日军火网，遭受伤亡者不计其数。

6月下旬　长沙市工商界踊跃捐缴赈济滨湖难胞款，各业共缴捐款6万元。

7月6日　中央赈济委员会续拨200万元，救济滨湖难胞。

7月7日　南岳"忠烈祠"落成。"忠烈祠"是第一次南岳军事会议上蒋介石提议兴建的。1940年9月兴工，本日落成，所有抗战阵亡的将士一律奉准从即日起入祀。"忠烈祠"祠宇部分占地面积2.2万平方米，总占地面积约15万平方米，建筑费186万余元，由第六、九战区及湖南省府三方承担，亦有部分私人捐款。

7月9日　省政府拨款10万元赈济汉寿，5万元赈济沅江。

7月11日　5月上旬至6月下旬，中日进行"鄂西会战"。省慰劳抗战将士委员会决定动员全省人民捐款，慰劳参加鄂西会战的第六战区将士，分配各县市募款数目：衡阳市4万元，长沙市3万元，湘潭、常德各2万元，益阳、邵阳、湘乡、醴陵、浏阳等16县各1万元，永顺、慈利、桃源、祁阳、宁乡等20县各4000元，资兴、江华、宁远等8县各2000元，龙山、凤凰、道县、桑植等20县各1200元。限7月31日以前募足交款。

7月23日　日军飞机一架在衡阳被国民政府军空军击落，残机坠于衡山马家山阳堂旷姓屋中，压毁房屋数间，压死谭姓姑、媳等人。

同日　日军飞机约150架，分批空袭湘境。

7月29日　日军飞机数十架分4批空袭湘境。

8月8日　《力报》讯：衡阳市霍乱流行，疫势严重，蔓延区扩大，每日患者在 100 人以上，死亡率占 60%。

9 月 8 日 中央赈济委员会拨款 1000 万元，救济今年夏被日军蹂躏的滨湖各县难胞。

9 月 衡阳市人口达 346883 人，加上流动人口和难民总数超过 50 万人，工商业户 4856 户（不包括流动商贩），财税收入列国民政府统治区第三位，成为仅次于重庆、昆明的第三大城市。

同月 日军飞机 9 架轰炸益阳。日军飞机由汽车路站临空侵入城区，从万寿宫上方起至临兴街，连续投掷燃烧弹数十枚，益阳城区顿时变成了一片火海。日军飞机炸死约 10 余人，造成的财物损失无法计算。

10 月 日军在临湘陆城修建军用飞机场，占地 1500 多亩，1945 年 7 月竣工。在修建机场过程中，有 325 户民房被拆毁，许多民工在施工时累死或被打死。

11 月 1 日至 12 月 25 日 中日"常德会战"。日军第十一军调集 10 余万兵力分三路会攻常德，遭到国民政府军第五十七师等部顽强抗击，战斗异常惨烈。日军对常德城前后施放毒气 100 余次，致使市民 1000 余人中毒。12 月 3 日，常德城被日军攻陷，第五十七师官兵大部阵亡，师长余程万率数百人突围。是役，国民政府军伤亡官兵 4 万余人，有 3 位师长殉职；城内百姓惨遭日军杀害。仅在东门外盐关，日军就抓了 100 多人，全部用刺刀、马刀活活刺死砍死。据不完全统计，在常德会战期间，日军残杀市民 3300 名，奸淫妇女 5000 余名，掳掠儿童约 320 人，掳掠男子约 3700 余名，劫掠商家 7000 余户。在常德四周各县镇，有 35180 余名妇女被日军奸污，4200 余名妇女被日军奸污致死，83490 人被日军掳去，日军还烧毁房屋 7.38 万余栋，抢走粮食 1658.948 万石、损失耕牛 8.65 万头。日军伤亡约万余人，布上、中畑两联队长及岛村长平、葛野旷、协屋一饭、代英太郎 4 个大队长及樱井参谋战死。

11 月 7 日 长沙市常备战时任务队在教育会坪举行总检阅，有担架、交通、运输支队 5000 余人。

11 月 15 日 第七十三军暂编第五师师长彭士量（浏阳籍）参加常德会战时，在石门与日军激战后率余部向西郊转移途中遭日军飞机轰炸，壮烈牺牲（终年 38 岁）。

11 月 16 日 省政府第 400 次常会决定，滨湖被日军窜扰地方，当年免征田赋和购粮。

11 月 15 日 日军进犯慈利，至 25 日，窜扰东岳、通津、零溪、茶林、广福、丛高、龙景、安乐等9个乡和零阳镇。同年11月26日被国民政府军收复。据统计，日军在此期间肆意屠杀，我同胞共伤亡1123人，其中，死亡543人，重伤236人，轻伤344人；杀死耕牛1136头；烧毁房屋1662栋。直接经济损失达11604330万元（法币，按1945年8月物价折算），其中，农村房屋、器具、产品直接损失达3332300万元。

11月21日 常德会战期间，日军先以伞兵降落桃源县境，进行骚扰，继以大军进犯，攻陷桃源县城及莫溪、漆河、陬市等25个乡镇。同年12月10日被国民政府军收复。据不完全统计，桃源县抗战期间共计损失212173263000元（法币，按1945年8月物价折算），其中直接损失209630764000元，间接损失2542499000元。

11月25日 第四十四军第十五师师长许国璋（四川成都籍）参加常德会战，率师部少数兵力在陬市与优势日军激战负重伤，举枪自戕殉职，终年46岁。

11月27日 《新潮日报》（原在常德，当时已迁沅陵）从此前主办劳军捐款中拨2万元慰劳喋血守城的第五十七师余程万部。

11月29日 国民政府军空军第四大队第二十一中队长高又新由湖北恩施率P－43飞机4架掩护P－40M飞机飞常德，向守军投送子弹及侦察常德及洞庭湖之间的敌军动态，途中先后遭遇日军飞机4批，飞行员杨枢所驾P－43飞机在空中激战时失踪。

11月30日 行政院拨款500万元，救济常德会战湘省受日军蹂躏地区。

11月 日军第二次进攻鄂西和湘西时，在厂窖一次杀害华容逃难群众6400余人。

12月1日 第十军奉命从衡山驰援常德。预备第十师师长孙明瑾（江苏宿迁县人）率所部进抵常德以南的赵家桥，遭到驻常德附近日军第三师团及第六十八师团一部的拦截，双方激战中，被日军机枪击中，身中4弹殉职，终年37岁。

12月2日 国民政府军事委员会伤兵慰问组第七犒赏队到长沙发放伤员慰劳金：士兵50元，尉官120元，校官200元，将官400元。

12月3日 日军攻陷常德县城及长庚、启明、沅安、永安、天平、朗平、龙门、渐安、清平、善卷等28个乡镇，县城尽毁。12月9日，县城等被国民政府军收复。据不完全统计，常德县抗战期间总计损失457840734000元（法币，按1945年8月物价折算），其中直接损失754327760000元，间接损失

3512974000 元。

12 月 10 日　日军飞机 79 架分数批空袭衡阳。

12 月 14 日　自 11 月 10 起，国民政府军空军第一、二、三、四、十一 5 个大队，以及中美空军混合团，美军第十四航空队，共各类飞机 200 架，积极配合常德作战，连续对常德、藕池口、石首、华容等处之敌攻击，先后出动轰炸机 280 架次，驱逐机 1467 架次，对取得常德会战胜利起了重要作用，损失轻微。

12 月 17 日　第一纺织厂全体员工捐薪 2 个月，合计 20 万元慰劳参加常德会战的第六、九两战区将士。

12 月 21 日　上午 7 时，日军飞机窜入长沙市上空，在复兴街、竹园菜地、乾塘坡、东大马列路半旁山、蔡家铺义山、狗尾冲、上大垅、李家大屋、岳麓山等处投弹数十枚，炸死炸伤 70 余人。

12 月 24 日　日军飞机一批轰炸湘乡，炸死炸伤市民 100 余人。

12 月　征调民工在黔阳县安江桐油坪修建临时军用机场，人员伤亡与所耗费用不详。

1944 年

1 月 4 日　全国慰劳常德会战将士献金已逾 2000 万元。

1 月 6 日　广西各界慰劳团在团长孙仁（省府委员）等率领下抵长沙，携慰劳金 100 万元、毛巾 1000 条、万人签名册一批，慰劳参加常德会战的第六、九两战区官兵。

1 月 19 日　行政院续拨湘灾赈款 1000 万元。

1 月 20 日　西康省慰劳抗战将士委员会交款 100 万元委托全国慰劳总会转第六、九战区，慰劳参加常德会战将士。

1 月 28 日　日军飞机 3 架飞抵汉寿县纸料洲，对岸上慌乱的人群和江上来不及靠岸的船只狂轰滥炸，有 10 多人被炸死，10 多条船被击沉。

2 月 7 日　日军侵入永兴县境各乡，1945 年 1 月 19 日攻陷县城。1945 年 8 月 20 日被国民政府军收复。据不完全统计，永兴县抗战期间共计损失 136978955000 元（法币，按 1945 年 8 月物价折算），其中直接损失 137473933000 元，间接损失 2205022000 元。

2 月 10 日—14 日　蒋介石主持召开第四次南岳军事会议。出席会议者有第三、四、六、七、九各战区高级将领及各省军政人员。蒋介石在《对于常德会战之讲评与今后整训反攻之要务》的讲话中称："常德会战之胜利是已死战士血肉换来的代价。第五十七师阵亡官兵达 5000 多人……第十军损失较大"。会议实际开支 450 万元。

2 月 16 日　龙山县国民兵马泽惠捐献 10 万元寄省航空建设分会购机呈献国家。

2 月底　日军 100 人全副武装，分兵三路进犯汉寿县纸料洲。他们对无辜的民众大逞淫威，打死打伤居民 10 多人，奸污几十名妇女，将财物抢劫一空。

2 月　中央赈济会续拨滨湖急赈款 2000 万元，湘籍旅渝人士募捐 500 万元，第九战区捐款 120 万元，共 2620 万元。湖南省府派何绍南赴滨湖督放。

3 月 1 日　湘省行政会议在耒阳开幕。5 日，薛岳在报告中称：湖南对国家贡献居全国之冠，每年除供给军棉 7 万担、军布 300 余万匹、军粮 1000 万石外，尚需接济邻省更大更多之需求。

3 月 14 日　美国第十四航空队官兵捐款 549200 元，支援滨湖灾区难胞。该款由该队副司令温森上校于耒阳面交省主席薛岳。

3 月　华容县鲇鱼须民众自发组织的抗日组织——"神兵队" 100 余人在江波渡与日军肉搏，打死日军 30 余人。后因日军 200 余人用火强攻，"神兵队"全部殉难。

4 月 6 日　日军飞机 18 架轰炸衡阳，造成全城大火，民众死伤甚多。

4 月 16 日和 5 月 8 日　日军飞机数十架两次轰炸益阳城区，造成百姓死伤数百人的惨案。

4 月 30 日　从这一天起，日军多次从沅江窜入汉寿县百禄桥烧杀、轰炸、奸淫、抢劫，杀死、炸死数百人，轮奸妇女 20 多人，劫走稻谷 2000 多石，猪 100 多头，鸡数百只，糖、油、盐数十担，将老百姓的财产洗劫一空。

5 月 10 日　晚 12 时许，日军飞机 1 架掠过长沙市上空，在水风井、小桃源、司马桥一带，投弹数枚，炸毁司马桥邮票代售处、民房 20 余栋，炸死炸伤 40 余人。

5 月 17 日　日军最新式飞机一式战斗机 27 架从沙市起飞轰炸衡阳，损失不详。

5 月 25 日　下午 6 时，日军战斗轰炸机 24 架空袭长沙，轰炸电台及军事设施。

同日　下午 5 时，日军飞机 20 余架轰炸长沙市区南外白马庙铁路旁平民住宅及大小鱼套一带地方，损坏房屋数十栋，死伤 70 余人。

5月下旬至9月中旬　中日"长衡会战"。日军第十一军第一线5个师团20万人分三路南下，东路第三、十三师团由鄂南趋平江、浏阳；中路第六十八、一一六师团由湘北强渡新墙河，攻长沙、株洲；西路第四十师团、第十七旅团从华容、石首在海军配合下攻益阳、宁乡。第二线之第二十七、三十四、五十八团随之跟进。此役，国民政府军伤亡9万余人。

5月27日—6月2日　日本空军为配合地面部队行动，先后出动337架次飞机轰炸归义、新市、平江、大沙坪、梅仙、朱公桥、金井、长乐街、湘阴、磊石山、关王桥、赤山半岛等处及其附近国民政府军阵地、设施及船只。

5月　日军第四次侵犯湘北时，在荆浒、长乐、黄谷、新市、武昌等乡一带，烧杀淫掠次数甚多，造成人畜尸骸遍地，多种疾病相继爆发，持续两年之久。仅在长乐、黄岩等5个乡的范围内，死于瘟疫的村民达5000余人。

△湖南平江县大桥镇3次遭受日军劫掠。仅1944年5月至7月，遭受日军屠杀、强奸者不计其数。其中，一个9岁女孩被一群日军轮奸致停止呼吸；一个日军将两个小孩扔进河中溺死。

5月　日军窜犯株洲朱亭镇，用剖腹、刺杀、火烧等残暴手段，杀戮该镇及附近农民、过路客商或行商小贩等60多人，奸淫妇女数十人，其中8人被强奸致死，烧毁房屋180多栋，使700多居民无家可归。

6月1日　中路日军强攻粤汉铁路汨罗江南岸重要据点高泉山（现汨罗市），守军为第九十九军第九十九师第二九五团二营九连，连长贾春轩以下145人壮烈牺牲。

6月4日　因湘北战事又起，行政院特拨湘北难民急赈款1000万元，重庆湘灾筹赈会汇款400万元，赈济湘北难民。

同日　长衡会战期间，日军攻陷沅江县城及环湖、环凤、白河、新成、永固、注东、乐明等8个乡镇。沅江县政府先期迁桃江修山，后迁至沅北草尾。至1945年8月15日，日军侵占沅江县台公塘一年多的时间内，烧毁梁家屋场、老屋湾、祝家村、卢家村、柏家村、下爪湾、邹家村等7处民房，计70户，236间，全部家具财物，被付之一炬；杀死男子20人、妇女3人，另有11人被迫跳水自尽。1945年9月6日被国民政府军收复。

6月5日　日军第一次攻陷醴陵县城及醴泉、清泉、楚东、平桥、船湾、马军、咸竹、渌口等乡镇。7月8日，国民政府军一度收复，10日再次沦陷。日军两次焚烧县城，致使繁华街市及商肆民宅悉数化为灰烬。日军侵占醴陵期间，奸淫烧杀，无所不用其极。据1945年冬醴陵县政府的不完全统计：被日军用各种手段杀害的居民达 4652 人，伤 4229 人，被掳去充当苦役的逾 10000 人，生还的不到十分之一；被烧毁房屋 5523 栋；被掠夺粮食 478857 石；被抢走耕牛 3799 头，加上器具衣物及其他损失，折合当时币值达 5404546000 元（法币）。损失之惨重，为醴陵历史上所未有。1945 年 9 月 3 日，被国民政府军收复。

6 月 6 日 湖南第三纺织厂在衡阳开工。但因湘北战事发生，11 日开始将重要材料装箱运往祁阳。6 月 20 日，全面拆运贵州，最后迁至四川东部的长寿县复工。抗战胜利后，因东阳渡的厂房已被全部炸毁，而长沙银盆岭原第一纱厂的原址尚残留一些厂房和码头等，遂迁至银盆岭复工，改名为"裕湘"纺织厂股份有限公司。

6 月 7 日 长衡会战期间，日军攻陷益阳县城及沧水铺、华溪、泉交、谢林港等处。9 日，负责守城的第七十七师（实际只 4 营）与敌激战。11 日，前来增援的第十九师与敌发生激烈巷战。12 日，第七十七师因伤亡过重，向新市转移，第十九师奉令驰援宁乡，益阳陷落，40 余名负责掩护撤退的警察有 7 人殉难。6 月 14 日，益阳城被国民政府军收复，旋被日军再度攻陷。6 月 29 日，第二十四集团军一部克复益阳，不久又被日军攻陷。1945 年 8 月 13 日被国民政府军收复。

同日 衡阳市连日发起募捐运动，截本日止募得 500 万元，决定以 200 万元慰劳驻衡空军，300 万元慰劳湘北前线将士，并在本日组团赴湘北慰劳。

6 月 9 日 清晨，日军进犯益阳的稻香湾村，并在此地停留 3 天，烧杀掳抢 3 天。该村村民死在鬼子刺刀、枪弹、棍棒下的有 17 人，被强奸后自溺的 1 人，身受枪伤致残的 4 人。至于被奸淫、受凌辱者无法统计。

6 月 11 日 国民政府军第七十四军第五十八师一七三团另附一营多次抗击日军对宁乡城的纵火、放毒、炮击，在激烈巷战中，团长、副团长、一团副、两营长均负伤，一团副、一营长阵亡，另伤亡连长、排长以下 52 人（第九战区司令长官薛岳下令嘉奖守城部队，并赏法币 2 万元）。18 日，国民政府军援军赶到，收复宁乡。第五十八师、十九师奉令赶往湘乡、双峰阻敌，另调第七十三军一营（约两连）守备宁乡。驻岳麓山的日军向宁乡进犯，8 月 2 日，守军全部壮烈殉职。

同日 日军攻陷宁乡县城及莲花、狮顾、仙凤、洋泉各乡，高露、石潭、麟峰、芳储、停钟、龙从等乡，均为日军经常出没之地。5 月，宁乡县政府迁黄材，1945 年 2 月，迁望北乡云山学校，9 月 6 日，日军撤退，迁回县城。据不完全统计，宁乡县抗战期间共计损失 238226727750 元（法币，按 1945 年 8 月物价折算），其中直接损失 234746560000 元，间接损失 3480167750 元。

6月16日 日军第一一六师团一三三联队第一大队陷株洲（镇）。17日，从浏阳南下的日军第六十八师团一部陷渌口。日军在渌口纵火 3 昼夜，烧毁民房 529 栋，屠杀百姓 300 余人，抓走民夫 500 余人。著名古迹湘山寺、天符庙、伏波庙等无一侥存。日军盘踞株洲县城达 1 年 4 个月，使株洲人民遭受空前的灾难。据 1946 年国民党醴陵县政府的不完全统计，株洲县的成竹、遍化、长田、元亨、利贞、渌口等 6 个乡镇，被日军屠杀的百姓有 794 人，被打伤的有 515 人；被拉夫的有 2000 多人，只有少数人生还。三门乡和三门镇，被日军杀害 150 人。日军在株洲县烧毁房屋 922 栋，抢走耕牛 674 头、粮食 1089 万斤。原属湘潭县的白关、空灵、藕花、建宁、天台、龙华 6 乡，都当交通要道，其损失不亚于上述 6 个乡镇。

6月17日 因第二十六军第三十二师防守失误，日军黑濑联队未经战斗即占领湘潭（湘潭县政府先期迁花石乡石坝村），1945 年 9 月 10 日，国民政府军收复湘潭。据不完全统计，湘潭县抗战期间损失合计 539220014660 元（法币，按 1945 年 8 月物价计算），其中，直接损失 535629974000 元，间接损失 3590040660 元。

6月18日 拂晓，长衡会战期间，日军野战重炮部队参加攻城，出动各类飞机 200 余架配合第三十四志摩支队及五十八师团分别向岳麓山和长沙市区猛攻。6 月 19 日，长沙城、岳麓山相继沦陷，日军在城里杀人放火、奸淫掳掠，无恶不作。长沙城两次大火毁坏了繁荣街市，城南一带商店民宅被焚毁殆尽。据不完全统计，日军在先后 4 次攻掠长沙中，仅在长沙市就残杀 36460 人，致受伤者 9788 人，财物总计损失在 22522 亿元（法币，按 1945 年 8 月物价折算）。长沙沦陷，对长衡会战产生了很大负面影响。1945 年 9 月 1 日，国民政府军收复长沙。

同日 衡阳民船工人将 90 艘民船开往湘江上游自行沉没，火车站工人张学逸率粤汉路码头工人 20 余人将衡阳火车头转盘拆毁，免资敌用。

同日 一队从岳阳开来的日军，窜到长沙县太塘村实施惨无人道的"三光"政策，仅 18 日这一天，全村就有 12 人遭惨杀，3 栋房屋被烧毁，10 多名妇女被奸污，还有不少粮食和牲口被抢去。19 日，日军又抓走 45 名男子去当民夫，其中有 11 人客死他乡。

6月20日 由 23000 余名市民组成的弹药运输队、工事抢修队、担架队、消防队、伤病员服务队和收尸队等组织，由市长赵君迈统一指挥，配合第十军作战（在整个衡阳保卫战中，有3174名无名英雄在战斗中为国捐躯）。

6月中旬 蒋介石派后勤部长俞飞鹏赴衡阳，协助第十军补给事宜。会战前夕，共拨给第十军步、机枪子弹530万发，手榴弹28000颗，迫击炮弹3200发。

6月21日 日军第四十师团攻陷湘乡县城及湘涟、首善、梓门、永丰、评事、义安、仁和、兴仁、宣风、大育、弦歌、望春、兴让、乐郊、凤音、同风、德田、安上等36个乡镇。在长达一年零两个月的时间内，日军杀人放火，奸淫掳抢，使湘乡蒙受了重大损失。据当时的初步统计：湘乡被日军杀害的有15216人，受辱妇女1655人，被抢走谷米4959190石，被烧房屋24460栋，被毁房屋9704栋，损失耕牛18417头、肥猪656028头、家禽2358280只。1945年9月1日，国民政府军收复湘乡。

同日 日军攻陷衡山县各乡。7月1日，因新编第十九师第五十五团第一营奉令向高真寺转移，日军一部进据衡山城。日军将衡山县作为围攻衡阳的根据地，1945年8月20日被国民政府军收复。据不完全统计，衡山县抗战期间损失总计216946592290元（法币，按1945年8月物价折算），其中直接损失213868726000元，间接损失3077866290元。

同日 日军的铁蹄踏进了衡东境内，日军对吴集市民横加杀害，仅一天，在这个小地方，日军枪杀和用刺刀捅死我同胞达40余人。至1945年8月15日日军宣布投降时止，在13个月里，衡东被日军直接杀害的同胞达9072人，被赶走和抓去当挑夫死于异乡的多达48600多人，被烧毁的房屋18000多栋，计80000余间，被抢走的粮食5400多万斤，损失耕牛7600多头，猪、鸡鸭、衣服等损失更是无法统计。

6月22日 日军飞机轰炸衡阳，在衡阳市区东西两岸均引起大火。

6月23日 衡阳保卫战开始。日军第六十八师团进抵衡阳东郊泉溪市并强渡耒河，25日黄昏，其第六十四大队乘隙突入并占领衡阳机场。26日拂晓，第十军军长方先觉命令第一九〇师师长夺回机场。师长容有略指挥第五六九团经5个小时激战，夺回机场，并予彻底破坏后，再行撤出。日军除动用飞机对衡阳猛烈轰炸外，还多次使用混合毒剂进行射击，并3次对衡阳城发动全面总攻击。8月8日，衡阳（衡阳市政府先期迁东安县，9月迁至城步县）沦陷。经过47天的战火，衡阳街市已被日军飞机炸成一片废墟。第十军阵亡官兵6000余人（1946年2月，蒋介石派原第十军预十师师长葛先才携款2000万元回衡阳收集第十军阵亡官兵忠骸，得3000余具。在张家山这个衡阳保卫战中争夺最激烈的地方建立公墓）。据事后调查：全市5万多幢房屋全遭摧毁，完整房屋仅存5幢，尚能勉强住人的不过60幢，财产损失5701亿元（法币，按1945年8月物价折算）；死亡29480人，伤残25430人，因受细菌毒气瘟疫致死者达3万人。9月，日军扶植了汉奸组织——衡阳维持会。1945年9月1日，国民政府军收复衡阳市。

6月25日 日军第三师团第六十八联队（当时配第十三师团指挥）攻陷攸县县城。26日，盟军飞机轰炸，日军纵火烧城，大火延续7天7夜，烧毁店铺、民房900余栋，并侵入各乡。7月8日，国民政府军收复县城，7月10日县城再度沦陷，1945年8月22日被国民政府军收复。日军侵入攸县期间，杀害民众15463人，烧毁房屋1.4万栋，宰杀耕牛2万头，造成各种经济损失达1670多亿元（法币，按1945年8月物价折算，折谷1670万石）。

同日 午夜，第十军工兵营依预定计划将衡阳湘桂铁路湘江大铁桥实行有限度的爆破，炸毁中间三节桥桁。

同日 日军的一个小队，进犯衡东县洋塘乡白马堰村的东塘冲里，所到之处，杀人、放火、强奸、掳掠。

同日 日军一个中队窜入沅江县华丰垸，见人就杀，见屋就烧，一时火烟冲天。仅半天时间，就烧毁房子88栋，杀死92人，强奸妇女21人，其状惨不忍睹。

6月27日 日军攻陷安仁县城及城厢、潭湖、熊峰、宜阳等13乡（只有云湖乡未遭敌人蹂躏），1945年8月21日被国民政府军收复。据不完全统计，安仁县抗战期间共计损失85045308900元（法币，按1945年8月物价折算），其中直接损失82861366000元，间接损失2183942900元。

同日 日军军官2人率士兵及汉奸共30余人到湘乡土桥（今梅桥乡井泉村）八亩冲前宝庆镇守使兼湘军第五旅旅长、时任国民参议员吴剑学家中，劝说吴出面组织湘乡县维持会，被严词拒绝，日军抓其第三子家钢为人质，次日，日军又前来要挟，将固坐地上的吴剑学杀害。8月4日，重庆《新华日报》以"湘乡吴剑学正义凛然不当汉奸被敌杀害"为题，报道了吴剑学的生平简历及遇害的消息。

6月下旬 日军进入衡山县潭泊街的第一天，就在路上拦截了正在逃跑的妇女数十名，将她们关在潭泊港口大禾场的一间民房内，一天换一批去集体轮奸，3天之后，妇女就被奸致死五六人，尸首有的被抛入涞水河内，有的被赤身露体地甩在房内地上发臭生蛆，谁也不敢过问。这些遭难的女人中，有的在受辱后就被日军一刀砍死，有的还被日军用木棍或卵石塞进阴部活活地捅死。

同月下旬　日军在今望城县境内的东城、杨桥、新康、白马、桐木、坪塘等乡镇烧杀奸掳，无恶不作。这些乡镇从沦陷至 1945 年 9 月止，据不完全统计，日军杀死民众 189 人，强奸妇女 306 人，其中因被强奸而自杀者 76 人，抓掳村民上千人，烧毁房屋 227 栋；抢走和凌割猪牛 2000 多头。仅就望城境域而言，包括外地民夫和难民，被日军杀害者当在 1500—2000 人。

7 月 3 日　第七十三军第十五师向湘乡城日军发起反攻，第四十五团一部于拂晓前突入城内，二营营长李熙绩阵亡，官兵伤亡 170 余人。

7 月初　日军飞机 7 架空袭桃江县城。同日，日军飞机又轰炸益阳城，总计炸死 30 多人，机枪射死 4 人、伤 1 人，炸毁房屋 3 栋 13 间，木船 10 余艘。

7 月 3 日　日军第十三师团第一一六联队攻陷耒阳县城及 26 个乡镇（县政府初迁上堡街，后迁严塘）。5 日，国民政府军第二十六军收复县城。10 日，日军再陷县城。26 日，国民政府军暂编第二军再克县城。8 月 1 日，日军第三师团第三次攻陷县城。8 月下旬，日军在耒阳成立维持会。1945 年 9 月 1 日，国民政府军收复耒阳县境。据不完全统计，耒阳县抗战期间总计损失 285580120100 元（法币，按 1945 年 8 月物价折算），其中，直接损失 282327258000 元，间接损失 3252862100 元。

7 月 7 日　为庆祝"抗战纪念日"，重庆各界举行募款劳军运动。重庆《大公报》本日收到慰劳湖南将士捐款 160.6776 万元，连此前收到的捐款共计 267.9817 万元，除交第九战区司令长官驻渝办事处 153.8087 万元外，剩余的交重庆市"七·七"献金大会核收。

同日　日军飞机突袭衡东县吴集。7 架飞机刚靠近吴集，便俯冲而下，先用机关枪扫射，接着便投掷炸弹。顿时，吴集被吞没在硝烟弥漫的火海中，居民 40 余人被炸死。

7 月 8 日　重庆《大公报》刊载消息：湘省向西南逃亡的难民，虽逾时近一月，因交通困难大多数尚滞留在桂林、柳州、独山一带，桂林湖南会馆及其附近骑楼下，都睡满了难民。只有少数抵达重庆，向湘省旅渝同乡会请求救济或介绍工作。

7 月 11 日　日军在湘潭由"治安维持会"和"湘潭商会"出面设立"永兴商业银行"和"复兴商业银行"。7 月底"永兴银行"停业。次年 1 月日军复兴部设"复兴银行"，该行使用"中储券"，先后向复兴公司发放"津贴金"

12074 万元，经营布匹、食盐，兴建海味售卖店、日华会馆、银宫戏院。民国34 年（1945）3 月经日军复兴部策划，由"长沙治安维持会"会长及"长沙市商会"会长等人出面设立"永兴商业银行"，资本为中储券2300 万元，复兴部出资2000 万元，黄雁九、柳菊生、张光斗等拼凑股本300 万元。此外，复兴部还提供该行周转金"中储券"8390 万元。该行由"维持会"会长黄雁九任"董事长"，张光斗任"经理"，实则由日军复兴部经济课长、陆军主计大佐中岛金获幕后操纵。该行营业5 个月，经收"中储券"存款1.77 亿元，发放各种贷款合"中储券"1.29 亿元。其中贷给"省设计委员会"、"中国湘绣公司"、"兴华商行"等日伪机构的信用放款占82.8%，用以支持上述机构掠夺沦陷区的物资。1945 年8 月日本投降后，长沙"永兴商业银行"、湘潭"复兴商业银行"停业，黄雁九、张光斗因当汉奸畏罪潜逃。衡阳复兴银行由衡阳市政府接收，其资产为"中储券"12500 万元。9 月，湖南省政府成立"接收长沙复兴部委员会"，委员训条令湖南省银行股长广云门接收"永兴商业银行"的账册单据和少量财产。同年11 月，根据财政部《收复区敌伪设立之金融机关接收办法》的规定，"永兴商业银行"的账册单据移交给交通银行长沙分行。"永兴商业银行"的所有债权债务均未清偿。

同日 为配合地面日军对衡阳发动第二次总攻击，日军空军倾巢出击，猛烈空袭芷江机场。据日方称，击毁国民政府军空军大批飞机（其实是假飞机，陈纳德将军叫人做了许多纸扎成的假飞机放在机场）。12 日，日军再次猛烈轰炸芷江机场，日方称，当天使中方没有一架飞机能从芷江机场起飞。

7 月14 日 日军攻陷茶陵县城。6 月24 日，日军第三师团主力侵入茶陵城郊，遭到驻防的第二十军顽强抗击。后因第二十军奉命调湘桂线，日军才侵入茶陵城。日军在盘踞茶陵县的8 个月期间，先后践踏茶乡东北、西南的大部山村墟镇，奸淫掳掠、杀人放火，罪恶累累。据《湖南省抗战损失统计》的调查记载，全县被日军屠杀死亡人数达9440 人，伤残者达17010 人，全家被日军灭绝的达170 多家，失去丈夫的寡妇有1700 多人。仅在芜上村一处，先后被日军集体枪杀和逃难死亡的竟达897 人（全村1200 多人），全家被杀绝断烟的达47 户。其中1944 年7 月11、12、17 日的三次大屠杀更是惨绝人寰。在龙家湖、毛里甲，日军将10 多个妇女及40 多个男子推落涞江，再开枪射死。在上头园，日军用刺刀刺杀村民100 多人后，全部推入池塘中。日军捉住婴儿和小孩后，或用枪尖捅死，或扔进河中活活淹死。因轮奸致死或反抗强暴而被日军杀死的妇女有数十人。日军蹂躏茶陵期间，被茶陵民众称之为"八月黑暗"。全县其他物资财产损失巨大，但日军始终未能组成伪县政府。1945年8月18日被国民政府军收复。

7月16日　桂林市广华药房捐赠10万余箱药品，空运衡阳，支援在衡阳坚守的国民政府军。

7月20日　日军再次进犯衡东县洋塘乡白马堰的东塘冲里，残杀了18个无辜平民，又放火烧了18栋235间房子，使48户200多人无家可归，此称"东塘惨案"。

7月22日　驻芷江机场空军第五大队出动P40飞机8架，首先轰炸衡阳城郊日军阵地，继向湘潭方向搜索，扫射地面敌军及船只，返回时与日军飞机遭遇发生空战，第五大队第二十六中队少校队长姚杰（四川奉节人）座机被击中遇难于邵阳隆回。

7月23日　据南京汪伪中央社报道：为夺回衡阳机场，渝第六十五军之一团，曾集结于何家桥（衡阳南4公里），遭到日军奇袭被全歼；为夺取该机场，另股渝军约500余人，在贺家岗遭到日军急袭，也被全歼（编者按：从报道中可见国民政府军对夺回衡阳机场的重视，"完全被歼"是日方夸大之词）。

7月24日　日军飞机6架空袭零陵机场，日方称：击毁国民政府军空军飞机6架。

7月28日　国民政府军飞机14架空袭白螺矶日军机场，返航时被日军地面炮火击落1架。战斗员刘珥跳伞降落，被当地游击队救护。10天后，被护送回空军基地。

8月1日　日军空军第十六战队空袭芷江机场，日方称：烧毁、炸毁我大小飞机16架。

8月4日　军委会发布空军战讯：志航大队从6月27日起参加衡阳保卫战，迄至本日已作战42天，共出动235次。内直接配合地面部队作战178次，制空9次，侦察30次（其中达成任务12次），投送补给及机密件18次（投下补给品15500公斤），共出动飞机908架次（平均每天21.6架）。

8月11日　日本大本营发表攻陷衡阳所获战果称：一、俘虏第十军军长方先觉及该军参谋长、各师师长以下官兵23300名；二、敌遗弃尸体4100余具；三、缴获各种大炮101门，重轻机枪520挺，步枪约3500支及其他药材弹药甚多。

8月17日　日军攻陷零陵县城及各乡镇，1945年8月21日，国民政府军第二十军第一三四师追击队收复零陵。据不完全统计，零陵县抗战期间共计损失21121192万元（法币，按1945年8月物价折算），其中直接损失20811560万元，间接损失309632万元。

8月18日　日军在衡东三樟乡杀死村民3人，烧毁6间房屋，强奸妇女20多人，掳去村民作挑夫50多人，毒打男女老少60多人；日军100多人窜到衡东大桥乡，放火烧屋，烧了13栋房子，计17户人家。

8月20日　重庆《新华日报》报道，截本日湘难民到达贵阳已达2万余人，其中由同乡会救济的约2000人，另由所长刘执中率领的赈济委员会衡阳儿童教养所难童800余名亦已到达宜山，难童衣物完全丢失，现由赈委会特派员何绍南、林啸谷及刘执中赴桂林筹集衣被或购一批旧衣被。

8月21日　日军在醴陵县黄泥坳、石子岭、板杉铺一带，强征粮食6000石，枪杀平民200余人。日军在姚家坝附近杀害民众约300人，劫走男丁500余人充当夫役，生还者不及十分之二三。

8月下旬　日军占领长沙、衡阳、耒阳后，省政府各部门分别迁到嘉禾县、蓝山县、临武县、桂东县一带，并决定在梅城东启安坪原梅漳乡公所设置"安化行署"，对湘中、湘西及洞庭湖周围地区代行省政府职权。

8月31日　为了抵御日军进攻，第三十七军第六十师师长黄保德下令火烧常宁县城南六外街，自南门口至牌坊一华里长的街坊顿时化为灰烬。日军每到一处，逢人就杀，遇屋就烧，到处尸骸累累。在常宁一个村子，日军采用割头、挖心、切腹，斩断四肢等凶残手段，杀害百姓100余人，然后把尸体堆进屋里，点火焚烧。9月30日，县城及各乡镇相继沦陷。县政府先后迁至洋泉斗米湾、石灰坪、阳山萧家村、庙前麻衣田、白沙猴子冲、火石桥、庙前石马村、大义山至圣寺等处。1945年8月18日，日军经常宁县城沿常宁至松柏路线向衡阳方向退却。8月19日，县政府迁回县城。据不完全统计，常宁县抗战期间共计损失261160869350元（法币，按1945年8月物价折算），其中直接损失213585480000元，间接损失2575389350元。

8月　衡阳北乡仁义乡为日军的炮兵阵地，该乡沦陷最早，受害最深，惨遭日军杀害者达34人，其中男性27人，女性7人。

9月4日　日军攻陷祁阳县城及各乡镇（祁阳县政府先迁大江边，继迁明远冲）。日军在侵占祁阳县城期间，全县伤亡58386人，被日军奸淫的妇女有3873人，被烧毁的房屋有12946间，财产损失共计3278亿元（法币，按1945年8月物价折算）。1945年8月14日，国民政府军收复祁阳。

9月7日　第七十九军军长王甲本（云南富源人）率手枪排赴冷水滩前线视察，在山口铺与约200余人的日军便衣队遭遇。激战中，王军长与随员全部阵亡。后经第六战区司令长官呈报，蒋介石核发特恤费20万元。

9月8日 日军攻陷东安县城及各乡，1945年8月21日，国民政府军第二十六军第四十四师收复东安。据不完全统计，东安县抗战期间共计损失132532866400元（法币，按1945年8月物价折算），其中直接损失130086690000元，间接损失2446176400元。

9月10日 日军攻陷武冈县长乐、金龙、四望、古峰、紫云、康宁、和亲、宛乐、居仁等9个乡，10月29日被国民政府军先后收复。1945年4月10日，日军再度攻陷武冈县境全部乡镇（只有县城未被日军攻陷），7月4日，国民政府军收复武冈县境。据不完全统计，武冈县抗战期间共计损失177899164700元（法币，按1945年8月物价折算），其中直接损失174676184700元，间接损失3222980000元。

9月12日 日军攻陷新宁县城，并直趋广西桂林。1945年4月9日，湘西会战期间，日军再度侵入新宁县境，金石、金湖、新江、竹富、桃林、石溪、水头、新龙、檀油、排梓、安温、小溪、龙回等18个乡镇沦陷，4月24日被国民政府军收复。5月15日，日军约3万余人第3次侵入新宁县境各乡镇，8月5日，国民政府军收复新宁县境。据不完全统计，新宁县抗战期间共计损失93248717200元（法币，按1945年8月物价折算），其中直接损失90957997200元，间接损失2290720000元。

同日 日军攻陷道县县城及各乡镇，11月11日被国民政府军收复；12月14日，日军再度侵入道县，1945年1月20日被国民政府军收复。日军先后在道县盘踞达95天。据不完全统计，道县抗战期间共计损失187353226499元（法币，按1945年8月物价折算），其中直接损失184885282000元，间接损失2467944499元。

9月13日 长衡会战期间，日军攻陷邵阳靖生、仁义、敦仁、立胜、礼教、西胜、安平、震中、刚劲等乡，10月2日，日军第一一六、第三十七师团攻陷邵阳县城。国民政府军第五十七师官兵除一部突围外，大部分壮烈牺牲。留在府后街、大同街一带来不及运出的病伤员数百人亦惨遭杀戮。当天，日军在邵阳城南路谷洲乡十一保严塘冲（今面铺乡罗市村）惨绝人寰地集体屠杀了32名百姓。10月3日，日军在邵阳城曾家冲竹山塘（今檀江乡曾桥乡）杀害8名群众。22日，日军在邵阳成立伪维持会，另设两个分会，分别管理安和镇与建治镇。1945年9月2日，国民政府军收复邵阳县境。据不完全统计，邵阳县抗战期间共计损失646319490545元（法币，按1945年8月物价折算），其中直接损失640523835500元，间接损失5795655045元。

9 月 15 日　日军攻陷永明（今江永县）县城及各乡镇，11 月 1 日，国民政府军收复永明县境。据不完全统计，永明县抗战期间损失共计 69017753000 元（法币，按 1945 年 8 月物价折算），其中直接损失 67304302000 元，间接损失 1713451000 元。

同日　国立师院由蓝田西迁溆浦县上钟家（今马田坪乡桔花园村），有学生 407 人，教员 93 人，该校附中随同迁至溆浦仲夏乡赵家村上课。

9 月 17 日　日军攻陷江华县城及各乡镇，11 月 16 日被国民政府军收复。12 月 24 日，日军再度攻陷县境，12 月 25 日，被国民政府军收复。日军侵入江华期间，县境内有 3134 人被杀害，9345 人被伤，财产损失 819.386 亿元（法币，按 1945 年 8 月物价折算）。

9 月 20 日　日军攻陷新田县明哲、大同、锦和、仁义、敦义等乡，曾 3 次企图侵犯县城但未得逞，1945 年 4 月 8 日，国民政府军收复新田县境。据不完全统计，新田县抗战期间合计损失 47199513000 元（法币，按 1945 年 8 月物价折算），其中直接损失 46136978000 元，间接损失 1062535000 元。

9 月 30 日　日军攻陷宁远县桐梓乡响鼓岭，10 月 21 日攻占县城，石门、仁和、龙潜、凤凰、石溪、天堂、梅岗、禾亭、琵琶、东山、冷水、桐山、西塘等 25 个乡镇先后沦陷。10 月 30 日，国民政府军收复宁远县境。据不完全统计，宁远县抗战期间共计损失 182668320000 元（法币，按 1945 年 8 月物价折算），其中直接损失 180543250000 元，间接损失 2125070000 元。

同日　进至邵阳县境内的日军强抓中国民夫数百人为其扛运军需品。途经五峰铺罗城附近，一民夫不慎跌倒，将两箱"子弹"（实为砖头）散落于地。为掩盖其"真相"，日军将前后 100 余名民夫全部就地杀戮，将尸体推入路旁水塘。

10 月 5 日　日军约 400 人窜扰至武冈县小泽村杀害无辜百姓，强奸妇女 70 余人，烧毁稻草 106 堆、谷子数万斤，捣毁房屋 108 座，烧毁被铺 100 来套，抢去耕牛 11 头，毁坏家具不计其数，杀死肥猪 400 多头。

10 月 11 日　湖南内迁工厂历尽艰辛抵达金城江至独山一线的达 30 余家，器材 1 万余吨，继续内迁或就地投产，均困难重重。

10 月 21 日　日军侵入蓝山县境北屏、治平、三义、永启、舜疑等乡。1945 年 1 月 22 日，日军退出蓝山。据不完全统计，蓝山县抗战期间共计损失 31517502480 元（法币，按 1945 年 8 月物价折算），其中直接损失 31334757500 元，间接损失 1827444980 元。

10 月下旬　第十军官佐眷属有 395 户抵独山。军政部派员前往照料，每户发救济费 2000 元，每日发旅费将官 400 元，校官 200 元，尉官 150 元，并发放 9、10 两个月薪饷。暂编第五十四师师长饶少伟夫人高梅芳女士（金陵大学毕业）抵达重庆，老母、弟及女儿同行，军政部派员慰问并发救济费 5 万元，并商教育部予以分配工作。

10 月底　日军将用铁路便车从外地运来的 20 人，押到祁东洪桥的南山弯铁路边，令他们挖两排三尺深的坑，然后将其全部活埋。

10 月　湘阴县县长何源勃率领的"抗敌自卫队"第二中队遭到日军 100 余人的袭击，伤亡 50 余人，余部改编为县直属分队。

11 月 11 日　国民政府军空军获悉日军侵华总头目畑俊六元帅本日晨由汉口飞衡阳的情报。第十四航空队于晨 6 时从芷江派出战斗机 20 余架至衡阳上空截击，双方在衡阳上空进行了大空战，给日本空军以重创，国民政府军空军飞机被击落 2 架。

11 月 28 日　衡阳难童 800 余人抵贵州省的独山。

12 月 9 日　伪"长岳省"成立，唐蟒（浏阳人）任省主席。这是日军在湖南境内建立的省级伪政权。

本年　占据株洲朱亭镇的日军，威逼地方维持会特别设置一所"慰安所"，常年胁迫 10 多名妇女充当"慰安妇"，供其昼夜淫乐，其中 8 人在此丧生。

本年　在湘潭县易俗河，日军特设一所"慰安所"，在其中充当"慰安妇"的有日本妇女，也有被抓的中国妇女，日军官兵买票便可进去淫乐。

本年　参加芷江机场扩建的黔阳民工，有 300 余人因累病而死。

1945 年

1 月 14 日　日军入侵宜章县境，县政府迁至碃石。23 日，县城沦陷，全境三分之二地区常遭日军掳掠。2 月 3 日，暂五十四师收复宜章。2 月 12 日，日军再陷宜章。1945 年 8 月 17 日，国民政府军收复宜章县境。据不完全统计，宜章县抗战期间损失 104279258110 元（法币，按 1945 年 8 月物价折算），其中直接损失 102393984000 元，间接损失 1885274110 元。

1 月 18 日　日军攻陷嘉禾县境广发等 7 个乡，1 月 20 日被国民政府军收复。据不完全统计，嘉禾县抗战期间共计损失 44037302500 元（法币，按 1945 年 8 月物价折算），其中直接损失 43858842500 元，间接损失 178460000 元。

1 月 21 日　陪都各界湘桂难胞慰问团返抵重庆，团长王正延对记者谓：此行曾至桂阳、贵定、独山、都匀等地，历时 3 周，散予湘桂难民之款达 1000 万元，实物估价 4000 万元，现沿线难民约有七八千人亟待救济。

1 月 22 日　日军在桂阳县清和圩杀死无辜百姓 13 人，打伤 5 人，抓走 5 人，奸污妇女 50 多人，其中被轮奸致死的 2 人。日军还杀牛 11 头、宰猪 276 头，将 11 家酒店的 650 多缸酒大部分砸烂。

1 月 24 日　日军攻陷郴县（今郴州市苏仙区）县城及各乡镇。郴县专员公署、保安司令部迁郴宜边境的长泽，郴县县长率政府机关迁瑶村乡大奎上，国民党县党部迁永宁乡。郴县复兴委员会、保安团等汉奸组织相继成立。8 月 25 日被国民政府军收复。据不完全统计，郴县抗战期间合计损失 114842772500 元（法币，按 1945 年 8 月物价折算），其中直接损失 112455572500 元，间接损失 2387200000 元。

1 月 29 日　下午 6 时，日军飞机 1 架侵入黔阳安江上空盘旋侦察；晚上 12 时，日军飞机 3 架前来轰炸，损失不详。

1 月—3 月　湖南省财政厅、地政局、公路局、电信局、田粮局、国民党省党部、三青团省支团部、省妇女会、第九战区长官司令部特务团一部、兵站总监部、省立第七职业学校、省立科学馆、省立第一医院等数十个单位职员眷属及部分难民共五六万人迁至桂东县。

2 月 3 日　日军攻陷资兴县西北和海、中西、鹿鸣、五谷、湘源、威武、桃源 7 个乡，并在蓼江市设立地区警备司令部。1945 年 8 月 19 日被国民政府军收复。据不完全统计，资兴县抗战期间共计损失 45622592912 元（法币，按 1945 年 8 月物价折算），其中直接损失 44360565000 元，间接损失 1262027912 元。

2 月 10 日　日军在郴县桥口乡下渡大队栗级村屠杀村民 15 人。

2 月 12 日　日军从岳阳、监利、石首、华容 4 县调集兵力 2000 余人，进攻华容东山抗日根据地。新四军江南挺进支队长杨震东等率军民在仙鹤寺一带阻击日军，伤亡不详。

2 月 19 日　有 32 名挑夫担盐经过祁东县白地市时遭遇日军，全部被抓。第二天，日军将他们全部杀光，把尸体都抛在石灰窑里，血流数丈余远，其状惨极。

2 月—3 月　盘踞珍珠乡宝庆寺（今属衡南县三塘区）的日军长官楠木，先后掳捕商人 32 人，不仅抢劫了他们的财物，还将其全部活埋。

春　日军飞机疯狂轰炸益阳平民区，在三堡一带投掷一批燃烧弹，烧毁房屋数十余栋，造成财物损失达数万元；在头堡文家码头河街投弹数枚，炸死 30 余人，炸毁房屋 10 余栋；在大码头赛楚南面馆投弹 3 枚，炸死正在吃面的民众 8 人。

3 月 18 日 中国战时儿童保育会成立 7 周年纪念日。该会总干事熊芷（凤凰人，熊希龄之女）在报告会务时，谓"7 年来共收容难童 29000 人，去年 9 省共设立 32 个战时儿童保育会"。

4 月 5 日 日军攻陷黔阳县洗马、铁山、龙船等乡，4 月 26 日被国民政府军收复。据不完全统计，黔阳县抗战期间共计损失 2295761000 元（法币，按 1945 年 8 月物价折算），其中直接损失 587281000 元，间接损失 1708480000 元。

4 月 6 日 3000 余日军侵入隆回县侯田乡的凤形、前寨、回小等地，盘踞 8 天之久。杀害百姓 154 人，活埋 3 人，强奸妇女 228 人（其中强奸致死的 12 人），烧毁房屋 3372 间，杀死耕牛 641 头、猪 3690 头，抢走粮食 20000 余担。4 月 23 日，日军 500 余人侵入隆回县今雨乡的磨石、五里、九龙一带，并在此盘踞 33 天，杀害无辜群众 164 人。隆回县所属原中和、果胜、西胜、礼教等八乡及桃洪镇，直接被日军残害致死者达 2144 人；因伤病逃难受害者达 16315 人，日军烧毁房屋 5252 栋，抢走粮食 111662800 斤，杀死耕牛 8058 头。

4 月 11 日—6 月 7 日 湘西会战。日军第二十军司令官坂西一良指挥第一一六、四十七、三十四、六十八师团共 8 万余人，分别从益阳、邵阳、东安向湘西地区发动进攻；日军第三十四师团主力及第六十八师团第五十八旅团分别由东安、全县（广西北部）向湘西进攻。国民政府军第四、第三方面军奉令阻击。在中美空军的配合下，国民政府军以伤亡 1.9 万余人的代价大获全胜。

4 月 11 日 上午，不明国籍飞机一架飞临湘乡杨家滩（国民政府军控制地区）上空，投弹数枚，炸死 24 人，炸伤甚多。事后，纯化乡公所发给每名死者安葬费 1000 元。

同日 日军侵入新化县境大道、大公、大成、南平、屏南、临资、维山、古梅、苍桐、禾林、镇东、镇南、镇西、镇北等 14 个乡。4 月 27 日，日军约 3000 余人窜入新化县境内的洋溪，烧杀抢掠，无所不为。据当时的统计，日军共屠杀 3461 人，制造了"万人堆"，强奸 277 人，烧毁房屋 28301 栋，宰杀耕牛、生猪 4268 头，烧毁粮食 1263000 多斤，烧毁衣服 93152 件，抓走民夫 2056 人，其中客死他乡者 261 人。5 月 27 日，国民政府军收复新化全境。

4 月 12 日 湘西会战期间，日军攻陷城步县境延青、太平、威溪、凤翔、碧云、巫滨等乡，5 月 27 日被国民政府军收复。据不完全统计，城步县抗战期间共计损失 96055317105 元（法币，按 1945 年 8 月物价折算），其中直接损失 94959956900 元，间接损失 1145360205 元。

同日 日军攻陷溆浦县龙潭、芙蓉、金郦等乡，5 月 16 日，国民政府军收复溆浦沦陷各乡。据不完全统计，溆浦县抗战期间共计损失 8646280680 元（法币，按 1945 年 8 月物价折算），其中直接损失 6887323380 元，间接损失 1758957300 元。

4 月中旬 浏阳、湘阴县政府共收容从日军中逃出来的朝鲜人 40 余人。

4 月 24 日 日军由城步窜入绥宁县境，先后陷武阳、唐家坊、黄土坑、官路上、瓦屋塘等 12 乡。5 月 9 日，国民政府军收复绥宁县境。据不完全统计，绥宁县抗战期间共计损失 42133841640 元（法币，按 1945 年 8 月物价折算），其中直接损失 40447056000 元，间接损失 1686785640 元。

4 月 29 日 日军攻陷今洞口县数乡。

同日 日军攻陷绥宁县武阳镇、白家坊，并猛攻瓦屋塘。在此期间，数千日军洗劫了人口不足 3000 人的武阳镇。日军撤出后，武阳镇一片荒凉，到处是烧焦、倒塌的残墙破壁，还有人畜尸体。据当时的统计，武阳镇被日军强奸致死的妇女有 20 多人，被枪杀的男丁 30 多人，被掳走未归男女 40 多人。此后，瘟疫、旱灾、匪祸接踵而来，每天有 10 多名男女死于瘟疫，尤以小孩为甚。

4 月 30 日 国民政府军第九十二师师长艾瑗自岳阳黄岸市电军长梁汉明谓：平（江）浏（阳）以北，民众多吃草度日，部队以稀饭度日，黄岸市以北饿殍载途。

同日 日军铁蹄踏入溆浦龙潭大华一带，烧杀掳掠，奸淫妇女，无恶不作。据统计，日军杀死村民 129 人，杀伤村民 94 人，奸污妇女 393 人，烧毁房屋 91 栋，抢走猪、鸡鸭 21880 头，抢走和烧毁粮食 2435700 斤，抓走民夫 1742 人，迫使 7272 人逃难，大量土地荒芜。

同日 湘省战区学生（即从沦陷区到国统区学习的学生）原每月由政府发给食米 2 斗 3 升，副食费 150 元，本月份起副食费增至 260 元。

同日 日军攻陷桂阳县城及蓉峰、燕喜、清靖、东镇、嘉事、善义等乡。1945 年 8 月 1 日被国民政府军收复。据不完全统计，桂阳县抗战期间共计损失 194014817500 元（法币，按 1945 年 8 月物价折算），其中直接损失 194078817500 元，间接损失 193600 万元。

5 月初 驻醴陵日军因粮食缺乏每日派三四百人率挑夫数百四处劫掠。

初夏　国民政府军第四十四军奉令在茶陵县与酃县接壤的洣水洲上修建机场（小汾机场，又名浣溪机场）。参加修建的有第 44 军工兵营、辎重营、特务营 600 人，该军所属第 207 团 1500 人，县警察中队 100 人，浣溪乡民工 700 人；还有 24 只木船，担负砂、卵石及其他建筑器材的运输。机场长 1500 米、宽 400 米，占地面积 7.2 万平方米，耗费不详。建成后，驻有 6 架大型轰炸机，每天飞往江西轰炸日军。6 月，日军企图侵占酃县，遭到 6 架轰炸机的轰炸、扫射，伤亡惨重，被击毙的战马就达 300 匹之多。

6 月 8 日　八路军南下支队（湖南人民抗日救国军）第二支队队长陈冬尧（茶陵人）在湖南岳阳渭洞牺牲。据目前掌握的资料统计，抗日战争时期，八路军、新四军和华南抗日纵队中牺牲的营级以上湘籍指挥官达 30 人。

6 月 14 日　桥头河省立一师师生募集慰劳金 9574 元，交桥头河乡公所代购劳军物品转发前方抗敌将士。

6 月　大量日军自广西溃退下来窜犯湖南湘潭县晓岗港，四处杀人奸淫，仅在晓岗港内，被日军杀害者的浮尸就有 70 多具。

7 月 1 日　重庆《新华日报》发表《武冈新血债》专文谓：湘西各地惨遭战火洗劫，尤以武冈一县受害最烈。全县被焚店铺 4800 间、院宅 3700 多栋，死伤人民 4300 余人、被掳 6000 多人、妇女 2800 人被辱、耕牛被掠杀 8000 头、谷米杂粮被掠 247000 石。

7 月 15 日—20 日　湘鄂赣边区第二挺进纵队司令盛瑜报称，此次奉令截击尾击东窜日军，共毙伤敌约 500 余、战马 150 匹、缴获辎重行李及弹械一批，伤亡官兵 280 余人。

7 月 24 日　新四军江南挺进支队与日伪军在华容东山佛导坳激战，打死敌人 50 余人，自身伤亡不详。

7 月 28 日　新任湘省主席吴奇伟、委员肖训、周异斌、秘书长刘旭辉本日飞抵沅陵。新省府 8 月 1 日开始办公，除财政厅长胡迈已在沅陵外，各厅长、委员正陆续到沅。洪江、沅陵、安化三行署奉令结束，人员并入省府。

8 月 15 日　日本裕仁天皇广播"终战诏书"，日本无条件投降。蒋介石致电南京侵华日军最高指挥官冈村宁次，令其派代表至浙江玉山洽降。18 日，蒋介石以玉山机场雨后跑道损坏，再电冈村宁次饬其于 21 日派代表飞芷江洽降。

8 月 21 日　上午 11 时，侵华日军副总参谋长今井武夫少将、参谋桥岛芳雄中校、参谋前川冈雄少校等一行 8 人飞抵芷江。下午 3 时，在芷江空军俱乐部开始洽降会谈。出席会议的中方的代表有陆军总参谋长肖毅肃，副总参谋长冷欣、蔡文治；日方代表为中国派遣军副总参谋长今井武夫，参谋桥岛芳雄、前川冈雄。在 3 天会谈中，肖毅肃先后提交 4 项备忘录由今井转交冈村宁次。主要内容为：全部日军必须向国民政府投降，全部武器物资必须交给国民政府接收。今井呈上了有关图籍表册，并交换无线电联络时间表和呼号波长。中方规定湖南日军集中于长沙、衡阳、岳阳，办理投降地点在长沙。受降主官为第四方面军司令王耀武。9 月 15 日，日军第二十军司令坂西一良代表长衡区日军在长沙岳麓山湖南大学礼堂内向第四方面军司令王耀武呈递降书。

8 月 31 日 据省防空司令部不完全的统计：从 1937 年 11 月至 1945 年 8 月，全省 78 县市先后有 55 个市县（现核实为 59 个市县）被日军飞机轰炸，据空袭 686 次（现核实为至少 1630 次）的统计，日军出动飞机 7027 架次，投弹 27621 枚，炸死平民 13322 人、伤 14910 人，炸毁房屋 66685 栋。

8 月下旬 迁湘西之各机关、学校、报馆纷纷派先遣人员，随军返长沙筹备迁返事宜。

8 月 得知日本天皇宣布投降的消息后，盘踞在衡阳的日军竟立即将关押在湘桂铁路管理局（今五桂岭衡阳铁路工程学校）的爱国分子、抗日军人、工人、商人 500 余人，集体残杀于该管理局门口的湘江河岸战壕内。

春、夏间 全省大部分地区 52 天未下雨，54 县大旱，尤以湘潭、邵阳、衡阳、衡山、祁阳、耒阳、新田、沅陵、石门最为严重，湘潭至邵阳一路田亩尽皆龟裂，民间以树皮泥土充饥。衡山、衡阳两县颗粒无收，饿死者不可胜数，仅祁阳 5 月份就饿死 1276 人，新田收获不过 4 成。全省稻谷收成锐减，仅仅 6730 余万石。

△据调查，沦陷区学校除长沙市文艺中学、湘乡第五职业学校校舍尚完整外，其他如周南、长郡等所存不过十分之一，一师、一中、明德等仅剩一片瓦砾荒坪。交通工具缺乏，涟水、湘江船只残存无几，故学校迁返，尚有许多困难。

9 月 17 日 国民政府军第四方面军司令部为便于指挥长衡日军投降缴械，由辰溪移驻长沙。

11 月 11 日 衡阳县请赈代表蒋先柘、廖云章在《湖南日报》著文公布衡阳县一年多来受寇灾损失概况。全县被掳杀 113500 余人，患疟痢诸疫死 68400 余人，因避敌逃亡境外者约 272000 余人，全县完全被毁之学校、公所、祠堂、民宅约 35800 余幢。

12 月 17 日　吴奇伟在省临时参政会上称：建设厅所属各部门需恢复经费470 亿元，抗战期间全省教育文化系统共损失 897 亿元（法币，按 1945 年 8 月物价折算）。

12 月 22 日　省公路局局长魏鉴贤称：全省公路战前通车 3500 余公里。抗战期间被敌占及自行破坏至长、衡沦陷后，能通车者只 200 余公里，现能通车者已达 2000 余公里。

本年　全省稻谷产量为 67307107 石，较 1936 年、1937 年、1939 年和 1940年 4 年平均产量的 168737401 石，减少 60%。

（执笔：桂新秋　刘瑛）

后 记

　　《湖南省抗日战争时期人口伤亡和财产损失》是国家社科基金重大委托课题的系列成果之一。课题调研和编纂工作是在中央党史研究室的统一指导和湖南省委党史研究室的领导下组织开展的。课题调研工作历时 10 年，通过组织全省党史部门及协作单位广泛深入开展资料征集调研工作，新发掘了一批具有较高历史价值和研究价值的档案文献资料和报刊资料，采访记录了一批珍贵的口述资料，征集了一批重要的历史图片，撰写了较为全面反映湖南抗战时期人口伤亡和财产损失情况的调研报告、大事记和一批具有地方特点的重要专题。现将省级调研报告、重要档案文献和口述资料、重要专题、大事记和历史图片编辑成中国抗战损失课题调研成果丛书"A"系列《湖南省抗日战争时期人口伤亡和财产损失》一书。

　　湖南省委党史研究室原主任胡锦昌、陈克鑫先后主持这项课题调研工作。2008 年以前由省委党史研究室副主任、研究员陈清林，2008 年以后由省委党史研究室副厅级纪检员、巡视员、研究员夏远生，主管课题征研编纂工作。省委党史研究室征集研究处负责承担省级课题的调研和全省各市州县课题调研的组织指导工作以及全省课题调研成果的整理上报。2008 年 3 月《湖南省抗日战争时期人口伤亡和财产损失》书稿上报以后，在分管省委党史研究室领导的指导下，征集研究处根据中央党史研究室反馈的专家审稿意见对书稿进行了反复修改和校核，还重点组织有关市州县完成了中央党史研究室新下达的对抗战时期日军在湖南制造的一次性屠杀军民达 800 人以上的重大惨案开展调研的任务，收集整理并上报了 24 个重大惨案专题资料，由中央党史研究室审定后收入《抗日战争时期全国重大惨案》一书出版。同时，组织指导全省 10 个市整理上报抗战时期人口伤亡和财产损失课题调研成果、编辑出版 B 系列丛书。

　　湖南省抗战时期人口伤亡和财产损失课题调研工作，涉及面广，工作量大，调研成果分期分批结集出版，得到了有关方面大力支持和帮助指导。中央党史研究室第一研究部从业务上给予及时指导，组织专家对《湖南省抗日战争时期人口伤亡和财产损失》书稿进行评审。全省各级党史部门，为组织本地区抗战时期人口伤亡和财产损失课题调研投入了大量精力，做了许多艰苦细致的工作，提交了一批重要调研成果。湖南省档案馆、湖南省图书馆、湖南文理学院、重庆市委党史研究室和重庆市北碚区委党史研究室等单位为查阅档案资料提供了方便。在开展省级调研报告、重要专题和大事记撰写中，我们参阅了大量档案文献资料和前人研究成果，尤其是台湾有关单位编纂《湘赣地区作战（上）〈抗日战史〉》第七册和第八册、陈先初著《人道的颠覆——日军侵湘暴行研究》、湖南省政协文史资料研究委员会编《最悲惨的年代——日寇侵湘暴行实录》、钟启河和刘松茂主编《湖南抗日战争日志》、萧栋梁著《湖南抗日战争史》、叶荣开主编《中日常德之战》、湖南省地方志编纂委员会编《湖南省志·军事志》、罗玉明著《抗日战争时期的湖南战场》等资料图书和著作。在此，谨向所有关心支持本课题调研和本书出版的部门、单位和个人，表示诚挚的感谢！

需要说明的是：关于湖南省抗战时期人口伤亡和财产损失的档案文献资料和口述资料非常丰富，限于篇幅，本书仅选取了能够较为全面反映抗战时期湖南省人口伤亡与财产损失及日军暴行的典型资料中的 12 份入编（部分资料有删节，如《湘灾实录》仅保留了"表1"）。档案文献资料和口述资料的编排是：3 个综合档案文献资料分别按其成案时间顺序排在前，5 个专题文献档案资料则按其内容反映的事件发生的时间为序紧排其后，然后是按其内容反映的事件发生的时间顺序进行排列的 5 个口述资料。编入本书的档案文献资料和口述资料，其内容均严格忠实于原始的数据与信息。为便利读者阅读，原系竖排的文件资料，校编时一律改为横排，文内有"如左"、"如右"、"同右"等句，相应改为"如下"、"如上"、"同上"；对十分明显的别字、重字、掉字、倒置字以及计算错误的统计数据进行直改，不再加注说明；字迹模糊、无法辨认的字，以"□"代替；原文空缺的字，仍照原样空缺或以"×"标示；表格中有些数据原本有错的，因无资料订正，仍照原样编印，读者使用时需多加斟酌；个别需要说明的，另加注释。

本书主编陈克鑫、陈清林、夏远生，执行主编王文珍、桂新秋，副主编肖绮晖、朱柏林、石海、刘瑛、罗付金、刘烜。湖南省委党史研究室征集研究处负责编辑出版校对，陈清林、王文珍负责统稿，朱柏林协助统稿，陈克鑫、夏远生负责审定。

2014 年 1 月，中央党史研究室在北京召开全国审稿会议，本书主编夏远生、副主编肖绮晖、朱柏林对全书进行了一次全面的审核、校正、修订。2014 年 11 月，根据中央党史研究室召开的《抗日战争时期中国人口伤亡和财产损失调研丛书》第二批成果统稿会意见和中共党史出版社提出的编辑规范，夏远生、肖绮晖、石海再次对全书进行了校订核实补充完善，经湖南省委党史研究室主任张志初审批，正式报送中央党史研究室审定出版。

由于抗日战争距今年代久远，不少资料散失，在世证人越来越少，本书是根据当前能够深入发掘、广征博采到的历史档案、文献及相关资料研究撰写编辑而成，属于课题调研的重要阶段性成果，期望今后进一步查证历史档案史料，对内容不断修正完善。在此，敬祈读者补正批评。

本书编者

2015 年 3 月

总　后　记

　　历时多年的《抗日战争时期中国人口伤亡和财产损失调研丛书》终于问世了。参加这套丛书编纂工作的，主要是承担《抗日战争时期中国人口伤亡和财产损失》课题调研任务的各省、自治区、直辖市及其下属市、县的领导同志和课题组成员，以及部分著名专家。他们以高度的责任心和使命感，竭尽全力，攻坚克难，终于完成了各自承担的任务，并按统一要求，形成了调研成果的 A 系列书稿。同时，有关省、自治区、直辖市还从实际情况出发，编纂了主要反映市、县调研成果的 B 系列书稿。由于各地情况不尽相同及其他原因，呈现在读者面前的丛书，将分批陆续完成和出版。

　　为了保证质量，我们对本丛书中由各省、自治区、直辖市完成的 A 系列书稿（即省级调研成果）实行了四级验收制，即：所有的省级调研成果，先由有关省（自治区、直辖市）课题领导小组及其聘请的省级专家验收组分别审读通过、写出书面意见；然后提交到中共中央党史研究室课题组。中共中央党史研究室课题组审读后，再聘请国内知名专家审读书稿，提出书面意见。对每次审读提出的意见，各省、自治区、直辖市课题组都认真研究落实，对书稿进行反复修改，或是说明相关情况，直到符合要求。由一批专家完成的 A 系列书稿（即带全局性的专门课题调研成果），也通过类似的办法验收。主要反映市、县调研成果的 B 系列书稿，则由有关省、自治区、直辖市党史研究室组织验收。各种调研成果验收修改的过程，同时也是调研的深化过程、提高过程。经过反复修改补充的成果，在质量上都有明显提高。

中共中央党史研究室课题组在中共中央党史研究室室委会和分管室副主任的具体领导下开展工作。中共中央党史研究室几任主要领导同志即曲青山和孙英、李景田、欧阳淞主任，非常关心和重视本课题调研工作的开展。分管这项工作的室副主任李忠杰同志始终严格把握政治方向，精心部署和安排，明确提出创建"精品工程、基础工程、警世工程、传世工程"的要求，给工作指明方向，还及时领导解决调研过程中遇到的种种困难和问题。各地同志和有关专家同中共中央党史研究室课题组保持密切联系，对中共中央党史研究室课题组的工作给予了积极配合和支持。

中共中央党史研究室课题组由李忠杰、霍海丹、李蓉、姚金果、李颖、王志刚、王树林、杨凯等同志组成。先后担任中共中央党史研究室第一研究部领导职务的黄修荣、刘益涛、蒋建农同志参与了课题调研和审改的部分工作。中共中央党史研究室科研管理部、办公厅的部分同志也参与了有关工作。特别是在北京市和山东省召开的两次全国性会议，中共中央党史研究室科研管理部、办公厅的有关同志自始至终参与了繁忙的会务工作，付出了大量心血和辛勤劳动。

在李忠杰同志直接领导下，中共中央党史研究室课题组承担了组织指导与协调推进各地课题调研和联系有关专家完成全局性专题调研的繁重任务。在人手十分有限的条件下，课题组同志们近10年如一日，以对民族负责、对历史负责的自觉精神，克服困难，埋头苦干，为圆满完成任务做了大量工作。计先后编发213期达60多万字的《工作简报》，同各省、自治区、直辖市的同志和有关专家进行了数以千次、万次的电话联系及当面沟通，先后到10多个省、自治区、直辖市实地调查、参加会议，了解情况，当面指导，协助各地完成调研工作，或邀请有关地方的同志到北京进行座谈；还组织22个省、自治区、直辖市课题组编纂《抗日战争时期全国重大惨案》，同中央档案馆联合编辑《抗日战争时期解放区人口伤亡和财产损失档案选编》，同中国第二历史档案馆、中国人民解放军档案馆联合编辑其馆藏的相关档案资料，撰写有关专题报告，等等。将近 10 年来，课题组成员虽有变动，但工作始终如一，没有延误和懈怠。

需要说明的是，《抗日战争时期中国人口伤亡和财产损失》课题，有时也简称为抗战损失课题或抗损课题。虽然有学者认为"抗战损失"或"抗损"通常只能反映抗日战争中财产方面的损失，人口伤亡不能称作损失，但考虑到当年国民政府习惯采用"抗战损失汇报"或"抗战中人口与财产所受损失统计"等表述，所以本课题参照前例，以"抗战损失"或"抗损"作为课题简称。

2014 年初，根据中央领导同志的指示精神和中共中央党史研究室室委会关于做好出版和对外宣传全国抗战损失课题调研成果准备工作的要求，我们组织部分省、自治区、直辖市的分管领导和课题组成员对已经印出样本的 A 系列书稿再次进行复审和互审，并邀请部分承担了抗战损失专题调研任务的专家参加审稿工作。这次集中复审和互审的主要任务是：审核已经印出样本的 A 系列书稿，对相关数据、史实严格把关，保证课题调研结论的真实性，保证书稿没有重大差错。中共中央党史研究室主要领导同志和分管领导同志也提出要求：把工作做得再深入、再扎实一些，统一规范，责任到人，把问题消灭在书稿正式出版之前。

在复审和互审过程中，地方同志和邀请的专家以多种形式及时沟通，围绕审稿发现的问题研究讨论，和中共中央党史研究室分管领导进行交流，对一些重要的共性问题达成一致。经过复审和互审，对有关的 A 系列书稿做出进一步修改。在此基础上，中共中央党史研究室课题组同志又对拟第一批出版的每一部 A 系列书稿进行多环节的审读、检查、修改、校对，严格审核把关，尽可能如实、客观地反映调研情况和成果。

中共中央党史研究室的其他同志及一些外聘同志、从地方党史部门借调的同志，如徐玉凤、谢忠厚、杨延力、郭明泉、戴思厚、王俊云、梁亿新、宋河星、毛立红、王莹莹、茅永怀、庚新顺、李蕙芬同志等，满腔热情地参加了本课题调研的部分工作。不论是调研选题的讨论、同有关各方的联络，还是资料的整理、归类、建档等，他们都付出了辛勤的劳动。

这里，还要特别感谢国家社会科学基金规划办公室、国家新闻出版广电总局有关领导和同志对本课题调研工作的支持和帮助，感谢有关部门对丛书出版经费的支持和保证。中共党史出版社的领导汪晓军以及陈海平、姚建萍等同志，也为这套丛书的出版花费了很多心血。

我们相信，本丛书 A 系列和 B 系列各卷的陆续公开出版，必将大大有助于抗战损失课题调研成果的推广利用，有利于固化历史，更好地发挥以史为鉴、资政育人的作用。但是，我们也深知，本课题调研迄今所取得的成果，还只是阶段性的、部分的、不完全的成果。在已经取得的来之不易的成果的基础上，今后，这一课题的调研工作还要深入不懈地继续进行下去。

中共中央党史研究室课题组

2014 年 4 月 30 日